Immigration Policy

이민정책론

남부현 · 박미숙 · 박민희 · 임형백

차용호 · 최희 · 황해영 공저

法 文 社

대한민국은 지구상에서 중국과 더불어 국가라는 정치체제를 가장 오랫동안 유지했던 나라이다. 중국의 당나라, 명나라, 청나라 모두 300년을 넘기지 못한 반면, 고구려와 백제는 약 700년, 신라는 약 1,000년을 유지했다. 현재 UN에는 193개 국가들이 가입되어 있으나, 이 국가들 중에서 대한민국 국민들처럼 단일민족이라고 믿는 사람들이나 하나의 언어와 하나의 문자를 사용하는 국가는 없다. 오랫동안 단일민족 국가를 유지해 왔다는 이유로 아직까지도 대한민국 국민들은 과거 다양한 고대 민족과 종족이 융합되어 우리 민족이 탄생하였다는 역사적 사실보다는 같은 문자와 언어를 쓰는 하나의 민족국가임에 더 초점을 맞추고 있다. 하지만, 국내 거주 외국국적 동포들은 같은 민족이지만 출신 국가에 따라 차별을 받는다.

UN은 2022년 7월 기준으로 세계인구가 79억 4,200만 명이고, 11월에 80억 명을 넘어섰으며, 2080년에 104억 명으로 정점에 이를 것으로 전망된다. 이러한 세계인구 증가는 저개발국가나 개발도상국가들에서 인구증가가 계속되기 때문이다. 하지만, 2019년 모국을 떠나 타국으로 이주하여 살아가는 사람들은 2억 2,700만 명으로 세계 인구의 3.5%를 넘어섰다. 이러한 현상은 각 지역에서 벌어지는 전쟁이나 기아 문제뿐만 아니라, 개인들이 더 나은 삶의 환경을 찾아 떠나기 때문이다. 또한, 초연결 시대에 급격한 세계화의 흐름은 저개발국가 사람들의 선진국으로 이주를 촉진시켰다. 대부분 선진국은 지속되는 고령화와 인구감소의 문제로 인해 국가존립의 위기를 해결하고자 젊은 이주인력의 유입을 원하고 있다.

최근, 대한민국도 저출산·고령화 문제로 점차 심각해지는 노동력 부족과 젊은 세대의 3D 업종 기피 현상 등이 본격적으로 나타나며, 외국인의 유입과 정착에 대한 이민정책에 대한 논의가 점차 뜨거워지고 있다. 한국은 1990년대 이후 지금까지 다양한 민족, 언어, 인종, 종교, 문화적 배경을 가진 사람들의 이주가 지속적으로 증가하여 왔다. 1992년 등록 외국인은 전체인구의 0.15%에 불과했으나, 2005년 말 합법적 체류 외국인은 46만 9,183명으로 0.96%에 도달하며 6배 이상으로 증가하였다. 2023년 3월 말 국내 체류 외국인은 233만 5천 595명이며, 이 중 41만 4천 45명이 미등록 거주 외국인이다(불법체류자라는 용어는 학문적·사회적으로 피하는 용어임). 이러한 상황은 대한민국이 이제는 하나의 민족만을 강조하는 민족국가로만 존재할 수 없으며, 다양한 이주민을 받아들일 체계적인 법과 제도 그리고 중장기적인 정책이 제대로 준비되어야 함을 의미한다.

국제통화기금(IMF)의 추정치에 의하면 2021년 국가별 경제규모(명목GDP) 순위는 1위 미국, 2위 중국, 3위 일본, 4위 독일, 5위 영국, 6위 인도, 7위 프랑스, 8위 이탈리아, 9위 캐나다, 10위 대한민국, 11위 러시아이다. 미국에 가장 많은 유학생을 보내는 3개 국가는 인도, 중국, 대한민국이다. 하지만, 인구 대비로 보면 대한민국이 압도적이다. 그럼에도 한국의 학계와 정부는 이민, 다문화, 사회통합과 관련하여 중장기적 전망이 없는 상태이며 방향 설정도 하지 못하며 원론적인 논의와 해외사례의 피상적 소개에만 머물러 있는 것은 실정이다.

대한민국은 경제적 측면에서 선진국이 되었으므로, 사회·문화적 차원에서 모든 국민과 체류 이주민들이 상생·공존할 수 있는 시민사회로의 변화가 필수적이다. 하지만, 아직도 우리사회의 변화 현상에 대한 깊은 성찰은 부족하며 서구 국가들의 제도와 정책 또는 연구성과에만 의존하며 우리사회 문제에 대한 근본적인 해결책 마련은 많이 부족하다. 깊은 숙고 없이 무분별하게 서구 국가들의 정책과 제도를 도입하고 활용하는 것은 무분별한 '문화사대주의'의 일환일 것이다. 이제 대한민국은 선진 국가들의 사례를 피상적으로 소개하는 수준에서 벗어나, 다른 선진국에서 시도하지 못한 우리에게 맞는 새로운 법과 제도 그리고 정책을 개발하고 연구할 수 있는 전문가 집단이 필요하다. 또한, 전문가들은 심도 있는 연구와 깊은 고민을 통해 우리사회의 보편적이면 특수한 상황을 반영한 이민 다문화 정책을 제시하여야 한다. 이를 통해 미래 한국사회에 발생할 문제에 대한 예견과 함께 예방도 가능할 것이며, 일반 국민들에게 미래 방향성도 안내할 수 있을 것이다.

이제 한국의 이민정책은 중장기적인 목표를 설정하고, 사회, 경제, 문화, 복지, 교육 등의 다양한 정책적 측면에서 어느 정도의 외국인을 받아들이고, 이들이 어떻게 우리사회에 긍정적 방향으로 통합해 살아가도록 지원할지를 논의할 단계이지, 섣불리 확정하거나 확장할 단계는 아니다. 기존의 피상적 연구나 정부의뢰 연구용역 수준으로부터 벗어나 성숙되고 깊이 있는 독창적 연구와 정책 제안이 요구된다. 우리 국민과 다양한 이주민들이 함께 살아갈 다문화사회에 대한 단계적인 실천전략을 구상해야 한다. 현재 일반인들의 이주민에 대한 관심과 공감대가 약하다는 것을 엄중히 인지하고, 적극적으로 국민의 의견을 수렴하고 모두가 함께 참여하여 사회통합을 이루도록 안내해야 한다.

이 책은 총 4부로 구성되어 있다.

제1부 국제이주와 이민정책에서는 세계화와 국제이주, 국제이주 이론을 다루고 있다. 제1장 세계화와 국제이주에서는 제국주의와 부정적 유산, 세계화 등을 다루고 있고, 제2장 국제이주 이론에서는 초기 이론, 신고전학파 경제학 이론, 신경제학 이론, 역사-구조주의적 접근과 세계체제론, 이주체계와 이주 네트워크, 초국가주의 이론 등을 다루고 있다.

제2부 한국의 이민정책에서는 이민정책의 역사, 국경관리, 비자와 외국인의 거주·고용, 이민정책 행정체계, 이민정책의 방향을 다루고 있다. 제1장 이민정책의 역사에서는 대한민국의 수립 전후로 이민정책을 고찰하고 있다. 제2장 국경관리에서는 외국인의 입국, 외국인의 입국을 허용할 예외적 상황, 국가 안보와 국경 안보를 다루고 있다. 국가 안보와 국경 안보는 그 중요성에 비하여 그동안 상대적으로 연구가 소홀한 분야였다. 제3장 비자와 외국인의 거주·고용에서는 비자와 기술이민, 기술 난민, 외국인 거주·고용의 경제적 효과(지역에서의 실업, 성장, 고용, 혁신, 소비), 거주지 분리와 외국인 밀집 거주지, 허가받지 못한 이민자(불법 이민) 등을 다루고 있다. 기존 연구의 복지적 시각에서 벗어나 시장경제적 시각을 반영하고 있다. 제4장 이민정책 행정체계에서는 이민정책의 구성요소와 행정조직을 다루고, 나아가 이민정책 행정체계의 재설계를 다루고 있다. 그간 주목받지 못했던 이민정

책과 외교의 접목을 제시하는 등 연구자이면서 국내뿐만 아니라 국외에서의 실무 경험을 반영하고 있다. 제5장 이민정책의 방향에서는 생소한 인도-유럽인이라는 개념을 다루고 있다. 그리고 한국에서 자주 인용되는 영미식의 다문화주의 모형, 프랑스식의 동화 모형, 독일식의 차별배제 모형이 그들의 고유한 역사적 맥락 속에서 발전되어 온 그들의 정책임을 설명하고 있다. 동시에 한국은 3개 모형 어디에도 해당되지 않으므로, 피상적인 소개와 무비판적인 이식이 아닌 우리에게 적합한 새로운 모형 개발의 필요성을 제기하고 있다.

제3부 대상별 이민정책 실태에서는 결혼이주여성, 외국인 근로자, 다문화가정 자녀, 재외동포, 난민, 북한이탈주민, 유학생 등을 중심으로 대상별로 이민 다문화 정책을 다루고 있다. 제1장 결혼이주 여성에서는 현황, 체류, 통합정책, 정부 부처별 정책과 지원서비스를 다루고 있다. 제2장 외국인 근로자 정책에서는 외국인 유입 배경과 제도, 현황, 비자유형, 고용허가제, 문제점을 다루고 있다. 제3장 다문화가정 자녀에서는 자녀 유형별 현황과 해당 부처별 다양한 지원 정책을 중점적으로 다루고 있다. 제4장 재외동포에서는 재외동포 형성 관련 역사적 배경, 재외동포 현황, 재한 외국국적 동포 현황 등을 다루며, 동포 집단 유형별 이해를 위한 설명과 과제를 다루고 있다. 제5장 난민에서는 난민의 정의, 난민 신청과 인정 절차, 난민 유형별 법적 지위와 지원 정책 및 과제를 다루고 있다. 난민은 이민관련 이슈 중에서도 뜨거운 감자이다. 제6장 북한이탈주민에서는 현황 및 특성 지원정책, 정착지원을 다루고 있다. 제7장 유학생에서는 유형별 다양한 유학생 개념과 정의, 유입현황, 지원정책, 선발기준, 체류비자 등을 다루고 있다.

제4부 해외의 이민정책 사례에서는 미국, 독일, 호주 3개 국가의 국가별 이민의 역사, 이주민 현황, 이민정책, 사회통합 정책 등을 중심으로 다루고 있다. 다문화주의 모형에 해당하는 미국과 호주 그리고 차별배제 모형에 해당하는 독일을 다루고 있는 반면, 동화모형에 해당하는 프랑스를 다루고 있지 못한 점이 아쉽고, 차후의 연구과제이다.

이 책은 한국의 이민 다문화 정책과 외국인 주민 관련 행정체계와 제도 등에 관한 내용을 충분히 담아내고자, 전문가로서 저자들의 현장 경험을 토대로 다양한 연구 논문 및 보고서 자료 등을 심도 있게 비교 검토하며 체계적으로 정리하였다. 그러므로 복지 시혜적인 관점이나 피상적인 설명과 이해를 벗어나, 이주민 대상별로 이민 다문화 정책의 특수성과 보편성을 최대한 명확히 서술하여 이 분야의 학습자와 관심 있는 독자의 이해를 높이고자 노력하였다. 이를 위해 전체 저자들은 수차례 논의를 거쳐 수정작업을 반복하며, 이론과 현장의 경험을 연결시키려고 하였다. 그러나 시간과 역량 부족, 그리고 상호 간에 충분한 협업적 논의가 부족하여 만족스러운 작업의 결과를 이루지 못한 아쉬움이 남는다. 그럼에도 불구하고, 이 책을 완성하기까지 함께 한 모든 저자들의 열정과 노고는 기억될 것이다. 앞으로 이 책을 읽고 활용할 많은 분들의 소중한 조언과 의견을 기대하며, 추후 작업과 현장에 적극 적용할 것을 약속한다.

이 책이 출판될 수 있도록 도움을 주신 법문사 사장님과 관계자 분들 그리고 세심하게 전 편집과정을 잘 마무리해 주신 노윤정 차장님께 깊은 감사의 마음을 전한다.

2023년 8월
저자 일동

차례

제1부
국제이주와 이민정책

제 2 부
한국의 이민정책

제 4 부
해외의 이민정책 사례

이민정책론
Immigration Policy

제 1 장

세계화와 국제이주

임 형 백

1. 제국주의와 국제이주

현대사회 문제의 적지 않은 부분이 유럽 제국주의에서 비롯되었다는 사실을 보여주는 하나의 상징으로 '난민' 문제를 들 수 있다. 제국주의의 부정적 유산이 유럽을 넘어 전 세계로 파고 들고 있다(Tamaki, 2019: 199). 유럽인들을 종종 경쟁 관계를 맺고 있던 토착 세력들을 이용했다(Reid, 2013: 300).

'분할통치(Divide and rule)'는 고대부터 강대국들이 피지배민들을 이이제이(以夷制夷)[1]시키는 수법이다. 이는 소수의 집단에 특혜를 주면서, 다른 그룹은 소외시키거나 차별하여 이들이 서로 싸우게끔 조장하는 것이다. 식민지 지배국에게는 효율적인 간접 통치 수단이지만, 피지배국에서는 영원한 반목을 만드는 정책이다. 현재 아프리카와 동남아의 수많은 내전과 분열은 대부분 19세기 이래 서구 제국주의국가들이 식민지 시절 이러한 저의(底意)로 이간질한 것에 근간을 두고 있다.

---

1 일본도 일제강점기에 조선을 대상으로 문화통치를 하면서 조선의 우익 지식인층과 좌익 노동자들의 분열을 조장하였다. 유럽의 식민지지배국가들이 사용한 분할통치를 가장 잘 배우고 적용한 아시아 국가가 일본인 것이다(임형백, 2022a: 182).

대표적인 것이 영국이 사용한 '분할통치 정책(Divide and Rule Policy)'이다. 영국의 전통적인 식민지 지배방식은 각 민족과 지역 간의 분열과 갈등을 이용하는 '분할통치 정책(Divide and Rule Policy)'이었다. 영국인들은 힌두교를 믿는 타밀족을 인도(주로 Tamil Nadu주)에서 불교국가인 스리랑카로 이주시켰다. 힌두교를 믿는 이주민인 타밀족과 불교를 믿는 원주민인 싱할리족(Sinhalese people)의 갈등이 스리랑카 내전의 원인이 되었다. 무슬림인 로힝야족(Roingya)을 불교국가인 미얀마에 이주시켰다. 인도인을 피지공화국에 이주시켰다. 이 교활한 식민지 지배방식은, 식민지 국가들의 독립 이후에도 끊임없이 문제를 초래했다.

19세기에 유럽 식민주의가 도래하기 전 아프리카 사회를 평가하자면, 당시에는 공식적이고 경계가 뚜렷하게 정해진 국가는 분명히 없었다. 아비시니아(Abyssinia)와 아산테(Asanate), 다호메이(Dahomey), 고대 이집트, 하우사(Hausa), 말리(Mali) 같은 많은 주요 정치체제들이 대륙의 서쪽과 동쪽 지역에 대규모로 모여 있었으나, 이들은 예외적인 경우로 보인다. 식민지 시대 이전의 아프리카 그 외 지역에서는, 현대의 국가나 공식적인 정치 통치제도와 비슷한 것이 없는 '텅 빈 곳'이었던 것 같다(Graham, 2020: 64).

독일제국의 총리 오토 폰 비스마르크의 주도 하에 열린 베를린 회담[2](Berlin Conference, 1884-1885)은 아프리카를 대상으로 한 식민지 분할회의였다. 이 회의를 통하여 결정된 국경선은 이 회의 이후 130년 가까이 지난 현대에도 아프리카 국가들의 일직선에 가까운 국경선의 대부분을 차지하고 있다. 원래 국경선은 강이나 산맥 등 지리적 경계를 따라 형성되므로 직선일 수가 없다. 부족, 언어, 문화, 역사 등 현지 상황은 무시하고 유럽 강대국들의 자의에 의하여 그어진 국경선이 오늘날 아프리카의 혼란의 상당한 원인을 차지하고 있다는 점에서 제국주의의 폐해를 가장 잘 보여주는 회의이기도 하다.

베를린 회의에는 아프리카 대표는 참가하지 않았으며, 국경선은 아프리카의 종교, 부족,[3] 인종들의 분포와 상관없이 일방적으로 결정되었다. 현지 사정을 무시한

---

2 베를린회의 또는 서아프리카회의라고도 불린다(임형백, 2022a: 180).
3 미국의 인류학자 George Murdock는 1959년 아프리카의 부족과 종족집단들의 영역을 표시한 지도를 제작했는데, 이를 머독지도(Murdock Map)라고 불렀다(de Blij, 2012).

유럽의 국경선 분할은 1960년 아프리카 독립 후 오늘날까지 내분과 갈등의 씨앗이 되었다(송금영, 2020: 126). 유럽의 식민지 분할로 1만여 개의 아프리카 부족 공동체 등 정치단체들은 하루아침에 40여 개로 통합되어 축소되었고, 국가 수가 줄어든 만큼 유럽의 입장에서는 아프리카를 쉽게 관리하게 되었다(송금영, 2020: 127).

세계 언어의 권위있는 정보 사이트인 에스놀로그(www.ethnologue.com)의 집계(2016년 기준)에 따르면, 아프리카에는 2,136개의 언어가 있다. 54개국에 12억 명 이상의 인구가 살고, 이들은 2,700여 종족으로 구성되어 있다. 언어는 약 2,136는 전 세계 언어 6,906개의 30%를 차지한다. 평균하면, 국가당 약 40개의 언어가 존재한다(김현권 · 김학수, 2016).

아랍[4]도 마찬가지로 제1차 세계대전(1914년–1918년) 중 영국은 적국인 오스만 제국의 영토 안에서 아랍 민족의 반란을 부추기기 위해, 아랍 세계 실력자인 하심가(Hāšimī)[5]의 후세인에게 전후 칼리파(caliph) 국가 영토를 약속했다. 영국의 약속을 믿은 하심가는 영국 첩보장교 토마스 로렌스(Thomas Edward Lawrence)가 이끄는 오스만 제국 해체 작전에 열정적으로 참여했다. 그러나 연합국의 승리로 전쟁이 끝난 뒤, 칼리파 국가 영역은 이스라엘 · 요르단 · 이라크 · 레바논 · 시리아 · 쿠웨이트 · 사우디아라비아 · 예멘 등 12개 나라로 잘게 쪼개졌다.[6] 이로 인해, 지금까지 지속되는 중동 분쟁의 기본 구조가 이때 만들어졌다(홍미정, 2016).

오늘날 유럽으로 밀려드는 대규모 이민자의 행렬이 모조리 과거 유럽 식민지에서 출발하지는 않았다. 제국주의 시절 식민지는 유럽에서 너무 멀리 떨어져 있었기 때문이다(Tamaki, 2019: 199). 물론 알제리처럼 프랑스에서 가까운 지역부터 주로 마르세유(Marseille)를 거쳐 이주하는 이들이 존재했고, 그 숫자가 무시할 수 없는 규모

---

4 아랍은 언어적 · 문화적 개념이고, 중동은 지정학적 개념이다(임형백, 2022a: 177).

5 이슬람교의 성지인 메카의 재배계급인 쿠라이시족(Quraysh)에 속한 가문이다. 이슬람교의 창시자인 무함마드의 증조부인 하심 이븐 압드 마나프(Hashim ibn 'Abd Manaf)를 시조로 한다. 무함마드를 배출한 가문이라 하여 존경받으며, 현 요르단의 왕가이다.

6 1916년 1월, 토머스 로렌스가 작성한 정보 메모는 아래와 같다. "아랍의 반란은 영국의 당면 목표와 부합하고 이슬람 블록의 붕괴와 오스만 제국을 패배와 붕괴로 이끌 것이기 때문에 영국에게 이익이다. 오스만 제국을 여러 아랍국가들로 분할하는 것은 영국에게 해롭지 않다. 적당히 다루어진다면 아랍인들은 정치적인 분열 상태, 서로 분쟁하는 매우 작은 모자이크 공국들의 집합체로 남을 것이다." 그는 영화 '아라비아의 로렌스'로 잘 알려졌다.

로 늘어나기도 했다. 그러나 근거리의 이민은 소수이고, 발에 떨어진 불처럼 '난민' 문제로 연결되었다. 유럽에는 2014년 이후 유럽으로 온 난민 중 180만 명이 여전히 유럽 각국에 남아 있고, 세계적인 이주민 문제의 근원이 되고 있다(Tamaki, 2019: 199).

2014년 약 20만 명, 2015년 100만 명 이상, 2016년 약 40만 명, 2017년 약 20만 명 등 상당한 수의 난민이 유럽으로 유입되었다. 유럽에서 난민을 가장 많이 받아들인 나라는 독일이고 헝가리, 프랑스, 이탈리아, 스웨덴이 뒤를 따르고 있다. 난민의 출신국은 시리아, 아프카니스탄, 이라크, 파키스탄, 이란, 나이지리아 순이다

표 1   인구의 국제이동의 원인을 기준으로 살펴본 다인종사회로의 진입 유형

유형	예	비고
이주노동(contract worker)에 의해 다인종 사회로 진입	독일 (사회통합적 다문화주의)	- 1960년대 스페인, 그리스, 터키(튀르키예), 포르투갈 출신의 노동자를 방문노동자(Gastarbeiter) 형식으로 초청 - 1973년 방문노동자 정책을 포기했지만, 가족 초청 등의 형식에 의해 독일에 거주하는 소수 인종집단은 지속적으로 증가하여 4백여만 명에 이름
이민(immigration)에 의해 다인종 사회로 진입	미국(다원적 다문화주의), 캐나다, 호주	- 부족한 노동력을 메우기 위해 전세계로부터 다양한 인종의 영구이민을 확대 - 캐나다는 영국문화에의 동화를 강요하다, 프랑스계의 퀘벡(Québec)분리주의 등장 이후 '이중문화주의' 입장 견지 - 호주도 1973년 백호주의(White Australia Policy)의 포기 이후, 비유럽이민자들이 급증하고, 특히 1988년과 1989년에는 전체인구증가의 54.4%를 이민인구가 차지
구식민지와의 포스트식민주의 상황에 의해 다인종 사회로 진입	영국, 프랑스 (사회통합적 다문화주의)	- 구식민지 국가 출신들이 이주 - 프랑스 이민자의 대부분은 무슬림이며 이민자의 22%가 알제리 출신 - 영국은 개방정책(open door policy)을 펴오다 1962년 이후 이민을 엄격히 제한하지만, 다양한 형태의 이민으로 현재 영국 인구의 7.85%가 인종적 소수집단

출처: 홍기원 외 4인(2006, 8-9)를 참고하여 작성; 임형백(2009, 168)

(Tamaki, 2019: 199). 제국주의 시대에 가장 많은 식민지를 가지고 있었던 영국과 프랑스가 구식민지와의 포스트 식민주의 상황에 의해 다인종 사회로 진입한 경우에 해당한다.

2. 세계화와 국제이주

제2차 세계대전 이후 지난 50여 년간, 국가 간 이동은 세계적으로 중요한 사회적 변화의 요인으로 자리잡고 있다(이성우 외 2인, 2002: 43). 특히, 냉전의 종식과 신자유주의로 대표되는 세계화는 국가 간 인구이동을 크게 증가시키고 있다. 신자유주의는 물적자원 뿐만 아니라 인적자원의 국경없는 자유로운 이동을 지향하기 때문이다.

1990년대 초반 세계 노동시장이 등장하였고, 2011년에 그 주요 요소들은 이미 확고히 자리를 잡았다. 그러나 노동시장은 그리 개방적이지 않을 뿐만 아니라 글로벌하지도 않다. 그것은 시장, 외국인 고용을 허용하는 정부 정책, 글로벌 채용 관련 기업과 같은 중개인의 활동 등이 결합된 결과이기 때문이다(Sassen, 2016: 175). 오늘날 가장 주요한 국제이주 인구는 이주 노동자들이다. 이들은 보다 높은 임금과 일자리의 기회가 있는 국가로 일시적으로 이동하는 사람들이다(Baker, 2018: 204).

이주와 정착은 전 지구화가 급속하게 진행되는 가운데 여러 나라들 간에 형성되고 있는 상이한 경제적·정치적·문화적 연계와 밀접하게 관련되어 있다(Castles & Miller, 2013: 98). 인구와 이주문제 만큼 세계화의 현실을 잘 보여주는 것도 없을 것이다. 기아, 불평등, 인종분쟁, 환경악화, 지속가능한 발전, 여성 처우, 글로벌 안보, 경제개발, 무역, 빈곤, 민주화, 인권 등 세계화의 모든 측면은 결국 인구와 관련되어 있다(Payne, 2013: 288). 국제이주는 그 형태가 어떻든 간에 현대 세계의 발전과 떼려야 뗄 수 없는 중요한 구성요소로 간주되어야 한다(Castles & Miller, 2013: 98). 오늘날 전 세계 국내외 이주자의 수는 10억 명에 달하고 있는데, 이는 지구상 인구 7명당 1명꼴에 해당한다(이신화, 2015: 197).

국제이주는 한 개인이 보다 나은 삶의 기회를 찾아서 이동하기로 결심하고 자신

표2 이주의 유형

이주 유형	내용
역내 이주 (regional migration)	– 특정 지역 내에서의 이주 – 주변 국가에서의 경제기회의 확대에 의해 촉발
이촌향도 이주 (rural-to-urban migration)	– 시골을 떠나 도시로 향하는 이주 – 선진국과 개발도상국 모두에서 가장 일반적으로 나타 나는 이주 형태
계절 이주 (seasonal migration)	– 계절적 노동 수요에 따라 이루어지는 이주
통과 이주 (transit migration)	– 다른 나라로 가는 길에 한 나라에 들르는 이주 – 특정 국가로 입국하기 위해 다른 국가를 통과하거나 일 시적으로 그곳에 머무는 경우
강제 이주 (forced and induced migration)	– 원하지 않는 이주로서, 종종 정부에 의해 이루어짐
복귀 이주 (return migration)	– 처음 이민한 국가로부터 모국으로 돌아가는 이주

출처: Payne(2013, 295-297)을 참고하여 작성

의 출신지에서 뿌리를 거두었다가 새로운 나라에서 신속하게 동화하는 것 같은 단순한 개인적 행동이 아니다. 이주와 정주는 대개 이주자의 생애 전체에 걸쳐 전개되며 후속 세대에까지 영향을 미치는 장기적인 과정이다(Tribalat, 1995: 109-111).

3. 출산율 및 인구의 변화와 국제이주

이미 1798년에 Thomas Robert Malthus(1766-1834)는 저서 「인구론, An Essay on the Principle of Population」에서 인구학에 대한 이론을 전개했고, 그가 제시한 전망은 우울했다. 이후 Paul R. Ehrlich(1968)는 저서 「인구폭탄, The Population Bomb」에서 맬서스의 우울한 전망을 소환했다. 그 무렵 세계 인구는 약 35억 명이었다(Weisman, 2013). 1992년 리우데자네이루에서 개최된 유엔환경개발회의(지구정상회의, Earth Summit)에서 유엔 사무차장 Maurice Strong은 세계 인구를 자발적으로

줄여야 한다고 주장했다.

1996년 Mathis Wackernagel과 William Rees는 생태 발자국(ecological footprint)라는 개념을 고안했다. 이는 인간의 의식주 생활에 필요한 자원의 생산과 폐기에 필요한 자연생태계를 토지로 환산한 지수로, 현재까지 고안된 가장 영향력 있는 지속가능성 측정 기준의 하나로 여겨진다. 지구가 기본적으로 감당해 낼 수 있는 면적 기준은 1인당 1.8ha이고, 면적이 넓을수록 환경문제가 심각하다는 의미이다. 생태 발자국에 의하면 1970년에 이미 지구 생태용량은 초과되었다. 즉 1970년에 이미 지구는 지속가능하지 않게 되었다(임형백, 2022b: 17).

대한민국은 1995년을 기준으로 이 기준점을 넘기 시작했고, 2005년에는 3.0ha에 이르렀다. 2016년 기준으로 전 세계인이 한국인처럼 살려면 지구가 3.4개, 미국인처럼 살려면 5.0개가 필요하다(안혜진·성혜승, 2016). 인구증가 이외에 소득의 증가도 소비를 증가시킨다(임형백, 2022b: 17).

거시적 관점에서 보면 지구적 차원에서는 오히려 인구의 증가가 문제이다. 반면 미시적 관점에서 보면 선진국에서는 인구가 줄고 개발도상국에서는 인구가 늘고 있다(임형백, 2022b: 17). 인류는 지속 가능한 발전을 추구한다. 인구가 감소하는 국가에서 출산율을 높이려는 정책은 개별 국가라는 미시적 차원에서는 합리적이나, 지구 전체라는 거시적 차원에서는 비합리적이다. 이처럼 지구의 모든 문제는 복잡하게 얽혀 있어 해답을 찾기가 쉽지 않다.

UN(2019)은 2100년 경 세계인구가 109억 명으로 정점에 도달하고 감소할 것이라고 전망했다. Vollset et al.(2020)은 UN의 예상과 달리 2060년대에 약 97억 명에서 정점을 찍고 2100년에 88억 명으로 줄어들 것으로 전망했다. UN(2022)은 2022년 7월 기준으로 세계인구는 79억 4,200만 명이고, 11월에 80억 명을 넘어서고, 2080년에 104억 명으로 정점에 이를 것으로 전망된다. 또 2023년에는 인도가 중국을 제치고 세계에서 가장 인구가 많은 국가가 될 것이라고 전망했다.

반면 1950년 이후 처음으로 2020년과 2021년에는 전 세계 인구증가율이 1% 아래로 떨어졌다. 2020년에는 0.92%, 2021년에는 0.82%였다. 특히 유럽 인구는 2020년 74만 4,000명, 2021년 140만 명이 줄어 제2차 세계대전 이후 인구감소 폭이 2년 연속으로 가장 컸다. 유럽 인구는 2100년까지 계속 줄어들 것으로 전망된다(UN,

2022). 2019년 7억 5,000만 명으로 정점에 달했던 유럽 인구는 2020년부터 감소해 2050년에는 현재보다 4,000만 명 줄어들 것이다. 출산율이 유럽의 3배에 달하는 아프리카의 인구는 계속 증가해 2050년에는 세계 인구의 4분의 1을 점할 것이다(박희권, 2022).

많은 선진국들의 저출산과 노동력 감소, 저임금 직종에 대한 기피로, 외국인 노동자에 의존할 수 밖에 없는 상황이다. 반면 교통과 통신의 발달로 개발도상국에서도 선진국에 대한 정보를 쉽게 접할 수 있다. 현대사회에서 국가 간의 노동인구의 이동은 가장 큰 이주 흐름이다.

4. 국제이주 협력

1) 지역적 차원에서의 국제이주 협력: 세계화 이전

세계화 시기 이전 국제 이민협력의 양상은 주로 국경의 안정과 관련한 양자적 혹은 다자간 협력이라든지, 비합법 이민에 대한 대응과 통제에 관한 협력, 이를 위한 구체적인 비자제도의 운영 등을 포함하여 상호 양해하는 수준에서의 협력이라 할 수 있다. 즉, 이민보다는 좀 더 국민국가의 안정과 보호를 위한 목적이 강하게 작용된 것이다. 왜냐하면, 이민 관련 협력을 국민 국가의 주권을 일부 양보하는 것으로 간주하였기 때문이다(이진영, 2022b: 472).

세계화 이전의 국제이주 협력은 주로 난민과 국경에 관한 협력이었다. 제2차 세계대전(1939년–1945년)으로 실향민이 된 사람들의 재정착을 위하여, 1951년 유럽 이주를 위한 정부 간 위원회(ICEM: Intergovernmental Committee for European Migration)가 출범하였다. 1950년대 ICEM은 40만 명이 넘는 유럽의 난민과 이민자들을 해외로 정착시키는 사업과 18만 명에 달하는 오스트리아와 구 유고 연방 내의 헝가리인들의 귀환을 도왔다(이진영, 2022b: 472). ICEM이 현재 IOM(International Organization for Migration)의 전신이다.

지역 차원에서 이루어진 이민에 관한 다자간 국제협력의 시초는 대표적인 이민 관련 국제기구로 여겨지는 국제이주기구(IOM: International Organization for Migration)부터이다(이진영, 2022b: 473). IOM은 2016년 유엔 관련 기구가 되었다. IOM은 이주와 경제, 사회 그리고 문화의 발전과의 연결관계에 대한 분명한 인정을 촉구하며, 인간의 이주의 자유와 권리를 명시한다. 국제이주기구(IOM)의 활동영역은 크게 이주와 개발, 이주 촉진 및 이주자 통합지원, 이주규제, 강제이주 등 44가지로 구분된다(이신화, 2015: 210). IOM은 질서있고 인간적인 이주 관리 보장, 이주문제에 대한 국제협력 장려, 이주 문제에 대한 실용적인 해결책을 모색하기 위한 지원과 이주민이 필요로 하는 인도주의 지원 제공 등을 하고 있다.

2) 국제적 차원에서의 국제이주 협력: 세계화 이후

신자유주의(neo-liberalism)와 세계화는 밀접한 관계가 있다. 신자유주의는 국가권력의 개입증대라는 복지국가에 대하여 경제적 자유방임주의(Laissez-faire)의 원리를 적용하려 한다. 한편 고전적 자유주의(Classical Liberalism)가 국가개입의 전면적 철폐를 주장하는데 비하여, 신자유주의는 강한 정부를 배후로 시장경쟁의 질서를 권력적으로 확정하는 방법을 취한다. 세계화는 '작은 정부와 경쟁 시장'을 전제로 한다. 세계화가 진행되면서 신자유주의 사상은 자유경쟁의 원리를 지배적 이데올로기로 자리매김시켰고, 전 세계적으로 영향력을 미치고 있다.

(1) 신자유주의

신자유주의의 시조는 오스트리아 학파(Austrian School)의 프리드리히 하이에크(Friedrich August von Hayek)로 볼 수 있다. 1929년에 시작된 대공황을 두고 하이에크는 존 메이나드 케인스(John Maynard Keynes)와 대립하였다. 화폐량이 실물경제에 영향을 미치지 않는다는 고전학파의 '화폐수량설'을 비판하는 점에서는 두 사람의 의견이 같았지만, 대공황(Great Depression, 1929년-1939년)에 대한 해결책은 전혀 달랐다. 케인스는 과소 소비가 과소 투자를 불러 경기침체를 가져왔다고 주장하면서, 정부가 적극적으로 나서 인위적으로 실업을 줄여야 한다고 주장했다. 하이에크는 과잉 투자가 과잉 소비를 유발시켜 일시적인 수요부족으로 경기가 침체되었으니, 시간이 걸리더라도 시장의 자동 조정능력을 신뢰해야 한다고 주장했다(임형백,

2017: 11).

승리자는 케인스였다. 정부 주도의 대규모 인프라 사업을 통해 실업을 줄여야 한다는 케인스의 주장은 여러 나라에서 채택되었다. 가장 대표적인 예가 1933년부터 1939년까지 시행된 '뉴딜 정책(New Deal)'이다. 이후 케인스의 이론은 세계 경제를 주도했고, 이에 도전하는 학자가 없었다(임형백, 2017: 11).

신자유주의는 고전적 자유주의에 더 가까우며, 사회적인 면에서는 보수 자유주의를 지향한다. 신자유주의는 1970년대부터 부상하기 시작하였다. 신자유주의는 19세기의 자유방임적 자유주의의 결함에 대하여 국가에 의한 사회 정책의 필요성을 인정하면서, 동시에 자본주의의 자유 기업의 전통을 지키고 사회주의에 대항하려고 한다(임형백, 2017: 13). 1979년부터 1990년까지 영국의 총리를 지낸 마가렛 대처[7](Margaret Thatcher)와 1981년부터 1989년까지 미국의 대통령을 지낸 로널드 레이건(Ronald Reagan)은 케인스주의(Keynesianism)를 종언하고 신자유주의(Neoliberalism)를 채택하였다. 한국에는 김영삼 정부(1993-1998) 말기에 도입된 것으로 여겨진다(임형백, 2017: 13).

신자유주의는 경제적 장점뿐만 아니라 정치적 안정도 내세운다. 신자유주의를 통하여 경제적 성장을 이룰 수 있다고 주장한다. 신자유주의는 시장개방을 자유무역과 국제적 분업(Division of Labour)으로 이해한다. 신자유주의는 개방을 통하여 인적자원과 물적자원이 자유롭게 이동한다면, 경제, 정치, 안보 등 모든 면에서 시너지 효과가 발생하여 번영을 누릴 것이라고 주장하였다. 즉, 국경없는 개방이 경제를 키운다는 주장이다(임형백, 2017: 14).

동시에 신자유주의가 정치적 안정도 가져온다고 주장한다. 제2차 세계대전 이후 유럽은 안보와 평화공존을 앞세워 경제 공동체를 이루는 것으로 통합을 진행시켜 왔다. 유럽통합은 당시 필수적인 군사물자이자 주요 산업이었던 석탄과 철강 분야의 경제 공동체를 우선적으로 달성한 후, 원자력 공동체의 형성에 이어 자유무역지대와 단일 시장으로 진전되었다(고주현, 2013: 16).

---

[7]   마가렛 대처는 1990년 유럽 통합에 반대하다, 지도부와 충돌해 총리직에서 사임했다.

(2) 세계화

세계화(globalization)는 전 세계 사람, 기업, 정부 간의 상호작용과 통합의 과정이다. 복잡하고 다면적인 현상으로서, 세계화는 지방과 국가 경제의 통합을 체계적이고 규제되지 않은 시장 경제로 포함하는 자본주의 확장의 한 형태로 간주된다. 국제적인 상호작용이 증가함에 따라 국제 무역, 아이디어, 문화의 성장이 이루어진다. 세계화는 주로 사회적, 문화적 측면과 관련된 상호작용과 통합의 경제적 과정이다. 그러나 갈등과 외교 또한 세계화의 큰 부분이다(Guttal, 2007).

3) 국제이주와 안보의 결합: 2001년 9·11 테러 이후

이민과 안보의 관련성은 비교적 최근에 주목받은 분야이다. 그러나, 탈냉전기에 급속하게 전개된 전 세계적 사람의 이동과 세계화는 이민과 안보의 중요성을 어느 때보다도 더욱 부각시키고 있다. 이민과 안보는 다양한 층위에서 검토되고 있다. 이민자, 사회, 국가, 세계라는 다양한 행위자와 범죄, 안전, 테러, 전통 안보 및 인간안보 등 다양한 주제로 논의되고 있다(이진영, 2022a: 255). 이민과 안보가 결합된 직접적인 계기는 2001년 9월 11일 미국 뉴욕의 쌍둥이 빌딩에 가해진 항공기 자살 테러, 9·11 테러였다. 9·11 테러를 통하여 이민은 안보와 연결되어 논의되고, 안보의 영역이 되었다(김연진, 2012).

국내에서의 이민과 안보문제는 이민수용국에서 특히 무슬림 이민자들을 중심으로 한 정치참여나 시위 및 소요 그리고 테러까지 발생하였고, 이와 함께 이민수용국 국민들의 반작용이라할 수 있는 반이민 및 극우정당의 약진이라 형태로 광범위하게 진행되었다. 그러나 지난 25년간 나타난 이민과 안보논의에서 중요한 또 하나의 관점은 이민과 안보 논의가 초국가적으로 확산되는 국제문제가 되었다는 점이다(이진영, 2022a: 240).

이주의 세계화와 정치화 경향 하에서, 모든 국가들은 국제이주(이민) 증가를 주권과 안보를 위협할 수 있는 것으로 인식하고 강력하고 효율적인 이민관리를 추구한다. 하지만, 개별 국가의 정책적 능력만으로는 국제적 인구이동을 완벽히 통제할 수 없는 상황이다. 또한, 모든 이민수용국은 실질적으로 많은 수의 자국민을 해외로 이주 보내기도 하기 때문에 상호주의적 관점에서 정책결정을 할 수 밖에 없다(김규찬, 2022: 221).

이주와 안보 논의는 개별 국가를 넘어 급속하게 국제화하였다. 난민과 함께 대두한 초국가적 테러는 이민을 안보와 급속하게 연결시켰고, 유럽연합처럼 여러 국가 간 공동의 이민정책의 필요성을 국제사회에 제기하였다(이진영, 2022a: 255). 대한민국도 제2차 외국인정책 기본계획(2013-2017)에서 5대 정책목표의 하나로 국제사회와의 공동발전이라는 국제이주협력의 목표를 제시하였다(정기선 외 11인, 2011).

4) 국제적 차원에서의 본격적인 국제이주 협력: GCIM 이후

글로벌 차원에서 국제 이민협력은 이민 관련 쟁점을 총괄하여 관리하는 글로벌 거버넌스(governance)의 도입이라 할 수 있다. 왜냐하면 국제 이민협력은 하나의 과정으로, 국가 간의 협력에 대한 제안부터, 이에 대한 호응, 회합과 회의, 회의체제의 구성, 그리고 국제기구로의 성립까지 이어지는 일련의 과정이기 때문이다(이진영, 2022b: 474).

하지만, 현재 국제이주 분야에서 이민 관리, 이주민 보호, 국제협력 활동 등을 전반적으로 관리하고 책임지는 UN 산하의 공식(governmental)기구는 없는 상태이다(이남철, 2020). 다만, 국제이주 분야에서 특별한 대상이나 이슈를 다루는 국제기구들이 존재하며, UN은 이들 기구와 긴밀히 협조한다(김규찬, 2022: 222).

2001년에 국제노동기구(ILO), 국제이주기구(IOM), 유엔 난민 고등판무관 사무소(UNHCR),[8] UN 마약범죄사무소(UNODC), UN 무역개발회의(UNCTAD)의 다섯 개의 국제이주에 관한 전문적 국제기구들은 제네바 이주그룹(the Geneva Migration Group)을 형성하고, 글로벌화한 세계에서 이민문제에 초점을 맞추는 국제이민정책 발전을 위해 정보를 공유하고 기구 간 협력을 강화하기로 합의하였다. 특히, 현재 이민문제에 대한 접근에서 결여된 부분, 다른 쟁점과 상호 연결된 부분에 초점을 맞추고, UN 사무총장과 각국 정부 및 이해당사자들에게 제언을 할 수 있는 기구에 대한 필요성을 제기하였다. 그 결과 2003년 12월 9일 GCIM(Global Commission on International Migration)이 성립되었다. 따라서, 본격적이고 구체적인 형태로 국제적

---

8 유엔난민기구(UN Refugee Agency)로도 불린다.

차원에서 이루어진 국제 이주협력은 2003년에 UN이 전 지구적 차원에서 국제이민에 관한 전문기관들로 구성된 글로벌 국제이주위원회(GCIM: Global Commission on International Migration)를 창설한 이후이다(이진영, 2022b: 477).

5. 소 결

세계화의 물결 속에서 가장 큰 손실을 본 집단은 바로 부유한 국가 내 가난한 사람이다. 유럽 국가별로 포퓰리즘(Populism) 정당 대부분의 핵심 지지층이 노동계층이다. 포퓰리즘 운동은 사회주의 몰락 후 그 어느 때보다 풍요로운 세상이 되었지만 상대적으로 그 수혜를 누리지 못하는 사람들이 정치에 기대감을 갖는 것을 반영한 정치 행위였다. 성공한 사람, 인지 능력이 뛰어난 엘리트를 끌어내리기 위해 선택한 정치가 바로 포퓰리즘 운동이었다(Goodhart, 2019: 118-119, 183)

오늘날 이주는 새로운 형태로 지속되고 있다. 사실상 모든 북·서유럽 국가는 1945년 이후 외국 출신 노동자가 이민 와서 정착하는 지역이 되었다. 1980년대 이후에는 과거 이주자 송출국이었던 그리스, 이탈리아, 스페인 등 남유럽 국가들도 이주자 이민유입국(receiving country)[9]이 되었다. 오늘날에 이르러서는 헝가리, 폴란드, 체코 등 중앙·동유럽 국가들도 이민자들을 수용하는 지역이 되어 가고 있다(Castles & Miller, 2013: 33). 그렇다고 아프리카, 아시아, 라틴 아메리카의 가난한 국가의 정부와 대중이 이주 통제에 관심이 없을 것이라고 추측하는 것은 오류다 (Koslowski, 2008). 개발도상국가들도 인구의 유출을 염려하고, 자신들의 경제개발을 위하여 우수한 인구를 확보하려고 하고 있다.

Freeman(1995)은 이민유입국을 전통 이민국, 초청 노동자 유입국, 후발 이민국의 세 가지로 구분하였다. 그러나, 이제는 이러한 구분이 점점 더 무의미해지고 있다. 많은 나라들이 이민송출국이면서 이민유입국이다. 이주자의 규모는 점점 더 커지고 이주의 형태는 점점 더 복잡해지고 있다.

---

9   이민목적국(country of destination), 이민수용국 이라고도 한다.

특히, 대한민국은 단일민족으로 구성된 국가이다. 현재 지구상의 국가 중에서 국가라는 정치 체제를 가장 오래 가지고 있었던 나라는 대한민국과 중국이다. 한편 중국의 당나라, 명나라, 청나라 모두 300년을 넘기지 못한 반면, 고구려와 백제는 약 700년, 신라는 약 1,000년을 유지했다. 조선도 500년을 유지했다. 한국은 강한 민족주의를 가지고 있는 반면 이주와 이주민에 대한 경험이 부족하다. 그런데 국내 체류 외국인이 급증하자, 제대로 대처하지 못하고 있다.

세계화 시대에 더욱 더 다양한 국제이주가 증가하는 시점에 한국도 국제이주와 관련된 국제개발협력이나 공공외교(public diplomacy) 등과 같은 다양한 이슈를 고려하며 이와 연결된 아주 복잡한 현상들을 파악하기 위해 학제 간 연구를 기반으로 국제이주에 대한 재해석과 합리적인 접근이 필요하다.

고주현(2013). 유럽연합의 문화정책과 유럽통합. 서울: 성진미디어.

김규찬(2022). 이민정책론. 경기: 공동체.

김연진(2012). 9·11은 전환점이었는가?: 9·11과 국가안보, 그리고 미국의 이민정책. 미국사연구, 35, 235-268.

다마키 도시아키(Tamaki Toshiaki)(2019). 이주, 이동, 식민, 이민의 세계사. 서수지 옮김. 서울: 사람in.

데이비드 굿하트(David Goodhart)(2019). 엘리트가 버린 사람들. 김경락 옮김. 서울: 원더박스.

리차드 페인(Richard J. Payne)(2013). 글로벌 이슈: 정치·경제·문화. 조한승·고영일 옮김. 서울: 시그마프레스.

리처드 J. 리드(Richard J. Reid)(2013). 현대 아프리카의 역사. 이석호 옮김. 서울: 삼천리.

박희권(2022.09.22.). 국가 생존, 인구 문제에 달렸다. 한국경제.

배리 베이커(Barry Baker)(2018). 국제개발협력개론. 권상철 외 4인 옮김. 서울: 푸른길.

사스키아 사센(Saskia Sassen)(2016). 세계경제와 도시. 남기범 외 3인 옮김. 서울: 푸른길.

송금영(2020). 아프리카 깊이 읽기: 오천년 역사와 문화, 대외관계를 읽다. 서울: 민속원.

스티븐 카슬(Stephen Castles)·마크 J. 밀러(Mark J. Miller)(2013). 이주의 시대. 한국이민학회 옮김. 서울: 일조각.

안혜진·성혜승(2016). 한국생태발자국보고서 2016: 지구적 차원에서 바라본 한국의 현주소. 세계자연기금 한국본부(WWF-Korea).

앤드류 심슨(Andrew Simpson)(2016). 아프리카 아이덴티티. 김현권·김학수 옮김. 서울: 지식의 날개.

앤드류 심슨(Andrew Simpson)·아킨툰데 오예타데(B. Akíntúndé Oyètádé)(2016). 나이지리아: 아프리카 대국의 종족 언어적 경합. 아프리카 아이덴티티, 김현권·김학수 옮김. 서울: 지식의 날개, 269-309.

이남철(2020). 국제이주와 외국인 노동정책. 서울: NEXEN Media.

이성우·하성규·다웰 마이어(Dowell Myers)(2002). 국제이동과 사회동화. 서울대학교출판부.

이신화(2015). 국제기구와 인도적 의제: 이주 및 난민 문제. 박흥순 외 3인 공저, 국제기구와 인권 · 난민 · 이주: UN인권(헌장 · 협약 · 지역)기구 · UNHCR · IOM. 서울: 오름, 193–231.

이진영(2022a). 이민과 안보 및 안전. 이혜경 외 7인. 이민정책론. 서울: 박영사, 255–254.

이진영(2022b). 국제이민협력. 이혜경 외 7인. 이민정책론. 서울: 박영사: 469–500.

임형백(2009). 한국과 서구의 다문화사회의 차이와 정책 비교. 다문화사회연구, 2(1), 161–185.

임형백(2013). 사회통합과 우호적 국제환경 구축을 위한 이민정책과 공공외교의 연계. 한국정책연구, 13(2), 309–337.

임형백(2017). 이민과 개방에 대한 신자유주의와 신고립주의의 갈등. 다문화와 평화, 11(2), 1–36.

임형백(2018). 국제개발협력을 위한 학제간 연구: 지역학, 경제학, 계획학, 국제농촌지도를 중심으로. 한국지역개발학회지, 30(1), 121–150.

임형백(2022a). 아프리카 국가들의 국가발전과 경제발전의 장애물: 민족주의와 부족주의의 충돌. 지역정책연구, 33(1), 167–192.

임형백(2022b). 인구감소가 초래한 지방소멸 위기와 이민. 한국지역개발학회지, 34(3), 15–40.

정기선 · 강동관 · 김석호 · 김혜순 · 김환학 · 배병호 · 신지원 · 이민경 · 이상림 · 이완수 · 이진영(2011). 외국인정책 기본계획 수립방향 및 주요 정책의제 연구. 법무부.

하름 데 블레이(Harm de Blij)(2015). 왜 지금 지리학인가. 유나영 옮김. 서울: 사회평론.

홍기원 · 백영경 · 노명우 · 이재은 · 정보원(2006). 다문화정책의 방향과 문화적 지원 방안 연구. 한국문화관광정책연구원.

홍미정(2016). 21세기 중동 바르게 읽기. 서울: 서경문화사.

de Blij, H. (2012). *Why Geography Matters: More than ever*. Oxford University Press.

Ehrlich, P. (1968). *The Population Bomb*. New York: Buccaneer Books.

Hammarström, H. (2005). *Review of Raymond J. Gordon, Jr.(ed.) 2005 Ethnologue: Languages of the World, SIL International*. working paper. Available at https://citeseerx.ist.psu.edu/document?repid=rep1&type=pdf&doi=c0734ca6e8b1ba0b7177121c7cc6f991b84b4c83. Accessed on 15 January 2023.

Freeman, G. P. (1995). Models of Immigration Policies in Liberal Democratic States. *International Migration Review*, 24(4), 881–902.

Graham, M. (2018). *Contemporary Africa*. Bloomsbury Publishing.

Guttal, S. (2007). Globalisation. *Development in Practice*, 17(4/5), 523−531.

Koslowski, R. (2008). Global Mobility and the Quest for an International Migration Regime. *International Migration & Development*, 21(1), 103−143.

Tribalat, M. (1995). *Faire France: Une Enquête sur les Immigrés et leurs Enfants*. Paris: La Découverte.

Vollset, S. E., Goren, E., Yuan, C. W., Cao, J., Smith, A. E., Hsiao, T., & Murray, C. J. (2020). Fertility, mortality, migration, and population scenarios for 195 countries and territories from 2017 to 2100: a forecasting analysis for the Global Burden of Disease Study. *The Lancet*, 396(10258), 1285−1306.

UN (2019). World Population Prospects 2019: Summary of Results. New York: United Nations Department of Economic and Social Affairs. Available at file:///C:/Users/Buhyun%20Nam/Downloads/WPP2019_Highlights.pdf. Accessed on 15 January 2023.

UN (2022). World Population Prospects 2022: Summary of Results. New York: United Nations Department of Economic and Social Affairs. Available at file:///C:/Users/Buhyun%20Nam/Downloads/World%20Population%20Prospects%202022%20−%20Summary%20of%20Results.pdf. Accessed on 14 January 2023.

Wackernagel, M., & Rees, W. (1998). *Our ecological footprint: reducing human impact on the earth* (Vol. 9). Pennsylvania: New Society Publishers.

Weisman, A. (2013). *Countdown: Our last, best hope for a future on earth?*. Hachette UK.

제 2 장

국제이주 이론

임 형 백

1. 초기 이론

이주(migration)에 대한 연구는 본질적으로 학제간 연구(interdisciplinarity)[1]이다. 사회학, 정치학, 역사학, 경제학, 지리학, 인구학, 심리학, 문화연구, 법학 등이 모두 관련된다(Brettel & Hollifield, 2007). 수학적으로 표현하자면, 이주라는 종속변수(dependent variable)는 하나이지만 영향을 미치는 독립변수(independent variable)는 여러 개이고, 나라마다 시대마다 독립변수의 종류와 영향력이 다르다.

이주 패턴은 복잡하지만, 이주가 왜 발생하는지에 관한 여러 이론이 제시되어 왔다. 이러한 이론들은 일반적 원리를 상당히 단순화한 것인데, Ernest Ravenstein(1889)의 이론처럼 오래전의 이론도 오늘날 상당히 설득력이 있다. 라

---

[1] 학제간 연구는 연구할 때 서로 다른 여러 학문 분야에 걸쳐 제휴하여 참여하는 연구를 가리키며, 일본식 표현으로는 학제적 연구라고도 한다. 여러 학제에 걸친 연구가 필요한 성질을 가리켜 학제성(學際性)이라고도 부른다(임형백, 2018: 122).

벤슈타인은 흔히 초창기 이주 이론가로 잘 알려져 있다. 그는 잉글랜드와 웨일스(Wales)의 인구조사 정보를 사용해서 소위 '이주의 법칙'을 제사한 바 있다. 그의 이론에 따르면 이주는 배출(push)과 흡인(pull) 과정에 의해 결정된다. 배출 과정은 어떤 장소에서 사람들을 다른 곳으로 밀어내는 불리한 조건들을 가리키는데, 여기에는 압제적 법률, 박해, 높은 세금 등이 포함된다. 흡인 과정은 어떤 장소가 다른 곳으로부터 사람들을 유인하는 조건으로서 보다 나은 보건시설, 더 많은 취업기회 등이 포함된다(Baker, 2018: 206).

라벤슈타인의 법칙에는 다음의 내용이 포함된다. ① 이주의 주요 원인은 보다 나은 외부의 경제적 기회이다. ② 이주의 규모는 거리가 증가함에 따라 감소한다. ③ 이주는 한꺼번에 일어나기보다는 단계적으로 이루어진다. ④ 성, 연령, 사회계급 등의 요인은 개인의 이주 역량에 영향을 끼친다(Baker, 2018: 206).

2. 신고전학파 경제학 이론

1) 거시이론

경제학 분야에서는 신고전학파[2] 이론이 아직까지 지배적인 패러다임으로 남

---

2 경제학은 Adam Smith(1723-1790)에 의해 만들어졌다. 1890년 Alfred Marshall의 경제학 원리(Principles of Economics)가 출판되기 전까지는 '정치경제학'이라는 명칭이 사용되었다. 고전학파라는 말을 처음 사용한 사람은 K. Marx였다. 한편 J. M. Keynes(1883-1946)는 고전학파를 자유방임주의(laissez-faire)의 패러다임을 신봉하는 경제학자들로 보았기 때문에 A. Marshall 까지를 고전학파로 분류하였다(임형백, 2004).
독점자본의 폐해가 극심했던 19세기 후반은 경제학에 있어서 백화제방(Hundred Flowers policy)의 시대라고 할 수 있다. Karl Marx(1818-1883), Henry George(1839-1897), Thorstein Veblen(1857-1929) 등 오늘날까지 이름을 빛내고 있는 많은 경제학자들이 이때 활약했었다. 현실고발적 성향을 강하게 가졌던 이들에 대립해서 Léon Walras(1834-1910), Carl Menger(1840-1921), Alfred Marshall(1842-1924) 등 일단의 학자들은 고도의 근대수학을 이용한 자연과학적 분석방법으로 고전경제학을 새롭게 탄생시켰다. Veblen은 고전경제학과의 연속성을 강조하는 의미에서 이들에 의해서 체계화된 새로운 이론을 신고전파 경제학 또는 신고전경제학이라고 불렀고, 오늘날 경제학의 이름 아래 대학에서 가르치고 있는 기초이론의 대부분은 사실상 신고전학파(Neo-Classical School)가 개발한 것들이다(이정전, 1993: 30-31).

아 있으며 이주 연구에서 중요한 역할을 해왔다. 신고전학파의 설명은 기능주의적 (functionalist) 관점의 이주 이론을 대표한다. 우선 거시적 차원에서 이 모델은 국가 간의 사회 · 경제 · 정치적 격차에 의해 국제적 인구이동이 발생한다고 본다(Borjas, 1989). 신고전학파 이론은 인구 이동현상을 설명하는 가장 오래되고 잘 알려진 이론으로, 경제개발 과정에서 발생하는 노동의 이동을 설명하기 위해 만들어진 것이다 (Todaro, 2000; Harris & Todaro, 1970). 이 이론에 따르면, 인구의 이동은 지역별로 차이가 나는 노동시장의 수요와 공급에 의해 발생한다. 한 국가 내에서도 임금의 지역간 차이는 저임금 농촌에서 고임금 도시로의 인구이동을 발생시킨다(임형백 · 이성우, 2004: 245).

2) 미시이론

거시경제적 모델과 상응하여 개인의 선택과 관련된 미시경제적 모델이 존재한다(Todaro & Maruszko, 1987; Sjaastad, 1962). 이민은 개인이 자신의 효용을 극대화하기 위해 주어진 정보를 활용하여 자유롭게 내린 의사결정의 결과로 볼 수 있다(Chiswick, 2000). 경제학은 '측정 가능한 효용(utility)', '완벽한 합리성을 추구하는 개인', '완벽한 정보의 공유'라는 이상적 가정 아래에서 '방법론적 개인주의 (methodological individualism)'에 입각하여 이론을 구성해 왔다(임형백, 2004: 135).

합리적 행위자 개인은 비용-편익 분석을 통해 이동으로 인하여 얻게 되는 순소득(순수익)이 있을 때 이주를 결정하게 된다. 또한, 사람들은 자신의 기술이 가장 생산적인 곳을 찾아 이주하게 된다. 그러나, 새로운 이주지에서 높은 노동 생산성과 높은 임금을 보장하는 직업을 획득하기 전에, 어느 정도 특별한 투자가 필요한데, 이 투자에는 이주할 때의 금전적 비용, 직업을 가지기 전까지의 생활비, 도시문화에 적응하기 위한 노력, 새로운 노동시장에 적응하기 전에 경험하게 되는 곤란, 이전의 인간관계를 새로운 관계로 대체하는 심리적 비용 등이 포함된다(임형백 · 이성우, 2004: 246).

따라서, 이동을 준비하는 사람은 이주비용과 기대소득(expected income)을 평가하여, 여러 대상지역 가운데 예상 시간대[3](time horizon) 동안 할인된 기대 순소득이

---

3 투자자가 투자를 한 후 투자를 상회하는 편익이 기대되는 일정한 기간을 의미한다(이성우 외 2

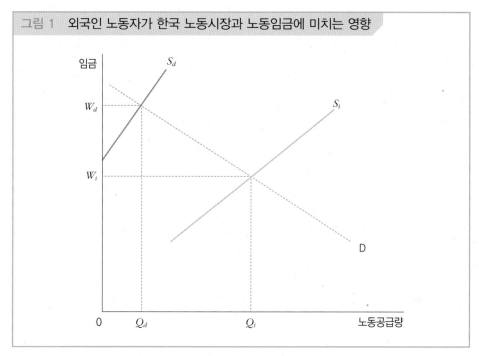

그림 1 외국인 노동자가 한국 노동시장과 노동임금에 미치는 영향

출처: McConnell et al. 2003: 301

가장 높은 지역으로 이주한다(Todaro, 2000; Borjas, 1990). 이민은 처음부터 목적에 의한 이민(계약)에 의해 해당국가로 가서 해당국가의 국민이 되는 경우도 있으나, 대부분은 장ㆍ단기 노동계약이나 망명 등 다른 사유로 입국하여 활동하다가 계속 체류권리(영주권이나 체류허가 등)을 취득하거나 체류국 국적을 획득하기도 한다(임정덕, 2011: 18).

〈그림 1〉과 같이 이민유입국에 외국인노동자(불법체류자 포함)가 유입되면, 노동 공급량이 Q_d에서 Q_i로 늘어남에 따라 노동 공급곡선이 S_d에서 S_i로 이동한다. 반면 노동임금은 W_d에서 W_i로 낮아진다. 이러한 상황이 발생한 이후에는 외국인 노동자들이 모두 떠난다고 하여도 이민 유입국의 노동자는 Q_d에서 고용된다. 즉, 외국인 노동자들이 이민 유입국 노동자들이 종사하기를 꺼려하는 직종에만 고용되는 것도 아니므로, 외국인 노동자들과 이민 유입국 노동자들의 경쟁하게 된다. 하지

인, 2002: 46).

만, 외국인 노동자의 유입으로 저임금 시장이 형성되므로, 외국인노동자들이 모두 떠난다고 하여도 그 고용시장을 모두 이민 유입국 노동자가 대체할 수 있는 것도 아니다. 따라서, 일단 어떤 국가의 저임금 노동시장에 유입된 외국인 노동자는 쉽게 그 나라를 떠나지 않고, 출국하는 외국인 노동자의 일자리는 다른 외국인 노동자로 대체된다(임형백, 2009a: 171).

여기에 더하여 이민 유입국에서는 경제발전과 소득증가에 따라 젊은 노동인구가 저임금 노동시장을 기피하는 현상이 발생한다. 따라서 젊은 노동인구의 실업이 존재하면서도, 저임금 노동시장에서는 노동력 부족이 발생한다. 그리고 이러한 저임금 노동시장에 외국인 노동자가 지속적으로 유입된다.

3. 신경제학 이론

신고전학파 이론의 핵심 가정과 발견에 대해 계속 의문을 제기하는 다양한 주장들이 있어왔다. 그러나 신고전학파를 비판하는 다양한 주장들은 하나의 통일된 주장이 아니다. 다만 이들을 신고전학파에 대한 대립항으로서 '이주의 신경제학(The New Economics of Migration)'이라고 부르기도 한다.

'신고전학파 이론'이 가지는 실증분석에서의 이론적 한계와 이동에 있어서 새로운 이동주체의 관점에서 효용 극대화를 주장하는 '신경제 이론'이 등장하였다(Stark & Bloom, 1985). 신경제 이론 역시 이주의 동기로서 경제적 고려를 중요하게 생각한다는 점에서 신고전학파 이론과 맥을 같이 한다(Taylor, 1999).

그러나 신경제 이론의 핵심은 이동결정을 개인이 독자적으로 결정하는 것이 아니라, 개인과 관계된 사람들 간의 더 큰 단위(대체로 가족이나 가구)에서 결정된다는 것이다. 사람들은 이런 단위 내에서 기대소득의 단순한 합계 뿐만 아니라 위험을 최소화하고 노동시장 외의 다양한 시장에서의 시장실패와 연관된 제약요인으로부터 받는 영향을 최소화하려 한다는 것이다(이성우 외 2인, 2002: 48; 임형백 · 이성우, 2004: 249; Stark, 1991; Taylor, 1999). 이러한 관점은 신고전학파 경제학의 토대인 '방법론적 개인주의(methodological individualism)'가 아닌 '방법론적 전체주의

(methodological holism)'⁴라고 볼 수 있다.

신경제학 이론의 가장 핵심적인 내용은 신고전학파 경제이론과는 달리 임금을 인구이동의 유일한 요인으로 여기지 않는다는 것이다. 임금이 중요한 요인이기는 하나, 총소득의 증가를 이루지 못하더라도 가구는 부족한 가족자원에 투자하고 새로운 가구소득을 제공할 활동이나 계획에 참여하려는 강한 동기를 가지고 있으며, 이것이 인구이동을 만들어 낸다는 것이다(임형백·이성우, 2004: 250). 즉, 이주는 단순히 개인이 더 높은 임금을 얻을 목적으로 내리는 결정이라기보다는, 가족 구성원의 일부를 해외로 보냄으로써 소득의 원천을 다원화하고 위험을 분산하기 위한 가족경제 전략 차원에서 내려지는 결정이라는 것이다(김규찬, 2022: 27).

Borjas(1989)는 '이민시장(immigration market)'이라는 모델을 제시했다. 여러 지역들 간에 경제적 불균형이 존재하는 것 자체가 이주 흐름을 생성하기에 충분하다. 하지만, 장기적으로 그러한 이주 흐름은 저개발 지역과 개발 지역 간의 임금과 조건을 균등하게 하는데 기여하여 경제적 균형 상태를 이룰 것이라는 생각이다. 이는 이민 수용국의 기술 수준의 평균을 낮추고 미숙련 현지 출신 노동자의 임금이 저하되는 등의 부정적 영향도 있다(Borjas, 1990, 2001).

4. 역사-구조적 접근과 세계체제론

1970년대와 1980년대에 등장한 역사-구조적 접근은 국제이주를 다른 관점에서 설명했다. 종속이론과 세계체제론은 역사-구조적(historical-structural) 관점에서 국제이주를 설명한다는 점에서 앞에서 살펴본 신고전학파의 이주이론들과 차별화된다. 세계경제에서 경제력과 정치력의 불균등한 분배라는 맥락에서 볼 때 이주는 주로 자본을 위해 값싼 노동력을 동원하는 방식 중 하나로 간주되었다. 이주는 빈곤과 국가들의 자원을 착취하여 부유한 국가들을 더욱 부유하게 만듦으로써 불평등한 발전을 영속화해 왔다(Castles & Kosack, 1973; Cohen, 1987; Sassen, 1988).

---

4   '방법론적 집단주의(methodological collectivism)'라고도 불린다.

경제학 이론들은 1914년 이전에 유럽에서 미국으로 이주와 같은 개인들의 자발적 이주에 주목했으나, 역사-구조적 접근은 그 종류에 상관없이 대규모의 노동력 모집에 주목했다. 노동력의 획득 가능성은 식민지배의 유산인 동시에 전쟁의 결과이며, 유럽 내 지역적 불평등의 소산이기도 했다(Castles & Miller, 2013: 62).

이러한 분석의 지적 뿌리는 마르크스주의 정치경제학이다. 특히, 1960년대에 라틴 아메리카에서 영향력을 떨친 종속이론(dependency theory)이다. 이는 제 3세계 국가들의 저발전은 강대국이 식민지배를 통해 이 국가들이 자원(노동력 포함)을 착취한 결과이며, 식민지배 이후에는 불공정한 무역 조건하에서 강력한 선진국 경제 체제에 종속되는 현상이 더욱 심화되었다고 설명한다(Frank, 1969; Baeck, 1993).

종속이론과 세계체제론(world-systems theory)은 처음에는 주로 국내이주에 주목했으나(Massey et al., 1998: 35), 북반구 선진국 경제에서 이주 노동자들이 차지하는 핵심적 역할이 자명해짐에 따라 1970년대 중반부터 세계체제 이론가들은 자본주의의 중심부 경제와 저발전 주변부 경제 사이에 지배관계가 형성되는 방식의 하나로 국제 노동이주를 분석하기 시작했다(Castles & Miller, 2013: 63).

세계체제론은 1970년대 중반 이매뉴얼 월러스틴(Immanuel Maurice Wallerstein)이 주창하였다. 세계체제론은 거시적 관점에서 세계의 역사화 사회 전체를 하나의 시스템으로 파악한다. 체계체제(world system)는 고도로 산업화된 중심부 국가들(core countries)과 저발전된 주변부 국가들(periphery countries)로 구성되어 있다. 이로 인해, 세계체제론에 따르면 국제이주는 글로벌 자본주의의 불가피한 결과이다. 이주는 빈곤국가의 '배출'요인 때문에 발생하며, 이는 선진국이 부유해진 과정의 결과물이다(Baker, 2018: 208).

5. 이주체계와 이주 네트워크

이주체계 이론은 지리학에 뿌리를 두며, 이주 네트워크 이론은 사회학과 인류학에서 비롯되었다(Castles & Miller, 2013: 64). 이주민 네트워크는 친족관계, 친구관계, 동일 출신지 등의 연결고리를 통해 이주민을 다른 이주민과, 현재의 이주민을 과거의 이주민(former migrants)이나 본국의 비이주민(non-migrants)과 연결시키는 인간 관계망(inter-personal ties)으로 정의할 수 있다(Massey et al., 1993: 6).

이주체계 이론은 이주의 흐름이 일반적으로 식민지배, 정치적 영향, 무역, 투자 또는 문화적 유대 등에 기초한 이민 송출국가와 이민 수용국가 간에 이전부터 존재하던 연계에서 비롯된다고 주장한다(Portes & Rumbaut, 2006: 354-355). 56개 회원국으로 구성된 영연방(Commonwealth of Nations)과 88개 국가(정회원국 54, 준회원국 7, 참관국 27)로 구성된 프랑스어권 국제기구(OIF: Organization internationale de la Francophonie)가 이러한 예이다.

이주민들을 연결하는 사회적 네트워크는 이동에 수반되는 비용과 위험을 감소시킴으로써 국제이주를 증가시킨다. 이민을 고려하는 사람은 네트워크를 통해 이주지에 대한 정보를 얻거나 이주 후 적응을 위한 다양한 지원을 얻을 수도 있다. 이주민 네트워크는 새로운 이주자에게 정착국(이민 목적국)에 대한 지식, 숙소, 일자리, 개인적인 도움 등을 제공함으로써 이민자가 생존하고 적응할 수 있는 가능성을 높여주는 사회적 자본으로서 기능하는 것이다(de Haas et al., 2020).

이주체계 접근의 기본 원리는 모든 이민의 흐름은 거시적 구조와 미시적 구조가 상호작용한 결과로 볼 수 있다는 것이다. 거시적 구조는 대규모의 제도적 요인들을 지칭하며, 미시적 구조는 이주자 자신들의 네트워크 그리고 관행과 신념 등을 포함한다. 두 층위는 '중위구조(meso-structures)'라고 지칭하는 일련의 중간단계의 메커니즘에 의해 연결된다(Castles & Miller, 2013: 65).

거시적 구조(macro structure)는 세계시장이라는 정치경제, 국가 간의 관계, 그리고 이민 송출국과 이민 수용국이 이민의 정주화를 통제하기 위해 확립한 법률, 구조, 관행 등을 포함한 개념으로서, 이들은 역사-제도적 접근의 핵심 주제이다. 지난 500년간에 걸쳐 통합이 진행되어 온 세계경제 내의 생산, 분배 및 교환의 진화가 이주를 결정하는 주요 요인이라는 것은 명확하다. 한편, 사람의 이동을 조직하거나 촉진하는 과정에서 국제관계 및 구가들의 역할 또한 중요하다(Dohse, 1981; Böhning, 1984; Cohen, 1987; Mitchell, 1989; Hollifield, 2000). 미시적 구조(micro structure)는 이주자 자신들이 이주 및 정주에 대처하는 과정에서 발전시킨 비공식적 사회 네트워크들을 말한다. 초기의 연구자들은 이러한 맥락에서 '연쇄이주(chain migration)'라는 개념을 사용했다(Price, 1963: 108-110).

오늘날 많은 연구자들은 이주를 시작하고 유지하는 과정에서 문화자본(정보, 다른 국가에 대한 지식, 여행을 준비하고 일자리를 발견하며 새로운 환경에 적응하는 능력)의 역할을 강조한다. 비공식적 네트워크는 개인과 집단에게 살아남는 데 필요한 중요 자원을 제공하며, 이는 사회적 자본(Bourdieu and Wacquant, 1992: 119)으로 분석될 수 있다. 개인적 관계, 가족과 가구의 유형, 친교 및 공동체 유대, 그리고 경제적·사회적 문제와 관련된 상호부조 등이 여기에 속한다. 비공식적인 네트워크는 "이주민과 비이주민 모두를 복잡한 사회적 역할과 상호적 인적 관계"(Boyd, 1989: 639)로 묶어 둔다.

가족과 공동체는 이주 네트워크에서 매우 중요하다. 가족이라는 연계가 종종 이주 자체를 가능하게 해주는 금융자본, 문화자본, 사회적 자본을 제공하기도 한다. 이주 네트워크는 이민 지역의 정주 및 공동체 형성 과정을 촉진한다. 이주자 집단은 그들의 고유한 사회적·경제적 하부구조, 즉 종교기관, 결사체, 상점, 카페, 전문가, 기타 서비스 등을 발전시킨다. 이는 가족의 재결합과도 연계된다. 체류 기간이 길어질수록 처음에 도착한 이주자들(노동자로 왔건 난민으로 왔건)은 점차 배우자와 아이들을 데려오거나 새로운 가족을 일구기 시작한다. 사람들은 새로운 나라에서 자신들의 삶을 조명해 보기 시작한다. 이 과정은 특히 이주자 자녀들의 상황과 관련된다. 일단 새로운 나라에서 학교에 다니고 언어를 배우며 또래 집단과의 관계를 형성하면서 이중문화 또는 삼중문화적인 정체성을 발전시키기 시작하면 부모들로서는 자신의 출신 국가로 돌아가기가 점점 더 어려워지게 된다(Castles & Miller, 2013: 68).

이주 네트워크의 예를 들어 보면, 인도인들은 자신들의 사회 체계를 '바르나'와 '자티'라는 개념으로 설명한다. 카스트(Caste)를 의미하는 '바르나(Varna)'는 인도어로 '색깔'을 의미하는데, 계급과 비슷한 성격을 가지는 집단이다. '바르나'에는 브라만(Brahman), 크샤트리아(Kshatriya), 바이샤(Vaisya), 수드라(Sudra)가 있고, 원칙적으로는 '바르나'에 속하지 않는 불가촉천민(Dalit, Harijan)도 포함할 수 있다. 한편 '자티(Jati)'는 '출생'이라는 뜻으로, 동일한 업종에 종사하면서 결혼이나 음식 등을 함께하는 종족 집단을 말한다. '자티'는 4개 '바르나'나 '불가촉천민'의 어딘가에 속해 있는

데, 한 마을에 20-30개가 존재하고, 인도 전체에는 2,000-3,000개에 이르는 것으로 알려져 있다(전국역사교사모임, 2013: 54).

인도의 역사적 산물인 카스트를 근대 서구의 이성이나 평등의 개념만으로 평가할 수는 없다. 인도인에게 가족에 이어, 두 번째로 중요한 집단이 동일한 카스트(그속의 자티)이다. 외국에 정착한 인도인들은 1차로 가족을 부르고, 2차로 같은 카스트(그 속의 자티)의 사람들을 초청하여 집단을 이룬다. 이는 카스트가 가지고 있는 수평적 연대감을 보여주는 것이다(임형백, 2017b: 143). 또한, 인도인들은 한 사람 또는 소수가 이민 정착국(이민목적국)에 정착한 이후, 가족과 동일한 자티를 초청하여 이민자 집중거주지(ethnic enclave)를 형성하고, 경제권을 강화·장악하는 특성을 보여주고 있다(임형백, 2022b: 34).

6. 초국가주의 이론

초국가적 접근은 이주자가 단순히 다른 국가에 살기 위해 국경을 가로지르는 것이 아니라, 생존과 개선의 전략으로 진정으로 자신의 생활 방식에 대한 전략으로 전환하기 위해 국경을 가로지른다는 관찰로부터 태어났다(Faist et al., 2021: 22). Portes(1999)는 '국가의 경계를 넘어서 지속적으로 발생하는 것으로서 이에 참여하는 사람들에게 정기적이면서 또한 상당한 시간의 투입을 요구하는 행위'를 초국가적 행위로 정의하였다.

초국가적(transnational)이라는 용어는 두 가지로 사용되는데, 두 가지 사용방식은 구별할 필요가 있다. 첫 번째는 매우 느슨하게 사용하는 방식이다. 모든 종류의 국경 간 거래를 의미하고 짧은 기간 지속되는 해외여행에서도 사용된다. 두 번째 방식은 좀 더 좁고 훨씬 구체적인 의미로 사용된다. 이는 이주자가 정착국(이민 목적국)과 함께 모국을 연결하는 다중의 사회적 관계를 형성하고 유지하는 과정이다. 오늘날 많은 수의 이주자들은 정치적·지리적, 그리고 문화적 경계에 걸쳐있는 사회적 공간을 구축한다(Basch et al., 1994).

전 지구화의 한 측면인 교통수단과 통신 기술의 급속한 성장을 통한 이주자들은 좀 더 쉽게 출신지역과 긴밀한 연계를 유지할 수 있게 되었다. 이는 순환적 또는 일시적 이동성의 증가를 촉진하며, 사람들은 자신들이 경제적, 사회적, 또는 문화적으로 연계된 두 군데 이상의 장소들 사이에서 반복적으로 이동하게 된다(Castles & Miller, 2013: 70).

Basch et al.(1994)의 연구가 초국가주의에 대한 논쟁을 촉발시켰다. 이들은 국민 정체성과 국제 정치에 중요한 결과를 야기하는 "탈영토화된 국민국가들"이 등장하고 있다고 주장했다. 이러한 접근은 이주 네트워크 이론에 기반을 두고 있지만, 이주 네트워크가 미시적 구조를 뛰어넘는 중요성을 가지고 있다고 주장하였다. 하지만, 초국가적 이론의 급속한 성장은 우리가 현재 입수할 수 있는 연구 성과로는 답변할 수 없을 정도로 많은 질문을 제기하고 있다. 이주자들이 실제로 어느 정도나 초국가적 행동에 참여하는가는 충분히 확실하게 알수 없는 상황이다. 그렇다고 하여 그러한 행동이 이민 수용국 사회나 송출국 사회에서, 또한 이들 간의 관계에서 얼마나 두드러진 특징인지도 우리는 알 수 없다(Castles & Miller, 2013: 73).

따라서, 최근 등장한 '탈국가주의'와 '초국가주의'란 개념을 구별할 필요가 있다. '탈국가주의'란 국가를 넘어서는 것, 즉, 국가가 더 이상 중요하지 않다는 것이나, '초국가주의'란 두 개 이상의 여러 국가에 걸쳐있지만, 국가는 여전히 중요하다는 것이다(이혜경, 2022: 15).

역설적이게도 초국적(transnational) 이주의 확대는 송출지역과 수용지역 모두에

표 1　탈국가주의와 초국가의의 구분

용어	탈국가주의(Post-nationalism)	초국가주의(Trans-nationalism)
개념	국가를 넘어섬 국가가 더 이상 중요하지 않음	여러 국가에 걸쳐있음 국가는 개인의 삶에 여전히 중요함
시민권	전 지구적 시민권(universalistic citizenship)	초국적 시민권(transnational citizenship)
내용	국적 대신 '전 지구인'	다중적 정체성 인정 (이중국적/복수국적)
대표 학자	야스민 소이잘(Yasemin Soysal)	라이너 바우뵈크(Rainer Bauböck)

출처: 이혜경(2022, 16) 참고

표 2	초국가적 사회 공간의 유형		
구분	유대의 일차적 차원	주요 특성	전형적인 예시
초국가적 친족 집단	**상호 호혜성:** • 다른 사람으로부터 무언가를 받으면 보답으로 돌려줘야 할 필요성	• 동등성에 기반을 둔 사회적 규범 유지 • 소집단 구성원에 대한 통제	• 이주수용국의 가구나 가족구성원이 이주송출국으로 보내는 송금(예: 계약직 이주 노동자)
초국가적 순환	**교환:** • 행위자의 상호 의무와 기대 • 도구적 활동의 결과 (예: 되갚음 원리)	내부자 이점 이용: • 언어 • 동료 네트워크의 강하고 약한 사회적 유대	**무역 네트워크**(예: 중국, 레바논, 인도 사업가)
초국가적 공동체	**연대:** • 일종의 집단적 정체성으로 표현된 공유된 아이디어, 신념, 가치 및 상징	• (추상적이거나) 상징적 유대 속에서 동원된 **집단적 표현**(예: 종교, 국적, 종족)	• **디아스포라**(예: 유대인, 아르메니아인, 팔레스타인, 쿠르드인)

출처: Faist et al. (2021, 72) 참고

서 견고한 본질주의적 민족주의의 폭발을 초래했다. 수용 도시와 국가에서는 신화적인 국가 정체성을 회복하고 구체화하는 것을 목표로 삼는 운동이 이질적인 '다른 것'의 침투를 제거하는 방법으로 확장되고 있다. 다른 한편으로 송출국가는 국가적 정체성을 재본질화하여, 외국에 있는 국민들에게 그들의 충성과 "집으로 돌아오는" 자원의 흐름을 유지하는 방식으로 이를 확장한다(Smith, 2001). 한 국가에서 이주민의 증가로 인한 개방성과 다양성의 증가 못지 않게 나타나는 현상이 민족주의적 정체성의 강화이다.

초국가적 공동체[5]라는 개념은 인간이라는 행위자를 강조한다. 전 지구화라는 맥락에서 초국가주의는 친족관계, 이웃관계, 또는 작업장에 기반을 둔 과거의 면대면 공동체들을 훨씬 더 규모가 크며 원거리에 떨어져서도 의사소통이 가능한 훨씬 더 광범위한 가상 공동체로 확장할 수 있다(Castles & Miller, 2013: 70). 오늘날 많은 연

---

5 초국가적 공동체를 의미하는 보다 오래된 용어는 디아스포라(diaspora)이다(Cohen, 1997; Van Hear, 1998).

구자들은 전 지구화가 초국가적 공동체의 급속한 증식을 야기했다고 주장하고 있다(Vertovec, 1999: 447).

7. 이주와 개발에 대한 낙관론

1) 두뇌획득

수용국 정부와 국제기구들은 고급기술자의 이주가 수용국과 송출국 모두에게 이익을 가져다줄 수 있다고 주장한다. 두뇌유출이라는 개념을 '두뇌획득(brain gain)' 또는 '두뇌순환(brain circulation)'이라는 개념으로 대체하려는 것이다(Findlay, 2002; Lowel et al., 2002). 이민유출국(sending country)[6]의 입장에서는, 이민자들이 본국으로 자금을 송금하거나 해외 경력을 쌓는다는 긍정적 측면이 있다(이신화, 2015: 202).

표 3 　전문인력 유출, 유입에 따른 영향

이민유출국 긍정적(+) 요인	이민유입국 긍정적(+) 요인
− 인력의 글로벌화 − 선진 기술의 도입 − 해외 네트워크 구축 − 투자유치 − 외화유치(송금 등)	− 안정적인 인력 수급 − 임금 안정 − 기업의 글로벌화 촉진 − 다양한 지식 · 문화 · 기술의 축적 가능 − 지식산업의 성장 및 발전 촉진
이민유출국 부정적(−) 요인	이민유입국 부정적(−) 요인
− 인력 공동화 현상 − 기업 · 국가 경쟁력 약화 − 산업 발달 저해 및 기술격차 심화 − 국가의 투자비용 상실 − 빈곤의 고착화	− 자국민의 일자리 기회 박탈 − 자국인력양성의 소홀 − 경제의 외부의존도 심화 − 이민인구 증가로 인산 사회적 갈등 심화

출처: 이희범(2006, 03).

6 　이민송출국(country of origin), 이민출신국 이라고도 한다.

2) 경제개발 견인

선진국에서 저개발국으로 '옳은'(다시 말해 서구적인) 태도와 행위형태를 이전하면 긍정적인 변화가 생길 것이라고 생각하는 것은 19세기 유럽이 식민지에서 행했던 '문명화 사명(civilizing mission)'의 사고방식이다(Castles & Miller, 2013: 123). 이는 1950년대와 1960년대 근대화 이론(Rostow, 1960)의 핵심 명제이기도 했다. 근대화 이론에 따르면 "발전은 '옳은' 방향(즉 가치와 규범)이 비서구 세계의 문화에 스며들게 하여 사람들이 서구의 선진화된 부를 창출하는 근대적 정치·경제 제도에 참여할 수 있게 하는 것에 대한 문제이다"(Portes, 1997: 230).

1950년대–1960년대의 중요한 개발 목표는 소득이었고, 중요한 경제개발이론으로는 선형성장이론, 구조변화론이 등장했다. 또한, 농촌에 영향을 준 개발 접근법으로 농업근대화, 지역사회개발, 녹색혁명이 등장했다(OECD, 2016; 임형백, 2017a). 1950–1060년대 개발경제학자들은 노동이주가 근대화에 필수적인 요소 중 하나라고 주장했다. 이들은 발전이 이주에 미치는 영향을 중요하게 여기고 연구하다가 이후에는 역으로 이주가 발전에 미치는 영향에 관해서도 연구했다. 이들에 따르면, 출신지역의 잉여노동 감소(그리고 그로 인한 실업 감소)와 이주자의 송금(이주자들이 본국에 있는 가족이나 공동체에 보내는 돈)을 통한 자본의 유입이 생산성과 소득을 증대할 수도 있다고 한다(Massey et al., 1998: 223).

1960년–1970년대 모로코, 터키(튀르키예), 필리핀 같은 나라의 정부들은 이러한 관점을 공유하면서 자국민에게 서유럽이나 미국(이후에는 중동 산유국)으로 이주할 것을 장려했다. 이 나라들은 정부의 노동력 수출이 자국의 경제발전을 도울 것이라고 주장했으나, 장기적으로 보았을 때 이러한 노동고용정책의 결과는 실망스러웠다(Castles & Miller, 2013: 103).

신자유주의적 전 지구화를 지지하는 핵심적인 주장 가운데 하나는 전 지구화가 빈곤국의 경제성장을 가속화할 수 있으며 따라서, 장기적으로 빈곤이 감소하고 부유한 국가로 수렴될 수 있다는 것이다(Malanovic, 2007: 34). 최근 영국 정부의 정책문서에서 이에 대해서 매우 긍정적인 평가가 발견된다(DFID, 2007: 18). 요즘 들어서는 이주가 발전에 미치는 긍정적인 영향이 정책 입안 시 중점적으로 다루어지고 있다. 이 주제에 대한 공식 회의와 보고서의 수는 어마어마하게 많다(예를 들어 GCIM, 2005; World Bank, 2006; DFID, 2007).

인도 같은 이민송출국에서 이주자들이 '천사' 또는 '개발영웅'으로 재정의되는 현상과 궤를 같이 하여(Khadria, 2008), 저개발국으로 유입되는 송금의 빠른 성장이 주된 관심사가 되어 왔다(Ghosh, 2006; World Bank, 2006). 최근 들어서는 디아스포라 이주자들이 본국의 발전에 기여할 수 있는 잠재적 역할에 대한 쪽으로 관심이 옮겨지고 있다(IOM, 2005; Newland, 2007).

3) 송금과 기업가 활동의 연계

Global Development Finance 2003년 보고서 「Workers' Remittances: An Important and Stable Source of External Development Finance」는 이주노동자의 송금을 인구송출국의 중요한 개발재원의 하나로 인식시켰다. 반면, World Bank의 2003년 보고서 「Policy Research on Migration and Development」는 이주와 발전의 관계에 대한 명확한 인과관계의 해석은 시기상조라는 입장을 내놓았다.

유엔 경제사회국(DESA)의 보고서 「2019년 국제 이주민 현황」에 따르면, 2019년 국제 이주민 수는 2억 7200만 명이며, 이는 2010년 2억 2100만 명에 비해 23% 증가한 수치이다. 이는 같은 기간 전 세계 인구증가율 11%보다 2배 이상 빠른 속도이며, 전 세계인구의 3.5%에 해당한다.

송금(remittance) 형태 중에서 국경 간 금융 이전은 현재 이주-개발 연계 논쟁과 지역적·국가적, 그리고 지구적 규모의 정책적 노력의 중심에 놓여있다(Faist et al., 2021: 85). 이주자가 고향으로 보내는 돈은 많은 저개발 국가에서 중요한 경제적 요소가 되고 있다. UNDP의 추산에 따르면 5억 명(전 세계 인구의 8%)이 송금을 받고 있다고 한다. 송금은 저소득 가계에 직접 흘러가기 때문에 빈곤 감소에 직접적인 효과를 보인다(Newland, 2007).

연간 국제적 이주노동자들이 자국에 송금한 금액은 공적개발원조(ODA: Official Development Assistance)[7] 규모를 넘어섰다. 연간 송금액은 1998년 600억 달러에

---

7 개발재원의 측면에서 볼 때, 국제개발협력은 공적개발원조(ODA), 공적 수출신용 등 기타 공적 자금(Other Official Flows), 해외직접 투자 등 민간자본 흐름(Private Flows at Market Terms),

서 2002년 800억 달러로 늘어났으며, 2003년에는 약 1,000억 달러로 추정된다. 이 수치는 연간 ODA 규모인 500-600억 달러, 2002년 민간자금흐름(Private Flows at Market Terms)인 1,430억 달러와 비교할 때 매우 큰 규모이다. 이주민 송금은 그 규모의 변화에서 민간자금보다 안정적이다(World Bank, 2003; Oxford Analytica, 2004).

세계은행은 이주자들이 공식경로를 통해 개발도상국으로 이전하는 액수의 총액이 2006년 기준으로 1,990억 달러에 달한다고 추산했으며, 이는 2001년보다 107% 증가한 수치이다(World Bank, 2007). 한편 비공식 경로를 통해서 송금되어 집계에서 누락된 금액은 집계된 금액의 50% 이상을 차지한다(Castles & Miller, 2013: 117).

2005년에 인도로 보내진 송금액은 인도 정부가 교육과 보건에 지출한 금액의 2배 이상에 달하는 것으로 나타났다. 해외 거주 인도인들에 의한 투자 역시 주식시장과 부동산 시장이 성장하는 데 중요한 역할을 하였다(Chishti, 2007). 보통 송금은 어떤 원조보다도 쉽게 사용할 수 있는 형태로 가난한 가족들에게 전달되며, 소규모 사업을 시작하거나 집을 짓고 아이들의 학비를 제공하는 데 도움을 주며, 가처분소득을 늘려 준다(Mwakugu, 2007).

전 세계 이주민 송금은 개도국 현지의 가계소비 증대, 농업·산업의 발전, 새로운 중소기업의 창출을 지원한다(Imas & Rist, 2016: 110). 국제 이주민 송금은 개발도상국의 빈곤 감소에 큰 영향을 미친다. "평균적으로, 한 국가의 인구 중 국제이주민이 약 10% 증가하면, 빈곤생활인구(1달러/명/일)의 1.9%의 감소를 가져온다"(Adams & Page, 2003: 1).

한국도 1963년부터 1977년까지 75차례에 걸쳐 7,936명의 광부를 서독에 파견했다. 1963년 한국의 1인당 GNP는 79달러[8]였고, 말단공무원 월급이 4천원 정도였는데, 파독 광부들의 임금기록에 따르면 파독 광부들은 평균 650-950마르크(당시 원화 가치 13-19만원)를 받았다. 1963년 첫 파독 광부 500명을 모집하는데 전국에서 4만 6천 명이 지원하여, 100대 1의 경쟁률을 보였고, 대다수가 고졸 이상의 (당시로는) 고학력자였다. 1965-1975년 파독 광부·간호사들이 대한민국에 보낸 송금액은

NGOs에 의한 증여 등 민간증여(Net Grants by NGOs)을 포함하는 보다 광범위한 개념이다(허장 외 3인, 2016: 12).

8   필리핀은 USD170, 태국은 USD260이었다.

총 1억 1,530만 달러로, 같은 기간 우리나라 GDP의 약 2%에 해당한다(행정자치부 국가기록원, 2013).

'사회적 송금'이라는 용어는 비교적 최근에 등장했다. 그러나, 사람들의 태도와 행위형태가 선진국에서 저개발국으로 이전됨으로써 발전에 영향을 줄 수 있다는 믿음은 이미 오래전부터 있어 왔다(Castles & Miller, 2013: 122). Levitt(1998: 926)는 사회적 송금(social remittance)을 "수용국 사회에서 송출국 사회로 흐르는 사고방식, 행위형태, 정체성, 사회자본"이라고 정의했다. 그러나, 사회적 송금이 미치는 영향은 "긍정적일 수도 부정적일 수도 있다. 수용국 사회에서 배운 것들이 건설적인 것일지 송출국에 긍정적인 효과를 가져다줄 것인지는 항상 보장할 수 없다는 것이다 (Levitt, 1998: 944).

8. 이주와 개발에 관한 비관론

1) 두뇌 유출

이민유출국의 입장에서, 전문 인력이나 최상위 인재들이 국내취업을 기피하고 해외에서 근무하는 '두뇌유출'이 늘어나 국가경제에 악영향을 끼치는 것을 걱정하기도 한다(이신화, 2015: 202). 보통 이주를 떠나는 사람들은 그가 생산직 노동자든 대학교육을 받은 전문직이든 '가장 우수하고 명석한' 사람들이라는 공통점을 가지고 있다(Ellerman, 2003: 17). 타국으로의 이민 때문에 모국의 발전에 필요한 젊고 활동력 있는 노동자가 부족해질 수 있다. 사실 일부 국가의 지도자들은 이민을 떠나는 사람들을 '국가적 탈영자'로 간주하기도 했다(Khadria, 2008).

특히, 기술이주는 빈곤국에서 선진국으로 인적 자본이 이동하는 것을 의미하며, 노동 수입국에는 이롭지만 이민출신국(이민송출국)의 발전은 가로막는 경향이 있다 (Castles & Miller, 2013: 130). 한 연구에 따르면 1990년대 말 산업국의 연구개발 분야에서 일하고 있는 개발도상국 출신 엔지니어와 과학자의 수는 40여만 명에 이른다. 한편, 개발도상국의 같은 분야에서 일하고 있는 사람은 120만 명 정도이다(IOM,

2005: 173). 2000년 기준으로 OECD 국가들에 고용된 간호사의 11%와 의사의 18%는 외국에서 출생한 사람이었다. OECD 국가들에 간호사를 가장 많이 공급한 국가는 필리핀(11만 명)이었으며 의사의 경우는 인도(5만 6,000명)였다(OECD, 2007).

많은 이주가 처음부터 가족의 재결합이나 영구적인 정주를 의도하는 것은 아니다.[9] 예를 들면, 노동력 수요가 감소함에 따라 정부가 이러한 흐름을 중단시키려 해도 이미 이러한 움직임이 계속 유지될 수 있을 정도로 자발적이 되어 버린 경우를 발견할 수 있다. 노동력의 일시적인 흐름이 가족이 재결합, 불법이주, 심지어 피난처를 찾는 흐름으로 변형되기도 한다(Castles & Miller, 2013: 74).

1950년대에 대학교육을 받은 인도인들의 이민이 점차 증가하자(초기에는 주로 영국으로 갔다) 인적 자본의 손실에 대한 우려가 생기기 시작했고, 두뇌유출(brain drain)이라는 용어가 생겨났다. 1975년까지 인도에서 미국으로 이주해 간 엔지니어, 의사, 과학자, 교수, 교사와 그 가족들의 수는 10만 명에 달한다(Khadria, 2008). 인도 공과대학(IIT: Indian Institute of Technology)의 최근 졸업생의 절반 정도가 미국 이민을 선택하고 있다. 과도한 규제, 높은 세금, 승진기회의 적체, 창업에 대한 수많은 제약과 같은 배출요인이 그들을 내몰고 있다. 실리콘 밸리[10]의 엔지니어들 가운데 3분의 1 가량은 인도 출신이다. 실리콘 밸리의 첨단기술회사의 약 7%는 인도인에 의해 경영되고 있다(Payne, 2013: 309). 2010년 기존으로 인도계 미국인은 2,843,000명으로 추산된다. 인도계 미국인의 소득과 수입은 아시아계 미국인 중 최대를 자랑하며 전체 인종 중에서 최고수준이다.[11] 2015년 구글, MS, 펩시의 CEO가 모두 인도계 미국인이다. 미국내에서 유대계 미국인 다음으로 강력한 힘을 가진 소

---

9 이민과 관련한 연구 중 사회과학자들은 소수인종이 이민국에 동화되는 정도를 설명하는 주요한 지표 중의 하나로써 인종간 결혼을 사용해 왔다(이성우 외 2인, 2002: 131).

10 행정구역은 아니다. '실리콘'과 디아블로 산맥과 산타크루즈 산맥 사이의 '골짜기'라는 지형에서 명칭이 유래했다. 면적은 3884㎢(제주도의 약 2배)이고, 39개 시가 포함된다. 거주하는 인구는 약 300만 명이다. 실리콘밸리가 있는 캘리포니아주는 미국에서 가장 경제규모(GDP)가 큰 주이다. 캘리포니아주의 경제규모는 러시아보다도 크다. 실리콘밸리에서 창업된 기업의 95%가 실패한다(임형백, 2014).

11 회귀분석 결과 나타나는 두 집단 간의 확률차이가 무엇에 의한 차이인가를 알아내는 데 쓰이는 유용한 분석기법으로 해체기법(decomposition method)이 있다. 선진국의 경우 노동시장에서의 남녀간의 임금격차에 따른 차별성을 파악하는 데 많이 사용되는 기법이다(이성우 외 2인, 2002: 336).

수민족으로 인도계 미국인을 꼽는 편이다(Humes et al., 2011).

그러나 송금이 GDP에서 차지하는 부분에 대한 자료를 보면 여러 소국들이 이주자 송금에 경제적으로 극심하게 의존하는 것으로 나타난다. 통가, 몰도바, 레소토, 아이티 등지에서는 본국의 일자리가 매우 부족해서 노동시장에 신규 진입하는 청년들이 일자리를 가지려면 해외로 이주하는 것이 당연시되고 있다(Chishti, 2007).

두뇌유출의 또 다른 사례로, 타지키스탄 공화국(Republic of Tajikistan)은 중앙아시아에 위치한 산악국가로, 인구는 2020년 기준으로 약 950만 명이다. 이 중 타지크인이 65%, 우즈베크인이 25%, 러시아인이 2%정도 이다. 한편 타지키스탄과 인접한 우즈베키스탄에서 타지크인(Tajik people)은 우즈베크인에 이어 2번째로 큰 민족이며, 우즈베키스탄에 거주하는 타지크인이 타지키스탄에 거주하는 타지크인보다 많다. 또한, 아프가니스탄에서도 타지크인은 파슈툰인(Pashtun)에 이어 2번째로 큰 민족이며, 아프가니스탄에 거주하는 타지크인이 타지키스탄에 거주하는 타지크인보다 많다. 특히, 우즈베키스탄의 사마르칸트(Samarqand)는 중앙아시아에서 2번째로 큰 도시이며, 많은 타지크인이 거주하고 있다. 이 때문에 지금도 많은 타지크인이 타지키스탄에서 우즈베키스탄으로 이주하고 있다.

2) 송금과 국가차원의 경제개발과의 연계 부족

송금과 경제성장 간의 관계가 긍정적이라는 주장은 출신국의 통치방식과 경제정책을 개선하는 적절한 정책이 존재할 때만 적용될 수 있다. 건전한 재정 시스템, 안정적인 통화, 유리한 투자환경, 투명한 행정은 필수적이다(GCIM, 2005). 많은 연구들이 송금 그 자체로는 경제적 · 사회적으로 지속가능한 발전이 자동적으로 발생하지 않는다는 것을 확인시켜 주고 있다(Khadria, 2008). 다시 말해, 송금이 생산적으로 이용될 수 있도록 유도하고, 그 반대 방향으로 가지 않게 하기 위해서는 개발계획이 필요하다(Castles & Miller, 2013: 121).

터키에 관한 여러 연구(Paine, 1974; Abadan-Unat, 1988; Martin, 1991)에서 볼 수 있듯이 송출국이 얻는 경제적 이익은 미미한 수준이었다. 그 결과 "이주는 지역경제 발전의 전망을 해치고 경기 침체 및 종속 상태를 발생시킨다."(Massey et al., 1998: 272)라는 부정적인 관점이 지배하게 되었다(Castles & Miller, 2013: 103-104).

3) 자본 유출

2006년 세계은행 보고서는 송금에 대해 좀 더 조심스럽게 접근해야 한다고 주장하면서, 송금의 효과가 과대평가된 반면, 이와 관련한 개발도상국에서의 사회적 및 경제적 비용은 고려되지 않았다고 지적했다(Lapper, 2006).

빈곤국에서 선진국으로 향하는 인적 자본의 이동은 '취업의 경로'를 통해서만이 아니라 '학문적 경로'를 통해서도 일어나는데, 남반구에서 대학을 졸업하고 대학원 과정을 밟기 위해 북반구로 이동하는 사람이 증가하고 있는 현상이 그것이다. 외국인 대학원생들은 비싼 수업료를 내면서 선진국들의 고등교육 체계 유지에 도움을 주고 있다. 많은 이주자들은 이민 목적국(이민유입국)으로 자본을 가지고 나간다. 특히, 교육비 목적으로 자본을 가지고 나간다. 빈국에서 부국으로 흐르는 이러한 '조용한 역류'에 대해서는 현재 자료가 거의 없다(Khadria, 2008).

국제교육원(IIE: Institute of International Education)[12]의 「Open Doors Report 2019」에 따르면, 전 세계에서 미국은 대학 수가 가장 많은 국가이다. 2018년 기준으로 미국 전체 대학생 수는 2,000만 명에 가깝고, 약 5%인 109만 명이 유학생이었다. 미국은 매년 1백만 명의 유학생을 받아들이며, 이로 인한 경제적 효과는 50조원이 넘는다. 또한, 2018/2019년 기준으로 미국에 가장 많은 유학생은 중국(약 37만 명), 인도(20만 2,000명), 한국(5만 2,000명) 학생이며, 이들 3개 국가의 학생이 전체 유학생의 57%를 차지한다. 한편, 미국 상무부에 따르면, 유학생 1명당 미국 경제에 대한 기여도는 한국(4만 2,100달러), 중국(4만 400달러), 인도(4만 200달러)였다. 한국 유학생이 2018년 미국 경제에 기여한 경제 효과는 21억 9,000만 달러(약 2조 5천억원)이었다.

---

12 1919년에 노벨 평화상 수상자 3명(Nicholas Murray Butler, Elihu Root, Stephen Duggan, Sr)이 설립한 비영리단체이다. 국제적 학생 교류와 지원(aid), 외국 업무(foreign affairs), 국제 평화와 보장(security)을 목표로 한다. 뉴욕에 본부를 두고, 전 세계 18곳에 사무실을 두고 있다. 국제교육원이 발간하는 「오픈 도어즈 보고서」는 1949년 이후 해마다 발간되고 있다

9. 소 결

이주가 송출국의 발전을 촉진하는가 아니면 저해하는가는 오늘날 학자와 정책 입안자들이 직면한 중요한 질문 중 하나이다. 이러한 질문에 대한 관심은 과거에도 있었으나 최근에 훨씬 더 중요한 주제로 다루어지기 시작했다(Newland, 2003; Castles & Miller, 2013: 102).

'이주와 개발 연계(migration-development nexus)'에 대한 관심은 크게 증가해 왔다(Faist, 2008). 가난한 국가에서 이주와 경제개발의 결과에 대하여는 '낙관론'과 '비관론'이 공존한다(de Haas, 2007). 대략 1960년부터 제기된 비관론은 '의존성'을 강조하는 입장이다(Faist, 2008: 32). 낙관론은 전후 시기 동안 이주가 경제개발을 견인했다고 주장한다(Barre et al., 2003; Faist, 2009: 33 재인용).

이주와 발전에 관한 새로운 담론은 경제적 송금 이상의 것들에 주목하고 있다. 다시 말해 사회적 송금, 즉, 이주자가 본국에 태도와 역량을 이전하는 현상이 점점 더 강조되고 있는 것이다. 그러나, 현실은 다소 애매하다. 사회적 송금은 긍정적 영향을 끼치지만 부정적 영향도 끼치기 때문이다(Castles & Miller, 2013: 145).

이주-개발 연계(migration-development nexus)에 대한 논의가 비록 새로운 것은 아니지만 초국가화는 이 논의에 새로운 측면이며, 학자와 정치인이 갖고 있던 이전의 관점을 재고하는 데 기여했다(Faist, 2008). 논의 초기에는 귀환과 투자에 대한 긍정적인 시각이 있었지만 1970년대와 1980년대에 접어들면서, 특히, 두뇌유출을 통해 모국에 미치는 부정적인 영향에 대한 비판의 목소리가 높아졌다. 하지만, 오늘날에는 다시 학계와 정치계에서 이주-개발의 긍정적 관계가 지배적이 되었다. 이주자의 초국가적 유대와 이전은 빈곤을 줄이고, 저개발을 극복하며, 궁극적으로 많은 사람의 이주를 멈추게 하는 엄청난 잠재력을 갖고 있는 것으로 보인다(Faist et al., 2021: 82).

국제이주는 전 세계의 사회와 정치를 재편하는 초국가적 혁명의 한 부분이다. 국가를 이민송출국과 이민유입국으로 나누던 예전의 이분법은 이제 의미가 없어졌다. 현재 대부분의 국가는 이입(immigration)과 이출(emigration)을 동시에(물론 둘 중 어느 하나가 더 지배적인 경우가 많지만) 겪고 있으며, 일부 국가는 이주자가 잠시 머무르는 경유지 역할을 맡고 있다(Castles & Miller, 2013: 33). 경유지로 이용되는 국가는 통상적으로 지리적 이유, 입국이 쉬운 국가 등이다.

대부분의 유입국은 문화적·인종적 다양성이 커지는 특징이 있다(Payne, 2013: 310). 대한민국은 단일민족이 하나의 언어와 하나의 문자를 사용하면서 살아왔다. 따라서, 외국인의 유입으로 인한 문화적·인종적 다양성에 대하여 충분한 준비가 되어 있지 않다. 이주의 규모가 커지고, 이주의 형태가 복잡해지는 현 시대에 이주 이후의 국가에 끼치는 긍정과 부정의 영향에 대한 연구도 점점 중요해진다. 이로 인해, 이주와 그 영향을 설명하고 예측할 필요성은 더 높아진 반면, 이론의 발전을 이를 따라가지 못한다. 또한, 국제이주는 이론 이전에 당장 해결해야만 하는 현실적 문제가 산적되어 있다. 다른 한편, 우리보다 이주가 활발한 서양의 경우에는 인도-유럽인(Indo-European)이라는 종족적 공통성을 공유하고 이민국가로서 역사가 길어서, 우리가 참조하기 좋은 연구대상일 수는 있으나 벤치마킹의 대상은 아니다 (임형백, 2022b).

린다 G. 모라 이마스(Linda G. Morra Imas)·레이 C. 리스트(Ray C. Rist)(2016). 개발협력 프로
    그램 평가의 설계와 이행. 한국국제협력단 옮김, 경기: 한울아카데미.

리차드 페인(Richard J. Payne)(2013). 글로벌 이슈: 정치·경제·문화. 조한승·고영일 옮김,
    서울: 시그마프레스.

마이클 새머스(Michael Samers)(2013). 이주. 이영민 외 4인 옮김, 서울: 푸른길.

배리 베이커(Barry Baker)(2018). 국제개발협력개론. 권상철 외 4인 옮김, 서울: 푸른길.

사스키아 사센(Saskia Sassen)(2016). 세계경제와 도시. 남기범 외 3인 옮김, 서울: 푸른길.

스티븐 카슬(Stephen Castles)·마크 J. 밀러(Mark J. Miller)(2013). 이주의 시대, 한국이민학회
    옮김, 서울: 일조각.

이성우·하성규·다웰 마이어(Dowell Myers)(2002). 국제이동과 사회동화. 서울대학교출판부.

이신화(2015). 국제기구와 인도적 의제: 이주 및 난민 문제. 박흥순 외 3인 공저. 국제기구와
    인권·난민·이주: UN인권(현장·협약·지역)기구·UNHCR·IOM. 서울: 오름, 193-
    231.

이정전(1993). 두 경제학의 이야기: 주류경제학과 마르크스경제학. 서울: 한길사.

이혜경(2022). 이민과 이민정책의 개념. 이혜경 외 7인. 이민정책론, 서울: 박영사, 3-40.

이희범(2006). 글로벌 인재의 이동현황과 각국의 유치 전략. 한국무역협회 무역연구소.

임형백(2004). 농촌연구에 대한 농업경제학적 접근과 농촌사회학적 접근의 비교와 학제간
    연구의 필요성. 한국농업교육학회지, 36(1), 127-144.

임형백(2014). 창조경제를 활용한 지역발전의 방향. 한국지방자치연구, 16(1), 161-188.

임형백(2017a). 농촌개발 이론: 국제농촌지도에서 지역과 지역사회 주도개발까지. 한국지역
    개발학회지, 29(4), 27-56.

임형백(2017b). 힌두교와 카스트 제도로 인한 인도인의 해외 이민의 특징. 아시아연구,
    20(3), 117-149.

임형백(2018). 국제개발협력을 위한 학제간 연구: 지역학, 경제학, 계획학, 국제농촌지도를
    중심으로. 한국지역개발학회지, 30(1), 121-150.

임형백(2022a). 인종주의: 사라져야 할 유사과학. 한국이민행정학회보, 1(1), 151-181.

임형백(2022b). 인구감소가 초래한 지방소멸 위기와 이민. 한국지역개발학회지, 34(4), 15-
    40.

임형백(2022c). 인도-유럽인의 형성에 대한 학제간 연구. 다문화와 평화, 16(3), 50-94.

임형백 · 이성우(2004). 농촌사회의 환경과 기능. 서울대학교출판부.

전국역사교사모임(2013). 인도사: 다양함이 공존하는 매혹의 아대륙, 인도. 서울: 휴머니스트.

토마스 파이스트 외 2인(Thomas Faist et al.)(2021). 초국가적 이주. 이윤경 옮김. 경기: 한울아카데미.

행정자치부 국가기록원(2012.12.). 반세기 만에 다시 울려 퍼진 독일 아리랑. 전시회 공개자료.

허장 · 이대섭 · 최은지 · 안규미(2016). Post-2015 대응 중장기 국제농업개발협력 추진 전략 수립. 한국농촌경제연구원.

Abadean-Unat, N. (1988). The socio-economic aspects of return migration to Turkey. Revue Européenne des Migrations *Internationales*, 3, 29-59.

Adams, R. H., & Page, J. (2003). *International migration, remittances, and poverty in developing countries*. World Bank Publications. World Bank Policy Research Working Paper, 3197. Washington, DC.: World Bank.

Baeck, L. (1993). *Post-War Development Theories and Practice*. Paris: UNESCO and the International Social Science Council.

Barre, P., Hernandez, V., Meyer, J. P., & Vinck. D. (eds.) (2003). Diasporas scientifiques, Expertise collégiale. Paris: *Institut de Recherche sur le Développenment, Ministère des Affaire Etrangères*.

Basch, I., Glick-Schiller, N., & C. S. Blanc(1994). Nations Unbound: Transnational Projects. *Post-Colonial Predicaments and Deterritorialized Nation-States*. New York: Gordon and Breach.

Bauböck, R. (2007). Stakeholder Citizenship and Transnational Political Participation: A Normative Evaluation of External Voting. *Fordham Law Review*, 75(5), 2393-2447.

Böhning, W. R. (1984). *Studies in International Labour Migration*. London: Macmillan.

Borjas, G. J. (1989). Economic theory and international migration. *International Migration Review, Special Silver Anniversary Issue*, 23(3), 457-485.

Borjas, G. J. (1990). *Friends of Strangers: The Impact of Immigration on the US Economy*. New York: Basic Books.

Borjas, G. J. (2001). *Heaven's door: immigration policy and the American economy*. Princeton, N. J. and Oxford: Princeton University Press.

Bourdieu, P., & L. Wacquant. L. J. (1992). *An Invitation to Reflexive Sociology*. Chicago:

University of Chicago Press.

Boyd, M. (1989). Family and personal networks in migration. *International Migration Review*. Special Silver Anniversary Issue, 23(3), 638−670.

Brettel, C. B., & Hollifield, J. F. (eds.) (2007). *Migration Theory: Talking Across Disciplines* (2nd edition.). New York and London: Routledge.

Castle, S., & Kosack, G. (1973). *Immigrant Workers and Class Structure in Western Europe*. Oxford: Oxford University Press.

Chishit, M. (2007). The Rise in Remittances to India: A−Closer Look In *Migration Information Institute*. Washington, DC. Availabe at https://www.migrationpolicy. org/programs/migration−information−source. Accessed on 6 February 2007

Chiswick, B. R. (2000). Are Immigrants Favorably Self−Selected? An Economic Analysis. *IZA Discussion Papers*, 131.

Cohen, R. (1987). *The New Helots: Migrants in the International Division of Labour*. Aldershot: Avebury.

Cohen, R. (1997). *Global Diasporas: An Introduction*. London: UCL Press.

de Haas, H. (2007). Turning the tide? Why development will not stop migration. *Development and Change*, 38(5), 819−841.

de Haas, H., Castles, S., & Miller, M. (2020). *The Age of Migration: International Population Movements in the Modern World* (6th ed.). London: The Guilford Press.

Department for International Development Großbritannien. (2007). *Moving out of poverty: making migration work better for poor people*. London: Department for International Developmen (DfID).

Dohse, K. (1981). *Ausländische Arbeiter and Bürgerliche Staat*. Konistein/Taunus: Hain.

Ellerman, D. (2003). *Policy Research on Migration and Development Policy*. Research Working Paper 3117. Washington, DC.: World Bank.

Faist, T. (2008). Migrations as transnational development agents: An inquiry into the newest round of the migration−development nexus. *Population, Space and Place*, 14, 21−42.

Faist, T., Fauser, M., & Reisenauer, E. (2013). *Transnational Migration*. Cambridge: Polity Press.

Findlay, A. M. (2002). *From brain exchange to brain gain: policy implications for the UK of recent trends in skilled migration from developing countries*. Geneva:

International Labour Office.

Frank, A. G. (1969). *Capitalism and Underdevelopment in Latin America*. New York: Monthly Review Press.

GCIM (2005). *Migration in an Interconnected World: New Directions for Action*. Report of the Global Commission on International Migration. Geneva: Global Commission on International Migration. Available at http://www.gcim.org/en/finalreport.html. Accessed on 11 July 2007.

Ghosh, B. (2006). *Migrants' Remittances and Development: Myths, Rhetoric and Realities*. Geneva: International Organization for Migration.

Goodhart, D. (2017). *The Roda to Somewhere: The Populist Revolt and The Future of Politics*. London: C. Hurst & Co. Publishers.

Harris, J., & Todaro, M. P. (1970). Migration, Unemployment and Development: A Two-Sector Analysis. *American Economic Review*, 60, 126-142.

Hollifield, J. F. (2000). The politics of international migration: how can we "bring the state back in"?. in Brettel, C. B. et al. (eds.). *Migration Theory: Talking Across Disciplines*. New York and London: Routledge, 137-185.

Humes, K. R., Jones, N. A., & Ramirez, R. R. (2011). *Overview of Race and Hispanic Origin*: 2010. U.S. Census Bureau.

Imas, L. G., & Rist, R. C. (2009). *The Road to Results: Designing and Conducting Effective Evaluations*. World Bank.

IOM (2005). *World Migration 2005: Costs and Benefits of International Migration*. Geneva: International Organization for Migration.

Khadria, B. (2008). India, skilled migration to developed countries, labour migration to the Gulf. in Castles, S. and Delgado Wise, R (eds.). *Migration and Development: Perspectives from the South*. Geneva: International Organization for Migration, 79-112.

Koslowski, R. (2008). Global Mobility and the Quest for an International Migration Regime. *International Migration & Development*, 21(1), 103-143.

Lapper, R. (2006.10.30.). Call for caution over migrants cash. London: *Financial Times*. Availabe at http://www.ft.com/home/uk. Accessed on 11 June 2023.

Levitt, P. (1998). Social remittances: migration driven local-level forms of cultural diffusion. *International Migration Review*, 32(4), 926-948.

Lovewell, B. L., Findlay, A. M., & International Labour Office. International Migration Branch(2002). *Migration of Highly Skilled Persons from Developing Countries: Impact and Policy Responses*. Synthesis Report International Migration Papers, 44. Geneva: ILO.

Marshall, A. (1890). *Principles of Economics*. London: Palgrave.

Martin, P. L. (1991). *The Unfinished Story: Turkish Labour Migration to Western Europe*. Geneva: International Labour Office.

Massey, D. S., Arango, J., Hugo, G., Kouaouci, A., Pellegrine, A., & Taylor, J. E. (1993). Theories of international migration: a review and appraisal. *Population and Development Review*, 19(3), 431-466.

Massey, D. S., Arango, J., Hugo, G., Kouaouci, A., Pellegrino, A., & Taylor, J. E. (1998). *Worlds in Motion: Understanding International Migration at the End of the Millennium*. Oxford: Clarendon Press.

McConnell, C. R., Brue, S. L., & Macpherson, D. A. (2003). *Contemporary Labor Economics* (6th ed.). New York: McGraw-Hill.

Mitchell, C. (1989). International migration, international relations and foreign policy. International Migration review. *Special Silver Anniversary Issue*, 23(3), 681-78.

Mwakugu, N. (2007). Money transfer service wows Kenya. BBC News Online. 3 April 2007.

Newland, K. (2003). *Migration as a factor in development and poverty reduction*. Washington, DC.: *Migration Information Source*. Avaiable at http://www.migration information.org/Feature/display.cfm?ID=136. Accessed on 02 February 2007.

OECD (2007). *International Migration Outlook: Annual Report 2007*. Paris: OECD.

OECD (2016). *A New Rural Development Paradigm for the 21st Century*. Paris: OECD.

Oxford Analytica (2004). *Remittances Fund Investment Growth*. September 7. Oxford.

Paine, S. (1974). *Exporting Works: The Turkish Case*. Cambridge: Cambridge University Press.

Portes, A. (1997). Neoliberalism and sociology of development: emerging trends and unanticipated facts. *Population and Development Review*, 23(2), 229-259.

Portes, A. (1999). Conclusion: towards a new world: the origins and effects of transnational activities. *Ethnic and Racial Studies*, 22(2), 463-477.

Portes, A., & Rumbaut, R. G. (2006). *Immigrant America: a Portrait* (3rd edn.). Berkeley,

CA: University of California Press.

Price, C. (1963). *Southern Europeans in Australia*. Melbourne. Oxford University Press.

Ravenstein, E. G. (1998). The Laws of Migration. *Journal of the Royal Statistical Society*, 52(2), 241–305.

Rostow, W. W. (1960). *The Stages of Economic Growth: a Non-Communist Manifesto*. Cambridge: Cambridge University Press.

Sassen, S. (1988). *The Mobility of Labour and Capital*. Cambridge: Cambridge University Press.

Sjaastad, L. A. (1962). The Costs and Returns of Human Migration. *The Journal of Political Economy*, 70, 80–93.

Smith, M. P. (2001). *Transnational Urbanism: Locating Globalization*. Oxford: Blackwell Publising.

Soysal, Y. N. (1994). *Limits of Citizenship: Migrants and Postnational Membership in Europe*. Chicago and London: University of Chicago Press.

Stark, O. (1991). *The Migration of Labor*. Oxford: Blackwell.

Stark, O. and Bloom, D. E. (1985). The new economics of labor migration. *American Economic Review*, 75(2), 173–178.

Taylor, E. J. (1999). The new economics of labour migration and the role of remittances in the migration process. *International Migration*, 37(1), 63–88.

Todaro, M. P. (2000). *Economic Development* (7th ed.). New York: Addison–Wesley.

Todaro, M. P. and Maruszko, L. (1987). Illegal Immigration and US Immigration Reform: A Conceptual Framework. *Population and Development Review*, 13, 101–114.

Van Hear, N. (1998). *New Diasporas: the Mass Exodus, Dispersal and Regrouping of Migrant Communities*. London: UCL Press.

Vertovec, S. (1999). Conceiving and researching transnationalism. *Ethnic and Racial Studies*, 22(2), 445–462.

Wallerstein, I. (1984). *The Politics of the World Economy: The States, the Movements, and the Civilisation*. Cambridge: Cambridge University Press.

World Bank (2006). *Global Economic Prospects 2006: Economic Implications of Remittances and Migration*. Washington, DC.: World Bank.

이민정책론
Immigration Policy

제 2 부

한국의 이민정책

제 1 장

이민정책의 역사

박미숙

인간들이 국가의 경계를 넘나드는 이주 및 이민의 개념은 인류가 집단생활을 하면서부터 이어왔다. 한국도 국가의 모습이 갖추어진 고조선을 시작으로 삼국시대, 고려, 조선, 일제시기를 거쳐 오늘날에 이르기까지 정치적 망명, 피난, 결혼, 노동 등의 이유로 이주민들이 국경을 넘어 끊임없이 이주했다. 이주민들은 외교사절이나 외교문서 작성 및 통역, 외국어교육 등 국가적으로 중요한 역할을 담당하기도 하고 이들을 통해 다양한 문물이 들어오면서 사회는 더욱 다양한 모습으로 변화되기도 하였다. 한국사회 또한 시대별, 지역별로 이주민과 이주의 유형은 다르지만 오래 전부터 다민족 혼종 사회를 이루고 살았으며 국가는 환경과 상황에 맞추어 정책을 만들고 이주민의 정착을 돕는 이민정책을 실행하였다.

1. 대한민국 수립 이전의 이민정책

1) 고조선- 삼국시대

사람들이 국경을 넘어 이주한 기록은 고조선 시대부터 확인할 수 있다. 임승국의 한단고기 기록에 따르면[1] 천축국 사람들이 표류하다 고조선에 도착하여 이주한 것을 확인할 수 있으며 고동영의 규원사화[2]에서는 고조선에서 귀화해 살고자 하는 사람에게 거처를 제공하였다는 기록이 있다(김지애, 2009). 삼국유사에 따르면 기원전 195년 중국 연나라 위만은 중국 내 혼란을 피해 1,000여명의 무리를 이끌고 고조선으로 넘어와 준왕을 만났으며, 준왕은 위만을 보고 믿을만한 인물로 여겨 그를 박사로 임명하고 100리의 땅을 내려준 뒤 고조선 서쪽 변방을 지키게 하였다(김정배, 1986). 강윤희·강명주(2016)는 고조선이 시작부터 다수의 이주민과 토착민의 결합과 화합으로 이루어졌으며, 이들에게 거처를 제공하는 등의 정책을 펼쳤다고 주장한다. 그 외에도 주나라 무왕이 기자를 조선에 봉했다는 기록을 통해 이주민의 유입과 귀화에 큰 제약을 보이지 않았으며 이 시기는 사람을 중히 여겼던 시기여서 왕의 재량으로 이주민을 받아들였다(엄재철, 2019).

고구려의 경우 광개토대왕의 정복 활동 기간 중에는 다양한 종족들이 함께 거주하였다. 영토를 점령한 백제와 신라의 일부 주민들, 그리고 동부여, 북부여 주민들도 함께 살았다. 그 외에 화북과 요서의 한족과 황해도 지역 낙랑 대방의 주민들과도 함께 살면서 종족은 달랐지만 공동체의식을 지니며 살았다고 전해진다. 이들은 공동체로 함께 살아가면서 수나라 또는 당나라와의 전쟁에는 용병으로 참여시키기도 했다(신형식, 2005). 또한 고구려는 인구증대를 위해 정복사업을 하거나 고구려로 이주해오는 사람들을 기꺼이 받아들여 정착하게 하였으며 인구 유지를 위해 강제로 끌려간 백성을 되찾아오기도 하였다. 이민자 중 타국에서 벼슬을 한 사람에게 직첩이라는 직위를 주기도 하고 정복한 지역에서 데려온 사람은 수묘인[3]이라는 일자리를 제공하기도 하였다.

삼국시대의 대표적인 이주민은 인도 아유타국에서 이주한 허황옥이다. 허황옥은 김수로왕과 국제결혼을 하여 많은 후손을 남겼으며 자녀들에게 모두 어머니의 성을 물려주었다. 또한 석 씨의 시조인 석탈해는 다파나국 출생으로 이민자로 살면

---

1   기사년 제5세 구을 임금 8년 인도의 옛이름이라고 하는 신독(천축국) 사람이 표류하여 동쪽 바닷가에 도착했다(임승국, 한단고기 중에서).
2   을묘년 제5세 구을 임금 원년에 하나라 백성이 우리나라에 귀화해 살고자 하는 사람이 있어 염려흘에 살게 했다(고동영, 1986, 규원사화 중에서).
3   수묘인은 왕의 무덤을 지키는 일을 하는 사람

서 각종 철재 무기를 만들어 파는 등 자주적으로 경제적인 힘을 길렀으며 후에 지도자가 되어 토착민과 결혼하는 등 사회에 잘 적응하며 성공적인 이주 생활을 하였다.[4] 그리고 처용가로 알려진 아랍인 처용에게 신라는 급간이라는 벼슬을 주며 머물게 했으며 처용 역시 토착민과 결혼하여 안정적으로 정착하였다. 이 시대는 이민자들을 배제하거나 배타적인 정책보다 내국인들과 함께 살아갈 수 있는 정책을 펼쳤으며 능력이 되면 벼슬을 주고 결혼도 하여 안정적인 정착을 할 수 있도록 도왔다.

2) 통일신라시대

7세기 후반 신라는 나당전쟁으로 인해 많은 이주민이 발생하였으며 이민족들은 신라의 통일 전쟁에 큰 역할을 담당하였다. 통일신라시대 유입된 이민족들은 전쟁 과정에서 신라에 투항하거나 망명한 사람, 전쟁 결과 신라군에 생포된 포로, 신라에 병합되어 귀속된 유민 집단들이다. 당시 고구려 유민의 숫자는 4천 호 정도로 신라는 이민족들을 포섭하는 정책을 펼쳤다(최희준, 2020). 신라는 오랜 전쟁으로 사회를 통합하기 위해 증가한 이민자들을 안정적으로 관리하여 새로운 번영을 도모하려고 하였다. 이를 위해 신라는 이민족 중 영향력 있는 주요 인사에게 신라의 관등과 관직을 주고 관리로 등용하였으며, 신라에 투항한 포로들에게는 의복과 식량, 가옥 등을 주어 더 많은 투항자를 유도하기 위한 정책을 펼쳤다(박영한, 2019). 신라에 등용한 이민자들이 충성심을 증명하면 신라는 지위를 파격적으로 상승시키기도 하고 이민자들에게 관등을 주는 등 이민족들을 신라의 골품제에 편입시켜 신라 사회에서 법적 신분을 보장해주었다.

신라는 백제지역을 효율적으로 장악하기 위해 이민족을 통해 국력을 집중하였다. 전쟁승리 후에는 고구려 백제 유민을 흡수하면서 국가의 안정을 위한 이념적 수단으로 승리를 합리화하였다. 오랜 전쟁으로 분열된 신라 사회를 통합하기 위해 이주민을 안정적으로 관리하고 번영을 도모하기 위해 전국을 고구려 영토 3주, 백제영토 3주, 가야를 포함한 영토 3주 등으로 균등하게 구획하는 등 정책목표를 바

---

4   삼국사기의 석탈해 내용 중에서

꾸기도 했다(변태섭, 1985). 그리고 신라의 제사 체계에 옛 백제와 고구려 지역의 산천을 포함 시키는 등 이주민의 신앙적 측면까지 통합하려고 노력하였다(노태형, 1982).

신라는 이민자에게 유화적인 정책을 펼쳤지만 백제와 고구려 이민족들에게 5두품과 6두품으로 관등의 상한을 한정하여 이민족들은 골품제의 벽을 넘지 못하였다 (노태형, 1982). 특히 신라인과 이민자들이 함께 구성된 9서당의 경우 각 서당의 구성원은 신라인, 백제민, 백제잔민, 고구려민, 말갈국민, 보덕성민 등 출신국가를 세분하여 규정하였다. 그러나 이민자들이 진출할 수 있는 신라의 관직은 한정되었고 신라 사회에 미치는 영향력은 미비하였다(최희준, 2020). 이처럼 신라는 전체적으로 이민자들을 통합하려고 했지만 신라인과 신라인이 아닌 자들을 구별하는 정책을 펼쳐 안정적으로 이민자들을 통제하지 못하였고, 신라말 호족세력이 난립하게 하는 등 후삼국이 등장하는 계기가 되었다.

3) 고려시대

고려는 한반도를 통일하고 백제, 신라, 고구려를 구분하지 않고 한반도에 살고 있는 모든 종족을 단일민족체로 굳히려고 노력하였다. 고려 초기 각 포구와 항구에는 많은 상인들이 드나들었으며 상인 중에는 외국인들이 많았다. 지리적으로 북방 유목민족들이 만주와 황하 이북을 장악하고 거란의 요와 여진의 금, 몽골의 원나라가 건국되면서 중국인들이 고려에 많이 정착했다.

고려 초기에는 송나라 상인과 역관들이 한반도에 왕래하였으며 만주에 거주하는 여진인, 거란인이나 발해인들이 삶의 터전을 찾아 남하하는 경우가 많았다. 중국에서 건너온 사람 중 문학적 능력이 뛰어나면 고려는 벼슬을 내려주어 이들을 활용하였다. 고려는 이들의 능력을 시험하기 위해 시험을 보았으며 능력이 출중할수록 중요 관직을 주고 고려에 머무는 기간을 연장하거나 귀화를 권유하였다. 시험을 준비하는 기간에 체류를 허가하고 관직에 나가면 정착을 유도하였다.

이민족들의 거주기간은 장기적인 정착과 일시적인 체류로 나눌 수 있다. '고려사'에 의하면 이민자들의 장기적인 정착을 '투화'라고 기록되어 있다. 투화는 기존에 자신이 살았던 지역을 떠나 고려에 상주하고자 하는 것으로 오늘날 귀화나 이민에 가깝다. 고려는 능력 있는 중화인이나 발해인에게 고려인이 되도록 투화를 유도하였으며 거란인과 여진인에게도 권장하여 투화한 고려인은 약 17만 명 정도이다(박영한, 2019). 투화를 결정하면 부족에게 토지를 분배하고 집단적 거주를 실행시켜 체계적인 정착을 유도하였다. 집단의 우두머리에게는 벼슬을 내려 수조권을 지급하고 정착을 촉진하기 위해 포상과 의복을 제공하는 것은 물론 조세와 부역 등을 면제해주었다. 이처럼 고려는 이민자들에게 긍정적인 정책을 펼쳤다.

고려는 투화한 송나라 사람을 고급인력으로, 만주인은 노동력과 군력 보강으로 우대정책을 실시했다. 투화한 여진이나 거란의 추장은 부대 지휘관이 되거나 변방 지역 국방을 담당하고 신분이 낮은 평민은 군졸이 되거나 농업에 종사했다. 고려는 특히 이주민의 능력을 중시하여 문무가 출중하거나 통역, 의술에 능력이 있는 중국 한인들을 관직에 종사하게 하고 선진문물 유통에 기여하도록 했다. 그 외 여진과 거란계통의 투화인들도 토지를 분배받고 세금과 부역을 면제받았으나 한인은 고려의 관리가 되지 못한 것으로 보아 인종적, 종족적 차별이 이루어졌을 것이다(이원봉, 2016). 고려의 대표적인 투화인은 '쌍기'로 과거제도 시행을 건의하였으며 대부분 투화인은 중상위층까지 머물기는 하였지만 최상위 계층까지 미치지 못했다. 이는 여진, 거란, 발해인도 중상위층 무관 계급에만 머무는 등 예외는 아니었다(이진한, 2015).

장기적으로 정착하지 못하는 사신이나 상인은 체류기간이 지나면 귀국해야 했고 최장 체류 기간은 다음 무역선이 들어올 때까지인 1년이었으며 시험에 통과하지 못하면 되돌아가야 했다. 거란인과 여진인은 주로 접경지역에서 생활하였으며, 중국 사신이나 상인집단과 함께 가장 많이 표류하는 이민족들로 국경지역의 까다로운 입국절차를 거쳐 체류기간은 15일을 넘지 못하였다.

원나라 이민족들은 국외 사정에 밝기 때문에 외교사절로 기용하거나 외국어교육에 종사하였다. 또한 원나라 영향으로 이슬람 문화권과 교류를 활발하게 하였으며 이슬람 귀화인들에게 피륙판매권을 주고 매일 소고기 15근을 상납하게 하거나 사냥용 매를 관리하는 응방의 총책임도 맡기었다.

고려 말기 몽골을 몰아내는 과정에서 개방보다 보수적인 이민정책을 펼쳤다. 발해인과 거란인의 투화는 대부분 북진정책을 위한 노동력을 준비하기 위한 과정이었으며 몽골제국에 정복당한 후에는 민족성을 강조하며 외국인 정책은 좀 더 까다로워지고 민족성을 기반으로 한 통합을 이루고자 하였다.

4) 조선시대

고려 말부터 거란과 여진이 몰락하면서 수많은 여진족의 이민족이 유입되었다. 원의 치하인 평안북도, 함경남북도는 고려의 행정권이 미치지 못하는 지역이어서, 고려말 몽골인 우대정책에 따라 많은 수의 여진족이 만주에 흩어져 살았다. 조선은 여진족을 몰아내는 것보다 동화시키는 것이 국경의 확실한 방어라고 생각하였다. 반면 여진 부락민들은 나라를 잃고 구심점이 없을뿐더러 혹독한 기후환경 때문에 생활이 궁핍하여 안정적인 생활이 필요하였다. 이런 환경으로 인해 여진족들은 조선이 정벌할 때 자발적으로 투항하였고 조선의 백성으로 받아주길 요청했다.

초기 조선은 중화질서에 입각한 화이론[5]을 통해 이민족을 교화시켜야 할 대상으로 인식하였고, 이민족은 근본적으로 조선인과 다르다고 생각하여 2등 국민으로 취급하였다. 명나라와 함께 조선은 중화를 선진 문명으로 받아들이고 정책적으로 귀화인 가운데 한족을 가장 우대하고 인력을 보완하거나 제도를 마련하는 등 외교정책으로 이들을 활용하였다. 반면 여진을 비롯한 일본, 동남아 제국을 야인으로 간주(하우봉, 2003)하고 야인을 조선으로 귀화시키는 것은 문명으로 교화시키는 과정이라고 인식하였다. 그래서 조선은 야인들의 귀화정책을 적극 추진하였으며 야인이 귀화하는 것을 '향화'라고 하였다. 실질적으로 조선과 여진은 상호 필요에 의해 귀화가 성립되었으나 표면적으로는 조선 국왕의 덕을 사모하여 향화하였다고 기록되어 있다(박현주, 2021).

이처럼 조선은 고려보다 더 적극적으로 이민족들의 정착에 도움을 주기 위해 이민족에 대한 지원을 전폭적으로 지원하였다. 조선의 경국대전 기록에 의하면 향화인 3년 면세와 귀화인 정착을 위한 제도적 기반을 마련하였다. 이민자의 유형에 따른 지원정책을 살펴보면 왜구의 우두머리나 선박, 제련, 통역 등 능력 있는 이민족

---

5   화이론은 중화를 존중하고 오랑캐를 물리친다는 뜻으로 조선의 대외정책에 골간이 된 사상임

은 관직을 수여하고 한양에 거주하도록 우대하였다. 그러나 이들은 다시 본국으로 돌아가는 것이 허용되지 않았다(최선혜, 2007).

일반 이민자들은 가옥, 노비, 토지, 의복, 식량이 제공되었으며 각종 부역과 조세, 군역을 면제해주었고 자손에게는 관향과 성을 하사하였다. 귀화한 향화인은 양인 조선인과 결혼할 수 있었으며 조선은 조선 여인과 혼인하는 것을 적극 장려하기도 하였다. 이를 통해 향화인들은 머리, 복식, 생활습관, 혼인제도 등 모든 것에서 조선의 풍습을 수용하려고 노력하였다(최선혜, 2007). 그리고 당사자뿐만 아니라 그 자손이 과거시험에 응시할 수 있게 하였으며 주로 의관이나 역관이 일반적이었다(곽효문, 2012). 또한 이들이 경제적 여건이 불리하면 다시 귀환할 가능성이 높기 때문에 경제적인 혜택을 제공하였다. 이처럼 향화인은 경제적 이주가 높아 조선은 이들을 교화나 동화의 대상으로 규정하였다(하우봉, 2003).

조선은 향화하는 일본사람에 대해서 대마도 도독은 회유정책을 실시하였다. 이 정책은 왜구에 대한 피해를 줄이고 친조선적인 왜인을 흡수하려는 정책이다. 이 시기 경상도에 거주한 향화 왜인은 12,000여명에 이르렀다(박현주, 2021). 이들은 왜구, 사신, 도망친 범죄자, 왜승 등 다양한 유형의 이민자들로 조선의 이민자 정책 때문에 유입되었다. 이중 향화왜인은 대마도를 진압하는 데 많은 도움을 주었다.

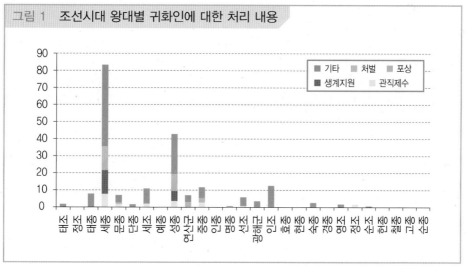

그림 1   조선시대 왕대별 귀화인에 대한 처리 내용

출처: 박현주(2021) 참고

대마도 지리에 익숙한 향화왜인이 다양한 정보를 제공하였고 제련과 조선에 도움을 주어 함선을 제작하기도 하였다. 이처럼 향화인들은 조선시대 세대를 거쳐 살아오면서 조선에 완전히 동화되어 안정된 생활을 영위할 수 있도록 유연한 이민정책을 펼쳤다. 조선의 이민정책은 보수적인 유교 국가임에도 불구하고 이민족을 포용하는 개방적인 정책을 펼쳐 과학기술이 발달하고 국력이 강화된 배경이 되었다(박영한, 2019). 그럼에도 조선정부는 향화인으로 지칭함으로써 타자화하거나 소수자에서 벗어나지 못했다는 한계점을 지닌다(림학성, 2008).

조선시대 왕대별 귀화인에 대한 처리내용은 [그림 1]과 같다.

조선 후기에는 국경이 분명해지고 국경에 책문이 설치되어 더 이상 귀화문제가 발생하지 않았다. 특히 청나라와의 국경 사이에 봉금지대가 설정되어 양국의 민간인과 군사들을 살지 못하게 하여 귀화인의 발생이 줄어들었다. 그러나 이 시기 조선의 대흉년으로 인해 조선 사람들이 봉금지역으로 이주하면서 한인들 이주의 시초가 되기도 하였다.

고종실록에 따르면 조선은 도망간 백성들이 다시 돌아올 수 있도록 흉년으로 인한 환국을 특별히 면제해주기도 하고 청국과 조선 국경 지역을 떠도는 유랑민을 찾아 데려오기도 하였다. 또 강을 넘어 청국에 갔다가 돌아온 조선인에게 식량을 나누어주기도 하였다. 이 시기에 러시아는 적극적으로 극동 개발정책을 펼치면서 이민 개발정책이 본격적으로 진행되었으며 조선인들을 만주가 아닌 연해주로 대거 이동시키기도 했다. 1880년에 블라디보스토크에 정착한 한인들은 바다 근처에 한인촌을 형성하며 살았다.

5) 대한제국 및 일제 강점기 시대

조선 말기 고종은 미국의 하와이 이민을 공식적으로 허가하였다. 이는 최초 국가가 주관한 공식적인 이민이다. 하와이로 조선인의 이민은 미국 공사 호레이스 알렌이 고종황제에게 재가를 받아 외국인 이민 전담기관인 유민원을 설립하고 조선정부는 이민을 적극 추진하였다. 유민원은 해외 이민관련 업무를 담당하는 부서로 하와이 이민자에게 여권인 집조를 발급하여 1902년 12월 22일 제물포에서 첫 이민을 내보냈다(이광규, 1994). 유민원이 발급한 여권에는 대한제국 유민원총재의 인장

출처: 국가기록원의 하와이 이민자 여행권(여권)

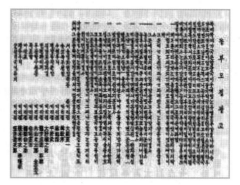

출처: 국가기록원의 대한일보 이민모집 광고문

을 찍었다. 대한제국은 1906년 이민보호법을 제정 공포하였으며 총 21조로 이루어진 이 법은 농상공부대신의 허가를 받아 이주를 허용하고 이주 알선은 이민처의 허가를 받아 수행하도록 하였다(송병기 외, 1970). 그러나 이민자의 명단은 일본관청에 통보하도록 하여 독자적인 업무는 처리하지 못하였다(나윤기, 1989). 이후 이민보호법을 개정하여 일본으로 이민하는 것은 이민으로 보지 않았다.

한편, 고종은 한인사회와의 지속적인 접촉을 통해 하와이 이주 노동자들이 힘겹게 산다는 소식을 전해 듣고 상심하여 1905년 하와이 이민을 전격적으로 중단시켰다. 하와이 이민이 어려워진 또 다른 이유는 하와이에서 한인 노동자들이 일본인 노동자들과 경쟁하는 것을 막으려고 한 일본의 압력 때문이었다.

하와이로 한국인들의 이주가 제한되면서 멕시코 농업이민자를 모집하게 된다. 멕시코로 가는 여비와 식비 등 제반 비용을 멕시코 농장주가 부담하고 멕시코에서는 집과 밭을 제공하며 농부출신 이민자를 특별히 우대한다고 하였다. 이들은 4년 동안 고용계약을 하고 귀국비용까지 받을 수 있다고 공고하여 약 1,000여 명의 조선인이 멕시코로 이주하였다. 이주 후에는 에네켄 농장에서 힘든 생활을 하다 대부분 고국으로 돌아오지 못했다.

일제 식민통치 기간에는 조선족의 이동이 만주로 급격히 증가하여 중국 동북부 지역의 조선족 사회가 확장되었다. 1910년부터 1918년까지 일본은 토지조사사업으로 인해 조선 농민들을 소작인화하였고 동양척식주식회사와 일본인 지주들이 조선 농민을 착취하면서 궁핍해진 농민들이 만주로 대거 이주하게 되었다. 1931년에는 만주사변을 일으킨 일본은 만주국을 건설하고 중국 동북지역을 대륙침략의 병참기지와 식량기지로 활용하려는 계획을 세웠다. 이를 위해 1년에 1만호씩 조선인들을 이주시키는 등 조선인을 통해 집단농장을 형성하고 식량 증대를 꾀하였다(윤인진, 2002). 이처럼 일제는 자신들의 필요에 의해 강제 식민을 시켰으며 한국인의 분열에 목표를 두고 이민정책을 실시하였다.

일제강점기 일본은 조선을 병합한 이후 조선총독부가 조선인에게 일본 국적을 부여하였는데 이 과정에서 일본의 국적법을 적용하지는 않았다. 대신 민적법(1909)이나 조선호적령과 같은 법체계에서 일본인과 다른 법적 지위 하에서 국적을 갖게

표 1 고조선-일제강점기 이민정책의 특징

구분	이민정책의 특징
고조선-삼국시대	– 이주의 특별한 제재 없음 – 일자리 제공 및 능력에 따른 벼슬제공 – 내국인과 결혼 – 왕에 의해 이민자의 체류 결정 – 인간중심의 이민정책
통일신라시대	– 신앙적인 측면까지 통합정책 – 신라인과 신라인이 아닌 차별정책 – 이주민은 관직은 한정 – 안정적인 이민자 통제 못함
고려시대	– 귀화 권유하여 귀화인에게 우대정책 – 귀화자에게 토지 분배, 체계적인 정책 유도 – 송인은 고급인력, 만주인은 노동력과 군력으로 활용 – 외국인에 대한 체류기간 한정 – 이슬람 귀화인 피륙판매권, 소고기 상납 및 매 관리
조선시대	– 한족에 대한 우대, 여진족 차별 – 야인을 교화시킨다는 명목으로 귀화 유도 – 일반이민자 가옥, 노비, 토지, 의복, 식량 제공 – 귀화한 사람은 조선인과 결혼 – 왜인의 흡수정책
대한제국 및 일제강점기	– 만주와 연해주로 국민 이주 – 해외노동이민 전담기관 유민원 설치 – 1906년 이민보호법 제정 – 이민보호법 개정으로 일본이민은 이민으로 보지 않음

했다(김범수, 2009). 조선총독부가 일본의 국적법을 적용하지 않은 이유는 조선인이 다른 외국 국적을 취득함으로써 일본 관할에서 벗어나는 것을 막기 위함이었다(정인섭, 1996). 1911년 2,257명에 불과했던 재일조선인은 식민지 시기 꾸준히 증가했다. 특히 1930년대 급증했으며 해방 직전인 1944년에는 약 2백만 명에 가까운 조선인이 일본에 거주하였다. 그러나 해방 직후인 1945년부터 급격히 감소 현상이 나타났다. 1945년부터 1946년까지 나타난 감소 원인의 대다수는 조국으로의 귀환이었다. 일본에 잔류를 선택한 재일조선인들은 약 60만 명이었다.

이렇게 고조선부터 일제강점기까지 다양한 형태의 국경이주가 존재하였으며 이민자에 대해서는 처한 환경에 맞게 이민정책을 펼쳤다. 많은 시대가 흘러도 국적을 취득하려는 귀화인에 대해서는 우대정책을 펼쳤다.

2. 대한민국 수립 이후

1) 제1공화국-제4공화국 정부(1945년-1980년)

제1공화국과 제2공화국 정부의 이민정책은 정부가 수립되고 외국인의 출입국 정책을 마련한 것이 대부분이다. 이승만 대통령이 대한민국 정부를 수립하고 제1공화국 시대가 시작되었던 이 시기는 외국인의 출입국 및 등록업무를 외무부에서 관장하였으며 인천과 부산에 외무부 출장소가 설치되어 출입국 관리업무를 수행하였다. 이후 1949년 11월 17일 「외국인의 입국과 출국과 등록에 관한 법률」이 제정되고 1950년 3월 7일 대통령령으로 시행령이 공포되면서 출입국 관련 법률이 시행되었지만, 출입국관리법 시행령은 외국인의 출입국 절차만 규정했을 뿐 한국 국민의 출입국 절차는 따로 규정[6]하지 않아 폐쇄적인 성격을 지닌다. 외국인의 출입국 및 등록업무는 외교부 의전과에서 담당했으며 외국인이 30일 이상 체류하려면 외무부 장관의 체류 허가를 받아야 했다.

---

[6] 한국국민의 출입국은 1963년 출입국관리법이 제정되기까지 근거 법령없이 여권업무에 부수하여 시행되었다.

한국은 일제강점기에서 벗어나 건국의 기틀을 마련하는 시기였으며 대외적으로도 세계대전이 끝난 후라서 외국인들이 한국을 찾아오는 일은 거의 없었다. 이 시기 정부의 고위관료나 경제인 일부 소수자만 출입국 수요가 있었으며 공무원이 국외로 출장을 가는 경우 이승만 대통령이 직접 외환을 확인하고 출장 허가를 해주었다. 청나라와 서구의 침략, 일제강점기 일본인들의 수탈로 인해 외국인에 대한 배타적인 감정이 자리 잡고 있었다. 그러므로 이 시기는 출입국 관리가 폐쇄적이었으며 출입국관리령의 개정도 이루어지지 않았다(김원숙, 2014).

제2공화국 정부 역시 제1공화국과 마찬가지로 외무부 여권과와 외무부 출장소 등에서 출입국업무를 담당하였으며 특별한 변화는 없었다. 그러나 1961년 4월 22일 외무부가 직제 개정으로 여권과에서 사증에 관한 업무를 분장하였다. 이 시기 내외국인 출입국 상황은 총 출입국자 33,984명으로 입국자가 18,402명, 출국자가 15,582명이었다(손병덕, 2019).

제3공화국과 제4공화국의 대표적인 이민정책은 크게 출입국 행정체계 정착과 출입국 관리업무의 독자성이다. 이 시기는 1961년 5월 16일 군사쿠데타로 인해 제2공화국이 붕괴되고 1962년 12월 26일 개정된 헌법에 따라 출입국관리행정체계가 정착되는 시기이다. 이 시기에 출입국관리업무가 외무부에서 법무부로 이관되면서 독자적인 행정영역이 확보되기 시작하였다. 출입국 관리업무는 초기 검찰국에 소속되었다가 1962년 법무국으로 변경된 후 1970년 2월 출입국관리담당관으로 개편되어 같은 해 8월 20일 출입국관리국으로 승격되었다(김원숙, 2012).

이 시기 이민정책 중 가장 큰 성과는 1963년 3월 5일 「출입국관리법」을 제정하고 동년 12월에 시행하였다. 출입국관리법은 대한민국 영토를 출입하고자 하는 내외국인에 대한 대한민국 입국 또는 출국에 관한 기준과 요건을 정비하였다. 이는 국가정책 차원에서 해외이주를 추진하기 위한 것이었다. 이에 따라 브라질, 아르헨티나 등 동남미 농업이민과 파독 간호사들을 대규모 파견하게 되었고 한국인의 일시적인 노동 이주 및 영주이민이 시작되었다. 한국인이 해외로 이주하기 시작한 것은 국내의 실업문제와 경제적인 문제를 해결하기 위해 국내 노동 인력을 정부차원에서 해외로 송출하기 시작하면서부터이다. 독일로 간호사와 광부 등 노동 인력을 파견하고 베트남 참전 용사를 파병하는 등 출입국관리업무를 법무부가 독자적으로

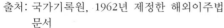

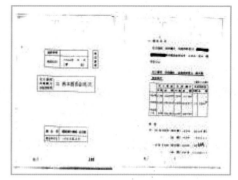

출처: 국가기록원, 1962년 제정한 해외이주법 문서

출처: 국가기록원, 서독광부 및 파월기술자의 본국 송금현황

운영하기 시작하였다. 서독광부 및 파월기술자, 간호사들은 한국에 지속적으로 송금하였으며 이런 내역을 한국은행에서 경제장관에게 지속적으로 보고하는 등 정부 차원에서 송금액을 기록하였다. 이후 중동 붐으로 한국인들의 해외 취업이 크게 증가하였으며 이는 80년대 중반까지 지속되었다.

이와 더불어 한일 수교가 재개되어 일본인과 재일동포 입국이 증가하는 등 출입국 관리 업무가 여권발급 등 부수적인 업무에서 독자성을 갖는 업무가 되었다. 정부는 투자와 관광 목적으로 입국하는 외국인을 적극적으로 유치하였으나 불순한 외국인은 입국은 물론 정주를 허용하지 않았다. 이처럼 제3공화국과 제4공화국 시기는 출입국 관리에 대한 행정체계 정착뿐만 아니라 외국인 유입에 대한 억제책과 한국인의 노동 인력 송출이 동시에 진행되었다.

2) 제5공화국-제6공화국 정부(1980년-1993년)

제5공화국과 제6공화국 정부는 88올림픽을 개최로 한국에 대한 세계적인 관심으로 외국인 유입이 급격히 증가한 시기이다. 이에 정부는 외국인의 출입국 절차를 간소화하고 출입국 업무를 전산화하는 등 국제화 시대에 적합한 출입국제도를 마련하였다. 특히 이시기는 산업기술연수제도가 도입되어 많은 외국인 노동자들이 연수생 신분으로 입국하였으나 체계적인 정책 부재로 인해 사업장 이탈문제와 외국인노동자의 인권문제가 부각 되었다.

제5공화국 전두환 정부는 선진 출입국관리체제의 기반을 구축하였다. 전두환 정권은 '민족화합민주통일방안'을 발표하고 공산권에 거주하고 있는 동포들을 위해 문호를 개방하기 시작하였다. 이를 위해 김포공항을 비롯하여 전국 공·항만에 전산시스템을 도입하였다. 이를 통해 여권 및 출입국신고서가 자동으로 검색되어 신속 정확하게 출입국 업무를 수행하고 출입국자들의 규제 여부를 확인할 수 있게 되었으며 출입국 심사 소요시간이 1인당 30초로 단축되는 등 변화를 꾀하였다. 또한 남북한 UN 동시 가입과 남북왕래 출입국 규정을 마련하였으며 중국과 러시아 대사관에 출입국 주재관을 파견하는 등 이민정책의 기조를 마련하였다(손병덕, 2019). 한국의 문호개방으로 외국인이 급격히 증가하고 이로 인해 외국인 범죄 행위가 사회적으로 부각 되면서 외국인의 체류 활동을 관리하기 위해 외국인 동향조사를 실시하기 위한 체제도 구축하였다.

제6공화국 정부는 한반도 평화체제구축을 위해 소련 및 중국, 동구권 국가 등과 수교를 맺는 등 지속적으로 북방정책을 추진하였다. 1990년 8월 1일 「남북교류협력에 관한 법률」을 제정하고 1991년 9월 17일 남북한이 유엔에 동시 가입하였다. 그해 12월 13일 남북 간 화해와 불가침 및 교류협력에 관한 합의서를 체결하고, 남북한 왕래자의 출입국 절차를 위해 1992년 남북왕래 출입절차 규정을 개정하는 등 출입국관리법을 개정하였다. 이를 통해 러시아, 중국 대사관에 출입국 주제관을 파견하는 등 이민정책에 큰 변화를 가져왔다.

이 시기는 중국동포들이 친척방문으로 입국하다가 국내 건설업계의 극심한 인력난과 맞물려 취업기회를 부여하기 시작하였고, 중동의 노동시장 변화와 일본 러시는 동남아시아 노동자들의 유입을 가속화하였다(이혜경, 1997). 정부는 인력난을 해결하기 위해 산업기술연수생 제도를 도입하였다. 산업기술연수생제도는 개발도상국과 경제협력을 도모하고 외국인 연수생에게 기업연수를 전수하는 등 이를 통해 선진기술을 이전해 주는 제도이다. 기술연수를 받으려는 외국인 노동 인력이 장기적으로 체류하게 되면서 정부는 산업계 인력공급 확대방안에 대해 검토하기 시작하였다. 1991년 6월 28일 상공부장관 주관으로 간담회를 거쳐 10월 26일 법무부 훈령 제255호 「외국인산업기술연수사증 발급에 관한 업무처리지침」 및 「외국인산업기술연수사증발급 등에 관한 업무처리지침 시행세칙」을 제정하여 1991년 11월부터 시행하였다. 업체별로 50명까지 허용하고 연수기간은 1년으로 규정하여 아시아

14-15개국의 국가로부터 산업연수생을 받아들였다.

이를 통해 한국에 외국인 노동 인력이 처음 들어온 시기로 외국인력도입시스템을 마련하기 위해 정부는 체계적으로 대처하였으나 관리 소홀로 인해 외국인 노동자의 이탈 현상이 나타났다. 국내산업계의 심각한 인력 부족 문제와 한국인의 3D 기피 현상으로 외국인 노동자에 대한 인권문제가 나타났으며 이는 사회문제로 확산되었다. 산업연수생제도는 한국기업의 심각한 인력문제를 해결하는 역할을 하기 위해 시행 초기는 연수 기간이 2년이었으나 1998년 4월부터 연수 뒤 소정의 자격시험에 합격하면 1년간 국내에 취업할 수 있도록 보완하였다. 초기 연수생은 2만 명이었으나 2002년 145,500여명으로 증가하는 등 산업연수생의 지속적인 이탈 현상과 인권문제들로 인해 2001년 12월에는 연수 기간을 1년으로 하고 취업 기간을 2년으로 조정하여 여러 가지 사회문제를 해결하고자 하였다. 그럼에도 불구하고 급격한 연수생 증가는 불법체류자를 양산하는 온실과 같은 역할을 하였다(박상순, 2001).

이와 더불어 한국사회 국제결혼이 성행하게 되었다. 지금까지 미국이나 일본으로 결혼이민을 떠나던 한국국민과 다르게 외국인들이 한국으로 혼인하여 들어오는 사례가 증가하였다. 한국의 위상이 높아지면서 국제결혼이민이 증가하였으며 지방자치단체들이 농촌 총각 장가보내기 사업을 추진하면서 더욱 활성화되었다. 이로인해 국제결혼 중개업체가 성행하게 되었고 2004년 전체 결혼의 약 14%가 국제결혼으로 나타났다(이혜경, 2011).

3) 문민정부와 국민의 정부(1993년-2003년)

문민정부와 국민의 정부는 난민에 대한 인정절차 및 재외동포의 출입국정책이 수립된 시기이다. 문민정부인 김영삼 정권은 한국의 국가경쟁력 강화와 국가의 위상을 높이기 위해 세계화에 따른 다양한 이민정책을 추진하였다. 먼저 난민 인정제도를 도입하였다. 1992년 난민의 지위에 관한 협약(이하 난민 협약) 및 난민의 지위에 관한 의정서(이하 난민 의정서)에 가입하고 1993년 12월에는 출입국관리법에 난민 관련 규정이 신설되었으며 1994년 7월 난민신청을 접수 받기 시작하였다. 이와 더불어 1995년에는 여권자동판독시스템을 도입하였다.

또한 외국인 산업연수제도를 확대하였다. 제조업체의 인력난을 완화하기 위해 산업기술제도를 확대운영하고 연 2만 명을 추가하였다. 산업현장에 외국인산업연수제도가 도입된 후 한국으로 들어오는 외국인은 큰 폭으로 증가하였다. 1994년도 한국의 총 출입국자는 14,204,771명으로 이 중 내국인 출입국자 7,499,095명, 외국인 출입국자 6,705,676명이었다. 그러나 1997년도 총 출입국자는 18,059,783명으로 이 중 내국인 출입국자 10,522,071명, 외국인 출입국자는 7,537,712명이었다. 또한 장기체류 외국인은 1994년 84,905명에서 1997년 176,890명으로 크게 늘어났으며, 이중 산업연수생이 9만여 명을 차지하였고 불법체류자는 1994년 48,281명에서 1997년 148,048명으로 급증하였다(손병덕, 2019).

외국인의 산업연수생제도로 인해 한국 정부는 불법체류자 문제가 사회적인 문제로 부각되었다. 명동성당에서 네팔 근로자들이 외국인 근로자에 대한 법적 지위와 처우 보장문제로 시위를 시작하면서 이들의 법적 지위와 처우에 관한 문제를 논의하기 시작하였다. 이에 더하여 사법부가 산업연수생을 근로자로 인정하는 판결 때문에 이민정책의 커다란 파장을 불러 왔다. 이에 정부는 외국인 산업연수생의 법적 지위와 처우개선에 대한 실질적 조치를 출입국관리 차원에서 진행하였다.

국민의 정부인 김대중 정권은 한국의 IMF로 인해 경제적인 문제와 회복에 심혈을 기울이던 시기이다. 이 시기의 이민정책은 먼저 햇볕정책을 통해 남북교류 및 협력을 추진하였다. 햇볕정책은 남북한의 긴장 관계를 완화하고 북한을 개혁개방으로 유도하기 위해 남북교류를 통한 협력을 증대하기 위한 대북한 정책이다. 그리고 산업연수생제도의 문제를 보완하기 위해 산업연수생 도입을 축소하고 외국인 연수 취업제도를 도입하였다. 그러나 1998년 외국인 산업인력 신규 도입을 전면 중지하였다.

또 다른 이민정책 중 하나는 재외동포정책을 추진하였다. 재외동포들의 한국왕래가 자유로워지면서 1999년 9월 2일 「재외동포의 출입국과 법적지위에 관한 법률」을 제정하였다. 그러나 「재외동포의 출입국과 법적지위에 관한 법률」은 재외동포들의 오랜 숙원사업을 통해 재외동포들의 요구를 해소할 수 있게 되었으나 가장 많은 수를 차지하는 중국동포와 구소련동포들이 적용대상에서 배제되었다. 국내의 대부분 불법체류자는 중국동포가 가장 많음에도 불구하고 이들이 제외되었다는 점은 동포사회에 또 다른 문제와 갈등을 제공하게 되었다. 이를 해결하기 위해 중국동포들은 다방면으로 노력하여 헌법불합치 결정을 받아내었다. 이런 결정에 따라 정부는 중국동포와 구소련동포들을 위한 방문취업제를 마련하는 계기가 되었으며 이를 통해 이들이 자유롭게 고국을 방문할 수 있는 기회와 한국에서 취업할 수 있는 기회를 마련해 주었으나 최장 5년이라는 체류 기간으로 실질적인 규제를 하였다.

4) 참여정부와 이명박 정부(2003년-2012년)

참여정부 시대는 다문화사회를 정책목표로 제시한 시기이다. 이 시기는 외국인 정책을 사회통합정책으로 전환하고 그동안 통제와 관리 중심에서 벗어나 외국인의 인권 옹호 및 처우개선에 집중하였다. 그동안 산업연수생제도로 발생했던 문제를 해결하기 위해 참여정부는 2003년 8월 「외국인 근로자 고용 등에 관한 법률」을 제정 공포하여 2004년 8월부터 외국인고용허가제를 도입하였다. 그리고 2007년 1월 1일부터 도입된 산업기술연수제도를 고용허가제로 통합하여 추가적인 산업연수생의 도입을 중단하고 외국인 근로자 고용을 고용허가제로 일원화하였다. 외국인고용허가제는 합법적인 외국 인력을 고용하기 위해 기업이 정부로부터 인력 부족 확인서를 발급받아 외국인 근로자의 고용조건을 내국인 근로자와 동등하게 보장해주는 제도이다. 외국인 근로자 고용에 관한 법에서는 외국인 근로자 고용관리를 위해 취업기간을 3년으로 설정하고 표준근로계약서를 작성하도록 하였다. 사업자는 근로계약 체결은 물론 사업자가 가입해야 하는 출국 만기 보증보험, 귀국비용, 상해 보험 가입을 의무화하였고 외국인 근로자들의 사업장 변경은 원칙적으로 금지하였다. 정부는 외국인고용관리 전산시스템을 운영하고 외국인 고용사업장에 대한 정기적인 지도 점검 등을 통해 외국인력 관리체제를 구축하였다.

또한 다양한 다문화사회 구성원을 보호하고 통합하기 위해 「재한외국인처우기본법」과 「다문화가족지원법」 등 외국인관련 법제들을 제정하였다. 정부는 정책을 총괄 추진하기 위해 외국인 정책의 심의 조정기구인 '외국인정책위원회'를 설치하였으며 국무총리를 위원장으로 각 부처 장관이 위원으로 참석하여 부처별 외국인 정책을 본격적으로 추진하는 등 각 부처별 정책추진을 통해 체계적이고 종합적인 외국인정책 추진체계를 구축하였다. 외국인 정책을 추진하기 위해 법무부에 출입국 외국인 정책본부를 신설하고 외국인의 체류 관리와 국경관리 체계를 갖추었다.

「재한외국인처우기본법」제정 배경을 살펴보면 2006년 5월 대통령 주제로 제1차 외국인정책회의를 통해 외국인정책기본법 제정과 외국인정책 총괄기구 설치를 추진하였고 2007년 7월 18일 「재한외국인처우기본법」이 시행되었다. 이 법은 외국인 정책에 관한 기본법으로 외국인정책 수립과 추진체계 확립 및 재한외국인들의 처우와 국민과 함께 살아가는 환경조성에 관한 내용을 규정하고 있다.

또한 참여정부는 1990년부터 증가하고 있는 한국 남성과 외국 여성과의 국제결혼에 대한 사회통합지원대책을 수립하였다. 1990년부터 2005년까지 한국남성과 외국인 여성과의 결혼은 총 16만 명에 이르렀고 2005년에는 국제결혼이 전체결혼의 13.6%를 차지하면서 국내 거주 결혼이민자들이 급속히 증가하였다.

또한 결혼이민자들이 대부분 중개업체를 통해 국제결혼을 하고 한국으로 이주하는 과정은 물론 한국사회 적응과정에서 가족관계 부적응과 결혼이주민의 경제적인 어려움, 양육문제 등 다양한 문제점이 발생하였다. 이에 결혼이민자의 안정적인 정착과 사회통합의 필요성을 인지하고 결혼이민자 및 그 가족의 생활실태를 분석하기 위해 2004년부터 여성결혼이민자 가정에 대한 실태조사를 3년마다 조사하고 결과를 발표하도록 하였다. 이를 통해 2005년 5월 '외국인 이주여성의 자녀 인권 실태와 차별개선 추진'이 대통령의 지시과제로 지정되고 '빈부격차차별시정위원회'를 대통령 산하에 두어 결혼이민자의 사회통합지원을 제안하였다(김원숙, 2014). 빈부격차차별시정위원회는 2005년 12월 관계부처와 협의하여 전문가 간담회와 필리핀 베트남 현지조사를 실시하는 등 추진체계 및 결혼과정상의 문제점과 정책관계자 교육방안 등 지원 대책을 마련하였다. 2006년 4월 국정과제회의에서 여성결혼이민자와 이주자 혼혈인 사회통합지원대책을 확정하고 2008년 「다문화가족지원법」이 제정되었다.

다문화가족지원법은 다문화가족 구성원이 안정적인 가족생활을 영위하고 사회구성원으로서 역할과 책임을 다할 수 있도록 하여 이들의 삶의 질을 향상시키고 사회통합을 목적으로 하였다. 정부는 다문화가족의 삶의 질과 사회통합을 위해 다문화가족정책을 심의 조정하는 다문화가족정책위원회를 국무총리 소속으로 두고 여성가족부 장관이 다문화가족을 위해 5년마다 다문화가족정책을 수립하게 하였다. 이처럼 정부는 「다문화가족지원법」을 통하여 결혼이민자 가족의 사회통합지원 대책을 적극적으로 수립하고 시행하였다.

이명박 정부시대는 외국인정책 기본계획이 수립되기 시작한 시기로서 국가가 이민정책을 정책적인 차원에서 다루기 시작했다. 먼저 2008년 2월 25일 이명박 정부는 외국인정책위원회를 개최하여 제1차 외국인기본계획을 확정하고 인권이 존중되는 성숙한 다문화사회로의 발전, 개방을 통한 국가경쟁력 강화, 법과 원칙에 따른 체류질서 확립 등을 기본방향으로 설정하고 외국인정책을 중장기적인 관점에서 추진하였다. 외국인정책 기본계획에는 외국인 범죄의 증가로 인한 문제를 효과적으로 대처하기 위한 방안이 함께 추진되었다. 이외에도 정부초청 외국인 장학생 사업을 확대하고 유학생에 대한 취업지원 강화 등 유학생을 유치하기 위해 노력하였다. 특히 국제장학프로그램을 전략적으로 추진하여 유학생들이 증가하는 계기가 되었다.

재한외국인과 국민이 서로의 문화를 존중하고 함께 살아갈 수 있는 사회적 환경을 조성하기 위해 2008년 5월 20일 세계인의 날을 지정하였다. 세계인의 날은 2006년 3월 개최한 이민정책포럼을 통해 외국인의 날 대신 세계인의 날로 결정되었으며 법무부의 주관으로 국민과 외국인 간 소통과 화합의 장을 만들어 정부의 다문화 포용의지를 알리는 기회가 되었다.

또한 2010년 5월 국적법을 개정해 단일국적주의 체제에서 이중국적자에게 복수국적을 제한적으로 허용하였다. 부모의 국적이 다른 상태에서 태어난 다문화가족 자녀들은 이중국적을 가지는 경우가 많아 외국국적불행사 서약을 하고 복수국적을 허용하였다. 이와 함께 혈통주의와 출생지주의로 인해 국적을 가질 수 없었던 다문화가족 자녀 등 무국적자들에게 무국자 인정제도가 마련하여 국적취득을 할 수 있게 하였다.

그리고 이명박 정부는 아시아 최초로 「난민법」을 제정하였다. 2012년 2월 10일 난민법을 제정하고 2013년 7월 1일부터 시행하였다. 그동안 난민에 대한 인정절차는 「출입국관리법」에서 규정하고 있었으나 독자적인 난민법을 제정하여 난민의 처우 및 난민인정절차에 대해 구체적으로 규정하였다. 난민법 제정 취지는 '난민의 지위에 관한 협약'과 '난민의정서' 등 국제법에 걸맞게 국내법을 제정하여 한국이 인권선진국으로 나아가고자 노력하였다. 그 외에도 그동안 부처 간에 개별적으로 추진되었던 이민자 지원 사업을 범정부 차원에서 사회통합프로그램으로 통합 추진하여 중앙 부처 간 프로그램 중복과 예산 낭비 문제를 해결하고자 하였다.

그럼에도 이명박 정부의 이민정책은 결혼이민자에게 편중되었으며 주로 시혜적인 정책이 주를 이루었다. 그리고 중앙부처 간 유사정책의 경쟁과 중복으로 예산이 낭비되는 등의 문제가 부각되었다. 또한 외국인 유치정책과 사회통합정책 간에 연계가 미흡하였으며 국내 체류 중인 결혼이민자, 동포, 유학생 대상으로 우수인재 발굴 및 양성을 위한 프로그램을 개발하는데 한계점이 나타났다.

5) 박근혜 정부와 문재인 정부(2013년~2022년)

박근혜 정부는 제2차 외국인정책 기본계획을 수립하고 개방, 통합, 인권, 안전, 협력을 정책목표로 선정하고 146개의 세부 추진과제를 17개 부처에서 분담하여 추진하였다. 제2차 외국인정책 기본계획은 자립과 통합을 고려한 정책을 추진하여 이민자의 책임과 자립을 강조하였다. 사회통합프로그램을 체계화하고 외국인 대상 조기 적응 프로그램을 실시하였으며 이민자의 초기적응을 강화하기 위해 13개 언어 강사풀을 구성하고 운영하였다.

결혼이민자들의 경제적 자립역량을 강화하기 위해 취업 성공패키지 사업이나 내일 배움카드제, 결혼이민여성의 인턴제, 결혼이민자 농업 및 농촌 정착 교육 등 취업교육을 제공하였다. 또한 이민자자녀의 건강한 성장환경을 조성하기 위해 이민 배경 자녀의 학습 및 적응을 지원하고 중도입국 청소년의 한국어와 한국문화교육을 위한 예비 학교 및 다문화 대안학교를 운영하였다.

인재유치와 외국관광객유치는 국가와 기업에서 필요한 인적자원을 확보하고 미래성장 동력의 인재를 유치하는 것이다. 이를 통해 환승관광제도 및 출입국심사 서비스 고도화를 추진하였으며, 제주도 무비자 제도를 도입하여 일부 지역 국가 사람들이 30일까지 무비자로 입국할 수 있도록 하여 내수활성화 및 국가 경제에 기여하였다. 또한 투자 이민제도를 확대하여 5년간 투자유치 시 영주자격을 취득할 수 있도록 하는 등 외국인 투자유치를 확대하는 정책과 지원체계를 마련하였으며 우수한 외국인 유학생을 유치하기 위해 '유학생확대방안'을 발표하여 유학생이 증가하기 시작하였다. 이와 더불어 유학생에게 시간제 취업기회를 확대하거나 한국유학

종합시스템을 통해 장학제도, 유학신청방법, 한국어교육, 취업지원정보 등을 제공하였다. 특히 이 시기는 대부분 통합차원에서 이민정책을 제시하였다. 외국인주민협의회를 설치하거나 확대하여 외국인 주민의 다양한 의견을 수렴하고 행정 및 정책의 사각지대에 있는 사람들을 발굴하거나 외국인을 위한 마을 변호사를 시범적으로 실시하여 언어장벽에 있는 외국인에게 모국어로 무료 법률상담을 지원하는 등 외국인에게 실질적인 도움을 주기 위해 정책을 실행하였다.

2015년 법무부는 재정착난민을 수용하였다. 법무부는 국제적으로 난민 문제에 동참하기 위해 3년간 재정착난민 30명을 받아들여 한국에 안정적으로 정착하게 하였다. 재정착난민이란 대한민국 밖에 있는 난민 중 대한민국에서 정착을 희망하는 외국인으로 정부는 2015년 12월 23일 태국 난민캠프에 있던 미얀마 난민 4가족 22명을 입국시켰다. 이후 2016년 11월 7가족 34명, 2017년 5가족 30명, 총 16가족 86명이 한국에 정착하였다. 재정착 난민들은 영종도에 설립한 출입국외국인지원센터에서 6개월간 생활하면서 한국어 및 취업교육을 받고 퇴소 후 관련 단체들의 보호를 받고 있다.

문재인 정부는 제3차 외국인정책기본계획을 확정하고 추진하였다. 제3차 외국인정책기본계획은 상생, 통합, 인권, 협력을 바탕으로 한 미래지향적 거버넌스를 표방하였다. 제3차 외국인정책기본계획은 이민자 통합에 있어 이민자와 국민의 쌍방향적 노력을 강조하였다. 이민자의 권리와 의무를 명확히 하고 국민은 이민자의 문화적 배경을 이해하며 존중하는 것을 토대로 중앙정부와 지방정부의 협치 및 민·관·학의 협력을 통한 민간의 역할을 강화하였다. 이와 더불어 국제적 수준에 부합하는 이민정책을 추진하였다.

또한 불법체류자 문제를 해결하기 위해 불법 체류 외국인의 자진 출국제도를 변경하였다. 불법체류외국인의 자진출국제도[7]는 외국인들이 범죄를 저지른 후 공항을 빠져나가는 등 제도를 악용하는 사례가 증가하여 이를 예방하기 위한 정책이다. 그리고 출입국관리 업무를 확대하기 위해 기존의 출입국관리사무소를 출입국외국인청으로 확대하였다. 문재인 정부는 통합정책을 지향하였으나 코로나19 감염병까

---

7   불법체류자 자진 출국제도는 불법체류외국인이 출국 당일 공항이나 항만에서만 신고하고 출국하는 제도이다. 불법체류자는 불법기간을 산정하여 벌금을 납부하고 출국한다.

지 겹쳐 강력한 이민정책은 펼치지 못하였다.

지금까지 대한민국 정부가 수립된 이후의 정부가 펼쳤던 이민정책을 살펴보았다. 이민정책은 지속적으로 발전하였으며 이주민에 대한 정책은 배제정책, 동화정책, 다문화정책이 혼재되어 있었다. 정부별 대표적인 이민정책의 특징은 다음과 같다.

표2　대한민국 수립 후 정부별 이민정책 분석

구분	이민정책의 특징
제1-4공화국 (1945-1980)	- 외국인 출입국관리법령 및 관장기구 정비 - 폐쇄적인 출입국관리체제 운용 - 출입국 관리업무 외무부에서 법무부로 이관 - 내국인 이민송출정책 강력 추진
제5-6공화국 (1980-1993)	- 선진 출입국 관리체제의 기반 구축 - 외국인 동향조사체제 확립 - 외국국적동포 문호 개방 - 산업기술연수생제도 도입
문민정부와 국민정부 (1993-2003)	- 출입국 절차 간소화 - 난민인정제도 도입 - 산업기술연수생 제도 확대 - 남북 교류 및 협력 추진 - 재외동포법 제정 및 정책 추진
참여정부와 이명박정부 (2003-2012)	- 재한외국인처우기본법 제정 - 외국인 고용허가제 실시 - 다문화가족지원법 제정, 결혼이민자 가정 실태조사 - 외국인 근로자 고용에 관한 법률 제정 - 외국인정책 기본계획 수립 - 난민법 제정
박근혜정부와 문재인정부 (2013-2022)	- 재정착난민 수용 - 제2차 외국인기본정책과 다문화가족지원정책 수립 및 집행 - 제3차 외국인기본정책과 다문화가족지원정책 수립 및 집행 - 출입국·외국인청 확대

3. 소 결

인류는 선사시대부터 현재까지 지구상 모든 지역으로 이주하여 다양한 민족과 문화가 섞이며 살아왔다. 고조선부터 현재에 이르기까지 외국인들이 제각각 이유로 드나들었고 현지인과 함께 변화되면서 살았다.

국경을 넘어 이주한다는 것은 생존을 위해 이주하는 경우가 대부분이다. 국가의 모습을 갖추었던 초기부터 지금까지 사람들이 살아가는데 생존보다 더 중요한 것은 없기 때문이다. 이주과정에는 강제적으로 이주가 일어나기도 하지만 자발적인 이주가 발생할 때가 많다. 최근 교통과 통신의 발달로 인해 이주는 전 지구적 이주로 더욱 가속화 되었으며 국가들은 국익을 위해 다양한 이민정책을 마련하고 있다. 특히 현지인과 이주민이 함께 살아가기 위해서 이전에는 왕에 의해 정책이 마련되었다면, 현재는 정부를 중심으로 국민적 합의를 거쳐 다양한 이민정책을 도출한다.

본 장에서는 이민정책이 왕을 중심으로 이루어진 시기와 정부수립 이후 제1공화국부터 현재의 이르기까지 어떤 차이점이 보이는지 살펴볼 수 있었다. 이렇듯 이민은 사회변천에 따라 자연스러운 흐름이며 이민정책을 통해 이주민과 현지인들을 통합할 수 있도록 방법을 강구하는 것이 최종 목표이다. 이를 위해 안전하고 적법한 절차에 따른 정책을 만들고 이를 적절하게 관리하여 모두가 함께 발전할 수 있는 이민정책이 모색되어야 할 것이다.

강윤희 · 강명주(2016). 다문화 가정 학부모를 위한 학습콘텐츠 추천 시스템 설계. 한국정보
　　처리학회, 23(1), 350-352.

고동영(1986). 규원사화. 파주: 한뿌리

곽효문(2012). 조선조 귀화정책의 사회복지적 의미에 관한 연구. 한국행정사학지, 30, 151-
　　177.

김범수(2009). 국민의 경계 설정: 전후 일본 사례를 중심으로. 한국정치학보, 43(1), 184.

김원숙(2012). 우리나라 이민정책의 역사적 전개에 관한 고찰. IOM이민정책연구원. 워킹페
　　이퍼 2012-04.

김정배(1986). 韓國古代의 國家起源과 形成, 고려대학교출판부.

김지애(2009). 역사 속의 귀화인을 통해 본 한국사회의 다문화성. 외국어대학교 석사학위논
　　문.

나윤기(1989). 韓國 移民政策의 問題點과 改善策. 行政問題論集, 9, 309-333.

노태형(1982). 삼환에 대학 인식과 변화, 한국사연구, 38, 136-137.

림학성(2008). 17세기 전반 호적자료를 통해 본 귀화 야인의 조선에서의 생활 양상, 고문서
　　연구, 33. 민정책연구원, 워킹페이퍼 2012-04.

박상순(2001). 在韓中國人의 法的地位에 관한 硏究: 臺灣系中國人을 中心으로. 인천대학교
　　석사학위논문.

박영한(2019). 한국 중세시대에 보이는 난민들. 다문화콘텐츠연구, 30, 73-102.

박현주(2021). 조선시대 다문화정책: 조선왕조실록에 나타난 귀화정책을 중심으로. 사회복
　　지역사연구, 4, 36-56.

변태섭(1985). 삼국통일의 민족사적 의미: 일통삼한(一統三韓) 의식과 관련하여. 신라문화,
　　2, 57-64.

송병기, 박용옥, 박한설(1970). 韓末近代法令資料集. 國會圖書館.

신형식(2005). 고구려 유민의 동향, 민족발전연구, 11(12).

엄재철(2019). 한국의 다문화 정책 연구: 이주민에 대한 역사적 경험을 기반으로. 한국외국
　　어대학교 석사학위논문.

윤인진(2002). 세계 한민족의 이주 및 정착의 역사와 한민족 정체성의 비교연구. 재외한인연
　　구, 12(1), 5-64.

윤인진(2008). 한국적 다문화주의의 전개와 특성: 국가와 시민사회의 관계를 중심으로. 한국
    사회학회, 42(2), 72-103.

이광규(1994). 한국정부는 교포정책을 바꿔야 한다: 오백만 해외교포 그들이 한민족의 가능
    성입니다. 사회평론 길, 94(7), 118-124.

이원봉(2016). 중국 강택민 체제의 대외정책. 한국정치연구, 177-217.

이진한(2015). 고려시대 외국인의 거주와 투화. 한국중세사연구, 42, 135-175.

이혜경(1997). 아시아 태평양지역의 외국인 노동자 고용에 관한 연구. 한국사회학회, 31(3),
    497-527.

이혜경(2011). 다자녀 가정 어머니의 자녀 양육 경험. 유아교육학논집, 15(6), 377-406.

이혜경(2008). 한국 이민정책의 수렴 현상: 확대와 포섭의 방향으로. 한국사회학. 42(2),
    104-137.

임승국(1986). 한단고기. 서울: 정신세계사

정인섭(1996) 재일교포의 법적 지위. 서울대학교 출판부.

최선혜(2007). 조선사회의 문화적 소수자, 향화인. 인간연구, 12, 93-123.

최희준(2020). 7세기 후반 신라의 백제, 고구려 유이민정책. 신라사학보, 50, 79-103.

하우봉(2003). 조선전기 대외관계에 나타난 自我認識과 他者認識. 한국사연구, 1238, 247-
    270.

제 2 장

국경관리

차 용 호

1. 외국인의 입국

1) 외국인의 입국허가

국가의 국민(citizens)이 아닌 사람이 그 국가에 입국하고 거주할 수 있는 상황과 조건을 결정하는 것은 이민법에 의한다(Plender, 2015: 1). 외국인이 어느 국가에 들어가기 위해 입국허가를 신청할 때 국가는 조약상의 의무에 따라 입국을 허용해야 하는 경우가 아니라면 그 외국인의 입국과 거주를 결정할 때 광범위하고 폭넓은 재량권을 가지고 있다(Aleinikoff et al., 2003: 31; Nafziger, 1983: 804). 다만, 국가가 모든 외국인의 입국을 배제할 권리(right to exclude aliens)를 갖는다는 것은 이민 할당량(immigration quota), 외국인 추방, 이민 관련 소송에서 재판의 회부 가능성과 적법 절차, 외국인을 보호해야 할 국가의 의무와 같은 논쟁적 이슈를 불러일으킨다(Nafziger, 1983: 804).

국가는 조약에 따른 의무가 있지 않다면 외국인의 입국 기준을 설정하는 데 있어 광범위한 권한을 가진다. 비자 발급의 거부 또는 국경에서 입국 불허의 근거는 전형적으로 질병 또는 전염병, 과거의 범죄기록과 이민법 위반 기록, 테러리스트와의 연계를 포함한 국가 안보 또는 공공질서, 경제적 이유 등에 기반한다. 외국인 입국 또는 외국인의 수(또는 비율)은 전염병 확산에 +(정)의 영향을 미치는 인구통계학적 인과관계를 가진다(Park et al., 2020). 특히 경제적 이유(economic grounds)에 관하여는, 국가는 일반적으로 국내 노동시장에서 자국민의 일자리를 보호하기 위해 이민을 제한한다. 국내로 이주를 준비하는 외국인(prospective migrant)은 거주하는 동안 스스로 부양할 능력이 있는지를 보여주어야 하는 경우가 많다. 국가들은 입국하는 외국인 규모(명)에 상한선(numerical ceilings)을 설정할 수 있고, 입국의 유형과 범주를 정할 수도 있다(Martin, 2003: 33).

2) 한국의 주요 제도와 절차

(1) 탑승자 사전확인제도

탑승자 사전확인제도(i-PreChecking)란 "항공사의 예약·발권 시스템이 법무부 출입국시스템에 연계됨으로써, 법무부 출입국시스템은 탑승권이 발권되기 전에 외국의 출발지 공항에서 항공사로부터 승객 정보를 전송받아 국제테러범, 입국규제자, 도난·분실여권 소지자 등의 정보를 확인하고, 그 결과를 항공사에 통보함으로써, 해당 승객의 탑승 가능 여부를 실시간으로 전송하여 우범자의 탑승을 사전에 차단하는 제도"이다(법무부, 법무정책서비스: 법무부 출입국외국인정책본부, 국경관리, https://www.immigration.go.kr/immigration/1514/subview.do).

표 1 운영 단계별 책임기관

	운영 단계	내용	주관
1단계	탑승권 발권 가능 여부 확인 요청	예약 또는 탑승권 발권 시 법무부에게 승객 정보를 사전에 전송	항공사
2단계	탑승 가능 여부 응답	전송받은 승객 정보를 근거로 규제 내역, 비자 정보, 도난·분실여권 정보 등을 검색함으로써 탑승 가능 여부를 응답	법무부
3단계	탑승권 발권	탑승이 가능하다는 응답을 수신한 승객에게 탑승권을 발권	항공사

출처: 법무부, 법무정책서비스 참조, https://www.moj.go.kr/moj/190/subview.do 이민정보과 자료 참조

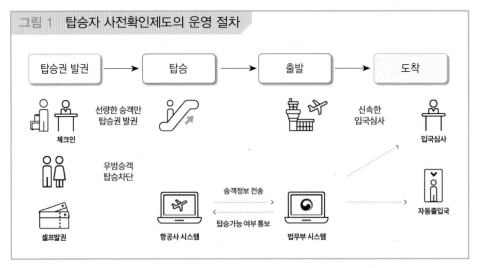

그림 1 탑승자 사전확인제도의 운영 절차

탑승권 발권 → 탑승 → 출발 → 도착

체크인 / 선량한 승객만 탑승권 발권 / 신속한 입국심사 / 입국심사
우범승객 탑승차단
셀프발권 / 승객정보 전송 / 탑승가능 여부 통보 / 자동출입국
항공사 시스템 / 법무부 시스템

출처: 법무부, 법무정책서비스, https://www.moj.go.kr/moj/190/subview.do 참조

2005년 5월부터 법무부는 한국에 입항하는 항공기가 도착하기 전에 항공사로부터 승객명부를 제출받아 규제자 여부를 확인하고, 우범자의 입국을 국내에서 차단하는 사전승객정보분석(APIS) 제도를 도입하여 운용해왔으나, 2014년 3월 말레이시아 항공기 실종사고의 원인으로 도난·분실 여권 소지자에 의한 테러 가능성이 제기됨에 따라 출발지 공항에서 우범자의 항공기 탑승을 원천 차단할 수 있는 탑승자 사전확인제도를 도입하였다(법무부, 법무정책서비스).

2015년 2월 16일 탑승자 사전확인제도의 시범사업은 일본 나고야 공항에서 출발하여 한국에 도착하는 한국국적 항공기를 대상으로 시작하였고, 2017년 4월 1일부터 45개국 170개 공항에서 한국에 취항하는 87개 모든 항공사를 대상으로 전면적으로 시행하였다. 그 결과, 2018년 12월까지 인터폴 수배자 정보 19건, 분실 또는 무효 처분된 여권 16,977건 등을 포함한 총 32,281건에 대하여 탑승 불가를 통보하여 우범자의 한국 입국을 원천 차단하였다(법무부, 법무정책서비스).

(2) 외국인 지문 확인 시스템

외국인 지문 확인 시스템이란 입국하는 17세 이상의 외국인과 91일 이상 장기체
류하는 외국인을 대상으로 지문과 얼굴 정보를 수집 · 관리하는 시스템을 말한다(출
입국관리법 제12조의2). 입국하는 외국인과 등록외국인으로부터 지문과 얼굴 정보를
수집하여 범법 외국인의 바이오 정보와 비교할 수 있게 되었다. 타인 명의 등 신분
세탁자를 적발하여 국경 경찰의 기능을 강화하고, 우범 외국인의 입국을 차단함으
로써 테러 위험과 각종 범죄로부터 국민과 재한 외국인의 안전을 확보할 수 있다.

그림 2 외국인 지문 확인 시스템의 운영 절차

출처: 법무부, 법무정책서비스 참고

또한, 외국인 관련 범죄 발생 시 피의자 검거를 위한 수사 자료로도 활용된다. 입국하는 외국인의 양손 검지 지문과 얼굴 정보가 수집되고, 등록외국인의 양손 10지 지문이 수집되어 관리된다. 다만, 만 17세 미만자, 외교관, 중앙행정기관의 장이 면제를 요청한 사람으로서 법무부장관이 인정한 사람 등은 입국할 때 지문과 얼굴 정보의 제공 의무가 면제된다(법무부, 법무정책서비스, https://www.moj.go.kr/moj/193/subview.do).

2. 외국인의 입국을 허용할 예외적 상황

1) 제한적 의무

국제 관습법과 국가 관행으로 볼 때, 국가는 '제한 없는 이동의 자유 이론(theory of unlimited free movement)'을 받아들이지 않지만, 자격을 갖춘 외국인의 입국을 선호해 왔다. 국제관계의 발전에 따라 국가는 일정한 상황에서 일부 외국인의 입국을 인정할 최소한의 의무 또는 제한적 의무가 있다고 간주하는 것이 합리적이다. 외국인의 입국에 관한 결정이 국가의 배타적 국내관할권 내에서 구속받지 않는 재량권(untrammeled discretionary power)으로 간주되어서는 안된다. 국가가 모든 외국인의 입국을 허용할 의무는 없지만, 외국인이 목적지 국가의 공공 안전, 보안, 일반 복지, 본질적 제도에 위험을 초래하지 않는 경우라면 입국을 허용할 제한적 의무가 있다(Nafziger, 1983: 805, 833).

2) 획득된 권리 또는 정당한 기대 등

정착한 국가에서 안정적이고 합법적으로 장기간 거주한 외국인은 획득된 권리(acquired rights) 또는 정당한 기대(legitimate expectations)의 원칙에 근거하여 재입국이 보장되며 추방이 제한되고, 가족생활의 존중, 아동의 최선 이익과 권리에 관한 보호가 보장받을 자격이 있다(Pascale, 2015: 211-214; Tiburcio, 2001: 215-218; 차용호, 2015: 250-253). 특히, 국제인권법에서 외국인의 입국을 허용해야 할 의무가 등장하고 있는데, 1951년 난민의 지위에 관한 협약 제33조의 강제송환 금지의 원칙 (principle of non-refoulement)이 대표적이다.

외국인의 출입국 통제를 국가 주권의 속성으로 간주하는 전통적 국제법의 관점이 있음에도 불구하고, 일부 외국인 그룹은 입국 통제와 이민법 적용에서 면제되거나 외국의 국경에 입국하는데 특권을 누린다. 예를 들어, 외교관과 영사, 국제공무원, 외국 군대와 같은 특정 지위로부터 혜택을 받는 외국인 범주가 있다. 이러한 외국인 범주는 국가의 중요한 역할을 맡는 전통적 접근 방식이 반영된 것으로 유입 국가의 동의에 의한 것이고, 개인적 권리를 창출하지 않는다. 특히 외국 군대(armed forces)의 주둔은 유입 국가로부터 동의를 엄격히 받아야 한다. 출입국 통제에서 외국 군대의 구성원을 면제해야 하는 법적 의무는 SOFAs(Status of forces agreements, 군 지위 협정)처럼 국가 간의 협정으로 수립될 수 있다(Pascale, 2015: 203, 208). 한국의 경우 1967년 「대한민국과 아메리카합중국 간의 상호방위조약 제4조에 의한 시설과 구역 및 대한민국에서의 합중국 군대의 지위에 관한 협정(SOFA)」이 있다(차용호, 2015: 248).

3. 국가 안보와 국경 안보

1) 국경 경찰

국가는 자국의 안보를 보호할 권한을 주권의 핵심으로 간주한다. 국제적 수준에서 특별히 이주와 안보의 관계에 대해 포괄적으로 규율하는 국제법규는 아직 존재하지 않는다(Fisher et al., 2003: 88-89).

국가는 국내법의 각 영역에서 외국인 입국과 자국의 안보를 개별적으로 규율한다. 예를 들어, 미국연방통합법전(United States Code, U.S.C.) 제8편 외국인과 국적(Aliens and Nationality)에 규정된 난민의 정의에 따르면, 난민 신청자는 1951년 난민의 지위에 관한 협약에 따른 일반적 정의에 해당해야 하는 것뿐만 아니라, 인종, 종교, 국적, 특정 사회집단의 구성원, 정치적 견해를 이유로 누군가를 박해하도록 지시, 선동, 방조 또는 기타 방식으로 가담한 사람에 해당하지 않아야 한다(8 U.S.C. § 1101 (a)(42)(A)).

다만, 반테러, 인신매매, 밀수 등 다양한 개별적 영역에서 이주와 안보 분야의 국가 간 협력을 촉진하는 국제법규는 존재한다. 국경을 넘는 사람의 이주와 관련된 범죄에 대처하기 위해 다양한 분야에서 국제협약이 있고, 이를 통해, 국제조약의 체약국가는 문제가 되는 행위를 범죄화하고, 국경 내에서 범죄의 준비를 억제하도록 방지하고, 그러한 범죄에 책임이 있는 사람을 기소하고, 가해자인 범인의 인도 등을 통해 협력할 국가의 의무를 부담한다. 사람의 이주와 관련된 범죄 유형은 테러, 마약 밀매(narcotics trafficking), 초국가적 조직범죄(transnational organized crime), 이주민 밀입국(migrant smuggling), 인신매매(trafficking in persons)가 제시된다(Fisher et al., 2003: 88-89).

2001년 9월 11일 9.11 테러가 발생한 이후 국경 안보(border security, 국경관리라고도 말한다)는 국가 안보의 주요한 수단으로 관심을 받고 있다. 테러, 마약, 불법이주(undocumented migration)에 대응한 정책적 해법을 마련하기 위해 국경 안보는 정치 사회적 맥락에서 정체성, 권력, 질서라는 정치적 상징과 수사학으로 다루어진다. 다시 말해, 외국인은 안보 문제(security problem)에서 당사자로 취급되고 있다(Ackleson, 2005: 168, 174). 국가 안보의 논쟁에서 외국인은 항상 논란으로 되어 왔다. 국경은 외국인과 국민, 허가받지 못한 이민자, 외국에 거주하고 있는 재외국민을 구별한다(Cowan, 2021: 1). 인종, 종교, 국적에 따른 선택적 집행 정책(selective enforcement policy)을 합법화했다(Wadhia, 2017: 672). 미국의 경우 가장 큰 관심사는 공정하고 효율적인 이민 시스템 대신에 합법적 불법적으로 입국하는 사람들의 공격으로부터 국경이 보호되길 바라는 접근 방식으로 전환되었다(Donovan, 2005: 577-578).

특히, 국경 경찰(Border policing)의 관점에서 이민법 집행은 외국인에 대한 배제(exclusion)와 불법(illegality)의 이미지 또는 그 담론을 구성한다(Genova, 2013: 1184). 국가 안보의 이슈는 국경 안보를 복잡하고 전문적으로 변화시키고, 새로운 기술과 행위자의 참여가 나타나고 있다.

2) 전통적 행위자와 새로운 행위자

테러리스트의 입국을 저지하는 것이 테러 대응 전략의 핵심이고, 테러리스트의 여행 서류를 찾아내는 기술과 교육이 가장 즉각적인 조치이다. 비자신청 심사를 담당하는 대사관, 국경관리 기관, 이민관리 당국은 여행 문서 등을 통해 외국인이 테러리스트 지표(terrorist indicators)에 해당하는지의 정보를 제공할 수 있는 기능을 갖춰야 한다(The 9/11 Commission Report, 2004: 385).

다만, 이민행정 실무에서는 여행 문서만으로 테러리스트를 찾기에 한계가 있으므로 그 밖의 다른 기관에서 수집한 정보와 활동에 크게 의존한다(Kerwin, 2005: 754). 외국인이 입국하기 위해 절차를 밟는 정부 기관들과 테러 대응 기관들의 연계가 필요하다(The 9/11 Commission Report, 2004: 385). 이민관리 당국의 공무원 수가 제한적이므로, 지역 경찰이 이민법 위반자 적발에 더 중요한 역할을 맡고 있다(Coleman, 2009: 908, 910).

특정한 특성을 가진 사람의 유형을 분석하는 프로파일링(profiling)은 대테러에서 중요한 역할을 한다. 가장 유용한 프로파일링은 편도여행 티켓 구매, 특정 국가로의 여행, 비행 훈련 참여 등과 같은 행동(behavior)에 기반한 것이다. 인종, 민족, 종교적 특성에만 기반을 둔 프로파일링은 당사자 그룹을 불쾌하게 할 뿐 효과적인 대테러 수단이 되지 않는다(Kerwin, 2005: 755).

국경은 국가의 권력을 상징적으로 나타내는 것이지만, 국경에서의 법 집행은 다양한 새로운 형태와 행위자를 가진다(Cowan, 2021: 75). 때로는 높은 장벽이 설치되기도 한다. 최근 데이터 또는 생체정보와 통신 기술을 활용해 국경 통제를 수월하게 또는 강화하는 스마트 국경 기술(smart border technologies)은 지식집약형 국경 거버넌스(knowledge-intensive forms of governance)의 출현을 의미한다(Dodds, 2022: 174-175).

현대의 국경안보는 전통적인 국가 행위자로부터 멀리 벗어난 국가 기구 밖의 초국적 행위자(transnational actors) 또는 비국가적 행위자(private actors)에게 국경안보의 권한이 위임 또는 전환됨으로써 행사되기도 한다. 예를 들어 경찰, 정보기관, 민간 보안 전문가와 정보테크 회사, 은행, 항공사 등은 자신의 업무를 국경 보안 관리자의 업무로 생각하면서 데이터를 모으고, 교환 분석하여 결정을 내린다(Côté-Boucher et al., 2014: 196).

마이뉴트맨 프로젝트(Minuteman Project)와 같이 국가 기구가 아닌 민간 국경수비대(Civilian Border Patrols)가 자발적으로 국경을 감시하기도 한다(Doty, 2007: 117; Côté-Boucher et al., 2014: 196). 허가받지 않고 무단으로 국경을 넘는 외국인은 현행범에 해당하므로 사인(私人)이 현장에서 영장 없이 이들을 체포하는 것은 정당행위에 해당한다(손홍기 외, 2023: 132-133).

3) 한국의 주요 제도와 절차

(1) 스마트 국경 기술

스마트 국경 기술은 국경 경찰의 관점에서 새로운 형태 또는 행위자의 출현과 출입국관리 시스템의 근본적 변화를 의미한다. 출입국관리 심사관이 출입국자를 직접 대면 심사하면서 개인적 경험과 업무 지침에 따르는 기존의 전통적 방식에서 벗어나 인공지능(AI)에 기반한 빅데이터 활용으로 전환된 것이다.

인공지능 중 컴퓨터 분야에서 안면 인식 기술의 활용이 갈수록 높아지고 있다. 법무부의 출입국관리와 안면 인식을 위한 인공지능 기술이 연계됨으로써 출입국관리 시스템의 선진화와 혁신적·선도적 공공 활용 모델로 발전할 예정이다. 출입국관리 시스템 측면에서 빅데이터와 인공지능 기반을 통해 출입국자의 안면 정보를 정확히 식별하여 공항만에서 출입국심사가 정확화되고 간소화될 것으로 기대된다. 현재는 출입국자가 멈춘 상태에서 여권 확인, 지문 확인, 안면 확인에 걸친 3단계 심사 과정에 약 20초에서 60초가 소요되지만, 앞으로 움직이는 출입국자에 대해 인공지능에 기반한 안면 인식만으로 신원 검증이 대체될 경우 심사과정과 대기시간이 축소될 수 있다(법무부 및 과학기술정보통신부 보도자료, 2020).

아래의 그림은 출입국관리 심사의 발전 단계를 시각화를 통해 나타내고 있다. 1세대는 출입국관리 심사관이 직접 대면 심사하는 유인 출입국심사이다. 2세대는 자동출입국심사대를 이용한 심사로서 출입국자가 자동출입국심사대 앞에 멈춘 상태에서 여권과 지문을 인식한 후, 안면 정보를 확인하는 절차를 차례로 거친다. 3세대는 출입국자에 관한 빅데이터와 안면 인식의 인공지능 기술을 연계함으로써 움직

그림 3 출입국관리 심사의 발전 단계

1세대	2세대	3세대
출입국관리 심사관의 유인 심사	자동출입국심사대 심사	인공지능 심사

① 여권, ② 지문인식, ③ 안면을 심사관의 육안과 출입국시스템 도움으로 출입국관리 심사가 진행된다.

① 전자여권, ② 지문인식, ③ 멈춘 상태에서 고정된 안면 촬영을 거쳐 출입국관리 심사가 진행된다.

출입국자가 멈춤 없이 움직이면서 인공지능과 안면 인식 기술이 적용되어 심사 과정에 대한 인식 없이 출입국관리 심사가 진행된다.

출처: 법무부 및 과학기술정보통신부, 2020 보도자료

이는 출입국자의 안면 인식만으로 신원 검증을 대체할 수 있다.

4. 소 결

어떤 외국인의 입국이 타당한지에 관한 기준은 이민법과 이민정책에서 정해져 있고, 재외공관과 국경 지역에서 그 입국 여부가 결정된다. 외국인의 입국이 불허되는 이유는 국가가 재량적으로 기준을 설정할 수 있고, 입국의 상한선과 입국 유형 또는 범주도 정할 수 있다. 다만, 국가는 외국인의 입국에 대해 종전에 가지고 있던 절대적 지위로부터 민주주의 기능의 향상과 국제적 규범의 발달로 인해 일정 부분이 제한되고 있다.

이민행정의 실무에서 외국인 입국에 관한 결정은 통치행위로서 사법심사의 대상에서 제외될 수 있다는 전통적인 전권의 법리가 유지되고, 이러한 이민재량은 사법부에서도 존중해야 한다는 인식을 갖는 경우가 있다. 그러나, 외국인의 입국이 구체적이고 특수한 사정을 갖거나, 국제조약 또는 국내법의 규정에 따라 일정한 의

무와 부담을 갖는 경우가 있다. 또한 국가공동체의 통합을 위해 이민법과 이민정책에 법치행정이 구현되어 적용될 것이 요청되는 경우가 있다. 앞으로도 전권의 법리가 완전히 폐기될 것으로 기대되지는 않지만, 제한된 전권의 법리가 새로이 모색될 것이 요구된다. 외국인 입국에 관한 문제는 공법 또는 일반행정의 부분으로서 그 위치가 새로이 모색되어야 한다.

국가가 외국인의 입국에 대해 갖던 고권적 지위에서 한 발짝 뒤로 물러설지라도, 자국의 안보와 자국민의 안전을 보호할 권한은 주권의 핵심으로 간주된다. 자국의 안보와 자국민의 안전은 외국인의 입국에 대한 배려와 동일한 선상에서 비교될 수 없고, 국가의 재량이 폭넓게 인정될 수 있는 부분이다. 국가 안보의 논쟁에서 국경 안보가 핵심을 이루고 있다. 국경 안보의 행위자는 유일한 행위자인 정부로부터 새로운 다양한 행위자가 출현하여 복잡 전문화되고 있다. 스마트 국경 기술, 생체정보를 활용한 지식집약형 국경 거버넌스가 등장하고 있다. 테러리스트의 입국을 저지하는 기능은 데이터 분석과 수집된 정보에 크게 의존한다. 프로파일링의 중요성이 부각되고 있으나, 인종, 민족, 종교적 특성에만 기댄 프로파일링은 반감만 발생할 뿐 효과성에 의문이 발생한다.

참고문헌

손흥기 · 김형준(2023). 사인(私人)에 의한 불법취업 외국인 체포의 문제점과 해결방안 연구. 법조, 72(1), 115-145.

차용호(2015). 한국 이민법: 이론과 실제. 서울: 법문사.

법무부 홈페이지. 법무정책서비스. (https://www.moj.go.kr/moj/190/subview.do).

법무부, 과학기술정보통신부. (2020) 인공지능(AI)을 활용한 차세대 출입국관리시스템 개발 본격화: 과기정통부-법무부, 인공지능식별추적 시스템 실증랩 개소. 2020.07.24 보도 자료.

Ackleson, J. (2005). Constructing security on the U.S.-Mexico border. *Political Geography*, 24, 165-184.

Aleinikoff, T. A., & Chetail, V. (2003). *Migration and International Legal Norms*. Cambridge University Press.

Coleman, M. (2009). What Counts as the Politics and Practice of Security, and Where? Devolution and Immigrant Insecurity after 9/11. *Annals of the Association of American Geographers*, 99(5), 904-913.

Côté-Boucher, K., Infantino, F., & Salter, M. B. (2014). Border security as practice: An agenda for research. *Security dialogue*, 45(3), 195-208.

Cowan, L. (2021). Border Nation: *A Story of Migration*. Pluto Press.

Dodds, K. (2022). Border Wars: The conflicts that will define our future. UK: Ebury Press.

Donovan, T. W. (2005). The American Immigration System: a structural change with a different emphasis. *International journal of refugee law*, 17(3), 574-592.

Doty, R. L. (2007). States of Exception on the Mexico? U.S. Border: Security, "Decisions," and Civilian Border Patrols. *International Political Sociology*, 1(2), 113-137.

Fisher, D., Martin, S., & Schoenholtz, A. (2003). Migration and Security in International Law. in Aleinikoff, T. A., & Chetail, V. *Migration and International Legal Norms*. Cambridge University Press.

Genova, N. D. (2013). Spectacles of migrant 'illegality': the scene of exclusion, the obscene of inclusion. *Ethnic and Racial Studies*, 36(7), 1180-1198.

Kerwin, D. (2005). The use and misuse of 'national security' rationale in crafting US refugee and immigration policies. *International Journal of Refugee Law*, 17(4), 749–763.

Martin, A. D. (2003). The Authority and Responsibility of States. *Migration and International Legal Norms edited by AleinKoff*, T. A., & Chetail, V. TMC Asser Press.

Nafziger, J. A. (1983). The General Admission of Aliens under International Law. *The American Journal of International Law*, 77(4), 804–847.

Park, S., & Cha, Y. (2020). The Moderating Effect of Demographic and Environmental Factors in the Spread and Mortality Rate of COVID–19 during Peak and Stagnant Periods. *Journal of Policy Studies*, 77–105.

Pascale, A. D. (2015). Exceptional Duties to Admit Aliens. In edited by Richard Plender. *Issues in International Migration Law*. BRILL.

Plender, R. (2015). Nationality Law and Immigration Law. In edited by Richard Plender. *Issues in International Migration Law*. BRILL.

The 9/11 Commission Report (2004). *National Commission on Terrorist Attacks Upon the United States*.

Tiburcio, C. (2001). The Human Rights of Aliens under International and Comparative Law. International Studies in Human Rights, Volume 65. *Martinus Nijhoff Publishers*.

Wadhia, S. S. (2017). Is Immigration Law National Security Law. *Emory Law Journal*, 66(3), 669–696.

제 3 장

비자와 외국인의 거주·고용

차 용 호

1. 비자와 기술이민

1) 비자의 정책조정 수단 기능

(1) 이민정책과 노동시장정책

출입국관리법 제7조 제1항에서는 "외국인이 입국할 때에는 유효한 여권과 법무부 장관이 발급한 사증을 가지고 있어야 한다."라고 규정하고 있을 뿐, 사증의 정의에 관한 언급이 없다. 사증이라는 법률 용어로 규정되어 있지만, 일반적으로 비자(visa)라고 알려져 있다(차용호, 2015: 53; 차용호, 2017: 166). 외국인에게 비자가 발급되는 경우 그 비자에 체류자격 등을 적어야 한다(출입국관리법 시행령 제7조 제2항).

정부는 일반적으로 이민정책(immigration policies)과 노동시장정책(labor market policies)을 시행하고, 이 두 가지 정책은 밀접하게 연결되어 있다. 그러나 이민이 노동 시장에 미치는 주요한 영향력에도 불구하고 둘 사이의 조정(coordination)은 거의 없고, 이 두 분야에서 정책이 결정되는 방식도 달라 정책조정(policy coordination)은 거의 없다. 특히, 갈등의 주된 영역은 불법체류 이민자(illegal immigrants) 문제이기도 하다(North et al., 1980: 47-49).

비자정책이 이민과 노동시장의 중첩된 영역에서 정책조정의 수단으로 될 수 있는가이다. 더 나아가, 비자정책이 여러 중앙부처의 이해관계를 조정하여 갈등을 최소화하거나, 관련 부처들의 정책이 유기적으로 연계됨으로써 상승효과가 발생하게 하는 정책조정 수단으로 될 수 있는가이다.

(2) 정책조정 수단

정책조정 수단의 확장된 개념은 "정부 목표를 달성하기 위한 각각의 정책들의 입장과 의견 등이 충돌, 중복, 경쟁하는 것을 협의 조정하여 이를 최소화하거나, 관련 정책들이 서로 유기적으로 연계되고 상호적응 통합되어 상승효과가 발생하도록 하는 연결고리로서의 자원 또는 제도"라고 말할 수 있다(차용호, 2017: 164; 이송호 외, 2014: 29). 정책조정 수단은 정책조정과 정책수단이 결합된 용어이다. 정책조정은 주로 정부 갈등 또는 정책 갈등의 해결 수단으로 제시되지만, 정책조정이 갈등 해결에만 초점을 둘 경우 정책조정 수단은 정부 정책의 충돌, 중복, 경쟁에 대한 해결사적 관점으로서만 좁게 이해될 수 있다. 하나의 부처가 가진 자원과 제도만으로는 사회문제 해결이 어렵거나 부족한 경우 다른 부처의 정책 수단을 활용하여 도움과 지지를 받을 수 있어야 한다(차용호, 2017: 162-164). 이민정책이 노동시장정책 등 다른 정책 분야와 겹치는 영역에서 그 결정과 집행을 할 때 정책조정 수단의 기능이 요구된다.

정부는 비자 발급을 위한 기준을 마련하여 적용한다. 외국인 또는 외국국적동포에게 비자 발급을 결정하는 표준화된 기준은 보편주의적 접근방법, 상호주의적 접근방법, 실용주의적 접근방법이 있다. 비자의 정책조정 수단 기능을 극대화하기 위해 하나의 접근방법 또는 둘 이상의 접근방법을 혼합하여 적용한다(IOM, 2004: 22-23; 차용호, 2017: 167; 차용호, 2015: 59).

정부는 외국인이 유입되는 일련의 과정에서 다양한 이해관계의 반영을 주장하면서 관여한다. 문화체육관광부는 외국인 관광객의 국내 유치 증진을 위한 관광정책을 마련하고, 교육부는 대학교의 외국인 유학생 선발과 육성에 대한 정책을 마련하고, 보건복지부는 전염병을 지닌 외국인이 입국되지 않거나 추방되도록 정책을 마련하고(Park et al., 2020: 93-102), 고용노동부는 저숙련의 외국인 근로자 수급에 관한 정책에 관여한다. 결과적으로, 외국인의 입국과 거주·고용에 관한 각 중앙부처의 다양한 이해관계와 요구는 비자 발급의 요건과 기준에 반영되어 적용된다. 중앙부처들 간의 이해관계 또는 정책이 충돌, 중복, 경쟁하는 경우 이를 조정하기 위한 수단으로서 비자 발급의 요건과 기준 또는 외부효과가 활용될 수 있다. 정부는 비자 발급을 위한 요건과 기준을 결정하고, 신청인에 대한 심사를 통해 어떤 외국인이 입국과 거주·취업할 수 있는지 결정할 수 있다. 정부의 요구와 지지는 비자 발급의 규정에 새로이 신설되거나 변경됨으로써 관련 부처의 정책이 달성되거나 배제될 수 있다(차용호, 2017: 168).

국내 노동 시장에서 외국인의 출신국가 비율, 내국인의 실업과 고용 수준, 국가 안보 등을 고려하여 외국인 또는 외국국적동포에게 비자 발급의 총규모를 설정할 수 있다. 특히 저숙련 외국인 근로자의 비자 발급 총규모를 제한하는 것은 비자가 이민정책과 노동시장정책의 밀접하게 연결된 영역에서 정책조정 수단으로 활용되는 대표적 사례이다.

(3) 비자정책의 외부효과

비자정책은 외부효과(externalities)를 발생시킨다. 외부효과는 거래 비용의 일부를 그 거래와 관련 없는 3자가 부담하게 하거나, 거래 편익의 일부를 그 거래와 관련 없는 3자가 향유할 수 있는 경우 발생한다. 긍정적 외부 효과는 어떤 사람이 3자에게 긍정적 편익을 주면서 그 대가를 받지 않는 상호작용이다(차용호, 2021: 31-32). 비자정책으로 인한 외부효과는 외국인 또는 외국국적동포 유입의 규모와 방향에 영향을 미친다. 예를 들어, 관광 또는 비즈니스 여행을 쉽게 하여 국내경제를 촉진하기 위해 복수비자 또는 비자 면제(visa waiver)를 제공하거나 비자 신청 수수료를 면제하기도 한다(Bertoli, 2018: 38).

2) 비자 발급의 규모와 이민의 대상지

(1) 외국인과 경제활동

비자의 유형은 일반비자와 영주비자(출입국관리법 제10조의2, 제10조의3), 취업비자와 비취업비자(출입국관리법 제18조 제1항), 전문인력비자와 비전문인력비자(외국인 근로자고용법 제2조)로 구분된다. 이민정책과 노동시장정책 간의 협업체계는 아직 없다. 외국인·외국국적동포가 취업비자를 갖지 않더라도 이민자의 삶과 이주주기는 비자 유형에 상관없이 취업, 경영, 소비 등 경제활동과 깊은 관련성을 맺는다. 거주(F-2), 결혼이민(F-6), 재외동포(F-4), 영주(F-5)는 취업비자가 아님에도 취업 활동에 제한이 없다. 유학생(D-2)은 일정한 요건을 갖춰 취업이 허용된다. 단기취업(C-4)은 90일 이내이지만 전문인력의 범주에 해당된다. 난민인정자는 취업이 허용되고, 인도적 체류자 또는 난민신청자는 일정한 요건과 절차에 따라 사실상 취업이 허용된다. 단기관광(C-3)은 경제적 파급효과가 크므로 시계열 모델 등을 활용하여 다음 연도에 유입될 관광객의 규모를 예측할 수 있고, 산업연관분석모델 등을 적용하여 경제적 파급효과의 추정이 가능하다(차용호 외, 2021: 11). 또한, 세이 법칙(Say's Law)의 연장선에서 이민의 수요 증대 효과(demand-augmenting effects of immigration)가 발생할 수 있도록 취업비자를 갖는지와 상관없이 외국인·외국국적동포의 거주와 소비도 고려하는 것이 중요하다. 이민의 수요 증대 효과는 후술한다.

(2) 비자 발급의 규모 결정

현재 한국에서는 고용허가제도로 입국하는 외국인 근로자에게만 연간 '비자 쿼터'를 운영하고 있다. 외국인력정책위원회는 외국인 근로자의 고용 등에 관한 법률(약칭하여 외국인 근로자 고용법) 제4조 제2항에 따라 다음 연도에 건설업, 서비스업, 제조업, 농축산업, 어업에 도입할 외국인 근로자(E-9, H-2)의 유입 규모를 심의·의결하고 있다. Levine et al.(1985: 29)는 "얼마나 많은 수의 외국인이 유입되는 것을 허용해야 하는가"라는 양적 이민의 문제를 제기한다(차용호 외, 2021: 10).

양적 이민의 문제는 외국인의 출신 국가 분포가 한쪽에 치우치지 않고 고루 다양할 수 있도록 '출신 국가별 이민 쿼터' 방식을 수반한다. 이를 위해 다음 연도의 비자 발급 규모를 예측 조정할 수 있는 '출신 국가별 장기이민 비자 쿼터' 제도 도입이 요구된다. 김동욱(2020)에 따르면, 미국은 출신국가별 7% 이내의 이민비자 쿼터를 운영한다. 캐나다는 이민자의 거주 규모를 결정하거나 비자발급 규모를 예측하기 위해 매년 영주권자의 수와 다음 연도에 허용될 영주권자의 수가 포함된 보고서를 의회에 제출하는 제도를 운영한다. 이러한 방식을 통해 외국인의 출신국 분포가 대체로 10% 미만으로 균형을 이루고 있다(차용호 외, 2021: 11-12).

고용허가제 외국인 근로자 이외에도 취업비자를 가진 외국인과 취업하지 않는 외국인 등 전체 외국인·외국국적동포의 유입이 전국과 각 지역에 미치는 경제사회적 효과를 추정함으로써 다음 연도에 발급될 전체 단기와 장기 비자의 규모를 예측하는 절차와 제도가 필요하다(차용호 외, 2021: 10).

이민정책을 전담할 중앙행정기구는 국내 거주하는 외국인·외국국적동포의 출신국가·성별·연령에 따른 균형 분포, 학력과 임금 수준, 전문대학 이상 수준의 숙련기술, 각 지역에서 업종과 직종에 따른 인력 부족, 고령자의 정년이나 고용연장, 불법이민 현황, 공공질서와 안전, 복지와 문화에 미칠 영향, 관광객의 경제적 파급효과를 종합적으로 고려함으로써 다음 연도에 발급이 필요한 전체 단기와 장기 비자의 규모를 추산해야 하고, 그 결과는 매년 외국인정책위원회 또는 국회에 보고되는 결정 방식이 요구된다(김동욱, 2020; 차용호 외, 2021: 11).

이를 위해 "법무부 장관은 외국인의 국내 거주와 인력 유입 규모를 결정하기 위하여 매년 다음 해의 단기와 장기 비자 발급의 규모를 예측·산정하고, 관련 보고서를 11월 1일까지 외국인정책위원회에 제출해야 한다. 보고서는 외국인정책위원회의 심의 의결을 거쳐 그 해의 말까지 국회에 보고되어야 한다. 보고서는 출신국가별 거주 외국인의 수, 거주 현황, 지역별 경제적 인력수요 등이 고려되어야 하고, 다음 해에 예상되는 장·단기 체류자격별 외국인 수가 포함되어야 한다."라고 출입국관리법에 개정되어 추가될 것이 요구된다.

(3) 장기 이민 비자 발급의 대상지: 선정과 배제

국가가 어느 국가출신의 외국인을 주로 받아들일지에 관한 장기 이민의 주된 대상지 선정 문제는 정부의 국정철학과 국민의 가치판단이 관여되는 정치의 영역이다. 이때 고려될 수 있는 요소는 한국과의 전쟁 등 군사적 충돌 경험, 기억되기 좋은 역사적 사실의 공유, 동일 유사한 정치체제의 존재, 유사한 문화나 종교적 배경, 지리적 거리의 원근 또는 이동의 편리성, 해당 출신 국가로부터 정치적 영향력을 받을 우려, 출신 국가에 경제적 종속 우려 등이다. 약소국가 또는 중추 국가의 국민은 인구수가 많은 권위주의 정치체제를 가진 강대국과 접경하거나 그 영향권 하에 있는 경우 그 강대국에 대해 정치 지리학적으로 반이민 정서를 형성할 가능성이 있다(차용호 외, 2021: 10).

어떤 출신국가의 외국인에게 장기 이민을 주되게 허용하거나 대규모로 허용할 것인가는 인구구조의 구성에 관한 문제이다. Hiers et al.(2017)은 지정학 및 이민 반대 · 허용 태도(patterns of resistance and openness to immigration) 간의 관계를 순서형 로지스틱 회귀모형으로 계량 분석했다. 과거에 경험한 정치 지정학적 요인 또는 전쟁과 무력 충돌의 경험 등 과거의 지정학적 위협(Past Geopolitical Threat)을 받아 생긴 역사적 경험은 국민적 트라우마(National Trauma)로 작용함으로써 오늘날의 반이민 정서(anti-immigration sentiment)를 강화시킨다. 또한 이민에 관한 국민의 태도는 역사적 유산이나 노동시장의 여건 변화, 이민 유입의 변화 등과 같은 거시적 국가 수준의 요인으로부터도 영향을 함께 받는다. 특히 영토와 독립을 잃은 과거의 경험은 반이민 정서를 유발한다(차용호 외, 2021: 10).

3) 외국인 유형과 체류자격

(1) 새로운 유형의 기준

누가 이민자인가(who is an immigrants?)에 대해 OECD의 international migration outlook 2019에 따르면, 한국, 일본, 유럽 국가는 외국인 거주자(foreign residents) 통계를 주로 생성한다. 외국인 거주자는 외국 국적을 보유한 외국인뿐만 아니라 정착지 국가에서 출생한 이민 후세대와 귀화자까지 포함한다. 반면에, 미국, 호주, 캐나다, 뉴질랜드는 외국 국적을 가진 이민 1세대로 칭하여지는 외국 출생 인구(foreign-born population) 통계를 생성하고 있다(차용호, 2021: 109).

국내에 장기간 거주하는 외국인 유형은 문화예술(D-1) 유학(D-2), 기술연수(D-3), 일반연수(D-4), 취재(D-5), 종교(D-6), 상사주재(D-7), 기업투자(D-8), 무역경영(D-9), 구직(D-10), 교수(E-1), 회화지도(E-2), 연구(E-3), 기술지도(E-4), 전문직업(E-5), 예술흥행(E-6), 특정직업(E-7), 계절근로(E-8), 비전문취업(E-9), 선원취업(E-10), 방문동거(F-1), 거주(F-2), 동반(F-3), 재외동포(F-4), 영주(F-5), 결혼이민(F-6), 기타(G-1), 관광취업(H-1), 방문취업(H-2), 관광상륙(T-1)이다. 다만, 외국인이 부여받은 체류자격의 목적에 따라 그 체류자격의 활동만을 할 것으로 여겨 분석이 시행된다면 경제활동 외국인의 거주지 분포 또는 고용에 따른 경제적 효과 측정이 정확하지 않을 수 있다. 외국인의 유형은 사실상 여러 가지 체류자격의 목적과 실제 활동이 혼합되어 섞여져 있다. 예를 들어 유학생 체류자격(D-2)으로 입국하였을지라도 시간제 취업이 허용될 수 있다. 난민신청자(G-1)라도 일정 요건이 충족될 경우 체류자격 외 활동허가의 형식으로 취업이 허용될 수 있다. 또한, 거주(F-2), 결혼이민(F-6), 재외동포(F-4), 영주(F-5) 및 상사주재(D-7), 기업투자(D-8), 무역 경영(D-9)은 출입국관리법에 따라 허가된 취업비자가 아님에도 국내에서 임금을 받는 경제활동에 종사할 수 있다(차용호, 2021: 103-104).

(2) 영구·준영구적 및 한시적 외국인

한국에서 분류된 외국인 체류자격의 유형은 OECD 등에서 표준화한 국제이주의 통계 기준을 따르지 않고 있다. OECD는 이민자 유형을 영구 · 준영구적(permanent, permanent-type) 이민자와 한시적(temporary) 이민자로 구분한다(international migration outlook 2019; 정기선 외, 2015: 7).

첫째, 영구 · 준영구적 이민자는 ① 입국할 때부터 영주자격을 받아 들어온 사람, ② 한시적 체류자격을 받았지만, 일정 요건을 갖추어 체류자격을 계속 갱신하여 장기거주 또는 영주자격으로 변경이 가능한 사람을 포함한다. 영구 · 준영구적 이민자의 범위는 노동이민(work), 동반 가족(accompanying family of workers), 가족이민(family), 인도적 이민(humanitarian), EU 내 자유 이동(free movement)으로 구성된다. 둘째, 한시적 이민자는 한시적 노동, 연수, 유학, 주재, 관광취업, 계절 근로 등 한시적 활동의 목적이므로 체류자격을 계속 갱신하는데 제한을 받는 사람이다. 아래 표는 한국에서 출입국관리법 · 재외동포법의 외국인 체류자격 유형에 OECD의 이민자 유형 기준을 적용하여 재분류한 것이다(차용호, 2021: 109-110).

표 1	OECD의 이민자 유형 기준을 적용한 한국의 체류자격	

유형 (OECD)	범위	체류자격 분류
영구 · 준영구적 이민	노동이민	교수(E-1), 회화지도(E-2), 연구(E-3), 기술지도(E-4), 전문직업(E-5), 예술흥행(E-6), 특정직업(E-7), 기업투자(D-8), 무역경영(D-9)
	동반 가족	방문동거(F-1), 동반(F-3)
	가족 이민	결혼이민(F-6)
	인도적 이민	난민(F-2)
	기타	거주(F-2), 재외동포(F-4), 영주(F-5)
한시적 이민	한시적 노동	계절 근로(E-8), 비전문취업(E-9), 선원취업(E-10), 방문취업(H-2)
	연수생	기술연수(D-3)
	유학	유학(D-2), 일반연수(D-4)
	주재원	상사주재(D-7)
	관광취업	관광취업(H-1)
	기타	문화예술(D-1), 취재(D-5), 종교(D-6), 구직(D-10), 기타(G-1)

출처: 정기선 외(2015), 이종원(2013, 81), 차용호(2021, 110)에서 일부 수정

(3) 전문인력(확장) 및 비전문인력 외국인

전문인력 외국인의 정의는 "경영, 기술, 교육, 지식서비스 등의 분야에서 특별한 지식, 경험 등을 보유하여 경제발전에 기여 하는 외국인으로서 구체적으로는 경영자, 연구원, 과학자, 엔지니어, 교수, 금융, 의료, 디자인, 건설, 첨단산업 관련 전문가 등이다."라고 말할 수 있다(이규용, 2008: 2; 정봉수, 2017: 41). 출입국관리법 시행령 제23조(외국인의 취업과 체류자격)에서 규정한 취업할 수 있는 체류자격 중 E1(교수)~E7(특정직업)가 전문인력 체류자격으로 분류된다. 이에 따르면, 전문인력은 교수(E-1), 회화지도(E-2), 연구(E-3), 기술지도(E-4), 전문직업(E-5), 예술흥행(E-6), 특정직업(E-7)이다(차용호, 2021: 111).

출입국관리법 시행령에 규정된 취업할 수 있는 체류자격뿐만 아니라, 취업할

표 2	전문인력(확장) 및 비전문인력 외국인

구분	체류자격 유형
전문인력 외국인 (확장)	교수(E-1), 회화지도(E-2), 연구(E-3), 기술지도(E-4), 전문직업(E-5), 예술흥행(E-6), 특정직업(E-7), 상사주재(D-7), 기업투자(D-8), 무역경영(D-9), 구직(D-10), 영주(F-5)
비전문인력 외국인	기술연수(D-3), 계절 근로(E-8), 비전문취업(E-9), 선원취업(E-10), 관광취업(H-1), 방문취업(H-2)

출처: 차용호(2021, 114) 에서 일부 참고하여 수정

자격을 갖추지 못했으나 사업경영이나 영리활동에 종사하고 있거나, 영주자격, 학력 · 경력 수준을 고려하여 '확장된 의미의 전문인력 외국인'이 제시될 수 있다. 또한 예술가, 전문요리사, 외국어 전문가 등 다른 분야의 전문가가 제외되지 않도록 할 필요가 있다(조준모, 2009: 35). 예를 들어 사업경영이나 영리활동을 하는 상사주재(D-7), 기업투자(D-8), 무역경영(D-9), 영주(F-5)는 확장된 전문인력 외국인의 범주에 포함된다. 〈표 2〉는 체류자격이 지닌 본래의 경제적 속성 · 특징까지 고려함으로써 전문인력 외국인(확장된 의미)과 비전문인력 외국인의 체류자격을 구분하여 제시한다(차용호, 2021: 111-114).

4) 기술 이민과 기술

(1) 노동시장 경쟁모형과 기술 이민에 대한 인식

외국인이 학생비자로 미국에 입국하여 고등교육 과정에서 얻은 지식을 활용해 해당 분야의 미국인보다 특허, 출판, 임금 등에서 높은 성과를 낸 것으로 나타났다(Hunt, 2011). 숙련 기술을 갖춘 외국인은 내국인에 대해 대체적 관계일 수 있다. 내국인이 숙련 기술의 외국인에 의존함으로써 높은 수준의 기술을 추구할 동기가 감소할 수 있다(Smith et al., 2001: 249-252).

그러나 높은 수준의 숙련 기술(high-skilled)을 갖춘 외국인은 일반적으로 정착지 국가 내에서 정치적 논란의 여지가 적고, 고숙련 기술 이민이 내국인의 고용기회에 미치는 부정적 효과에 관한 연구도 거의 수행되지 않았다. 반면에 저숙련(lower-skilled) 외국인이 저숙련의 내국인의 고용기회에 미치는 부정적 효과를 찾아내거

나 추정하는 연구는 많다(Smith et al., 2001: 249). 이러한 정치적 논쟁에서 일관된 것은 기술(skill)이 명확히 정의될 수 있다고 생각하거나, 숙련 기술은 미숙련(unskilled, semi-skilled)과 쉽게 구별된다고 여긴다는 점이다(Boucher, 2019: 1).

숙련 기술의 외국인은 노동시장에서 내국인과 경쟁할 가능성이 적다는 일반 대중의 인식이 있다. 노동시장 경쟁 모형(labor market competition model)은 내국인이 자신과 비슷한 기술 수준을 가진 외국인의 유입에 대해 반대할 것으로 예측하지만, 내국인이 숙련 기술 또는 저숙련이든 상관없이 모두가 저숙련 외국인보다 고도로 숙련된 외국인을 강력하게 선호한다. 숙련된 외국인은 내국인의 숙련 수준에 상관없이 선호되고, 기술 이민에 대한 선호도는 내국인의 기술 수준에 따라 감소하지 않는다(Hainmueller et al., 2010: 68). 숙련 기술의 외국인은 정착지 국가에서 쉽게 적응 통합될 수 있고 저숙련 외국인보다 국가 재정적으로 부담이 적으며, 노동시장에서는 부족한 인력을 메울 수 있고, 숙련 기술을 갖춘 외국인에 대한 일반 대중의 선호가 반영되므로 정부도 숙련된(skilled) 외국인을 선별한다(Boucher, 2019: 1).

(2) 기술의 정의

외국인 유입이 내국인의 고용 기회에 어떤 변화를 유발하는지를 추정할 때 (Borjas, 2003: 1339), 기술(skill)의 정의가 고려되어야 한다. 일반적으로 외국인은 인적 자본으로서의 기술 측면에서 숙련 기술된(skilled) 외국인과 저숙련된(unskilled) 외국인으로 구분될 수 있다. 저숙련 외국인은 숙련 기술 외국인에 대한 상대적 개념으로서, 숙련 기술 외국인의 개념적 범위 밖에 있는 사람이다(차용호, 2015: 912). 저숙련 외국인은 숙련 기술의 외국인과 마찬가지로 국적 차별금지의 원칙, 남녀 차별금지의 원칙, 종교 차별금지의 원칙, 직장내 성희롱 금지의 원칙을 포함하는 차별금지의 원칙이 준수되어야 할 것이다. 다만, 저숙련 외국인은 국내의 노동 시장과 내국인을 보호하기 위해 보충성의 원칙, 정주화 금지의 원칙, 산업구조조정 저해 금지의 원칙이 적용될 수 있다(차용호, 2015: 914-946).

어떤 유형의 사람이 숙련 기술을 갖춘 외국인에 해당하는지에 대해 국제적으로 합의된 기준은 없지만, 학교 교육의 수준 또는 직업적 경험이 그 기준으로 될 수 있다. 이 기준에 따를 때, 숙련 기술 외국인이란 "정규의 2년제 이상의 대학 교육 또는 중등 과정 후의 교육 내지는 직업적 경험 중 1개를 가지고 있는 사람"이라고 할 수 있다(IOM, 2008: 494; 차용호, 2015: 902; Boucher, 2019: 4-5). 지역의 경제성장과 지역개발에 영향을 미치는 기술의 측정에 관한 연구에서도 교육 이수(educational attainment) 또는 직업을 통한 2가지의 방식으로 구분할 수 있다(Mellander et al., 2012: 3). 기술 이민정책(skilled immigration policies)에 대해 기술(skill)의 다양한 개념 적 접근 방식은 다음과 같다. 대부분이 경제적 분석과 관련되어 나타난다(Boucher, 2019: 4).

첫째, 이주민이 취득한 교육 수준(level of education)에 따라 기술을 정의하는 방식이다. 교육 성취(educational attainment)는 학교에서 얻은 인적 자본의 요소에 대한 대리변수이다. 교육 성취의 측정은 인적 자본의 대체적 측정과 관련된다(Barro et al., 2001: 542). 고등학교 이후의 고등교육(post-secondary) 이상을 취득한 사람은 숙련 기술(skilled)로 분류된다. 또한, Docquier et al.(2009: 304)는 3가지의 교육 수준에 따라 기술을 세분한다. 저숙련(Low-skilled) 외국인은 고교 교육 이하의 수준을 받은 사람, 초등교육(primary education)만 받은 사람, 학교에 다니지 않은 사람이다. 중숙련(Medium-skilled) 외국인은 고교 수준의 교육(upper-secondary education)을 마친 사람이다. 고도로 숙련된(Highly skilled) 외국인은 고등학교 이후의 고등교육(post-secondary education)을 받은 사람이다(Docquier et al., 2009: 304). 다만, 교육수준에 따른 기술의 정의는 국가 간 교육의 질적 차이를 고려하지 않고, 개인이 정규 교육을 받은 후 얻은 기술과 경험을 고려하지 않는다는 단점이 있다(Barro et al., 2001: 554).

표 3 **교육 수준에 따른 기술 분류**

구분	교육 수준
저숙련 외국인 (Low-skilled)	고교 교육 이하의 수준을 받은 사람, 초등교육만 받은 사람, 학교에 다니지 않은 사람
중숙련 외국인 (Medium-skilled)	고교 수준의 교육을 마친 사람
고도로 숙련된 외국인 (Highly skilled)	고등학교 이후의 고등교육을 받은 사람

출처: Docquier et al. (2009)에서 참고

둘째, 직업에 기반한 기술의 정의(occupationally based definition of skill) 방식이다. 국제표준직업분류(International Standard Classification of Occupations: ISCO-08)의 상위 3개 범주인 (1) 관리자(managers), (2) 전문가(professionals), (3) 기술자와 준전문가(technicians and associate professionals)에 속하는 모든 외국인을 고도로 숙련된 기술자(high skilled)로 정의한다(Boucher, 2019: 4; Czaika et al., 2017: 609; ILO, 2012: 87–218).

기업에서 활용되는 인적 자본은 교육, 경험, 기술 측면에서 기업의 생산성에 긍정적인 영향을 미치며(Backman, 2013: 558), 개인이 소유한 인적 자본의 측정은 교육 수준, 기술, 경험, 개인의 생산성 수준 등을 통해 포괄적으로 측정된다(Prasetyo et al., 2020: 2576). 특히 기술에 관한 인적 자본의 접근 방식은 기술(skill)과 생산성(productivity) 간의 관계에 대해 다음과 같은 가정을 한다. 즉 학교 교육과 직장 훈련을 통해 습득한 기술은 더 큰 생산성과 더 높은 임금으로 전환된다(Boucher, 2019: 5-6). 그리고 인적 자본의 한 부분인 근로자의 기술을 결정짓는 요인은 학교 교육(schooling)이 유일한 것은 아니다. 같은 학교 교육을 받았지만 다른 수준의 경험을 가진 근로자들은 생산 분야에서 불완전 대체제(imperfect substitutes)라고 가정된다. 따라서 기술은 학교 교육(schooling)과 노동 시장 경험(labor market experience) 모두의 측면에서 정의되어야 한다(Borjas, 2003: 1339).

(3) 고용허가제도가 기술 이민정책인가?

한국은 저숙련(Low-skilled) 외국인을 고용하기 위한 체계적인 채용시스템인 고용허가제도가 존재한다. 다수의 언론에서 "고용허가제도로 들어와 장기간 숙련도를 쌓은 고숙련 외국인 근로자(YTN. 2022)", "숙련된 외국인 근로자(한국경제, 2003)", "숙련인력의 기반이 되는 저숙련 비자 트랙(고용허가제)(파이낸셜뉴스, 2023)"이라는 기사문이 자주 사용된다. 이와 관련해, 고용허가제로 한국에 입국한 외국인 근로자(E9, H2)의 학력 수준이 일반적으로 고등학교 이하로서 비교적 낮고, 영어 구사 능력 또는 한국어 구사 능력도 낮고, 입국 전 출신지 국가에서 한국 입국 후 맡을 해당 분야의 직업적 경험도 부족하다.

따라서 고용허가제도가 개념적으로 기술 이민정책의 하나로 인정되기 어렵고, 고용허가제도가 기술 이민정책(skilled immigration policies)으로 전환하는 데도 한계가 있다. 매일경제(2023) 보도에 따르면, 고용허가제도로 입국한 외국인 근로자가 숙련기능인력(E-7-4) 비자로 체류자격을 변경하는 것이 어려운 것은 고용허가제도의 특성상 당연한 현실이다. 또한, 제3부 제2장에서 설명할 숙련기능인력 점수제는 기술 이민정책의 범주에 해당하지 않는다. 숙련기능인력 점수제가 여전히 고용허가제도 외국인력의 저학력에 기초할 뿐만 아니라, 특히 국내에서 사업장 또는 대학교 등을 통해 기술이 없거나 저숙련 외국인력이 기능과 학력을 습득하는 방식은 외국에서 국내로 기술의 이전 가능성(transferability of skills)에 어긋난다.

기술 이민자에 대한 정책과 제도가 부족하다는 지적이 늘 제기된다. 고용허가제로 입국한 외국인 근로자의 학력 수준이 낮으므로 고등학교 이후의 고등교육(post-secondary)에 해당하는 전문대학 졸업 외국인 유학생을 숙련기술 인력으로 육성 활용하자는 의견이 주목된다. 즉, 전문대학이 숙련기술 외국인의 공급원으로서 강조된다. 지역 전문대학은 숙련기능 외국인 수요가 반영된 유학생 프로그램을 운영하고, 외국인 유학생이 전문대학의 교육과정을 마친 후 취업으로 연계되는 산업인력 수급계획과의 연계가 필요하다(정기선, 2013: 112-119).

전문대학을 포함한 대학교가 중앙정부와 지방정부의 이민정책 결정 과정에 참여하고 정보를 제공할 수 있는 제도적 장치가 필요하다. 예를 들어 미국에서 576개 대학교 총장이 참여하는 '이민과 고등교육을 위한 대학교 총장 연합체(The Presidents' Alliance on Higher Education and Immigration)'와 같은 협력체계 구성이 있다.

2. 기술 난민(Skilled Refugees)의 거주·고용

1) 난민과 이민자: 무너지는 경계

난민과 자발적 이민자의 구분은 학문적, 정책적으로, 대중적 담론에서 차이가 있다. 정부가 난민 또는 이민자의 삶에 대하는 태도는 이 둘의 용어 사용에 따라 달라진다(Carmel et al., 2021: 124-125). 대부분 국가는 이민정책에서 난민과 노동 이주자로 간주되는 사람을 엄격히 구분한다. 난민은 인도주의적 근거로 받아들여지지만, 노동 이민자는 경제와 사회에 기여한다는 분명한 목적을 가지고 받아들여지고 있다(Ruhs, 2019: 22).

그러나, 실제로 강제 이주(forced migration)와 자발적 이주(voluntary migration) 사이의 경계를 설정하려는 시도는 일관성 없는 결과가 초래될 수 있다. 예를 들어, 난민이 어느 한 국가에서 난민의 지위를 인정받은 후, 더 나아지고 안전한 생활 조건을 찾아 다른 국가로 이동하기로 결정한다면 난민과 자발적 이민자의 구분은 불명확해진다. 난민의 2차적 이동은 난민의 자유로운 결정의 결과이고, 더 이상 강제 이주가 아니다. 따라서 이주가 강제적 또는 자발적인 것으로 간주되는지의 여부는 전체 이동의 어느 부분이 고려되고, 평가가 어느 시기에 이루어지는가에 따라 달라진다. 또는 한 사람이 난민과 자발적 이민자의 성격을 동시에 갖는 것으로 간주되는 경우도 있다(Carmel et al., 2021: 124-125).

난민과 이민자가 공식적으로 구분된 것은 비교적 최근의 일이다(Long, 2015: 4). 1920년대부터 1950년대까지 난민의 상황은 주로 기존 노동 이주에 대한 난민의 접근을 확보함으로써 해결되었다(UNHCR et al., 2012: 6절). 1920년대와 1930년대에 태동한 국제난민체제는 주로 법적인 신분 서류가 없는 난민이 일자리를 찾아 국경을 넘어 여행할 수 있도록 하는 난센 여권(Nansen Passports)의 개발을 통해 발전하였다(Long, 2015: 4-5; Nyce et al., 2016: 31; Wood, 2020: 12). 그러나, 1930년대의 경제 불황과 민족주의의 부상으로 국가들은 국제이주를 엄격히 제한했다. 이에 대한 영향이 지속되어, 1951년 이후 난민은 이민자의 개념에서 분리되었고, 망명(asylum) 또는 난민 재정착(resettlement)은 이민정책에 대한 논의에서 엄격히 분리되었다(Long, 2015: 4-5).

정치가와 정책 입안자는 이주(migration)와 망명(asylum)이 분리되어 독립된 영역이라고 생각하는 사고를 하고 있으므로, 난민에게 근로에 기반한 보충적 유입경로(work-based complementary pathways for refugees)를 여는 것은 정치적 실현 가능성에 대한 도전으로 간주된다(Vankova, 2022a: 3).

2) 영구적 해결 방안과 기술 난민

난민을 위한 세 가지의 영구적 해결 방안(durable solutions), 즉 자발적 본국 귀환, 제3국 재정착, 비호국에서 지역적 정착과 통합에 관해 대안을 마련하는 것에 대

표 4 UNHCR에서 기술 난민에 관한 논의 과정

연도	회의체 또는 보고서	주요 내용
2007	난민 보호와 혼합 이주: 10개의 행동 계획	합법적인 이주의 기회가 일부 난민에게 보충적인 길을 열 수 있다
2007	보호 문제에 관한 고등판무관의 대화 보고서: 국제 이주의 맥락에서 난민 보호와 영구적 해결 방안	'난민 보호와 혼합 이주: 10개의 행동계획'의 접근 방식 재확인
2012	난민의 노동 이주에 관한 워크숍 (공동주최: UNHCR과 ILO)	기술 난민의 노동 이주는 난민이 취업을 위해 비호 국가에서 제3국으로 이동하는 것이다.
2018	난민 글로벌 콤팩트	기술 난민의 제3국 입국을 위한 보충적 유입경로가 Ⅲ(이행 계획)에서 제시되었다.
2019	난민의 제3국 입국을 위한 보충적 경로 – 주요 고려사항	기술 난민의 제3국 고용기회는 난민의 입국을 용이하게 하기 위해 변형될 수 있는 전통적인 이민제도의 일부이다.
2022	난민의 노동이동에 관한 글로벌 태스크포스	UNHCR과 캐나다 정부가 태스크포스 결성을 공동으로 주도하였다.

한 많은 논의가 있다. 기술 난민의 노동 이주는 폭넓게 논의되는 대안들의 하나이다(Nyce et al., 2016: 31). 기술 난민의 주제는 〈표 4〉에서 보듯이 UNHCR 회의체 또는 보고서에서 난민 문제의 해법으로 일관되게 제시되고 있다.

2007년 1월 UNHCR은 "난민 보호와 혼합 이주: 10개의 행동계획(Refugee Protection and Mixed Migration: A 10-Point Plan of Action)"에서 "전통적인 영구적 해결 방안을 넘어 합법적인 이주의 기회가 일부 난민에게 보충적인 길을 열 수 있다."라고 제안했다(UNHCR 10-point Action Plan of Action, 2007: 7절). 난민 보호와 노동 이주는 서로 다른 근거에 기반하고 있지만, 서로 교차하는 영역이 존재할 수 있다. 난민 상황을 인도주의적 문제로만 축소하는 것은 난민이 기술, 잠재력, 관심과 열망을 가진 사람들이라는 사실을 간과하는 것이고, 사회경제적 인권을 보호할 필요성도 간과하는 것이다(UNHCR et al., 2012: 4절).

2018년 난민 글로벌 콤팩트(Global Compact on Refugees)는 구속력 없는 글로벌 거버넌스의 성격을 가지면서, 국가들이 난민을 노동 이주자로 받아들일 것을 권고하고 있다(Ruhs, 2019: 22). 즉, 국가들이 제3국에 필요한 기술을 가진 난민의 확인을 통해 난민을 위한 노동 이주의 기회를 제공할 수 있도록 언급하고 있다(Global Compact on Refugees, 2018: 95절).

3) 기술 난민의 노동 이주

한국에서 기술 난민의 입국과 노동 이주는 기술 이민정책의 범주에 아직 포함되지 못하고, 난민은 도움을 받아야 하는 수동적 존재로만 인식되는 것이 일반적이다. 기술 이민정책으로부터 분리된 이분법적 이해 방식은 기술 난민(skilled refugees)의 기여, 잠재력과 기술을 포괄적으로 이해하는 데 한계가 있다.

대다수 고소득 국가에서 도입한 노동 이민 프로그램은 이주자에게 적용되고 있다. 고용주는 기존의 노동 이민 프로그램을 통해 난민 노동자(refugee-workers)를 채용할 수 있다. 고용주는 난민이 그 직업에 가장 숙련되고 업무 경험을 갖추어 적합한 후보자인 경우 채용할 것이다. 취업 허가를 신청하는 사람은 난민 노동자가 아니라 고용주이기 때문에 고용주의 요구를 고려하는 것이 가장 중요하다(Ruhs, 2019: 24). 이와 관련하여, 2019년 재정착과 보충적 유입경로에 관한 3개년 전략(Three-Year Strategy on Resettlement and Complementary Pathways)에 따르면, 근로에 기반한 보충적 유입경로(employment pathways 또는 work-based complementary pathways)는 난민의 기술, 재능, 경험에 기초하여 영주권 또는 임시 거주권을 갖고 제3국에서 고용될 목적으로 그 국가에 입국하거나 체류할 수 있는 안전하고 정규적인 방안이다(Vankova, 2022: 91; UNHCR Launch of the Global Task Force, 2022).

2016년 미국의 워싱턴 DC와 멜버른에서 NGO(비정부기구)로 설립된 TBB(경계를 넘어선 인재, Talent Beyond Boundaries)는 기술(skill)을 갖춘 난민 인재와 고용주를 온라인상에서 연결하는 플랫폼인 인재 카탈로그(Talent Catalog)를 운영한다. 인재 카탈로그(Talent Catalog)에서 2016년 7월 12일부터 2017년 8월 15일 사이 레바논과 요르단을 중심으로 수집된 총 9,101명 기술 난민의 프로필은 아래와 같다(Talent Beyond Boundaries, 2017: 9).

노동이주를 신청한 기술 난민의 영어 구사 능력 수준의 백분율 분포는 〈표 5〉와 같고, 중급 이상의 영어 수준을 가진 참가자의 상위 5개 직업은 엔지니어, 교사, 교수 또는 강사, IT 전문가, 회계사이다(Talent Beyond Boundaries, 2017: 24).

표 5   기술 난민의 영어 구사 능력 수준 백분율 분포

구어 능력 수준	백분율(%)
원어민 또는 이중 언어 능력	24.8
완전한 전문성 능력(토의 또는 다방면의 대화 가능)	24.7
중급 능력	30.8
기본적 능력(간단한 문장 구사)	19.7

출처: Talent Beyond Boundaries(2017, 23) 참고

아래는 인재 카탈로그(Talent Catalog)에 노동이주를 신청한 고등학교 이후의 고등 교육(post-secondary schooling)을 마친 신청자 3,723명의 교육 수준이다. 첫째, 백분율(%)로 분석한 고등 교육의 유형은 박사 학위 2%, 석사 학위 8%, 학사 학위 50%, 일부 대학교 24%, 준학사 학위(2년제) 16%이다(Talent Beyond Boundaries, 2017: 22). 둘째, 고등 교육을 받은 사람들의 상위 10개 전공은 다음의 〈표 6〉과 같다.

난민 노동자(refugee-workers)는 전 세계의 이주노동자(migrant workers)와 경쟁하게 될 것이다. 다만, 박해를 피해 탈출한 난민들은 경쟁에서 분명한 불이익을 받고 있는데, 난민들은 노동 이민 프로그램에 대한 정보가 부족하고, 고용주와 채용 기관은 잠재적인 난민 노동자에 대한 정보를 얻지 못하기 때문이다. 난민과 고용주 모두가 접근할 수 있는 다양한 유형의 정보 포털은 고용주의 수요와 난민 기술을 일치시키는 데 도움이 될 수 있다(Ruhs, 2019: 24). 기술 난민과 고용주에 대한 정보 공유는 플랫폼 기반 모델(platform powered model)에 기반한 것으로서, 구인·구직

표 6   고등교육을 받은 기술 난민의 상위 10개 전공

순위	전공 분야	순위	전공 분야
1	공학	6	회계학
2	경영학	7	언어학
3	교육학	8	컴퓨터 과학
4	IT정보기술학	9	약학
5	법학	10	통계학

출처: Talent Beyond Boundaries(2017, 22) 참고

관련 소셜 네트워크인 링크드인(Linked-in) 방식의 경계를 넘어선 인재 모델(Talent Beyond Boundaries Model 또는 TBB Model) 및 캐나다의 경제적 이주 경로 프로젝트 모델(Economic Mobility Pathways Project Model 또는 EMPP Model)이 있다. 캐나다의 경제적 이주 경로 프로젝트 모델은 주정부 지명 프로그램(Provincial Nominee Program: PNP), 대서양 이민 프로그램(Atlantic Immigration Program: AIP), 농촌·북부 이민 시범 사업(Rural and Northern Immigration Pilot: RNIP) 등 기존의 경제적 이민 프로그램을 이용한다(Varjonen et al., 2021: 35-46).

3. 외국인 거주·고용의 경제적 효과

1) 분석단위

외국인 유입은 취업 가능 연령대에 있는 내국인에게 영향을 미친다(Heinz et al., 2002: 47). 현실의 노동 시장에서 외국인과 내국인 간의 관계가 대체재 또는 보완재인지 명확히 구분되는 것은 아니지만, 내국인만으로 구성된 노동 시장에서 외국인 유입으로 인한 효과는 외국인과 내국인의 관계가 대체재 또는 보완재인지에 따라 이론적으로 설명될 수 있다. Borjas(1999: 2)에 따르면, 외국인과 내국인이 대체재적 경쟁 관계에 있다면 내국인은 손해를 보게 되고, 보완재적 관계에 있다면 내국인은 혜택을 얻는다.[1] 다만, 미국, 유럽 등 국가를 분석단위로 삼아 추정한 다양한 실증 분석에서 이민이 내국인의 실업 발생에 영향력이 없거나 미비하다는 분석 결과(Boubtane et al., 2013; Brucker, 2011; Jean et al., 2007; Cattaneo et al., 2013; Gang et al., 1994)가 다수 제시되기도 한다.

외국인 유입의 효과를 다룰 때 국가 분석 또는 전국을 하나의 분석단위로 묶는 것은 방법론적 민족주의(methodological nationalism)에 해당한다. 국가 안의 여러 지역에서 발생하는 경제와 노동 등 모든 현상을 평균화시켜 동질적인 것으로 파악하

---

1   외국인의 유입과 노동 시장의 관계에 관해 다양한 입장의 이론들이 있다. 하나의 예를 들어, Borjas, G. J.의 Labor Economics(McGraw-Hill)에서 제시된 모형을 참고하기 바란다.

는 연구 방식은 컨테이너 사회모형(container model of society)에 해당한다(Wimmer et al., 2002: 307-325; 이병하, 2017: 37-38; 차용호, 2021: 15). 또한, 외국인이 밀집 거주하는 집적지역이 증가함에 따라 그렇지 않은 지역과의 차이가 발생하기도 하므로 분석단위로서 지역의 중요성이 부각되어야 한다.

다음 내용에서는 이론 또는 모형을 제시하는 방식이 아니라, 국내에서 계량적으로 실증 분석된 결과를 중심으로 설명하기로 한다. 최근 외국인 유입이 국내경제에서 경제성장과 내국인의 실업, 고용에 미치는 효과에 관한 분석 결과가 누적되어가는 추세이다. 국내에서의 실증 분석 결과는 앞선 외국 문헌과는 매우 상반된 분석 결과를 제시하기도 한다. 또한, 국내에서의 실증 분석들 사이에서도 상반된 분석 결과가 제시되기도 한다. Borjas(2016: 9)에 따르면, 이민자를 지속적으로 받아들여야 하는가의 질문에 대답하기 위해서는 외국인, 내국인, 고용주 중 누구의 경제적 후생(economic welfare)을 더 챙겨야 할지가 먼저 결정되어야 한다.

2) 지역경제에 미치는 효과

(1) 지역 실업

외국인이 내국인의 실업에 미치는 효과에 관한 것이다. 이규용 외(2011: 162-195)는 한국에서 외국인력 유입이 내국인의 실업 전환에 어떤 효과를 미치는지를 알아보기 위해 임의효과 패널 프로빗 모형으로 추정하였다. 종속변수는 2004년에서 2005년, 2005년에서 2006년의 두 기간에 걸쳐 이산형 변수로서 실업 상태 여부가 채택되었다. 분석 결과는 외국인 근로자의 비율이 높으면 내국인 근로자가 다음 연도에 실업에 빠질 확률이 높아지는 것으로 나타났다. 특히, 제조업에서 외국인 근로자가 늘어나면 내국인 근로자가 실업자로 전환될 확률이 높아지는 것으로 나타났다.

이소현 외(2017)는 지역 단위에서 외국인 유입이 내국인 고령자의 실업에 미치는 효과를 분석하기 위해 2010년 데이터를 활용해 225개 시·군·구에서 외국인 고용과 내국인 고령자 고용 간의 효과에 대해 공간회귀 분석으로 추정했다. 내국인 고령자의 고용 비율과 외국인 고용 사이는 통계적으로 유의한 수준에서 부정적(-) 관계가 있는 것으로 나타났다. 즉 내국인 고령자가 많이 고용될수록 외국인 고용이 낮아지는 것으로 분석되었다.

차용호(2021: 246-302)는 전국 시군구, 수도권, 비수도권, 농촌에서 외국인 유입이 지역 주민의 실업(실업급여자 수)에 미치는 공간적 영향력을 분석하기 위해 2017년 자료를 활용해 탐색적 공간 데이터 분석(ESDA: exploratory spatial data analysis)으로 추정했다. 분석 결과에 따르면, 전국 시군구에서 주민의 실업 증가와 외국인 유입은 공간적 상관성이 있는 것으로 분석되었다. 특히 경제활동 외국인 또는 한시적 외국인이 주민의 실업 증가에 대해 공간적 상관성이 높게 나타났다. 다만, 농촌에서 경제활동 외국인은 주민의 실업에 공간적 상관성이 거의 없는 것으로 분석되었다.

차용호(2021)는 외국인 유입이 지역의 경제성장(GRDP), 내국인의 실업과 고용에 미치는 효과를 한꺼번에 추정하기 위해 종속변수가 3개(지역 경제성장, 지역 실업, 지역 고용)인 3개의 방정식 모형을 하나의 연립방정식으로 통합하였다. 2013년부터 2017년까지의 패널데이터를 활용해 SUR(Seemingly Unrelated Regression, 겉보기에 무관한 회귀식들) 모형으로 추정하였다. 조절 변수는 외국인 비율(%) 또는 거주지 분리(segregation)의 수준에 따라 각각 2개의 집단으로 그룹핑하여 더미변수로 전환하였다. 분석 결과에 따르면, 외국인 유입은 지역 주민의 실업을 증가시키는 부정적 효과가 있는 것으로 추정되었다. 다만, 농촌에서는 외국인 비율이 높은 곳에서 외국인이 증가할수록 주민의 실업이 감소하는 긍정적 효과를 보였다.

표 7   내국인의 실업에 미치는 효과

연구자	분석 방법	분석 결과
이규용 외 (2011)	임의효과 패널 프로빗 분석	외국인 근로자의 비율이 높으면 내국인 근로자가 다음 연도에 실업에 빠질 확률이 높아진다.
이소현 외 (2017)	공간회귀 분석	내국인 고령자가 많이 고용될수록 외국인 고용이 낮아진다.
차용호 (2021)	공간관계 분석	전국 시군구에서 외국인 유입과 주민의 실업 증가는 공간적 상관성이 존재한다. 다만, 농촌에서 경제활동 외국인은 주민의 실업에 공간적 상관성이 거의 없다.
차용호 (2021)	패널데이터 SUR 분석	외국인 유입은 지역 주민의 실업을 증가시키는 부정적 효과가 있다. 다만, 농촌에서 외국인 비율이 높은 곳은 외국인이 증가할수록 지역 주민의 실업이 감소한다.

다만, 외국인 유입이 내국인의 실업을 발생시킨다고 추정할지라도 그 영향력의 크기 또는 수준이 얼마일지 세심한 분석은 부족하다. 내국인의 실업 문제는 임금, 지역경제성장, 고용, 지역혁신, 이민의 수요 증대 효과 등을 종합적으로 고려해야 한다. Wadsworth et al.(2023)에 따르면, 외국인 유입의 노동시장 효과를 정확히 측정하기는 어려운 일이다. 경제적 효과의 차이가 외국인 유입의 결과인지 아니면 다른 요인에 의한 것인지 알기 어렵다. 외국인이 특정 지역으로 유입되어 일부 내국인 근로자가 해당 지역을 떠나 다른 지역 또는 외국으로 이주할 수 있고, 이 경우 특정 지역에서 발생한 외국인 유입의 노동시장 효과가 전국으로 분산되어 특정 지역의 노동시장 분석을 정확히 측정하기 어렵게 된다.

(2) 지역 경제성장

외국인 유입이 지역의 경제성장에 미치는 효과에 관한 것이다. 외국인 유입은 지역의 경제성장을 높이는데 기여한다는 것이 이론적으로 기대되지만, 비숙련 외국인처럼 생산성이 낮은 경우라면 지역 경제성장은 기대할 수 없을 것이다(전영준, 2012). 한국에서의 실증 분석은 다음과 같다.

유광철 외(2014)는 단순 기능 외국인과 전문인력 외국인 모두가 지역의 경제성장에 긍정적인 효과를 미치는 것으로 다중회귀 분석을 통해 추정하였다. 김교범 외(2019)는 저숙련의 외국인이 1% 증가할 때마다 자치구의 지역내총생산(GRDP)은 0.11% 감소하는 것으로 패널데이터 분석을 통해 추정하였다(차용호 외, 2021: 26).

김도원 외(2022: 107)는 지역에서 장기체류 외국인 증가가 지역내총생산(GRDP)에 미치는 영향에 대해 2단계 고정효과(FE 2SLS) 모형으로 추정했다. 분석 결과는 전체 지역내총생산에 유의미한 영향이 없고, 농업·임업·어업 생산의 감소 및 광·제조업 생산의 증가가 있는 것이 추정되었다.

차용호(2021: 11, 109, 210-245)는 이민자 체류 실태 및 고용조사(구 외국인고용조사)에서의 지역별 외국인의 경제활동 참가율을 적용하여 경제활동 외국인 수를 추출하였다. 경제활동 외국인이 지역내총생산(GRDP)에 미치는 영향을 알아보기 위해 전역적 이변량 모란지수 I를 활용하여 군집지도(cluster map)를 통해 분석했다. 분석 결과에 따르면, 전국 시군구, 수도권, 비수도권에서 경제활동 외국인과 지역의 경

표 8 지역의 경제성장에 미치는 효과

연구자	분석 방법	분석 결과
유광철 외 (2014)	다중회귀 분석	단순 기능 외국인과 전문인력 외국인 모두가 지역의 경제성장에 긍정적인 효과를 미친다.
김교범 외 (2019)	패널데이터 분석	저숙련 기술의 외국인이 1% 증가할 때마다 자치구의 지역내총생산(GRDP)은 0.11% 감소한다.
김도원 외 (2022)	2단계 고정효과 (FE 2SLS) 분석	장기체류 외국인 증가는 지역내총생산(GRDP)에 유의미한 영향이 없고, 농업 임업 어업 생산의 감소 및 광제조업 생산의 증가가 있다.
차용호 (2021)	공간관계 분석	전국 시군구, 수도권, 비수도권에서 경제활동 외국인과 지역의 경제성장 증가는 공간적 상관성이 존재한다.
차용호 (2021)	패널데이터 SUR 분석	외국인 유입이 지역내총생산(GRDP)을 증가시킨다. 다만, 전국 시군구에서 거주 분리의 수준이 높은 지역은 낮은 지역에 비해 지역내총생산이 낮다.

제성장은 공간적 상관성이 존재하는 것으로 추정되었다.

차용호(2021)는 외국인 유입이 지역의 경제성장(GRDP), 내국인의 실업과 고용에 미치는 효과를 한꺼번에 추정하기 위해 2013년부터 2017년까지의 패널데이터를 활용하여 SUR 모형으로 추정하였다. 분석 결과는 외국인 유입이 지역내총생산(GRDP)을 증가시키는 긍정적 효과가 있는 것으로 나타났다. 다만, 전국 시군구에서 거주 분리의 수준이 높은 지역은 낮은 지역에 비해 지역내총생산이 낮은 것으로 추정되었다. 이것은 외국인의 거주지 분리가 지역의 경제성장에서 '이웃의 부정적 외부 효과'가 발생할 여지가 있다는 것을 의미한다.

(3) 지역 고용

외국인 유입이 내국인의 고용에 미치는 효과에 관한 것이다. 이규용 외(2011: 143-147)는 제조업, 건설업, 음식숙박업에서 외국인 근로자 고용이 내국인 고용에 미치는 효과를 4년간 데이터를 활용해 시계열분석으로 추정했다. 분석 결과는 외국인 근로자 고용이 내국인 고용에 유의미한 영향을 미친다는 결과를 얻을 수 없는 것으로 나타났다.

이찬영(2018)은 2008년부터 2015년까지 154개 시군에서 제조업, 건설업, 농림어업, 음식숙박서비스업에서의 외국인 근로자 고용이 내국인 고용에 미치는 효과를 8년간 패널데이터를 활용해 1차 차분 패널 모형으로 추정했다. 분석 결과는 외국인 근로자 고용이 증가할 때 내국인 고용은 '시'에서는 증가하나, '군'에서는 감소하는 것으로 나타났다.

오준병(2017)은 2007년부터 2011년까지 인천시 군·구에서의 패널데이터를 Pooled GLS(Pooled Generalized Least Square)로 분석했다. 분석 결과에 따르면, 1~29명의 사업장과 30~49명의 사업장에서 외국인 근로자가 1% 증가할 때 내국인 근로자 수는 각각 0.28%, 0.5% 감소하는 것으로 나타났다. 즉 인천지역에서 외국인 근로자 유입은 50인 미만의 소규모 영세 사업장에서 근무하는 주민의 고용을 대체하는 고용 대체효과(substitution effect)가 있다(차용호, 2021: 62-64).

외국인 유입이 내국인의 고용과 임금에 미치는 영향에 대해 보다 넓은 지리적 영역에 걸쳐 추정이 가능한 그룹 접근법(Cell Approach)으로 분석한 연구가 국내에 있다. Kim, Hyejin(2021: 12)은 2012년부터 2019년까지의 데이터를 활용해 전체 내국인 근로자를 3가지 교육 그룹(고등학교 중퇴자, 고등학교 졸업자, 대학 졸업자)으로 구분하고, 외국인 유입이 내국인의 고용과 임금에 미치는 효과를 회귀분석으로 추정했다. 분석 결과에 따르면, 평균적으로 외국인 유입이 전체 내국인 근로자의 고용 또는 임금에 부정적 영향을 미치지 않는 것으로 나타났다. 특히 외국인 유입이 3가지 교육 그룹 모두에서 고용에 미치는 효과는 통계적으로 유의하지 않았다. 다만, 월별 임금 효과는 내국인의 학력에 따라 다르게 나타났다. 고등학교 중퇴자의 월별 임금 상승률은 외국인 유입으로 인해 부정적인 영향을 받아 약 0.2%포인트 하락했다. 외국인 유입의 부정적인 영향은 교육 수준이 가장 낮은 내국인 근로자에게 집중되었다.

차용호(2021: 248-249)는 전국 시군구에서 외국인 유입이 광제조업과 건설업 분야의 내국인 취업자 증가에 대해 공간적 상관성이 매우 높게 나타났다. 광제조업이 건설업보다 공간적으로 영향을 크게 받는 것으로 추정되었다. 또한, 차용호(2021)는 2013년부터 2017년까지의 패널데이터를 활용하여 종속변수 3개(지역 경제성장, 지역 실업, 지역 고용)를 하나의 연립방정식으로 통합하고, SUR 모형으로 추정하였다. 분석된 결과에 따르면, 전국 시군구에서 외국인 비율이 높은 지역에서 경제활동 외국

표 9   내국인의 고용에 미치는 효과

연구자	분석 방법	분석 결과
이규용 외 (2011)	시계열 분석	제조업, 건설업, 음식숙박업에서 외국인 근로자 고용이 내국인 고용에 유의미한 영향을 미친다는 결과를 얻을 수 없다.
이찬영(2018)	패널데이터 분석	외국인 근로자 고용이 증가할 때 내국인 고용은 '시'에서 증가하나, '군'에서는 감소한다.
오준병(2017)	패널데이터 분석	인천시에서 50인 미만의 소규모 영세 사업장(1~29명의 사업장과 30~49명의 사업장)에서 외국인 근로자가 1% 증가할 때 내국인 근로자 수는 각각 0.28%, 0.5% 감소한다.
Kim, Hyejin(2021)	회귀분석	외국인 유입이 전체 내국인 근로자의 고용에, 부정적 영향을 미치지 않는 것으로 나타났고, 3가지 교육 그룹(고등학교 중퇴자, 고등학교 졸업자, 대학 졸업자) 모두에서 고용에 미치는 효과는 통계적으로 유의하지 않았다. 다만, 고등학교 중퇴자의 월별 임금 상승률은 외국인 유입으로 인해 부정적인 영향을 받아 약 0.2%포인트 하락했다.
차용호(2021)	공간관계 분석	전국 시군구에서 외국인 유입이 광제조업과 건설업 분야의 내국인 취업자 증가에 대해 공간적 상관성이 존재한다.
차용호(2021)	패널데이터 SUR 분석	전국 시군구에서 외국인 비율이 높은 지역은 경제활동 외국인이 증가할수록 내국인의 건설업 취업 증가가 강화된다. 다만, 비수도권에서 경제활동 외국인은 65세 이상 주민의 취업에 부정적이다.

인이 증가할수록 내국인의 건설업 취업 증가가 강화되는 것으로 나타났다. 더미변수 분석에 따르면, 수도권에서 외국인 비율이 높은 지역은 65세 이상 취업자와 광제조업 취업자가 상대적으로 더 높게 나타났다. 다만, 비수도권에서는 경제활동 외국인 인구가 65세 이상 주민의 취업 증가에 부정적 효과가 있는 것으로 추정되었다.

3) 지역혁신에 미치는 효과

외국인의 체류와 고용은 정착지 국가에서의 지역혁신에 영향을 미칠 수 있는 통로가 될 수 있다. 김의준 외(2019: 242-243)와 Schumpeter(1943)에 따르면, 혁신은 신제품 개발, 기존 제품의 질적 변화, 새로운 생산 공정, 새로운 시장 개척, 새로운 보급원 개발, 산업조직 변화 등을 통해 이윤이 창출되고 지역의 경제성장이 창출되

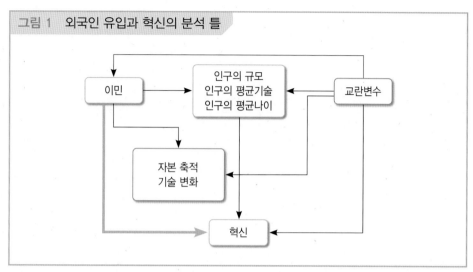

그림 1 외국인 유입과 혁신의 분석 틀

출처: Bratti et al.(2014, 4) 참고

는 동태적 과정이다.

Ozgen et al.(2013)과 Bratti et al.(2018: 934)는 외국인 유입이 혁신에 영향을 미칠 수 있는 몇 가지의 메커니즘을 다음과 같이 제시한다. ① 이민자는 일반적으로 국민보다 젊어 생산성과 창의성에 영향을 줄 수 있다. ② 이민자의 노동이동은 기업간 그리고 지역간 지식이 전파되는 중요한 원천이다. ③ 이민자의 유입은 인구 규모를 증가시켜 집적경제 활동에 의한 이점을 통해 혁신이 촉진될 가능성이 있다. ④ 문화적 배경이 다른 이민자는 생산에서 보완적으로 되어 생산성과 혁신이 증가 될 수 있다. ⑤ 다양한 외국인을 고용하는 기업은 제품의 혁신 측면에서 앞선다. 이민자가 고학력자이거나 전문적으로 숙련된 이민자일 때 지역에서의 인적 자본을 실질적으로 변화시켜 생산성과 새로운 아이디어를 만들어 낼 수 있으므로 혁신에 긍정적 영향을 유발할 가능성이 더 크다.

혁신을 측정하기 위해 혁신 활동의 중간 산출물인 특허(patent)가 주로 활용된다. Jaffe et al.(1993: 578-579)는 지식 확산(knowledge spillovers) 또는 지식 이전 (knowledge transfer)의 증거와 정도를 확인하는 자료로서 특허를 활용함으로써 혁신을 대리 측정하였다.

Bratti et al.(2014)는 2003년부터 2008년까지 외국인 비율이 이탈리아의 103개 지

표 10   지역혁신(특허)에 미치는 효과

연구자	분석 방법	분석 결과
Bratti et al.(2014)	패널회귀 분석	저숙련 이민자의 비율이 1% 증가할 때 특허 출원 건수가 약 0.2% 감소한다.
Burchardi et al.(2020)	패널회귀 분석	외국인 유입이 카운티의 혁신에 긍정적인 영향을 미쳤으며, 교육을 받은 외국인이 혁신에 미치는 영향이 더 크다.

방에서 지역혁신(특허 출원 건수)에 미치는 인과적 효과를 분석하기 위해 패널회귀로 추정했다. 분석 결과는 저숙련 이민자의 비율이 1% 증가할 때 특허 출원 건수가 약 0.2% 감소하는 것으로 나타났다.

Burchardi et al.(2020)는 1975년부터 2010년까지 미국의 카운티(county)에서 외국인 유입이 1인당 특허 건수에 미치는 영향을 측정하기 위해 패널회귀 분석했다. 분석 결과는 외국인 유입이 카운티의 혁신에 긍정적인 영향을 미쳤으며, 교육을 받은 외국인이 혁신에 미치는 영향이 더 큰 것으로 나타났다. 외국인이 평균적으로 1만 명씩 특정 카운티에 들어올수록 5년 동안 인구 10만 명당 1건씩 특허 출원이 증가하는 것으로 나타났다.

한국의 경우 거주 지역별 또는 외국인 유형별 특허 데이터가 부실하여 깊이 있는 분석이 이루어지지 못하고 있다. 다만, 강병수 외(2017)는 222개의 기초자치단체를 대상으로 지역혁신에 긍정적 효과를 미치는 요인을 찾기 위해 횡단면 회귀 분석하였다. 종속변수인 지역혁신의 대리변수는 2014년 인구 1만 명당 특허 출원 건수이다. 특허 출원 건수에 가장 큰 영향력을 미치는 독립변수는 전산업의 과다 유무이지만, 외국인 비율도 특허 출원 건수에 긍정적 효과를 미치는 요인으로 추정되었다.

4) 이민의 수요 증대 효과

이민의 수요 증대 효과(demand-augmenting effects of immigration)는 외국인 유입과 소비가 정착지 국가에서 수요에 미치는 효과를 말한다. 이민의 수요효과(effect of immigration on demand)라고도 불린다. 앞에서 살펴본 외국인 유입이 지역경제에 미치는 효과(주로 실업, 고용)는 전통적 노동시장 경쟁모형에 기반하고, 외국인은 생산자라는 가정에 근거하고 있다. 생산자로서 공급된 외국인이 벌어들인 소득 중 일부가 정착지 국가에서 소비된다면 노동에 대한 파생수요(derived demand)를 발생시킬 수 있다. 이것은 공급이 수요를 창출한다는 세이의 법칙(Say's Law)의 변형에 해당한다. 외국인의 유입과 소비는 내국인 실업을 상충하는 효과가 있을 수 있다 (Bodvarsson et al., 2007).

아래에서는 외국인이 소비자(consumer)로서 정착지 국가에서 상품과 서비스 수요에 영향을 미친다는 외국인 유입의 또 다른 효과를 살펴본다. Mishan et al., (1966)는 Immigration, excess aggregate demand and the balance of Payments라는 논문에서 이민과 수요의 관계를 처음으로 제기하였다. 외국인 유입이 초과 총수요를 창출할 수 있다는 것이다. t 기간에 초과 총수요(excess aggregate demand)인 Et의 공식은 다음과 같다.

$$E_t \equiv D_t - Z_t \qquad \text{(식 1)}$$

여기에서 D_t는 국내에서의 재화와 서비스에 대한 총 순지출(aggregate net expenditures)로서 외국인 유입에 따른 소비지출, 정부지출, 투자지출로 구성되는 값이다. Z_t는 국내 생산물에 추가되는 실질 요소 비용(real factor cost)으로 측정된 총 순수가치(aggregate net value)이고, 이민자의 총소득(gross earnings)과 총소득에 대한 평균 수익률(average profit margins)로 구성된다(Mishan et al., 1966: 130).

Hercowitz et al.(2002)는 1990년대 구소련에서 이스라엘로 대량 이민이 발생했고, 이 시기에 내국인 고용에 대한 대량 이민의 효과(effects of mass immigration)를 자연 실험(natural experiment)으로 분석하였다. 외국인 유입에 따른 노동 공급(labor supply)과 노동시장 참여는 소비(consumption)를 후행(lag)시키고, 이를 통해 '노동시장과 상품 시장으로의 차등 진입(differential entry into the labor and goods markets)'을 발생시킨다. 정착지 국가에서의 노동 수요(labor demand)에 긍정적 영향을 미친다고 제시했다.

4. 거주지 분리와 외국인 밀집 거주지

1) 거주지 확산과 거주지 분리 측정

(1) 거주지 확산

2019년을 기준으로 지역의 인구수 대비 외국인 비율이 5% 이상인 시군구는 26곳으로 서울시(종로구, 중구, 용산구, 동대문구, 구로구, 금천구, 영등포구), 부산시(중구), 경기도 수원시(팔달구, 수정구), 평택시, 안산시(단원구), 시흥시, 안성시, 김포시, 화성시, 충북 진천군과 음성군, 충남 아산시, 전남 영암군, 함안군, 진도군, 경남 경주시, 경북 경산시와 고령군, 제주 서귀포시이다. 2000년에는 0곳이었고, 2005년에는 3곳(화성시, 포천시, 안산시 단원구)이었던 점과 확연히 비교된다(차용호, 2021b: 259).

[그림 2]는 서울특별시, 부산광역시, 경기도 등에서 등록외국인(F-4 체류자격의 외국국적동포는 제외했다)의 거주지 분포가 확산하거나 집적하는 추세를 2003년, 2010년, 2019년에 걸쳐 Natural break 방식을 활용해 단계 구분도로 시각화한 것이다(차용호, 2021: 126-128). 등록외국인 및 F-4 체류자격의 외국국적동포를 합하여 시각화한다면 거주지 분포의 확산과 집적이 더 커질 가능성이 있다.

그림 2 등록외국인의 거주지 분포 확산과 집적

	2003년	2010년	2019년
서울시	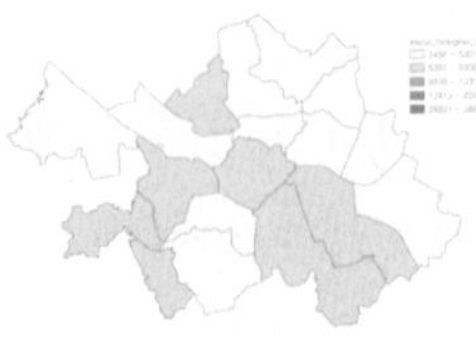	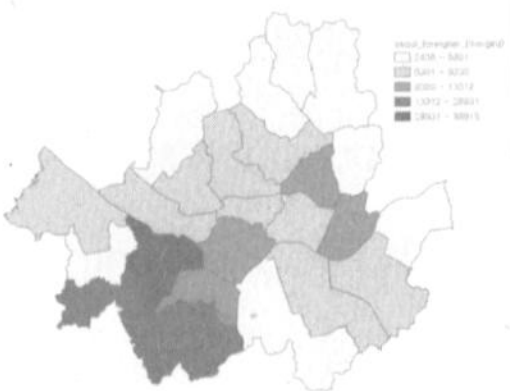	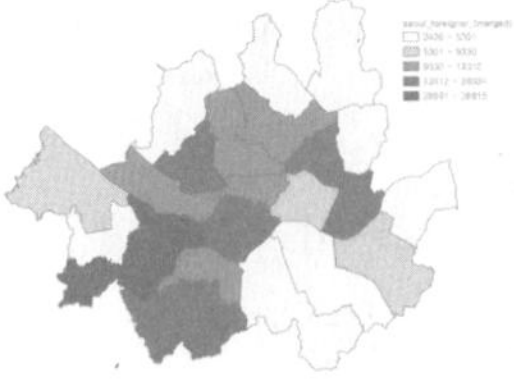

출처: 차용호(2021, 126-130) 참고

(2) 거주지 분리 측정

Duncan et al.(1955: 211)이 특정 인구 집단이 집적하는 거주지 분리(segregation)의 수준을 측정하기 위해 상이지수를 제시한 후, 가장 널리 사용되고 있다. 상이지수(D: index of dissimilarity, dissimilairty index)는 외국인이 특정 지역에서 공간적으로 얼마나 분리되어 있는지 또는 그 분리로 인해 밀집 거주하는 정도를 계량적으로 측정할 수 있다.

상이지수(D)는 0과 1 사이의 값을 가진다고 일반적으로 알려져 있다. 상이지수의 값이 0이면 어떤 인구 그룹이 다른 인구 그룹과 비교할 때 지리적으로 거주 분리 없이 고르게 분포된 경우를 말하는 것으로, 외국인과 내국인 사이에 거주 분리가 전혀 없는 경우이다. 상이지수의 값이 1이면 어떤 인구 그룹이 다른 인구 그룹과 비교할 때 지리적으로 거주 분리가 완벽한 경우를 말하는 것으로, 외국인과 내국인 사이에 거주 분리가 완벽하게 이루어진 경우이다. 상이지수의 공식은 아래와 같다(차용호, 2021: 136).

$$상이지수(D) = 100 \times 0.5 \times \sum_{i=1}^{n} \left| \frac{P_{xi}}{P_x} - \frac{P_{yi}}{P_y} \right| = 50 \times \sum_{i=1}^{n} \left| \frac{P_{xi}}{P_x} - \frac{P_{yi}}{P_y} \right| \quad (식 2)$$

여기에서 분모에 해당하는 P_x와 P_y는 분석 대상 지역으로 선정한 '전체 지역'에 거주하는 x 집단과 y 집단의 인구수를 말한다. 분자에 해당하는 P_{xi}와 P_{yi}는 전체 지역 중 'i 지역'에 거주하는 x 집단과 y 집단의 인구수를 말한다(차용호, 2021: 136). 한국의 경우 수도권과 농촌에서 외국인 비율과 거주지 분리는 통계적으로 상관관계가 매우 높다. 다만, 외국인의 비율이 높다고 해서 그 지역에서 반드시 거주지 분리도 함께 높게 나타나는 것은 아니다(차용호, 2021: 145).

2) 외국인 밀집 거주지

(1) 정의

이민자가 특정 도시의 일부 지역에서 인구의 다수를 형성하는 경우는 미국 외의 지역에서 드물지만, 이민자 집단이 높은 수준으로 밀집한 지역(city neighbourhood)

은 존재한다(Castles et al., 2014: 274). 외국인 밀집 거주 지역(immigrant neighbourhood)은 외국인의 거주나 근무가 특정 공간적 지역에 한정되어 집단으로 집중된 상태를 의미한다. 외국인 밀집 지역 형성이 좋은 것인지 나쁜 것인지에 대한 가치판단은 쉽지 않고, 구체적 개별 사안 또는 국가가 처한 상황에 따라 다르다(차용호 외, 2021: 28-29). 외국인 밀집 거주 지역을 뜻하는 영문 명칭은 immigrant neighbourhood, city neighbourhood, ethnic places, ethnic agglomerate 등이 있다. 반면에, 이민자 공동체(immigrant community)란 외국인 집단이 특정 공간적 지역에 한정되지 않고 공동의 가치와 이해관계를 공간적 범위를 넘어 공유하는 사회적 관계를 뜻하며, 지리적 의미와 직접적 관계는 없다.

(2) 외국인이 특정 지역에 집적하는 이유

외국인이 특정 지역에 집적하는 이유는 다양하게 설명된다. Thomas Schelling의 인종분리 모형은 자신과 같은 타입의 이웃이 30% 이상이라면 자신의 거주지에 머물고, 30% 미만일 경우 다른 거주지로 옮긴다고 가정한다면 자신과 같은 타입의 이웃은 30% 있어야 한다는 '약한 선호도'가 같은 타입의 이웃을 점점 더 많이 모이게 하여 70%보다 큰 분리된 이웃을 갖게 한다는 분리 시스템을 제시한다(Miller, 2017: 188-193; 차용호 외, 2021: 28).

일반적으로 외국인이 스스로 상호부조의 필요와 네트워크 구축을 위해 밀집 지역을 형성한다. 노동과 자본이 생산요소로서 도시에 집중됨에 따라 가져올 도시경제적 영향력이 지대하다고 설명되는 것처럼(홍기용, 2004: 26), 외국인이 특정 지역에 집적됨에 따른 비즈니스 타운 조성, 인력 공급망 형성 등 집적경제의 효과는 지역 경제성장에 도움이 되기도 한다(차용호 외, 2021: 28).

또한, 중앙정부 또는 지방정부가 경제적 필요에 따라 특정 지역에 출신 국가별로 이루어진 경제적 공동체 또는 비즈니스 타운을 조성하기도 한다. 안산시 원곡동, 인천시 차이나타운, 부산시 차이나타운, 서울시 동부이촌동의 일본인 마을 등처럼 외국인 밀집 지역이 형성되고 있다(김현숙 외, 2014: 214; 차용호 외, 2021: 28).

이민자 유입 지역의 활성화 이론(immigration revitalization thesis)은 외국인 밀집으로 인해 범죄가 증가할 것이라는 고정 관념을 반박하기 위한 것으로서, 많은 수의 소외된 내국인들이 범죄를 자주 저지르는 지역에 많은 수의 외국인이 유입됨으로써 해당 지역은 경제적 활기를 되찾고 범죄가 줄어든다는 새로운 관점이다(Lee et al., 2001; 차용호 외, 2021: 34).

(3) 외국인 밀집 거주지를 형성시키는 요인: 계량 분석

외국인 밀집 거주지를 발생시키는 다양한 요인들에 대해 수행된 계량적 통계분석의 연구결과에 따르면 직종과 거주지 유형, 학교나 보육시설, 종교시설 등과 밀접한 관계가 있는 것으로 나타났다.

정지은 외(2011)는 외국인의 집적 거주와 거주지 선택 요인을 분석하기 위해 전체 외국인, 조선족, 중국인, 동남아 출신의 외국인, 북미 · 유럽 출신 외국인, 인도 · 파키스탄 출신 외국인으로 각각 구분하고, 다중회귀 분석으로 추정했다. 특히 동남아 출신의 외국인의 경우 제조업 종사자 비율이 매우 높은 영향력을 미치는 것으로 나타났다. 인도 · 파키스탄 출신 외국인의 경우 제조업 종사자 비중이 높고, 외국인 학교의 위치가 영향력이 높은 것으로 나타났다.

이진영 외(2012)는 수도권에서 외국인의 거주지 분포 형성에 영향을 미치는 요인을 다중회귀 분석으로 추정했다. 외국인 거주지 분포에 +(정)의 영향을 미치는 요인은 고용밀도, 기존 외국인 거주지, 제조 · 건설업체 수 순서이다. 특히 중국인의 거주지 분포에 정(+)의 영향을 미치는 요인은 고용밀도, 공시지가, 제조 · 건설업체 수 순서이다. 외국인의 거주지 분포에 부(-)의 영향을 미치는 요인은 주거지

표 11 외국인 밀집 거주지 형성 요인

연구자	분석 방법	분석 결과
정지은 외 (2011)	다중회귀 분석	동남아 출신의 외국인의 경우 제조업 종사자 비율이, 인도와 파키스탄 출신 외국인의 경우 제조업 종사자 비중과 외국인 학교의 위치가 영향력이 높은 것으로 나타났다.
이진영 외 (2012)	다중회귀 분석	중국인의 거주지 분포에 정(+)의 영향을 미치는 요인은 고용밀도, 공시지가, 제조업체와 건설업체 수이다.
김윤경 외 (2014)	다중회귀 분석	부산시의 경우 단순기능 외국인과 유학생이 외국인 밀집 거주에 정(+)의 영향을 주고, 사글세와 월세 가구 수가 많을수록, 쇼핑 · 문화시설과 보육시설이 적을수록, 종교시설이 많을수록 외국인 밀집 거주가 높게 나타났다.

역 비율, 아파트 비율이다.

김윤경 외(2014)는 부산시와 경상남도의 8개 도시에서 외국인의 밀집에 영향을 미치는 요인을 다중회귀 분석으로 추정했다. 특히 부산시의 경우 산업 특성 면에서 단순기능 외국인과 유학생이 외국인 밀집 거주에 정(+)의 영향을 주는 것으로 나타났다. 주택 특성 면에서 단독주택 비율이 낮을수록 또는 사글세·월세 가구 수가 많을수록 외국인 밀집 거주가 심화되었다. 주거환경 면에서 쇼핑·문화시설과 보육시설이 적을수록 또는 종교시설이 많을수록 외국인 밀집 거주가 높게 나타났다.

3) 외국인 이웃의 외부효과

외국인은 입국하여 특정 공간적 지역에 거주하면서 그 지역의 내국인과 이웃 관계를 형성하고, 이러한 이웃 관계는 외국인과 내국인 간의 상호작용인 외부효과(externalities)를 발생시킨다(차용호, 2021: 31). 이웃 간 상호작용은 이웃의 효과(neighborhood effects) 또는 이웃의 외부효과(neighborhood externalities)를 유발한다(O'Sullivan, 2021: 282; Duranton et al., 2015). 외국인 이웃의 외부효과는 다음과 같이 긍정적 외부효과와 부정적 외부효과로 나뉜다.

첫째, 긍정적 외부효과는 어떤 사람이 관련없는 3자에게 긍정적인 혜택이나 편익을 주면서 대가를 받지 않는 상호작용이다(차용호, 2021: 32). Burgess et al.(1984: 47-62)의 동심원 구역 모형(Concentric Zone Model), Firey(1945: 1-2)의 경제 생태학(economic ecology) 및 상징과 정서는 외국인 밀집 지역에 대한 긍정적 효과를 설명하는 이론으로 볼 수 있다.

둘째, 부정적 외부효과는 어떤 사람이 관련 없는 3자에게 생각하지 못한 부정적인 비용이나 부담을 부과하면서 비용을 지불하지 않는 상호작용이다(차용호, 2021: 31-32). 외국인 밀집 지역에서 부정적 외부효과가 존재하는 경우 자원의 배분이 사회적으로 비효율적인 것으로 되어 시장실패(market failure)의 주요 요인으로 거론된다. 외국인 밀집 지역에서 외국인 인구가 증가하여 생산인력이 확보됨으로써 그 지역의 경제성장을 높이고, 일자리와 고용 구조가 개선되어 주민의 실업은 낮아지거나 고용(취업)을 상승하게 하는 긍정적인 외부효과가 있다고 하더라도 이러한 외국인 유입의 경제적 기여가 충분히 사회적으로 보상 또는 평가를 받지 못한다면 내국인들은 동일한 이웃을 선호하려는 특성으로 인해 외국인 밀집 지역에서 내국인들이 떠나게 되어 오히려 거주 분리의 수준이 상승하는 비효율이 발생할 수 있다(차용호, 2021: 31~32). 외국인 유입은 인구감소 또는 고령화 문제에 현실적 대책이 아니라는 견해가 있고(조영태, 2016), 저학력 저숙련의 외국인이 대도시에 유입되는 것을 우려하는 입장도 있다(Peri, 2007).

4) 좋은 분리와 나쁜 분리

외국인 밀집 거주로 인한 거주지 분리의 효과는 좋은 분리(good segregation)와 나쁜 분리(bad segregation)의 상반된 시각으로 아래와 같이 구분된다(차용호, 2021: 28). 좋은 분리는 긴밀한 사회적 유대와 지원 네트워크를 특징으로 하는 민족 문화적 그룹의 집중을 의미한다. 나쁜 분리는 직업의 분리, 집단 내 결혼, 모국어 유지로 인해 개인소득에 부정적인 결과를 초래하며 이러한 장기간의 공간 분리는 경제적 성공을 저해한다(Ley, 2008: 3).

Peach(1996: 379, 380, 395)는 좋은 분리와 나쁜 분리의 장단점을 분석하면서, "동화의 과정은 반드시 필연적으로 발생하지 않는다. 집단이 공간적으로 분리될수록 덜 동화되고 사회적 분리도 증가하는데, 거주기간이 길다고 할지라도 정착지 국가에서 반드시 동화하는 것은 아니다. 매우 높은 수준의 주거지 분리는 가치나 정체성을 유지하려는 내부적 욕구와 강하게 관련된다."라고 제시한다.

외국인의 밀집 거주로 인한 나쁜 분리의 부정적 효과와 분석은 다음과 같다. 소수민족 인클레이브 경제(ethnic enclave economy)라는 소수민족 내부에서만 경제활동이 이뤄지는 소수민족 경제의 폐쇄성이다. 내국인이 참여하는 일반적 노동시장에서 외국인은 배제되고, 가게, 식당, 세탁소, 무역상 등 특정 부문에서만 활동하는 봉쇄된 이동성(blocked mobility thesis)이 발생할 수 있다(Coe et al., 2011: 429~438). 거주가 분리된 지역에 거주하는 외국인은 상대적으로 높은 통근 비용을 부담하여 순임금이 감소하는 소득격리가 발생하고, 이로 인해 고용 기회가 감소한다는 공간적 불일치 가설(spatial mismatch hypothesis)이 제시된다(O'Sullivan, 2021: 304~307).

차용호(2021: 330~332)는 한국의 전국 시군구에서 더미변수 분석을 통해, 거주 분리의 수준이 높은 지역은 낮은 지역에 비해 지역 내 총생산(GRDP)이 감소하는 것으로 추정하였다.

5. 허가받지 못한 이민자

1) 해결해야 할 문제 vs. 세계 경제의 현상

[그림 3]은 2013년부터 2023년까지의 한국에서 불법체류 외국인의 증감 추이이다.

불법체류·취업은 완전히 해결되어야 할 문제(problem)인가, 아니면 세계 경제에서 국가를 특징짓는 현상(phenomenon)인지가 문제된다. 정부는 해결되어야 할 문제로 보면서, 불법이라고 판단하는 경향이 있다. 그러나 경제 현실에서는 이에 대해 관점의 변화가 시작되고 있다(Anderson et al., 2010: 175). 노동시장에서 인력의 공급과 수요가 일치하지 않는다면 허가받지 못한 이민자도 완충적 기능으로 작용할 수 있다(Mertens, 1973: 235). 2017년 11월 불법 취업한 외국인 191명이 로젠택배 이천 물류센터에서 무더기로 적발되었다. 로젠택배 사건으로 인해 한동안 국내에서 택배 배송이 난항을 겪기도 했다. 한국경제와 사회가 불법체류·취업 외국인에

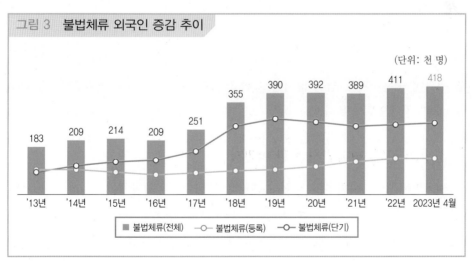

그림 3 불법체류 외국인 증감 추이

(단위: 천 명)

183 209 214 209 251 355 390 392 389 411 418

'13년 '14년 '15년 '16년 '17년 '18년 '19년 '20년 '21년 '22년 2023년 4월

■ 불법체류(전체) ─○─ 불법체류(등록) ─○─ 불법체류(단기)

출처: 출입국외국인정책 통계월보, 2023년 5월

게도 깊이 의존하고 있다는 반증이다.

불법 이민은 국경 통제와 국민국가 안에서 작동하는 구성원 자격 제도로부터 발생하는 불가피한 현상이다. 입국과 거주에 관한 법령을 실수로든 고의로든 위반한 외국인이 항상 있다. 이민법이 아무리 정교할지라도 이와 같은 다양한 상황을 모두 다룰 수 없기 때문이다(Anderson et al., 2010: 175).

국가는 외국인의 입국에 대해 광범위하고 폭넓은 재량권을 갖고 있지만, 국가가 가진 권한이 일부 제한되고 책무가 증가하는 것만큼 외국인도 정착지 국가에서 경제적 사회적으로 기여하고 사회질서를 준수하는 사회구성원으로 될 수 있도록 노력할 것이 요구된다. 이런 관점에서, 뒤에서 살펴보게 될 '허가받지 못한 이민자'의 이슈가 앞으로 더욱 주목받을 여지가 크다. 용어 선택의 정치성을 떠나, 불법 이민에 대한 경제적 효과 분석도 뒷받침되어야 할 것이다. 또한 불법 이민이 유발하는 사회적 후생 손실에 대한 인식도 향후 연구가 필요한 분야이다.

2) 불법 이민의 발생 원인

불법 이민이 발생하는 원인은 다양하게 제시될 수 있다. 출신지 국가와 목적지 국가 사이에 임금 수준의 상대적 차이가 있거나, 작업 환경이 열악하여 내국인과 외국인 근로자를 합법적으로 고용하기 어려운 국내 사업장에서 불법 고용에 대한 높은 의존도가 그 원인으로 제시된다(차용호, 2015: 407-408). 국가 관계의 구조적 불평등 또는 종속성이 불법이주를 유발할 수 있다. 노동시장에서 부당한 이익을 위해 지대추구 행위를 하는 사람에 의해 발생할 수 있고, 이민 산업과 이민 네트워크를 명확히 구분하기는 쉽지 않지만 소위 브로커라고 하는 이주 에이전트(migration agents)가 원인으로도 된다(Cha, 2020: 297-300).

3) 용어 선택: 허가받지 못한 이민자

허가받지 못한 이민자라는 용어 대신에 불법체류·취업 외국인이 일반적으로 사용된다. 불법체류·취업 외국인은 다음과 같이 다양한 경우가 포함된다. 밀입국하거나 위장결혼 또는 허위 입양 등 허위 서류를 활용해 입국한 경우, 허가받고 입국하였지만 체류 기간 또는 취업 기간을 넘겨 남아있는 경우, 허가받지 않고 취업한 경우, 강제 추방될 외국인인 경우, 밀입국(human smuggling) 또는 인신매매 (human trafficking)로 입국한 경우, 강제 추방을 회피하기 위해 망명 신청 제도를 의도적으로 악용하는 경우 등 다양한 경우가 포함된다(Legomsky et al., 2009: 1140; GCIM, 2005: 32).

어떤 경우는 불법체류·취업이 고의적인 선택 또는 결정에 의한 것이지만, 어떤 경우는 이민법 규정에 대한 정보 부족 또는 불가피한 행정적 장애로 발생하기도 한다(Koser, 2010: 183). 불법체류·취업은 주의 깊은 설명이 필요한 복잡하고 다양한 개념이다(Koser, 2010: 182). 강조점을 어디에 두는가에 따라 불법 이민자(illegal immigrants), 불법 외국인(illegal aliens), 미등록 이민자(undocumented immigrants), 등록되지 않은 이민자(unregistered immigrants), 비정규 이민자(irregular immigrants), 비밀 이민자(clandestine immigrants), 허가받지 못한(않은) 이민자(unauthorized immigrants), 비공식적 이민자(informal immigrants), 신분증 미소지자(sans papiers) 등 여러 용어가 사용된다(차용호, 2015: 407; Legomsky et al., 2009: 1140; Echeverría, 2020: 22).

위 용어들은 그 강조점에 따라 장단점을 모두 가진다. 정부는 불법체류·취업 발생의 원인을 찾아내고 그 규모를 줄이고자 하는 의지를 반영해 불법체류·취업 용어를 사용하려는 측면이 있지만, 일각에서는 불법이라는 용어 자체가 가지는 적실성에 문제를 제기하기도 한다. 이민은 인간의 이주 주기 또는 생애주기를 반영하는 다양하고 복잡한 사회 현상이므로 불법체류 또는 불법취업 외국인이라는 용어는 논란의 여지가 많은 논쟁거리이다.

어떤 용어를 선택할지는 논란의 여지가 있다. 용어 선정에 따른 지식과 분석은 정치적 성격을 강하게 나타낸다. 따라서 용어 사용 자체가 정치적 입장을 띠게 된다(Anderson et al., 2010: 175). 불법 이민이라는 용어의 사용은 부정적인 사회적 신화(negative social myths) 형성에 기여하기도 한다(Echeverría, 2020: 12).

불법체류자(illegal aliens) 용어의 사용은 법적 관점에서 보면 모호하고 부정확하다. 불법체류 용어가 사용된 배경과 사건의 문맥이 명확할지라도 이민법을 어겼기 때문에 외국인을 바로 불법이라고 칭하는 것은 부정확하고 비인간적인 표현이다. 외국인이 합법적으로 입국했지만 허가받은 체류 기간을 단순히 초과해 체류하는 경우일지라도 과실 여부를 따지지 않고 바로 불법체류라고 낙인찍는 것은 과도하다. 고용주가 허가받지 못한 이민자를 불법으로 채용한 것에 대해 고용주 제재 또는 고용주 처벌하는 정책의 성과에 문제를 제기하는 견해도 있다(Cha, 2020: 320-321). 개인의 책임과 과실 여부를 따져 범죄에 대해 최종 판단이 내려지기까지 개인의 행위를 유죄로 선언하지 않는 것처럼, 추방 또는 관련 절차가 진행되는 경우 외국인의 행위를 불법체류로 낙인찍어서는 안 된다. 추방될 가능성이 있는 경우일지라도 난민으로 인정되거나 다른 법적 구제를 청구할 수 있기 때문이다. 불법체류자(illegal aliens) 용어가 사실상 추방될 수 있고 난민 신청에 자격이 없는 외국인을 지칭하기 위해 추상적으로 사용되는 경우일지라도 이 용어의 사용은 정치 사회적 의미가 함축되어 있으므로 주의해야 한다. 범죄의 크기 또는 사회에 미치는 해악의 정도가 초래하는 영향력보다 불법체류자 용어는 더 해로운 이미지(image far more sinister)를 만들어 낸다(Legomsky et al., 2009: 1140-1141).

4) 허가받지 못한 이민자의 규모 추정

얼마나 많은 수의 외국인이 허가받지 못한 상태에서 거주하는지를 정확히 파악하기는 쉽지 않다. 외국인이 허가받은 체류 기간을 넘겨 거주하는 경우 정부는 데이터 확인을 통해 그 수를 정확히 파악할 수 있으나, 데이터 정보가 구축되기 전에 허가받지 않고 거주하거나, 밀입국으로 입국하였거나, 국내에서 체류자격을 받지 못한 상태로 출생한 아동의 경우는 강제 추방이 두려워 인구 센서스를 통해서도 집계되지 않는다. 단속되거나 신고가 이루어지기 전까지는 그 존재와 규모를 알 수 없다. 아래에서는 허가받지 못한 이민자의 규모를 추정하기 위해 부분 데이터, 대리변수, 잔차법(residual method)을 소개하고자 한다.

(1) 포획-재포획 방법

포획-재포획 방법(capture-recapture method)이다. 이 방법은 동물의 개체 수를 추정하는 데 일반적으로 사용되는 것으로서 허가받지 못한 이민자의 규모를 추정하기 위해 변형하여 활용될 수 있다. Bakker et al.(2014)는 네덜란드에 있는 미등록 상주인구(non-registered population)를 추정하기 위해 동유럽에서 온 일시적 노동자(temporary workers), 난민과 망명 신청자(refugees and asylum seekers), 미등록 이민자(undocumented immigrants)의 3그룹으로 나눈 후, 포획-재포획 방법(capture-recapture methods)을 활용해 추정했다.

Van der Heijden et al.(2003)은 네덜란드에 있는 불법 이민자(Illegal immigrants)의 규모를 추정하기 위해 단속된 횟수에 관한 정보인 포획-재포획 데이터에 대해 포아송 회귀 모형(poisson regression model)를 추가하여 활용하였다.

(2) 잔차법

잔차법(residual method)은 허가받지 못한 이민자의 수를 추정하는 표준적인 방법으로서 아래와 같은 공식으로 표현된다. 허가받지 못한 이민자 U_t의 추정치는 전체 외국 태생 인구에서 몇 가지의 변수의 값을 뺀 잔차 값이다(Hanson, 2006: 5).

$$U_t = F_t - \sum_{s=1}^{t} L_s(1 - m_s - e_s) - T_t \qquad \text{(식 3)}$$

U_t는 t 연도에서 허가받지 못한 이민자(unauthorized foreign-born population)의 수(stock)를 의미한다. F_t는 t 연도의 전체 외국 태생 인구(foreign-born population)이고, L_s는 $s \le t$ 연도에 입국한 영구 합법적 영주 이민자(permanent legal immigrants)의 수이고, m_s는 s 연도에 입국한 합법적 이민자에 대한 s 연도와 t 연도 사이의 사망률(mortality rate)이고, e_s는 s 연도에 입국한 합법적 이민자에 대한 s 연도와 t 연도 사이에 출국하는 이주율(emigration rate)이고, T_t는 t 연도에 거주하는 합법적 임시적 이민자(temporary legal immigrants)의 수이다(Hanson, 2006: 5).

합법적 외국 태생 인구 L_s는 이민 당국에서 데이터 기록을 가지고 있으므로 정확히 측정될 수 있다. 연구자는 각 변수에 대해 정확한 정보나 숫자를 가지지 못한 경우가 많으므로 허가받지 못한 이민자의 수를 정확히 추정하기 위해 부정확한 정보나 숫자에 대한 가정이 필요하다. 즉, 입국한 이민자 그룹(entry cohort)에 대해 사망률(m_s)과 출국하는 이주율(e_s)을 정해야 하고, 이전에 입국한 합법적 임시적 이민자(T_t) 중 여전히 해당 국가에 있는 비율을 정해야 한다(Hanson, 2006: 5-6).

특히, 문제가 되는 것은 t 연도의 전체 외국 태생 인구를 뜻하는 F_t가 실제보다 과소 집계되는 것에 대한 가정이다. 문제를 단순화하기 위해 F_t의 추정치는 $F_t = F_t(1-\lambda_t)+\varepsilon_t$로 나타낼 수 있다. 여기서 λ_t는 측정되지 않은 실제 전체 외국 태생 인구 F_t의 비율이고, λ_t가 적은 값을 가질수록 가장 좋은 추정치를 산출할 수 있다. ε_t는 무작위 오차를 나타낸다. 다만, 허가받지 못한 이민자의 규모를 추정하는 것은 대규모 조사를 통해 외국인 개개인의 체류자격 현황을 직접 묻기 전까지 모든 변수의 정확한 추정치를 도출하기 불가능하므로 본질적으로 부정확하다(Hanson, 2006: 6-7).

5) 허가받지 못한 이민자의 경제적 효과

과거에는 허가받지 못한 이민에 관한 관심은 주로 사업장에서의 인권 침해와 단속 보호의 영역에서 다루어졌다면, 최근에는 국내 고용시장 침체 등 나빠진 경기상황으로 인해 국민의 일자리 충돌 또는 국내 재정적 부담 등 논의로 다양화되고 있다. 반면에 허가받지 못한 이민자의 유입과 거주가 국내 노동시장과 사회에 어떠한 영향을 미칠 것인지에 대한 정책적 분석과 학술 연구는 신뢰할만한 데이터의 부족으로 거의 이루어지지 못하고 있다. 국내에 거주하는 전체 외국인 중 허가받지 못한 이민자가 상당한 규모를 차지하고 있음에도, 허가받지 못한 이민자의 규모와 그 영향력을 고려하지 않은 정책적 분석과 연구는 편향된 결론으로 나타나게 된다.

허가받지 못한 이민자의 취업을 저지하기 위해 고용주 제재와 처벌이 효과적인 정책 수단이라고 종종 소개되지만(류태모 외, 2000; 김환학, 2013; 유승희, 2021), 고용주 제재와 처벌의 성과에 대해 회의적인 견해도 존재한다(Cha, 2020: 320-321). 내국인력 공급이 부족한 지역에서 고용주 처벌에 대한 반감 또는 정부 정책 지지층의 일탈로 인해 고용주 제재와 처벌이 강화되는 것도 한계가 있다. 또한, 정부에서 합리적인 이민정책을 홍보하고 시행할지라도 허가받지 못한 이민자에게는 똑같은 방식으로 실행되지 못하는 경우가 많다.

한국에서 허가받지 못한 이민자의 경제적 효과에 관해 추정한 결과가 없으므로, 미국에서 재정적 영향을 추정한 분석 결과를 활용하면 다음과 같다. 허가받지 못한 이민자가 지역에서의 총생산, 세입, 서비스에 미치는 재정적 영향을 최초로 추정한 텍사스 공공 계정 감사원장의 특별 보고서(Texas Comptroller of Public Accounts, 2006)

가 있다. 이에 따르면, 2005년 회계연도에 텍사스주에서 약 140만 명의 허가받지 못한 이민자가 없었다면 177억 달러의 총생산 손실이 있었을 것으로 추정한다. 또한 텍사스주가 허가받지 못한 이민자로부터 거둬들인 주 세입은 15억 8000만 달러이고, 소비세는 허가받지 못한 이민자로부터의 가장 큰 수입원이었다. 텍사스주가 허가받지 못한 이민자에게 제공한 서비스 비용은 11억 6000만 달러이다. 서비스 비용의 가장 큰 요인은 교육이었고, 그 다음이 수감 비용과 의료비이었다. 즉 허가받지 못한 이민자는 정부가 제공하는 서비스에 접근하기 어려우므로 세입이 서비스 비용을 초과하고, 그 차이는 텍사스주의 순이익에 해당하며 4억 2,470만 달러라고 추정한다.

6) 허가받지 못한 이민자의 사회적 후생 손실

허가받지 못한 이민자가 국내 노동시장에 진입할 경우 임금과 잉여의 변화를 설명하기 위해 다음과 같은 편의상 가정을 하기로 한다. 외국인 근로자는 국내 노동시장에 진입하는데 장애가 없다고 가정한다. 외국인 근로자와 내국인근로자의 노동 생산성은 동일하다고 편의상 가정한다. 또한 노동 공급이 임금에 대해 탄력적이

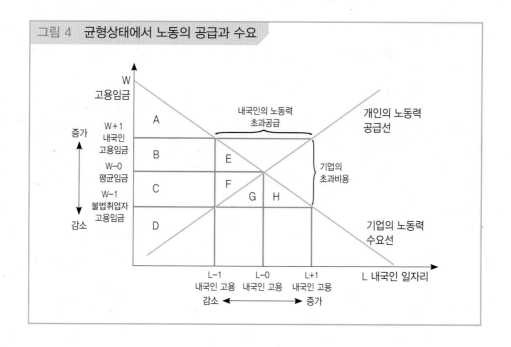

그림 4 균형상태에서 노동의 공급과 수요

다고 가정한다. 이때 허가받지 못한 이민자의 노동 공급은 노동공급곡선을 우측으로 이동시키고, 새로운 임금은 균형 임금인 W_0보다 낮은 W_1에서 이루어진다.

잉여는 다음과 같이 변화한다. $C+F$는 고용주에게 귀속된 내국인근로자와 외국인 근로자의 손실분에 해당한다. $G+H$는 임금의 하락에 영향을 받은 순잉여에 해당된다. 즉 고용주가 허가받지 못한 이민자를 내려간 W_1 임금의 수준에서 고용할 경우 내국인근로자 공급은 L_{+1}에서 L_{-1}로 감소한다.

허가받지 못한 이민자가 낮은 임금으로 고용될 경우 고용주는 이득을 얻지만, 사회적 후생손실이 발생할 수 있다. 허가받지 못한 이민자 고용으로 인한 사회적 후생 손실이 낮게 계산될 가능성도 있다. 사회적 비용의 예는 갈등비용, 내국인근로자의 임금 하락과 공급 감소에 따른 불만, 허가받지 못한 이민자에 대한 정부의 단속 비용, 내국인 고용 증대를 유도하기 위한 정부의 추가 비용 등이다. 따라서 허가받지 못한 이민자를 고용함으로써 지불해야 하는 사회적 비용이 고려된다면 순잉여가 $G+H$라고 단정하기 어렵다.

6. 소 결

이민정책은 외국인 유입이 지역경제(경제성장, 실업, 고용), 지역혁신, 지역에서 상품과 서비스의 수요에 어떤 효과를 미치는지 분석과 추정이 뒷받침되어야 한다. 이러한 분석에서 외국인이 지닌 숙련 기술(Skill)의 정의와 측정이 요구된다. 지역 단위에서 외국인 유입이 내국인의 실업과 고용, 지역경제성장에 미치는 영향에 대한 객관적이고 일회성에 그치지 않는 지속적 모니터링이 요구된다. 외국인의 거주 규모가 증가할수록 외국인들이 집적하여 거주하는 밀집 거주 지역 또는 허가받지 못한 이민자가 증가하고 있다. 긍정적 이웃 효과를 통해 외국인의 유입 증가가 나쁜 분리를 초래하지 않도록 하는 사회통합정책이 요구된다. 마지막으로, 허가받지 못한 이민자의 유입과 거주는 법률과 처벌로 관리하기는 한계가 있다. 허가받지 못한 이민자의 경제적·재정적 효과를 측정할 수 있는 데이터를 확보할 것이 필요하고, 사회문제로 확대되지 않도록 일정 수준으로 규모의 관리가 필요하다.

참고문헌

강병수 · 우소영 · 유지연(2017). 지역사회의 특성과 지역혁신과의 관련성 분석에 관한 연구. 사회과학연구, 28(4), 43-66.

김교범 · 진창하 · 강임호(2019). 외국인 유입이 주택가격과 GRDP 에 미치는 영향에 대한 연구. 주택연구, 27(3), 115-146.

김도원 · 변재욱(2022). 이민과 지역경제: 국내 장기체류외국인이 지역경제 성장에 미치는 영향에 관한 실증분석. 이민정책연구원 기초연구보고서, 2022(01).

김동욱(2020). 외국인 유입 규모 예측 · 산정을 위한 외국정책사례와 방법론 연구. 법무부 출입국외국인정책본부 연구용역보고서, 1-79.

김윤경 · 문태헌 · 허선영 · 정윤영(2014). 외국인 밀집지역의 공간적 분포와 영향요인 분석. 주거환경, 12(2), 1-15.

김의준 · 김재홍 · 김호연 · 구교준 · 마강래 · 이수기 · 임업(2019). 지역 도시 경제학. 서울: 홍문사.

김현숙 · 김희재(2014). 이민의 사회학. 서울: 박영사.

김환학(2013). 불법체류자의 고용관계에 대한 통제: 유럽연합의 사용자제재지침을 참조하여. 행정법연구, (35), 87-113.

류태모 · 윤영삼 · 최명구(2000). 외국인 근로자의 효과적인 활용정책방안. 대한경영학회지, (24), 273-303.

오준병(2017). 외국인 근로자의 고용이 노동시장에 미치는 영향 분석: 인천지역을 중심으로. 한국지역경제연구, 15(1), 25-51.

유광철 · 오동훈(2014). 유형별 외국인 주민의 유입이 지역경제에 미치는 영향에 관한 연구. 한국지역개발학회지, 26(4), 71-91.

유승희(2021). 비전문취업(E-9) 외국인 근로자와 고용주의 정책불응에 대한 고찰과 정책개선 방안에 관한 연구 : 외국인 근로자 체류관리 정책을 중심으로. 비판사회정책, (73), 151-177.

이규용 · 이승렬 · 박성재 · 노용진(2011). 외국인력 노동시장 분석. 한국노동연구원 연구보고서.

이규용(2008). 전문 외국인력 비자제도 개선방안에 관한 연구. 법무부 2008년도 연구용역 보고서.

이병하(2017). 국제이주 연구에 있어 정치학적 접근과 방법론적 쟁점. 연구방법논총, 23-51.

이소현 · 임업(2017). 외국인 고용과 고령자 고용의 관계: 공간회귀분석을 활용하여. 한국 지역개발학회지, 23-49.

이송호 · 정원영(2014). 정책조정수단에 관한 탐색적 연구. 행정논총, 52(4), 28-29.

이종원(2013).『출입국자통계』품질개선 컨설팅 최종결과보고서 : 국제비교성 제고, 통계청 연구용역보고서.

이진영 · 남진(2012). 수도권에서 외국인 거주지 분포의 특성과 영향요인에 관한 연구. 국토계획, 47(1), 85-100.

이찬영(2018). 시군 지역 노동시장의 내외국인 고용관계. 산업경제연구, 31(6), 2293-2317.

전영준(2012). 인구고령화, 공공이전, 이민정책의 경제성장 효과. 한국재정학회 2012년도 춘계학술대회 논문집, 91-130.

정기선 · 김혜진(2015). 이주민통계 국제비교 현황과 시사점. IOM 이민정책연구원 통계브리프 No. 2015-01.

정기선(2013). 숙련기능 외국인력 도입 및 활용 방안 연구. 법무부 출입국외국인정책본부 용역보고서.

정봉수(2018). 외국인 근로자의 고용제도와 권리구제에 관한 연구. 아주대학교 일반대학원 법학과 박사학위 논문.

정지은 · 하성규 · 전명진(2011). 외국인 거주자의 주거입지 선택 요인 분석에 관한 연구. 국토계획, 46(6), 117-129.

조영태(2016). 정해진 미래: 인구학이 말하는 10년 후 한국 그리고 생존전략. 북스톤.

조준모(2009). 국가경쟁력 강화를 위한 외국인력 유치정책 방향. 법무부 2009년도 연구용 역보고서.

차용호 · 우영옥(2021). 한국 이민정책의 문제점과 개선 과제: 국내적 정책과정과 국내 · 국제 연계정치 반영. 다문화와 평화, 15(2), 1-39.

차용호(2015). 한국 이민법: 이론과 실제. 서울: 법문사.

차용호(2017). 외국인 입국정책과 고용정책의 몇 가지 문제에 관한 소고: 비자(visa)의 '정책조정수단'과 '새로운 거버넌스' 적용 모색. 이민과 통합 07, 1, 159-197.

차용호(2021). 이민자 유입이 한국 지역경제에 미치는 효과에 관한 연구: 공간 관계 분석과 SUR 모형을 중심으로. 서울대학교 행정대학원 정책학전공 박사학위논문, 1-443.

차용호(2021b). 이주노동자 인권 및 소수자행정의 새로운 지향: 민주주의, 관료제의 상충과 적용을 중심으로. 융합사회와 공공정책, 14(4), 233-270.

홍기용(2004). 도시경제론. 서울: 박영사.

매일경제(2023.5.17). 5년 공들여 키운 외국인 숙련공, '비자 허들'에 눈물의 귀국.

파이낸셜뉴스(2023.04.11). 韓, 이주민과의 공존은 이제 필수, 외국인정책 재점검해야.

한국경제(2003.06.17.). "일손부족, 中企부터 살려야", 고용허가제 입법 무산 산업현장.

YTN(2022.12.29.). 고숙련 외국인 근로자 체류기간 '10년+α'로 확대.

Anderson, B., & Ruhs, M. (2010). Researching Illegality and Labour Migration. *Population, Space and Place*, 16, 175–179.

Backman, M. (2013). Human capital in firms and regions: Impact on firm productivity. *Papers in Regional Science*, 93, 557–575.

Bakker, B., Gerritse, S., van der Heijden, P.G.M., van der Laan, J., van der Vliet, R., Cruyff, & Maarten. (2014). Estimation of Non–Registered Usual Residents in the Netherlands. *Conference of European Statistics Stakeholders*, 24–25.

Barro, R. J., & Lee, J. W. (2001). International Data on Educational Attainment: Updates and Implications. *Oxford Economic Papers*, 53(3), 541–563.

Bertoli, S., & Moraga, J. (2018). The Effect of Visa Policies on International Migration Flows. *ifo DICE Report*, 37–41.

Bodvarsson, Ö. B., Lewer, J. J., & Van den Berg, H. F. (2007). Measuring Immigration's Effects on Labor Demand: A Reexamination of the Mariel Boatlift. *IZA DP*, 2919, 1–43.

Borjas, G. J. (1999). The economic analysis of immigration. *Handbook of labor economics*.

Borjas, G. J. (2003). The Labor Demand Curve is Downward Sloping: Reexamining the Impact of Immigration on the Labor Market. *The Quarterly Journal of Economics*, 118(4), 1335–1374.

Borjas, G. J. (2016). *Labor Economics*. McGraw–Hill.

Boubtane, E., Coulibaly, D., & Rault, C. (2013). Immigration, Growth and Unemployment: Panel VAR. Evidence from OECD Countries, *Labour*, 27(4), 399–420.

Boucher, A. K. (2020). How 'skill' definition affects the diversity of skilled immigration policies. *Journal of Ethnic and Migration Studies*, 1–18.

Bratti, M., & Conti, C. (2014). The Effect of (Mostly Unskilled) Immigration on the Innovation of Italian Regions. *IZA Discussion Paper*, 7922, 1–27.

Bratti, M., & Conti, C. (2018). The effect of immigration on innovation in Italy. *REGIONAL STUDIES*, 52(7), 934–947.

Brucker, H. (2011). The Labor Market Challenge Does International Migration Challenge Labor Markets in Host Countries? A Critical Review of the Recent and Traditional Literature. EU–US Immigration Systems Series. *EUI Working Paper*.

Burchardi, K. B., Chaney, T., Hassan, T. A., Tarquinio, L., & Terry, S. J. (2020). IMMIGRATION, INNOVATION, AND GROWTH. *NATIONAL BUREAU OF ECONOMIC RESEARCH Working Paper*, 27075, 1–66.

Burgess, W. E., & Park, E. R. (1984). *The City - Suggestions for Investigation of Human Behavior in the Urban Environment*. The University of Chicago Press.

Carmel, E., Lenner, K., & Paul, R. (2021). Handbook on the Governance and Politics of Migration. *Elgar Handbooks in Migration*.

Castles, S., Haas, H. d., & Miller, M. J. (2014). The Age of Migration. New York: The Guilford Press.

Cattaneo, C., Fiorio, C. V., & Peri, G. (2013). What Happens to the Careers of European Workers When Immigrants "Take Their Jobs"?, *IZA Discussion Paper*, 7282, 1–37.

Cha, Y. (2020). Rethinking Illegal Immigrants from a Critical Perspective: Whether or not to Blame Illegal Immigration and the Government Capability to Manage Illegal Immigration. *Journal of Multi-Cultural Contents Studies*, 35, 293–329.

Coe, M. N., Kelly, F. P., & Yeung, W. C. H. (2011). 옮긴이 안영진, 이종호, 이원호, 남기범. Economic Geography: A Contemporary Introduction. 푸른길.

Czaika, M., & Parsons, C. R. (2017). The Gravity of High–Skilled Migration Policies. *Demography*, 54, 603–630.

Docquier, F., Lowell, B. L., Marfouk, A. (2009). A gendered assessment of highly skilled emigration. *Population and Development review*, 35(2), 297–321.

Duncan, O. D., & Duncan, B. (1955). A Methodological Analysis of Segregation Indexes. *American Sociological Review*, 20(2), 210–217.

Duranton, G., Henderson, J. V., & Strange, W. C. (2015). *Handbook of Regional and Urban Economics*. North Holland.

Echeverría, G. (2020). Towards a Systemic Theory of Irregular Migration: Explaining Ecuadorian Irregular Migration in Amsterdam and Madrid. *IMISCOE Research Series* (IMIS).

Firey, W. (1945). Sentiment and symbolism as ecological variables. *American Sociological Review*, 10(2), 1–10.

Gang, I. N., & Rivera−Batiz, F. L. (1994). Labor market effects of immigration in the United States and Europe: Substitution vs. complementarity. *Journal of Population Economics*, 7, 157–175.

GCIM(Global Commission on International Migration) (2005). *Migration in an Interconnected World: New Directions for Action*. Geneva: GCIM.

Hainmueller, J., & Hiscox, M. (2010). Attitudes Towards Highly Skilled and Low−Skilled Immigration: Evidence From a Survey Experiment. *American Political Science Review*, 104(1), 61–84.

Hanson, G. H. (2006). Illegal immigration from Mexico to the United States. *Journal of Economic Literature*, 44(4), 869–924.

Heinz, F., & Meusburger, P. (2002). *Arbeitsmarktgeographie* (노동 시장 지리). 옮긴이 박영한, 이정록, 안영진. 한울아카데미. 2003

Hercowitz, Z., & Yashiv, E. (2002). A macroeconomic experiment in mass immigration. *IZA Discussion Paper*, 475.

Hiers, W., Thomas, S., & Wimmer, A. (2017). National trauma and the fear of foreigners: How past geopolitical threat heightens anti−immigration sentiment today. *Social Forces*, 96(1), 361–388.

Hunt, J. (2011). Which immigrants are most innovative and entrepreneurial? Distinctions by entry visa. *Journal of Labor Economics*, 29, 417−457.

ILO (2012). *International Standard Classification of Occupations - Structure and group definitions*. ISCO−08, 1.

IOM (2004). *Essentials of Migration Management: A Guide for Policy Makers and Practitioners*. Volume Three: Passport and Visa Systems.

IOM (2008). *World Migration 2008: Managing Labour Mobility in the Evolving Global Economy*. IOM World Migration Report Series, 4.

Jaffe, A. B., Trajtenberg, M., & Henderson, R. (1993). Geographic localization of knowledge spillovers as evidenced by patent citations. *The Quarterly journal of economics*, 108(3), 577–598.

Jean, S., & Jimenez, M. (2007). The Unemployment Impact of Immigration in OECD Countries. *OECD Economics Department Working Papers*, 563, 1−31.

Kim, Hyejin. (2021). Wage and employment effects of immigration: Evidence from South Korea. *Journal of Demographic Economics*, 1–21.

Koser, K. (2010). Dimensions and Dynamics of Irregular Migration. *Population, Space Place* 16, 181–193.

Lee, M. T., Martinez, R., & Rosenfeld, J. R. (2001). Does immigration increase homicide? Negative evidence from three border cities. *The Sociological Quarterly*, 42(4), 559–580.

Legomsky, S. H. (1994). Ten More Years of Plenary Power: Immigration, Congress, and the Courts. *Hastings Constitutional Law Quarterly*, 22(4), 925–937.

Levine, D. B., Kenneth, H., & Robert, W. (1985). *Immigration Statistics: A Story of Neglect*. National Academies Press.

Ley, D. (2008). Immigration and the changing social geography of large Canadian cities. In A Reader in *Canadian planning: Linking theory and practice*. Thomson Nelson.

Long, K. (2015). From Refugee to Migrant? Labor Mobility's Protection Potential. *Migration Policy Institute*, 1–25.

Mellander, C., & Florida, R. (2012). The Rise of Skills: Human Capital, the Creative Class and Regional Development. *CESIS Electronic Working Paper Series*, 1–26.

Mertens, D. (1973). Der Arbeitsmarkt als System von Angebot und Nachfrage. *In Mitteilungen aus der Arbeitsmarkt und Berufsforschung*.

Miller, J. H. (2017). *A Crude Look at the Whole: The Science of Complex Systems in Business, Life, and Society*. 옮긴이 정형채, 최화정. 에이도스.

Mishan, E. J., & Needleman, L. (1966). Immigration, excess aggregate demand and the balance of Payments. *Economica*, 33(130), 129–147.

North, S. D., & Martin, L. P. (1980). Immigration and employment: a need for policy coordination. *Monthly Labor Review*, 103(10), 47–50.

Nyce, S., Cohen, M. L., & Cohen, B. (2016). Labour mobility as part of the solution. *Forced Migration Review*, 31–32.

OECD (2019). *International Migration Outlook*.

O'Sullivan, A. (2021). 옮긴이 이번송, 홍성효, 김석영. Urban Economics. 서울: 박영사.

Ozgen, C., Nijkamp, P., & Poot, J. (2013). The impact of cultural diversity on firm innovation: evidence from Dutch micro-data. *IZA Journal of Migration*. 2, 1–24.

Park, S., & Cha, Y. (2020). The Moderating Effect of Demographic and Environmental

Factors in the Spread and Mortality Rate of COVID−19 during Peak and Stagnant Periods. *Journal of Policy Studies*, 35(2), 77−105.

Peach, C. (1996). Good segregation, bad segregation. *Planning Perspectives*, 11, 379−398.

Peri, G. (2007). Immigration and cities. *VOX EU CEPR Columns*.

Prasetyo, P. E., & Kistanti, N. R. (2020). Human capital, institutional economics and entrepreneurship as a driver for quality & sustainable economic growth. *Journal of Entrepreneurship and Sustainability Issues*, 7, 2575−2589.

Ruhs, M. (2019). Can Labor Immigration Work for Refugees?. Current history, 118, 22−28.

Schumpeter, J. A. (1943). *Capitalism, Socialism and Democracy*. Routledge.

Smith, K. H., Remoe, S., & Ekeland, A. (2001). *Innovative People: Mobility of Skilled Personnel in National Innovation Systems*. OECD Publishing.

Talent Beyond Boundaries (2017). Mapping: Refugee Sklls and Employability.

Texas Comptroller of Public Accounts (2006). Undocumented immigrants in Texas: A financial analysis of the impact to the state budget and economy. Special Report.

UNHCR & ILO (2012). Labour Mobility for Refugees: Summary Conclusions. Workshop in Geneva, 11−12 September 2012.

UNHCR (2007). Refugee Protection and Mixed Migration: A 10−Point Plan of Action.

UNHCR (2018). Global Compact on Refugees.

UNHCR (2022). Launch of the Global Task Force on Refugee Labour Mobility. UNHCR Intranet.

Van der Heijden, P., Bustami, R., Cruyff, M., Engbersen, G., & van Houwelingen, H. (2003). Point and interval estimation of the population size using the truncated poisson regression model. *Statistical Modelling*, 305–322.

Vankova, Z. (2022). Work−Based Pathways to Refugee Protection under EU Law: Pie in the Sky?. *European Journal of Migration and Law*, 86–111.

Vankova, Z. (2022a). Refugees as Migrant Workers after the Global Compacts? Can Labour Migration Serve as a Complementary Pathway for People in Need of Protection into Sweden and Germany?. *Laws*, 11(6), 1–25.

Varjonen, S., Kinnunen, A., Paavola, J. M., Ramadan, F., Raunio, M., Selm, J., & Vilhunen, T. (2021). Student, Worker or Refugee? How complementary pathways for people in need of international protection work in practice. *Finnish Government,*

Prime Minister's Office, e Government's analysis, assessment and research activities, 1–126.

Wadsworth, J., & Rienzo, C. (2023). The Labour Market Effects of Immigration. Availabe at https://migrationobservatory.ox.ac.uk/resources/briefings/the-labour-market-effects-of-immigration/#kp1/ Accessed on 05 January 2023.

Wimmer, A., & Schiller, N. G. (2002). Methodological nationalism and beyond: nation-state building, migration and the social sciences. *Global networks*, 2(4), 301–334.

Wood, T. (2020). The role of 'complementary pathways' in refugee protection. Reference Paper for the 70th Anniversary of the 1951 Refugee Convention.

제 4 장

이민정책의 행정체계

차용호

1. 이민정책의 구성요소와 행정조직

이민정책의 구성은 인구 유입의 규모와 질을 결정하기 위한 국경 안보 및 출입

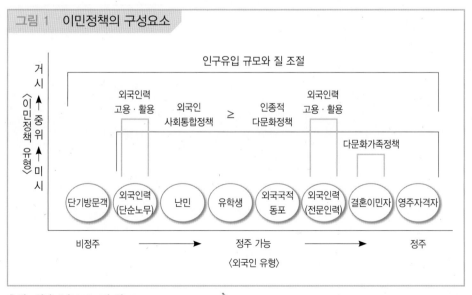

그림 1 이민정책의 구성요소

출처: 차용호(2015, 29) 참고

국관리, 경제적 관점에서 외국인을 활용하기 위한 외국인력 유치와 고용, 사회문화적 다양성의 발전과 갈등 방지의 관점에서 사회통합정책으로 이루어진다. 이민정책의 3가지 구성요소는 각각의 외국인 유형에 따라 [그림 1]과 같이 표현될 수 있다. 다만, 외국인 유형은 2가지 이상으로 중첩적일 수 있다. 예를 들어 외국국적동포는 동시에 유학생, 결혼이민자, 외국인력(단순노무 또는 전문인력)의 성격을 함께 지닐 수 있다.

이민정책은 국무총리 소속으로 설치된 외국인정책위원회에서 심의 조정되고 있다. 법무부는 이민정책에 관한 여러 부처들의 이해관계와 입장을 조정하기 위한 정책조정의 도구적 수단으로서 외국인정책위원회를 활용하고 있다. 아래 표는 외국인정책위원회에 참여하는 부처들의 역할과 기능을 나타내고 있다.

그러나 중앙부처에는 각각 외국인정책위원회, 외국인력정책위원회, 다문화가족정책위원회, 재외동포정책위원회가 설치되어 운영 중이다. 여성가족부·고용노동부·외교부도 각각 다문화가족정책위원회, 외국인력정책위원회, 재외동포정책위원회를 정책조정의 수단으로 활용하고자 하므로 부처들의 이해관계나 의견충돌로 인해 정책조정이 쉽지 않다. 정책위원회들 간에 법적 또는 구조적 연계가 없거

표 1 외국인정책위원회에서의 참여 부처

부처	역할과 기능
법무부	외국인정책위원회 간사
고용노동부	고용허가제와 외국인 근로자 취업 지원
교육부	유학생과 이민자 교육 지원
과학기술정보통신부, 산업통상자원부	우수인재 유치 지원
문화체육관광부, 방송통신위원회	문화 다양성 제고
보건복지부	이민자와 이민 2세의 복지 지원
여성가족부	결혼이민자와 다문화가족 지원
외교부	재외동포 교류 지원
행정안전부	지역사회 이민자 정착 지원, 재난 관리
경찰청	범죄 등 국익 위해 방지

출처: 세계일보 2022. 5. 22자 보도자료

표 2   중앙행정기관(보조기관), 정책위원회, 집행기관

중앙부처 (보조 기관)	법무부 (출입국외국인정책본부)	고용노동부 (외국인력담당관)	여성가족부 (다문화가족과)	외교부 (재외동포청)
정책대상	외국인(이민자, 외국국적동포)	외국인 근로자	결혼이민자 (다문화가족)	재외동포(외국국적 동포, 재외국민)
정책위원회	외국인정책위원회	외국인력정책위원회	다문화가족 정책위원회	재외동포정책위원회
소관법률	재한외국인 처우 기본 법, 국적법, 난민법, 재외동포법, 출입국관리법	외국인 근로자고용법	다문화가족 지원법	재외동포기본법
집행기관	출입국·외국인청, 사무소, 재외공관(비자 발급) 사회적응프로그램 운영기관	고용센터, 외국인노동자 지원센터	다문화가족 지원센터	재외공관, 통합민원실(국내)
집행기관 성격	정부조직, 준정부조직 (민간위탁)	정부조직, 준정부조 직(민간위탁)	준정부조직 (민간위탁)	정부조직

출처: 차용호 외(2021, 5) 일부 변형하여 정리

나 부족하고 기능적으로도 분절되어 있기 때문이다. 각 정책위원회는 소관 부처의 법률에 근거하여 해당 정책 분야만을 심의·의결하여 분절적으로 정책을 결정 집행하고 있다. 외국인·동포의 유형별로 정책이 상충 되거나 유사한 정책목표를 수립함으로써 정책조정 체계가 분산되고 있다(차용호 외, 2021: 4). 중앙부처에 설치된 보조기관, 소관 법률, 정책위원회, 집행기관과 그 성격은 〈표 2〉와 같다.

2. 이민정책의 행정체계 재설계

1) 대통령실

대통령은 정책의제를 제시하거나 여러 가지의 정책대안 중 최적의 대안을 결정

그림 2 　참모실·비서관 및 대통령의 업적 성과 간 인과관계 모형

〈참모실·비서관〉
참모실(비서실, 국가안보실) 조직
참모(비서관)의 이민정책에 필요한 전문지식
이민정책 분석과 위기 대응 능력
실책이나 문제 발생시 정무적 판단 능력

〈대통령〉
업적·성과의 극대화

출처: 최평길 외(1994, 1235), 김혁(2001, 113), 차용호 외(2021, 16) 참고

할 때 가장 강력한 영향력을 행사한다. 인구구조의 변화와 경제성장, 실업, 고용, 혁신, 소비 수요 등 지역경제에 영향을 주는 이민정책은 대통령실이 전문성을 갖춰 뒷받침해야 하는 전문분야이다(차용호 외, 2021: 15).

[그림 2]는 대통령이 이민정책에서 전문성을 확보하고 업적을 극대화하기 위해 대통령실에서 필요한 요건을 인과관계 모형에 기초하여 제시한 것이다.

'이민정책에 필요한 전문지식'은 외국인·동포·난민에 관한 정책분석과 정책 결정 및 위기 대응 능력을 높이기 위한 전제조건이다. 비서관이 이민정책에 필요한 지식을 갖추지 못한 경우라면 이민정책 이슈를 배제하거나, 차기 선거에서 이기기 위한 정무적 판단만이 앞서게 된다. 정치 엘리트는 정부 내에서 지향해야 할 이민정책이 무엇인지조차 논의되지 못한 채 회피하거나 봉쇄하는 무의사결정(non-decision making)이 작동되는 정책의 과정을 거칠 우려가 크다(차용호 외, 2021: 16-17).

대통령실의 어느 조직에서 이민정책을 다루어야 할지 분명하지 못하다. 출입국·외국인정책본부가 소속된 법무부가 출입국관리와 외국인 거주를 맡고 있다. 따라서, 과거에 존재했던 민정수석실에서 이민정책을 총괄해야 할 것으로 보이지만, 민정수석실은 인사 검증, 공직기강, 반부패, 법률문제를 주된 업무로 삼는다. 대통령실의 현재 조직 운영에 있어 이민정책을 관장하기에는 전문성이 부족하다. 이민정책의 전문성과 기획조정 능력을 확립하기 위해 자치분권·균형발전, 사회갈등 관리, 고용·노동, 경제정책, 교육·문화·관광·여성가족·저출산, 신남방·신북방정책, 재외동포 등에 관한 수석비서관실의 업무조정을 통해 '이민·동포정책

비서관' 직위를 설치할 것이 요구된다. 이민·동포정책 비서관은 이민정책 전담 부처와 관련 부처에 명확한 지침을 내려보내고, 현안에 대한 정확한 정보분석과 판단을 통해 대통령의 정책 결정을 보좌할 수 있다는 장점이 있다(차용호 외, 2021: 16).

2) 중앙정부

(1) 이민정책 행정체계의 변천

출입국관리에 관한 업무는 1961년에 외교부로부터 법무부로 이관되었고, 법무부 검찰국 소속의 출입국관리과에서 운영되었다. 1970년 '출입국관리국'으로 승격되었고, 2007년 '법무부와 그 소속기관 직제 시행규칙'이 개정되어 출입국·외국인정책본부로 승격되었다. 2018년 '법무부와 그 소속기관 직제'가 개정되어 출입국관리사무소의 명칭이 출입국·외국인청, 출입국·외국인사무소로 변경되었다(법무부 출입국외국인정책본부 홈페이지, 연혁).

출입국관리와 이민정책을 기획하거나 전담하는 기관의 행정체계는 정치적 요구 또는 경제 사회적 수요가 반영되어 소속된 부처(Department 또는 Ministry)가 변경되기도 한다. 미국의 이민귀화청(Immigration and Naturalization Service)의 경우 다른 연방 조직보다 빈번하게 정부 내의 한 부처(Department)에서 다른 부처(Department)로 소속이 자주 변경되었다. 재무부(Department of the Treasury)에서 시작하여, 1903년 상무부(Department of Commerce and Labor)로 이전된 후, 1913년에 노동부(Department of Labor)로 이전되었고, 1940년에 법무부(Department of Justice)에 이전되었고, 2002년에 국토안보부(Department of Homeland Security)로 다시 이전되었다. 다만, 외국인이 비자를 발급받을 자격이 있는지 결정하는 것은 국토안보부에

표 3   출입국관리와 이민정책 행정체계의 변천 (한국)

연도	소속 부처 변경
1961년	외교부에서 법무부(출입국관리과)로 이관
1970년	출입국관리국으로 승격
2007년	출입국·외국인정책본부로 승격
2018년	소속기관의 명칭 변경(출입국·외국인청, 출입국·외국인사무소)

표 4　출입국관리와 이민정책 행정체계의 변천 (미국)

연도	소속 부처 변경
1903년	재무부에서 상무부로 이전
1913년	노동부로 이전
1940년	법무부로 이전
2002년	국토안보부로 이전

서 맡지만, 역사적 전통적으로 비자 발급에 관한 업무는 국무부에 맡겨 놓고 있다(Donovan, 2005: 575, 586).

(2) 구성 부처 vs. 단독 부처

이민정책 행정체계라는 전담 조직의 논의는 하나의 부처에서만 이민정책을 기획하고 집행하여야 한다는 조직적 단일성을 의미하는 것이 아니라, 이민정책에 관여하는 중앙행정기관들이 증가하는 상황에서 각 기관의 고유한 기능과 장점을 유지하면서 어느 부처가 조직구조의 측면에서 총괄 조정하는지의 문제이다.

이민정책 행정체계의 재구성은 조직구조 이론, 행정조직문화, 조직 네트워크가 고려되어야 한다. 조직구조의 형성에 영향을 주는 요인으로서, ⅰ) 동질적이거나 연관된 업무들이 하나로 묶여 조직 단위를 구성하는 부성화의 원리, ⅱ) 조직구성원의 수, 예산, 업무 특성 등 조직의 규모와 기술, ⅲ) 바뀐 정책환경에 잘 적응하기 위한 조직의 분화, ⅳ) 조직의 목표와 전략을 구체화하는 전략이 제시된다(민진, 1993: 46-47; 차용호 외, 2021: 22). 또한, 이민정책의 행정체계가 어느 부처에 속하냐에 따라 그 부처가 가진 행정조직문화, 조직 네트워크의 방향(수직적 네트워크 vs. 수평적 네트워크)으로부터 영향을 받게 된다(차용호 외, 2021: 21).

첫째, 구성 부처에 관한 논의이다. 조직구조의 측면에서 이민정책을 총괄 조정하기 위해 법무부 또는 행정안전부에 청(廳)을 설치하는 의견이 제시될 수 있다. 전통적으로 청(廳)은 업무의 독자성이 높고 부(部)의 집행적 사무를 독자적으로 관장하기 위한 행정기관으로 설치되었으나, 정부의 역할이 다양해지면서 청의 업무 범위도 집행을 넘어 정책 결정도 담당하고 있다(차용호 외, 2021: 22). 조세현(2012:

| 표 5 | 법무부에 이민정책 행정체계 설치(제안) |

연구자	주요 내용
김동욱(2012)	법무부의 보조기관인 출입국외국인정책본부가 외청인 「출입국이민청」으로 확대 개편되고, 여성가족부, 고용노동부, 행정안전부 등의 관련 정책을 이관받을 것을 제안한다.
설동훈(2006)	법무부의 외청으로 「출입국·이민·난민청」을 두고, 외국인과 이민자 정책을 총괄 조정할 것을 제안한다.
김태환(2015)	법무부의 외청으로 「이민지원청」을 두고, 이주노동자와 결혼이민자 정책이 이민지원청으로 이관될 것을 제안한다.

출처: 차용호 외(2021, 20) 참고

272)에 따르면, 행정안전부의 외청 또는 법무부의 외청 중 어느 하나를 선택할지라도 지역 전달체계의 기능 강화가 필요하다. 다만, 청장의 인사권과 예산권은 소속 장관의 제약을 상당히 받고, 국무회의의 구성원이 아니므로 국회 등 정치권으로부터의 지원이 약하다는 단점을 가진다(차용호 외, 2021: 22).

법무부에 이민정책 행정체계를 설치하자는 의견은 〈표 5〉에서 설명하고 있다.

법무부(출입국외국인정책본부)는 「재한외국인 처우 기본법」, 「출입국관리법」, 「국적법」, 「난민법」 등 외국인과 동포의 이민 관리를 주관하고 이민 행정정책의 경험이나 집행력을 가지고 있으므로 '구성 부처'가 형성되기에 용이하다(차용호 외, 2021: 22). 법무부에 청(廳)을 둘 경우는 상명하복의 보수주의적 행정조직문화를 통해 사회질서 유지를 강조할 수 있지만, 지자체 등의 지역 네트워크를 활용하기에는 한계가 있고, 지역경제(경제성장, 고용, 실업, 지역혁신)의 상황을 분석하기 위한 조직적 기반이 약하다. 다만, 가상조직이나 인공지능(AI)을 활용하면 지역적 한계를 극복할 수 있다. 청에서는 법무부 장관을 통해서만 법규명령을 제정할 수 있다는 한계가 있다(차용호 외, 2021: 20-22). 또한, 다른 중앙부처가 소관 법령이나 예산을 갖고 독자적으로 활용 가능한 정책목표와 수단을 보유하고 있으므로 정책의 중복 또는 갈등이 있는 경우 법무부 내부에 청 단위의 구성 부처를 형성할지라도 이민정책을 조정 총괄하기에 한계가 있다(차용호 외, 2021: 21).

다음으로, 행정안전부에 이민정책을 총괄 조정하기 위해 청(廳)을 설치하는 의

표 6   국무총리실에 이민정책 행정체계 설치(제안)

연구자	주요 내용
설동훈 (2017)	국무총리실에 「국적·이민처」를 신설하고, 외국인·외국인력·다문화가족·재외동포 관련 정책위원회의 심의·조정 기능을 이관할 것을 제안한다.
김연홍 외 (2020)	(1단계) 국무총리실 소속의 「이민정책위원회」를 신설하고, (2단계) 국무총리실에 「이민처」를 신설하고, 법무부 출입국외국인정책본부 및 외국인정책위원회의 심의·조정 기능을 이관할 것을 제안한다.
우영옥 (2019)	국무총리실에 「이민처」 신설하고, 정책집행의 전문성을 확보할 것을 제안한다.

출처: 차용호 외(2021, 20) 참고

견은 다음과 같이 제시될 수 있다. 행정안전부에 청(廳)을 두는 경우 실용성과 지역 전달체계의 기능이 강조될 수 있고, 출입국외국인청(사무소)에서 각급 지방자치단체와 경찰청의 수직적 네트워크 및 비정부 공공조직의 수평적 네트워크를 활용할 수 있는 장점이 있다. 외국인 유입으로 인한 지역경제(경제성장, 고용, 실업, 지역혁신)의 상황 파악이 지역적으로 용이하고, 지방자치단체의 도시정책에서 이민정책이 고려될 여지가 높다. 다만, 청은 행정안전부 장관의 협의를 거쳐야만 법규명령을 제정할 수 있다는 한계가 있다(차용호 외, 2021: 20-22).

둘째, 단독 부처에 관한 논의이다. 국무총리실에 처(處)를 설치하는 의견이 제시될 수 있다. 국무총리실에 처(處)를 설치하자는 의견은 〈표 6〉에서 설명하고 있다.

국무총리실에 이민정책을 전담할 처(處)를 둘 경우 처장이 국무회의에 참석할수 있고 대외적 구속력이 있는 법규명령을 독자적으로 제정할 수 있는 장점이 확보된다. 처(處)가 지역 출입국외국인청(사무소)의 업무를 이관받을지라도 전국 지역에서의 수평적 조직 네트워크를 활용하기에는 한계가 있으나, 가상조직 또는 인공지능(AI)을 활용하여 지역적 한계를 극복할 수 있다(차용호 외, 2021: 20-22). 처(處)는 국무총리에 소속된 중앙행정기관으로서 여러 부처에 관련된 기능을 통할하는 참모기관이다. 처의 장이 국무위원인 경우 국무회의에 배석하거나 법령제정권과 예산편성권을 가지고, 국무위원이 아닌 처의 장은 국무총리에게 의안 제출을 건의할 수 있을 뿐이다(김동욱, 2012: 35; 이수영 외, 2014: 81-84, 104-105; 차용호 외, 2021). 처장의 직급이 1급 또는 차관일 경우 장관급인 다른 중앙부처의 업무를 총괄 조정하기 어려울 수 있다. 국무총리실에 장관급의 처를 설치할지라도 여러 부처의 장관이 참여하여 전략과 의견을 논의하고 행정기관들의 상이한 의견을 심의 조정하는 '조정위원회형' 정책위원회의 설치와 역할은 여전히 요구된다(차용호 외, 2021: 22).

(3) 연계 정치: 이민정책과 외교의 접목

이민정책 행정체계를 위한 정부 조직의 재설계에서 자주 놓치는 문제가 국내정책과 국제관계가 서로 영향력을 주고받고 접목되는 연계 정치(linkage politics)의 영역이다. Lohmann(1997)의 국내·국제 연계 정치의 개념에 따르면, 이슈와 행위자는 서로 결합하여 국내·국제 연계(domestic-international linkage)로 발전한다. 이민정책이 국내정책과 국제관계가 서로 관련되는 연계 정치의 일부분이라는 사실은 그동안 크게 주목을 받지 못했다. 정치지리학이나 국제관계 또는 한민족 디아스포라의 정체성이 이민정책에 영향을 미치는 선행요인으로 작용한다. 이민정책이 국내 정책으로 반영되는 과정에서 영향을 미치는 지정학적 또는 국제관계적 성격을 고찰하고, 해외에 거주하는 한민족 디아스포라의 네트워크를 활용하기 위한 조직

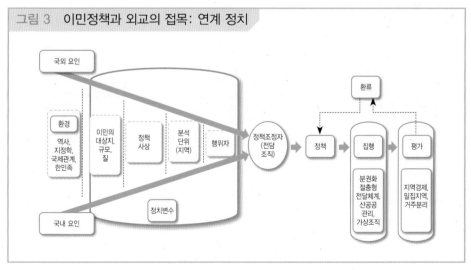

그림 3 이민정책과 외교의 접목: 연계 정치

출처: 차용호 외(2021, 8) 일부 변형하여 정리

구조가 필요하다(차용호 외, 2021: 3-13).

[그림 3]은 국외 결정요인과 국내 결정요인이 국내의 정치변수(이슈와 행위자)에 영향을 미치고, 정책조정자에 해당하는 이민정책의 행정체계는 특정 이민정책을 산출하고, 그 정책은 지역에서 분권화 절충형의 전달체계와 가상조직을 통해 집행된다는 것을 제시한다(차용호 외, 2021: 8).

또한, 이민정책은 외국인 개개인에 초점을 두는 '방법론적 개인주의'를 따르는 경향이 있다. 방법론적 개인주의는 국가 간 역사적 경험, 정치 외교적 관계의 중요성을 간과하는 한계가 있다(임채완 외, 2011: 193). 이민정책은 결과적으로 국내 문제로부터 국제관계나 국제정치로 확산 전이되는 성격을 갖는다(차용호 외, 2021: 3-13). 외국인 유입을 위한 출신지 국가의 선정과 배제는 정치적 속성을 띠고, 외국인(난민을 포함해서) 유입은 국내 노동시장 개방 또는 지역분쟁과 같은 글로벌 차원의 것과 관련된다(엄한진, 2007: 39).

연계 정치가 반영된 이민정책의 행정체계에 관한 대표적 사례는 미국 국무부(Department of State) 산하에 있는 인구난민이주국(Bureau of Population, Refugees, and Migration: BPRM)이다. 1980년 국무부에서 난민사업국(Bureau of Refugee Programs)으로 시작되었고, 1994년 인구의 관점이 추가됨으로써 인구난민이주국로 기능이 확대되었다. 전통적으로 미국 국무부는 비자 발급에 관한 업무를 맡고 있어 한국의 경우와 다소 차이가 있다고 하더라도, 인도주의적 이민정책과 외교를 조정하고, 다자간 협력과 글로벌 파트너쉽을 구축하는 기능을 맡고 있다는 점은 한국 외교부에 시사하는 바가 있다.

3) 지방정부

(1) 특별지방행정기관

2021년 기준으로 지방 출입국외국인청(사무소)는 법무부(출입국외국인정책본부)의 특별지방행정기관으로서 서울/인천/경기(20곳), 부산/경남(10곳), 광주/전라/제주(8곳), 대구/경북/강원(7곳), 대전/충청(7곳) 등 52개 기관이 있다. 각 중앙부처는 16개 광역시도와 256개 시군구에 소재한 각급의 지방자치단체, 외국인복지센터(56개, 지방자치단체에서 운영), 다문화가족지원센터(228개, 여성가족부에서 운영), 동포체류지원센터(11개, 법무부에서 운영), 외국인노동자지원센터(44개, 고용노동부에서 운영), 사회통합프로그램 운영기관(347개, 법무부에서 운영), 조기적응프로그램 운영기관(289개, 법무부에서 운영), 법무부와 고용부 등 다부처 사업으로 운영되는 다문화이주민＋(플러스)센터(8개), 동포민원센터(외교부에서 관리) 등 이민정책의 지역 전달 체계가 부성화의 원리(departmentalization principle)에 따라 보다 세분화된다. 지역의 분산된 조직구조 상황에서, 중앙정부에서 기획한 이민정책이 지역에서 효율적으로 집행되거나 지역 상황이 중앙정부의 이민정책 기획에 반영되기 위해 제대로 설계된 전달체계의 구축이 요구된다(차용호 외, 2021: 22).

특별지방행정기관은 전문성과 특수성을 활용해 업무 수행에 효율성을 확보할 수 있으나 업무를 독점하는 문제가 있고, 지방자치단체는 지리적 한계를 극복하여 읍면동 말단의 기초자치단체까지의 전국적 광역행정이 확보되나, 업무의 전문성이 떨어진다는 문제가 있다. 각각의 기능 수행을 위한 부성화의 원리가 제한 없이 인정될 경우 지나친 분업화로 경쟁 관계 또는 책임회피가 발생하거나 오히려 민원인이 불편을 겪는 문제가 발생한다. 효율성이 확보되는 한도에서 부성화의 원리는 일정한 한계를 가진다. 이민정책의 세분화된 지역 전달체계는 중앙정부와 지방조직 간의 상하 관계 및 특별지방행정기관과 지방조직 간의 상호관계에서 기능과 역할이 어떻게 분담·조정될 것인가가 조직구조의 관점에서 고려되어야 한다(김종성, 2000: 277; 차용호 외, 2021: 23).

중앙정부와 특별지방행정기관 간의 상하 관계이다. 중앙정부는 외국인 유입이 시군구 지역의 경제·사회·인구에 미치는 영향력을 분석하지 않은 채 국가 단위의 이민정책을 결정하는 측면이 강하다. 지방정부는 시군구에서 주민의 사회경제적 특성 또는 인구특성에 기반하여 이민자의 유형과 특성 및 기여도를 측정함으로써 그 결과를 활용해 해당 지역에 적합한 이민정책을 결정하여야 한다. 국가 단위로 이민정책이 결정되는 기존의 방식과 절차는 지역에 기반한 분석이나 지방정부가 참여하는 정책 결정의 절차로 전환될 필요가 있으며, 이러한 정책 결정에 있어 특별행정기관인 출입국·외국인청(사무소)의 기능 강화 및 지방자치단체의 역할 연계가 주목받아야 한다(차용호 외, 2021: 14-15).

특별지방행정기관의 장은 관할지역의 현황과 개선 과제에 대해 지방자치단체 또는 (준)정부조직과 지역협의체를 구성하여 대안을 마련하고, 지역 실정이 반영된 이민정책을 발굴하기 위해 관할지역마다 연도별 시행계획을 수립·시행할 것이 요구된다(차용호 외, 2021: 23). 이것은 아래에 살펴볼 분권화 절충형 네트워크 모형과 관련된다.

(2) 분권화 절충형 네트워크 모형

특별지방행정기관인 출입국외국인청(사무소)가 지방에서 다른 지방조직과 단체들의 역할 또는 기능을 어떻게 분담하고 조정할지의 관계가 문제된다. 특별지방행정기관과 지방자치단체, 준정부조직(민간위탁) 간의 기능이 연계되기 위해 '분권화 절충형' 네트워크 모형이 제시될 수 있다. 분권화 절충형은 중앙정부가 지방자치단체에 일부 사업을 위임하되, 특별지방행정기관과 지방자치단체 간의 네트워크를 구축하는 형태를 가진다(윤윤규, 2011: 12-22; 문병기 외, 2013: 5-11; 김준현, 2020: 63-64). 출입국·외국인청(사무소)에서는 외국인과 동포의 출입국관리 또는 사회질서 유지 및 숙련기술 외국인·난민 유치를 통한 지역경제 활성화에 관한 업무를 지역특화형 비자정책을 통해 기획하여 수행하고, 지방자치단체는 지역 특화된 수요와 요구를 반영한 이민정착 프로그램을 개발할 수 있다. 외국인과 동포의 사회적응 지원에 관한 업무는 특별지방행정기관인 출입국·외국인청(사무소)과 지방자치단체의 협의 체계로 운영될 수 있다(차용호 외, 2021: 23-24).

외국인 근로자·결혼이민자·다문화가족·외국국적동포·난민을 위해 세분화된 각종 지원센터는 하나의 지원센터로 통합되어야 한다. 이민정책을 전담하는 중앙정부는 하나로 통합된 지원센터의 효율적 운영 관리를 위해 '지정권'과 사업예산의 '집행·감독권'을 지방자치단체에 위임하는 것이 효율적이다. 특별지방행정기관인 출입국·외국인청(사무소)은 각급의 지방자치단체와 지역협의를 위한 네트워크를 구축하고, 특별지방행정기관은 이민정책 전담 조직인 중앙정부로부터 받은 세부지침을 통해 지원센터의 지정과 집행·감독에 공동으로 참여하는 방식이다(차용호 외, 2021: 23-24).

'분권화 절충형' 네트워크 모형이 성공적으로 운영되기 위해 특별지방행정기관인 출입국외국인청(사무소)와 지방자치단체 간의 상호협조와 역할분담 체계를 위한

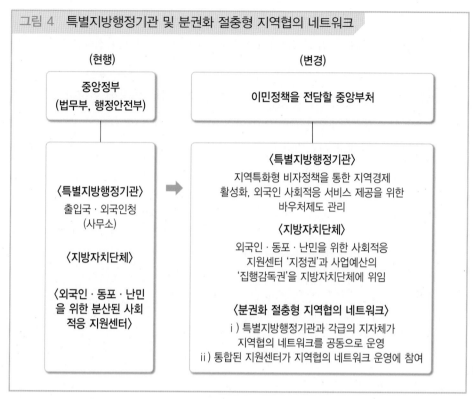

그림 4   특별지방행정기관 및 분권화 절충형 지역협의 네트워크

(현행)

중앙정부
(법무부, 행정안전부)

〈특별지방행정기관〉
출입국 · 외국인청
(사무소)

〈지방자치단체〉

〈외국인 · 동포 · 난민을 위한 분산된 사회적응 지원센터〉

(변경)

이민정책을 전담할 중앙부처

〈특별지방행정기관〉
지역특화형 비자정책을 통한 지역경제
활성화, 외국인 사회적응 서비스 제공을 위한
바우처제도 관리

〈지방자치단체〉
외국인 · 동포 · 난민을 위한 사회적응
지원센터 '지정권'과 사업예산의
'집행감독권'을 지방자치단체에 위임

〈분권화 절충형 지역협의 네트워크〉
i) 특별지방행정기관과 각급의 지자체가
지역협의 네트워크를 공동으로 운영
ii) 통합된 지원센터가 지역협의 네트워크 운영에 참여

출처: 차용호 외(2021, 24) 일부 변형하여 정리

제도적 장치가 필요하다(문병기 외, 2013: 8). 특별지방행정기관이 외국인등록, 거소등록 또는 거주, 귀화 허가 심사의 과정 중 지자체에서 제공하는 한국어 또는 복지 등 사회적응 서비스가 필요한 외국인 · 동포 · 난민을 찾아내고, 취약계층 또는 사회적응 서비스가 필요한 외국인 · 동포 · 난민에게 '바우처'를 발급하는 것이다(차용호 외, 2021: 24). 특별지방행정기관의 장은 바우처 제도를 통해 매년 시군구에서 지역별 사회적응 서비스 수요와 필요한 인력 · 예산을 추정할 수 있고, 이러한 데이터와 정보는 지방자치단체와 공유될 수 있다는 장점이 있다(차용호 외, 2021: 23-24). 바우처는 필수적으로 전산화가 수반되므로 이용현황과 사용패턴 또는 적응 능력의 향상에 대한 모니터링이 실시간으로 가능하고, 사회서비스 제공의 투명성이 확보되므로 기존의 위탁 방식보다 큰 장점이 있다(정광호, 2009: 250).

(3) 신공공관리론의 일부 적용: 시장 기반의 서비스

이민정책을 운영하는 집행 방식은 주관하는 주체를 기준으로 정부의 자체 기능을 중시하는 정부 기능 독점 체제와 신공공관리론으로 구분할 수 있다.

첫째, 정부 기능의 독점 체제에 관한 것이다. 외국인이 한국에 입국하거나 거주하는 과정에서 정부의 직접적 관여와 독점적 결정이 절대적이었다. 각 부처의 관료는 이민정책의 기획에서부터 집행에 이르는 전 과정을 모두 직접 맡았고, 외국인의 입국과 체류 허가는 국가 주권의 고유한 행사나 통치행위로 간주 된다는 사고가 지배적이었다(차용호, 2021b: 254). 또한, 1889년 Chae Chan Ping v. United States로부터 시작되어 발전된 전권의 법리(plenary power doctrine)에 따르면, 이민을 규제하는 권한은 국가 안보, 영토에 관한 주권, 자기 보전에 근거를 두고 있고, 사법부의 심사에 구속되지 않는다(Motomura, 1990: 550-554; 최계영, 2017). 따라서 능률성과 전문성이 강조된 민간부문의 관리방식이 간여할 틈이 없었다. 정부 지위의 우월성을 바탕으로 민간부문의 전문성과 참여가 허용되지 않는다면 이주노동자는 정부 밖에서 불법으로 존재하는 브로커의 이주산업에 크게 의존할 수 밖에 없는 구조이다(차용호, 2021b: 254).

둘째, 신공공관리에 관한 것이다. 신공공관리론은 1980년대에 신자유주의에 기반하여 정부 운영의 새로운 패러다임으로 소개되어, 행정의 능률성이 강조되고, 민간경영기법 또는 민간부문의 관리방식이 공공부문에 도입됨으로써 고객에 대한 대응성을 높이고 공공재를 효율적으로 제공하는 장점이 있다(임도빈, 2010: 1-3). 신공공관리는 시장 기반의 서비스가 공공 서비스보다 더 효과적이라는 철학을 바탕으로 한다. 민간부문의 능률성을 통해 이민정책 부문의 효율성과 생산성이 높아지는 것이 목표이다. 이민정책에 신공공관리론을 채택한 정당성은 정부 공공서비스의 생산성 향상, 업무 지연의 감소, 행정 비용의 감소(예: 생체정보의 수집 관리)가 발생하고, 외국인 또는 이민자가 고객으로 관리되는 것이다(Cagla Luleci-Sula, 2020: 728; 차용호, 2021b: 248). 이민정책 집행 방식에서의 보이지 않는 이면과 운영 과정을 제대로 파악하려면 정부와 외국인 사이에 존재하는 이주산업에 주목해야 한다. 이주산업은 이민정책을 분석하는 방법론적 출발점이다(Charmian Goh et al, 2017: 401).

신공공관리론이 적용될 수 있는 주요 영역은 다음과 같다. 외국인의 입국과 거

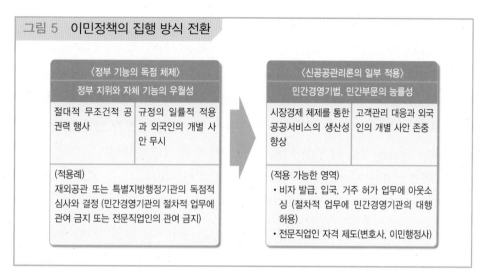

그림 5 이민정책의 집행 방식 전환

〈정부 기능의 독점 체제〉		〈신공공관리론의 일부 적용〉	
정부 지위와 자체 기능의 우월성		민간경영기법, 민간부문의 능률성	
절대적 무조건적 공권력 행사	규정의 일률적 적용과 외국인의 개별 사안 무시	시장경제 체제를 통한 공공서비스의 생산성 향상	고객관리 대응과 외국인의 개별 사안 존중
(적용례) 재외공관 또는 특별지방행정기관의 독점적 심사와 결정 (민간경영기관의 절차적 업무에 관여 금지 또는 전문직업인의 관여 금지)		(적용 가능한 영역) • 비자 발급, 입국, 거주 허가 업무에 아웃소싱 (절차적 업무에 민간경영기관의 대행 허용) • 전문직업인 자격 제도(변호사, 이민행정사)	

출처: 차용호(2021b, 255) 일부 변형하여 정리

주가 증가하는 상황이더라도 이민정책을 집행하기 위한 비용 확보는 국가재정의 우선순위에서 밀리고 있다(Aleinikoff et al., 2002: 20). 이민정책에 관한 부실한 서비스 제공 또는 관료 부족으로 인한 업무처리 지체를 보충하기 위해 신공공관리가 적용될 수 있다.

첫째, 재외공관(대사관, 총영사관) 또는 특별지방행정기관(출입국외국인청, 출입국외국인사무소)의 비자 발급 허가 및 거주 허가에 관한 업무이다. 재외공관은 비자 발급에 관한 업무를 맡는다. 특별지방행정기관(출입국외국인청, 출입국외국인사무소)은 비자발급인정서 발급, 단체관광 전자비자 발급, 비자 신청자에 대한 실태조사 등을 통해 비자 발급에 관여하고, 외국인의 입국후 거주 허가에 관한 업무를 맡고 있다. 최근 외국인이 입국하는 초기 단계부터 신공공관리론(NMP: New Public Management)이 적용되는 추세이다. 예를 들어, 많은 국가들은 자국의 대사관 또는 총영사관에서 비자발급 서비스를 아웃소싱하기 위한 민간경영기법을 정당화하기 위해 신공공관리론을 채택하는 경향이 강하다(Cagla Luleci-Sula, 2020: 728). 정부가 민간경영기관(대행기관)에 위탁할 수 있는 기능은 상담·정보 제공 서비스 또는 실체적 심사를 제외한 절차적 업무에 대하여 민간경영기관과의 계약 체결을 통해 위탁함으로써 집행 업무의 책임을 공유할 수 있다. 다만, 정부의 고유한 기능으로 인정되는 허가 결정권은 위탁 범위에서 제외된다.

비자 발급에 관한 민간경영기법의 도입은 새로운 거버넌스(new governance)와도 관련된다. 구 거버넌스(old governance)는 정부가 중심이 되고 그 외 부문은 주변부로 되는 이른바 '정부에 구심력을 갖춘 거버넌스'이었다면, 새로운 거버넌스는 정부 외 시장 부문, 시민사회 부문으로 확장되어 협력하고, 정부가 종전에 독점적으로 맡았던 책임을 정부 외 민간부문이 공유하여 함께 집행해 나아가는 '구심력에서 원심력으로 변화된 거버넌스'의 새로운 정부 운영 방식이다(남궁근, 2012: 211-221). 정부가 독점하던 이민정책의 집행 방식을 비판하면서, 정부와 민간전문조직 간의 협력을 통해 책임을 상호 공유하고 공공서비스의 생산성을 향상시키는 새로운 역할분담 체계이다(차용호, 2017: 177-180). 정부가 책임을 독점적으로 맡은 전통적 영역에 해당하던 국경 경찰, 스마트 국경 기술, 외국인의 입국 영역에서도 새로운 거버넌스가 적용된다.

둘째, 특별지방행정기관에 제출하는 각종 허가 신청에 대해 전문직업인 자격 제도를 도입하여 활용하는 방안이다. 첫째의 영역과 중첩되는 부분이 있다. 외국인은 한국어와 생활정보 부족 등으로 사회적응 지식을 빠르게 습득하기 어렵고, 이민법의 난해한 규정과 절차를 제대로 이해하기 어렵다. 변호사 또는 이민행정사가 출입국관리법 제79조의2의 '대행 기관'에 등록되어 외국인의 각종 신청 등을 대리하고 있다. 다만, 양질의 교육과정을 받지 않은 변호사 또는 행정사 등 대행 기관의 사기 행각과 부정적 외부효과 및 이민법 규정의 비대칭적 정보 취득을 방지하기 위해 전문지식과 자격요건을 갖춘 전문직업인 자격 제도가 도입될 필요가 있다. 전문직업인 자격 제도는 민간부문의 전문성이 활용되는 신공공관리의 영역이며, 전문직업인이 후술할 가상조직의 기능과 연계되어 상담과 대리가 이루어진다면 외국인을 위한 이민정책의 능률성과 공공서비스의 생산성 향상도 함께 확보될 수 있다(차용호 외, 2021: 25-26).

4) 가상조직

(1) 경계를 넘어 협력하는 조직
주요한 시에만 소재한 52개의 출입국외국인청(사무소)가 전국 256개 시군구와 읍면동에 거주하는 외국인(동포, 난민을 포함한다)을 위한 이민정책의 지역 전달체계로서 기능할 수 있는가. 이민정책의 효과적인 분석과 집행을 위해 조직구조에서 인공지능(AI) 가상조직 협력 모형의 도입이 요구되는 이유이기도 하다.

가상조직(virtual organisation)은 사업 상대방과 사업팀들이 정보기술(IT)을 활용해 지리적 또는 조직적 경계를 넘어서 협력하는 조직이다(Pournaras et al., 2008: 262). 가상조직은 사업 상대방과 팀들의 활동을 위해 데이터 · 정보 등의 공식화, 신청인과 서비스 요구에 대한 추적과 분석, 표준화된 기준에 따라 신청인과 데이터의 매칭 할당, 조직의 목표 달성 분석을 특징으로 한다(Mowshowitz, 1997: 33). 이민정책의 조직구조에서 가상조직이 필요한 이유는 물리적 사무공간 설치를 위한 비용을 줄이는 것 외에도, 행정안전부 · 여성가족부 · 고용노동부 · 교육부 · 외교부 등 관련 부처들의 이민정책 기능 연계, 관련 부처들이 생성한 데이터의 취합 · 저장과 분석, 방문자의 시간 절약, 공무원의 출장비용 절감 등이다(김진화 외, 2016: 209; 차용호 외, 2021: 25). 출입국 · 외국인청(사무소)이 사이버공간을 이용해 설치된 가상조직의 활용은 비용 · 편익 측면에서 효과적이다(차용호 외, 2021: 25).

(2) 인공지능(AI)과 이민정책 행정체계의 접목

코로나-19의 영향과 기술력 발전으로 가상공간과 현실 세계가 컴퓨터 기술에 기반한 정보 처리로 연결되고, 조직 표준과 기술혁신을 통해 실현된 원격세계(tele-everything)가 이민정책의 개발과 집행에 적용될 전망이다. 이를 위해 디지털 기술이 활용된 업무처리 기준이 마련되어야 한다(Anderson et al., 2021; Mowshowitz, 1997: 36). 인공지능(AI) 기술은 가상조직에 접목되어 이민정책의 개발과 집행이 자동화된 심사체계(e-Government Automatic Assessment)로 운영되는 것을 가능하게 한다. 이를 위해 블록체인(Block Chain)에 기반하여 외국인 개인은 자신의 개인정보를 보호할 수 있고, 생체정보 등 본인 확인이 가능한 '디지털 신분증'이 도입될 수 있다(차용호 외, 2021: 25). 스마트 국경관리 개념이 적용됨으로써 저장된 국가 데이터를 활용하고, 국경감시와 모니터링을 통해 범죄자와 테러범에 대한 프로파일링이 가능하다(Dodds, 2022: 190-191).

해외에서 외국인이 재외공관에 신청한 비자 신청 등에 대한 심사를 위해 외국인

(동포, 난민을 포함한다)이 제출한 서류는 데이터로 전환되고, 인공지능(AI) 기술의 사례평가를 적용하여 자동 처리될 수 있다. AI 모듈(AI Module)을 통한 가상조직은 자동화된 일 처리와 문서·정보관리 시스템을 포함한다. 관련 법이나 지침의 내용 및 초청인과 외국인 정보는 수량화나 부호화됨으로써, 인공지능은 초청인과 외국인의 비자 신청에 관한 업무처리의 진행 절차와 소요 시간을 줄여 빠르고 정확한 서비스를 제공한다(Chun, 2007; 차용호 외, 2021: 25). 재외공관 영사에 의한 기존의 수작업 처리방식은 인공지능(AI)이 신청인에 관한 데이터를 객관적으로 분석하는 방식으로 전환될 수 있다. 이를 통해 재외공관과 국내 지역의 특별지방행정기관은 국가 영역 안과 밖의 지리적 한계와 부처 칸막이를 허물고 하나의 인공지능(AI) 가상조직으로 통합되어 운영될 수 있다.

3. 소 결

정부는 외국인에 대한 비자 발급, 사람의 입국에 관한 국경관리, 외국인이 입국한 후 거주와 취업에 관한 정책이 국가 차원에서 합리적 효과적으로 경영될 수 있도록 이민정책을 마련한다. 이민정책의 기획과 집행은 오직 하나의 중앙정부만이 담당할 수 있는 영역이 아니며, 이민정책 담당 부처를 포함한 관련 부처들의 관여와 협력이 필요하다.

이민정책 담당 부처의 재설계는 부처 안에서 청으로 존재하는 구성 부처 또는 단독 부처가 제시될 수 있으나, 제시된 대안들은 장단점을 가지고 있다. 각 부처가 가지고 있는 행정조직문화와 조직네트워크는 상이하고, 이를 통해 선택될 정책 수단에도 차이가 발생할 여지가 있다.

미국 등 외국에서 이민정책 전담 부처가 여러 차례 변경된 역사적 사례를 보듯이, 이민정책의 기능과 방향성은 경제 사회적으로 또는 국내정치적으로 영향을 받는다. 이민정책이 '국내·국제 연계 정치'의 일부분이라는 점을 고려할 때, 이민정책의 정부조직 재설계에서 인도주의적 이민정책과 외교를 조정하고 다자간 협력과 글로벌 파트너쉽을 조성해야 하는 기능이 주목받아야 한다. 한국은 다른 국가들과 지리적으로 멀리 떨어져 위치하고, 국제관계와 무역의 관점에서 다른 국가들과의 관계 설정이 중요하므로 그동안 관심 밖에 있던 외교적 기능과 디아스포라 동포정책 및 이민정책이 접목될 것이 요구된다. 또한, 인공지능과 기술력의 발전으로 인해 AI 가상조직 설치와 데이터 분석 처리가 국경의 안과 밖이라는 지리적 한계를 넘어서고, 부처 칸막이를 해소할 수 있는 해결사가 되어야 한다.

김동욱(2012). 정부 기능과 조직. 서울: 법문사.

김연홍 · 이성순(2020). 중장기 한국 이민정책의 방향 모색 ─외국인력 정책의 성과 분석을 중심으로. 다문화콘텐츠연구, 33, 7-42.

김종성(2000). 특별지방행정기관과 지방자치단체간의 기능재배분 ─경기도 환경행정기능을 중심으로, 한국지방정부학회 학술대회 자료집, 273-300.

김준현(2020). 일자리 사업 로컬 거버넌스 분석: 부산광역시 기초자치단체를 중심으로. 한국 지역정보화학회지, 23(2), 55-82.

김진화 · 변현수(2016). 가상 조직에서의 리더십 효과성에 관한 연구. 한국정보기술학회논문지 14(3), 207-218.

김태환(2015). 다문화사회와 한국 이민정책의 이해. 집사재.

김혁(2001). 대통령의 리더십과 비서실 조직구조에 관한 연구; 백악관 비서실조직의 사례를 중심으로. 한국행정학보, 35(3), 103-126.

남궁근(2012). 정책학. 서울: 법문사.

문병기, 이석원, 김준현(2013). 이민자 사회통합지원 전달체계 분석 및 효과적 통합방안 연구. 법무부 정책연구용역, 1-129.

민진(1993). 중앙행정기구의 분화에 관한 연구. 한국행정학보, 27(3), 793-806.

설동훈(2006). 우리나라 이민행정 추진체계 및 조직개편. 법무부 변화전략계획.

설동훈(2017). 한국의 이민자 수용과 이민행정조직의 정비. 문화와 정치, 4(3), 109-114.

엄한진(2007). 한국 이민문제의 특성과 이민 논의의 모색. 한국사회학회 사회학대회 논문집, 1-18.

우영옥(2019). 출입국관리직 공무원의 직무만족과 조직몰입에 관한 연구 ─전문직정체성과 조직특성의 영향을 중심으로 ─. 박사학위논문

윤윤규(2011). 일자리사업 전달체계의 현황 및 평가. 한국노동연구원.

이수영 · 오세영(2014). 우리나라 청(廳) 조직의 권한과 한계에 대한 소고(小考). 한국행정연구, 23(3), 81-110.

임도빈(2004). 정부조직의 재설계: 최고 조정체계를 중심으로. 행정논총, 42(3), 1-25.

임채완 · 김홍매(2011). 한국의 국제노동력 송출 및 유입정책 분석. 한국동북아논총, 59, 189-208.

정광호(2009). 다문화 가정을 위한 사회서비스 전달과정 분석: 위탁과 바우처 방식의 비교. 한국공공관리학보, 23(4), 231-255.

조세현(2012). 개방적 이민정책의 미래정책영향 분석. 한국행정연구원, 1-363.

차용호 · 우영옥(2021). 한국 이민정책의 문제점과 개선 과제: 국내적 정책과정과 국내 · 국제 연계정치 반영. 다문화와 평화, 15(2), 1-39.

차용호(2015). 외국인 사회통합교육 정책변동에 관한 연구 ―이민정책에 관한 외부환경 변화와 정책기업가의 활동을 중심으로 ―. 서울대학교 석사학위논문.

차용호(2017). 외국인 입국정책과 고용정책의 몇 가지 문제에 관한 소고 ―비자(visa)의 정책 조정수단과 '새로운 거버넌스' 적용 모색 ―. 이민과 통합, 7(1), 159-197.

차용호(2021b). 이주노동자 인권 및 소수자행정의 새로운 지향: 민주주의, 관료제의 상충과 적용을 중심으로. 융합사회와 공공정책 14(4), 233-270

최계영(2017). 출입국관리행정, 주권 그리고 법치 ―미국의 전권 법리의 소개와 함께 ―. 행정법연구, 48, 29-55.

최평길 · 박석희(1994). 대통령실의 조직, 정책, 관리 기능 비교연구. 한국행정학보, 28(4), 1231-1254.

세계일보. 외국인 관련 부처 '중구난방'… 이민행정 중복 · 사각 심각. 2022. 5. 22자 보도자료.

Aleinikoff, T. A., , & Klusmeyer, D. (2002). Citizenship policies for an age of migration. Carnegie Endowment for international peace.

Anderson, B. (1992). The new world disorder. *New Left review*, 193(13), 3-13.

Cagla Luleci-Sula. (2020). A Practice Approach to Border Control in Morocco. *International Studies Review*, 22, 727-729.

Charmian G., Kellynn W., & Brenda S.A. Y. (2017). Migration governance and the migration industry in Asia: moving domestic workers from Indonesia to Singapore. *International Relations of the Asia-pacific*, 17, 401-433.

Chun, A. H. W. (2007). Using AI for e-Government Automatic Assessment of Immigration Application Forms. *the Twenty-Second AAAI Conference on Artificial Intelligence*, 1-8.

Dodds, K. (2021). *Border Wars: The Conflicts that will define our future*. Penguin Random House UK.

Donovan, T. W. (2005). The American Immigration System: a structural change with a different emphasis. *International journal of refugee law*, 17(3), 574-592.

Lohmann, S. (1997). Linkage Politics. *Journal of Conflict Resolution*, 41(1), 38−67.

Motomura, H. (1990). Immigration Law after a Century of Plenary Power: Phantom Constitutional Norms and Statutory Interpretation. *The Yale Law Journal*, 100(3), 545−613.

Mowshowitz, A. (1997). Virtual organization, *Communications of the ACM*, 40(9), 30−37.

Pournaras, E., & Lazakidou, A. (2008). Trust and innovativeness in virtual organisations. *International Journal of Business Innovation and Research*, 2(3), 262−274.

제 5 장

이민정책의 방향

임 형 백

1. 대한민국의 인구

국내 출산인구는 2020년 27만 5,800명이었고, 사망인구는 30만 7,700명이었다. 즉, 사망자가 출생아보다 많아 인구가 자연감소하는 현상, 즉, 데드크로스(dead cross)[1]가 발생하였다. 국내 지속적인 출산율 감소가 나타나며 2022년에 OECD 38개 회원국 중에서 합계출산율이 1명이 안되는 국가는 한국뿐이며, 한국의 합계 출산율은 0.83명에 원인이 있다. 하지만, 베이비붐의 시작인 1955년에 908,134명이 태어났고 합계출산율(TFR: Total Fertility Rate)[2]은 6.33명이었다. 베이비붐의 끝인 1963년에는 1,033,220명이 태어났고 합계 출산율은 5.57명이었다(임형백, 2022b: 17-19). 시대적인 국내 인구학적인 변화는 정치, 경제, 사회, 문화, 교육적으로 큰 변화를 요구한다.

1　단기이동평균선이 장기이동평균선을 뚫고 하락하는 것을 의미한다. 단기이동평균선이 보여주는 현상이 앞으로 더 가속화될 가능성이 있다는 것을 의미한다.

2　여성 1명이 평생 낳을 것으로 예상되는 평균 출생아 수를 나타낸 지표이다.

표 1 　수도권 및 비수도권 인구 추이　　　　　　　　　　　　　　　　(단위: 만 명)

인구 추이 ＼ 연도	1980년	1990년	2000년	2010년	2020년
수도권 인구	1,354	1,834	2,175	2,443	2,596
비수도권 인구	2,453	2,452	2,527	2,512	2,582

출처: 통계청. 2020a.

이러한 상황에 현재 국가 균형발전 정책 중에서 가장 모순되는 것은 수도권에 집중하는 인구를 위하여 신도시를 건설하여 주택을 공급하면서, 동시에 인구의 지방분산을 추진한다는 것이다. 대한민국 국토의 0.6%는 서울의 면적이고, 수도권은 12%의 면적에 해당한다. 경기도는 서울의 16.8배 면적이다. 하지만, 수도권 인구는 전체 인구의 50%를 넘어섰다. 지방으로 이주하는 인구보다 수도권으로 이주하는 인구가 더 많은 것이 현실이다. 수도권으로 이주하는 인구에게 주택을 공급하면서 인구의 지방분산을 추진한다는 것은 공허한 메아리이다(임형백, 2021c: 178).

공공기관 지방이전으로 인한 인구의 '탈수도권화'가 3년 전부터 멈추고, 다시 순유입으로 전환되었다. 2019년 수도권 인구의 순유입은 8만 3,000명이다. 수도권 인구는 2032년 2,650만 명을 정점으로 감소할 것으로 전망된다. 연령별로는 최근 20년간 지속적으로 20대의 수도권 '순유입'이 이뤄지고 있는 반면, 30대는 2008년부터 순유출에서 2018년 순유입으로 전환, 40대 이상은 2008년부터 순유출을 나타냈다(통계청, 2020a). 이러한 문제는 국내 지역 간 불균형한 사회·경제적인 변화를 피할 수 없음을 예측하게 한다.

2. 외국인정책

정책이란 정부 또는 정치단체가 그들의 정치적·행정적 목적을 실현하기 위해 마련한 방책이나 방침을 의미한다(이종수, 2009). '다문화정책'이라는 용어가 많이 사용되고 있지만, 한국의 공문서에서는 한글로는 '외국인정책', 영어로는

'immigration policy'가 사용된다. 여성가족부 등 다수의 중앙부처에서는 관례적으로 '다문화 정책'이라는 용어를 사용한다. 하지만 법무부는 국적법을 고려하여 '이민정책'이라는 용어를 사용한다.

법무부의 경우 외국인 전담부서로써 다문화정책을 채택할 경우 국적법과의 불일치가 존재하게 된다. 따라서, 법무부는 공식적으로는 다문화정책이라는 용어를 사용하지 않고 '이민정책'이라는 용어를 사용하며, 법무부의 출입국관리소를 이민청으로 확대·개편하여야한다는 주장을 한다. 한편, 법무부의 '이민정책'이라는 용어에 대하여는, 본격적으로 이민자에게 문호를 개방하는 것이 아니냐는 거부감이 있는 것도 사실이다.

이주민은 국적을 취득하지 않았으므로 법적으로 분명한 외국인이다. 외국인정책은 외국인의 인권차원의 접근뿐만 아니라, 한국의 국가정책과 연결하여 고려하여야 한다. 그럼에도 그동안 한국의 외국인정책은 장기적 정책목표를 가지기 보다는 온정주의에 기초한 일회성 지원에 치중하여 왔다(임형백, 2009a, 2013a: 제8장).

1992년 외국인 등록 인구는 65,673명이었다(법무부, 2022). 2007년 8월 24일에 국내 체류 외국인이 처음으로 100만 명을 넘었다. 100만 254명의 외국인 중에서 불법체류자가 22만 명을 넘었다(법무부 출입국·외국인정책본부, 2007). 이후 국내 체류 외국인은 2017년에 2,180,498명, 2018년에 2,367,607명, 2019년에 2,524,656명, 2020년에 2,036,075명, 2021년에 1,956,781명, 2022년 12월에 2,245,912명에 이르렀다(법무부, 2022).

한국은 초기에 약 80만 명의 단기거주노동자, 약 20만 명의 결혼이민자, 약 10만 명의 귀화[3](naturalization)인을 합하여 외국인의 수자가 100만이 넘는다는 것을 부각시킨 후, 실제로 정책 의제선정(policy agenda setting)과 정책채택(policy adoption)에서는 약 20만 명의 결혼이민자를 중심으로 논의하는 배타적·전략적 접근을 하였다. 법과 제도상으로는 결혼 2년 후 국적을 취득하는 결혼이민자와 10만 여 명의 귀화인을 정책대상으로 할 수 밖에 없으면서도, 사회적 이슈화를 위해 수

---

3 미국의 경우 5년간의 지속적인 합법적인 거주 이후, 이민자들은 귀화된 시민이 되는 자격이 주어지는데, 그들은 좋은 도덕을 가진 인물이라는 것을 제시해야 하고 또 미국 역사와 정부에 대한 지식뿐만 아니라 영어 구사능력을 증명해야 한다(Parrillo, 2010: 228).

적 존재를 과장·강조하였던 것이다(임형백, 2013a: 280). 서구 사회에서는 결혼이민 자는 다문화적인 사회구성원과는 거리가 먼 문화적인 병합(amalgamation)의 대상일 뿐이지만(Kymlicka and He, 2005), 한국에서는 농촌의 결혼이민자가 다문화사회의 가장 큰 원인이었다.

3. 이민정책[4]

한국은 여전히 이민정책에서 '이민'이라는 용어를 조심스럽게 사용하고 있다. 일본과 마찬가지로 실질적 이민이 늘어나고 있음에도 국외이주에 국한되었던 과거 의 이민경험, 그리고 여전히 외국인의 이민을 수용한다는 국민적 합의가 없기 때문 에 이민정책이나 이민행정이란 용어 대신 외국인정책, 출입국 행정이란 용어를 사 용하고 있다. 물론 최근 들어 이민청 설립의 필요성을 주장하면서 적극적으로 이민 이라는 용어를 사용하는 변화도 감지되고 있다(한건수, 2022: 145).

이민정책(migration policy)이란 이주 및 이주민 관리를 목적으로 수립하고 운영 하는 국가의 공식적 방책이라고 정의할 수 있겠다(김규찬, 2022: 16). 이민정책은 출 입국관리, 체류관리, 사회통합 등을 아우르는 매우 종합적인 정책이다. 이를 단계 별로는 ① 출입국관리정책, ② 체류관리정책, ③ 사회통합정책의 세 단계로 구분할 수 있다(강주원, 2013: 243).

이민정책의 일부 내용은 국적자에게도 적용될 수 있으나, 주로 외국 국적자의 출입국, 체류 및 사회통합에 관여하는 정책 영역이다. 한국의 경우에는 이에 해당 하는 정책들을 '외국인정책'으로 명명하고 있다. 법무부 외국인정책위원회는 외 국인 정책을 "대한민국으로 이주하고자 하는 외국인에 대해 일시적·영구적 사회

---

4 이민행정은 이민정책의 목적 실현을 위해 관계 법령에 따라 내·외국인의 국경을 넘는 행위를 통제 및 관리하고, 외국인의 경우 체류자격, 신분(변동) 및 활동을 관리하는 행위로 정의할 수 있다(한건수, 2022). 이민행정의 범위는 이민정책의 제 영역, 즉 출입국관리, 체류관리, 사회통 합 분야를 포함하며, 각 영역별로 특화된 법규정과 행정체계가 구축되어 있다. 출입국관리는 가장 협소한 의미의 이민행정의 영역으로서 내·외국인이 국경을 넘는 행위를 통제하는 것을 의미한다(김규찬, 2022: 75).

구성원 자격을 부여하거나, 국내에서 살아가는 데 필요한 제반 환경의 조성에 관한 사항을 정치ㆍ경제ㆍ사회ㆍ문화 등 종합적 관점에서 다루는 정책"으로 정의한 바 있다(법무부, 2008: 2). 여기서 "사회구성원 자격의 부여"란 임시 및 영구 이주를 포괄하는 것으로서 입국, 체류, 귀화 등을 통해 이루어진다고 부언하였다(김규찬, 2022: 68).

표 2 독일, 일본, 한국의 이민법[5]

나라	이민법(시행 시기)
독일	외국인법(1965)* 유럽경제공동체 회원국 국민의 입국 및 체류에 관한 법률(1980)* 유럽연합시민과 외국인의 이민 유입통제ㆍ경계설정과 체류관리 및 통합에 관한 법률(2005) 망명절차법(1982)
일본	출입국관리 및 난민인정법(1951)** 외국인등록법(1952)*** 일본과의 평화조약에 따라 일본국적을 이탈한 자 등의 출입국관리에 관한 특례법(1991)
한국	출입국관리법(1963)**** 재외동포의 출입국과 법적 지위에 관한 법률(1999) 외국인 근로자의 고용 등에 관한 법률(2004) 재한외국인처우기본법(2007) 다문화가족지원법(2008) 난민법(2013)

주: * 2005년 폐지
　　** 1982년 '출입국관리법'이 '출입국관리 및 난민인정법'으로 명칭이 바뀜
　　*** 2010년 폐지
　　**** 2002년 '영주' 체류자격 신설, 2012년 '사회통합프로그램' 조항 신설
출처: 설동훈(2013, 29) 참고하여 변경 정리

5　영ㆍ미법은 불문법(不文法) 체계이다. 영국, 미국, 캐나다, 오스트레일리아, 인도 등이 이에 해당한다. 역사주의를 근본으로 삼고 있다. 불문법은 법규범의 존재 형식이 제정되지 않은 법체계에 의하는 것을 말하며, 관습법, 위헌결정, 판례법, 조리 등이 이에 속한다. 대륙법(유럽법)은 성문법(成文法)이다. 독일, 프랑스가 대표적이다. 합리주의를 근본으로 삼고 있다. 성문법은 입법 기관에 의해 제정ㆍ공포되어 문서화된 법을 말한다. 성문법에서 1차적 법원(法源)은 헌법, 법률, 명령, 규칙, 자치법규, 조약 등이고, 2차적 법원이 관습법, 위헌결정, 판례법, 조리 등 이다(임형백, 2017: 9-10). 한국의 법계는 기본적으로는 '로마법＋게르만법 → 독일법 → 일본법 → 한국법'이며, 이후 프랑스법, 영ㆍ미법 등 여러 나라의 법제상 장점들을 받아들였다.

여기에서 보듯이 한국정부의 '외국인정책'의 내용은 국제사회에서 통용되고 있는 국경 및 이주(민) 관리에 관한 '이민정책(migration policy)'에 해당되는 것들이다. 그럼에도 정부는 '이민정책'이라는 표현 대신 '외국인정책'이라는 표현을 채택하고 있는데, 이는 실용적 이유 때문이라고 밝히고 있다. 영어에서처럼 유출(emigration)과 유입(immigration) 이주의 방향이 구별되지 않는 한국어의 '이민'이라는 표현의 특성으로 인해 내국인이 해외로의 이주에 관한 정책과 혼동을 피하기 위한 조치라는 것이다(법무부, 2013: 7).

대부분의 국가는 이민자를 보내기도 하고 받기도 하는 나라이다(de Haas et al., 2020). 그러나, 상대적 관점에서 들어오는 이민자보다 나가는 이민자 비중이 높은

표 3 이민정책 도구상자

정책 영역(policy area)	정책 도구(policy tools)
1. 국경 관리	국경 감시 기술 및 통제력 여행 사증/ 허가증 신분증(증명서류) 입국금지 운송자 제재(carrier sanctions) 사용자 제재(employer sanctions) 기타규제
2. 입국 및 체류	합법화/ 사면 난민지위 결정에 관한 정책 난민 재정착 프로그램 자유이동권/ 협약(free mobility rights/ agreements)
3. 통합	사회보장 혜택(benefits)과 사회경제적 권리에 대한 접근성 사법정의 및 정치적 권리에 대한 접근성 언어, 주거, 문화적 통합을 위한 프로그램 영주권(permanent residency)에 대한 접근성 시민권(citizenship)에 대한 접근성 동포와의 협력 정책
4. 출국	재통합/ 귀환 프로그램(reintegration/ return programmes) 강제추방 재입국(readmission) 협약 출국 사증/ 허가증 혹은 출국금지(exit ban)

출처: de Haas et al. (2020, 271-274), 김규찬(2022, 20)에서 재인용 참고

나라들을 이민자 송출국, 이민자를 주로 받아들이는 입장에 있는 나라들을 이민자 수용국으로 구분할 수 있다(김규찬, 2022: 16). Freeman(195)은 이민유입국을 전통이민국, 초청노동자유입국, 후발이민국의 세 가지로 구분하였다.

이민수용국은 입국, 체류, 정착과 출국에 이르기까지 이주의 전 과정에 걸쳐 적용되는 다양한 정책들을 활용하고 있다. 국경과 통치권은 가진 국가는 이론적으로 이주민 유입에 대해 완전한 차단과 완전한 개방 사이에서 자유롭게 선택할 수 있다(설동훈, 2022). 그러나, 대부분의 자유민주주의 국가는 양 극단을 택하지 않고, 국익의 극대화를 위해 다양한 정책도구들을 조합하여 이민을 효과적으로 '관리'하기 위해 노력한다(김규찬, 2022: 21).

4. 인도-유럽인의 형성

동양의 종족(ethnic)과 민족은 역사가 오래되어 계통을 밝히기가 어렵다. 반면 서양의 종족과 민족은 역사가 짧아 계통을 밝히기가 쉽다. 서양에서 현대적 의미의 이민의 역사가 오래되었고, 사회통합정책도 서양에서 발전되어 왔다. 서양의 이민과 사회통합정책을 이해하기 위해서는, 서양의 역사와 문화적 맥락에 대한 이해가 선행되어야 한다. 특히, 인도-유럽인(Indo-European)에 대한 이해가 반드시 필요하다.

인도-유럽인(Indo-European)의 초기 역사에 대해서는 아직도 많은 추측과 억측이 있고, 격렬한 학문적 토론이 진행되고 있다(유흥태, 2014: 15). 인도-유럽인의 형성에 관한 이론으로는 크게, 쿠르간 가설(Kurgan hypothesis), 아나톨리아 가설(Anatolian hypothesis), 아르메니아 가설(Armenian hypothesis), 통합설 등이 있다. 어느 이론도 완벽하지는 않고, 지금도 논쟁과 발전의 과정에 있다. 다만 현재 가장 강력한 지지를 받는 것은 쿠르간 가설이다(임형백, 2022c: 63).

Marija Gimbutas(1956, 1997)는 러시아 남부의 쿠르간(Kurgan, курга́н)이라는 봉분 있는 무덤[6]을 가진 문화를 조사하여 이를 '쿠르간 문화'라고 부르고, 쿠르간[7]형

---

6   신라의 적석목곽분(積石木槨墳)도 쿠르간에 해당한다. 적석목곽분은 신라시대 묘의 주류 형식

표 4 인도-유럽인

대분류	인도-유럽인					
	그리스인	라틴족 (Latins)	켈트족 (Celts)	슬라브족(Slavs)	게르만족 (Germanic)	인도-이란인 (Indo-Iranian)
소분류	↓	↓	↓	↓	↓	↓
해당되는 국가 또는 종족 또는 민족	그리스	이탈리아 스페인 포르투갈	아일랜드 웨일스 스코틀랜드	동슬라브(우크라이나, 벨라루스, 러시아) 서슬라브(폴란드, 체코, 슬로바키아) 남슬라브(세르비아, 크로아티아, 보스니아, 몬테네그로, 슬로베니아, 불가리아, 마케도니아)	동게르만 북게르만 (노르만) 서게르만	-인도(인도-아리안) -네팔 -벵골인 -이란(아리안, 페르시아) -타지키스탄 -쿠르드족 (Kurds)

출처: 임형백(2022c, 2023) 참고

태의 분묘가 유럽·중앙아시아 전역에 존재한다는 사실에 착안했다(Hamel, 2021: 111). Marija Gimbutas(1956, 1997)의 쿠르간 가설(Kurgan hypothesis)은 중앙아시아와 현재 러시아 남부 지역에 있었던 쿠르간 문화권 사람들이 처음으로 말을 타기 시작했고, 말과 수레바퀴를 이용하면서 확산되었고, 우수한 무기를 이용하여 토착민들을 정복하면서 영역을 확장해 나갔다는 것이다.

한편, 이들 쿠르간인은 소수였고 문화적으로도 뒤처져 있었으며, 정복이라기 보다는 점진적인 이주에 의한 확산이었다. 이들 소수의 쿠르간인과 다수의 토착민의 혼혈의 결과로 탄생한 것이 인도-유럽인이다(임형백, 2022c, 2023). 인도-유럽어족

이며, 원형봉토분이다(임형백, 2022c: 64). 쿠르간은 인도-유럽인의 이주, 또는 문화전파 등 다양한 원인에 의하여 나타날 수 있다.

7　터키어로 '거대한 언덕'을 뜻하는 단어이다(Schmoeckel, 2013).

(Indo-European)은 아리안족이라고도 불린다. 아리안족(Aryan)은 B.C. 1,500년 무렵에 중앙아시아(오늘날의 남러시아 일대 초원)로부터 이주를 시작한 고대민족으로, 오늘날의 인도, 이란, 그리스인, 라틴족, 켈트족, 게르만족, 슬라브족으로 분화되었다(임형백, 2013b: 35).

아리안이라는 명칭은 산스크리트어(Sanskrit)의 '아리아'에서 유래하였다. 2,500여 년 전 인도-유럽어족에 속한 인도와 페르시아(현재의 이란)의 자유민들은 자신들을 '아리아스'라고 불렀는데, 이는 고귀한 사람을 뜻하는 단어였다(Schmoeckel, 2013: 54). 이란은 '아리안의 나라'라는 뜻이다. 이란은 중동에 위치하지만 아랍이 아니다.

인도의 카스트 제도에서 브라만(Brahman, 사제)은 전체 인구의 약 5%, 크샤트리아(Kshatriya, 귀족, 무사)는 약 10%, 바이샤(Vaisya, 평민)는 약 10%, 수드라(Sudra, 노예)는 약 50%, 그리고 달리트(불가촉천민)는 약 16%이다. 브라만, 크샤트리아, 바이샤가 인도-유럽인에 뿌리를 두고 있다(임형백, 2017). 이들은 스스로를 인도-아리안이라고 부른다.

게르만족 중에서 동게르만족은 혼혈로 소멸되었다. 동게르만족에는 동고트족, 서고트족, 반달족, 부르군트족 등이 속한다. 서게르만족에 속하는 부족이 색슨족(독일의 작센족), 앵글족, 프랑크족(독일의 프랑켄족), 튀링겐족, 바이에른족 등이다. 프랑스는 켈트족, 라틴족, 게르만족이 혼혈되어 형성된 민족이다. 유럽에 위치하지만 핀란드(핀족), 헝가리(마자르족)는 인도-유럽인이 아니고 동양계 민족이다. 바스크인(Basques)은 고유럽인(Old European)의 후손으로 추정된다.

5. 사회통합

1) 사회통합의 개념

'사회통합'이라는 개념은 18세기 이후 전제왕정의 몰락과 함께 근대국가가 등장하고 사회기능이 분화되며 본격화된 시민개념의 확대와 함께 나타났다(강수택,

2004; 이남복, 2009). 사회통합(social cohesion)의 학문적 기원은 E. Durkheim으로 소급되는데, Durkheim은 사회통합의 주요 요인을 공유된 충성심(shared loyalties)과 유대에서 찾고, 전근대적인 기계적 연대(mechanical solidarity)와 근대적인 유기적 연대(organic solidarity)를 구분하였다. 집합적 가치와 믿음의 통일성에 기초한 전통적인 기계적 연대와, 과거에 비해 개인의 자율성과 비판적 인성이 발전한 개인들 간의 근대적 관계는 유기적 연대로 구분하였다. 이러한 Durkheim의 논의에서도 사회통합 개념의 부분적인 요소를 확인할 수 있는데, 그것은 공동체 유대(community bonds), 가치의 공유, 소속감, 함께 일할 능력이 그것이다(Council of Europe, 2005).

'사회통합'이란 여러 부분들을 하나의 전체로 구성하게 하는 것 또는 상호의존을 산출하는 것(Nye, 1968: 857-858)이란 인식에서 출발하여, 구체적으로는 공동체 구성원들로 하여금 집단적 일체감과 자아의식을 갖게 하는 상호유대에 의해서 공존관계를 맺게 되는 과정과 상태로 정의한다(Jacob and Teune, 1964: 33-37). 즉, 사회통합이란 한 사회의 이질적인 구성요소들이 상호작용 과정에서 나타날 수 있는 갈등을 회피 혹은 최소화하여 조화된 공동체를 이루려는 노력이라고 할 수 있다(신현태 외 2인, 2012: 179).

국가는 일원화된 사회통합의 도구로써 작동해 왔다(Hobsbawm, 1975; Anderson, 1991). 1990년대 이후 세계화의 확산과 더불어 국민국가 체제하에서 형성되어 있던 기존의 정치·경제·사회·문화적 경계가 허물어지면서 사회통합 동력으로서의 국가 기능에 변화가 시작되었다(Krasner, 1999). 그렇다고 세계화로 인해 근대국가의 주권적 지위가 축소되었다고 볼 수는 없으며(Sassen, 1996: 28), 국가주권과 유사한 주권적 지위를 지닌 행위자들이 증가하여 주권적 지위와 활동에 대한 개념적 범위가 넓어졌다고 보는 것이 타당하다(Meyer et al., 1997; Meyer and Jepperson, 2000).

세계화가 유발시킨 주권적 행위자의 다원화는 국가 중심의 일원화된 체계로 인식되던 사회통합에 변화를 가져왔다. 특히, 여성, 아동, 노동자, 성적 소수자 등으로 확대 적용되고 있는 인권에 대한 새로운 사회·문화적 변화는 사회 전반에 걸친 다양성의 확대(Ramirez et al., 1997; Hafner-Burton & Tsutsui, 2005; Avdeyeva, 2007)를 가져왔다. 따라서, 구조적이고 강제적인 국가중심의 사회통합 메커니즘은 제한적으로 작동할 수밖에 없는 상황으로 변화하고 있다. 합리주의와 과학을 중심으로 표준화된 근대성이 추구하던 보편화된 가치는 복합적이고 다원화된 가치로 전환되었으며, 사회통합에 대한 새로운 정의에 대한 요구가 증가하기 시작했다(장용석 외, 2011).

2) 사회통합의 위험 요소

외국인 이주 노동력 의존경제 체제에서 가장 필요한 정책은 사회통합 정책이다. 인종적, 문화적, 종교적 배경이 다른 이민을 지역사회에 손님 또는 방문자로서의 이질적 요소를 남겨두지 않고 끌어안는 정책이 궁극적으로 양자에 도움이 되는 결과가 된다. 이주 노동력은 속성상 약자이거나 불리한 여건을 가지고 있고 가족단위로 보면 빈곤 또는 불리한 점이 대물림될 가능성도 높기 때문에 이민 유입국(이민 이입국) 사회가 적극적인 통합정책을 펼칠 필요가 있다. 이민의 역사가 오랜 구미에서도 적극적인 통합정책을 실시한 것은 1990년대라고 보고되고 있다(임정덕, 2011: 113).

빈곤은 늘 범죄의 가장 큰 원인이었다(Southwell, 2008). 경제수준이 향상되더라도 상대적 빈곤(relative poverty)과 상대적 박탈감(relative deprivation)이 커지면 범죄가 증가한다(임형백, 2010: 63). Portes와 Rumbaut(2001)는 '분절적 동화론(segmented assimilation)'을 제시했다. '분절적 동화론'이란 이민 제 2세대의 상당수(특히 노동계급 이민자 자녀들)가 새롭게 형성되고 있는 '무지개 하류계층'에 속할 수 있다는 주장이다. 무지개는 이민자 계층의 문화적 다양성을 상징하며, 이들은 인종 분리적인 빈곤과 하향적 동화과정으로 인해 주로 사회경제적 하층계급을 형성하게 된다. 미국과 유럽의 이민을 받는 모든 국가에서는 정도의 차이가 있을 뿐, 분절적 동화는 분명히 나타나고 있다.

외국인 이주노동자는 경제활동을 위해 주거, 자녀교육, 지역사회 공동체 생활을 필요로 하고 실업, 건강보험을 비롯한 사회보장제도의 혜택도 필요하다. 그리고 취약계층인 이민자는 범죄에 노출되기 쉽고 외국인이라는 시각으로 사회에 비칠 수 있다. 이는 이민 당대의 문제 뿐만 아니라 이민자 2세, 3세 등으로 이어지면 사회문제가 발생하기 쉽다(임정덕, 2011: 69).

불법체류자 또는 불법입국자는 불안한 신분이나 조건 때문에 범죄나 다른 사회

문제에 더 취약할 수밖에 없다. 또한, 신분 때문에 사회통합의 대상에서 배제되는 경우가 많기 때문에 악순환적인 결과를 초래할 수도 있다(임정덕, 2011: 77).

외국인 집단거주지(ethnic enclave)도 장기적으로는 도시범죄의 새로운 요인으로 등장할 것이다. 이러한 단기거주노동자는 국적법상 외국인 신분이고, 더구나 상당수는 불법체류자이므로, 한국법의 보호망 밖에 있는 경우가 많다. 이들이 이민자 집중거주지(ethnic enclave)를 형성함에 따라, ① 우발적 범죄에서 계획적 범죄로 이동하는 현상과, ② 개인범죄에서 조직범죄로 이동하는 현상이 나타날 것이다. 또한, 단기적으로는 ① 한국법의 보호를 받지 못하는 동일한 국적의 외국인 단기거주 노동자를 대상으로 하는 외국계 범죄조직이 생겨나고, ② 장기적으로는 이러한 외국계 범죄조직은 세력을 확장한 후 국내범죄조직과 연계를 시도하게 될 것이다(임형백, 2010: 75-76).

사회통합이 이루어지지 않을 경우, 이민 2-3세대는 불만을 표출할 경향이 강하다. 이민 2-3세대는 해당 국가의 국민이라는 인식이 강하기 때문이다. 유럽에 유입된 대규모 난민은 EU회원국 내에 정치적, 사회적 혼란과 갈등을 초래하는 것도 사실이다. 특히, 종교적 이유로 서유럽에 동화될 수 없는 무슬림의 높은 출산율로 인하여, 무슬림 주민의 비중이 계속 늘어나고 있다.

3) 사회통합정책

사회통합정책은 국민(또는 시민권자)을 대상으로 시작되었기 때문에, 그간 영주이민을 받아들이는 미국과 캐나다 등 전통적인 이민국가에서는 이민자 사회통합정책도 발달되었다. 즉, 이들 국가에서는 이민자란 주로 영주이민자를 의미하므로, 이들은 잠재적인 시민으로 간주되어, 유입의 초기부터 사회통합의 대상이 되었기 때문이다(이혜경, 2022: 18).

그러나, 영주이민보다는 일시적인 초청노동자를 받아들이고 있는 다른 이민국가에서는 이민자란 일시적인 이민자를 의미한다. 이들은 계약기간이 만료되면 모국으로 돌아갈 것으로 기대되었기 때문에, 이들에 대한 출입국관리정책과 체류관리정책은 있었으나, 엄밀한 의미에서 이들은 사회통합정책의 대상은 아니었다. 그러나 최근에는 많은 다른 이민국가들도 이민자에 대한 새로운 사회통합정책을 모색하고 있다(이혜경, 2022: 18).

　이민은 주로 경제적 원인에 의해 발생하지만 장기적으로는 사회적 문제로 귀결된다. 국가나 사회의 측면에서는 이민자의 사회통합과 정주(settlement)생활이라는 문제를 정책적으로 해결해야 하는 과제를 안게 된다. 이민자와 그 가족은 영주(permanent residence)나 일시거주 여부를 떠나서 이민이입국[8]에서 실제적으로 생활해야 하기 때문에 경제적 측면보다 사회적 측면에서의 고려사항이 많아진다(임정덕, 2011: 65).

　이주민의 사회통합은 이주민과 그 후손들이 수용국에서 새로운 사회·문화적, 나아가 정치적 구성원이 되어가는 과정을 의미한다(de Haas et al., 2020). 통합에 대한 이러한 정의는 이주민이 자신의 고유한 민족적, 문화적 정체성을 버리고 궁극적으로 주류사회로 포섭되는 어떠한 방향성을 내포하는 것처럼 보인다. 실제로 '통합정책'의 많은 내용은 점진적 과정과 내·외국인들 간의 상호조정을 강조하지만 궁극적으로 동화를 전제하고 있다는 인상을 받는다. 이러한 이유 때문에 혹자는 좀 더 중립적인 표현인 '편입(incorporation)'이라는 용어를 대안적으로 제안하기도 한다(Sainsbury, 2012).

　동질 문화권의 이동은 사회적인 문제를 동반하지 않는다. 유럽 안에서의 유럽인 이주는 문제가 되지 않는다. 그러나, 다른 문화와의 만남은 충돌이 불가피하다(유해석, 2021: 129). 북미와 서유럽 등 이주민 유입과 정착의 역사가 긴 나라들에서는 국경관리와 함께 이주민들의 사회적 수용(inclusion) 혹은 통합(integration)을 촉진하는 정책들을 오랜 기간 시행해 왔고, 최근 국제이주와 안보 이슈가 결합되면서 이주민의 사회통합과 관련한 정부의 역할이 더욱 강조되고 있는 상황이다(de Haas et al., 2020).

　국가정책의 한 영역으로서 이주민 사회통합정책은 인종적,[9] 민족적, 문화적으로 다양한 배경을 가진 이주민의 사회적 편입을 촉진하고, 다양성 증가로 인해 발

8　이민목적국(country of destination)이라고도 한다.

9　1950년에 유네스코는 모든 인간이 동일한 종에 속하며, '인종'은 생물학적 실제가 아니라 신화라는 성명을 발표했다. 인류학자, 유전학자, 사회학자, 심리학자 등이 모인 국제 패널에서 방대한 연구를 일별해 발표한 성명이었다(Sussman, 2014).

생할 수 있는 사회 구성원들 간의 갈등을 관리하고 조화로운 공존을 실현하기 위한 정책을 가리킨다. 달리 말해, 국제이민으로 증가하는 다양성이 사회적 갈등이나 분열로 이어지지 않고, 내·외국인 간 그리고 외국인 간에 상호수용적 및 발전적 관계로 이어질 수 있도록 개입하는 정책이다(김규찬, 2022: 202).

유럽의 정치 지도자들도 다문화는 실패했다고 공언하였다. 앙겔라 메르켈(Angela Merkel) 독일 총리는 2010년 10월 "다문화 사회를 건설해 공존하자는 접근법은 완전히 실패했다."고 선언하였다. 프랑스 사르코지 대통령은 2011년 2월 10일 '프랑스식 이슬람'이 아닌 '프랑스 안에서의 이슬람'은 반대한다고 선포하였다. 영국 데이비드 캐머런 총리는 2011년 2월 5일 독일 뮌헨의 국제 안보 회의 연설에서 "무슬림 테러리즘 뒤에는 '정체성에 대한 질문'이 존재한다. 최근 몇 년 동안 계속되었던 이슬람에 대한 수동적인 관용은 이슬람 극단주의로부터 영국의 가치를 지키기 위하여 포기해야만 한다. 무슬림들은 이슬람에 대한 충성보다도 영국인이라는 사실에 주목해야 한다. 이제 실패한 정책(다문화주의)을 접을 시간이 됐다."고 밝혔다(McKinstry, 2011). 미국이나 유럽대륙에서 발견되는 이주민들의 '거주지 분리(residential segregation)'는 이주민 사회통합 실패의 상징이 되었다(김규찬, 2022: 204). 그럼에도 불구하고 이주민을 받아들이는 모든 국가에서 사회통합정책은 필요하다.

6. 서양의 사회통합모형

이민의 역사와 형태는 나라마다 다르다. 사회통합모형(한 사회 또는 국가에서 외국인의 정착을 받아들이는 유형)을 살펴보면, Castles과 Miller(1998)는 외국인 정책의 유형을 영·미 계통 국가의 다문화주의 모형(multiculturalism model), 프랑스의 동화모형(assimilation model), 독일의 차별배제모형(differential exclusion model)[10]으로 구분하였다.

---

10 차별적 배제·포섭 모형, 구분 배제 모형으로 번역되기도 한다.

표 5　사회통합모형

유형	내용	비고
차별 배제 모형	• 국가가 특정 경제 영역에만 외국인(이민)을 받아들이고, 복지 및 여러 정치, 문화, 사회적 영역에서는 받아들이지 않음으로써 원치 않는 외국인의 정착을 원천적으로 차단한다. • 이주집단에 따라서 공식적인 권한을 인정하기도 하고 부인하기도 하는 이중적 접근을 취한다. • 대부분의 이주민은 '사회의 일부'가 아닌 '손님'으로 여겨질 뿐 정책의 대상으로 통합되지 않는다. 반면 엄격한 조건을 통과해 공식적인 권한을 부여받은 이민자들은 자국의 제도와 문화에 적응 내지 동화되어 가는 것을 당연한 과정으로 받아들임으로써 문화적 단일성을 유지해 나가는데 초점을 두는 경향이 강하다.	– 한국, 일본, 독일 등 단일민족을 강조해 온 국가
동화모형	• 이민자(외국인)가 출신국의 언어·문화·사회적 특성을 완전히 포기하여 주류사회의 일원이 되는 것을 목표로 한다. • 주류사회가 자국 사회의 일원이 되기를 원하는 이민자에게 문화적 동화를 대가로 "사회의 일원"으로 인정하는 정책이며, 주류사회의 언어를 습득할 수 있도록 돕고, 이민자의 자녀를 정규학교에 취학하는 것을 지원함으로써 동화가 순조롭게 이루어질 수 있도록 한다.	– 프랑스 – 미국의 1960년대까지 "용광로(Melting Pot) 정책"
다문화주의 모형	• 이민자가 그들만의 문화를 지켜가는 것을 인정하고 장려하며, 정책의 목표를 소수민족의 주류사회로의 동화가 아닌 공존에 둔다. • 사례: Salad Bowl, Ethnic Mosaic, Rainbow Coalition	– 영국·미국·캐나다

출처: 김이선 외(2006, 129-130), 김은미·김지현(2008, 9), Castles & Miller(1998, 171-201)로 참고하여 정리

1) 차별배제모형

독일은 인도-유럽인 중에서 게르만족 중에서 서게르만족으로 구성된 나라이다. 서게르만족 중에서 작센족(Sachsen),[11] 프랑켄족(Franken), 쉬바벤족(Schwaben), 튀링겐족(Thürungen), 바이에른족(Bayern) 등으로 구성된 국가이다.

11　작센족 중에서 영국으로 이주한 사람들이 색슨족이다. 즉, 독일의 작센족과 영국의 색슨족은 같은 종족이다. 또한, 독일의 프랑켄족의 영어식 표현이 프랑크족(Franks)이다.

통일 전, 즉 1871년 이전에 독일은 39개의 소국으로 분열되어 있었다. 19세기 독일 통일운동의 사상은 소독일주의와 대독일주의로 구분된다. 소독일주의(Kleindeutsche Lösung)는 독일 통일에서 이미 다민족국가가 된 오스트리아를 제외하고 프로이센 왕국을 중심으로 소독일을 건설하자는 주장이다. 프로이센의 왕가는 호헨촐레른 왕가(Haus Hohenzollern)였다(임형백, 2013a: 247).

대독일주의(Großdeutsche Lösung)는 독일 연방의 가장 강력한 국가인 오스트리아 제국을 중심으로 멸망한 신성로마제국의 영토 대부분을 통합하여 대독일을 건설하자는 주장이다. 오스트리아 제국의 왕가는 합스부르크 왕가(Haus Habsburg)였다. 이 전쟁에서 오토 폰 비스마르크(Otto von Bismarck)가 이끄는 프로이센(Preußen, (英) Prussia)이 승리함으로써 탄생한 것이 독일제국(1871-1918), 즉 오늘날의 독일의 모태이다(임형백, 2013a: 247).

독일은 게르만족 '순혈주의'를 바탕으로 탄생한 국가이다. 영어 Germane는 원래 '밀접한 관계가 있는'이라는 뜻을 가지고 있고, 여기에서 '같은 부모에게서 태어난 아이들'이라는 뜻이 파생되었다. 영어로 독일을 Germany라고 부르는 이유이다. 1895년경, 독일 황제 빌헬름 2세는 황화론(Yellow Peril, Yellow Terror)을 주장했다. 1785년 독일 철학자 크리스토프 마이너스(Christoph Meiners)가 코카서스 인종이란 용어를 처음 사용했다. 1933-1934년경 독일의 유대계 과학자 마그누스 히르슈펠트(Magnus Hirschfeld)가 '인종주의'라는 용어를 처음 사용했다.

하지만, 독일은 제2차 세계대전 이후 노동력 부족에 시달리던 서독에서 외국인 노동자를 받아들였다. 1960년대에 폴란드, 이탈리아, 스페인, 그리스, 필리핀, 한국 등에서 노동자들이 서독에 왔다. 특히, 많은 터키인들이 노동자로 서독에 왔다. 서독은 초창기에는 노동자들에게 제한적인 복지만 제공했다. 외국인은 단기거주노동자라는 가정 하에서 시민권을 부여하지 않았던 것이다. Castles과 Miller가 제시한 '구분 배제(차별 배제, differential exclusion)'에 해당한다. 그러나, 1972년부터 서독 인구의 자연감소가 시작되었다. 1974년 이후 새로운 노동자들의 유입을 막는 대신, 기존 노동자들이 가족과 재결합하는 것을 허용하면서 영주권자들이 생겨났다.

이러한 변화에 반대하며 2013년 "독일을 위한 대안(AfD)"이 창당했다. AfD는 공개적으로 난민 수용 반대, 외국인 혐오 등을 내세웠다. 그럼에도 불구하고 이당은

2014년 유럽의회에서 의석을 차지했으며, 2017년 총선에서는 94석을, 2021년 총선에서는 83석을 차지했다. 이전과 달리 독일에서 제도권에 진입하지 못하거나 비주류만으로 머물던 극우정당들의 약진을 눈여겨 보아야 한다. 일상에서 드러나지 않는 독일인의 숨은 표심이 나타난 것이다. 불행하게도 이는 사회통합이 잘 이루어지지 않고 있다는 증거이다.

2) 동화모형

(1) 프랑스

프랑스인은 인도-유럽인(Indo-European) 중에서 켈트족(Celt), 라틴족(Latin), 게르만족(German)이 혼혈되어 형성된 민족이다. 프랑스라는 나라 이름은 게르만족 중 하나인 프랑크족(Franks)에서 유래했고, 파리(Paris)라는 도시 이름은 켈트족 중 하나인 파리시족(Parisii)에서 유래했다. 프랑스의 탄생이 동화와 융합이다. 나폴레옹 보나파르트와 이브 몽땅(Yves Montand)은 이탈리아인이다.

라틴족인 로마는 오늘날 프랑스 지역을 점령하고 골(Gaul) 또는 갈로(Gallo)라고 불렀고, 갈로인과 로마인이 동화되면서 통합을 표현하는 갈리아(Gallia)로 불렀다. 율리우스 카이사르는 8년간의 전쟁을 「갈리아 원정기」라는 책으로 남겼다. 대통령 샤를 드골(Charles de Gaulle)의 이름도 골(Gaul)에서 유래했다. 이때부터 프랑스는 중앙집권제에 대한 강한 집념을 가지게 되었다.

프랑스는 유럽대륙의 대표적인 중앙집권국가였다. 프랑스의 동화정책(assimilation)은 프랑스 혁명과 공화주의 이념에 뿌리를 두고 있다(한건수, 2022: 197). 프랑스 공화국은 '특정한 종교나 개인 혹은 어떤 공동체가 분열시킬 수 없는 하나의 완전한 실체'라는 사회적 합의에 근거하고 있다. 즉 프랑스를 '단일문화에 기초하여 나누어져서는 안 되는 사회'로 규정하고, 프랑스 문화에 위배되지 않는 범위 안에서의 차이점만 인정하는 것이다. 따라서 이민자들은 공화주의에 동의해야 하며 이것이 프랑스인이 되는 조건이다(박단, 2011: 272-275).

프랑스인 자체가 켈트족, 라틴족, 게르만족이 혼혈되어 형성된 역사적 배경으로 인하여, 사회통합정책의 기초로 '공화주의 모델(republican model)'을 제시하고, 동화정책을 실시하는 것이다. 동화는 이민자(외국인)가 출신국의 언어·문화·사회적 특성을 완전히 포기하고, 주류사회의 일원이 되는 것을 지향한다. 프랑스에서 관용(tolerance)이란 표현이 많이 사용되지만, 프랑스는 동화모형이다.

프랑스에서 이민문제가 부각된 것은 1980년대 초반으로, 1950-1960년대 프랑스에 이민 온 북아프리카 출신 무슬림 이주노동자 2세대의 나이가 20대가 될 때였다. 20대가 되어 결혼과 직장에 직면한 무슬림 이민 2세대는 정체성 갈등을 겪었다. 이들은 국민권(nationality)과 정체성(identity)의 괴리를 보였다. 통상 이민 1세대는 사회적 차별을 감수하는 반면, 이민 2-3세대는 분노를 표출하는 경향이 강하다. 차별, 오해, 경제침체 등 촉발 메커니즘만 있으면 이들의 슬픔과 좌절은 쉽게 분노로 바뀌었다.

작용에는 반작용이 있기 마련이다. 이번에는 프랑스인들의 반발이 나타났다. 1990년대 후반에 이민자는 커다란 사회문제로 대두되었고, 극우파 정당인 '민족전선(FN: Front National)'에 의해서 이민자 문제는 프랑스 정치의 가장 핵심적인 쟁점이 되었다. 2020년 프랑스의 총 출산율은 1.8명 이상으로 아일랜드를 제외한 유럽에서 그 수치가 가장 높다. 그러나, 이 수치는 출산율이 매우 낮은 프랑스 여성과 출산율이 매우 높은 무슬림 여성을 합한 숫자이다. 또한, 무슬림이 아닌 프랑스 여성 중에서도 카톨릭 신자가 개신교 신자보다 출산율이 높다.

(2) 미국

미국에 공식적인 이민자 통합 정책(official immigrant integration policy)은 없다(Cornelius & Tsuda, 2004: 21). 미국은 지금까지도 통합주의자(integrationists=assimilationists)와 다원주의자(pluralists=multiculturalists) 간의 논쟁이 있고, 이들 간의 조정과 합의(accommodation)는 20세기의 과제이다(Martin, 2004: 74-76).

미국에서 동화(assimilation)는 과거의 개념도 아니고 악한 개념도 아니다. 그러나, 동화는 처음부터 당연시되거나(유럽계 이민에 대해서), 아니면 아예 불가능한 것(유럽계 이외의 이민에 대해서)으로 믿어져 왔다. 특히, 아프리카계 미국인(흑인)을 사회 속에 포용하는데 실패했고, 이로 인하여 동화라는 개념 자체에 대한 반대가 강해졌다. 그러나, 이러한 현상도 흑인들의 문화적 전통보다는 그들의 인종적·육체적 특징에 기인한다(Glazer, 2009). 지금도 미국의 사회통합을 위해서 동화모형인

'용광로 정책'을 주장하는 목소리도 크다.

미국은 1960년대까지는 동화모형인 '용광로 정책'이다. 용광로 정책은 다양한 이민자들을 미국의 주류문화(WASP: White Anglo-Saxon and Protestant)를 수용하도록 하는 것이다. 그러나, 이후 문화적 정체성이 강한 아시아인들이 대규모로 유입되면서 다문화 모형인 '샐러드 볼 정책'으로 전환했다(임형백, 2012; 2022b, 30).

미국에서는 '이민 국적법'(Immigration and Nationality Act)이라 한다. 미국은 1965년에 구(舊)외국이민제한법(1924)을 개정하여, 인종차별의 비민주적인 결함이라 지적되어 오던 국가별 이민할당제(移民割當制)를 68년 6월 30일에 폐지하고, 동서반구별(東西半球別) 이민할당제를 채택하였다. 이것은 인도주의에 의거하여 미국시민 혹은 영주자와 혈연관계가 있는 사람의 이주를 한층 쉽게 하고, 특히, 아시아 및 중·근동(中·近東)의 국가들과의 우호관계를 증진하여 필요한 기술·기능자를 각국으로부터 평등하게 받아들이려는 것이었다. 하지만, 1978년에는 동서반구별 이민할당제도를 폐지하였다(임형백, 2012: 274; 네이버 백과사전).

(3) 캐나다

A.D.1000년경 바이킹족이 캐나다를 탐험하고 소규모 정착촌을 건설했으나, 혹독한 기후를 이기지 못하고 모두 죽었다. 이들 바이킹족은 현지 적응을 거부하고 유럽식의 삶을 고집하다 소멸했다. 1492년 크리스토퍼 콜럼버스가 오늘날 아메리카의 산살바도르섬에 도착했다. 1497년 이탈리아 출신 잉글랜드 탐험가 존 캐벗(John Cabot)이 캐나다 동부 해안을 탐험하고 잉글랜드의 헨리 7세의 소유로 선포하였다. 현재 캐나다의 가장 동쪽에 위치한 뉴펀들랜드 래브라도주(NL)이다. 뉴펀들랜드 래브라도주는 가장 늦게 1949년에 캐나다 연방에 합류했다.

뒤이어 1535년에는 프랑스 왕의 지원을 받은 탐험가 자크 카르티에(Jacques Cartier)가 캐나다의 가스페 반도(Gaspé Peninsula)에 도착했고, 프랑스령으로 선포하였다. 오늘날 퀘벡주(Québec)이다. 퀘벡주의 면적은 프랑스의 약 3배, 영국의 약 7배이다. 캐나다에서 퀘벡주가 면적은 1위, 인구는 2위이다.

16세기 후반에 들어 잉글랜드와 프랑스가 본격적인 캐나다 탐험을 시작하였고, 17세기 중반부터 캐나다의 대서양 해안에 잉글랜드인과 프랑스인이 정착하기 시작했다. 1663년 캐나다는 프랑스의 한 주가 되었고, 당시 약 6만 명의 프랑스인이 캐나다에 거주했다. 오늘날 캐나다의 프랑스계 주민은 대부분 이들 6만 명 프랑스인의 후손이다.

1754년부터 1756년에 영국이 프랑스의 북아메리카 식민지를 공격하고, 프랑스의 상선을 나포하면서 영국과 프랑스 간에 분쟁이 시작되었다. 7년 전쟁(1756년–1763년)에서 승전국의 일원이 된 영국은 북아메리카의 누벨프랑스(Nouvelle–France)를 차지하며 북아메리카에서 프랑스 세력을 몰아냈다. 누벨프랑스는 영어식으로 뉴프랑스로 불렸고, 현재의 퀘벡주와 온타리오주이다. 현재 온타리오주는 캐나다의 정치와 경제의 핵심이다. 캐나다에서 온타리오주는 면적은 2위, 인구는 1위이다.

1763년 영국 왕실 칙령으로 뉴프랑스 지역에 퀘벡주가 설치되었던 것이다. 이후 프랑스는 미국 독립 전쟁(1775년–1783년)에 1778년 참전하였다. 영국에 보복하고 잃어버린 패권을 되찾으려는 의도였다. 그런데 1783년 미국 독립 이후, 미국에서 왕당파, 영국 충성파가 캐나다로 이주했다. 또한, 유럽에서는 잉글랜드로부터의 이민자, 아일랜드 기근을 피해 온 아일랜드 이민자, 잉글랜드의 탄압을 피해 온 스코틀랜드 이민자 등이 캐나다로 왔다. 캐나다의 인구는 늘어나는 반면, 프랑스계의 비중이 줄어드는 현상이 나타났다. 캐나다도 처음에는 영국계가 동화모형을 사용하다가, 프랑스계의 반발로 현실적으로 가능하지 않자 다문화주의 모형으로 전환하였다.

3) 다문화주의 모형

(1) 영국

이민의 역사와 형태는 나라마다 다르다. 신석기 시대에 유럽에 고유럽인(Old European)이 도착했다. 이들 고유럽인은 주로 소아시아(Asia Minor, Anatolia)에서 온 사람들로, 인도–유럽인이 아니었다. 현대에 고유럽인은 모두 사라지고 현재에는 바스크족(Basques)만 남아 있다. 고유럽인의 하나인 이베리아족(Iberian)[12]이 스페인

---

12 이베리아족에서 이베리아반도의 명칭이 유래했다.

을 거쳐 영국에 정착했다. 이베리아족은 작은 신장, 갈색 피부, 검은 머리카락 등을 가지고 있었다. 이베리아족은 영국의 남쪽과 동쪽에 정착한 이후 전 지역으로 확산되었다. 하지만, 뒤이어 인도-유럽인의 일파인 켈트족(Celts)이 영국에 도착했다. 켈트족이 영국에 도착한 시기는 학자에 따라 차이가 있다. 켈트족은 먼저 도착한 이베리아족을 산악지대로 몰아내고, 평야지대인 잉글랜드를 점령했다.

이후, 영국은 B.C. 55년 율리우스 카이사르(Gaius Julius Caesar)의 원정 이후 약 400년 동안 라틴족인 로마의 지배를 받았다. 로마는 오늘날의 잉글랜드 지방을 지배했다. 로마는 갈리아(프랑스) 원정을 끝내고 영국 템스강(River Thames)가에 요새를 건설하고 론디니움(Londinium)이라 이름 붙였다. 오늘날의 런던이다(이원복, 2012).

뒤이어 게르만 대이동(A.D. 375-A.D. 568)의 시기에 인도-유럽인의 일파인 게르만족, 그중에서도 서게르만족이 도착했다. 서게르만족은 켈트족을 산악지대로 몰아냈다. 이때 도착한 서게르만족 중 앵글족(angles)과 색슨족(saxons)이 많이 알려져 있으나, 그 이외에도 주트족(jutes), 헤스팅가스족(Hestenga), 미들앵글족(Middle Angles) 등 다수의 부족이 있었다.

현재 잉글랜드는 서게르만족인 앵글족과 색슨족이 융합되어 만들어진 앵글로-색슨족, 북아일랜드, 웨일스, 스코틀랜드는 켈트족이다. 정복자인 앵글로-색슨족이 평야지대인 잉글랜드에 거주하고, 피정복자인 켈트족이 산악지대인 북아일랜드, 웨일스, 스코틀랜드에 거주한다. 영화배우 숀 코너리(Sean Connery, 스코틀랜드계), 존 F. 케네디 대통령(아일랜드계), 로널드 레이건 대통령(Ronald Wilson Reagan, 아일랜드계)이 켈트족이다.

(2) 미국

미국에서 다문화주의 모형에 해당하는 것이 '샐러드볼 정책(salad bowl)'이다. 그러나 샐러드볼 정책은 1970년대 캐나다의 퀘벡주에서 처음 등장하여, 미국 등으로 확산되었다. 샐러드볼 정책은 다양한 이민자들이 상호공존하면서 각각의 문화를 조화롭게 통합하는 것을 목표로 문화다원주의를 표방한다. 이는 이민자들이 고유의 언어와 문화를 유지하면서 동시에 미국인으로서 살아갈 수 있도록 하자는 것이다.

(3) 캐나다

1783년 독립한 미국이 1800년대 들어 빠르게 성장하였다. 이에 영국은 위기감을 느꼈고 캐나다가 미국에 합병되는 것을 막아야만 했다. 1867년 영국은 영국 북아메리카 법령(BNA Act: British North America Act)을 가결했다. 이로써 자치령 캐나다(Dominion of Canada)가 수립되었고, 여기에 온타리오주(현재 캐나다 13개 주 중 인구 1위), 퀘벡주(인구 2위), 노바스코샤주(인구 7위), 뉴브런즈윅주(인구 8위)가 속하게 되었다.

한편 1867년에 미국이 러시아로부터 알래스카를 사들이면서 캐나다의 태평양 진출을 차단하려 하였는데, 이 때문에 미국과 영국간의 갈등이 발생하였다. 이 일로 캐나다의 북태평양으로의 출구가 사라졌고, 반대로 북대서양으로 나갈 수 있는 퀘벡주의 지정학적 가치는 높아졌다. 앞에서 언급했듯이 캐나다에서 퀘벡주는 면적 1위, 인구 2위, 그리고 영어가 공용어가 아닌 유일한 주이다. 이에, 1926년 영국은 급속히 캐나다의 완전자치를 인정했고, 1931년에 주권국가로서 영연방을 구성하도록 법제화했다. 1949년 캐나다 헌법인 '영국령 북아메리카 조례'가 수정되어 캐나다의 완전독립이 법적으로 완성되어, 1951년 국명을 "캐나다(Canada)"로 변경했다.

하지만, 1960년대에 들어 퀘벡 분리 · 독립운동이 가시화되기 시작했다. 1968년 퀘벡 분리 · 독립을 추구하는 퀘벡당(PQ)이 창당했다. 유화책으로 1969년에는 연방정부 차원에서 공용어에 대한 법이 도입되어 프랑스어가 모든 연방정부의 영역에서 영어와 동등한 위치를 획득하였다. 그럼에도 1976년 퀘벡당이 퀘벡주 선거에서 승리했다. 하지만, 1980년에 독립 주민투표를 통해 퀘벡주가 독립을 하고자 하였으나 분리 · 독립에는 실패하였다. 이에, 1982년 캐나다 최초의 헌법이 선포되었고 완전한 주권국가가 되었다. 이후, 지속적인 퀘벡 분리주의 운동은 급진적인 방향으로 선회하며 선거로 합법적인 투표를 통한 독립으로 방향을 전환했다. 하지만, 1995년에 또다시 시행한 주민투표에서도 50.6대 49.4로 독립에 실패했다. 그러나 1995년의 투표 결과는 영어권 주민의 90%가 독립에 반대했기 때문이며, 프랑스어권 주민만 따지면 독립여론이 우세했다.

이로 인해, 1997년에 캐나다 대법원은 퀘벡주와 같은 선례를 막기 위하여 연방으로부터 함부로 탈퇴하는 것을 제한하는 법을 승인하였다. 다만, 2007년에 캐나다 연방하원에서 퀘벡주를 연방 내 하나의 국가로 인정하는 의안이 통과되었다. 퀘벡주가 처음으로 연방정부와 의회로부터 민족적인 독립성을 인정받은 것이다. 하지만, 2011년 퀘벡당 내 보수세력이 퀘벡미래연합(CAQ)을 창당하면서, 퀘벡당은 약화되었다. 퀘벡미래연합은 퀘벡주의 분리·독립을 반대하면서도 퀘벡 민족주의를 추구하는 이중성을 보이고 있다.

7. 대한민국의 사회통합

1) 한국의 특수성

UN 기준 193개 국가 중에서 단일민족이라 여기는 사람들이 단일언어와 단일문자를 사용하는 유일한 나라가 대한민국이다. 유사한 경우가 독일과 오스트리아 정도이다. 이러한 특수성으로 인해 한국은 〈표 5〉의 세 가지 사회통합유형 중에서 어느 것에도 해당되지 않는다. 한국에서 단기거주노동자(외국인노동자)는 독일의 구분배제 모형에 가장 가깝다. 하지만, 결혼이민자는 프랑스의 동화모형에 가깝다. 본격적으로 이민을 받아들일 경우, 그들은 영·미식의 다문화주의 모형에 가깝다. 이민청이 설립될 경우, 이민의 역사가 짧은 대한민국에는 3개의 사회통합 유형이 혼재되어 나타날 가능성이 높다.

그동안 한국에서 이민 또는 다문화사회를 주도한 것은 결혼이민자였다. 그러나, 외국에서 결혼이민자는 다문화의 대상이 아닌 문화적 병합의 대상일 뿐이다(임형백, 2009a). 즉, 서구에서 결혼이민자는 다문화적인 사회구성원과는 거리가 먼 문화적인 병합(amalgamation)의 대상일 뿐이지만(Kymlicka and He, 2005), 한국에서는 특수한 상황으로 혼인하여 이주한 농촌의 결혼이민자가 다문화사회의 가장 큰 원인이다.

한국의 도시지역과 농촌지역의 결혼이민자 양상도 다르다. 도시지역에서는 수적으로 한국인 남성과 결혼한 결혼이주여성이 많지만, 한국인 여성과 미국 및 유럽의 남성과의 결혼도 많다. 특히, 농촌지역에서는 대부분 연령대가 높은 한국인 남성과 개발도상국가 출신의 젊은 여성과의 결혼이 많다. 한편, 본격적인 이민정책을 통하여 노동력 부족을 해결하기 위하여 받아들이는 이민자는 단기거주 외국인 노동자로 결혼이민자와는 또 다른 정착유형이다.

그동안 한국은 서양의 역사적 맥락과 국가 간 차이를 이해하지 못한 채, 대상에

표 6   다문화주의 정책대상에 따른 정책 차별화

지역	대상	국적	사회통합모형	비고
도시 지역	단기거주노동자 (다문화사회의 가장 큰 원인)	외국인	구분 배제 모형 (차별 배제 모형)	• 단기거주 후 출신국가로 돌아감 • 단, 한국에서 체류하는 기간 동안, 정책수단(policy means)과 정책집행(policy implementation)면에서 다문화주의 모형과 유사
	결혼이민자	한국인	동화모형	• 한국의 개별가족의 구성원으로 편입
	귀화인	한국인	다문화주의 모형	• 한국 사회의 구성원으로 편입 • 이민자 집중거주지(ethnic enclave) 형성 • 향후 이민청 설립을 통하여 받아들이는 이민자는 정착 후 가족결합을 통하여 가족단위 거주 또는 이민자 집중 거주지 형성
농촌 지역	단기거주노동자	외국인	구분 배제 모형 (차별 배제 모형)	• 단기거주 후 출신국가로 돌아감 • 단, 한국에서 체류하는 기간 동안, 정책수단(policy means)과 정책집행(policy implementation)면에서 다문화주의 모형과 유사
	결혼이민자 (다문화사회의 가장 큰 원인)	한국인	동화모형	• 한국의 개별가족의 구성원으로 편입 • 주로 여성이 대부분임
	귀화인	한국인	다문화주의 모형	• 한국 사회의 구성원으로 편입 • 이민자 집중거주지(ethnic enclave) 형성 • 향후 이민청 설립을 통하여 받아들이는 이민자는 정착 후 가족결합을 통하여 가족단위 거주 또는 이민자 집중거주지 형성

출처: 임형백(2009b, 69) 참고

따른 다른 유형의 정책을 시행하여 왔다. 결혼이민자에게는 대부분 '동화모형'을, 외국인 근로자에게는 '차별 배제 모형'에 해당되는 정책을 지속해 왔다. 또한, 한국의 역사와 민족성 그리고 이주민의 특수성을 반영하지 못한 채, 유럽과 북미 사례를 무분별하게 차용한 것이다. 이들 국가는 인도-유럽인(Indo-Europeans)이라는 공통점을 가지면서도, 서로 다른 역사적 · 사회적 · 문화적 맥락을 가지고 있기 때문에 다른 이민정책 모형을 발전시켜 활용한 것이다. 독일은 '차별 배제(differential exclusion) 모형'에 해당하고, 프랑스가 '동화(assimilation) 모형'에 해당되며, 영국이 '다문화주의(multiculturalism) 모형'에 해당한다. 그러나, 캐나다에서는 영국계가 '동화모형'을 추구했고, 프랑스계가 '동화모형'에 반발하여 분리독립을 추구하자 타협책으로 '다문화주의 모형'이 채택되었다. 이러한 국가별 이민정책과 상황도 시대적 흐름과 맥락에 따라 수정 · 보완되고 있다.

2) 한국의 사회통합 정책 역사와 그 변화

(1) 사회통합정책 이전

1962년 제1차 경제개발 5개년 계획이 추진된 이후, 1986년 이후 무역수지가 흑자로 전환되고 1988년 서울올림픽을 무사히 마쳤다. 한국은 북한에 대해 체제 경쟁에서의 자신감을 획득했고, 아시아의 변방 국가라는 위치에서 벗어나 국제사회에 이름을 알리기 시작했다. 사회적으로 국제화와 개방화가 진전되었다(임형백, 2013a: 158).

한국은 1988년 서울 올림픽 이후 늘어나기 시작한 외국인 근로자와 결혼이민자를 통해 이주변천 현상을 경험하고 있다. 20세기 들어 한반도 밖으로 근대적 이주를 시작한 한민족인 한 세기 만에 700만 명이 넘는 규모로 확대된 것처럼 한국에서의 이민은 국외이주에 국한된 현상이었다. 그러나, 서울올림픽 이후 국내 노동시장과 인구구조의 변화는 저숙련 분야의 산업현장에서 노동력 부족 사태를 가져왔고, 농어촌이나 도시 저소득층 남성 중 혼인하지 못하는 사람이 늘면서 국제결혼을 통해 한국으로 이주하는 여성결혼이민자들이 급증했다(한건수, 2022: 145-146). Piper와 Roces(2003)가 지적하듯이 이주경로로써 노동과 결혼은 연결되어 있다. 특히 한국농촌에서는 결혼이 빈곤과 연계된 이주경로로써 작용하고 있다(임형백, 2007).

한국정부가 채택하고 있는 '다문화정책'이 그 이념적 토대라고 할 수 있는 '다문화주의'에 대한 충분한 고찰 없이 채택된 결과 '다문화 정책의 명확한 이념적 지향점이 없어 정책도 부처별로 혼선을 겪고 있다(이민경, 2008; 김이선 외 2인, 2007; 문경희, 2007; 홍기원 외 4인, 2006).

(2) 사회통합정책의 시행

한국의 이민행정에서 사회통합이 본격적인 업무로 인식되지 시작한 것은 2007년 제정된 「재한외국인처우기본법」이 계기가 되었다. 이 법에서 국경관리를 중심으로 한 통제와 관리에서 이주민과 국민 간의 상호이해와 공존의 영역으로 확장되기 시작한 것이다(길강묵, 2011: 140).

사회통합이 정부의 공식 정책 용어로 도입된 것은 2009년 대통령소속 사회통합위원회를 구성한 것이 시초이다. 대통령령[13]으로 만든 사회통합위원회의 규정에 따르면, 사회통합위원회의 활동은 사회 각 계층의 의견수렴과 소통활성화를 증진시키며, 계층, 이념, 지역, 세대, 성, 인종, 다문화 간의 갈등을 해소하는 것으로 명시되어 있다(한건수, 2022: 215).

한국정부의 이주민 대상 사회통합정책은 "이민자와 국민 간 상호작용에 의해 나타날 수 있는 사회갈등을 최소화하고, 이민자가 우리 사회 구성원으로서 국가·사회발전에 기여해 나가도록 하는 정책"으로 정의되고 있다(길강묵, 2011: 141).

이러한 정의를 고려하면 현재 한국의 사회통합정책은 이민자가 한국사회에 자연스럽게 적응할 수 있도록 지원하며, 한국인과의 사회갈등을 최소화하기 위해 상호작용을 통해 적응할 수 있도록 이민자를 지원하고 한국인을 계도하여, 궁극적으로는 이민자들인 한국사회에 조화롭게 동화되는 것을 지향한다고 할 수 있다(한건수, 2022: 120). 실제 일부 학자들은 한국의 사회통합정책을 결혼이민자들이 일방적으로 한국사회에 동화될 것을 요구하는 '동화정책'의 점진적 과정이라고 평가한다(김영옥, 2010: 125; 조항록, 2011: 12). 반면, 사회통합 수준을 기본적 사회통합과 적극적 사회통합으로 구분하고, 정주 가능성에 따라 다르게 적용해야 한다는 주장도 있다(김이선 외 3인, 2011; 정기선 외 4인, 2012).

---

13 대통령령 제22340호, 2010.8.13. 시행.

(3) 사회통합정책의 혼선

한국 정부의 이민자 편입 정책은 외국인노동자와 결혼이민자를 구별하고 있다. 한국 정부가 제한적으로 이민자 편입 정책을 펴고 있는 대상은 결혼이민자이며 부분적으로 외국국적 동포 중 귀환 정착 희망자를 포함하고 있다. 한국의 이민정책 추진체계는 법무부와 여성가족부로 크게 양분되어 집행되고 있다. 주요 이민자인 결혼이민자의 대부분이 여성이며 국제결혼의 대중화 과정에서 여성결혼이민자들의 인권이 침해된 경우가 많았고 다문화가정의 지원 문제도 가족정책에 포함되기 때문이다. 이러한 이민정책 추진체계는 결혼이민자의 편입 정책과 정착 지원 프로그램과 관련해서 두 부처의 경쟁과 중복행정이라는 문제점을 돌출시켰다(한건수, 2022: 217).

결혼이민자를 대상으로 하는 편입 정책인 사회통합 프로그램을 도입하고 추진하는 과정에서도 두 부처는 의견을 달리했다. 정부는 2006년 외국인정책 총괄기구의 필요성과 정책 체계를 수립할 필요성을 인지하고 법무부로 하여금 외국인정책의 중시부처 역할을 하도록 했다. 법무부는 결혼이민자의 편입 정책으로 사회통합 프로그램을 도입하여 운영할 계획을 2007년 공론화했다(차용호, 2015: 75).

법무부의 계획은 제2차 외국인정책위원회(2007년 10월)가 외국인 정책 기조를 '질 높은 사회통합'으로 정리되며 지지를 받았고 2008년 '제1차 외국인 정책 기본계획'에 포함되었다. 법무부의 정책 제안은 '사회통합프로그램 이수제'였다. 법무부는 결혼이민자가 사회통합프로그램을 이수하면 국적 취득과정에서 혜택을 주는 방안으로 사회통합교육을 입안했다(차용호, 2015: 75).

문제는 당시 여성결혼이민자들이 가정폭력과 인권침해의 위협에 노출된 사례들이 많은 상황에서 여성결혼이민자에게 또 다른 의무를 지우는 것에 대한 반대여론이 제기된 것이다. 사회통합 프로그램을 의무화 하는 것은 여성결혼이민자들을 억압하는 정책으로 해석된 것이다. '이주여성활동단체 전국네트워크 함께하는 단체들'의 반대 성명으로 대표되는 시민단체의 반대 의견으로 사회통합프로그램 이수는 의무가 아니라 자율참여의 방식으로 전환되었다(차용호, 2015: 75).

법무부가 주도한 사회통합프로그램의 도입은 쉽지 않았으나, 그 필요성에 대한 인식의 확산과 여성결혼이민자에게 실질적 혜택이 돌아간다는 설득으로 정책과 프로그램이 자리를 잡기 시작했다. 제2차 외국인정책기본계획은 통합의 정책목표를 '대한민국의 공동가치가 존중되는 사회통합'으로 규정하고 있다. 그러나 그 공동가치는 구체적으로 규정되지 않고 있다(한건수, 2022: 218). 이에, 정부는 사회통합프로그램을 결혼이민자 뿐만 아니라 외국국적의 동포, 외국인 근로자를 포함하는 이민자 전체로 확대했다. 사회통합 프로그램의 법적 근거[14]도 확립되었다(법무부 출입국·외국인정책본부 이민통합과, 2015: 1).

사회통합정책과 프로그램은 외국인정책위원회와 재한외국인 처우 기본법에 따라 법무부가 외국인정책 총괄부서로서 표준화된 이민자 사회통합교육을 주관하게 되었다. 사회통합 프로그램은 한국어와 한국사회의 이해를 중심으로 운영되는데, 한국사회의 이해 과목은 한국의 제도, 법률, 역사, 풍습, 공동생활, 언어, 생활정보 및 문화 등에 대한 이해를 높이기 위한 내용으로 이루어져 있다(한건수, 2022: 219). 하지만, 사회통합 프로그램 초기에는 법무부, 여성가족부, 교육부, 문화부 등 다양한 부처에서 입안되고 추진되었으며 일부 프로그램은 부처별로 중복되어 편재되기도 했다. 그러나 사회통합프로그램의 중복이 문제로 되면서 법무부와 여성가족부 등이 서로 역할을 분담하는 조율이 진행되었다(차용호, 2015: 75).

현재 법무부는 사회통합 프로그램 운영을 담당하는 기관을 지정하여 이민자의 조기정착 지원뿐만 아니라 한국사회에 적응하기 위한 한국어교육과 한국사회의 이해 교육을 주도하고 있다. 법무부는 사회통합 프로그램의 일환으로 결혼이민자의 비자 심사에서 최소한의 한국어 능력을 확인하기 시작했다. 정부의 사회통합정책은 사회통합 교육 프로그램을 표준화하고 이를 강화하는 방향으로 추진되고 있다. 최근 정부는 사회통합프로그램의 대상을 난민과 유학생 등으로 확대시키고 있다(한건수, 2022: 219).

---

14 출입국관리법 제39조 및 제40조, 시행령 제48조 내지 52조, 시행규칙 제53조 내지 제53조의3. 재한외국인 처우 기본법 제10조 내지 제17조 및 제20조, 제21조. 국적법 시행규칙 제4조.

1) 국민적 공감대 형성과 국민적 합의

세계화 시대에 개방은 불가피한 현상이며, 개방에 따라 한 국가의 다양성과 문화의 다원성은 증가한다. 그러나, 이러한 국가의 다양성과 문화의 다원성이, 외부적으로는 세계화와 개방성의 증가로 보여지는 반면 내부적으로는 사회통합을 약화시킨다. 그동안 대한민국은 피상적으로 보여지는 관용과 개방성만 보고, 그 이면에 가려져있는 사회통합의 약화 등 복잡한 메커니즘을 이해하지 못한 측면이 강하다. 이러한 상황에서 다문화사회의 피상적인 개방성과 관용의 이미지보다는, 내면적인 사회통합에 초점을 맞추어야 한다. 다문화주의는 마치 다양성이 증가할수록 좋은 것이며, 다문화 사회화를 추구하는 것이 관용이고 개방된 선진사회라는 듯한 착각을 하고 있다.

다문화주의는 다원성을 인정하는 것이지, 다원성의 증가까지 추구하는 것은 아니다. 다양성과 다원성을 편견없이 개방적으로 받아들일 수 있는 열린 사고와 태도가 긍정적인 것이지, 다양성과 다원성의 증가 그 자체가 긍정적인 것은 아니다. 프랑스에서 관용(tolerance)를 강조하는 것은 역설적으로 프랑스가 관용적이지 않다는 것을 의미한다. 호주의 다문화주의는 캐나다에 비해 안정적으로 발전해 나가지 못했다. 호주인들은 비록 백호주의(White Australia Policy)를 폐기했음에도 불구하고 아시아인 이민자에 대해 여전히 양면적 감정을 지니고 있다. 호주인의 양면적 감정은 '인구증가인가 혹은 멸망인가' 그리고 '황색공포'라는 두 가지 표현에서 잘 드러난다 (한경구 외 6인, 2012: 78–80).

우리보다 먼저 이러한 경험을 한 국가들이 다문화 사회라는 이념과 정책을 들고 나온 것도 냉정히 보면 그 출발점은 도덕감정이 아니라 다양한 인종 간의 공존을 통한 국가통합과 사회적 비용의 감소라는 현실을 반영한 것이다(임형백 2008: 23, 2009a: 180). 정부 정책으로서의 다문화주의는 국가의 동기와 개입 정도에 따라 실질적(de facto) 다문화주의와 공식적(official) 다문화주의로 분류할 수 있다. 한편, 정치 철학자들이 문화적 소수자들의 문화권리의 보호를 다문화주의의 일차적 목표로 상정하는 반면, 공식적 다문화주의 국가에서 다문화주의는 이주민 그룹 간의 분열을 막고 국가에 대한 소속감을 강화하기 위한 정치적 수단으로서의 성격이 강하다 (Joppke, 2001). 따라서, 국민적 합의가 충분히 이루어지지 않은 상태에서 노동력 공급에 초점을 맞추어 추진한 호주(Australia)를 반면교사로 삼아야 한다.

2) 사회통합의 목표 설정

다문화정책의 실천목표는 궁극적으로는 평등한 시민사회의 정립을 위해 이주자들에게 대한 동등한 시민권의 확보 차원까지 진행될 때 비로소 그 목표를 달성하는 것으로 이해된다. 다문화정책의 목표에 대한 각국의 사례를 통해 알 수 있듯이 다문화주의는 정치통합, 국민통합, 공생공존, 인간적 권리공유 등의 목적을 가지고

표7   한국 외국인정책 기본계획의 사회통합 분야 정책

구분	제1차(2008-2012)	제2차(2013-2017)	제3차(2018-2022)	제4차(2023-2027)
정책 목표	질 높은 사회통합	대한민국의 공동가치가 존중되는 사회통합	이민자의 자립과 참여로 통합되는 사회	국가와 사회의 지속가능발전에 힘이 되는 이민정책
중점 과제	• 다문화에 대한 이해증진 • 결혼이민자의 안정적 정착 • 이민자 자녀의 건강한 성장 환경 조성 • 동포의 역량 발휘를 위한 환경조성	• 자립과 통합을 고려한 국적 및 영주제도 개선 • 체계적인 이민자 사회통합프로그램 운영 • 국제결혼 피해방지 및 결혼이민자 정착 지원 • 이민배경 자녀의 건강한 성장환경 조성 • 이민자 사회통합을 위한 인프라 구축	• 이민단계별 정착지원 및 사회통합 촉진 • 이민배경 자녀 역량 강화 • 이민자 사회통합을 위한 복지지원 내실화 • 이민자의 지역사회 참여 확대	• 8대 영역: 국경관리, 체류질서, 유입유치, 취업이민, 사회통합, 동포사회, 인권·난민, 추진체계 • 25대 중점 과제

주석: 제4차 외국인정책 기본계획은 현재 수립 중이며, 위〈표 Ⅴ-7〉의 해당내용은 조영희 외 23인, 2021의 내용을 정리한 것임.
출처: 법무부(2008, 2013, 2018), 김규찬(2022, 211), 조영희 외 23인(2021) 참고하여 정리

있다(구견서, 2003: 44).

대한민국의 사회통합 목표와 내용은 엄밀하게 규정되어야 한다. 한국사회의 이민자 통합 정책이나 프로그램은 정책의 원칙과 비전을 공유하지 못한 상태에서 이상적이고 계몽적인 추상적 정책 목표 하에 집행되고 있다. 모든 이민자를 대상으로 사회통합 프로그램을 운영한다고 하지만 실제 그 대상은 여전히 결혼이민자에 국한되어 있을 뿐이다(한건수, 2022: 220). 또한, 일반인을 대상으로 하는 사회통합 프로그램도 여전히 매우 부진하고 미흡한 수준이다.

3) 추진체계 정립

사회통합 추진체계를 분명하게 정립해야 한다. 그동안 사회통합 정책의 추진체계 역사가 분명하게 정립되지 못해 여전히 부처 간 중복사업 문제가 제기되고 있으며, 이민자 통합이 추구하는 바를 분명하게 드러내지 못하고 있다. 이민자 통합은 복지, 인권, 문화, 교육 등 다양한 부처의 업무와 중첩될 수밖에 없다. 그렇기 때문에 정책의 방향과 내용을 총괄하는 주관 부처와 그 집행체계가 분명해야만 정책의 일관성과 효율성을 높일 수 있다. 법무부가 외국인 정책을 총괄하는 부처임에도 불구하고 결혼이민자와 그 가족을 위한 많은 사업이 여성가족부에 편재되어 있음이 문제로 지적되고 있다(한건수, 2022: 220).

4) 대한민국의 국익과 이주민의 사익의 일치

대한민국 안에서 이질적이고 다양한 사람들이 통합한다는 것은 쉬운 것이 아니다. 사람들은 동질적인 집단에 대한 소속감과 충성심이 강하고, 이질적인 집단에 대하여는 소속감이 약하고 배타적일 수 밖에 없다. 교육과 제도만으로 해결할 수 없는 인간의 태생적인 본성이다.

고대사회에서도 혈연적으로 가깝도 동질적인 부족에 대한 소속감은 강한 반면, 국가에 대한 소속감은 약했다. 고대사회에서 부족(tribe)에 대한 소속감 보다 국가에 대한 소속감이 강해질 때, 이를 고대국가의 성립으로 본다. 현재에도 아프리카와 중동의 여러 나라에서는 국가에 대한 소속감보다 부족에 대한 소속감이 더 강하다.

강력한 사회통합을 이루기 위해서는 대한민국의 이익과 이주민의 이익이 일치하여야 한다.[15] 현재 국제이주의 가장 큰 원인이 경제적 기회이며, 이는 보다 큰 이익을 추구하는 개인의 합리적 행동의 결과이다. 현실세계에서 개인은 자신의 이익을 지키기 위하여 노력하고 때로는 투쟁한다. 대한민국의 구성원이 된 이주민 개인의 이익과 대한민국의 이익이 일치하고, 이주민이 대한민국의 국민이라는 정체성과 기존의 대한민국의 국민과의 일체감을 갖는 것이 진정한 사회통합이다.

특히, 국가위기 상황에서 이주민의 대한민국에 대한 일체감과 대한민국 국민이라는 정체성이 발휘될 수 없다면 진정한 사회통합이 아니다. 대한민국에 대한 일체감과 국민으로서의 정체성이 명확하지 않은 상태에서, 이주민이 과도하게 늘어나거나 특정 국가출신 비중이 과도하게 높아지는 것은 위험하다.

예를 들면, 조선족 동포들은 중국공산당이 조선족으로 호칭하여 중국 공민의 지위를 부여함으로써 해방과 함께 시작된 동북지역 정착을 위한 투쟁에 종지부를 찍게 됐다. 이로써 조국인 남한이나 북한을 선택할 것인가에 대한 갈등이나 중국에서의 차별에 대한 두려움을 떨쳐버리고 명실상부하게 동북지역에 뿌리를 내릴 수 있게 된 것이다(곽승지, 2013: 215). 이후 1992년 한국과 중국의 수교 이후 조선족은 한국 곁으로 다가오게 된다. 우리 입장에서는 논란의 여지는 있지만, 과거 '간도[16]거주민'인 조선족이 재중동포로 한민족 네트워크에 들어온 것이다. 그러나, 중국은 아직도 조선족을 동북지방의 소수민족으로 여긴다. 한·중 수교 이후 조선족사회의 동요와 이탈을 막기 위해 조선족에게 '올바른 3관', 즉, 조국관·민족관·역사관을 주입하고자 하는 '三觀정책'을 일종의 교양사업으로 시행하였다(김우준·정갑영, 2007: 63-64). 즉, '조국관'은 조선족의 조국은 한국이나 북한이 아니라 중국이라는 것이고, '민족관'으로는 조선족은 중화민족의 일원이라고 주입시켰다. '역사관'으로 연변 조선족자치주 지역은 역사적으로 '중국 영토'라는 것을 강조하고 중국의 역사

---

15 이처럼 국익과 이주민의 이익이 일치하는 대표적인 국가로 미국을 들 수 있다. 미국에 이민온 다수의 이주자들은 출신국가보다 미국에서의 삶의 수준이 더 높다. 또 다른 제3국으로 이주할 의사도 많지 않다. 따라서 이들은 미국이 발전하고 자신들이 미국에서 더 높은 수준의 삶을 살기를 원한다. 역으로 말하면 자신들의 출신국가로 돌아가 더 낮은 삶을 살기를 원하지 않는다.

16 일반적으로 간도문제라 하면 이른바 백두산정계비를 중심으로 발원하는 토문강(土門江) 동쪽 지역인 북간도(혹은 동간도라고도 하고 또는 일반적으로 간도라고도 함)의 귀속문제를 의미하지만 북간도 뿐만 아니라 압록강 이북의 서간도 귀속문제도 포함된다(김우준·정갑영, 2007: 57).

와 연변의 역사에 대해 학습을 강요했다(최우길, 2005: 152-153).

중국의 입장에서 보면, 조선족의 정체성의 유지는 중국의 국가통합에 대한 심각한 위험요소이다. 중국 영토의 60% 이상이 소수민족의 거주지역이기 때문이다. 특히, 대한민국(남한)과 북한이 통일된 이후에 조선족의 정체성의 유지는 통일한국과 중국 간의 영토분쟁과 이로 인한 연쇄적인 위험을 초래할 수 있다(임형백, 2016: 23). 조선족은 분명 혈연적으로는 우리의 동포이다. 같은 조상을 가지고도 아픈 역사로 인하여 지금은 서로 다른 나라에 살고 있다. 이러한 조선족에 대하여 연대의식을 가지는 것은 자연스러운 일이고, 우리는 조선족이 우리와 같은 연대의식과 정체성을 가지기를 희망한다(임형백, 2016: 22). 하지만, 우리는 조선족에 대하여 경제적 격차를 이유로 차별하면서도, 막연한 동포애를 느끼는 이율 배반적인 태도를 가지고 있다. 즉 조선족에 대하여 차별적 태도를 취하면서도, 우리가 느끼는 혈연적 공통성에 기초한 민족의식을 기대하는 이율 배반적이면서도 자기중심적인 시각을 가지고 있다(임형백, 2013a: 417-418).

또 다른 사례를 보면, 프랑스에서 2011년 시행된 '히잡 착용 금지법'의 명분 중하나가, 정교 분리원칙(세속주의)이었다. 프랑스의 건국이념과 이슬람 교리의 충돌이다. 모로코는 프랑스의 식민지배를 받았던 국가이고, 2022년 카타르 월드컵 준결승전(프랑스 vs 모로코)은 그 연장선상에 있었다. 준결승전에서 모로코가 프랑스에 패하자, 프랑스에 거주하는 모로코인들이 폭력소요를 일으켰다. 과거 구식민 국가 무슬림으로서의 모로코인과 현재 프랑스 국민으로서의 모로코인의 정체성의 충돌이다. 모로코계 프랑스인의 정체성의 혼란이 드러나는 사건이었다. 프랑스에 온 이민자들이 프랑스보다 출신국가(모국) 또는 이슬람에 더 강한 소속감과 충성심을 가질 경우, 하나의 프랑스는 존재할 수 없고, 국가위기상황에서 그 위험은 더 심각해질 것이다.

5) 한국에 적합한 사회통합정책의 개발

사회통합 프로그램은 한국어와 한국문화 및 한국사회에 대한 이해를 체계적으로 제공하여, 이민자가 한국사회에 쉽게 융화될 수 있도록 지원하기 위해 도입된 제도이다. 사회통합 프로그램을 효과적으로 시행하기 위하여 필요한 전문인력 및 시설 등을 갖춘 기관, 법인 또는 단체를 사회통합 프로그램 운영기관으로 지정하여 운영하고 있다(황미혜·권영은, 2023: 62).

한국에서는 사회통합 프로그램(KIIP: Korea Immigration & Integration Program)은 2009년 4월부터 시범운영하였다. 사회통합 프로그램은 대한민국에 체류하는 이민 자가 법무부 장관이 인정하는 소정의 교육과정을 이수하면, 국적취득 과정에서 편 의를 제공하고 한국사회에 보다 빨리 적응하도록 지원하는 제도이다. 교육과정은 한국어 과정, 한국사회이해 과정으로 구성된다(임정덕, 2011: 172).

또한, 사회통합프로그램에 참여하려는 사람에 대한 사전 평가, 참여하고 있는 사람에 대한 단계별 평가, 그리고 중간평가(KLCT: Korea Language and Culture Test)가 이루어지고 있다. 이후 사회통합 프로그램을 마친 사람에 대해 이수 여부를 결정하 는 종합평가 등을 실시하고 있다(황미혜·권영은, 2023: 63). 사전평가를 통해 개인의 기본소양 능력에 따라 일부과정 및 이수시간 면제·감면 등 차등 적용된다. 구체적 인 내용은 이민자가 우리말과 우리문화를 익히도록 함에 따라 국민과의 원활한 의 사소통으로 지역사회에 쉽게 융화될 수 있도록 지원하고 있다(임정덕, 2011: 172).

그러나, 원활한 의사소통과 대한민국의 문화에 대한 이해만으로 사회통합이 달 성될 수는 없다. 더구나 대한민국에서도 이미 분절적 동화가 나타나고 있다. 단기 적으로 노동력 부족을 해소 내지는 인구감소의 해소라는 편협한 시각으로 접근하 는 정책은 장기적으로 사회통합을 약화시킬 수 있다.

인도-유럽인으로 형성된 서양은 우리와 역사와 문화가 다르다. 한국은 서양에 서 사용되어 온 3가지 유형의 사회통합정책에 해당하지 않는다. 더구나 한 나라에 서도 사회통합정책은 변화되어 왔다. 황미혜·권영은(2023: 19)은 사회통합정책이 동화모형과 다문화주의 모형에서 제3의 사회통합정책으로 나아가고 있다고 보았 다. 그럼에도 불구하고, 아직도 한국에서는 '다문화주의'만이 옳은 것처럼 이야기 하는 사람도 많다.

국가와 민족은 강력한 사회통합 메커니즘이다. 민족이 없는 다민족국가에서 대 안으로 제시되는 것이 관용을 통한 사회통합이다. 민족주의가 잘못된 것이 아니라, 민족주의가 배타적으로 사용되는 것이 잘못이다. 일부에서 민족이라는 개념을 폐 기하고, 외국인을 늘려야 한다는 주장을 하기도 하였는데, 현실에 대한 이러한 피상적 이해와 접근이 정말 위험한 것이다.

출발점은 다양성을 인정하는 것이지만 지향점은 우리를 중심으로 흡수되고 포용되는 사회통합이어야 한다. 동시에 정부 각 부처와 지자체에서 산발적으로 이루어지고 있는 다문화정책을 체계화하고, 단기거주노동자, 가족단위의 이민자 집중거주자, 결혼이민자에 따라 세분화되고 차별화되어야 한다(임형백, 2009a: 178). 우수한 모형은 없다. 운영의 묘일 뿐이다. 사회에는 정답이 없다. 해답을 찾아가는 과정이 있을 뿐이다.

그동안 한국의 학계가 이민, 사회통합과 관련하여, 장기적 전망이 없는 상태에서, 방향설정도 하지 못하고, 해외사례의 피상적 소개에 머문 것도 뼈아픈 현실이다. 전문가들로 구성된 학계는 미래[17]를 예측하고 발생가능한 문제를 미리 대비하며, 현안을 해결하고, 의제를 발굴하고, 정책제언을 하는 역할을 수행하여야 했음에도 그렇지 못한 것도 엄연한 현실이다.

사회통합은 비관론도 낙관론도 적합하지 않다. 현실을 냉정히 바라보면서, 열정적으로 노력해야 한다. 국민들은 장밋빛 전망을 가지더라도, 오히려 학자와 정치인들은 불편한 진실을 이야기하고 준비해야 한다. 우리와 다른 나라들의 정책의 무비판적 수용이 아니라, 우리에게 맞는 정책의 개발이 필요하다. 폐쇄적이되자는 것도 아니고 외국인 혐오를 하자는 것이 아니다. 혹시나 발생할지 모르는 문제를 사전에 미리 준비하자는 것이다.

---

17 미래연구방법을 3가지 방법으로 나눌 경우에는 ① 지나간 추세가 앞으로도 계속될 것이라는 가정하에 과거 일정기간 나타난 규칙성을 바탕으로 변동추세를 예측하는 추세외삽법(extrapolation), ② 가능성있는 대안을 설정하고 각각의 전개 가능성을 살펴보는 시나리오법(scenario), ③ 분야의 전문가들의 의견을 종합하여 합의 정도에 따라 예측하는 전문가 합의법(delphi technique)으로 나누고, 5가지 방법으로 나눌 경우에는 ④ 모의실험법(simulation), ⑤ 의사결정나무작성법(relevance tree)을 추가한다(임형백, 2004: 135).

참고문헌

강수택(2004). 근대, 탈근대, 사회적 연대. 한국사회학, 38(5), 1-29.

강주원(2013). 중ㆍ조 국경의 다층적 의미: 역사 속의 변경 확대와 현재의 국경 강화. 역사문화연구, 45, 239-281.

곽승지(2013). 조선족, 그들은 누구인가. 경기: 인간사랑.

구견서(2003). 다문화주의의 이론적 체계. 현상과 인식. 가을호(통권 90호), 29-53.

길강목(2011). 이민자 사회통합정책의 현황과 과제: 법무부의 이민 정책 현황과 과제를 중심으로. 다문화사회연구, 4(2), 123-154.

김규찬(2022). 이민정책론. 경기: 공동체.

김영옥(2010). 결혼이주여성의 한국사회 통합: 정책과 경험사이에서. 다문화사회연구, 3(2), 123-154.

김우준ㆍ정갑영(2007). 조선족에 대한 한ㆍ중간 역사적 시각차 비교. 정상화 외 7인. 중국조선족의 중간 집단적 성격과 한중관계. 서울: 백산자료원, 53-82.

김이선ㆍ황정미ㆍ인진영(2007). 다민족ㆍ다문화사회로의 이행을 위한 정책 패러다임 구축(Ⅰ): 한국사회의 수용 현실과 정책과제. 한국여성정책연구원.

김이선ㆍ민무숙ㆍ홍기원ㆍ주유선(2011). 다민족ㆍ다문화사회로의 이행을 위한 정책패러다임 구축(Ⅴ): 다문화사회 정책의 성과와 미래과제. 한국여성정책연구원.

김종영(2015). 지배받는 지배자: 미국 유학과 한국 엘리트의 탄생. 경기: 돌베개.

네이선 글레이저(Nathan Glazer)(2009). 우리는 이제 모두 다문화인이다. 서종남ㆍ최현미 옮김. 서울: 미래를소유한사람들.

데이비드 사우스웰(David Southwell)(2008). 조폭연대기. 추미란 역. 서울: 이마고.

라인하르트 쉬메켈(Reinhard Schmoeckel)(2013). 인도유럽인, 세상을 바꾼 쿠르간 유목민. 한국게르만어학회 옮김. 서울: 푸른역사.

문경희(2007). 호주의 이주, 난민 청소년 정책. 보건복지가족부 무지개청소년센터.

박단(2011). 프랑스 공화국과 이민: 새로운 공화국을 향하여. 이용재 외. 프랑스의 열정: 공화국과 공화주의. 서울: 아카넷, 151-172.

법무부 출입국ㆍ외국인정책본부(2007). 출입국ㆍ외국인정책통계.

법무부 출입국ㆍ외국인정책본부(2015). 법무부 이민자 사회통합프로그램 개관. 법무부 내부문서.

법무부(2008). 제1차 외국인정책 기본계획(2008-2012). 법무부 외국인정책본부.

법무부(2013). 제2차 외국인정책 기본계획(2013-2017). 법무부 외국인정책본부.

법무부(2018). 제3차 외국인정책 기본계획(2018-2022). 법무부 외국인정책본부.

법무부(2022.12). 통계월보.

빈센트 파릴로(Vincent N. Parrillo)(2010). 인종과 민족관계의 이해 (제3판). 부산대학교 사회과
학연구소 역. 서울: 박영사.

설동훈(2013). 국제인구이동과 이민자의 시민권: 한국·독일·일본의 사례를 중심으로. 민
주주의와 인권, 7(2), 369-419.

설동훈(2022). 이민정책 이론. 이혜경 외 7인. 이민정책론. 서울: 박영사, 77-111.

신현태·정우열·유근환(2012). 다문화사회와 사회통합에 관한 탐색적 연구: 주요국과 한국
의 다문화정책 비교를 중심으로. 한국지방자치연구, 13(4), 177-200.

엘리자베스 하멜(Elisabeth Hamel)(2021). 기후학·고고학·언어학·유전학 관점에서 살펴본
유럽민족의 기원. 김재명 옮김. 서울: 글로벌콘텐츠.

유해석(2021). 이슬람과 유럽 문명의 종말. 경기: 실레북스.

유흥태(2014). 고대 페르시아의 역사: 아케메니드 페르시아·파르티아 왕조·사산조 페르시
아. 경기: 살림.

이남복(2009). 체계이론과 사회통합. 한국사회학회 2009 전기사회학대회 발표논문집, 779-
790.

이민경(2008). 한국사회의 다문화 교육방향성 고찰: 서구사례를 통한 시사점을 중심으로. 교
육사회학연구, 18(2), 83-104.

이원복(2012). 먼나라 이웃나라: 영국. 경기: 김영사.

이종수(2009). 행정학 사전. 서울: 대영문화사.

이혜경(2022). 이민과 이민정책의 개념. 이혜경 외 7인. 이민정책론. 서울: 박영사, 3-40.

임정덕(2011). 외국의 이민정책 변천과 사회경제적 영향. 한국보건사회연구원.

임형백(2004). 농촌연구에 대한 농업경제학적 접근과 농촌사회학적 접근의 비교와 학제간연
구의 필요성. 한국농업교육학회지, 36(1), 127-144.

임형백(2007). 한국농촌의 국제결혼의 특징. 농촌지도와 개발, 14(2), 471-491.

임형백(2008). 한국의 다문화사회의 과제: 다문화주의모형과 동화모형의 갈등. 경인행정학
회 2008년도 추계학술세미나 발표논문집, 1-27.

임형백(2009a). 한국과 서구의 다문화사회의 차이와 정책 비교. 다문화사회연구, 2(1), 161-
185.

임형백(2009b). 한국의 도시지역과 농촌지역 다문화사회의 차이와 정책 차별화 연구. 한국지

역개발학회지, 21(1), 51-74.

임형백(2010). 도시범죄에 대한 도시계획적 인식과 대응. 치안정책연구, 24(2), 55-83.

임형백(2012). 미국 이민정책 연구: 시기 구분과 특징. 한국정책연구, 12(2), 273-290.

임형백(2013a). 한국 국토 공간구조의 형성과 변화. 경기: 한울아카데미.

임형백(2013b). 영국, 프랑스, 독일 3개국의 다민족국가의 경험과 갈등. 다문화와 평화, 7(2), 30-67.

임형백(2016). 중국의 국가통합과 조선족 정체성의 갈등. 다문화와 평화, 9(2), 1-28.

임형백(2017). 이민과 개방에 대한 신자유주의와 신고립주의의 갈등. 다문화와 평화, 11(2), 1-36.

임형백(2022a). 인종주의: 사라져야 할 유사과학. 한국이민행정학회보, 1(1), 151-181.

임형백(2022b). 인구감소가 초래한 지방소멸 위기와 이민. 한국지역개발학회지, 34(4), 15-40.

임형백(2022c). 인도-유럽인의 형성에 대한 학제간 연구. 다문화와 평화, 16(3), 50-94.

임형백(2023). 고유럽인의 소멸과 인도-유럽인의 형성. 한국이민정책학보, 6(1), 175-198.

장용석 · 조문석 · 정장훈 · 김용현 · 최정윤(2011). 융합사회와 거버넌스. 사회와 이론, 18, 238-281.

정기선 · 오정은 · 김환학 · 최서리 · 신예진(2012). 이주민의 지역사회 정착과 사회통합정책 연구. 행정안전부.

조영희 외 23인(2021). 제4차 외국인정책기본계획 수립을 위한 연구. 법무부 출입국 · 외국인 정책본부.

조항록(2011). 이민자 사회통합정책의 실제와 과제. 다문화와 평화, 5(2) 5-31.

차용호(2015). 외국인 사회통합교육 정책변동에 관한 연구: 이민정책에 관한 외부환경 변화 와 정책기업가의 활동을 중심으로. 서울대학교 행정대학원 석사학위 논문.

최우길(2005). 중국 조선족 연구. 선문대학교 중한번역문헌연구소.

콜린 렌프류(Colin Renfrew)(2017). 언어고고학. 김현권 옮김. 서울: 한국방송통신대학교출판 문화원.

한건수(2022). 이민행정 제도 및 조직. 이혜경 외 7인. 이민정책론. 서울: 박영사, 115-149.

한경구 · 설동훈 · 이철우 · 이충훈 · 이혜경 · 정기선 · 한건수(2012). 해외 각 국의 이민정책 추진 체계 연구. 법무부.

홍기원 · 백영경 · 노명우 · 이재은 · 정보원(2006). 다문화정책의 방향과 문화적 지원 방안연 구. 한국문화관광정책연구원.

황미혜 · 권영은(2023). 다문화 전공자를 위한 이민정책론 (개정판.). 경기: 한국학술정보.

Anderson, B. (1991). *Imagined Communities: Reflections on the Origin and Spread of Nationalism*. London: Verso.

Avdeyeva, O. (2007). When Do States Comply with International Treaties? Policies on Violence against Women in Post-Communist Countries. *International Studies Quarterly*, 51(4), 877-900.

Castles, S., & Miller, M. J. (2009). *The Age of Migration: International Population Movements in the Modern World* (4th ed.). London: The Guilford Press.

Cornelius, W. A., & Takeyuki T. (2004). Controlling Immigration: The Limits of Government Intervention. in W. A. Cornelius, Takeyuki Tsuda, P. L. Martin, and Hollifield, J F. (eds.). *Controlling Immigration: A Global Perspective* (2nd ed.). Stanford University Press, 3-48.

Council of Europe (2005). *Concerted development of social cohesion Indicators: Methodological guide*. Strasbourg: Council of Europe Publishing.

de Haas, H., Castles, S., & Miller, M. J. (2020). *The Age of Migration: InternationalPopulation Movements in the Modern World* (6th ed.). London: The Guilford Press.

Ehrlich, P. (1968). *The Population Bomb*. New York: Buccaneer Books.

Faloyin, D. (2022). *Africa is Not a Country: Notes on an Bright Continent*. New York: W. W. Norton & Company.

Freeman, G. P. (1995). Models of Immigration Policies in Liberal Democratic States. *International Migration Review*, 24(4), 881-902.

Gimbutas, M. (1956). *The Prehistory of Eastern Europe*. Part 1: Mesolithic, Neolithic and Copper Age Cultures in Russia and the Baltic Area. American School of Prehistoric Research. Harvard University Bulletin No. 20. Cambridge, MA.: Peabody Museum.

Gimbutas, M. (1997). *The Kurgan Culture and the Indo-Europeanization of Europe*: Selected Articles from 1952 to 1993. Washington, DC: Institute for the Study of Man.

Hafner-Burton, E. M., & Kiyoteru T. (2005). Human Rights in a Globalizing World: The Paradox of Empty Promises. *American Journal of Sociology*, 110(5), 1373-1411.

Hobsbawm, E. (1975). *The Age of Capital: 1848-1875*. London: Orion.

Jacob, P. E., & Teune, H. (1964). The Integrative Process: Guideline for Analysis of the Bases of Political Community. in P. A. Jacob and J. R. Toscano (eds.). *The Integration of Political Communities*. Philadelphia: J. B. Lippincott.

Joppke, C. (2001). Multicultural Citizenship: A Critique. *European Journal of Sociology*, 42(2), 431-447.

Krasner, S. D. (1999). *Sovereignty: Organized Hypocrisy*. Princeton: Princeton University Press.

Kymlicka, W., & He, B. (ed.) (2005). *Multiculturalism in Asia*. Oxford University Press.

Martin, P. L. (2004). The United States: The Continuing Immigration Debate. in Cornelius, W. A., Takeyuki, T., Martin, P. L., and Hollifield, J. F. (eds.). *Controlling Immigration: A Global Perspective* (2nd ed.), Stanford University Press, 51-85.

McKinstry, L. (2011). The Pm's Right Speak Out Against Multiculturalism. Daily Express. 7 February 2011.

Meyer, J. W., John, B., Thomas, G. M., & Ramirez, F. O. (1997). World Society and the Nation-State. *American Journal of Sociology*, 103(1), 144-181.

Meyer, J. W., & Jepperson, R. L. (2000). The 'Actor's of Modern Society: The Cultural Construction of Social Agency. *Sociological Theory*, 18(1), 100-120.

Nye, J. (1968). Comparative Regional Integration: Concept and Measurement. *International Organization*, 21, 855-880.

Piper, N., & Roces, M. (2003). Introduction: Marriage and Migration in an Age of Globalization. in N. Piper and M. Roces eds. Wife or Worker?: Asian Women and Migration. *Lanham, Maryland: Rowman & Littlefield*, 1-21.

Portes, A., & Rumbaut, R. (2001). *Legacies: The Story of the Immigrant Second Generation*. Berkeley, CA: University of California Press.

Ramirez, F. O., Soysal, Y., & Shanahan, S. (1997). The Changing Logic of Political Citizenship: Cross-National Acquisition of Women's Suffrage Rights, 1890 to 1990. *American Sociological Review*, 62(5), 735-745.

Sainsbury, D. (2012). *Welfare States and Immigrant Rights: The Politics of Inclusion and Exclusion*. Oxford: Oxford University Press.

Sassen, S. (1996). *Losing Control? Sovereignty in an Age of Globalization*. New York: Columbia University Press.

Sussman, R. W. (2014). *The Myth of Race: The Troubling Persistence of an Unscientific Idea*. Cambridge, MA: Harvard University Press.

Wehler, Hans-Urlich. (2001). *Nationalismus*. München: Geschichte-Formen-Folgen.

제**3**부

대상별 이민정책 실태

제 1 장

결혼이주여성

황 해 영

1. 결혼이주여성 현황

1) 결혼이주여성의 개념

결혼이주여성은 정부기관, 학자에 따라 그 개념도 다양하게 정의되고 있다. 먼저, 정부 부처별로 보면 다문화가족지원법(2020)에서는 재한외국인처우기본법의 결혼이민자 그리고 국적법에 따라 귀화 허가를 받은 자로 정의하였다.

> 제2조(정의) "결혼이민자 등"이란 다문화가족의 구성원으로서 다음 각 목의 어느 하나에 해당하는 자를 말한다.
> 가. 「재한외국인처우기본법」 제2조 제3호의 결혼이민자
> 나. 「국적법」 제4조에 따라 귀화허가를 받은 자(다문화가족지원법 제2조)

출처: 국가법령정보센터

재한외국민처우기본법(2007) 제2조 제3항에서는 결혼이주여성이란 대한민국 국민과 혼인한 적이 있거나 혼인한 관계에 있는 재한외국인 또는 대한민국 국민과의

혼인을 계기로 귀화허가를 받은 사람으로서 여성인 경우를 말한다. 이때 한국국적을 취득한 결혼귀화자는 결혼이주여성에 포함하지 않는다. 2015년 여성가족부에서는 결혼이민자란 결혼을 목적으로 우리나라 국민과 결혼해 합법적인 부부가 되어 우리 사회에 체류하고 있는 외국인으로 지칭하고, 그중 결혼이주여성이란 한국인 남성과 결혼한 외국인 여성을 의미한다고 밝혔다(여성가족부, 2015).

이처럼 외국인 정책을 다루는 부서마다 결혼이주여성의 범주는 다르나 모두 혼인을 통해 한국으로 이주한 외국 여성이라는 점은 공통적이라 할 수 있다. 본고에서는 대한민국 남성과 결혼한 경험이 있는 외국국적 출신 여성을 통칭하여 결혼이주여성이라고 정의하였다.

2) 결혼이주민의 체류자격 유형

국제결혼을 통해 국내에 거주하는 결혼이주여성은 국적 취득 전과 국적 취득 이후로 나뉘며 국적 취득이전에는 국민의 배우자(F-6-1)비자를 취득하고, 국민의 배우자에 해당하지 않으면서 국민의 자녀를 국내에서 양육하는 경우 자녀양육(F-6-2)비자를 취득한다.

표 1 결혼이주여성 비자 유형

체류자격	설명
자격 해당자 및 활동범위	• 한국에서 혼인이 유효하게 성립되어 있고, 우리 국민과 결혼생활을 지속하기 위해 국내 체류를 하고자 하는 사람 • 국민과 혼인관계(사실상의 혼인관계를 포함한다)에서 출생한 자녀를 양육하고 있는 부 또는 모로서 법무부장관이 인정하는 사람 사실혼은 주관적으로 혼인의 의사가 있고, 또 객관적으로는 사회통념상 가가족질서의 면에서 부부공동생활을 인정할 만한 실체가 있는 경우에 성립(대법원 98므961, 1998.12.08.) 예 혼인의사 없이 단순 동거를 한 경우, 법률상 보호를 받을 수 없는 중혼적 사실혼 관계인 경우에는 사실혼 관계로 볼 수 없음 • 국민의 배우자와 혼인한 상태로 국내에 체류하던 중 그 배우자의 사망이나 실종, 그 밖에 자신에게 책임이 없는 사유로 정상적인 혼인관계를 유지할 수 없는 사람으로서 법무부장관이 인정하는 사람

체류기간의 상한	• 3년		
체류자격 세부약호	약호	분류 기준	
	F-6-1	양 당사자 국가에 혼인이 유효하게 성립되어 있고, 우리국민과 결혼생활을 지속하기 위해 국내 체류를 하고자 하는 외국인	
	F-6-2	'F-6-1'에 해당하지 않으나 국민과 혼인관계(사실상의 혼인관계를 포함)에서 출생한 미성년 자녀를 국내에서 양육하거나 양육하려는 부 또는 모	
	F-6-3	국민인 배우자와 혼인한 상태로 국내에 체류하던 중 그 배우자의 사망·실종, 그 밖에 자신에게 책임이 없는 사유로 정상적인 혼인관계를 유지할 수 없는 사람	
체류자격외 활동	• 체류자격 구분에 따른 취업활동의 제한을 받지 않음		

출처: 외국인체류 안내매뉴얼(2023.412-413) 재구성

이 밖에도 결혼이민자들은 영주권(결혼이민자 F-5)체류 자격을 취득할 수도 있다. 영주권 취득자는 체류자격의 구분에 따른 활동의 제한을 받지 않는다. 결혼이민자(F-5)취득요건은 다음과 같다.

비자유형	허가요건
결혼이민자 (F-5-2)	• 한국인 배우자와 정상적인 혼인생활 유지 • 결혼이민(F-6)자격으로 2년 이상 국내 계속 체류 • 품행단정 요건 • 생계유지능력 요건 • 기본소양 요건
국민의 미성년 자녀 (F-5-3)	• 한국인 (前)배우자와 관계에서 출생한 자녀 양육 • 결혼이민(F-6)자격으로 2년 이상 국내 계속 체류 • 품행단정 요건 • 생계유지능력 요건 • 기본소양 요건

결혼이민자가 한국에서 국적을 취득하고자 하는 경우 혼인에 의한 간의귀화를 신청하면 된다. 국적법 제6조 제2항에서는 혼인에 의한 간이귀화 요건을 다음과 같

이 규정하였다.

「국적법」 제6조 제2항 배우자가 대한민국의 국민인 외국인으로서 다음의 어느 하나에 해당하는 사람일 것
  1. 그 배우자와 혼인한 상태로 대한민국에 2년 이상 계속하여 주소가 있는 사람
  2. 그 배우자와 혼인한 후 3년이 지나고 혼인한 상태로 대한민국에 1년 이상 계속하여 주소가 있는 사람
  3. 1.이나 2.의 기간을 채우지 못했으나, 그 배우자와 혼인한 상태로 대한민국에 주소를 두고 있던 중 그 배우자의 사망이나 실종 또는 그 밖에 자신에게 책임이 없는 사유로 정상적인 혼인 생활을 할 수 없었던 사람으로서 1.이나 2.의 잔여기간을 채웠고 법무부장관이 상당하다고 인정하는 사람
  4. 1.이나 2.의 요건을 충족하지 못하였으나, 그 배우자와의 혼인에 따라 출생한 미성년의 자녀를 양육하고 있거나 양육해야 할 사람으로서 1.이나 2.의 기간을 채웠고 법무부장관이 상당하다고 인정하는 사람
    − 나이가 대한민국의 「민법」상 성년일 것(「국적법」 제5조제2호). 대한민국의 「민법」상 '성년'이란 만 19세가 된 사람을 말함(「민법」 제4조).
    − 법령을 준수하는 등 규제 「국적법 시행규칙」 제5조의 2로 정하는 품행 단정의 요건을 갖출 것(「국적법」 제5조제3호)
    − 자신의 자산(資産)이나 기능(技能)에 의하거나 생계를 같이하는 가족에 의존하여 생계를 유지할 능력이 있을 것(「국적법」 제5조제4호)
    − 국어능력과 대한민국의 풍습에 대한 이해 등 대한민국 국민으로서의 기본 소양(素養)을 갖추고 있을 것(「국적법」 제5조제5호)
    − 귀화를 허가하는 것이 국가안전보장·질서유지 또는 공공복리를 해치지 않는다고 법무부장관이 인정할 것(「국적법」 제5조제6호)

출처: 국가법령정보센터(www.law.go.kr)

3) 결혼이주여성의 현황

(1) 결혼이주여성의 인구적 변화

한국에서의 국제결혼의 시작은 1980년대 통일교의 국제합동 결혼을 통해 일본, 필리핀 여성과의 결혼이 증가하면서부터 시작되었다. 또한, 1980년대 국가가 '농촌 총각 장가보내기' 등의 사업을 정책적으로 추진하면서부터 중국 조선족 여성과

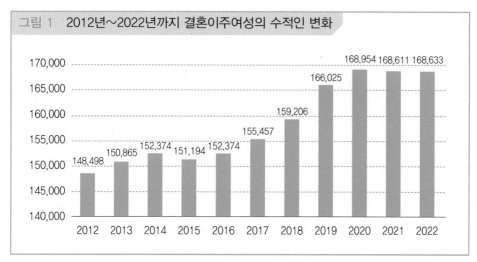

그림 1 2012년~2022년까지 결혼이주여성의 수적인 변화

출처: 법무부(2023) 출입국 · 외국인 정책 통계연보 재구성

의 결혼을 시작으로 본격적으로 등장하였다. 1990년 초반에는 매년 3천 명 정도의 외국여성들이 결혼을 통해 국내로 이주하였으며 해를 거듭할수록 급격히 증가하였다. 한국 내 국제결혼의 현저한 증가의 계기는 1992년 한국과 중국의 수교조약 체결 이후 한족으로 대표되는 중국인과 중국 국적의 조선족에게 한국 방문 및 문화교류가 허용되면서 중국인들과 한국인들의 결혼이 증가하였다.

국내체류 결혼이민자 수는 1990년대부터 2010년까지 급속히 증가하다가 2007년부터 증가율이 감소세로 전환하기 시작하여 2009년에는 결혼이민자 국적국의 국제결혼제도 강화 등의 영향으로 현저히 감소하였다(법무부 출입국 · 외국인정책 통계연보, 2011). [그림 1]은 2012년부터 2022년까지 결혼이주여성의 수적인 증가 현황을 보여준다. 2012년 이후 결혼이주여성의 증가세는 매년 5,000명 내외로 꾸준히 증가하는 추세를 보였으나, 코로나 19 팬데믹의 시작이후 2021년, 2022년에는 소폭 감소하는 경향을 보였다.

(2) 결혼이주여성의 국적

2023년 2월 현재 한국에 거주하는 외국국적의 결혼이주여성은 모두 170,932명이며, 이는 10년 전 대비 2만 명 가량 증가하였으며 해마다 평균 2%대 증가세를 보이고 있다(법무부 출입국 · 외국인정책본부 통계월보, 2023).

국내 거주 결혼이주민들의 혼인 귀화 특성을 보면 2021년 7월까지 우리나라 국적을 소유한 결혼이주민은 남녀 모두를 포함하여 15만 5397명으로 대부분 대한민국의 국적을 소유하며 결혼이주민의 내국민화 현상이 두드러짐을 알 수 있다. 이는 장기 거주를 목적으로 하며 한국에서 안정적인 생활을 위하여 국적을 취득하였음을 알 수 있다. 다음은 국내 혼인귀화자의 연간 증가 추이이다.

표 2 　혼인귀화자(누계)　(단위: 명)

연 도	2017년	2018년	2019년	2020년	2021년	2022년	2023년
혼인귀화자 (전체 누계)	121,339	129,028	135,056	141,773	148,118	154,926	155,397

출처: 법무부 출입국 · 외국인정책본부 통계월보(2023.02) 참고

다음은 현재 국내거주 결혼이주여성의 연도별 국적별 혼인현황이다. 한국남자와 외국여자와의 혼인에서 국적별 혼인현황은 다음과 같다.

표 3 　결혼이주여성 국적별 현황　(단위: 명)

국적 구분	총계	중국	한국계	베트남	일본	필리핀	태국	미국	캄보디아	기타
전체	170,932	59,629	21,919	39,514	15,389	12,325	7,746	4,879	4,684	26,766
	100.0%		34.9%	23.1%	9.0%	7.2%	4.5%	2.9%	2.7%	15.7%
여자	137,261 (80.3%)	45,578	13,517	35,399	14,083	11,741	7,614	1,491	3,997	17,358

출처: 법무부 출입국 · 외국인정책본부 통계월보(2023.02) 참고

1990년부터 2000년 초반까지 중국 출신 결혼이주여성들이 많은 비중을 차지했다면, 한국과 베트남과의 교류의 확대로 인해 2015년부터 한국남성과 베트남여성과 혼인 비중은 중국을 제치고 가장 많은 비중을 차지하기도 하였다. 결혼이주여성의 출신 국가별 특징을 살펴보면 중국계(한국계 포함), 베트남, 일본, 필리핀, 태국, 캄보디아 등으로 국적이 다양해지고 있음을 확인할 수 있다.

(3) 결혼이주여성의 주요 거주지역별 현황

결혼이주여성은 경기, 서울에 많이 거주하고 있음을 확인할 수 있다. 국내 결혼이주여성의 국내 주요 거주지역은 다음과 같다.

표 4　결혼이주여성의 거주지역　　(단위: 명)

계	경기	서울	인천	경남	충남	경북	부산	전남
169,006	52,505	27,479	12,052	10,683	9,885	7,953	7,342	6,681
	전북	충북	대구	강원	광주	대전	울산	제주
	5,957	5,556	5,546	3,887	3,803	3,392	3,370	2,915

출처: 법무부 출입국 · 외국인정책본부 통계월보(2023.02) 참고

(4) 결혼이주여성의 연령, 거주기간 현황

결혼이주여성의 연령별 현황을 보면 20대 후반이 26.0%로 가장 많고, 30대 초반(25.1%), 30대 후반(14.5%) 순으로 많은 것으로 나타났다. 결혼이주여성의 혼인연령은 전년대비 20대 초반의 비중은 감소, 30대 이상의 비중은 증가 추세임을 알 수 있었다. 다문화 혼인에서 남편과 아내 모두 초혼인 비중이 55.3% 가장 높고, 그 다음으로 모두 재혼(20.0%), 아내만 재혼(15.0%), 남편만 재혼(9.7%) 순으로 높게 나타났다. 다문화 혼인에서 남편 연상부부가 71.4%로 가장 많고, 아내 연상이 21.0%,

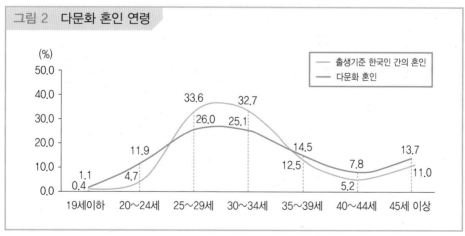

그림 2　다문화 혼인 연령

출처: 통계청(2022) 참고

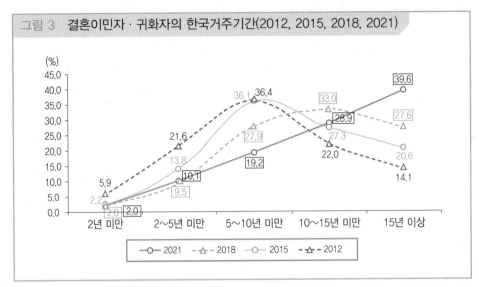

출처: 여성가족부(2022, 52) 참고

동갑이 7.5%를 차지하였다. 그중 남편이 10세 이상 연상인 부부는 24.8%로 전년보다 9.4%p 감소하는 경향을 보이고 있었다.

[그림 3]은 2012년부터 2021년 10년간 결혼이민자 한국거주기간을 그래프로 나타낸 것이다. 그래프에서 나타내듯이 2012년에는 10년이상 장기거주 결혼이민자·귀화자 비중이 36.1%였지만 2018년에는 60.6%, 2021년에는 68.5%를 차지한다. 이주 후 5년까지를 초기 적응기간으로 보았을 때 현재 국내 거주 결혼이민자·귀화자는 80%이상이 중장기로 거주하고 있음을 알 수 있다. 따라서, 정착이 장기화 될수록 결혼이민자·귀화자는 언어소통과 문화적 생소함에서 벗어나 경제적 어려움, 자녀 양육 및 교육, 사회적 편견과 차별의 어려움 등 새로운 어려움에 직면하게 된다(최윤정 외, 2019: 58).

(5) 결혼이주여성의 문화적응 스트레스

결혼이주여성의 경우, 새로운 문화에 적응을 하면서 이를 경험하는 개인에게 불안이나 우울, 낮은 수준의 정신건강 상태, 소외감, 신체 증상, 정체성 혼란과 같은 일련의 스트레스 행동으로 문화적응 스트레스가 나타날 수 있다(Williams & Berry, 1991). 결혼이주여성들은 한국에서 장기적으로 거주하면서 한국어 능력이 전반적

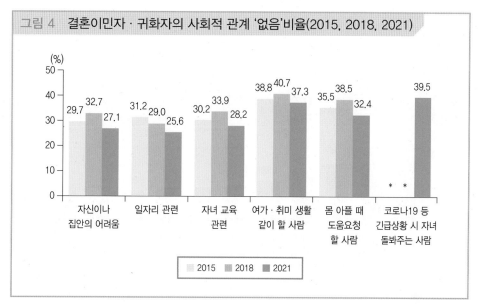

그림 4　결혼이민자 · 귀화자의 사회적 관계 '없음'비율(2015, 2018, 2021)

출처: 여성가족부(2022, 51) 참고

으로 향상되었고, 한국생활에 어려움이 없다는 응답이 37.9%로 2018년과 비교해 8.0% 증가하였지만 그럼에도 대부분의 결혼이주여성들이 어려움을 겪고 있음을 확인할수 있다. 또한 상대적으로 친구/이웃 사귀기는 어려움 비율은 증가하였다(여성가족부, 2022). 실제로 여성가족부 2021년 실태조사에서도 거주의 장기화에 따른 적응의 피로도로 인하여 결혼이주여성들의 외로움, 친구 사귀기를 어려움으로 지적함으로 사회적 관계 형성의 어려움이나 관련된 정서적 문제에 직면함으로 심리 · 정서적 어려움은 시간이 지날수록 그들의 적응 정도와 무관하게 더 많이 어려움을 겪고 있음을 시사했다.

(6) 한부모 결혼이주여성

국내 국제 결혼이 증가하고 기간이 길어지면서 다문화가정 해체도 새로운 문제로 부각된다. 2011년에는 다문화 이혼건수가 14,450명으로 이혼율이 결혼 대비 높게 나타나는 현상을 보였다. 다음은 2011년부터 2021년까지 통계청 다문화 인구동태에서 조사한 10년간 다문화 이혼건수 이다.

다문화 이혼을 한 결혼이주여성의 출신국은 중국이 33.9%로 가장 많고, 베트남

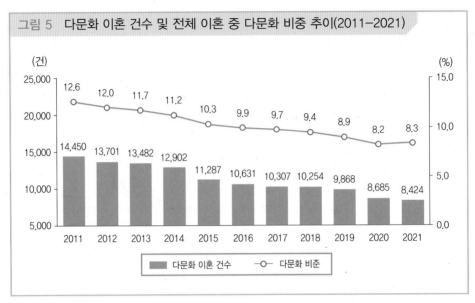

그림 5 　다문화 이혼 건수 및 전체 이혼 중 다문화 비중 추이(2011-2021)

출처: 2021년 다문화 인구동태 통계(2022, 13)

(27.5%), 필리핀(3.8%) 순으로 많다(통계청, 2022). 다문화 이혼을 한 부부의 결혼생활 지속기간은 5년 미만이 33.8%로 가장 많고, 10년 이상~15년 미만(24.1%), 5년 이상~10년 미만(22.8%) 순으로 많게 나타났다. 다문화 이혼 중 결혼생활 지속기간 5년 미만의 비중은 2011년 57.8%에서 2021년 33.8%까지 감소하였으나, 출생기준 한국인 간의 이혼(17.4%)보다는 높은 수준을 나타내고 있다. 우리 사회의 구성원인 결혼이주 여성의 이혼은 매년 증가하고 있는데 이를 방치한다면 심각한 사회문제가 될 수 있다. 따라서 이혼이나 별거 이후에도 자립을 할 수 있도록 제도나 지원이 마련되어야 한다.

2. 결혼이주여성 체류

1) 결혼경로

2021년 국제결혼 경로를 살펴보면 스스로(31.6%)가 가장 많고, 친구 동료의 소개(28.2%), 결혼중개업체(20.0%), 가족 또는 친척 소개(16.9%)의 순으로 나타났다. 이는 2018년 조사에 비해 스스로 만났다는 응답이 증가한 반면, 가족이나 친구의 소개, 중개업체를 통해 만났다는 응답은 전반적으로 감소하였다. 중개업체를 통한 만남은 2015년 20.8%, 2018년 21.2%, 2021년 20.0%로 지난 6년 동안 지속적으로 유지되고 있었다(여성가족부, 2022). 1990년대 초반 결혼중개업이 팽창하면서 비인간적이고 반인권적인 탈법적 중개행태에 대한 비판의 목소리가 확산되어 피해가 속출되자 정부는 2008년 6월 15일자로 「결혼중개업의 관리에 관한 법률」을 제정하여 새롭게 시행하게 되었다. 이 법에 의해 신고제이던 결혼중개업이 등록제로 전환되면서 결혼중개업체 수는 점차 많이 줄어들어 2023년 2월 국제결혼중개업체 현황을 살펴보면 등록한 국제결혼중개업체는 모두 344개소로 서울(64개소)이 가장 많고 경기도(52개소)가 두 번째로 많았다(여성가족부 국제결혼중개업 공시, 2023. 02).

2) 결혼이주여성 관련 법제

결혼이주여성 및 다문화가족을 위한 법·제도는 국내 거주 외국인에 대한 일반적인 규정으로 「출입국관리법」, 「재한외국인처우기본법」 등이 있고, 결혼이주여성을 위한 규정으로 「국적법」, 「결혼중개업의관리에관한법률」, 「다문화가족지원법」 등이 있다. 이러한 현행법들은 결혼이주여성의 사회정착단계에 따른 제도적 장치들로, 결혼이주여성과 다문화가정의 사회통합을 목적으로 하고 있다.

결혼중개소를 통해 한국인과 결혼하게 되는 결혼이주여성은 먼저 「결혼중개업의관리에관한법률」의 규정을 받게 되며, 결혼을 전후하여 한국으로 입국하여 체류하게 되면 「출입국관리법」의 규정을 받는다. 결혼이주여성이 국적을 취득하기 전의 기간 동안은 외국인의 신분으로 「재한외국인처우기본법」의 규정을, 국적을 취득할 경우 「국적법」에 의거한다. 또한, 결혼이주여성이 가족을 구성하게 되면 「다문화가

표 5　결혼이주여성 관련 법제 내용

관련 법령	중요내용
결혼중개업의 관리에관한법률	결혼중개업의 건전한 지도육성과 이용자 보호를 통한 건전한 결혼문화 형성을 목적으로 하고 있다. 이 법은 국제결혼을 알선하고 중개하는 과정에서 야기된 인권침해 및 부정적인 사안을 예방하고 대체하기 위한 제도적 안전망을 포함하고 있다.
출입국관리법	대한민국에 입국하거나 대한민국으로부터 출국하는 모든 국민 및 외국인의 출입국관리와 대한민국에 체류하는 외국인의 체류관리 및 난민인정절차에 관한 사항을 규정하고 있다. 다른 외국인과 마찬가지로 결혼이주여성은 입국 시 「출입국관리법」에 따라 해당 지역의 출입국관리 사무소에 '외국인' 등록을 하게 되면 일정기간 국내에 체류, 혼인생활을 유지하는 경우 한국국적 취득이 가능하도록 되어 있다.
국적법	결혼이주여성이 대한민국 국민이 되는 요건을 정하는 법률이다. 결혼이주여성은 한국인과 혼인 후 2년까지 외국인으로서의 지위를 가지고, 1년을 거주한 뒤에만 체류연장 절차를 밟아 영주자격(F-5)이나 한국국적 신청(간이귀화)이 가능하다.
재한외국인처우 기본법	한외국인에 대한 처우 등에 관한 기본적인 사항을 정함으로써 외국인이 대한민국 사회에 적응하여 개인의 능력을 충분히 발휘할 수 있도록 하고, 대한민국 국민과 재한외국인이 서로를 이해하고 존중하는 사회 환경을 만들어 대한민국의 발전과 사회통합에 이바지하는 것을 목적으로 한다. 이 법은 다른 다문화정책 관련법의 상위법적 성격을 갖고, 중앙 부처 간, 중앙 지자체 간 업무심의와 조정을 한다.
다문화가족지원법	다문화가족 구성원의 안정적인 가족생활을 통해 삶의 질 향상과 사회통합에 기여함을 목적으로 하고 있다. 이 법은 외국인 중에서 결혼이주로 만들어진 다문화가정의 구성원들이 안정적인 가족생활을 영위하는 데 필요한 제도와 여건에 관한 중앙정부와 지자체의 각종 조치와 지원을 규정하고 있다.

출처: 국가법령정보센터(www.law.go.kr)

족지원법」의 지원을 받게 된다.

　이 밖에 지자체 차원에서 다문화정책을 지원할 수 있는 법적 근거로는 「거주외국인지원관련 조례」가 있다. 행정자치부가 2006년에 제시한 「거주외국인지원표준조례안」에 의해 지자체는 해당 지역에 거주하고 있는 외국인을 주민과 동일하게 대우할 수 있는 법적 토대가 마련되었다.

3. 결혼이주여성의 통합을 위한 정책

결혼이주여성들은 다문화정책의 중심에 서 있다. 2005년부터 정부는 여성가족부, 법무부, 행정안전부, 문화체육관광부, 교육부 등 범부처에 차원에서 여성결혼이주여성을 대상으로 한국 내 적응과 한국어교육지원사업을 실시하면서 이민자의 사회통합을 위한 정책을 도입하였다. 2006년 국정과제회의에서 범정부 차원의「여성결혼이민자 가족사회통합 지원 대책」을 수립하고 추진하였다. 이 중 여성가족부에서는「다문화가족지원법」의 제3조의 2항에 따라 5년마다 다문화가족정책 기본계획을 수립해오고 있다(다문화가족지원법 제3조의2). 정부는「재한외국인처우기본법

표 6 보건복지부 생애주기별 맞춤형 지원 강화대책

주기별	정책과제	세부추진과제
결혼준비기	결혼중개 탈법 방지 및 결혼예정자 사전준비 지원	• 국제결혼 탈법 방지 및 결혼당사자 인권보호 • 결혼이민예정자 사전정보 제공 • 한국인 예비배우자 사전교육
가족형성기	결혼이민자 조기적응 및 다문화가족의 안정적 생활지원	• 결혼이민자 의사소통 지원 • 다양한 생활정보 제공 • 다문화가족 생활보장 • 가족관계 증진 및 가족위기 예방
자녀양육기	다문화가족 자녀 임신 · 출산 · 양육 지원	• 임신 · 출산 지원 • 부모의 자녀양육 능력 배양 • 영유아 보육 · 교육 강화 • 부모 · 자녀 건강관리
자녀교육기	다문화 아동 · 청소년 학습 발달 및 역량 개발 강화	• 아동 언어 · 학습 · 정서 발달 지원 • 아동 · 청소년 역량개발 지원 • 빈곤 · 위기 아동 · 청소년 지원 • 부모의 자녀 교육 역량 강화
가족역량강화기	결혼이민자 경제 · 사회적 자립역량 강화	• 결혼이민자 경제적 자립 역량 강화 • 결혼이민자 사회연계 강화
가족해체시	해체 다문화가족 자녀 및 한부모가족 보호 · 지원	• 한부모가족 지원 • 요보호 아동 지원

출처: 보건복지가족부(2008, 14) 참고

(2007.05.17)」, 「다문화가족지원법(2008.03.21)」 등을 제정하여, 국내 거주외국인의 처우개선을 위해 3번을 걸쳐 기본계획을 개정하였다.

보건복지부는 2008년 10월 30일에 결혼이민자와 그 자녀 등을 포함하는 다문화가족의 사회통합 지원 관련 「다문화가족 생애주기별 맞춤형 지원 강화대책」을 발표하였다. 이것은 2–3년간의 정책들로 구성되었고 다문화가족 지원을 위한 보건복지가족정책 전체를 포괄하는 내용들이다.

다문화가족정책위원회는 국무총리실과 관계부처합동으로 제1차 다문화가족 지원정책 기본계획(2010–2012)을 수립하고 2010년 5월에 이를 발표하였다. 2009년 12월, 다문화가족 지원정책의 총괄 조정을 위해 민·관 인사합동으로 국무총리가 위원장이 되는 〈다문화가족정책위원회〉가 구성되고 이것을 토대로 최초의 관련 정책

표 7 다문화가족 기본계획(1차~3차)

	제1차(2010–2012)	제2차(2013–2017)	제3차(2018–2022)
비전	열린 다문화사회로 성숙한 세계국가 구현	활기찬 다문화가족, 함께 하는 사회	참여와 공존의 열린 다문화사회
목표	−다문화가족의 삶의 질 향상 및 안정적인 정착 지원 −다문화가족 자녀에 대한 지원 강화 및 글로벌인재 육성	−사회발전 동력으로서의 다문화가족 역량 강화 −다양성이 존중되는 다문화사회 구현	−모두가 존중받는 차별 없는 다문화 사회 구현 −다문화가족의 사회·경제적 참여 확대 −다문화가족 자녀1의 건강한 성장 도모
추진과제	−다문화가족지원정책 추진체계 정비 −국제결혼중개 관리 및 입국전 검증시스템 강화 −결혼이민자 정착 지원 및 자립역량 강화 −다문화가족 자녀의 건강한 성장환경 조성 −다문화에 대한 사회적 이해 제고	−다양한 문화가 있는 다문화가족 구현 −다문화가족 자녀의 성장과 발달 지원 −안정적인 가족생활 기반 구축 −결혼이민자 사회경제적 진출 확대 −다문화가족에 대한 사회적 수용성 제고 −정책추진체계 정비	−다문화가족 장기정착 지원 −결혼이주여성 다양한 사회 참여 확대 −다문화가족 자녀의 안정적 성장 지원과 역량 강화 −상호존중에 기반한 다문화 수용성 제고 −협력적 다문화가족정책 운영을 위한 추진체계 강화

출처: 여성가족부 다문화가족 지원정책 1차~3차 재구성

이 수립되었다. 제1차 다문화가족정책에서는 결혼이주여성의 안정적 정착 등을 지원하였는데, 5개 영역 61개 세부과제를 통해서 다문화가족의 삶과 안정지원, 다문화가족자녀의 사회적응 및 글로벌인재 육성 등을 하였다. '제2차 다문화가족정책기본계획(2013-2017)'은 2011년 다문화가족지원법 개정을 통해 5년마다 수립되는 법정계획으로 위상이 재정립되었다. 기본적으로 1차 기본계획의 연속성을 담보하면서 다문화가족 내에서 자녀세대의 성장, 취업욕구의 증가 등 다양한 정책수요와 사회전반의 다문화 수용성 확대 필요성 등의 여건 변화에 맞추어 새로운 중장기 계획을 마련하겠다는 배경에서 수립되었다. '제3차 다문화가족정책 기본계획(2018-2022)'에서는 다문화가족의 사회·경제적 참여를 확대하고 다문화가족 자녀의 성장을 지원하고 있다. 다문화가족 기본계획 1차부터 3차까지 비전, 목표, 그리고 추진과제를 요약하면 〈표 7〉과 같다.

4. 결혼이주여성 관련 정책 집행부서

다문화정책은 위원회, 중앙부처 그리고 지방자치단체에서 다양하게 추진하고 있다. 위원회로는 국무총리실 산하에 외국인정책위원회, 외국인력정책위원회, 다문화가족정책위원회, 재외동포정책위원회 등 4개의 위원회가 구성되어 활동하고 있다.

① 외국인정책위원회: 재한외국인처우기본법을 근거로 하여 외국인정책 기본계획 수립, 연도별 외국인정책시행계획을 심의·의결한다.
② 외국인력정책위원회: 외국인 근로자의 고용 등에 관한 법률에 따라 외국인 근로자 관련 기본계획 수립, 외국인 근로자 도입 업종 및 규모 등에 관한 사항, 외국인 근로자를 송출할 수 있는 국가의 지정 등 외국인 근로자 관련사항을 심의·의결한다.
③ 다문화가족정책위원회: 다문화가족지원법을 근거로 하여 다문화가족지원정책 기본계획을 수립하고 결혼이민자 취업지원 종합대책을 심의·확정한다.

④ 재외동포정책위원회: 재외동포위원회 규정에 따라 재외동포정책 기본방향의 수립, 재외동포 정착지원, 재외동포의 국내외 경제활동 지원에 관한 사항 등을 심의·의결한다.

다문화가족지원정책은 〈표 8〉과 같이 다양한 정부부처를 통해 집행된다. 다음은 2022년 예산 집행계획을 영역별로 분류하여 재정리한 것이다. 이를 통해 결혼이

표 8   2022년 다문화가족지원정책 예산 집행부서

영역	다문화가족 장기정착 지원	결혼이민자 사회·경제적 참여 확대	다문화가족 자녀의 안정적 성장과 역량 강화	상호존중에 기반한 사회적 다문화수용성 제고	협력적 다문화가족 정책 운영을 위한 추진체계 강화
교육부		○	○	○	○
외교부			○		
법무부	○	○		○	○
국방부				○	
행정안전부		○		○	
문화체육관광부		○		○	
농림축산식품부		○			
산업통상지원부			○		
보건복지부	○			○	
고용노동부		○	○		
여성가족부	○	○	○	○	○
국토교통부	○				
중소벤처기업부		○			
방송통신위원회				○	
방송통신심의위원회				○	
경찰청	○			○	
농촌진흥청		○		○	
소방청	○				

출처: 여성가족부 2022년 시행계획 본문 내용을 재구성

주여성을 위한 정책이 다양한 부서에서 중복적으로 지원되고 있음을 확인할 수 있다. 이밖에도 2022년 시행계획에서는 한부모 결혼이주여성을 위한 지원제도를 강화하여 일하는 한부모 가정의 근로·사업소득의 30% 공제를 도입하는 등 한부모 다문화가족의 자녀 양육 및 자립의욕 고취를 위한 한부모 가족 지원을 강화하였다(여성가족부, 2022).

5. 결혼이주여성을 위한 지원 및 서비스

1) 결혼이주여성의 사회문화 적응 및 정착지원

여성가족부는 다문화가족정책의 주무부처로 총괄업무를 담당하고 있다. 여성가족부에서는 '다문화가족들을 위한 가족교육, 상담, 문화교육 프로그램 등의 지원서비스 제공을 통하여 결혼이주여성들의 한국사회생활의 조기적응 및 다문화가족들의 안정적인 가족생활지원'을 지원정책의 기본방향으로 하기 위해 다문화역량강화 서비스 '생애주기별(결혼준비기, 가족형성기, 자녀양육기, 가족역량강화기, 가족해체시) 맞춤형 지원정책'를 4단계에 걸쳐 제공하고 있다.

이밖에도 여성가족부는 결혼이주여성들을 대상으로 한 결혼중개, 폭력피해, 인권침해 예방, 일자리 창출 사업과 다문화가족들을 대상으로 다문화가족지원, 다문화가족 언어 및 교육지원 사업 등을 수행하고 있다. 대표적으로 결혼중개업을 이용자의 피해를 예방하기 위해 국제결혼중개업과 결혼이주여성정착지원사업 교육을 통해서 건전한 결혼문화를 조성하고 관련한 국제결혼 홍보도 강화하고 있다. 이주여성보호 및 폭력피해 예방사업은 상담, 의료, 법률, 출국지원 등 보호를 통하여 가정폭력, 성매매, 성폭력 등 피해를 받고 있는 결혼이주여성들의 인권을 보호하고 안정적인 정착을 지원한다. 전국의 다문화가족지원센터는 2023년 기준 가족센터(건강가정지원센터와 다문화가족지원센터의 통합센터) 211개, 다문화가족지원센터 20개로 총 231개가 있다(여성가족부, 2023).

다문화가족지원센터의 운영사업 목적은 크게 다섯 개로 나뉜다(한국건강가정진

표 9 2023년 전국 다문화가족지원센터 현황 (2023.1월 기준)

지역	서울	부산	대구	인천	광주	대전	울산	세종	경기
개수	26	14	8	10	5	5	5	1	31
지역	강원	충북	충남	전북	전남	경북	경남	제주	합계
개수	18	12	15	14	22	24	19	2	231

출처: 여성가족부(2023), 다문화가족지원센터 현황 재구성

흥원, 2020). 첫째, 다문화가족의 안정적인 정착과 가족생활을 지원하기 위해 가족 및 자녀 교육 · 상담, 통 · 번역 및 정보제공, 역량강화지원 등 종합적인 서비스를 제공하여 다문화가족의 한국사회 조기적응 및 사회 · 경제적 자립지원 도모한다. 둘째, 다문화가족의 정착단계 및 생애주기에 따른 맞춤형 서비스를 제공한다. 셋째, 다문화가족 대상 통합교육 및 부모교육, 사회참여 지원을 확대한다. 넷째, 다문화가족 자녀의 건강한 성장지원 및 글로벌 인재 육성에 힘쓴다. 다섯째, 결혼이민자 맞춤형 일자리 참여 확대 등 사회경제적 자립을 지원한다.

2) 결혼이주여성의 교육 및 취업

다문화가족지원센터는 결혼이주여성을 대상으로 한국문화와 한국어교육 외에 취업기관을 활용한 취업지원 서비스를 제공하여 취업기회도 확대하고자 한다. 다음은 부처별 결혼이주여성의 취업을 지원하기 위한 교육들이다.

① 여성가족부는 직업훈련교육, 인턴십 등 프로그램을 지원한다. 뿐만 아니라 취업 취약계층인 결혼이주여성들의 경제적 자립 및 고용활성화를 위해 직업교육훈련에 관한 프로그램을 실시하고 있다.
② 법무부는 한국어교육, 한국문화 이해검증 등의 프로그램을 통해 사회통합프로그램 이수제를 실시하고 있다.
③ 고용노동부는 결혼이주여성의 취업을 위해 집단상담프로그램 운영을 지원하고 있으며, 집단상담, 국민내일배움카드제, 취업성공패키지를 통한 맞춤형 취업지원서비스 제공하며, 결혼이주여성을 대상으로 하는 특화 창업입문과

정을 운영하고 참여자에 대한 맞춤형 관리를 강화한다.

④ 농림축산식품부는 영농종사 의지가 있는 결혼이민여성을 대상으로 하는 '기초농업교육' 및 수준별 농업 교육을 실시하는 '1:1 맞춤형 농업교육' 실시 (2,080명 연도)하고 있다.

⑤ 산업통상자원부는 교육 및 취업 기회제공으로(다문화무역인) 다문화 인재의 한국사회 적응도 제고 및 우리사회 인적자원으로 활용하고자 노력하고 있으며 무역 실무교육·채용상담회 등 온라인 체제 지원을 강화하고 있다.

⑥ 그 밖에 새일센터를 통해 맞춤형 직업교육훈련인 바리스타, 다국어 상담원 양성과정, 통·번역사 등 결혼이주여성들이 취업 이후 직장생활에 적응할 수 있도록 인턴십 직장체험 기회를 제공하고 있다.

이처럼 다문화정책을 추진하는 각 부처는 독자적인 방식으로 사업영역을 확대하고 있어 예산 낭비와 정책의 비효율성으로 지적받고 있다. 결혼이민자를 위한 부처별 사업이 조정 없이 중복적으로 시행이 되다 보니 특정사업에 집중되어 중복수혜자가 발생하기도 하며, 서비스 접근이 어려운 대상의 경우에는 수혜의 사각지대가 발생하고 있다(유진희, 2020).

3) 결혼이주여성을 위한 사회복지 서비스

사회복지 서비스는 다문화가족지원센터를 통해 제공되며 사회적지지, 가족생활, 지역사회, 건강, 임신·출산, 심리·정서지원 총 6개의 생활영역으로 구분하여 제공하고 있다. 그밖에 취업부모(만12세 이하) 의 집으로 직접 찾아가는 1:1 개별 양육지원 서비스 지원을 통해 다문화가족 부부의 자녀양육 부담을 경감하도록 하고 있다. 정부에서 제공하는 결혼이주 여성사회복지서비스는 가정폭력, 성폭력, 성매매 피해, 인권침해, 결혼이주여성들과 동반 아동들을 보호하고 의료, 법률지원, 치료 및 회복 등 프로그램의 운영을 통해 지원하고 있다. 나아가 결혼이주여성들에게 안전한 주거를 제공하며 직업훈련교육 등을 통해 자립지원과 인권보호를 위해 쉼터 26개소, 결혼이주여성 그룹홈 2개소, 한부모 이주여성들의 자립지원을 위한 자활지원센터 1개소를 운영하고 있다. 국토교통부에서는 다문화가족 및 한부모가족에 대한 주택 특별공급 제도를 지속 운용하고, 이에 대한 정보 안내를 지속적으로 실시하고 있다.

4) 결혼이주여성을 위한 자녀양육 지원 서비스

결혼이주여성을 위한 자녀양육 지원은 교육부를 통해서 이루어진다. 교육부의 결혼이주여성 자녀정책은 결혼이주여성들을 포함한 한국사회의 다문화가정 자녀들을 대상으로 실시하고 있다. 다문화가족과 결혼이주여성의 증가와 함께 그들의 자녀들도 증가하고 있다. 그들의 자녀들이 겪는 학교생활 부적응, 사회문제가 발생함으로 이와 관련한 여러 문제를 해결하기 위해 '다문화가정 자녀교육 지원대책'을 수립하였다. 즉, 다문화학생 지원에서 한국어능력 향상에만 집중하던 교육을 향후에는 다문화학생의 강점을 개발하여 우리 사회의 인재로 성장할수 있도록 맞춤형 지원을 강화하며, 학교구성원의 다문화 수용성제고 그리고 다문화교육 지원체계 내실화를 목표로 구체적인 실행방안을 제시하였다(교육부, 2022).

다문화가족지원센터에서는 다문화가정 자녀를 위하여 이중언어환경조성 프로그램, 학령기 자녀 입학 및 입시 정보제공을 공통필수로 운영하며, 선택 프로그램으로 부모역할교육, 자녀 건강지도, 아버지 교육, 자녀성장지원사업 등을 진행하고 있다(여성가족부, 2023년 다문화가족지원 사업안내).

5) 기타 서비스

결혼이주여성을 위한 정책은 여성가족부, 교육부 이외에도 다양한 부서들이 지원을 하고 있다. 행정안전부에서는 외국인 주민을 위한 사회적응 및 자립지원 사업을 수행하고 있다. 법무부는 한국어교육과 한국문화 이해검증 등의 프로그램을 통해 사회통합프로그램 이수제를 실시하고 있다. 문화체육관광부는 다양한 문화시설, 도서관 및 공연활동 그리고 문화사업의 활용을 통해 다문화프로그램을 진행하고 있다. 방송통신위원회는 문화다양성 EBS 다문화프로그램 제작하고 있다. 보건복지부는 다문화가정 보육료 지원사업을 수행하고 있다.

6. 소 결

서구와는 달리 이민자가 유입되기 시작한 역사가 길지 않은 한국의 다문화정책은 아직 체계적으로 정립되지 못하였고 정책적인 부분에 있어서도 미흡하기에 지속적인 연구와 보완이 필요하다. 현재 다문화정책이 결혼이주여성들에게 치중되어 있고, 중복 지원, 교육이 행사와 성과 위주로 이루어지고 있을 뿐만 아니라 이주민의 특성을 고려하지 않고 일방적인 동화목적의 교육으로 이루어지고 있다는 문제점들이 산재하고 있다. 따라서 결혼이주여성을 위한 예산 배정에서 경제적 어려움 해소를 위한 경제적 자립을 돕는 실질적인 교육과 취업연계를 위한 제도적 보장에 중점을 둘 필요가 있다. 현재 여러 부처에서 결혼이주여성을 위한 경제적 지원방법으로 다양한 취업교육을 하고 있지만 그들의 실제 취업 현장은 단순노무직이 대다수이다. 따라서 공공부문의 일자리를 확대하고, 취업교육과 연계한 결혼이주여성을 위한 일자리 마련에 고심해야 할 것이다. 또한, 가정폭력, 한부모가정 등 도움이 시급한 위기가정을 우선 지원하고 자립할 수 있는 역량강화를 위한 교육 및 지원의 폭을 확대하는 것이 시급하다.

결혼이주여성을 위한 교육프로그램 개발에 있어서 교육대상의 출신국가 문화적 배경 및 특성을 고려하여 효과성 있는 교육프로그램을 개발, 시행해야 할 것이다. 다문화가정의 성공적인 사회통합에 있어 결혼이주여성들은 능동적인 학습자로 수요자 중심의 프로그램 개발을 통해 그들에게 적합한 교육환경을 제공하는 것은 굉장히 중요한 부분이다. 이밖에도 교육현장에 전문가가 부족한 문제도 시급히 해결해야 할 것이다.

결혼이주여성들의 거주의 장기화가 이루어지면서 그들의 적응정도와 무관하게 심리·정서적 어려움은 누적되고 가중되는 경향도 나타나기에 정서 지원을 위한 다양한 상담 프로그램이 필요하다. 이주로 인한 언어 스트레스, 적응 스트레스, 이국땅에서의 자녀 양육스트레스, 사회적 관계의 협소함, 경제적 어려움 등 다양한 어려움들은 거주의 장기화로 인하여 적응의 피로도를 높이고 있다. 이러한 정서적 어려움에 사회적으로 관심을 갖고 그들을 위한 적절한 전문상담 및 심리치료가 이루어져야 할 것이다.

이 밖에도 결혼이주여성의 전반적인 고령화의 경향이 관찰되고 배우자 없이 생활하는 고령 이민자 및 귀화자들의 빈곤 위험이 높기에 이에 대한 주의를 기울이고 대안을 마련하여야 할 것이다. 결혼이주여성들은 이주로 인하여 경제적 기반이 취약하고 질병, 노후를 위한 충분한 준비가 되어 있지 않다. 결혼이주여성들에게 노후 대책을 위한 경제교육, 연금, 퇴직금 등 경제교육을 활성화하고 노후준비를 위한 사회복지서비스가 확대되어야 할 것이다.

조사에 따르면 이민자의 성격과 거주지 사회의 구조에 따라 다소 차이가 있기는 하지만, 신대륙 이민국가를 제외한 대부분의 국가에서는 이주배경 집단이 비-이주배경 집단에 비해 경제적으로 열악하고 정치적으로 주변화되어 있으며 사회적 소속감이 낮고 문화적으로도 소외되어 있는 상황이다(OECD · EU 2018). 따라서 적절한 사회적지지와 지원을 통해 소속감을 증대시키고 주인공 의식을 고취함으로 책임감 있는 시민으로 양성하기 위한 기틀을 마련하여야 할 것이다.

참고문헌

강기정 · 변미희(2009). 다문화가족 남편의 결혼만족도에 영향을 미치는 부부 관련 변인. 한국가족자원경영학회지, 13(3), 123–136.

강승묵(2016). 국제결혼중개계약과 혼인신고의 문제점과 해결방안. 한양법학, 27(3), 77–100.

교육인적자원부(2016). 다문화교육 내실화방안.

국가인권위원회(2017). 결혼이주민의 안정적 체류보장을 위한 실태조사. 2017년도 인권상황 실태조사 연구용역보고서.

국가인권위원회(2019). 2019년 가정폭력실태조사 연구.

권구영 · 박근우(2007). 국제결혼 이주여성의 정신건강에 영향을 미치는 요인: 전라남도 거주 국제결혼 이주여성을 중심으로. 사회연구통권, 14(2), 187–219.

김경원(2019). 다문화 여성의 양육적응 증진을 위한 교육자료 개발과 평가 –양육 동안 알아야 하는 기본 핵심내용을 중심으로–. 예술인문사회융합멀티미디어논문지, 9(12), 497–507.

김도희(2008). 결혼이민여성의 양육효능감에 관한 영향 연구. 이화여자대학교 박사학위논문.

김수연 · 김경신(2019). 자녀양육 및 교육기 결혼이주여성 남편의 스트레스와 대처. 한국가족관계학회지, 24(1), 45–79.

김수연 · 이정희 · 남미경 · 임경이(2009). 다문화가정을 위한 가족관계 향상 프로그램 개발. 연구보고서, 1–181.

김아름(2009). 결혼이주여성 남편이 지각한 부부갈등이 결혼 만족도에 미치는 영향. 평택대학교 대학원 석사학위논문

김윤재 · 이수영 · 김경우 · 김정수 · 김은혜(2007). 가족복지론. 서울: 동문사

김은정 외(2017). 결혼이주민의 안정적 체류보장을 위한 실태조사, 국가인권위원회.

김정선 · 김재원(2010). 결혼중개업의 관리에 관한 법률, 의미 없지만 유효한 법: 캄보디아 국제결혼 중개실태를 중심으로. 경제와사회, 305–344.

김종욱(2016). 신(新) 출입국관리법 시행에 따른 다문화가족정책의 문제점 및 개선방안, 베트남 연구. 14, 246.

김현직(2017). 결혼이주여성의 취업이 부부의 의사결정에 미치는 영향 분석. 이화여자대학

교 석사학위논문.

김혜림 · 김재남(2017). 여성 결혼이민자의 인권보호에 관한 고찰. 법이론실무연구, 5(2), 81-112.

김효순(2013). 사회적 일자리사업에 참여한 결혼이주여성의 임파워먼트 경험에 관한 탐색적 연구: 사회복지공동모금회사업을 중심으로. 보건사회연구, 33(1), 327-355.

남부현 · 김옥남(2012). 여성결혼이민자의 학부모 역할에 대한 질적 연구: 수도권의 고학력 여성을 중심으로. 청소년복지연구, 14(4). 113-142.

남부현 · 오정아(2013). 베트남 여성결혼이민자의 임신과 출산에 따른 가족관계 경험 연구. 한국가족관계학회지, 18(1). 131-154.

노연희(2011). 국제결혼이주여성의 자아 존중감. 가족지지 및 양육스트레스에 관한 연구. 순천대학교 대학원 석사학위논문.

박선태(2012). 결혼이주여성의 역할부담감이 삶의 질에 미치는 영향: Double ABCX 모델의 적용. 대구가톨릭대학교 박사학위논문.

박승용(2014). 국제결혼이주여성에 관한 법적제도적 측면 고찰, 한국정책연구. 14(3). 107-130.

박연희(2012). 결혼이주여성의 가족건강성에 미치는 요인연구: 가족관계스트레스와 문화적 응스트레스를 중심으로. 한영신학대학교 박사학위논문.

박은애(2007). 다문화가정 자녀의 교육 실태조사 연구: 경상남도 다문화가정 자녀를 중심으로. 창원대학교 대학원 석사학위논문.

박재(2009). 경기도 국제결혼 여성이민자의 가족생활 스트레스와 사회적 지지 효과분석. 한국사회학회 사회학 대회논문집. 2009(1), 137-154.

법무부 출입국 · 외국인정책본부(2011). 2010 출입국외국인정책 통계연보.

법무부(2021). 출입국 · 외국인 정책 통계월보 2021년 7월호.

보건복지부(2005). 국제결혼이주여성 실태조사 및 보건 · 복지 지원정책방안 보고서.

보건복지가족부(2008). 다문화가족 생애주기별 맞춤형 지원 강화대책.

설동훈 · 윤홍식(2005). 국내 거주 여성 결혼이민자의 사회경제적 적응과 사회복지정책. 한국사회복지학회 학술발표대회지. 247-265.

송선화 · 안효자(2011). 필리핀 결혼이주여성의 자녀 양육경험, 정신간호학회지. 167-179.

신은주 · 조미솔(2011). 결혼이주여성 취창업 프로그램 효과성 및 모델개발, 한국여성재단 연구보고서.

안권순. (2009). 다문화청소년의 건전 육성 방안. 청소년학연구, 16(7), 99-126.

양옥경 · 송민경 · 임세와(2009). 서울지역 이주여성의 문화적응스트레스에 관한 연구. 한국가족관계학회, 14(1), 137-168.

양현아(2013). 가족 안으로 들어온 한국의 '다문화주의 (Multiculturalism)'실험. 저스티스, 298-335.

엄명용(2010). 결혼이민여성의 한국인 남편에 대한 생애사 연구. 한국가족관계학회지, 14(4), 261-298.

여성가족부(2010). 다문화가족지원정책 기본계획(2010-2012)

여성가족부(2012). 제2차 다문화가족정책 기본계획(2013-2017)

여성가족부(2013). 2012년 전국 다문화가족 실태조사 연구.

여성가족부(2016). 2015년 전국다문화가족실태조사 분석.

여성가족부(2019a). 2018년 국민 다문화수용성 조사.

여성가족부(2019). 2018년 전국다문화가족실태조사 연구.

여성가족부(2022). 2021년 전국다문화가족실태조사 연구.

여성가족부(2023). 2023년 결혼중개업 실태조사 연구

여성가족부(2023). 2023년 가족사업안내(Ⅰ)

여성가족부(2021). 제3차 다문화가족정책 기본계획(2018-2022)

오애영, 김지영, 이형숙, 최연희, 송근배(2011). 대구지역 일부 초등학교 아동들의 치과공포감과 구강건강관련 삶의 질의 관련성. 대한구강보건학회지, 35(1), 93-101.

외국인정책위원회(2012). 제2차 외국인정책 기본계획 (2013-2017).

외국인정책위원회(2018). 제3차 외국인정책 기본계획 (2018-2023).

유진희(2020). 결혼이민자를 위한 정책현황 분석 및 개선방안. KOREAN COMPARATIVE GOVERNMENT REVIEW, 24(4), 199-218.

윤형숙(2005). 외국인 출신 농촌주부들의 갈등과 적응: 필리핀 여성을 중심으로. 지방사와 지방문화, 8(2), 299-339.

이근무 · 김진숙(2009). 국제결혼한 남성들의 생애사 연구. 한국사회복지학. 61(1). 135-162.

이영남(2011). 문화적응 스트레스가 여성결혼이민자의 부모역할 효능감에 미치는 영향. 백석대학교 박사학위논문.

이진숙(2007). 국제결혼가정의 자녀양육 실태와 아버지의 양육참여에 관한 연구. 열린유아교육연구, 12(6), 21-42.

이호준(2010). 다문화가정 한국인남편의 결혼적응 과정. 아시아교육연구, 11(4). 119-143.

장온정 · 박정윤(2009). 결혼이민자가정 한국인 남편의 가족관련 가치관 및 문화 적응태도가 결혼적응에 미치는 영향. 가족과 문화, 21(2), 1-27.

전미경 · 이은주 · 손서희(2017). 결혼이주여성의 경제활동 참여 동기 및 참여 장애 요인에

관한 연구. 가정과삶의질연구, 35(3), 99-112.

전홍주 · 배소영 · 곽금주(2008). 결혼이민자 가정에서 이루어지는 자녀 교육지원의 실제와 의미: 필리핀과 일본 어머니들의 사례를 중심으로. 가족과 문화, 20(3), 161-186.

정도희(2012). 한국의 결혼이주여성 인권보호를 위한 제언. 법학연구, 15(2), 31-57.

최운선 · 홍기순(2017). 다문화가정 외국인 어머니의 자녀양육 인식과 경험에 관한 사례연구. 한국가족복지학, 585-603.

최윤정, 김이선, 선보영, 동제연, 정해숙, 양계민, 이은아, 황정미(2019). 2018년 전국다문화가족실태조사 연구. 서울: 한국여성정책 연구원

통계청(2022). (2022.11.3.) 2021년 다문화 인구동태 통계.

한건수 · 설동훈(2006). 결혼중개업체 실태조사 및 관리방안 연구, 보건복지부.

한국여성정책연구원(2019). 2018년 국민 다문화수용성 조사. 여성가족부.

함진옥(2016). 결혼이주여성의 문화적응 스트레스 감소 프로그램 효과성에 대한 메타분석. 원광대학교 대학원 박사학위논문.

Berry, J. W. (1980). Acculturation as varieties of adaptation. *Acculturation: Theory, models and some new findings, 9*, 25.

Berry, J. W. (1995). 20. *Psychology of acculturation. The culture and psychology reader*, 457.

Berry, J. W. (1997). Immigration, acculturation, and adaptation. *Applied psychology, 46*(1), 5-34.

Berry, J. W. (2005). Acculturation: Living successfully in two cultures. *International journal of intercultural relations, 29*(6), 697-712.

McClurg, L. (2007). *Acculturative stress and problematic behavior in Hispanic-American adolescents*. University of Virginia.

OECE · EU. (2018). Settling in 2018: Indicators of Immigrant Integration.

Ogbu, J. U. (1981). Origins of human competence: A cultural-ecological perspective. *Child development*, 413-429.

Williams, C. L., & Berry, J. W. (1991). Primary prevention of acculturative stress among refugees: application of psychological theory and practice. *American psychologist, 46*(6), 632.

〈인터넷 및 신문〉

E-나라지표: 국제결혼현황. http://www.index.go.kr/potal/main/EachDtlPageDetail.
do?idx_cd=2430(검색일: 2023.03.25.)

IOM 이민정책연구원. 세계이주통계(World Migration Report). http://www.moj.go.jp

국가법령정보센터: https://www.law.go.kr(검색일: 2021.10.19.)

사회통합정보망: https://www.socinet.go.kr/soci/main/main.jsp?MENU_TYPE=S_TOP_
SY(검색일: 2021.10.19.)

통계청. (2019. 3. 19). 2018년 혼인·이혼 통계. 보도자료(검색일: 2021.10.19.)

하이코리아: https://www.hikorea.go.kr/board/BoardNtcDetailR.pt?BBS_SEQ=1&BBS_
GB_CD=BS10&NTCCTT_SEQ=1062&page=1 (배포용) 230106 체류자격별 안내 매뉴얼.
(검색일: 2023.02.06.).

제 2 장

외국인 근로자

남부현

1. 외국인 근로자 유입 배경과 제도

전 세계적으로 국제이주가 지속되는 상황에 국내 외국인 근로자의 유입과 체류 그리고 노동력 활용은 사회·경제적으로 그리고 문화적 측면에서 매우 중요한 사안되었다. 우리의 산업구조와 노동인력 부족의 문제 그리고 최근 빠르게 진행되는 내국인의 저출산·고령화 문제 등이 맞물려 외국인 근로자의 유입과 체류 그리고 효율적인 활용을 위한 제도의 개선과 현실적인 정책 수립에 대한 요구가 더욱 커지고 있다. 법무부 출입국 통계에 따르면, 2021년 7월 국내 산업현장에서 생산인력으로 자리잡은 외국인 근로자는 약 100만 명에 이른다.

외국인 근로자는 국내법에서 정의한 '외국인 근로자'가 공식명칭이지만, 종종 외국인 노동자, 이주 노동자, 이민 노동자 등으로 불리며, 다음의 '외국인 근로자의 고용 등에 관한 법률'에서 정리한 바와 정의된다.

제2조(외국인 근로자의 정의) 이 법에서 "외국인 근로자"란 대한민국의 국적을 가지지 아니한 사람으로서 국내에 소재하고 있는 사업 또는 사업장에서 임금을 목적으로 근로를 제공하고 있거나 제공하려는 사람을 말한다. 다만, 「출입국관리법」제18조 제1항에 따라 취업활동을 할 수 있는 체류자격을 받은 외국인 중 취업분야 또는 체류기간 등을 고려하여 대통령령으로 정하는 사람은 제외한다.

출처: 「외국인 근로자의 고용 등에 관한 법률」제1장 제2조

국내 외국인 근로자의 유입은 30년 넘는 역사를 가지고 있다. 1990년대 국내 산업이 급속히 발전하지만, 이를 뒷받침할 산업인력이 부족하게 되며 열악한 3D(지저분하고: Dirty, 어렵고: Difficult, 위험한: Dangerous) 업종 분야에 종사할 외국인 근로자를 받아들이게 되었다. 외국인 인력수급의 관련 법과 제도의 변천에 관한 사항은 [그림 1]에 제시된 바와 같다. 1991년 실시된 '해외투자기업연수생 제도'와 1993년에 실시된 '산업연수생제도'는 생산직의 단순노동 외국인 근로자 인력 수급을 위한 제도이다. 이를 시작으로 많은 외국인 연수생들이 국내 유입되었지만, 이들에 대한 불법적이며 차별적인 임금, 고용, 인권, 그리고 불법체류 등의 문제가 커지며, 정부는 위 제도를 폐지하고, 2004년 '고용허가제'로 변경ㆍ시행하게 되었다.

국내 외국인 근로자 유입 제도 중 가장 대표적인 것은 '고용허가제(Employment Permit System: EPS)'이다. 이 제도의 시행은 2004년 8월 31일 필리핀 근로자들이 입국하며 시작한 이후, 2022년 현재까지 매년 5만 명 이상의 규모로 외국인 근로자들이 유입되어 내국인 인력이 회피하는 제조업 분야의 3D 업종에서 노동력을 제공하는데 활용되어 왔다(그림 2 참고). 외국인 근로자 활용은 「외국인 근로자의 고용 등에 관한 법률」에 의거하고 고용노동부가 관련 업무를 담당한다. 고용허가제는 크게 일반 고용허가제와 특례 고용허가제로 나뉘며, 외국인 근로자를 합법적으로 고용할 수 있도록 정부가 허가하는 제도이다.

대부분의 외국인 근로자를 유입하는 제도인 고용허가제는 한국정부와 MOU를 맺은 아시아 지역 등 16개국[1]에서 외국인 생산인력을 도입하는 일반 고용허가제

---

1   한국정부와 MOU를 체결한 16개 국가: 필리핀, 몽골, 스리랑카, 베트남, 태국, 인도네시아, 우즈베키스탄, 파키스탄, 캄보디아, 중국, 방글라데시, 네팔, 키르기스스탄, 미얀마, 동티모르, 라오스

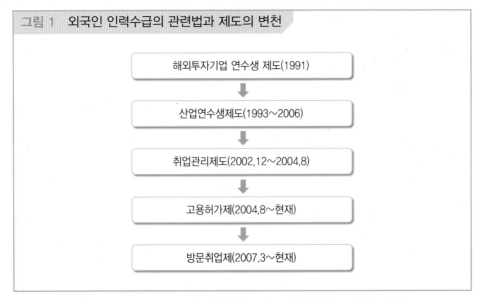

그림 1   외국인 인력수급의 관련법과 제도의 변천

해외투자기업 연수생 제도(1991)

산업연수생제도(1993~2006)

취업관리제도(2002.12~2004.8)

고용허가제(2004.8~현재)

방문취업제(2007.3~현재)

출처: 한국일보(2017.10.10). 외국인 고용허가제 "반인권 노예계약" "성공적 이주관리" https://www.hankookilbo.com/News/Read/201710100484863087 (검색일 2022년 12월 17일)

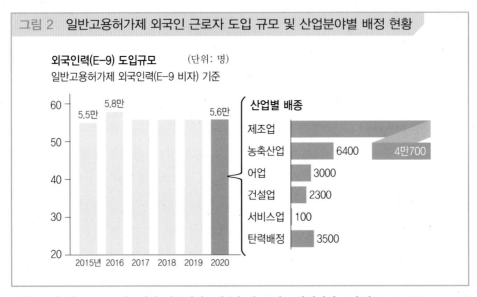

그림 2   일반고용허가제 외국인 근로자 도입 규모 및 산업분야별 배정 현황

외국인력(E-9) 도입규모   (단위: 명)
일반고용허가제 외국인력(E-9 비자) 기준

산업별 배종

제조업   4만700
농축산업   6400
어업   3000
건설업   2300
서비스업   100
탄력배정   3500

출처: 뉴시스(2019.12.18). 내년 외국인력 5만6천 명 도입…영세기업 고용한도 20~30% https://mobile.newsis.com/view.html?ar_id=NISX20191218_0000864570 (검색일 2022년 12월 17일)

(E-9)와 2007년 추가로 도입된 중국과 구러시아 연방인 중앙아시아 6개 국가들의 국적을 가진 동포를 유입 활용하는 특례 고용허가제(H-2)로 구분된다(고용노동부, 2019).[2] 하지만, 고용허가제의 취업 허용업종, 송출국가, 도입규모 등은 매년 국무총리실 외국인력정책위원회에서 국내 경제상황, 노동시장 동향, 불법체류 추이 등을 종합적으로 고려하여 결정한다.

2. 외국인 근로자 체류 현황 및 통계

국내 외국인 근로자의 수적 증가는 지속되었으나, 2020년 이후 코로나19 팬데믹으로 인해 국경이 봉쇄되면서 수적인 감소가 나타났다. 2020-2022년 3년간 코로나 사태로 인해 [그림 3]에서 보여진 바와 같이 E-9(비전문취업) 비자를 소유한 외국

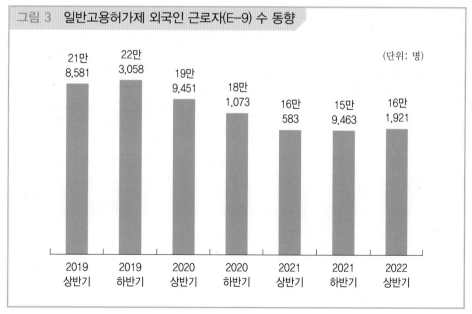

그림 3 일반고용허가제 외국인 근로자(E-9) 수 동향

(단위: 명)

- 2019 상반기: 21만 8,581
- 2019 하반기: 22만 3,058
- 2020 상반기: 19만 9,451
- 2020 하반기: 18만 1,073
- 2021 상반기: 16만 583
- 2021 하반기: 15만 9,463
- 2022 상반기: 16만 1,921

출처: 고용정보원(2022) 참고

---

2   고용노동부(2019). 고용허가제 의의와 연혁 https://www.eps.go.kr/index.jsp (검색일 2023년 1월 10일)

표 1 비자 자격별 등록 외국인 현황

• 등록회국인 자격별 현황

(2023. 2. 28. 현재, 단위: 명)

계	문화예술 (D-1)	유학 (D-2)	일반연수 (D-4)	종교 (D-6)	상사주재 (D-7)	기업투자 (D-8)	무역경영 (D-9)	교수 (E-1)
	33	131,642	56,896	1,420	1,098	6,876	2,090	1,981
	회화지도 (E-2)	연구 (E-3)	기술지도 (E-4)	전문직업 (E-5)	예술흥행 (E-6)	특정활동 (E-7)	계절근로 (E-8)	비전문취업 (E-9)
1,198,393	13,540	3,920	210	237	3,587	25,268	3,172	257,675
	선원취업 (E-10)	방문동거 (F-1)	거주 (F-2)	동반 (F-3)	영주 (F-5)	결혼이민 (F-6)	방문취업 (H-2)	기타
	19,680	101,962	45,077	24,652	178,550	135,768	99,864	83,195

출처: 법무부 출입국 · 외국인정책본부 통계월보(2023.03) 참고

인 근로자의 유입이 감소하며, 2018년 28만 명에서 2022년 상반기 겨우 16만 1921 명으로 급감하였다. 하지만, 2023년 2월 말 E-9 비자를 소지한 외국인 근로자는 257,675명으로 다시 증가하였다.

〈표 1〉에 제시된 바와 같이 2023년 02월 말 취업자격 체류 외국인 근로자[3] 수는 모두 440,051명(취업비자를 가진 사람)이다. 2023년 02월 말 현재 E-9(비전문취업) 비자를 소지한 외국인 근로자는 257,675명으로 전체 외국인 근로자의 50%이상을 차지한다. H-2(방문취업)비자를 가진 외국인은 99,864명, E-10(선원) 비자로 일하는 사람은 19,680명, E-8(계절근로자)비자로 일하는 사람은 3,172명이다. 즉, 국내 단순 기능인력인 외국인 근로자는 E-9와 H-2 비자를 가진 사람이 가장 많고 그 다음은 E-10, E-8 순으로 많다. 이 외의 전문인력으로 분류되는 단기취업, 교수, 회화 강사, 연구직, 기술지도 등의 취업비자를 가진 외국인은 10% 내외에 불과하다. 이 외에 우리 산업현장에서 빼놓을 수 없는 미등록 불법체류자로 분류되는 외국인도 410,317명으로 전체 체류 외국인의 19%를 차지한다. 또한, 국적별로 외국인 근로자는 중국, 베트남, 캄보디아 순으로 많고 주로 동남아시아 출신 외국인들이 국내

---

3 취업사증은 C-4(단기취업), E-1(교수), E-2(회화지도), E-3(연구), E-4(기술지도), E-5(전문직업), E-6(예술흥행), E-7(특정활동), E-8(계절근로), E-9(비전문취업), E-10(선원취업), H-2(방문취업) 체류자격으로 분류됨

표 2 외국인 근로자의 국적별 현황

• 국적별 현황   (2023. 2. 28. 현재, 단위: 명)

계	중국	베트남	캄보디아	네팔	인도네시아	필리핀	미얀마
	97,986	47,318	40,547	39,630	38,932	27,776	24,662
	태국	우즈베키스탄	스리랑카	방글라데시	미국	몽골	카자흐스탄
449,051	24,985	22,370	21,537	12,816	9,464	4,908	4,966
	파키스탄	동티모르	인도	남아프리카 공화국	영국	키르기스스탄	기타
	4,537	3,426	2,999	2,887	2,641	2,301	1,575

출처: 법무부 출입국 · 외국인정책본부 통계월보(2023.03) 참고

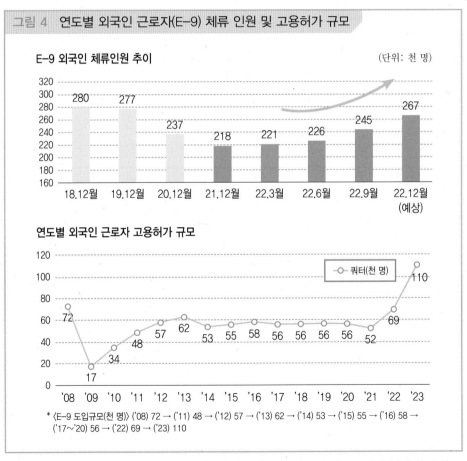

그림 4 연도별 외국인 근로자(E-9) 체류 인원 및 고용허가 규모

E-9 외국인 체류인원 추이   (단위: 천 명)

연도별 외국인 근로자 고용허가 규모

* 〈E-9 도입규모(천 명)〉('08) 72 → ('11) 48 → ('12) 57 → ('13) 62 → ('14) 53 → ('15) 55 → ('16) 58 → ('17~'20) 56 → ('22) 69 → ('23) 110

출처: 고용노동부(2022.12.21) 보도자료: 매년 5만 명 내외 → '23년 11만 명으로 결정 (역대 최고) 참고

유입되어 산업현장에서 일하고 있다(법무부 출입국·외국인정책본부, 2023. 03. 20). 이러한 외국인 근로자 수적인 통계는 시기별로 다르지만 그 경향은 유사하다. 또한, 조사하는 기관에 따라서도 조금씩 수적인 차이는 보인다.

고용노동부의 2022년 12월 21일 보도자료에 따르면,[4] E-9 비자를 소지한 외국인 근로자의 총 체류인원은 26만 4천 명이며, 2022년 말까지는 누적 26만 7천 명으로 코로나 이전의 96% 이상은 될 것으로 예상하였다. 또한, 외국인력정책 위원회 심의·의결(2022년 10월 25일)을 통해 2004년 고용허가제 도입 이후 가장 큰 규모였던 2008년 78만 명보다 훨씬 많은 2023년도 총 11만 명을 유입할 것으로 결정하였다(그림 4 참고). 이는 일반고용허가제 외국인 근로자(E-9)의 신속한 입국을 추진하여 우리의 산업현장에서 지속적인 구인난으로 인해 발생하는 문제에 신속하게 대응하고자 함으로 해석된다(고용노동부 보도자료, 2022.12.21).

3. 외국인 근로자의 체류자격 비자 유형

국내 머무는 외국인은 비자(체류자격)에 따라 한국에 머물 수 있는 기간(체류기간)과 취업 허용 여부, 취업 가능 분야 등이 결정된다. 한국에서 취업을 목적으로 이주한 외국인의 체류자격 비자(취업사증)는 비전문 인력의 C-4(단기취업), E-8(계절근로), E-9(비전문취업), E-10(선원취업), H-2(방문취업), 전문인력(E-1~7)으로 구분되며 다양하다. 비자 유형에 따른 취업영역 관련 주요내용을 간단히 표로 설명하면 다음과 같다.

표 3 외국인의 국내 취업자격 비자 유형

체류자격	설명
C-4 (단기취업)	• 일시 흥행, 광고·패션 모델, 강의·강연, 연구, 기술지도 등 수익을 목적으로 단기간 취업활동을 하려는 사람 * 단순노무 직종은 해당되지 않음

---

4   고용노동부(2022.12.21). 올해 계획인 외국인 근로자(E-9) 8만4천 명 입국 https://www.korea.kr/news/pressReleaseView.do?newsId=156543874

E-1 (교수)	•「고등교육법」에 따른 자격요건을 갖춘 외국인으로서 전문대학 이상의 교육기관이나 이에 준하는 기관에서 전문 분야의 교육 또는 연구·지도 활동에 종사하려는 사람
E-2 (회화지도)	•E-2-1. 일반회화 강사 법무부장관이 정하는 자격요건을 갖춘 외국인으로서 외국어전문학원, 초등학교 이상의 교육기관 및 부설어학연구소, 방송사 및 기업체 부설 어학연수원, 그 밖에 이에 준하는 기관 또는 단체에서 외국어 회화지도에 종사하려는 사람 •E-2-2 학교보조교사 법무부장관이 정하는 자격요건을 갖춘 외국인으로서 교육부장관(시·도 교육감)과 고용계약을 체결하고 초·중·고등학교에서 외국어보조교사로 근무하고자 하는 자 •E-2-91 FTA영어 당사자간 협정에 의한 자격요건을 갖춘 외국인으로서 외국어전문학원, 초등학교 이상의 교육기관 및 부설어학연구소, 방송사 및 기업체 부설 어학연수원, 그 밖에 이에 준하는 기관 또는 단체에서 외국어 회화지도에 종사하려는 사람
E-3 (연구)	•대한민국 내 공·사 기관으로부터 초청을 받아 각종 연구소에서 자연과학 분야의 연구 또는 산업상 고도기술의 연구·개발에 종사하려는 사람[교수(E-1) 체류자격에 해당하는 사람은 제외한다]
E-4 (기술지도)	•자연과학 분야의 전문지식 또는 산업상 특수한 분야에 속하는 기술을 제공하기 위하여 대한민국 내 공·사 기관으로부터 초청을 받아 종사하려는 사람
E-5 (전문직업)	•대한민국 법률에 따라 자격이 인정된 외국의 변호사, 공인회계사, 의사, 그 밖에 국가공인 자격이 있는 사람으로서 대한민국 법률에 따라 할 수 있도록 되어 있는 법률, 회계, 의료 등의 전문업무에 종사하려는 사람[교수(E-1) 체류자격에 해당하는 사람은 제외한다]
E-6 (예술흥행)	•E-6-1 예술연예 수익이 따르는 음악, 미술, 문학 등의 예술활동 및 전문 방송연기에 해당하는 자와 공연법의 규정에 의한 전문 연예활동에 종사하는 자 •E-6-2 호텔유흥 관광진흥법에 의한 호텔업시설, 유흥업소 등에서 공연 또는 연예활동에 종사하는 자 (음악, 미술, 문학 등의 예술활동, 전문 방송연기, 또는 공연법의 규정에 의한 전문 연예활동은 해당되지 않음) •E-6-3 운동 축구, 야구, 농구 등 프로 운동선수 및 그 동행 매니저 등으로 운동 분야에 종사하는 자

E-7 (특정활동)	• E-7-1 특정활동 대한민국 내의 공·사기관 등과의 계약에 따라 법무부장관이 국가경쟁력 강화 등을 위해 전문적인 지식·기술 또는 기능을 가진 외국인력 도입이 특히 필요하다고 지정하는 분야에 종사하려는 사람 • E-7-91 FTA 독립 자유무역협정(FTA) 내용에 따라 특정회사(법인)에 소속되지 않고 독립적으로 대한한국의 기업 또는 개인 등에 고용되거나 기술지도 등 서비스를 제공하는 자
E-8 (계절근로)	• 농작물 재배·수확·원시가공, 수산물 원시가공 분야에서 취업 활동을 하려는 사람으로서 법무부장관이 인정하는 사람
E-9 (비전문취업)	• E-9-1 제조업 외국인 근로자의 고용에 관한 법률의 규정에 의한 국내 취업요건을 갖추어 제조업체에 취업하는 자 • E-9-2 건설업 외국인 근로자의 고용에 관한 법률의 규정에 의한 국내 취업요건을 갖추어 건설공사 업체에 취업하는 자 • E-9-3 농업 외국인 근로자의 고용에 관한 법률의 규정에 의한 국내 취업요건을 갖추어 농업, 축산업 등에 취업하고자 하는 자 • E-9-4 어업 외국인 근로자의 고용에 관한 법률의 규정에 의한 국내 취업요건을 갖추어 연/근해어업, 양식어업 및 소금채취업 등 어업에 종사하고자 하는 자 • E-9-5 서비스업 외국인 근로자의 고용에 관한 법률의 규정에 의한 국내 취업요건을 갖추어 건설폐기물 처리업, 냉장냉동 창고업, 재생용 재료수집 및 판매업, 기타 출판업체 등에 취업하는 자
E-10 (선원취업)	• E-10-1 내항선원 내항정기여객운송사업,내항부정기여객운송 사업 및 내항화물운송의 사업을 영위하는 자와 그 사업체에서 6개월 이상 선원근로계약을 체결한 자으로서 부원(部員)으로 에 해당되는 자 • E-10-2 어선원 정치망어업 및 동력어선을 이용한 근해어업의 규정에 의한 사업을 영위하는 자와 그 사업체(20톤 이상의 어선)에서 6개월 이상 선원근로계약을 체결한 자로서, 부원(部員)에 해당하는 자 • E-10-3 순항선원 순항여객운송사업을 영위하는 자와 그 사업체에서 6개월 이상 선원근로계약을 체결한 자로서, 총톤수 2천 톤 이상의 크루즈선에 승선하는 자로 부원(部員)에 해당하는 자

H-2 (방문취업)	• H-2-1 연고방취 「재외동포의 출입국과 법적 지위에 관한 법률」에 따른 만 25세 이상의 외국국적동포로서 다음의 어느 하나에 해당하는 자 1. 출생당시에 대한민국 국민이었던 사람으로서 대한민국 가족관계등록부·폐쇄등록부 또는 제적부에 등재되어 있는 사람 2. 부모의 일방 또는 조부모의 일방이 대한민국의 국적을 보유하였던 사람 3. 국내에 주소를 둔 대한민국 국민 또는 「국적법」에 따른 국적 취득 요건을 갖추어 영주(F-5-7)자격을 취득한 사람의 초청을 받은 사람(초청자는 피초청자와 8촌 이내의 혈족 또는 4촌 이내의 인척이어야함) 4. 국가유공자 등 예우 및 지원에 관한 법률 규정에 따른 '국가유공자와 그 유족 등'에 해당하거나 독립유공자예우에 관한 법률 규정에 따른 '독립유공자와 그 유족 또는 가족'에 해당하는 사람 5. 대한민국에 특별한 공로가 있거나 대한민국의 국익증진에 기여한 사람 • H-2-2 유학 방취 「재외동포의 출입국과 법적 지위에 관한 법률」에 따른 만 25세 이상의 외국국적동포로서 유학(D-2)자격으로 1학기 이상 재학 중인 자녀로부터 초청을 받은 부모 및 배우자 • H-2-5 추첨방취 「재외동포의 출입국과 법적 지위에 관한 법률」에 따른 만 25세 이상의 외국국적동포로서 다음의 어느 하나에 해당하는 자 1. 방문취업 사전신청 후 전산추첨에서 선발된 중국동포 2. 국가별 할당인원 내에서 구소련(CIS) 지역 신청자 전원 • H-2-7 만기방취 「재외동포의 출입국과 법적 지위에 관한 법률」에 따른 만 25세 이상의 외국국적동포로서 방문취업 만기출국자 중 완전출국일 기준 만 60세 미만인 사람

출처: 대한민국 비자포털(2021) 참고

이와 같은 외국인의 취업비자 외에도 경제활동이 허가된 체류비자가 있다. F-5(영주비자)와 우수 전문인력 자격 체류자의 가사 보조인인 F-1-21~24(가사보조), F-2(거주), F-4(재외동포), F-5(영주), F-6(결혼이민)등의 비자를 가진 사람도 국내에서 경제활동을 할 수 있다. 이외 구직 중인 유학생(D-10-1)과 유학생(D-2) 그리고 기술창업을 준비하는 외국인(D-10-2)도 취업활동이 가능하다. 또한, 다양한 유형의 업종에서 일을 하는 불법체류자인 미등록 외국인 근로자[5]도 존재한다.

---

5 법무부의 「출입국관리법」에서 부여한 비자를 소지하고 해당 분야와 조건에서 경제활동을 하는 사람을 '등록 외국인 근로자'라 한다. 하지만, 흔히 말하는 불법체류자 중 국내에서 경제활동을 하고 있는 사람을 '불법취업자', '미등록 외국인 근로자'라 한다. 미등록 외국인 근로자에는 한

4. 고용허가제: 외국인 근로자 유입과 체류 정책

'고용허가제(Employment Permit System: EPS)'는 국내 내국인 인력을 수급할 수 없는 중소기업에서 고용노동부에 외국인 근로자를 신청하면 정부가 외국인 근로자를 선별하여 취업비자를 발급하고 한국으로 입국할 수 있도록 허가하는 제도이다. 이 제도의 도입논의는 1995년부터 시작되었으며, 관계법은 2004년 8월 17일부터 시행되었다.

1) 고용허가제 목적과 원칙

고용허가제의 도입 목적은 국가적으로 외국인 근로자를 체계적으로 도입·관리함으로서 원활히 인력을 수급하고 국가경제의 균형있는 발전을 도모하는데 있다. 이에, 내국인 인력을 구하지 못하는 중소기업 사업자가 정부로부터 고용허가서를 발급받아 합법적으로 비전문직 외국인력을 고용할 수 있도록 허락하는 제도이며, 크게 '일반 고용허가제'와 '특례 고용허가제'로 구분된다. 고용허가제로 입국한 외국인 근로자를 고용기간 만료 후 귀환을 원칙으로 하지만 국내 체류하며 노동시장에 참여하는 경우가 많다. 최근, 정부는 고용허가제 개혁을 통해 국내 산업구조와 인구의 변화에 효율적으로 대응하고 사업주와 외국인 근로자 간의 문제점과 애로사항을 극복하고, 산업현장의 안전을 강화하며 합리적인 고용환경을 조성하고자 한다. 외국인 근로자 고용허가제의 기본원칙은 〈표 4〉에 제시된 바와 같이 보충성, 투명성, 시장수요 존중, 단기순환, 차별금지의 5개 원칙으로 다음의 조건들을 강조한다.

국에 머물 수 있는 체류기간이 초과되었는데 자기 나라로 돌아가지 않은 사람, 취업할 수 없는 체류자격을 가지고 일을 하는 사람(예: 관광비자), 한국에 입국할 때는 일할 수 있는 비자를 가지고 왔다가 법에서 정한 기간이나 취업 업종을 어기고 일하는 사람, 애초에 밀입국하여 비자자격이 없는 사람 등이 속한다.

표 4 고용허가제의 기본 원칙

원칙	내용
보충성: 내국인 노동자의 고용기회 보호	• 사업자의 내국인노동자 구인노력 의무 부과 • 인력수급동향과 연계해 적정 수준의 도입 규모 및 외국인 근로자 고용허용 업종
투명성: 송출비리 방지 및 외국인 근로자 선정·도입 절차 투명화	• 정부간 양해각서(MOU) 체결을 통한 외국인력 선정·도입으로 송출비리 방지
시장수요 존중: 사업주 수요에 맞는 외국인 근로자 도입	• 국적, 신체조건, 학력, 한국어 능력 등을 충족하는 적격자를 사업주가 직접 선정
단기순환: 비전문 외국인 근로자에 대한 정주화 방지 적용	• 3년 또는 5년 미만(재고용허가 시 4년 10개월)의 취업활동기간 부여 • 취업 활동기간 만료 후 모국으로 귀국
차별금지: 외국인 근로자의 기본적 인권 보장	• 합리적인 이유 없는 부당한 차별 금지 • 내국인 근로자와 동등한 노동관계 법령 적용

출처: 고용노동부(2019) 참고

2) 고용허가제 특성과 변화

　고용허가제는 외국인 근로자의 활용을 체계화하고 고도화하기 위해 사업주와 외국인 근로자 양측의 입장(임금, 인력활용, 산업안전, 고용환경, 인권, 근로여건, 체류기간 등)을 고려하고, 국내외 사회경제적인 변화를 반영하며 점차 개선되어 왔다. 하지만, 고용허가제는 비전문 영역의 외국인 근로자를 대상으로 통제와 관리 차원에서 주로 이루어졌으며 국내 노동력 수급을 위한 측면에만 강조되어 많은 부작용을 낳고 사회적인 문제로까지 확장된 상황이다.

　초창기 외국인 고용허가제는 국내인력을 구하지 못하는 기업이 한국정부(노동부)로부터 외국인의 고용을 허가받아 합법적으로 외국인 근로자를 근로자 신분으로 고용할 수 있는 제도이며 외국인력의 합법적이고 투명한 고용관리 체계를 마련하고자 함으로써 국내의 저숙련 인력 부족을 해소하고자 함에 목적을 두었다. 또한, 외국인 근로자를 편법적으로 활용하거나 불법체류자를 고용하는 등 외국인력의 불법적인 고용에 따른 제반 문제점을 해소하는 계기를 마련하였다는 점에서 의미가 있으나(유길상 외, 2007), 예기치 못한 많은 부작용도 나타났다. 특히, 고용허가제는 비전문 외국인력이 정주화되지 않도록 체류기간을 제한적으로 운영해 왔으므로 불법체류자를 양산하는 문제가 심각하다. 또한, 특정 분야에 숙련되지 않은 단순 기능인력만 도입하여 현재 변화하는 산업현장에 인력활용의 문제도 발생하고 있다. 고용허가제는 약 20년이라는 긴 시간동안 다양한 업종별 근로환경, 근로자의 학력

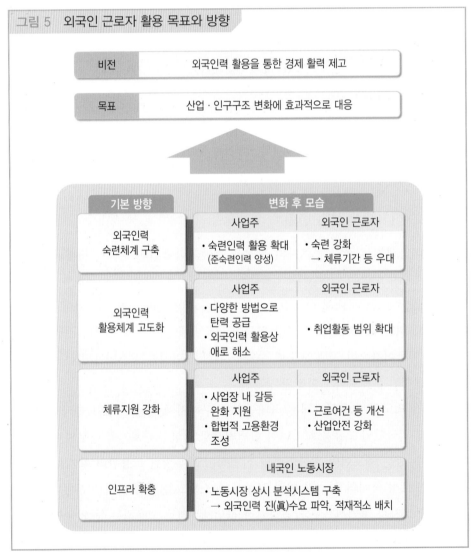

그림 5 외국인 근로자 활용 목표와 방향

출처: 아시아경제(2022.12.29), 고용노동부(2022.12.29) 보도자료 발표 참고

과 역량 수준 차이, 고용주의 요구사항, 그리고 외국인 근로자의 인권 등을 반영하지 못한다는 비판을 받아왔고 많은 부작용을 낳았다. 이에, 정부는 2022년 말 외국인 근로자의 고용허가제도에 개혁적인 변화를 제시하였다. 외국인 근로자의 체류기간, 성실 근로자 장기 근속 허용, 취업활동 및 업종 확대, 출국 및 재입국 제한기간 변경, 산업안전, 안정적인 고용 인프라 구축, 교육, 그리고 사회적 서비스 제공 등의 각 분야에서 종합적인 대책마련을 하고 있다(고용노동부 보도자료, 2022.12.29).

5. 고용허가제: 국내 비전문 외국인 근로자 유입과 관리

1) 일반 고용허가제

일반 고용허가제로 외국인 인력 수급은 한국정부와 MOU를 맺은 16개국(2021년 기준 필리핀, 몽골, 스리랑카, 베트남, 태국, 인도네시아, 우즈베키스탄, 파키스탄, 캄보디아, 중국, 방글라데시, 네팔, 키르기스스탄, 미얀마, 동티모르, 라오스)만이 해당되며, 국내신청 가능한 업체는 노동자 300명 미만 또는 자본금 80억 이하의 중소제조업, 농축산업, 어업(20만톤이하), 건설업, 서비스업 등 5개 분야의 중소기업이다. 일반고용허가제에 의해 유입된 외국인 근로자에게는 E-9(비전문취업) 취업사증/비자가 부여된다. 외국인 근로자 유입과 체류 등에 관한 업무를 담당하는 주요기관은 고용노동부, 법무부, 한국산업인력공단이다.

한국에서 일반 고용허가제로 취업을 하기 위해서 본인의 국가에서 한국어 능력시험(고득점 순 취업)을 보고 이력서를 작성하여 한국의 산업인력공단에 제출한다. 한국어시험에 합격하고 건강검진을 받고 법적으로 문제가 없는 사람만이 E-9(비전문취업)비자를 받고 국내 생산인력으로 유입된다.

구직자로 선발된 사람은 표준근로계약서 작성, 사전 취업교육 등을 거쳐 한국에 입국하며, 한국에 입국한 후에도 2박 3일 정도의 취업교육을 받고 일터로 배치된다. 외국인 근로자를 고용하고 싶은 한국의 회사, 즉 사업주는 한국인을 고용하기 위해서 노력했지만 구인하지 못한 경우에 외국인 고용허가를 신청할 수 있다. 고용

그림 6　고용허가제에 의한 외국인 근로자 고용절차

일반 외국인노동자 도입: 고용허가제(E-9)

- 허용 기업: 중소 제조업(노동자 300인 미만 혹은 자본금 80억원 이하), 농·축산업, 어업(20톤 미만), 건설업, 서비스업(건설폐기물 처리업 등 5개 업종)
- 도입 대상: 인력송출국(16개국)의 한국어시험 합격자
- 담당 기관: 고용노동부, 법무부, 한국산업인력공단
- 고용 절차

한국어시험 구직자명부 작성	→	사업주 고용허가서 발급	→	근로계약	→	사증발급 및 입국	→	취업교육 후 사업장 배치
송출국 → 인력공단		고용노동부		사용자 ↔ 외국인노동자		법무부		

* 외국인노동자는 업종 간 이동 불가능, 사업장 간 이동은 법에서 정한 사유에 한해서 가능하며 최초 3년 간 3회, 재고용 1년 10개월간 2회(단, 휴업·폐업 등 사업주 귀책사유는 횟수 불포함)

출처: 고용노동부(2022.12.30). 외국인, 국내 노동시장과의 조화. 고용허가제도 https://www.moel. go.kr/policy/policyinfo/foreigner/list1.do 참고

허가제로 외국인 근로자를 고용하는 절차는 [그림 6]과 같다.

2) 일반 고용허가제의 근로 조건

고용허가제 신청으로 채용된 외국인 근로자는 처음 선정한 업종에서 일을 해야 하며, 사업장의 이동도 3년간 3회로 제한되며, 재고용된 경우 1년 10개월 동안 단 2회만 작업장 변경이 가능하다. 이러한 제한조건에 대해 불만이 많지만, 고용주나 작업장에 만족하여 성실한 근무한 근로자는 입국일로부터 3년 동안 취업활동을 하고, 재고용되면 취업활동이 1회 연장되어 추가로 1년 10개월 동안 같은 사업장에서 일할 수 있다. 이로 인해 이들의 국내 근무기간은 총 4년 10개월이다. 또한, 고용주가 인정하는 성실 외국인 근로자는 본국으로 출국하였다가 3개월 후 재입국하여 4년 10개월 간 같은 근로조건으로 일할 수 있으므로 최대 9년 8개월 간 국내 산업현장에서 일할 수 있다(고용노동부, 2019; 황기식·신미숙, 2020).

하지만, 이러한 특례제도는 최근 사업주와 외국인 근로자 모두를 위해 변화되었다. 성실근로자로 재입국 특례자로 구분된 외국인 근로자는 귀국 후 기존 3개월 후 재입국할 수 있는 제한조건을 1개월로 단축하여 사업장에 인력공백을 줄이고 외국인 근로자의 인권을 보호한다는 취지로 변경되었다(고용노동부, 2021.10.14).[6]

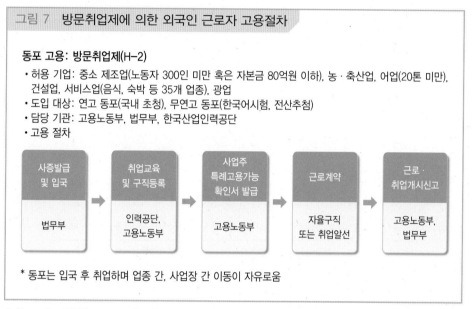

그림 7　방문취업제에 의한 외국인 근로자 고용절차

동포 고용: 방문취업제(H-2)
- 허용 기업: 중소 제조업(노동자 300인 미만 혹은 자본금 80억원 이하), 농·축산업, 어업(20톤 미만), 건설업, 서비스업(음식, 숙박 등 35개 업종), 광업
- 도입 대상: 연고 동포(국내 초청), 무연고 동포(한국어시험, 전산추첨)
- 담당 기관: 고용노동부, 법무부, 한국산업인력공단
- 고용 절차

사증발급 및 입국	취업교육 및 구직등록	사업주 특례고용가능 확인서 발급	근로계약	근로·취업개시신고
법무부	인력공단, 고용노동부	고용노동부	자율구직 또는 취업알선	고용노동부, 법무부

* 동포는 입국 후 취업하며 업종 간, 사업장 간 이동이 자유로움

출처: 고용노동부(2022.12.30). 외국인, 국내 노동시장과의 조화. 고용허가제도 https://www.moel.go.kr/policy/policyinfo/foreigner/list1.do 참고

3) 특례 고용허가제(방문취업제)

일반 고용허가제와 다르게 특례 고용허가제는 방문취업제(H-2)비자로 입국한다. 대상은 한국 내 초청 또는 무연고 중국 동포, 러시아 및 중앙아시아 국가 출신의 재외동포에게 국내 일자리를 제공하는 정책이다. 일반 고용허가제 외국인 근로자와 다르게 이들은 업종 또는 사업장 간의 이동이 자유롭다. 허용업종에서도 서비스업과 광업이 추가된다. 담당기관은 고용노동부, 법무부, 산업인력공단이다.

6　고용노동부 보도자료(2021.10.14). 외국인 근로자 재입국 특례 시 재입국 제한기간 단축 및 대상 확대 http://www.moel.go.kr/news/enews/report/enewsView.do;jsessionid=mAX5RMo6 ASIWHgshoASps19GiRHXCM5lz1RZWIgWyMi6jCGypg7cAcs1zlO5va71.moel_was_outside_ servlet_www2?news_seq=12802

출처: 고용허가제 정보. https://www.eps.go.kr/index.jsp 참고

4) 고용주의 고용허가제 외국인 근로자 구인 및 선발 절차

(1) 내국인 구인노력

외국인 고용을 원하는 사업자는 관할 고용센터에 내국인 구인신청을 먼저해야 한다. 즉, 내국인 고용기회를 보호하기 위해서 내국인 구인노력을 제조업·건설업·서비스업은 14일, 농축산업은 7일간 공고하고 내국인을 고용하지 못한 경우에 외국인 근로자를 신청하여 선발할 수 있다.

(2) 외국인 고용허가 신청

내국인 구인노력에도 불구하고 인력의 전부나 일부를 채용하지 못한 경우, 3개월 이내에 외국인 근로자 고용허가서 발급신청서와 발급요건입증서류(사업자등록증 사본 등)을 제출하여 신청한다.

(3) 고용허가서 발급

사용자는 고용센터에서 외국인 근로자를 알선(3배수)하거나 사업주가 EPS 홈페이지에서 직접 외국인 근로자를 알선(3배수) 한 후 면접과 채용을 진행하며 고용센터에서 고용허가서를 발급받는다.

(4) 근로계약 체결

고용허가서 발급과 동시에 사용자는 고용허가서 신청서에 기재한 근로조건이나 표준근로계약서(사업주안)로 작성되어 한국산업인력공단으로 송부되며, 동계약서를 송출국가의 송출기관으로 보낸다. 각 국가의 송출기관은 사용자가 선택한 외국인 구직자와 접촉하여 근로계약서 체결의사를 확인한 후 전산상으로 송부된 최종 표준근로계약서를 확인하여 산업인력공단으로 재송부하게 되면 근로계약이 체결하게 된다.

(5) 사증 발급인정서 신청 및 발급

근로계약이 체결되면 사용자 또는 대행기관은 법무부 출입국관리사무소에서 사증발급 인정서를 발급받아서 한국산업인력공단에 송부하고 송출국가의 송출기관을 통해서 구직자에게 전달된다.

- 사용자가 출입국관리사무소 제출서류: 사증발급인정신청서, 고용허가서사본, 표준근로계약서 사본, 사업자등록증 등 사업관련 인증서
- 외국인 근로자 필요사류: 사증발급신청서 사증발급인정서, 여권 및 사진

(6) 외국인 근로자 취업교육

외국인 근로자가 E−9 사증을 받고 송출기관 관계자의 인솔하에 입국하게 되면 공항에서 입국직후 한국산업인력관리공단 관계자에게 인계되어 확인을 거친 후 각 국가별, 업종별로 취업교육기관 인솔자에게 연계된 후 취업교육기관으로 이동하여 2박 3일(16시간) 동안 취업교육을 받게 된다. 사업주는 외국인 근로자가 입국 후 15일 이내에 취업교육기관에서 국내활동에 필요한 취업교육을 받게할 의무가 있으며

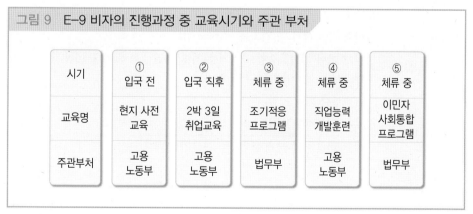

그림 9 E−9 비자의 진행과정 중 교육시기와 주관 부처

시기	① 입국 전	② 입국 직후	③ 체류 중	④ 체류 중	⑤ 체류 중
교육명	현지 사전 교육	2박 3일 취업교육	조기적응 프로그램	직업능력 개발훈련	이민자 사회통합 프로그램
주관부처	고용 노동부	고용 노동부	법무부	고용 노동부	법무부

출처: 강정향·조영희(2021, 7) 참고

(외국인고용법 제 11조), 근로기준법상 취업교육기간은 근로를 제공한 기간으로 본다. 단계별로 살펴보면 [그림 9]와 같이 정부주관 부처인 고용노동부와 법무부에서 교육관련 사항을 관리한다.

일반고용허가제(E-9 비자)로 입국한 외국인 근로자의 취업교육 담당기관은 노사발전재단, 중소기업중앙회, 농협중앙회, 수협중앙회, 대한건설협회이며, 외국국적동포로 H-2 비자를 소지한 외국인 근로자는 한국산업인력공단이 교육을 맡아 담당한다.

6. 고용허가제의 변화: 숙련기능인력 비자제도[7]

최근 고용허가제의 가장 큰 변화는 장기간 같은 업종에서 성실근무하며 전문가로 성장한 일반 고용허가제(E-9) 외국인 근로자를 위한 '숙련기능인력 점수제' 이다. 이 제도는 2011년부터 시행되어오다 2017년 8월 1일부터 숙련기능인력(점수제) 비자제도가 신설되어 확대 시행되어 오고 있다. 외국인 근로자 숙련기능인력을 평가하기 위한 평가 항목과 내용은 다음 〈표 5〉에 제시된 바와 같으며, 그 허용 인원도 〈표 6〉에 나타난 바와 같이 매우 적은 수이므로 기업 입장에선 제한적이다.

표 5 숙련기능인력 점수제 평가 영역

영역	내용
기본항목 (최대 90점)	산업 기여 가치: 연간소득 (최대 20점)
	미래 기여 가치: 숙련도/자격증(최대 20점), 학력(최대 10점), 연령(최대 20점), 한국어 능력(최대 20점)
선택항목 (최대 119점)	근속기간(최대 10점)
	보유자산(최대 35점)
	최근 10년 이내 국내 관련분야 근무경력(최대 15점)

---

7 고용노동부, 고용허가제의 의의와 연혁. https://www.eps.go.kr/index.jsp(검색일 2023년 1월 10일)

	관련직종 국내 교육 또는 연수 경험(최대 10점)
	가점(최대 49점): 국내 유학경험, 관련 중앙부처 추천, 읍·면지역 근무 경력, 사회공헌, 납세실적, 코로나19 관련 계절근로 참여
감점항목 (최대 50점)	출입국관리법 위반
	기타 국내 법령 위반

출처: 산업통상자원부(2022) 공고 2022-130호 참고: 2022년 외국인 숙련기능인력 점수제 비자(E-7-4) 전환 관련 뿌리산업 분야 산업통상자원부 추천계획 공고

표 6 숙련기능인력 업종과 업체별 허용 인원

업종별 \ 외국인 허용인원		1명	2명	3명	4명	5명
제조업 (국민피보험자수)	일반	10-49명	50-149명	150-299명	300-499명	500명 이상
	뿌리	4-9명	10-29명	30-49명	50-99명	100명 이상
건설업 (연평균 공사금액)		50 억원 미만	50-300 억원 미만	300-500 억원 미만	500-700 억원 미만	700 억원 이상
농축어업 (국민피보험자수)		9인 이하	10인-29인	30명 이상	-	-

출처: 산업통상자원부(2022) 공고 2022-130호 참고: 2022년 외국인 숙련기능인력 점수제 비자(E-7-4) 전환 관련 뿌리산업 분야 산업통상자원부 추천계획 공고

그럼에도 불구하고, 이 제도는 한국에 정착하고 싶은 많은 외국인 근로자들의 목표가 되었으며, 2017년 이후 지역의 사회통합기관에는 숙련기능인력 비자(E-7-4)를 취득하고자 하는 외국인 근로자들의 사회통합 교육과정 수강이 크게 증가되었다. 외국인 근로자들은 일정한 자격요건을 충족하여 숙련기능인력이 되면 가족과 함께 한국에서 살면서 일할 수 있는 것이 가능해진 것이다(김영예·황나리, 2020; 강정향·조영희, 2021).

고용노동부는 외국인 근로자의 인권보호를 위한 조치도 병행하여 추진한다. 개정된 관련 법령(외국인 근로자의 고용 등에 관한 법률, '22.12.11 시행)에 따르면, 외국인 근로자의 사망으로 「산업안전보건법」상 처벌을 받은 사업장에 대해서는 외국인 고용을 제한한다. 또한, 5인 미만 농어가도 산재보험 또는 농어업인안전보험 등에

표 7	이민자 사회통합프로그램 참여자 현황									(단위: 명)
연도 구분	총계	2009년~ 2015년	2016년	2017년	2018년	2019년	2020년	2021년	2022년	'23년 1~2월
참여자	405,715	86,893	30,515	41,500	50,639	56,535	36,620	43,552	42,163	17,298

출처: 법무부 출입국통계 사회통합 현황(2023. 03) https://www.moj.go.kr/moj/2418/subview.do 참고

가입하는 경우에만 고용허가서를 발급하도록 하여 외국인 근로자의 업무상 재해에 대한 안전망을 강화한다(개정 외국인 근로자의 고용 등에 관한 법률 시행령 '23.02.03. 시행).

이러한 변화와 함께 고용부는 산업 현장과 인구 구조가 급격히 변화했다는 현장의 목소리를 반영하며, 19년만인 2022년 12월 29일 '고용허가제 개편 방안'을 발표했다. 주요 개편 내용은 외국인 근로자가 10년 이상 체류하면서 일할 수 있게 하고, 외국인 근로자를 고용할 수 있는 업종도 확대하는 것이다. 이에, 2023년부터는 화물 상·하차 직종과 도우미나 베이비시터 등의 직종에 대해서도 외국인 고용이 검토된다. 또한, 중국과 중앙아시아 6개 국가 출신의 동포, 즉 '조선족'과 '고려인'에게 부여되던 방문취업(H-2) 비자의 취업 기회도 대폭 확대한다. 즉, 2023년부터는 컴퓨터 프로그래밍 및 관리업, 정보 서비스업, 금융업, 연구개발업 등의 업종을 제외한 다른 모든 업종에 제한없이 취업할 수 있다.

다른 한편, 고용부는 국내에 체류 중인 외국인 유학생도 국내에 계속 머무르면서 외국인 근로자로 신분을 전환해 취업할 기회를 부여하기로 했다. 기존에는 국내에서 학위과정을 마치고 전문인력(E-7) 비자를 받아 취업하지 못한 경우에는 출국해야 했으나, 2023년부터는 이들에게 비전문 인력(E-9) 비자를 받을 기회를 주고 국내에서 취업할 수 있도록 하는 제도적 개혁을 한다. 하지만, 외국인 유학생 중에 이런 혜택을 받을 수 있는 사람은 한국과 외국인 근로자를 송출하기로 협정을 맺은 16개 국가 출신의 유학생에게만 해당된다(조선일보, 2022.12.29; 아시아경제, 2022.12.29).

'숙련기능인력 점수제'란 뿌리산업에 5년 이상 근무하는 외국인 근로자가 자격 요건을 충족할 경우, 장기체류할 수 있는 숙련기능 외국인력(E-7-4)로 체류자격을 전환할 수 있는 제도이다. 이 제도의 도입 목적은 뿌리산업 및 중소 제조업 등의 국내 산업계에서 외국인 근로자가 장기간 일을 하면서 숙련된 기능인력으로 성장한 경우에 이들을 활용하는 것이 국가발전에 기여할 수 있다는 판단에서이다. 또한, 뿌리산업의 중소·제조업에서 숙련된 인력을 구하지 못해서 어려움을 겪고 있는 상황을 극복하기 위해서 성실한 외국인 근로자를 전문가로 육성하고자 함이다.

고용노동부는 2011년부터 외국 인력 중 '업무숙련도'와 '사회통합의 수준'을 검증하여 숙련기능인력으로 전환하는 점수제도를 운영해 오다 비자제도로 확대 시행하고 있다. 특히, 최근 10년 이내 5년 이상 비전문취업(E-9), 선원(E-10), 방문체류(H-2) 체류자격으로 국내에서 정상적인 취업활동을 하고 있는 외국인을 대상으로 고용추천서를 발급받은 뿌리기업에 근무하며 숙련기능인력 점수가 최저기준 이상인 자를 대상으로 신청을 받아 고득점자 순으로 선정한다.[8] 숙련기능직종은 '한국표준직업분류'상 항목6(농림어업 숙련종사자), 항목7(기능원 및 관련 기능 종사자), 항목 8(장치기계조작 및 조립종사자)의 직종이다. E-9, E-10, H-2 비자를 가진 외국인 근로자는 점수제 평가에 따라 법무부 장관이 선정한 3개 직종(농림축산어업, 제조업, 건설업) 분야에서 체류자격변경이 가능한 숙련기능인력(E-7-4)이 된다(강정향·조영희, 2021, 27-33).

7. 기타 외국인 근로자 체류 실태와 현황

1) 전문 외국인 인력

세계화와 4차 산업혁명 등으로 인해 세계 각국은 자국의 지적 자본을 확충하고 인구구조 변화에 대응하기 위해서 전문 외국인력을 확보하고 활용하고자 노력한다. 한국 정부도 '우수인재 유치 및 성장지원 강화'를 2018년부터 2022년까지 5년간의 정책과제인 '제3차 외국인정책'의 주요 의제로 제시하고, 우수 전문외국인력 유

---

8   단, 형사범, 세금체납자, 출입국관리법 4회 이상 위반자는 제외된다.

치 및 활용을 통해 기업과 국가 경쟁력을 강화하고자 노력하고 있다.[9]

전문인력은 전문적인 지식·기술 또는 기능을 가진 사람이다. 외국인 근로자에 관한 권위있는 국제 기구인 ILO에서는 전문인력(the highly skilled)을 "일반적으로 고급 교육(대학 이상), 복잡한 작업을 수행할 수 있는 지식과 기술 보유, 기술 변화에 빠르게 적응하는 능력, 업무 훈련을 통해 습득한 지식과 기술의 창의적 적용"이 가능한 사람으로 정의한다(ILO, 2014). 국내에서 전문 외국인력을 채용하는 주요 목적은 특정 분야의 전문인력 확보, 신기술 개발, 해외시장 진출 관리 등으로 구분된다(나윤수, 2014).

한국 체류사증(비자)에 따른 전문인력은 2023년 2월 말 기준 52,444명이며(법무부 출입국외국인정책본부 통계월보, 2023. 3. 20)이다. 이들은 C-4(단기취업), E-1(교수), E-2(회화지도), E-3(연구), E-4(기술지도), E-5(전문직업), E-6(예술흥행),[10] E-7(특정활동) 소지자들이다. 이러한 전문 외국인력은 단순 외국인력과 달리 '정주화 금지의 원칙'의 적용되지 않는다. 전문외국인력은 최대 체류기간이 만료되면 출국해야 하지만, 체류기간 연장이 자유로와 국내에서 장기간 체류할 수 있으며, 일

표 8　**전문인력 현황과 비자 유형**

• 취업자격 체류외국인 업무 유형별 현황　　　　　　　　　　(2023. 2. 28. 현재, 단위: 명)

구 분	총계	전문인력	단순기능인력
취업자격 체류외국인	449,051	52,444	396,607

• 취업자격 체류외국인 자격별 현황(전문인력)　　　　　　　(2023. 2. 28. 현재, 단위: 명)

총계	단기취업 (C-4)	교수 (E-1)	회화지도 (E-2)	연구 (E-3)	기술지도 (E-4)	전문직업 (E-5)	예술·흥행 (E-6)	특정활동 (E-7)
52,444	2,150	2,004	14,274	3,933	210	237	4,014	25,622

출처: 법무부 출입국·외국인정책본부 통계월보(2023.03) 참고

9　「재한외국인 처우 기본법」제16조 전문외국인력의 처우 개선: "국가 및 지방자치단체는 전문적인 지식·기술 또는 기능을 가진 외국인력의 유치를 촉진할 수 있도록 그 법적 지위 및 처우의 개선에 필요한 제도와 시책을 마련하기 위하여 노력하여야 한다."

10　단, E-6(예술흥행) 자격 중 유흥업소 등의 흥행활동(E-6-2)은 제외되고 순수 예술 및 스포츠 분야만 전문인력에 해당한다.

정기간 이상 합법적으로 체류한 경우는 거주(F-2)나 영주(F-5)비자로 체류자격을 변경하거나 특별귀화가 가능하다(이주실 외, 2016).

하지만, 실제 전문 외국인력이 국내에 체류하는 기간은 길지 않다. 전문 외국인력이 국내에서 체류하는 기간은 5-10년 미만이 가장 많고 10년 이상은 7% 정도로 낮다. 전문가 집단의 체류기간이 짧은 것은 국내 전문인력에 대한 노동수요가 낮거나, 이들이 국제 노동시장에서의 경쟁력이 높거나, 이들이 국내에 적응하지 못했기 때문으로 분석할 수 있다(강동관, 2018). 전문 외국인력의 체류와 출국에 영향을 미치는 주요 요인으로는 국내 기업문화·가치, 차별, 일과 삶의 균형, 발전가능성, 평가 및 승진, 근무처 내 소통 등이 있다(하태형, 2015). 2016년부터 2020년까지 국내 체류 외국인 수 및 전문외국인력의 수, 전문외국인력의 변화를 살펴보면 다음의 [그림 10]과 같다.

전문외국인력의 출신 국적을 살펴보면, 아시아 출신이 54.04%, 북아메리카 26.53%, 유럽 11.10%로 나타나 단순외국인력에 비하여 비교적 다양한 출신 지역으

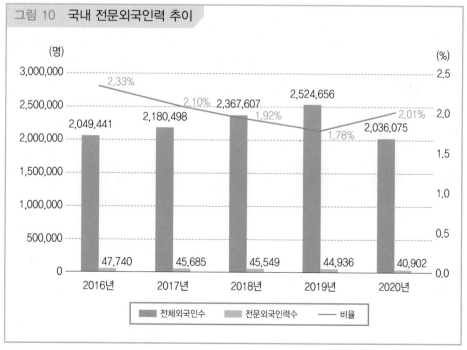

그림 10 **국내 전문외국인력 추이**

출처: 법무부(2020) 통계연보 참고

로 구성된 집단임을 알 수 있다.[11] 개별 출신 국가로는 미국(22.20%), 중국(21.81%), 베트남(7.09%), 인도(5.63%), 필리핀(5.37%), 영국(5.17%), 남아프리카공화국(4.54%), 캐나다(4.32%), 일본(2.31%), 네팔(2.06%) 순으로 나타났다.

2) 농어촌 계절 근로자

계절근로자 제도는 2020년 E-8(계절근로)자격이 신설되며 본격적으로 확대되었는데, 외국인 근로자 중 농업 분야에서 일하는 인원은 2015년 19명, 2019년 3,612명, 2022년 4,991명으로 지속적으로 급격한 증가세를 보인다. 계절 근로자제는 농어촌의 일손부족을 해결하기 위해서 단기간(3개월~5개월) 체류 외국인을 합법적으로 초청해서 인력이 필요한 곳에 배정하는 제도이다. 국내 지자체와 MOU를 맺은 해외 지자체의 시민이나 국내 다문화가족의 본국 가족(3촌 이내)이 계절근로자 제도를 통해 한국에서 일할 수 있다. 이에, C-4(단기취업)나 E-8(계절근로자) 비자로 입국하여 일하는 경우가 많다.

계절근로자 제도로 외국인 근로자를 고용하는 농가는 계절근로자에게 적정한 숙식을 제공해야 한다. 이에 다수의 농가는 생산비를 줄이기 위하여 비닐하우스, 농막, 컨테이너 등을 개조한 숙소를 외국인 근로자 숙소로 제공하였다. 하지만, 불안전한 거주환경의 문제로 인해 2020년 12월 비닐하우스로 만든 숙소에서 외국인 근로자가 사망한 사건이 발생하였다.[12] 이후 정부는 농·어업 분야 고용허가 주거시설 기준을 대폭 강화하였다. 이는 외국인 근로자의 안전 및 인권 강화를 위하여

표 9   계절근로자제 외국인 근로자(C-4, E-8) 농업 분야 도입 규모

구분	2015년	2016년	2017년	2018년	2019년	2020년
신청 지자체 수	1	6	21	42	47	48
계절근로자 도입 규모	19	200	1,086	2,822	3,612	0

출처: 엄진영 외(2020), 귀농귀촌종합센터(2021) 참고

---

11 같은 해 국내 체류 외국인의 국적은 아시아 86.29%, 북아메리카 8.22%, 유럽 3.71임
12 뉴시스(2020.12.23.). 포천 비닐하우스에서 30대 캄보디아 여성 숨진 채 발견 https://newsis.com/view/?id=NISX20201223_0001281724&cID=10817&pID=14000

비닐하우스와 같은 가설 건축물을 숙소로 활용하지 못하도록 조치하였으나, 농어촌 지역의 고용주 입장에서는 거주시설 마련을 위한 비용문제와 맞물려 그 변화가 미비하다.

3) 어업 외국인 근로자

고용허가제의 어업 분야는 「선원법」 적용을 받지 않는 연근해어업, 양식어업, 소금채취업에 한하여 허용되어 있다. 해양수산부(2021)에 의하면 2020년 외국인 선원

표 10　선원(E-10) 체류 외국인 수 추이　　　　　　　　　　　　　　(단위: 명)

연도	2017	2018	2019	2020	2022
E-10	16,069	17,447	17,603	17,552	19,362

출처: 법무부 (2022) 통계연보 참고

표 11　비자 구분에 따른 선박 승선 외국인 근로자 유형

	일반고용허가제	선원법		
비자/사증 (체류자격)	E-9-4	E-10-1	E-10-2	E-10-3
주무부처	고용노동부	해양수산부		
운용기관	한국산업인력공단	한국해운조합	수협중앙회, 민간 선원관리업체	한국해운조합
근거법령	「외국인 근로자의 고용 등에 관한 법률」	「해운법」, 「선원법」 및 해양수산부 고시 「외국인 선원 관리지침」	「수산업법」, 「선원법」 및 해양수산부 고시 「외국인 선원 관리지침」	「크루즈산업의 육성 및 지원에 관한 법률」, 「선원법」 및 해양수산부 고시 「외국인 선원 관리지침」
선박종류	20톤 미만 어선	내항선	20톤 이상 어선	국제순항여객선
도입국가	MOU 체결 16개국	4개국(중국, 베트남, 인도네시아, 스리랑카)		
도입 정원결정	외국인력정책위원회 심의 · 의결	노사합의 후 해양수산부, 법무부 최종결정		
근무기간	3년(최장 4년 10개월)	3년(최장 4년 10개월)		

출처: 최서리 · 현채민(2018) 참고

은 작년에 비해 444명 증가한 2만 6,775명으로 전체의 44.37%를 차지한다. 외항선을 타는 인력이 1만 2,196명으로 가장 많았고 연근해선, 원양어선 순이었다. 전문인력이 아닌 외국인 근로자가 어촌에서 일할 수 있는 합법적인 취업사증(비자)은 E-9(비전문취업), H-2(방문취업), E-10(선원), E-8(계절근로)이다. 국내에서 선원으로 일하는 외국인 근로자의 국적은 인도네시아 출신이 39.95%로 가장 많고, 그 뒤는 필리핀, 베트남, 미얀마, 중국 순이었다.

4) 미등록 외국인 근로자

미등록 외국인 근로자는 불법체류 또는 불법취업을 통해 노동력을 제공하는 외국인력을 의미한다. 외국인이 국가에서 허용한 취업비자로 입국하였더라도 지정된 작업장을 무단이탈하여 근로를 하는 것은 불법으로 간주된다. 또한, 관광자격, 유학, 무비자 등으로 입국한 이들이 출국하지 않고 미등록 외국인 근로자로 일하는 경우도 종종 있다. 현실적으로 외국인 근로자는 취업기간 만료시 출국 후 한국에 재취업을 위해 입국하고자 하지만 대기인원이 많고 다시 돌아오는 것이 쉽지 않아 한국에 남아서 미등록 외국인 근로자로 일하는 경우가 많다(양순미 외, 2018). 이러한 현상은 숙련된 근로자들이 근무지를 이탈할 것을 염려한 고용주들의 암묵적인 묵인하에 이루어지기도 한다.

외국인 인력을 구하기가 어려운 농어촌 생산현장에서는 사설인력소개소(41.0%), 지인 소개(20.7%) 지역 내 농작업팀(7.9%), 다문화가정 이주민 소개(6.2%) 등을 통해 외국인 근로자를 고용하고 있다(엄진영 외, 2018). 즉, 농어촌 현장은 고용허가제(18.3%)나 계절근로자(0.7%)보다 제도권 밖에서의 외국인 근로자 고용이 다수를 차지하고 있다.[13] 미등록 외국인 근로자를 고용하는 농가 비중은 작물재배 농가는 91.0%, 축산 농가는 44.2%이다(엄진영, 2021).

농가에서 미등록 외국인 근로자를 일용으로 고용하는 이유는 〈표 12〉에 제시된 바와 같이 원하는 짧은 기간만큼 고용하면 숙소 등과 같은 추가비용을 지불하지 않아도 되고, 인력수급을 위한 복잡한 행정적 절차없이 쉽게 고용할 수 있으며, 임금

---

[13] 한국농정신문(2019.4.6.). 불법체류 외국인이 돌리는 농촌의 시계. http://www.ikpnews.net/news/articleView.html?idxno=37230

표 12   농가의 미등록 외국인 근로자 고용 이유

구분	노지채소업 (%)	구분	축산업 (%)
다른방법으로 인력 구하기 어려움	40.4	다른방법으로 인력 구하기 어려움	38
짧은 기간 또는 필요한 때만 인력 고용 가능	35.6	필요할 때만 고용할 수 있음	8
고용허가제 또는 계절근로자제를 통해 고용하는 것보다 임금이 낮음	5.8	고용허가제를 통해 고용하는 것보다 임금이 낮음	18
숙박을 따로 제공할 필요가 없음	7.7	이용하고 있는 외국인 근로자의 숙련도가 높음	8
밥·간식을 따로 제공할 필요가 없음	1.9	이용하고 있는 외국인 근로자의 숙련도가 높음	8
이용하고 있는 외국인 근로자의 숙련도가 높음	1.9	이용하고 있는 외국인 근로자 근무태도가 좋음	10
이용하고 있는 외국인 근로자 근무태도가 좋음	1.0	주변 농가들이 이러한 방법을 이용하고 있음	10
주변 농가들이 이러한 방법을 이용하고 있음	3.8	기타	8

출처: 엄진영 외 7인(2020) 참고

표 13   고용허가제와 계절근로자제를 활용하지 않는 이유-작물재배업

고용허가제 이용하지 않는 이유	비율(%)	계절근로자제 이용하지 않는 이유	비율(%)
고용허가제를 모름	8.3	계절근로자제를 모름	11.1
1년 고용이 필요 없음	42.9	인력을 3개월보다 짧게 고용하고 싶음	24.1
신청해도 인력 배정 확률 낮음	17.5	고용 시기와 입국 시기 맞지 않음	17.1
임금부담이 커서 고용 포기	11.7	임금부담이 커서 고용 포기	17.6
		숙박시설 마련 부담	13.3
신청절차가 복잡함	15.6	거주하는 지역에서 시행하지 않음	11.7
이전에 고용허가제를 통해 외국인력을 고용하였으나 불만족	3.8	계절근로자제를 이용하는 다른 농가의 불만을 듣고 포기	4.3
기타	0.3	기타	0.8

출처: 엄진영 외 7인(2020) 참고

표 14   불법체류 외국인 10년간 변화추이   (단위: 명)

연도	총 체류 외국인	불법체류외국인				불법 체류율
		소계	등록	거소	단기	
2013년	1,576,034	183,106	95,637	1,533	85,936	11.6%
2014년	1,797,618	208,778	93,924	2,066	112,788	11.6%
2015년	1,899,519	214,168	84,969	1,114	128,085	11.3%
2016년	2,049,441	208,971	75,241	941	132,789	10.2%
2017년	2,180,498	251,041	82,837	1,064	167,140	11.5%
2018년	2,367,607	355,126	90,067	1,015	264,044	15.0%
2019년	2,524,656	390,281	95,815	1,316	293,150	15.5%
2020년	2,036,075	392,196	108,665	1,674	281,857	19.3%
2021년	1,956,781	388,700	125,022	1,427	262,251	19.9%
2022년	2,245,912	411,270	138,013	3,725	269,532	18.3%
2022년 2월	1,962,594	391,387	128,533	2,244	260,610	19.9%
2023년 2월	2,162,358	410,317	137,725	1,776	270,816	19.0%
전년대비 증감률	10.2%	4.8%	7.2%	−20.9%	3.9%	−

출처: 법무부 출입국 · 외국인정책본부 통계월보(2023.03) 참고

절감 효과도 볼 수 있기 때문이다. 특히, 〈표 13〉은 작물재배를 하는 농가에서는 고용주 입장에서 계절근로자 대신에 불법체류 근로자를 활용하는 다양한 이유가 존재한다. 이러한 이유로 인해 국내 미등록 외국인 체류자는 총 체류 외국인 비율의 19%를 차지하며 국내 각지의 농산업 현장에 활용되며 〈표 14〉에 보여진 바와 같이 지속적인 증가하여 왔다.

8. 외국인 근로자의 주요 취업 실태와 문제점

1) 외국인 근로자 취업 유형

외국인 근로자의 취업분야는 고용허가제의 허용 업종과 연관되어 있다. 대다수

는 광업·제조업과 제조업에 종사하지만, 최근 농축산업의 근무자 수는 증가하는 경향을 보인다. 이는 농어촌의 고령화 현상이 가속화되면서 농축산업과 어업 등 국내 산업의 외국인 노동수요가 크게 증가하고 있기 때문이다.

외국인 근로자는 광업·제조업에 전체의 30.97%, 제조업은 30.82%, 도소매·음식·숙박업은 13.41%가 종사하는 것으로 조사되었다. 일반 고용허가제(E-9)의 경우 제조업에 외국인 근로자를 배정하는 비율이 2021년 기준 52.64%로 많다. 또한, 특례 고용허가제(H-2)로 입국한 외국인 근로자는 도소매·음식·숙박업에서 종사할 수 있으며 이러한 업종에서 일하는 것을 선호한다.

2) 외국인 근로자 임금

고용허가제 외국인 근로자(E-9)가 한국에 취업한 가장 큰 이유는 본국보다 한국의 임금이 높기(70.9%) 때문이다. 2020년 기준으로 내국인 임금 근로자의 월평균 임금은 200~300만원 미만의 임금을 받은 비율은 32.46%이지만, 외국인 근로자는 51.11%가 월평균 200~300만원 미만의 임금을 받았다. 외국인 근로자 중 100만원

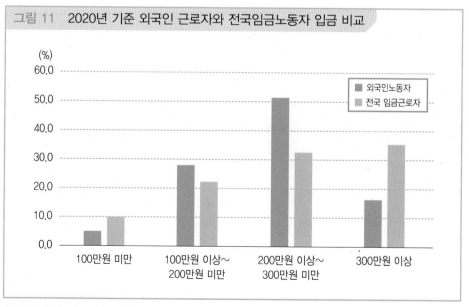

그림 11 2020년 기준 외국인 근로자와 전국임금노동자 입금 비교

출처: 통계청, 법무부(2020) 참고

미만의 저임금을 받는 사람과 300만원 이상의 고임금을 받는 사람의 비중은 전국 임금 근로자에 비해 적었다. 외국인 근로자 중 100만 원 미만의 임금을 받는 사람은 전체의 4.75%로 전국 임금 근로자 9.74%에 비해 적었다. 또한, 300만원 이상의 고소득자는 16.39%로 전국 35.52%에 비해 적었다. 외국인 근로자의 78.87%는 100만원~300만원 미만의 임금을 받았고, 외국인 근로자는 한국에서 번 돈의 63.9%는 본국에 있는 가족의 생활비로 보내고, 최소한의 비용만으로 한국 생활을 하고 있다(통계청 · 법무부, 2020).

3) 건강보험 및 산업재해

외국인 근로자가 지난 1년 이내에 당한 부상의 주된 원인은 실수(56.3%)였다. 그 뒤를 사용법을 몰라서(15.9%), 한국말을 잘 몰라서(11.9%), 안전장치 미설치 또는 보호구 미착용(9.9%), 사전 안전 교육을 받지 않아서(5.3%) 순으로 나타났다. 즉, 외국인 근로자의 개인적인 잘못인 실수 외의 43%는 한국어 및 사용/안전 교육을 통해 충분히 예방할 수 있었던 부상이다. 외국인 근로자가 작업 중에 부상을 당했을 때 치료비를 누가 냈는지를 조사하자 산업 재해 보상 보험(35.1%)과 사업주(회사 사장) 부담(35.1%)이 가장 높게 나타났다(통계청 · 법무부, 2020). 그 외는 건강보험 처리 (11.3%), 사업주와 공동으로 치료비 부담(7.9%), 본인이 치료비 전액 부담(7.3)%, 기타(3.3%)로 나타났다(통계청 · 법무부, 2020).

표 15 일반고용허가제 외국인 근로자(E-9)의 보험 가입 여부

특성	고용보험 가입 여부			산재보험 가입 여부		
	가입하고 있음	가입하지 않음	모르겠음	가입하고 있음	가입하지 않음	모르겠음
비전문취업(E-9)	62.3%	33.2%	4.5%	92.3%	5.0%	2.7%

출처: 통계청 · 법무부(2020) 참고

표 16   외국인 근로자 4대 보험 가입 조건[14]

산재보험	근로자를 사용하는 모든 사업 또는 사업장이 의무가입대상이므로 외국인 근로자를 사용하는 사업 또는 사업장도 반드시 가입대상이 됨
고용보험	21.1.1부터 단계적 고용보험 당연적용 대상으로 변경 ① 상시 30명 이상 근로자를 사용하는 사업 또는 사업장: '21.1.1 ~ ② 상시 10명 이상 30명 미만의 근로자를 사용하는 사업 또는 사업장: '22.1.1 ~ ③ 상시 10명 미만의 근로자를 사용하는 사업 또는 사업장: '23.1.1~
건강보험	보험료 산정: 보수월액×보험료율(6.99%) 보험료 부담주체: 근로자와 사업주 각 보험료의 50% * 보험료율 등은 변경가능
국민연금	**보험료 산정**: 가입자의 기준소득월액×연금보험료율(9.0%) 상호주의원칙에 따라 외국인의 본국법이 우리나라의 국민에게 국민연금에 상응하는 연금을 적용하지 않는 경우에는 국민연금의 가입대상에서 제외 ① 보험료 산출: 표준보수월액×9.0% ② 보험료 부담주체: 근로자와 사업주 각각 50% * 보험료율 등은 변경가능 **국가별 국민연금 적용현황**(2022년 1월 현재) ③ 사업장 지역 당연적용 국가(3개국): 우즈베키스탄, 중국, 필리핀 ④ 사업장 당연적용, 지역적용제외(7개국): 라오스, 몽골, 베트남, 스리랑카, 인도네시아, 키르기스스탄, 태국 ⑤ 적용제외국(6개국): 네팔, 동티모르, 미얀마, 방글라데시, 캄보디아, 파키스탄

9. 소 결

　한국 정부(고용노동부)의 직접적인 노력으로 국내 산업현장에 부족한 인력을 수급을 위해 도입된 고용허가제는 외국인 근로자 유입이 20년을 앞두고 많은 변화를 준비하고 있다. 그동안 동남아 16개국 외국인 근로자에게 취업비자를 발급하고 한국으로 입국하여 일할 수 있도록 허가한 제도이지만, 외국인 근로자나 고용주 입장에서 많은 불합리한 문제를 낳았으며, 사회적인 문제가 축척되며 그 변화를 꾀하고 있다. 정부와 고용주의 관점에서 산업현장의 노동력 제공자 그리고 관리의 대상자

---

14 한국산업인력공단 4대보험 설명, 검색일 2022년 12월 17일 https://www.hrdkorea.or.kr/1/3/2/2/1%3bjsessionid=zNwkD7QYBi5HvkKlLN9BAqw93LoP_eescSJqHn−HR6FcM01cdp3H!270326374

로만 받아들여지고 외국인 근로자에게는 고용상 불합리한 조건과 대우, 산업재해, 불안전한 거주환경, 차별, 그리고 인권 유린 등의 문제들이 지속적으로 발생한다. 그동안 정부의 미온적인 대처로 인해 외국인 근로자의 문제는 불법체류 미등록 외국인 근로자를 대량으로 양산시켰으며 사회적으로 일반인들과의 일자리 경쟁과 농산업계의 고용 생태계 위협의 문제로까지 번지고 있다. 이러한 문제들을 범정부적인 차원에서 체계적이며 혁신적으로 해결하고 우리사회 통합을 위한 실천이 큰 과제로 주어졌다.

저출산·고령화의 인구문제로 인해 지속적인 외국인 근로자의 유입은 불가피한 국내 현실에서 외국인 근로자와 고용주 모두가 상생하는 보다 현실적이며 합리적인 외국인 근로자 고용과 이들의 기본적인 인권을 보호할 제도와 정책을 구체적으로 마련해야 할 것이다. 특히, 농산업지역 거주 외국인 근로자의 생활지원(거주, 건강, 사회 서비스)을 위한 고용주의 책임과 의무를 법과 제도로 강제할 필요있다. 우선적으로 고용주나 사업자 대상으로 다문화 인식개선 교육, 지역사회 행정 시스템 내에 외국인 근로자 지원센터, 체계적인 한국어교육, 이중언어 지원서비스 등이 제공되어야 한다. 또한, 정의적 차원에서 다양한 외국인 근로자가 공동체 구성원으로서 생활의 모든 분야에서 안정된 삶을 살 수 있도록 지원하는 보편적이며 차별화(국가별, 종교적, 언어적 특성)된 맞춤형 사회적 지원과 서비스가 동시에 제공될 필요가 있다(남부현·최석규, 2021). 사회 기능적인 측면에서 이들이 우리사회에 지속적인 거주하며 생산과 소비를 하는 생활인으로서 삶을 지속하는 일은 장기적으로 국가발전과 우리 모두를 위한 일인 것이다.

국가적으로 인구감소의 문제가 심각한 상황에 외국인 근로자는 이미 우리의 경제 산업활동에 메인 구성원이 되었으며 중추적인 역할을 하고 있다. 우리의 필요에 의해 유입된 많은 외국인 근로자가 고용주와 지역사회 내 주민들로부터 받은 차별과 배제를 없애고 그리고 삶의 스트레스를 줄일 수 있도록 정부와 자자체의 정책과 조례 제정이 촉구된다. 선진국 수준의 우리사회 통합과 안정은 외국인 근로자를 포함해 모든 사회 구성원이 소외됨 없이 동등한 공동체 구성원으로서 살아갈 수 있도록 안내하는 보편적인 국가 정책과 제도 그리고 사회문화적 환경 변화에서부터 출발해야 한다.

참고문헌

강정향 · 조영희(2021). 단순기능인력에서 숙련기능인력으로의 질적 확대. 이민정책연구원.

고용정보원(2022). 일반고용허가제 외국인 근로자(E-9) 수 동향.

김영혜 · 황나리(2020). 경기도 외국인노동자 동반가족 연구. (재)경기도가족여성연구원.

나윤수(2014). 국내 기업에 고용된 전문외국인력의 장기근속 요인에 관한 연구. 숭실대학교 박사학위청구논문.

남부현 · 최석규(2021). 국가별 외국인 근로자의 문화적응 스트레스와 삶의 만족도 연구. 문화교류와 다문화교육, 10(6), 227-257

남부현 · 최석규(2023). 외국인 근로자의 공동체 의식과 자아존중감이 문화적응 스트레스에 미치는 영향. 문화교류와 다문화교육, 12(1), 41-67.

법무부(2022). 법무부 출입국 · 외국인정책본부 통계연보.

산업통상자원부(2022). 2022년 외국인 숙련기능인력 점수제 비자(E-7-4) 전환 관련 뿌리산업 분야 산업통상자원부 추천계획 공고 2022(130).

양순미 · 유일상 · 양예숙(2018). 고용허가제도 이후 농축산업 분야 외국인 근로자 근무지이탈과 불법체류에 관한 질적 연구 - 고용농가 대상의 사례연구를 중심으로. 농촌사회, 28-2, 87-140.

엄진영(2021). 농업부문 미등록 외국인 근로자 고용실태와 과제. 농촌경제, 44-2, 79-104.

엄진영 · 박대식 · 조승연 · 김윤진 · 이창원 · 최서리 · 이상지 · 신예진(2020). 농업 고용환경 변화에 따른 외국인근로자 활용 정책 방안. 한국농촌경제연구원.

유길상 · 박영범 · 어수봉 · 박성재(2007). 외국인고용허가제시행 3주년 평가 및 제도 개선방안 연구. 노동부.

정동재 · 김지영 · 한창묵(2019). 사회통합을 위한 외국인 체류관리 행정체계 개선방안 연구. 한국행정연구원.

최서리 · 현채민(2018). 국내 외국인선원(E-10) 체류관리의 문제점과 개선방안. IOM 이슈브리프 2018-3, IOM 이민정책연구원.

통계청(2020). 2020년 기준 외국인 근로자와 전국임금노동자 임금 비교

통계청, 법무부(2020). 「이민자체류실태및고용조사」

해양수산부(2021). 「한국선원통계」

〈인터넷 및 신문 자료〉

귀농귀촌종합센터[Website]. (미상). 방문동거(F-1) 외국인 계절근로 신청. (https://www. returnfarm.com:444/cmn/sym/mnu/mpm/1070101/htmlMenuView.do)(검색일 2021.10.02.).

고용노동부(2022.12.21). 보도자료: 올해 계획인 외국인근로자(E-9) 8만4천 명 입국. (https:// www.korea.kr/news/pressReleaseView.do?newsId=156543874).

고용노동부(2022.12.29.). 보도자료

고용노동부(2022.12.30). 외국인, 국내 노동시장과의 조화. 고용허가제도. (https://www. moel.go.kr/policy/policyinfo/foreigner/list1.do)(검색일: 2023.03.17)

고용노동부(2019). 고용허가제 의의와 연혁. (https://www.eps.go.kr/index.jsp)(검색일: 2023. 01.10).

고용노동부 보도자료(2021.10.14). 외국인근로자 재입국 특례 시 재입국 제한기간 단축 및 대상 확대. (http://www.moel.go.kr/news/enews/report/enewsView.do;jsessionid=mAX5RM o6ASIWHgshoASps19GiRHXCM5lz1RZWIgWyMi6jCGypg7cAcs1z1O5va71.moel_was_outside_ servlet_www2?news_seq=12802)(검색일: 2022.12.20.)

고용노동부(2023). 고용허가제의 의의와 연혁. (https://www.eps.go.kr/index.jsp)(검색일: 2023. 01.10).

고용허가제 정보. (https://www.eps.go.kr/index.jsp)(검색일: 2022.12.16).

뉴시스(2019.12.18). 내년 외국인력 5만6천 명 도입…영세기업 고용한도 20~30%. (https:// mobile.newsis.com/view.html?ar_id=NISX20191218_0000864570)(검색일: 2022. 12.17).

뉴시스(2020.12.23). 포천 비닐하우스에서 30대 캄보디아 여성 숨진 채 발견. (https://newsis. com/view/?id=NISX20201223_0001281724&cID=10817&pID=14000) (검색일: 2022.12.17).

대한민국 비자포털[Website]. (미상). 입국자격별 비자종류. (https://www.visa.go.kr/ openPage.do?MENU_ID=10102)(검색일: 2021.09.18).

아시아경제(2022.12.29). 숙련 외국인근로자 '10년 장기근속' 가능…정부, 고용허가제 개편. (https://www.asiae.co.kr/article/2022122909470138630)(검색일: 2023.01.10).

조선일보(2022.12.29). 외국인 근로자 국내 체류, 4년10개월→10년으로 대폭 늘린다. 외국인 고용허가제 19년 만에 개편…외국인 베이비시터 도입 검토. (https://www.chosun.com/ national/labor/2022/12/29/BVL4NIVHGVCMJOJULW3M6LTRH4/)(검색일: 2023.01.10).

한국농정신문(2019.04.06). 불법체류 외국인이 돌리는 농촌의 시계. (http://www.ikpnews.net/ news/articleView.html?idxno=37230)(검색일 2022.12.30).

한국일보(2017.10.10). 외국인 고용허가제 "반인권 노예계약" "성공적 이주관리". (https:// www.hankookilbo.com/News/Read/201710100484863087)(검색일: 2022.12.17).

한국산업인력공단 4대보험 설명, (https://www.hrdkorea.or.kr/1/3/2/2/1%3bjsessionid=zNwkD7 QYBi5HvkKlLN9BAqw93LoP_eescSJqHn−HR6FcM01cdp3H!270326374)(검색일: 2022.12.17).

제 3 장

다문화가정 자녀

황 해 영

1. 다문화가정 자녀 현황

1) 다문화가정 자녀에 대한 정의

결혼이민자 및 외국인 근로자들의 유입이 증가하면서 국내 체류 다문화·외국인 등 이주배경 인구는 전반적으로 증가하는 추세이다. 다문화 외국인가정 자녀들이 증가하면서 우리 사회 인재로 성장할 수 있도록 공교육 진입 및 적응 지원 등 교육기반 조성에 대한 필요성이 대두되고 있다.

다문화가정 자녀는 크게 이주 노동자의 자녀와 국제결혼을 통한 다문화 가족의 자녀로 구분된다. 「다문화가족지원법」 제2조에 따르면 다문화 가족이란 결혼 이민자와 대한민국 국적자로 이루어진 가족이나 귀화 등을 통해 외국인으로 대한민국 국적을 취득한 자와 대한민국 국적자로 이루어진 가족을 말한다. 다문화가정의 출생자는 대상 연령에 따라 '다문화 아동', '다문화가정 자녀', '다문화학생', '다문화 청소년' 등 다양한 용어로 지칭하여 왔다.

또한, 한국에서 출생한 경우와 외국에서 출생하여 한국에 중도 입국한, 그리고 국적이 다양한 외국인 자녀로 구분되며 관련 법령에 따라 다시 세분화된다. 「청소

표 1 부처별 다문화가정 자녀 정의

관계부처	관계법령	정의
여성가족부	다문화가족지원법	부모 중 한 사람이 외국인인 다문화가족의 가족 구성원 중 24세 이하인 사람
보건복지부	청소년복지지원법	다문화가족의 자녀 뿐 아니라 외국인 근로자 자녀 등 해외에서 국내로 이주한 청소년
교육부	초중등교육법	북한이탈주민, 중도입국청소년, 재외국민자녀, 외국인인 아동 또는 학생, 다문화가정 자녀

년복지 지원법」에서는 다문화가족의 자녀 뿐 아니라 외국인 근로자 자녀 등 해외에서 국내로 이주한 청소년, 「초중등교육법」에서는 북한이탈주민, 중도입국청소년, 재외국민자녀, 외국인인 아동 또는 학생, 다문화가정 자녀로 폭넓게 포함하고 있다.

우리사회에서 규정하는 다문화가정 자녀는 부모의 국적취득 여부 등에 따라 국

표 2 다문화가정 자녀 유형

구분		설명
국제결혼 가정	국내 출생 자녀	• 한국인과 결혼이민자 사이에서 태어나 한국에서 성장한 경우 • 한국어 구사에 어려움은 없으나, 학습에 필요한 문장이나 어휘를 이해하는 데 곤란을 겪는 경우 존재 • 사춘기에 진입하면서 다문화에 대한 고정관념에 불편함을 느끼며, 심리정서 지원 요구
	중도 입국 자녀	• 결혼이민자가 한국인과 재혼한 이후에 본국에서 데려온 경우 • 한국인과 결혼이민자 사이에서 태어났으나 결혼이민자 본국에서 성장하다가 입국한 경우 등 • 새로운 가족과 한국문화에 적응하기 위한 스트레스가 발생하며, 정체성 혼란이나 무기력 등을 경험하는 경우 존재 • 한국어능력이 부족하여 공교육 진입과 적응에 어려움 발생
외국인 가정	외국인 가정 자녀	• 외국인 사이에서 태어난 경우(한국계 중국인, 중앙아시아 고려인, 시리아 난민 등 포함) • 정주여건이 불안정하여 학업을 지속하기 어려운 경우 존재 ※ 유엔아동권리협약에 따라 미등록 이주아동의 교육권 보장

출처: 교육부 2023년 다문화교육 지원계획

민이거나 외국인으로 분류된다. 이러한 아동의 국적과 지위는 우리사회에서 보호받을 수 있는 법적 적용 범위에 따라 달라진다. 즉, 국민인 경우 '청소년복지지원법', '영유아보호법', '아동복지법', '청소년기본법', '교육기본법', '국민기초생활보장법', '국민건강보험법' 등에 근거하여 보호를 받을 권리를 갖고 있지만, 외국 국적을 유지할 경우 '청소년복지지원법'에 따른 이주배경 청소년 지원만 받게 된다(신윤정 외, 2018).

2) 다문화가정 자녀의 인구현황

국내 학령기 인구 감소에 따라 전체 학생 수가 감소하면서 전체 학생 대비 다문화학생 비율은 지속적으로 상승하고 있다. 특히 최근 5년간 매년 1만 명 이상 증가하여 2022년에는 16만8천 명을 초과하였다. 이는 전체 학생 533만 명에서 3.19%를 차지하는 숫자이다.

[그림 2]에서 제시된 바와 같이 국내거주 국내출생 · 중도입국 · 외국인학생 모

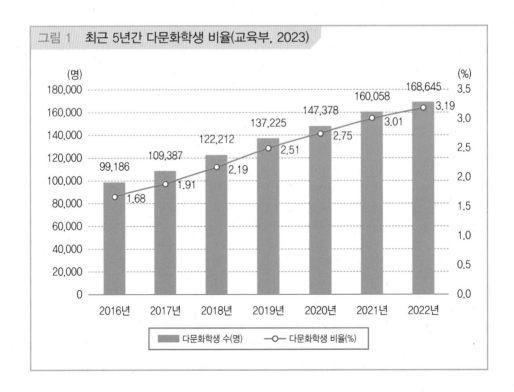

그림 1 　최근 5년간 다문화학생 비율(교육부, 2023)

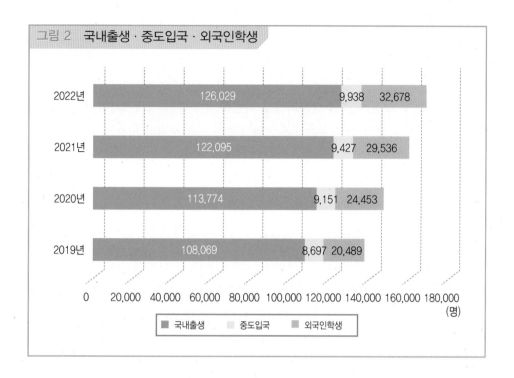

그림 2 국내출생 · 중도입국 · 외국인학생

2022년 126,029 9,938 32,678
2021년 122,095 9,427 29,536
2020년 113,774 9,151 24,453
2019년 108,069 8,697 20,489

0 20,000 40,000 60,000 80,000 100,000 120,000 140,000 160,000 180,000
(명)

■ 국내출생 □ 중도입국 ■ 외국인학생

표 3 다문화가정 자녀의 성장배경별 · 연령별 분포   (단위: %)

| | | 국내에서만
성장 | 외국 거주 및 성장 | | | 전체 |
			소계	외국 거주 경험	외국에서 주로 성장	
	계	100.0 (263,900명)	100.0 (27,173명)	100.0 (13,270명)	100.0 (13,903명)	100.0 (291,072명)
연령	6세 미만	33.3	10.4	12.3	8.6	30.9
	6~8세	20.4	7.4	8.4	6.5	19.2
	9~11세	18.8	8.9	12.4	5.5	17.9
	12~14세	13.5	13.8	2.8	7.2	13.5
	15~17세	5.4	14.0	23.5	5.0	6.2
	18~24세	6.3	6.2	6.3	6.1	6.3
	25세 이상	2.5	39.3	16.4	61.2	6.0

출처: 여성가족부(2022). 2021년 전국다문화가족실태조사

두 증가하고 있으며, 최근 중도입국·외국인학생의 증가세가 뚜렷하게 나타난다. 다음은 2019년부터 2022년까지 국내 다문화학생의 증가세를 나타낸 그래프이다.

2022년 여성가족부(2021)에서 실시한 전국 다문화가족 실태조사 결과를 토대로 학령기 연령 및 성장 배경별 다문화가정 자녀를 분류하면 국내에서만 성장한 비율은 90.7%이며, 외국 거주 경험은 4.6%, 외국에서 주로 성장한 비율은 4.8%이다.

3) 학령기 다문화가정 학생 현황

저출산 고령화 사회에 진입하면서 우리나라 전체 학령기 인구가 감소하고 있다. 교육부 2022년 교육기본통계 조사 결과에 따르면 우리나라 유·초·중등 학생 수는 5,879,768명으로 전년(5,957,118명) 대비 7,350명(1.3%↓) 감소하였고, 초·중·고교 학생 수는 5,275,054명으로 전년(5,323,075명) 대비 48,021명(0.9%↓) 감소하였다.

그에 비해 초·중등(각종학교 포함) 다문화 학생 수는 168,645명으로 전년 (160,058명) 대비 8,587명(5.4%↑) 증가하여, 2012년(46,954명) 조사 시행 이후 지속적인 증가 추세를 보였다.

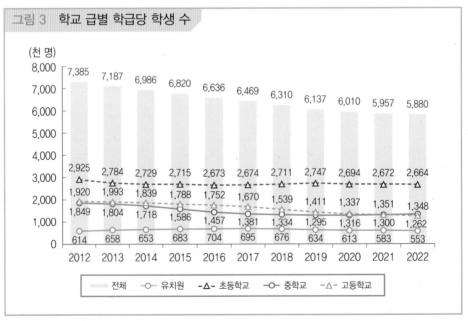

그림 3   학교 급별 학급당 학생 수

출처: 2022년 교육기본통계 조사 결과 발표

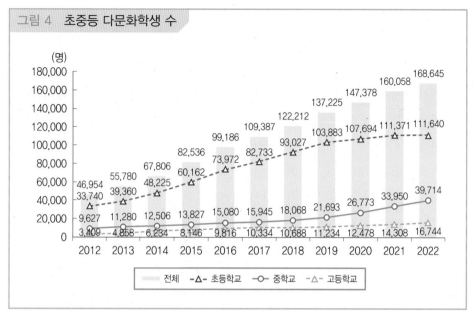

그림 4 초중등 다문화학생 수

출처: 2022년 교육기본통계 조사 결과 발표

표 4 부모의 출신 국적별 다문화학생 수　　　　　　　　　(단위: 명, %)

국가	다문화학생 수	비율
계	168,645	100.0
베트남	54,722	32.4
중국(한국계 제외)	41,009	24.3
필리핀	16,210	9.6
중국(한국계)	11,914	7.1
일본	7,891	4.7
기타	29,688	22

주: 1) 기타에는 태국, 몽골, 캄보디아, 말레이시아, 동남아시아, 인도, 서남아시아, 러시아, 미국, 대
만, 우즈베키스탄, 인도네시아, 중남미, 유럽, 아프리카, 오세아니아, 남부아시아, 중앙아시아,
기타 국가가 포함
출처: 교육부(2022). 2022년 교육기본통계

　　교육통계로 살펴본 부모 국적별 다문화학생 현황을 보면, 베트남 출신 부/모를
둔 학생이 가장 많았고 그 다음으로는 중국과 필리핀 부/모를 둔 다문화학생이 많

은 것으로 나타났다.

다문화가정 아동은 낮은 언어 표현력으로 퇴행행동, 소외 등 다양한 심적 부담과 스트레스를 받는다(정창숙, 2017; 박진아, 2014). 다문화가정 자녀들은 성장하는 과정에서 이중문화와 이중언어로 인한 혼란 그리고 학령기에는 학업의 어려움, 교우관계에서의 어려움을 경험한다(신효진, 2019). 다문화가정 자녀들은 상대적으로 우울이나 불안수준이 높고, 일상생활 스트레스도 더 많이 느낀다는 연구결과도 있다(이래혁·오채민·채황석, 2019). 일반적으로 다문화청소년은 청소년기라는 질풍노도의 시기를 거침과 동시에 이중문화를 가진다는 특징을 지니게 되는데 이로 인해 적응상의 스트레스나 부적응, 사회 적 차별, 우울 등을 경험하게 되는 경우가 많다(박동진·신택수, 2022; 조윤영·정현희, 2021; 손은영·서호찬, 2022). 그중 문화적응 스트레스는 다문화청소년의 우울을 야기하거나 학교 및 사회생활, 부모와의 관계, 정체성 형성 등에 부정적인 영향을 미치는 주요 요인이다(박동진, 2019a; 조영선 외 2020; 김은경·김종남, 2016). 다문화청소년이 경험하는 문화적응 스트레스는 다문화청소년의 건전한 성장을 억압하는 주요 요인으로 향후 이들의 사회적, 경제적 참여 및 사회통합을 저해하여 더욱 복잡한 사회문제로 이어질 수 있다(신혜형·심아름·정소영, 2023).

4) 중도입국 다문화학생 현황

'중도입국 다문화학생'은 대부분 외국인 근로자의 자녀이거나, 국제결혼 등의

표 5 부처별 정의

부처	정의
여성가족부	국제결혼 가정의 자녀로 외국에서 성장하다 한국으로 재입국한 청소년. 외국에서 주로 성장한 자녀. 외국 거주 경험 자녀로 분류
법무부	결혼이민자의 전혼 관계에서 출생 입국하여 외국인등록을 한 만 18세 이하 미성년자와 귀화자의 자녀(국내 출생 자녀 포함)
교육부	국제결혼 가정 자녀 중 외국에서 태어나 부모와 함께 중도에 국내로 입국한 자녀

출처: 김현숙(2021) 참고

이유로 부 또는 모와 함께 한국에 입국한 경우를 말한다. 이주배경 청소년을 뜻하는 '중도입국 청소년'에 대한 정책적 의미는 주로 결혼이민자가 한국인 배우자와 재혼한 후 이전 결혼의 청소년기 자녀를 한국으로 데려오는 것을 뜻한다. 이들은 「청소년기본법」에 의거하여 9~24세 연령에 해당한다. '중도입국 청소년'에 대한 정의는 각 부처마다 상이하다.

성상환 등(2010)은 '중도입국 자녀'를 한국에서 태어나지 않고 성장과정 중 부모와 함께 입국하거나 이미 한국에 살고 있는 부모의 초청으로 입국한 자녀라고 정의하였다. 오성배(2011)는 국제결혼가정을 초혼가정, 이혼가정, 재혼가정과 난민 등으로 유형화하면서 국제결혼을 통해 재혼한 어머니와 함께 입국한 자녀와 외국인 근로자 자녀 중 외국에서 출생하여 입국한 경우를 중도입국 청소년으로 보았다. 일반적으로 중도입국 다문화학생은 외국에서 출생하여 부 또는 모에 의해 한국에 입국한 경우나 국내 출생이지만 부 또는 모의 출신국가에서 어린시절을 보내고 입국한 자녀도 포함한다.

중도입국 다문화학생은 지난 10년간 2배 이상 증가하였으나 2019년을 기점으로 코로나 팬데믹의 영향으로 증가 추이가 주춤하였다. 향후 중도입국 다문화학생은

표6　연도별 중도입국 다문화학생 수 현황　(단위: 명)

연도	전체	초등학교	중학교	고등학교	각종학교
2012	4,288	2,669	985	547	87
2013	4,922	3,006	1,143	565	208
2014	5,602	3,262	1,386	750	204
2015	6,261	3,965	1,389	723	184
2016	7,418	4,577	1,624	1,075	142
2017	7,792	4,843	1,722	1,063	164
2018	8,320	5,023	1,907	1,185	205
2019	8,697	5,148	2,131	1,220	198
2020	9,151	5,073	2,459	1,415	204
2021	9,427	4,953	2,773	1,519	182

출처: 한국교육개발원 교육통계서비스(2022). 연도별 다문화학생수 및 비율

표 7　국가별 중도입국 자녀 현황　(단위: 명)

구분		2016.12	2017.04	2017.09	2018.06	2019.12	2020.12
계		8,031	8,637	9,434	9,892	4,112	3,587
국가	중국	5,762	6,307	6,734	7,003	1,691	1,427
	베트남	783	899	1,173	1,260	1,249	1,038
	필리핀	269	284	308	334	302	323
	기타	1,217	1,147	1,219	1,295	870	799

출처: 법무부(2020) 참고
주1: 2015년 8월 이후 미성년 연령은 만18세 이하임
주2: 방문동거(F-1-52), 거주(F-2-2), 영주(F-5-3) 현황의 합계이며, 거주(F-2-2), 영주(F-5-3)
　　현황에는 결혼이민자의 전혼관계 출생자녀뿐만 아니라, 귀화자의 자녀(국내출생 자녀 포함) 등
　　도 포함됨

다시 증가할 것으로 예측되며, 이들의 한국사회 적응을 위한 지원과 관리를 위한 정책적 접근이 시급히 요구된다.

　　국가별 중도입국 자녀 현황을 살펴보면, 2020년 12월 현재 중국 국적이 1,427명으로 가장 많고, 그 다음으로 베트남 1,038명, 필리핀 323명으로 나타나고 있다. 필리핀 국적의 경우 2019년 잠시 주춤하다 2020년 증가하였고, 중국 국적의 경우 2018년 7,003명에서 2019년 1,691명으로 급감한 것으로 나타났다. 중도입국 자녀의 입국은 2019년 이후 코로나19의 영향으로 줄어들었음을 알 수 있다.

　　중도입국 청소년은 언어문제나 문화 차이에서 오는 혼란, 정체성 문제, 정서 심리적 문제 등을 수반하기 때문에 여타 이주배경 청소년과는 차별화된 지원이 절실한 상태이다(노승인, 2018). 더욱이 최근엔 중도입국 청소년의 한국사회 적응문제가 부각되면서 '중도입국 청소년 신(新)니트족'이라는 용어도 나오고 있다(경향신문, 2019.10.03.). 부모를 따라 한국사회 입국했지만, '정원이 찼다' 혹은 '의사소통이 안 돼 수업이 어렵다' 등의 이유로 학교입학을 거절당하면서 자연스럽게 니트족으로 전락하는 것이다. 해마다 중도입국 청소년은 증가하고 있고, 최근 코로나 19로 상황이 완화된다면 지속적으로 중도입국 청소년은 증가할 것으로 예측된다. 우리사회는 저출산 시대가 인구 유입의 필요성을 주장하고 이 난관을 극복하기 위해 다방면에서 인구정책을 추진하고 있지만 이민족, 즉, 우리사회 유입되는 중도입국 청소

년의 사회적응을 위한 정책적 준비는 매우 미비함을 알 수 있다.

2. 다문화가정 자녀를 위한 정책

국내 다문화학생 증가는 정부부처의 관심 속에서 정책적 대안을 찾기 시작했고 2006년을 기점으로 다양한 다문화교육 지원정책이 추진되었다. 2006년 「다문화가정 자녀 교육지원 대책」이 처음으로 수립되었다. 2008년에는 다문화학생 교육권 보장을 위한 「초·중등교육법 시행령」이 개정되면서 출입국·외국인증명 서류를 준비할 수 없는 경우를 위하여 임대차계약서 등 거주 증명만으로 편·입학 가능하도록 개정된다('08년, '10년).

다문화학생의 학교 적응과 학업 능력 향상을 위해 다문화교육 정책학교 운영과정을 살펴보면 다음과 같다. 2012년에는 '예비학교'와 「한국어(KSL) 교육과정」을 도입하여 한국어교육 지원사업을 시작하였다. 2016년부터는 '찾아가는 예비학교'를 도입하여 한국어교육 사각지대 해소하고자 하였다. 또한 다문화 이해교육을 위한 '다문화 중점학교' 운영, '다문화 유치원'에서 다문화유아 및 유치원 다문화교육을 지원하였다. 2019년에는 다문화교육 정책학교 사업을 개편하여 지역 자율성을 강화하였다.[1]

다문화학생을 위한 교육 프로그램으로 2009년부터 다문화학생 대학생 멘토링을 실시하였고, 한국어가 서툰 중도입국·외국인학생을 위해 2017년부터 모국어 멘토링을 운영하였으며 우수 다문화학생 발굴과 육성을 위한 '글로벌브릿지'사업도 운영하였다. 이 밖에도 다문화학생 교육 도움 자료 발간하여 교과보조교재(17종), 이중언어교재(9종), 전자책 형태의 이중언어교재(9종), 교과보조교재 기반 영상콘텐츠(115차시)를 개발하였다.

다문화교육 추진체계 구축을 위하여 중앙다문화교육센터를 지정·운영('07~'11년 서울대, '12년~ 국가평생교육진흥원)하였고, 지역다문화교육지원센터도 운영지원

---

1   예비학교, 다문화 중점학교, 다문화 유치원 → 다문화교육 정책학교(유치원, 초·중등, 한국어
    학급) / 다문화교육 정책학교 내에서 시·도교육청 자체 배분

('15년~, '19년 17개 시·도교육청)하였다.

제3차 다문화가족정책 기본계획에서 다문화가정 자녀를 위한 정책과제는 '다문화가정 자녀의 안정적 성장지원과 역량강화'이다. 세부적으로는 '안정적 성장을 위한 환경조성', '학업 및 글로벌 역량강화', '진로준비 및 사회진출 지원', '중도입국자녀 맞춤형 지원'으로 구성된다. 이에 본고에서는 2022년도 제3차 다문화가족정책 기본계획을 토대로 각 부처에서 수행하고 있는 다문화가정 자녀 정책을 살펴보고자 한다.

1) 여성가족부 정책

(1) 안정적 성장을 위한 환경조성

여성가족부는 다문화가족지원센터를 중심으로 다문화 청소년의 안정적 성장을 위해 '다문화가정 자녀성장지원 프로그램'과 '외국어 예체능 등 다양한 양질의 특기

표 8 | 안정적 성장을 위한 환경조성 사업의 내용 및 소관부처

정책	내용
다문화가정 자녀성장지원 프로그램(다재다능)	• 다재다능 프로그램을 다문화가족지원센터의 기본사업으로 추진, 다양한 운영모형 개발 • 다재다능 프로그램: 다문화가족자녀의 사회성 및 리더십 개발을 위한 프로그램(부모─자녀관계 향상, 사회성 발달, 진로코치 등)
외국어, 예체능 등 다양한 양질의 특기적성교육 프로그램 지원	• 청소년수련관, 지역사회 다문화청소년 유관기관 등에서 주관기관의 특성에 맞게 다양하게 추진
지역사회 청소년 통합 지원체계(CYS-Net)을 통해 위기 다문화 청소년에 대한 맞춤 서비스 지원	• 청소년들의 심리·경제·학업, 대인 관계적 어려움 등을 지원하는 지역사회 네트워크 • 청소년상담복지센터, 청소년 상담 채널, 지역사회 자원 등을 통해 위기청소년을 발견·구조(위기)청소년과 그 가족에 대해 상담 등을 지원 • 청소년상담복지센터 대면 상담, 1388 청소년 상담 채널(청소년 전화, 문자, 채팅 상담 등)운영, 청소년 동반자 파견 등을 지원

출처: 여성가족부(2021), 제3차 다문화가족정책 기본계획(2018-2022) 2021년 시행계획; 여성가족부 홈페이지(2021.10.23.) 참고

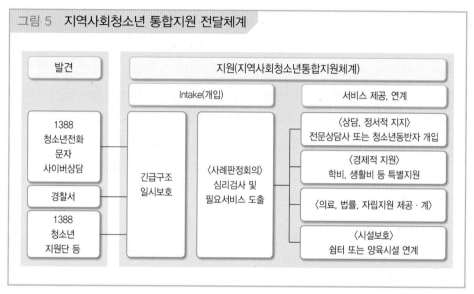

그림 5 지역사회청소년 통합지원 전달체계

출처: 여성가족부 홈페이지(2023.03.24. http://www.mogef.go.kr/sp/yth/sp_yth_f006.do)

적성교육 프로그램 지원', '지역사회 청소년 통합 지원체계(CYS-Net)을 통해 위기 다문화 청소년에 대한 맞춤서비스지원' 정책을 추진하고 있다.

특히 지역사회 청소년 통합 지원체계(CYS-Net)는 청소년상담복지센터와 청소년 상담 채널, 지역사회 지원 등을 통해 위기청소년을 발굴하고 위기청소년에게 생활 비, 치료비, 학업지원비 등을 지원하고 있다.

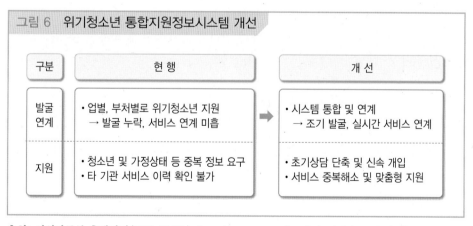

그림 6 위기청소년 통합지원정보시스템 개선

출처: 여성가족부 홈페이지(2023.03.24.). http://www.mogef.go.kr/sp/yth/sp_yth_f006.do

최근에는 이를 더욱 강화하여 기존의 청소년상담복지센터 중심에서 지방자치단체 중심으로 개편하여 위기청소년 문제에 대응하고 있다. 이를 위해 위기청소년 지원체계를 강화하는데, '위기청소년 통합지원정보시스템 구축', '유형별 맞춤형 지원 강화', '가족갈등 등 위기발생 요인 해소' 등을 기본 골자로 위기청소년 문제에 대응하고 있다.

또한 코로나 19로 인해 비대면 교육이 확산되면서 여성가족부는 다문화가정 자녀가 언어 및 문화적 차이로 인해 성장의 어려움을 겪지 않도록 원격학습 시 다문화가족지원센터 방문교육지도사를 지원하고 있다.

- 원격학습 시 다문화가족지원센터 방문교육지도사 지원 (여가부)
- 다문화가족 및 희망계층 자녀를 위한 온라인 학습지원 (인천)
- 어린이집, 유치원, 초등학교 등 가정통신문 번역서비스 (서울, 경기 등)
- 다문화가정 자녀 언어치료 지원, 정서심리 상담 서비스 등 (지자체)

출처: 여성가족부(2021). 제3차 다문화가족정책 기본계획(2018-2022) 2021년 도 시행계획

이 외에도 여성가족부는 다문화가족지원센터를 통해 자녀 생활지도, 언어발달 서비스, 생애 주기별 방문 부모교육 등의 사업을 추진하고 있다. 특히 자녀 생활지도 서비스는 만 12세 이하 자녀를 대상으로 수행되는 사업으로 학교 혹은 유치원의 알림장 읽어주기, 숙제 지도 등의 방문교육 서비스를 제공하고 있고, 한국어 실력이 미흡하여 부모역할의 어려움을 호소하는 결혼이주여성에게는 자녀 교육의 어려움을 감소시키고 다문화가정의 자녀가 원만하게 학교생활에 적응할 수 있도록 지원하고 있다.

(2) 중도입국 자녀 지원정책

여성가족부(이하 여가부)는 중도입국 자녀의 심리 · 정서적 안정 지원을 위한 프로그램을 운영하는데, 중도입국 자녀의 특성을 고려한 전문상담, 사례관리, 대인관계 향상을 위한 집단상담 및 통합캠프를 운영하고 있다. 또한 여가부는 학교 밖 중도입국청소년 등 교육기회 사각지대에 놓이기 쉬운 다문화 청소년을 위한 '내일이룸학교'를 운영하고 있다.

표 9　여성가족부 중도입국 자녀 정책

정책	내용
심리·정서적 안정 지원을 위한 프로그램 운영	• 중도입국자녀의 특성을 고려한 전문적 상담 및 사례관리, 대인관계 향상을 위한 집단상담 프로그램 및 통합캠프 운영
내일이룸학교 운영 및 훈련과정 확대	• 학교 밖 중도입국 청소년 등 교육기회 사각지대에 놓이기 쉬운 다문화 청소년 지원정책 * 내일이룸학교 13개소 운영 중'(22년 기준)

출처: 제3차 다문화가족정책 기본계획(2018-2022) 참고

표 10　레인보우스쿨 세부사업

사업명	내용	개소수
한국어 특화형	생활적응 과정, 한국어교육 중심	10개소
진학 준비형	정착지원 과정, 공교육 편입학 준비, 검정고시 등	10개소
진로 특화형	진로한국어 교육, 진로탐색 및 설계과정	5개소

출처: 제3차 다문화가족정책 기본계획(2018-2022) 참고

　22년도 다문화가족정책 기본계획의 여가부 사업을 보면, 이주배경 청소년 지원을 위한 레인보우스쿨(25개소)을 한국어 특화형, 진학 준비형, 진로 특화형으로 세분화하여 정착단계별 지원을 강화하고 있다.

　또한, 부처별 중복사업으로는 여성가족부와 교육부의 '중도입국자녀 대한 한국

표 11　부처별 중복정책

정책	내용	소관부처
한국어 교육운영의 내실화 및 질적 수준 제고	• '한국어 교육과정(KSL)' 개정에 따른 교재개발과 교원연수 실시 • 중도입국청소년 지원 사업 내 한국어능력시험(TOPIK) 대비반 포함 운영	여성가족부, 교육부
레인보우스쿨 확대 및 운영방식 다양화	• 온라인 교육과정 개설, 근로활동에 참여하는 중도입국청소년을 대상으로 야간 및 주말과정 운영 등 참여기회 확대 • 레인보우스쿨 과정을 사회통합프로그램과 연계여부 검토 * Rainbow schol: 한국어, 특기적성교육, 문화체험, 교우관계 개선 등 프로그램을 제공하여 한국사회 초기적응 지원	여성가족부, 법무부

출처: 제3차 다문화가족정책 기본계획(2018-2022) 참고

어교육 운영의 내실화 및 질적 수준제고'사업, 한국어교육과정(KSL) 개정에 따른 교재개발과 교원연수, 중도입국청소년 지원사업 내 한국어능력시험(TOPIK) 대비반 운영이 있다. 여성가족부와 법무부는 중도입국자녀의 조기적응을 돕기 위해 '레인보우스쿨'확대 및 운영하고 있고 온라인 교육과정 개설, 근로활동에 참여하는 중도입국 청소년 대상 야간 및 주말과정 운영 등 참여의 기회를 확대하고 있다.

이 외에도 여성가족부는 진로지원 프로그램인 '무지개 jop-아라, 내-일을 잡아라' 사업을 추진하고 있고, 2021년 현재 서울과 경기에 5개소를 운영 중이다. 이 사업은 진로교육 기초 프로그램과 심화 프로그램으로 구분되고 중도입국 청소년의 진로탐색 및 설계, 직업 실습 등을 동해 한국사회 적응을 지원하고 있다(여성가족부 홈페이지, 2021.10.23.).

2) 교육부 정책

교육부의 다문화교육은 출발선 평등을 위한 교육기회 보장과 학교적응 및 안정적 성장지원, 다양성이 공존하는 학교환경 조성, 다문화교육 지원체제 내실화 등 4개를 추진과제로 '함께 배우며 성장하는 학생, 다양하고 조화로운 학교라는 비전을

표 12 **교육부 다문화교육 지원정책**

정책과제	사업명	세부내용
학교 적응 및 안정적 성장지원	학교 적응 및 인재양성 지원	• 기초학력 향상 지원 • 이중언어 강점 개발 지원 • 진로교육지도 • 학교생활 및 정서 지원
다양성이 공존하는 학교환경 조성	전체 학교의 다문화교육 확대	• 학교 교육과정 전반에 걸친 다문화교육 실시 • 다문화교육 선도모델 개발 및 확산 • 학교의 다문화 교육활동 지원 강화
	교원의 다문화 교육역량 제고	• 현직 교원에 대한 다문화 역량강화 • 예비 교원의 다문화 역량 함양
	가정 및 지역사회와의 연계	• 학부모의 다문화 관련 교육활동 참여기회 확대 • 다문화학생 밀집지역 지원 • 지역사회 연계 및 대국민 홍보

출처: 교육부(2023). 출발선 평등을 위한 2023년 다문화교육 지원계획 재구성

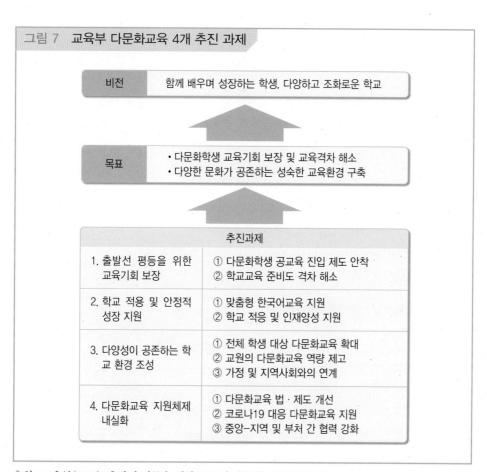

그림 7 교육부 다문화교육 4개 추진 과제

비전	함께 배우며 성장하는 학생, 다양하고 조화로운 학교

목표	• 다문화학생 교육기회 보장 및 교육격차 해소 • 다양한 문화가 공존하는 성숙한 교육환경 구축

추진과제	
1. 출발선 평등을 위한 교육기회 보장	① 다문화학생 공교육 진입 제도 안착 ② 학교교육 준비도 격차 해소
2. 학교 적용 및 안정적 성장 지원	① 맞춤형 한국어교육 지원 ② 학교 적응 및 인재양성 지원
3. 다양성이 공존하는 학교 환경 조성	① 전체 학생 대상 다문화교육 확대 ② 교원의 다문화교육 역량 제고 ③ 가정 및 지역사회와의 연계
4. 다문화교육 지원체제 내실화	① 다문화교육 법·제도 개선 ② 코로나19 대응 다문화교육 지원 ③ 중앙–지역 및 부처 간 협력 강화

출처: 교육부(2023). 출발선 평등을 위한 2023년 다문화교육 지원계획

수행하고 있다. 그중 안정적 성장을 위한 환경조성 사업으로 볼 수 있는 것은 '학교 적응 및 안정적 성장지원'과 '다양성이 공존하는 학교 환경조성'으로 볼 수 있다.

이를 또다시 세부적으로 살펴보면 '학교적응 및 안정적 성장지원'정책으로는 학교적응 및 인재양성 지원정책이 있고, '다양성이 공존하는 학교 환경 조성'사업은 전체 학생의 다문화교육 확대와 교원의 다문화 교육 역량제고, 가정 및 지역사회와의 연계로 세분화 된다. 이와 관련되어서는 아래 표에 자세하게 제시하였다.

(1) 학교 적응 및 안정적 성장지원

학교 적응 및 안정적 성장지원 정책과제의 사업 내용으로는 '학교 적응 및 인재

표 13 교육부 다문화 학교 적응 및 안정적 성장지원 정책 세부사업

사업	내용

기초학력 향상지원	• 대학생 멘토링
	  − 다문화학생과 멘토 대학생의 1:1 멘토링을 통해 학습·숙제지도·고 민상담 등 체계적·개별적 학습지원 제공
	• 영상콘텐츠 제작
	  − 다문화학생이 어려워하는 교과 주요 개념·어휘 등에 대한 교과 보조 교재와 연계한 영상콘텐츠 제작(6종, 약 120편)
	• 진로지도 및 정서지원
	  − 다문화 학부모의 자녀 진로 지도를 위해 학교급별 '드림레터'를 4개 국 어(중·베·영·러)로 보급(연 6회)

출처: 교육부(2023). 출발선 평등을 위한 2023년 다문화교육 지원계획 재구성

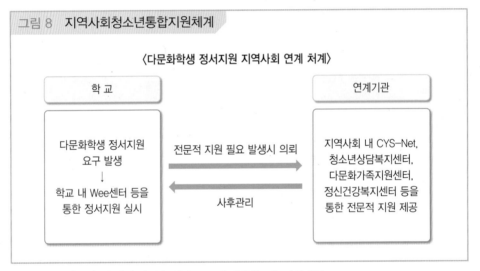

그림 8 지역사회청소년통합지원체계

〈다문화학생 정서지원 지역사회 연계 처계〉

출처: 교육부(2023). 출발선 평등을 위한 2023년 다문화교육 지원계획

양성 지원'이 있고 세부사업으로 보면, 기초학력 향상 지원으로 대학생 멘토링 사업 과 영상콘텐츠 제작지원 사업을 추진하고 있다.

　이 외에도 이중언어 강점 개발 지원사업과 진로지도 및 정서지원 사업은 다문화 청소년의 역량을 강화시켜 글로벌 인재로 양성하는 것을 목적으로 추진되고 있다. 특히 진로지도 및 정서지원 사업은 기존의 학업과 한국어교육 중심의 사업에서 다 문화 청소년의 진로와 심리 정서적 상황에 접근하고 있다는 점에서 의미가 있다.

또한, 학생들의 진로탐색·설계를 지원하기 위한 진로교육 콘텐츠 개발·보급(총 20편) 및 진로콘서트 운영[2]을 하고, 다문화 청소년 특화 진로교육 프로그램 개발 및 프로그램의 현장 확산 지원을 위한 진로교육 지원단을 구성·운영한다. 구체적으로 초·중등용·교사용·학부모용 교육자료(초저·초고·중·고 4종), 학부모용 번역본(5개국어)도 개발·보급한다. 권역별(5개)로 다문화 직업인과의 토크콘서트, 진로체험 부스 운영 등을 통해 다문화학생의 진로개척 역량을 함양할 수 있도록 지원한다.

(2) 다양성이 공존하는 학교환경 조성

다양성이 공존하는 학교환경 조성 정책과제를 이행하기 위한 사업으로는 '전체 학교의 다문화교육 확대'와 '교원의 다문화 교육역량 제고', '가정 및 지역사회와의 연계'가 있다. 특히 다문화교육 선도모델 개발 및 확산사업은 모든 학생을 대상으로 다문화 이해교육을 실시하고 있는데, 유치원부터 초·중등까지 생애주기에 맞게 콘텐츠를 개발하고 프로그램을 운영하고 있다. 이 사업은 일반학생뿐만 아니라 학부모를 대상으로 다문화 교육을 운영하고 있어 지역사회에서 다문화가정이 안정적으로 정착할 수 있을 것으로 기대한다. 뿐만 아니라 우리사회 청소년도 다문화 청소년에 대한 이해를 높이고 세계시민으로 성장하는데 긍정적 효과를 줄 것으로 본다.

표 14　교육부 다양성이 공존하는 학교환경 조성

사업	내용
전체 학교의 다문화교육 확대	• 학교 교육과정 전반에 걸친 다문화교육 　－(교육과정 편성·운영) 2015 교육과정 범교과 학습주제로 '다문화 교육'을 제시 • 다문화교육 선도모델 개발 및 확산 －다문화학생이 어려워하는 과목을 중심으로 교과 보조교재와 연계한 영상 콘텐츠 제작 • 진로지도 및 정서지원 －(포털 운영) '다문화교육 포털(www.edu4mc.or.kr)'을 통해 다문화교육관련 자료·정보를 제공, 학교의 다문화 교육활동 지원 강화 －'다국어 학교 가정통신문' 제작 확대

2　※ (커리어넷) www.career.go.kr / (교육부TV) https://youtube.com/@ourmoetv

교원의 다문화 교육역량제고	• 현직 교원에 대한 다문화 역량 강화
	  − 원격연수 콘텐츠 지속 개발 및 보급을 통해 교원 대상 다문화교육 이수 권고
	• 예비 교원의 다문화 역량 함양
	  − 교원양성 교육과정에 다문화 교육과정 편성 운영 권장

가정 및 지역 사회와 연계	• 학부모의 다문화 관련 교육활동 참여기회 확대
	  − 정책학교를 중심으로 학부모의 참여기회 확대
	  − 지역의 여건에 맞는 학부모 대상 다문화 교육 프로그램 운영
	• 지역사회 연계 및 대국민 홍보
	  − 다문화교육지원센터와 연계, 지역사회 내 다문화 아동/청소년 관련기관과 연계하여 통번역, 전문상담 지원체계 구축·운영
	  − 다문화학생의 이중언어학습을 장려하고 자긍심을 고취하기 위해 민·관·학이 협업하여 '전국 이중언어말하기대회' 개최
	  − 다문화 인식 개선 및 우수사례 발굴·확산을 위해 다문화교육 우수사례 공모전 및 포럼·성과공유회 개최

출처: 교육부(2023). 출발선 평등을 위한 2023년 다문화교육 지원계획 재구성

이 외에도 정책과제로 다문화교육 지원체제 내실화에서는 다문화교육 관련법과 제도를 개선하고 있고, 코로나 19 대응 다문화 교육을 지원하고 있으며 중앙−지역 및 부처 간 협력 강화를 통해 다문화정책의 실효성을 높이고자 시도하고 있다.

여성가족부와 교육부 사업 중 두 부처 간 공통사업은 다문화정책의 다문화가정 자녀의 안정적 성장을 위해 청소년기 자녀 및 부모를 대상으로 진로상담, 자녀교육 및 의사소통, 부모상담 프로그램을 운영하였고, 자녀 발달주기별 부모교육과 상담, 정보제공 등이다. 구체적인 내용은 아래와 같다.

표 15 각 부처 다문화가정 청소년 안정적 성장지원 정책

정책	내용	소관부처
청소년기 자녀 및 부모 상담지원 강화	• 진로 및 진학 등 청소년기 고민해소를 위한 상담 및 자녀교육, 의사소통 등 해결을 위한 부모상담 지원 • 다문화학생의 특성을 고려한 상담이 이루어질 수 있도록 전문상담교사(학교 및 We센터 배치) 대상 다문화 이해연수 실시	여성가족부/ 교육부

자녀 발달주기별 부모교육 acl 정보제공 강화	• 자녀양육 지원, 가족상담 등을 위한 찾아가는 부모교 육서비스 제공 • 다문화가족 학부모를 위한 학교생활 안내, 진로 · 진학 정보 영상 콘텐츠 개발 및 보급	여성가족부/ 교육부/ 지자체
다문화청소년 등 청소년 안전망 확충	기존 236개소 → 238개소로 확대 Wee센터 · Wee클래스 상담교사 대상 다문화학생 상담 이해 원격연수 실시	여성가족부/ 교육부

출처: 여성가족부(2021). 제3차 다문화가족정책 기본계획(2018-2022) 2021년 시행계획 재구성

(3) 교육부 중도입국 다문화 정책

교육부 중도입국 다문화 정책은 대부분 한국어교육에 초점이 맞추어져 있다. 중도입국 외국인학생 이 전체 학업중단률 및 부적응 관련 학업중단률이 국내 출생 학생보다 모두 높게 나타나고 있기 때문이다. 특히 입국초기 한국어교육 강화 정책의 세부사업으로는 '한국어 집중교육을 위한 특별학급 운영지원'이 있고, 한국어교육 과정 운영지원 정책의 세부사업도 '중도입국 · 외국인 학생 등을 대상으로 체계적인 한국어 교육과정 운영을 위해 원격콘텐츠 및 학습자료 제작 · 보급'을 목적을 목적으로 사업을 추진하고 있다. 이 사업들은 이주배경 중도입국 청소년이 한국사회 안정적으로 정착하고 글로벌 인재로 성장할 수 있는 기반을 조성하는 사업으로 이해

표 16   교육부 맞춤형 한국어교육 제공

정책	내용
입국초기 한국어 교육 강화	• 입국 초기 중도입국 · 외국인학생(유아 포함) 등을 대상으로 한국어 집중교육을 위한 특별학급 운영 지원 • 한국어학급 미운영 학교에 중도입국 · 외국인학생 편입학 시 한국어 교육 지원
한국어 교육과정 운영지원	• 한국어교육을 맞춤 지원하는 '한국어능력 진단-보정 시스템의 진단 문항 확대 및 초등 1~2학년군 척도 검사(1종) 개발 • 다문화학생의 한국어능력 향상을 위해 한국어 교육과정(KSL)에 따른 온라인 한국어교육 프로그램 개발 • 유관기관과 협력하여 한국어교육(교육과정, 한국어학급 등) 관련 교 원 연수 · 워크숍 등 실시

출처: 교육부(2023). 출발선 평등을 위한 2023년 다문화교육 지원계획 재구성

표 17 　교육부 중도입국 다문화 청소년 지원 정책

정책	내용
학력심의위원회 운영 활성화	• 학력증빙이 어려운 중도입국 청소년의 편입학지원 및 학력심의위원회 활성화
다문화 예비학교 확대 및 내실화	• 특별학급(한국어(KSL) 교육과정 운영 학급)을 다수 운영하는 예비학교에 대한 지원을 강화 • 사각지대 해소를 위해 '찾아가는 예비학교' 운영, 사후학교 적응 모니터링 실시 * 다문화 예비학교: 한국어와 한국문화교육프로그램을 제공하여 중도입국 및 외국인 학생의 공교육 진입과 적응을 지원

출처: 여성가족부(2021). 제3차 다문화가족정책 기본계획(2018-2022) 2021년 시행계획 재구성

할 수 있다.

　또한 21년도 다문화가족정책 시행계획에 제출한 교육부 중도입국 자녀 관련 정책에는 '학력심의 위원회 운영', '다문화예비학교 확대 및 내실화'정책도 포함되어 있었다. 즉, 교육부는 중도입국 자녀의 공교육 진입지원을 위한 학력심의위원회 운영활성화 정책을 추진하고 있는데, 학력증빙이 어려운 중도입국 청소년의 편입학 지원 하는 정책이다(여성가족부, 2021). 이는 중도입국 청소년의 학업중단률이 높고 그로인한 사회부적응 문제가 심각해질 수록 한국사회 혼란이 가중될 뿐만 아니라 사회적 비용의 증가를 초래하기 때문에 이러한 문제에 선제적으로 대응하기 위한 정부차원의 노력으로 볼 수 있다.

3) 외교부 정책

　외교부에서 추진하고 있는 다문화정책으로는 안정적 성장을 위한 환경조성 사업으로 '국제교류지원사업'이 있고 진로준비 및 사회진출지원 사업으로 '차세대 전문인력 양성 및 청년인턴 활성화' 사업이 있다(여성가족부, 2022). 특히 차세대 전문인력 양성 및 청년인턴 활성화 사업은 KOTRA(대한무역투자진흥공사)와 함께 추진하는 사업으로 다문화 청소년의 진로 및 취업에 실제적인 영향을 줄 수 있을 것으로 본다.

표 18　외교부 다문화 청소년 관련 정책

정책	내용	소관부처
안정적 성장을 위한 환경조성 사업	• 국제교류 프로그램(청소년국가간교류 및 해외자원봉사단 등) 참여 활성화 – 이중언어 재능이 있는 다문화청소년 참여기회를 확대하고 KOICA 드림봉사단 선발 시 다문화 청소년 가산점 부여	여성가족부/ 외교부
진로준비 및 사회진출지원	• 차세대 전문인력 양성 및 청년인턴 활성화 – 이중언어 능력과 특정분야 전문성을 갖춘 청년층 대상으로 차세대 무역전문인력(다문화 무역인) 양성 – KOICA 영프로페셔널(ODA 청년인턴) 선발 시 다문화 청년 가산점 부여	KOTRA/ 외교부

출처: 여성가족부(2021). 제3차 다문화가족정책 기본계획(2018–2022) 2021년 시행계획

4) 고용노동부 정책

고용노동부에서 수행하는 다문화가족 관련 정책은 대부분 결혼이민자 여성과 배우자 중심으로 추진되고 있다. 다문화 청소년 관련 정책은 진로준비 및 사회진출 지원 사업으로 '직업교육 훈련기관 운영 지원 및 우수사례발굴'사업이 있다.

폴리텍 다솜고등학교는 고용노동부 산하 공공기관 '학교법인 한국폴리텍'에서 운영하는 학교로 다문화 청소년(중도입국 청소년과 국내출생 다문화 청소년)을 위한 기숙형 기술계고등학교이다. 폴리텍 다솜고등학교는 기술교육을 위한 실습실이 갖추어져 있으며 심리정서지원, 한국어수업 및 사회통합 프로그램을 운영함으로써 다문화청소년의 교육과 사회적응 훈련 등을 지원하고 있다.

표 19　고용노동부 다문화 청소년 관련 정책

정책	내용	소관부처
진로준비 및 사회진출지원	• 직업교육 훈련기관 운영 지원 및 우수사례 발굴 – 다문화 청소년 특화 폴리텍 다솜학교 운영	KOTRA/ 외교부

출처: 여성가족부(2021). 제3차 다문화가족정책 기본계획(2018–2022) 2021년 시행계획

그림 9 폴리텍 다솜고등학교

출처: 한국폴리텍 다솜고등학교 홈페이지(2021.10.28.) https://www.kopo.ac.kr/dasom/content.
do?menu=2400

5) 국방부 정책

국방부는 제3차 다문화정책 기본계획의 상호존중에 기반한 사회적 다문화 수용성 제고를 위해 '생애주기에 걸친 다문화 이해교육'을 추진하고 있다. 이를 위해 군

표 20 국방부 다문화 청소년 관련 정책

정책	내용
상호존중에 기반한 사회적 다문화수용성 제고	• 인권 및 다양성이 존중되는 사회환경 조성 − 유아부터 청소년, 공무원, 군인 등 생애주기에 걸친 다문화 이해교육 확대 − 군 내부 전문강사 양성 및 장병 대상 다문화 이해교육 실시

출처: 여성가족부(2021). 제3차 다문화가족정책 기본계획(2018−2022) 2021년 시행계획

내부 전문강사를 양성하고 장병을 대상으로 다문화 이해교육을 수행하고 있다(여성가족부, 2021). 이는 학령기 진입하는 다문화가정 자녀의 수가 증가하고 이들이 성인기로 접어듦으로 인해 군입대 하는 장병이 증가하면서 군 내 다문화가정 자녀가 원만하게 군 생활을 할 수 있도록 지원하기 위한 목적으로 추진되고 있다.

이 외에도 국방부는 다문화가정 자녀에 대한 장학금을 지원하고 있고, 다문화학교 열린과학교실, 어린이날 다문화가정 자녀 초청행사 등의 행사도 진행하였다.

6) 법무부 정책

정부 차원에서 추진되는 우수인재 유치와 이민자와 2세의 사회통합, 다문화가족 지원 및 문화다양성 제고, 재외동포의 교류지원 등 이민과 관련된 정책을 법무부 외국인정책 위원회에서 심의하고 있다(법무부, 2018).「재한외국인 처우 기본법」제5조에 근거하여 법무부는 5년 마다 외국인정책 기본계획을 수립하고 있다.

제3차 외국인정책 기본계획은 상생, 통합, 안전, 인권, 협력을 핵심가치로 '국민이 공감하는 질서있는 개방', '이민자의 자립과 참여로 통합되는 사회', '국민과 이민

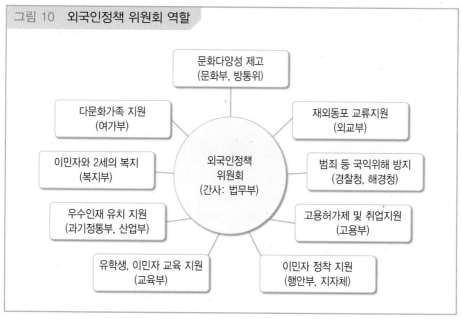

그림 10 외국인정책 위원회 역할

출처: 법무부(2018). 제3차 외국인정책 기본계획(2018-2022년)

표 21 각 부처 다문화가정 청소년 안정적 성장지원

정책	내용	소관부처
중도입국, 난민자녀의 공교육 진입 지원	– 법무부와 정보연계를 통한 중도입국·난민 자녀에 대한 공교육 진입 안내 등 다문화학생 공교육 진입 지원	법무부/ 교육부
다문화 이해교육 활성화	부처 간 다문화 이해교육의 협업체계 강화	법무부/여가부/교육부/ 문화체육관광부/ 농촌진흥청
	대민 서비스 제공자에 대한 다문화 이해교육 강화	법무부/여가부/ 행안부/국방부/ 경찰청/보건복지부
지역환경 조성 및 참여/교류 프로그램 활성화	다문화 공존을 위한 사회적 공감대 형성 프로그램 발굴 운영	법무부/여가부/ 농촌진흥청

출처: 여성가족부(2021). 제3차 다문화가족정책 기본계획(2018–2022) 2021년 시행계획 재구성; 여성
가족부·교육부 홈페이지(2021.10.23.)

자가 함께 만들어가는 안전한 사회', '인권과 다양성이 존중되는 정의로운 사회', '협력에 바탕한 미래지향적 거버넌스'를 정책목표로 추진되고 있다(법무부, 2018).

법무부는 중도입국 청소년 및 난민자녀의 공교육 진입을 지원하고 있다. 이를 위해 여가부와 중도입국 자녀의 조기적응을 돕는 레인보우 스쿨을 확대 운영하고 있다. 이 외에도 법무부는 다문화 이해교육을 활성화하고 있으며 다문화 정책 운영의 추진체계를 강화하기 위해 위원회 간 협업체계를 강화하고 있다.

3. 소 결

한국 사회는 단기간에 걸쳐 급증하는 외국인 수의 확대로 정부 주도 성격의 다문화 정책의 도입과 확산이 이루어져 왔으며 다문화사회로 진입하면서 발생한 문제들을 인지하는 동시에 해결해야 했다(김선미, 2011; 박종대·박지해, 2014). 다문화가정 자녀를 위한 정책은 2006년을 시작으로 교육부를 비롯하여, 법무부, 여성가족부 등의 정부부처와 각 시·도교육청에서 추진되어 오면서 현재까지 방향성과 목

표가 수정되고 보완되어 왔다. 초기에 한국어 능력향상, 학교생활 초기적응 지원 (예비학교 확대, 기초학력 향상지원 등)중심으로 구성되었지만, 제3차 다문화가족정책 기본계획부터는 청소년 성장지원 사업을 중점적으로 추진하고 성장배경이 특수한 중도입국자녀 지원을 강화하여 레인보우스쿨 확대 및 운영방식 다양화, 취업사관 학교 운영 훈련과정 확대 등 세부 대상별 지원을 구체화시켰다.

하지만 아직도 예산 중복지원의 문제, 그리고 다문화가정 자녀, 다문화 학생, 중도입국, 이주배경 등 용어의 혼란으로 인한 지원 대상의 불명확성, 통계 숫자의 불일치 등으로 인한 교육 사각지대 발생 등 다양한 문제들이 혼재해 있다. 이에 따른 다문화 청소년 Big data 구축이 필요하다. 통계청에 다문화 Big Data 센터를 구축하여 외국에서 유입된 노동자 및 그 동반자(배우자 및 자녀 포함), 국제결혼, 유학생 등의 자료와 국내출생 다문화 자녀 및 중도입국 자녀 실태, 학령기 진입 현황, 학업 중단 현황 등 자료를 통계청에서 관리 운영하도록 함으로써 우리사회 다문화 자녀들이 공교육 제도권에서 벗어난 학생들이 발생하지 않도록 사전에 방지할 필요가 있다.

다음으로 다문화가정학생의 학업부진을 예방하기 위한 기초학력 부진학생 지원 시스템을 구축한다. 미국의 사례를 들면 기초학력 부진학생 지원 프로그램은 학생의 학업성취 미진 문제를 개인의 문제가 아닌 지역사회와 학교의 문제로 두고 학교 수준에서 이들의 문제를 해결하는 것에 초점을 두고 있다. 또한 기초학력 부진학생이 특정 인종 및 사회계층에 집중되고 있다는 것은 인종과 계층 간 차별, 종국에는 인권문제라는 문제의식을 갖고 이러한 불평등을 해소하는 것조차 정부의 책무라는 것을 강조하고 있다(김현준, 2018). 이에 우리사회도 중도입국 다문화 청소년이 겪는 체류신분의 불안정에 대한 대안을 마련하고, 경제적 어려움이 학업중단으로 이어지지 않게 예방책을 마련해야 할 것이다. 또한 다문화 학생의 학업부진의 문제를 개인의 문제로 두기보다 지역과 학교의 역할과 책무에 초점을 두고 이들의 문제에 접근할 필요가 있다. 중도입국 다문화청소년의 부적응 문제를 개인의 일탈로 치부되는 사회적 낙인효과 감소를 위해서 다양한 정책적 해결책을 마련해야 할 것이다.

셋째, 다문화 학업중단 숙려제도 강화가 필요하다. 다문화 자녀는 한국인 가정에서 생활하는 다른 자녀들보다 학업중단의 사유가 다양하다. 이들은 학교생활에 부모의 지원을 받지 못하는 경우도 있고, 부모가 경제활동으로 인해 조부모와 함께 생활하는 가정도 있으며, 일부는 가족해체로 인해 제대로 된 돌봄을 받지 못하는 경우도 있다. 다문화학생의 학업중단을 예방하고 이들이 정규교육과정에서 사회적 기술을 습득할 수 있도록 다문화 학업중단숙려제도 별도 운영되며 프로그램 또한 맞춤형으로 개발될 필요가 있을 것으로 본다.

넷째, 학교 안 Jop School-Maker Space를 구축한다. 다문화 청소년의 진로발달과 이들의 사회진출을 지원하기 위해 교육부에서는 진로스쿨을 운영할 것을 권고하고 있다. 이러한 정책 방향을 반영하여 지자체 학교 내 Jop School-Maker Space를 구축하는 것을 제안하고자 한다. Maker Space는 개인이 원하는 제품을 직접 만들 수 있도록 다양한 재료, 3D프린터, 레이저 절단기, 오실로스코프 등의 장비를 갖춘 공동작업장을 말한다. 그러나 이러한 공간이 청소년의 진로탐색 및 진로발달을 위한 공간으로 활용되기 위해서는 이를 지도할 수 있는 교사도 함께 상주해야 할 것이다. 도시지역보다 상대적으로 문화/여가활동을 할 수 있는 환경이 열악한 농어촌지역의 학생들은 자신의 진로를 위한 정보접근이 부모 혹은 교사 외에는 매우 제한적이다. 교육부나 교육청에서 Jop School-Maker Space 구축을 위해 교사를 채용하고 파견하며 공간 내 재료 및 장비 등을 구입하는 것에 대한 비용부담이 있다면, 이러한 것을 지역 대학의 산학협력단과 연계하거나 협동조합이나 사회적 경제 기업이 입주하여 운영하도록 하는 것도 하나의 방안이 될 수 있을 것으로 본다.

참고문헌

교육부(2023). 2023년 다문화교육 지원계획.

김은경 · 김종남(2016). 다문화가정 청소년의 문화적응스트레스와 심리사회적 적응의 관계: 자아정체감의 매개효과와 지각된 사회적 지지의 조절효과. 다문화교육연구, 9(4), 21-43.

김정숙, 연보라(2018). 소외계층 진로교육 활성화 방안. 한국청소년정책연구원 연구보고서, 1-138.

김현준(2018). 미국의 기초학력 부진학생 지원 시스템 및 프로그램 현황. 메일진 해외교육동향, 326호.

박동진(2019). 다문화 청소년의 문화적응 스트레스와 삶의 만족도의 관계에서 자아탄력 성의 매개효과 분석. 한국청소년활동연구, 5(2), 57-74.

박동진 · 신택수(2022). 다문화 청소년의 문화적응 스트레스, 사회적 위축 그리고 우울로 이어지는 인과적 전이관계 분석. 청소년학연구, 29(7), 275-308.

법무부(2021). 국가별 중도입국 자녀 현황

손은영 · 서호찬(2022). 다문화 청소년의 문화적응 스트레스가 학교생활적응에 미치는 영향: 자아존중감의 매개효과 중심으로. 인문사회 21, 13(4), 1331-1341.

신윤정 · 이창원 · 이규용, Li Hua, Nguyen Thi Tham, Maruja MB. Asis, Sachi Takahata · 장은숙(2018). 인구 변화 대응을 위한 포용적 다문화 정책 방안: 이주 배경 아동의 발생 · 성장 환경 분석. 경제 · 인문사회연구회, 한국보건사회연구원.

신혜형 · 심아름 · 정소영(2023). 국내 거주 다문화청소년의 문화적응 스트레스에 관한 체계적 문헌고찰. 다문화 아동청소년연구, 8(1), 55-84.

신효진(2019). 부모자녀관계와 다문화가족지향성이 다문화가정 아동 · 청소년의 자존감 및 한국생활적응에 미치는 영향. 예술인문사회 융합 멀티미디어 논문지, 9(4), 597-604.

여성가족부(2021). 제3차 다문화가족정책 기본계획(2018-2022) 2021년 도 시행계획; 여성가족부 홈페이지(2021.10.23.)

여성가족부(2022). 2021년 전국다문화가족실태조사

이래혁 · 오채민 · 채황석(2019). 다문화가정 청소년의 일상생활 스트레스가 정신건강에 미치는 영향에서 행복감의 조절효과. 순천향 인문과학논총, 38(3), 123-155.

조금주(2019). 지역사회 소규모학교 살리기 정책 방향과 해결 과제. 한국콘텐츠학회논문지,

19(2), 99-111.

조영선 · 조영일 · 박수진(2020). 다문화 청소년의 문화적응스트레스와 삶의 만족도 간의 관계에서 우울의 매개효과. 인문사회 21, 11(3), 1991-2006.

조윤영 · 정현희(2021). 다문화 청소년의 대인관계와 우울에 따른 잠재계층 전이 양상 및 영향 요인. 청소년학연구, 28(1), 221-247

한국교육개발원 교육통계서비스(2022). 연도별 다문화학생 수 및 비율

한국폴리텍 다솜고등학교 홈페이지. https://www.kopo.ac.kr/dasom/.

행정안전부(2020). 지방자치단체 외국인 주민 현황

〈인터넷 및 신문자료〉

경향신문, 2019.10.03. https://www.khan.co.kr/. 국제결혼 가정 자녀 중 외국에서 태어나 부모와 함께 중도에 국내로 입국한 자녀.

국가법령정보센터. https://www.law.go.kr/.

여성가족부 홈페이지. http://www.mogef.go.kr/.

제 4 장

재외동포

박미숙

1. 재외동포의 이해

1) 재외동포 형성

재외동포(Overseas Korean)란 「재외동포의 출입국 법적 지위에 관한 법률」(약칭 재외동포법) 제2조에 의해 재외국민과 외국국적동포로 구분된다. 재외국민은 '대한민국 국민으로 외국의 영주권을 취득한자 또는 외국에 영주할 목적으로 거주하고 있는 자'를 말한다. 또 외국국적동포는 '대한민국 국적을 보유했던 자 또는 그 직계비속으로서 외국국적을 취득한 자'를 의미한다. 즉 역사적으로나 민족적으로 한국과 인연을 가진 사람들이다.

> 「재외동포법」 제2조 및 제3조
> • 대한민국의 국민으로서 외국의 영주권을 취득한 사람, 또는 영주할 목적으로 외국에 거주하고 있는 사람(재외국인)
> • 대한민국의 국적을 보유하였던 사람(대한민국정부 수립 전에 국외로 이주한 동포 포함) 또는 그 직계비속으로서 외국국적을 취득한 사람으로 다음의 어느 하나에 해당하는

사람(외국국적동포)
1. 출생에 의하여 대한민국의 국적을 보유했던 사람(대한민국 정부 수립전에 국외로 이주한 동포 포함)으로서 외국국적을 취득한 사람
2. 제1호에 해당하는 사람의 직계비속으로서 외국국적을 취득한 사람

재외동포들은 국적이나 체류지를 막론하고 민족의 혈통을 이어받은 자들이다. 혈통을 중시하는 한국은 비록 조국을 떠나 다른 나라에 거주하고 다른 나라의 국민으로 살아가더라도 한국인의 민족성과 동질감을 가지고 있다. 재외동포들이 국가를 떠나 새로운 사회를 형성하며 살아가게 된 시기는 크게 네 가지로 나눈다.

첫째, 1시기(19세기 중반-1910년)는 가난을 벗어나기 위해 이주한 시기로 1860년대 한국의 대규모 흉년으로 간도 및 연해주 등지로 많은 사람들이 월경을 하였다. 그 시기는 청나라가 북경조약으로 인해 연해주를 러시아로 영토를 이전한 후 1864년 러시아 연해주에 조선인 가구 14가구 65명이 처음으로 정주를 시작하였다(김봉섭, 2021). 국내에서는 1903년 대한제국시기에 미국 하와이로 7천여 명, 멕시코로 천여 명이 이주하였다. 이후 하와이로 이민 간 동포들은 미국의 서부로 2천여 명이 진출하였으며 일부는 쿠바로 재이주 하였다.

둘째, 2시기(1910년-1945년)는 일제 강점기 시대 수탈 및 징용 등으로 많은 사람이 강제이주를 당했다. 일본에 의한 강제이주는 국권을 상실한 후 식민정책의 일환으로 노동자, 징용, 징병의 형태로 이주하였다. 또 연해주에 이주한 동포들은 스탈린의 강제이주 정책에 의해 1937년 연해주에서 중앙아시아로 한인 18만 명이 강제이주 되었다. 강제 이주 된 이들은 한국어 사용 금지 등 한민족 수난을 겪으면서 살아가야만 했다. 이들은 현재 대부분 고려인으로 칭하고 있다.

셋째, 3시기(1945년-1962년)는 해방 및 한국전쟁 등 사회혼란 속에서 특수이주가 이루어졌다. 해방 이후 극심한 사회혼란 속에서 일본으로 밀항하는 사람과 한국전쟁 이후 미군과의 국제결혼 및 전쟁고아, 해외입양 등이 대표적이다. 이들은 여러 가지 국내외 사정으로 돌아오지 못하고 미귀환동포가 대부분이다.

넷째, 4시기(1962년-현재)는 해외이주법이 제정된 후 다양한 유형의 이주가 시작

표 1 해외이주 시기 구분

구분	연도	이주배경과 주요이주자	규모	특징
제1시기	조선·대한 제국기 (19세기 중반–1910)	• 1860년대 대규모 흉년으로 인해 간도 연해주 등지로 불법 월경한 사람 • 미국 하와이 사탕수수 농장 등에서 일하기 위해 합법적으로 이민선을 탄 사람	10만여 명	생계이민 농업이민
제2시기	일제강점기 (1910–1945)	• 1910년 국권상실 후 중국만주 농업이주 • 일본으로 자발적 이주 • 정치적 목적으로 해외망명 • 스탈린 중앙아시아 강제이주 • 1939년 이후 일제의 강제징용 징병자 등	3백만여 명	망명이민 강제이민
제3시기	8.15 해방이후	• 1945년 해방이후 사회혼란으로 밀항자 • 6.25 한국전쟁 후 국제결혼이민 • 전쟁고아 혼혈 해외입양 등 특수이주자 • 여러가지 국내외사정으로 미귀환동포	2백만여 명	특수이민 미귀환이민
제4시기	해외이주법 제정 (1962–현재)	• 1962년 해외이주법제정후 국외이주100만여명과 현지출신 외국국적 손자녀 • 1990년 공산권 수교 후 국내체류 동포 • 사할린등지에서 돌아온 영주귀국동포 • 해외이민 청산하고 돌아온 역이민고령자	1백만여 명 이상	자유이민 글로벌이민 귀환이민 역이민

출처: 김봉섭(2021) 참고

되었다. 국내에서는 1962년 해외이주법을 제정하고 파독광부와 파독 간호사, 남미 농업이민, 월남 파견 등 국외이주가 시작되었고 이 시기 현지에서 출생한 외국국적 손·자녀들이 출생하였다. 또한 1991년 구소련이 해체되면서 공산권 국가 내 거주하던 고려인 동포들이 연해주로 재이주하거나, CIS내 국가로 분산이동하기도 하고 국내로 귀환하기 시작하였다. 그리고 중국에 거주하던 조선족들은 전쟁이후 조금씩 한국을 왕래하다가 1992년 한국과 중국이 수교한 이후부터는 중국의 조선족들이 일자리를 찾아 귀국하였다.

이처럼 해외 유학 및 취업 등의 이유로 다양한 유형의 이주자들이 한국사회에 체류하기 시작하였다. 특히 한국으로 귀환한 재외동포들은 한국의 산업화와 경제발전으로 인해 국가의 위상이 올라가면서 많은 동포들이 한국으로 들어왔으며 이들로 인해 새로운 사회문제가 부상되었다. 그럼에도 불구하고 재외동포들은 해외 여러 곳에서 각자가 한국을 대표하는 한국의 외교관 역할이나 홍보원의 역할을 하고 있으며, 또한 조국 경제발전의 지원자이며 한국 국력을 향상시키는 공헌자이기도 하다.

2) 재외동포 현황

한국의 재외동포 현황을 살펴보면 동북아시아에 가장 많은 한인들이 체류하고, 그다음 북미, 유럽, 남아시아 태평양 순으로 체류하고 있다(외교부, 재외동포재단, 2021). 한인이 가장 많이 체류하고 있는 국가는 단언 미국이다. 미국에 263만 명이 체류하고 있으며, 그다음 중국에 235만 명이 체류하고 있다. 자세한 내용은 다음 〈표 2〉와 같다.

표 2 　해외에 거주하는 재외동포 현황(2021.12)　　　　　　　　　　　　(단위: 천 명)

지역	국가	2013	2015	2017	2019	2021
동북아시아	일본	899	856	819	825	819
	중국	2,574	2,586	2,548	2,461	2,350
남아시아	전체	486	511	558	592	488
북미	미국	2,091	2,239	2,492	2,547	2,634
	캐나다	206	224	241	242	237
중남미	전체	111	105	107	104	90
유럽	전체	616	627	631	687	677
아프리카	전체	11	12	11	11	10
중동	전체	25	26	24	24	18
총계		7,012	7,185	7,431	7,493	7,325

출처: 외교부 재외동포현황(2021) 참고

3) 재한 외국국적동포 현황

재한 외국국적동포란 한국에 거주하고 있는 외국국적을 가진 동포들도 대부분 중국 조선족동포, 고려인동포, 사할린동포들이다. 이들은 근로를 목적으로 들어왔기 때문에 대부분 한국의 산업현장에서 일하고 있다. 재외동포들이 모국으로 쉽게 들어올 수 있도록 문턱을 낮추어 모국과의 관계가 단절되지 않도록 1999년 재외동포법을 제정하였으나, 정부수립 이전 국외이주 동포들은 제외되었는데 대표적으로 중국과 CIS지역의 동포들이 대거 포함되었다. 이에 재외동포들이 평등원칙을 제기되면서 2001년 헌법불합치 결정을 받았으며 동포 간 차별을 최소화하기 위해 2007년 방문취업제와 재외동포자격 부여를 확대하였다. 이로 인해 해외에 있던 중국 조선족동포와 CIS지역 고려인 동포들도 국내에 체류하기 시작하였다. 또한 2019년 7월 재외동포법이 개정되면서 4세대 이후 동포도 범위에 포함되어 재외동포 후손들까지 고국인 한국으로 들어올 수 있는 기회가 확대되었다.

한국에 체류하고 있는 외국국적동포의 규모는 2015년 754,000명, 2018년 879,000명까지 증가하였다가 코로나19로 인해 잠시 주춤하여 2022년 12월 805,000명으로 집계되었다. 이러한 실태는 2022년 12월 전체 체류외국인 2,245,912명의 35.8%를 차지한다.

국적별 체류 현황을 살펴보면 중국 조선족 동포가 626,729명으로 전체의 77.8%를 차지하여 가장 많은 동포들이 한국에 거주하고 있다. 그다음 미국, 우즈베키스탄, 러시아, 카자흐스탄 캐나다 순으로 나타난다. 미국과 호주를 제외하면 대부분 아시아권 국가의 외국 국적 동포들이 체류하고 있다. 구체적인 체류 현황은 〈표 3〉과 같다.

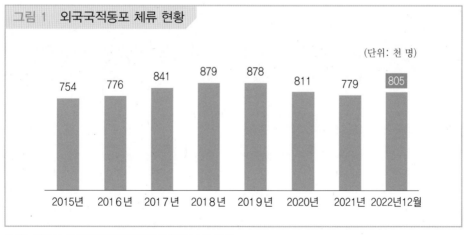

그림 1 외국국적동포 체류 현황

(단위: 천 명)

2015년	2016년	2017년	2018년	2019년	2020년	2021년	2022년12월
754	776	841	879	878	811	779	805

출처: 법무부 출입국외국인정책본부(2021.12) 참고

표 3 외국국적동포 연도별 국적별 체류 현황 (단위: 명)

구분	2017년	2018년	2019년	2020년	2021년	2022년
중국	702,932	728,539	719,269	662,845	628,491	626,729
미국	45,177	45,011	45,655	44,039	43,212	45,752
우즈베키스탄	31,081	34,355	36,752	31,962	32,216	40,706
러시아	21,264	25,302	28,020	26,871	27,488	34,220
캐나다	15,947	15,933	16,046	15,975	16,731	17,899
카자흐스탄	9,223	12,586	14,992	13,033	13,993	19,614
호주	4,617	4,624	4,783	4,430	4,232	4,925
키르기스스탄	2,407	2,775	2,931	2,469	2,764	3,732
기타	8,660	9,540	9,991	9,587	9,543	11,399
합계	841,308	878,665	878,439	811,211	778,670	804,976

출처: 법무부 출입국 외국인정책본부 통계월보(2022.12) 참고

　　외국국적동포 중 우즈베키스탄, 러시아, 카자흐스탄, 키르기스스탄, 우크라이나, 타지키스탄, 투르크메니스탄 등의 국적을 가지고 있는 동포들은 대부분 고려인이다. 고려인들은 중앙아시아을 중심으로 산발적으로 퍼져 있으나 구소련의 해체 이후에는 독립한 국가의 국적을 소지하고 있다. 러시아 국적을 가진 동포 중에는 사할린동포가 일부 포함되어 있다. 사할린동포는 고려인과 다른 지역에 속해 있어 대부분 러시아 국적을 소지하거나 무국적자들이다. 외국국적 동포의 체류자격별 현황을 살펴보면 다음과 같다.

　　외국국적 동포들의 체류자격별로 현황을 살펴보면 재외동포비자(F-4)를 가진 사람이 502,451명으로 전체의 62.4%를 차지하며 방문취업비자(H-2)가 105,567명

표 4　외국국적동포의 체류자격별 현황 (단위: 명)

총계	재외동포 (F-4)	방문취업 (H-2)	영주 (F-5)	방문동거 (F-1)	기타
804,976 (100%)	502,451 (62.4%)	105,567 (13.1%)	121,285 (15.1%)	36,587 (4.5%)	39,086 (4.9%)

출처: 법무부 출입국 외국인정책본부 통계월보(2022.12) 참고

으로 13.1%를 차지한다. 이들의 국적을 살펴보면 중국이 가장 많으며 우즈베키스탄, 카자흐스탄, 우크라이나, 키르기스스탄, 타지키스탄 등 중국 국적을 빼면 대부분 중앙아시아 국적을 가진 동포들이다. 이를 볼 때 방문취업(H-2)비자로 들어오는 동포들은 대부분 중국 조선족과 중앙아시아 고려인 동포라는 것을 추측할 수 있다.

(1) 중국 조선족동포 이해

중국 조선족동포는 중국의 56개 민족 중 하나인 조선족으로 이들은 19세기 말부터 한반도 만주지역으로 건너가 체류하다가 중화민국공화국 수립 후 중국 국적을 취득한 한국의 재외동포들이다. 이들이 중국으로 이동하기 시작한 것은 조선인들이 중국 동부지역으로 이주를 시작한 19세기 중엽부터이다.

이들이 중국으로 이주한 배경은 첫째, 한반도에서의 경제적인 어려움이다. 한반도 북부의 농민들은 경제적으로 어려운 상황을 극복하기 위해 새로운 경작지를 찾아 중국 동북지역으로 대규모 이동하였다. 둘째, 일본의 이주정책 때문이다. 일본 식민지배시기인 1930년 일본의 이주정책에 의해 강제적으로 중국으로 이주하였다. 셋째, 독립운동가들이 이주하였다. 독립운동가들은 일본 제국주의의 탄압을 피해 독립운동을 목적으로 중국으로 이주하였다. 이렇게 다양한 이유로 이주하였으나 이들은 1952년 중국 정부의 민족식별 작업을 통해 중국의 56개 소수민족 가운데 하나의 지위를 부여받았다. 동북 3성에 주로 살고 있던 조선인들이 일본식민지 시기 중국인과 함께 항일운동을 전개한 것과 국공 내전을 통한 신중국 건설과정에 기여한 공로를 인정받아 연변자치주를 설립할 수 있도록 중국정부가 인정해주었다(이광규, 2002).

이는 재외동포들 중 한민족 독립 자치주를 국가에서 인정받은 최초의 사례이며, 조선족들은 연변조선자치주를 중심으로 중국 전역으로 폭넓게 분포되었다. 중국에 거주하고 장기적으로 살아온 중국 조선족동포는 약 270만 명으로 아직도 큰 규모를 차지하고 있다. 이들은 여러 세대를 거쳐 한국어와 한국문화를 유지하고 연변지역에서 제도적으로 완전한 민족공동체를 형성하면서 민족정체성을 유지하며 살아왔다. 중국 조선족동포들은 대부분 한글을 사용하고 한국의 명절인 설날과 추석 등을 지키며 명절 풍습을 유지해 왔다(윤인진, 2004).

중국을 떠나 한국으로 들어오는 중국 조선족동포는 1980년 한국의 산업인력 시장의 변화로 건설업과 제조업, 그리고 서비스업의 문제를 해소하기 위한 정책에 의해 유입되기 시작하였다. 특히 1986년 중국 조선족동포를 위한 이산가족찾기 프로그램이나 친척방문허용 등은 중국 조선족동포의 한국이주를 촉진 시킨 원인이 되었다(이장섭·정소영, 2011). 또한 중국사회의 사회복지체계가 빈약하여 노후를 보장받을 수 없는 중국의 사회보장제도로 인해 중국 조선족동포들의 이주는 더욱 가속화되었다(권태환·박광성, 2019).

중국 조선족동포의 한국방문은 처음 친척방문을 통해 한국인들이 선호하는 한약재를 들여와 판매했으며, 정부는 중국 조선족동포들의 취업을 강력히 규제하였다. 정부의 강력한 규제에도 불구하고 중국 조선족동포들은 친척방문, 가족 동거, 방문동거 등의 명목으로 입국하여 해마다 5~40배까지 급증하였다. 이러한 문제를 해결하기 위해 정부는 방문취업제를 도입하고 일정한 기간, 일정한 분야에서 취업할 수 있도록 하였으며 이후 동포비자(F-4) 자격을 추가하면서 안정적으로 한국에 체류할 수 있는 기반이 마련되었다. [그림 2]는 국내 중국 조선족동포의 입국 변화이다.

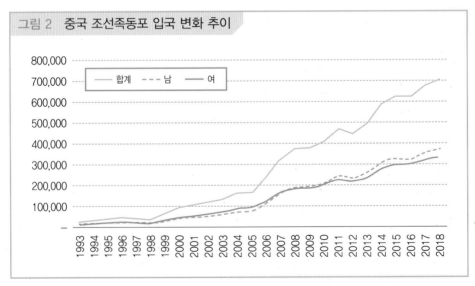

그림 2 중국 조선족동포 입국 변화 추이

출처: 박경숙 외 2인(2019) 참고

중국 조선족동포의 증가는 2003년부터 2006년까지 10만 명 단위로 증가하다가 2007년부터 2017년까지 30만 명이 넘어섰으며, 2019년은 70만 명을 넘어 대폭 증가하였다. 또한 중국 조선족동포들의 국내 거주지역을 살펴보면 경기도에 가장 많은 인구가 거주하고 그다음 서울시에 가장 많이 체류하고 있다. 전체인구의 65%가 서울 서남권 및 경기도의 공단지역을 중심으로 분포되어 있다.

〈표 5〉는 중국 조선족동포의 체류자격별 증가 실태에 대한 구체적인 내용이다.

중국 조선족동포의 체류자격별 현황을 살펴보면 남성보다 여성이 많은 수치를 보였으며 산업연수비자와 방문동거비자, 결혼이민비자로 대부분 입국하였다. 특히 산업연수생으로 들어온 남성과 결혼이민자로 들어온 여성이 대부분을 차지하고 있다.

표 5   중국 조선족동포 체류자격 현황   (단위: 명)

연도	총계	성별	유학	산업연수	방문동거	거주	동반	결혼이민	기타
2001	42,827	남	778	13,189	421	3	86	94	5,807
		여	733	6,207	1,194	8	536	9,625	4,146
2005	146,338	남	1,581	3,357	4,402	3	150	3,275	51,138
		여	1,712	1,284	4,969	161	440	27,717	46,149
2009	363,087	남	1,423	167	7,753	8	73	6,807	168,730
		여	1,770	170	7,705	2	202	25,759	142,586
2013	329,835	남	454	168	5,068	4,702	19	6,692	158,826
		여	453	111	5,715	6,688	56	15,303	125,580
2017	318,768	남	154	92	5,448	4,877	25	6,075	159,877
		여	194	64	6,147	5,835	32	10,925	119,023
2019	701,098	남	465	274	9,585	5,209	20	6,694	344,788
		여	684	208	10,908	5,729	38	10,704	305,795

출처: 민성희 외 2인(2018) 참고

(2) 고려인 동포 이해

한국사회에서 고려인의 개념에 대한 사회적 합의는 명확하게 이루어지지 않았다. 고려인 정의는 「고려인동포법」에서 '1860년 무렵부터 1945년 8월 15일까지의 시기에 농업이민, 항일독립운동, 강제동원 등으로 러시아 및 구소련지역으로 이주한 자 및 「민법」 제777조에 따른 그 친족으로 현재 해당 지역에 거주하고 있는 자'로 정의하고 있다.

중앙아시아 지역에서의 고려인 동포들은 대부분 고려인, 고려사람 등으로 칭하고 있다. 고려인들은 1937년 소련의 강제이동으로 현재의 중앙아시아로 이주하였다. 이들은 조국에서 너무 먼 곳으로 이주되어 자신들의 민족정체성을 스스로 유지하면서 자신들의 뿌리를 잊어버리지 않기 위해 자신들 스스로 조선사람, 또는 고려사람이라고 부르게 되면서 지칭하게 되었다.

고려인들이 중앙아시아까지 이주한 배경을 살펴보면 1863년 조선의 극심한 가뭄으로 인해 빈곤과 굶주림 및 착취를 피하여 비밀리에 소련 우수리스크 지역으로 13가구가 이주한 것이 시작이었다(김봉섭, 2021). 이후 다양한 이유로 조선인들의 연해주 이주가 지속적으로 증가하였으며, 1937년에는 스탈린의 이주계획에 의해 극동 남부지역의 고려인 172,000명을 중앙아시아로 강제이주 시켰다. 중앙아시아에 이주한 고려인은 소련의 정책에 의해 자유로운 이동이 금지되고 한국어 사용 및 한국어교육을 전면 금지하는 정책을 펼쳤음에도 불구하고 고려인들은 모국의 문화와 풍습을 유지하며 살아왔다. 이들은 고려인의 정체성을 유지하며 중앙아시아에서 정치, 경제적으로 왕성한 활동을 펼쳤다.

소련이 해체 이후 중앙아시아 국가들은 주류민족을 중심으로 언어정책뿐만 아니라 배타적인 민족주의를 진행하면서 소수민족에 대한 취업, 교육 기회가 제한되어 사회 경제적으로 어려움을 겪게 되었다. 이에 중앙아시아에 거주하던 고려인들도 소수민족으로 분류되어 러시아 또는 모국으로 재이주를 하게 되었다(오정은 외, 2019). 2004년 재외동포법이 개정된 후 2007년 방문취업제 도입과 재외동포비자를 확대하면서 지속적으로 증가하였다.

국내에 거주하는 고려인에 대해 공식적으로 집계되어 있는 통계가 제대로 파악되지 않아 법무부 출입국외국인정책본부의 통계월보와 통계연보를 통해 추정하면 〈표 6〉과 같다.

표 6	고려인 체류현황					(단위: 명)
구분	2016	2018	2019	2020	2021	2022
외국국적동포	775,715	878,665	878,439	811,211	778,670	804,976
고려인동포	57,482	89,431	99,235	77,293	79,418	102,470
비율	7.4%	10.2%	11.3%	9.5%	10.2%	12.7%

출처: 법무부 출입국 · 외국인정책본부(2022) 참고

(3) 사할린동포

사할린동포에 대한 정의는 '1945년 8월 15일까지 사할린에서 출생하였거나 사할린으로 이주한 한인을 말한다'라고 사할린동포지원법에서 규정하고 있다. 사할린동포의 이주를 살펴보면 세 부류로 구분할 수 있다(박찬용, 2018).

먼저 1897년 사할린에는 불과 60여 명의 한인이 거주하였으나 일제시대부터 석탄광산의 광부나 단순 육체노동과 관련된 일자리에서 1934년까지 5,813명의 한인이 이주하여 살았다. 둘째, 중일전쟁과 태평양전쟁으로 1939년부터 1945년까지 일본의 국가총동원령에 의한 강제징용에 한인들이 동원되었으며 사할린에 강제 동원된 한인들은 대부분 탄광일이나 토목공사 일을 하며 거의 노예와 같은 비참한 생활을 하였다. 1945년 일본이 2차대전에 패망한 후 일본은 사할린에 있던 일본인만 귀환시키고 한국인들은 배제되어 사할린에 그대로 방치하거나 유기하였다. 이런 일본의 처사로 인해 사할린에 강제 징용된 한국인들은 한국으로 돌아올 방법이 없어 사할린에서 살아갈 수밖에 없었던 한인들로 1945년 해당 당시 사할린에 대략 43,000명의 한인이 있었던 것으로 추정한다. 셋째, 1946년부터 1949년까지 사할린에는 북한과의 관계를 통해 북한에서 노동자와 가족들이 이주하였으며 대부분 수산업과 벌목, 제지공장에서 노동을 제공하였다. 이들은 계약기간이 만료되었으나 돌아가지 않고 지속적으로 사할린에 살았다. 이외에도 중앙아시아에서 약 2,000여 명이 사할린에 파견되었고 한인과 소련인 사이에서 통역을 담당하였다. 소련은 사할린에 거주하는 한인들에게 소련 국적을 주지 않았으며 국적이 없는 이들은 이동의 자유는 물론 대학과 직업학교에도 입학할 수 없었으며 연금법, 장애혜택, 생명보험에도 가입할 수 없이 살아야 했다(박찬용, 2018).

표 7 영주귀국 사할린동포의 현황 (단위: 명)

구분	90-11년	12년	13년	14년	15년	16년	17년	18년	19년	계
영주귀국 인원	4,008	108	74	103	83	11	9	3	9	4,408

출처: 서울시 보고서(2019) 참고

하지만, 1994년부터 실시한 한일공동영주귀국사업을 통하여 영주귀국한 사할린 한인의 현황은 〈표 7〉과 같다. 이들은 1990년 한러 수교 이전까지 귀국하지 못하였고 민족적 차별과 생활고를 겪으며 한국에 남아있는 가족과 이산의 아픔을 보내야 했다. 1992년부터 외무부 및 적십자사 주관으로 영주귀국이 시작되었고 1993년 경북 고령군 대창양로원에 사할린동포 50여 명이 처음 입소하였다. 1994년부터 한일정상회담에서 사할린 한인의 지원을 논의한 결과 사할린영주귀국사업에 합의하여 사할린 한인 1세와 배우자, 장애인자녀 만을 영주귀국대상에 포함시켜 이들은 가족이나 자녀와 또다시 떨어져 살아야 하는 제2의 이산이 지속되었다.

2. 재외동포 정책

1) 재외동포 관련법

재외동포와 관련된 법률은 크게 재외동포법과 재외동포재단법이 있으며 특별법으로 고려인동포법, 사할린동포지원법으로 나눌 수 있다.

표 8 재외동포 관련법

구분	법률	제정일	지원분야	주요내용
관련법	재외동포법	1999	체류	출입국 심사, 체류, 보호
	재외동포재단법	1997	체류	국적취득과 상실, 국적판정 요건, 복수국적
특별법	고려인동포법	2010	체류	고려인 체류자격
	사할린동포지원법	2020	체류	사할린 동포 체류자격

(1) 재외동포법

재외동포법 제정의 배경은 1991년 소련의 냉전체제가 붕괴되면서 구공산권 체제와 교류가 가능해졌고 그 결과 중국 조선족동포들이 대거 한국으로 들어오기 시작했다. 그리고 김영삼 정부가 한국의 세계화를 표방하면서 재외동포들의 재산권 행사와 출입국 등에 편의가 현실화 되었다. 이후 김대중 정부가 들어서면서 1999년 「재외동포의 출입국과 법적지위에 관한 법률」이 제정되었다.

재외동포법은 재외동포의 대한민국 출입국과 대한민국 안에서의 법적 지위를 보장함을 목적으로 한다. 재외동포를 '대한민국의 국민으로서 외국의 영주권을 취득한자 또는 영주할 목적으로 외국에 거주하고 있는 자'와 '대한민국의 국적을 보유하였던 자 또는 그 직계비속으로서 외국국적을 취득한 자 중 대통령령이 정하는 자'로 정의하고, 전자를 재외국민으로 후자를 외국국적동포로 규정하여 이들을 재외동포에 포함시켰다.

재외동포법은 처음부터 재미동포와 재일동포의 요청에 의해 그들의 편익을 증진시키는 것을 주목적으로 제정하여 이들은 준 국민에 해당하는 혜택을 받아 한국을 자유롭게 출입하고 체류할 수 있게 하였다. 그러므로 1999년 제정된 재외동포법은 300만 명에 달하는 중국 조선족동포와 구소련지역의 동포가 범위에서 제외되었다. 이에 중국 조선족동포들은 평등권 침해사유로 헌법소원 심판 청구를 제기하였고 헌법재판소는 헌법상 평등원칙에 위배되었다고 보고 헌법불일치 판결을 내렸다. 이후 외국국적동포에 대한 정의는 이후 '대한민국정부 수립 이전에 국외로 이주한 동포를 포함한다'는 문구로 변경되어 2004년 3월 재외동포법이 개정되었다. 이렇게 개정된 정의는 중국과 구소련지역 동포들을 재외동포정책의 대상에 포함된다. 재외동포법은 1999년 9월 2일에 법률 제6015호로 제정되었으며 여러 차례 개정이 이루어졌다.

(2) 재외동포재단법

재외동포재단법은 1997년에 제정된 법으로 재외동포들이 민족적 유대감을 유지하면서 거주국에서 그 사회의 모범적인 구성원으로 살아갈 수 있도록 이바지하는 것을 목적으로 제정되었다. 재외동포재단법에서 재외동포는 대한민국 국민으로서 외국에서 장기체류하거나 외국의 영주권을 취득한 사람이나 국적과 관계없이 한민족의 혈통을 지닌 사람으로서 외국에서 거주 생활하는 사람으로 정의하고 있다. 재외동포재단법에서는 재외동포교류사업, 재외동포사회에 관한 연구사업, 재외동포를 대상으로 하는 교육 문화사업 및 홍보사업, 정부가 재단에 위탁하는 사업을 한다. 재외동포법은 민족정체성을 유지한다는 차원에서 재외동포재단법의 의미는 크지만 법령의 적용기준을 재외로 국한하다보니 국내 체류 중인 동포를 포용하지 못한다는 한계를 지니고 있다.

(3) 고려인동포법

고려인동포법의 명확한 명칭은 「고려인 동포 합법적 체류자격 취득 및 정착지원을 위한 특별법」으로 2010년 제정된 것으로 국내체류 고려인동포에 대한 지원 및 영주권 취득 및 체류자격 요건 완화 등 고려인 체류 및 생활안정을 위한 법률이다. 고려인동포법은 고려인의 합법적 체류자격 취득을 지원하는 것은 물론 이들의 권익증진과 생활안정을 도모하기 위해 제정된 법률이다. 이 법에서 고려인 동포에 대한 개념은 '고려인동포'란 1860년 무렵부터 1945년 8월 15일까지의 시기에 농업이민, 항일독립운동, 강제동원 등으로 러시아 및 구소련 지역으로 이주한 자 및 그 친족으로 현재 해당 지역에 거주하고 있는 자를 말한다라고 규정하고 이에 합당한 사람에 대해 지원하고 있다.

정부는 「고려인동포법」에 따라 고려인동포의 합법적인 거주국 체류자격 취득 및 생활안정 지원을 위한 정책을 수립·시행하고 관련 국가와의 협력 등 외교적 노력을 하며 정부는 매년 정기국회 개회 전까지 고려인동포 지원사업 등의 추진현황에 관한 보고서를 국회에 제출한다. 고려인동포법에 의해 정부는 고려인동포를 위해 고려인동포의 실태조사, 거주국 국적 등 합법적 체류자격 취득을 위한 지원, 경제적 자립기반 마련을 위한 지원, 한인문화센터 건립 등 문화 활동 지원, 한국어 및 정보기술 교육 등 교육활동 지원 등의 사업을 수행한다. 또한 고려인동포법에 의해 관련단체의 지원을 할 수 있다.

(4) 사할린동포지원법

사할린동포지원법의 정식명칭은 「사할린동포 지원에 관한 특별법」으로 일제강점기에 강제동원 등으로 사할린에 이주한 사할린동포에 대하여 관련 국가와의 외교적 노력을 통하여 그 피해를 구제하고, 사할린동포와 그 동반가족의 영주귀국과 정착을 지원함을 목적으로 한다. 사할린동포지원법에서 사할린 동포란 1945년 8월 15일까지 사할린에서 출생하였거나 사할린으로 이주한 한인을 말한다. 사할린동포법에서는 국가의 책무를 강조한다. 먼저 국가는 사할린동포에 대한 영주귀국 및 정착지원에 필요한 정책을 수립·시행해야 한다. 둘째, 국가는 사할린동포에 대한 피해구제, 유해 발굴 및 봉환을 위한 외교적 노력을 다하여야 한다. 셋째, 국가는 사할린동포의 명예 회복에 필요한 기념사업을 추진하여야 한다고 규정하고 있다.

또한 사할린동포의 영주귀국 및 정착지원을 명시하고 있다. 정부는 사할린동포의 영주귀국 및 정착을 위하여 다음과 같이 지원할 수 있다. 귀국에 필요한 항공운임 및 초기정착비 지원과 거주 및 생활 시설에 대한 운영비 지원, 임대주택 등 주거 지원, 그 밖에 영주귀국 및 정착을 지원하기 위하여 대통령령으로 정하는 사항이다. 또한, 정부는 사할린동포의 동반가족의 영주귀국 및 정착지원신청등을 지원할 수 있다.

사할린동포지원법은 우리나라의 관심 밖에서 수십 년간 각종 차별과 생활고를 겪으며 살아 왔던 강제동원 희생자와 그 가족에 대하여 국가가 고통을 위로하고 국내 이주를 원하는 분들의 원활한 정착지원을 도모하고자 하는 데에 큰 의의가 있다.

2) 외국국적동포의 법적 지위

(1) 재외동포(F-4)

2008년 1월부터 재외동포(F-4) 체류자격을 신설하여 한국 국적을 보유했거나 그 직계비속으로 외국 국적을 취득한 자에게 적용하였다. 재외동포(F-4) 체류자격으로 입국한 외국국적동포는 입국 후 90일 이내 거주하는 관할 출입국을 방문하여 거소신고를 해야 한다. 또한 5년간 유효한 복수비자로 3년 단위로 갱신하여 한국에 장기적인 체류가 가능한 비자이다. 재외동포 비자 발급을 위해서는 외국국적 동포임을 증명하기 위한 가족관계 증명서 및 출생증명서 등이 공통적으로 필요하다. 재외동포비자는 체류 기간 내에 출국하였다가 재입국하는 경우 재입국 허가 없이 자유롭게 출입국할 수 있다. 특히 경제활동, 부동산 및 금융거래, 외국환거래, 건강보험, 국가 및 독립유공자 보훈 급여금 수령 등 내국인과 큰 차이가 없다(조성혜, 2020).

재외동포(F-4) 체류자격을 가진 사람은 취업 활동이 가능하지만 방문취업자(H-2) 체류자격자들이 취업하는 단순노무 분야에 취업은 불가능하다. 이들은 비교적 전문성이 요구되는 업무인 17개 직무분야인 경영 · 회계 · 사무, 디자인 · 방송, 운전 · 운송, 경비 · 청소, 이용 · 미용, 음식 서비스, 광업자원, 기계, 재료, 화학, 섬유 · 의복, 전기 · 전자, 정보통신, 식품가공, 인쇄, 목재, 가구, 공예, 농림어업, 안전관리, 환경 · 에너지 등에 취업이 가능하다.

2011년부터 법무부는 국내노동인력 부족 문제를 해결하기 위해 국가기술자격증을 취득하면 재외동포(F-4)비자를 취득할 수 있도록 재입국 제도를 마련해주었다. 2019년 9월부터는 한국어 능력 입증서류, 해외범죄 경력 등을 증명하도록 의무화하고 있다. 2021년에는 정부가 모국과 동포 간의 교류 확대와 동포들의 국내 체류 법적 지위 향상을 위해 중국 및 구소련지역 동포에 대한 재외동포(F-4) 자격 부여를 확대하여 시행하고 있다. 법무부(2022)는 중국 및 고려인 동포에 대하여 재외동포(F-4) 체류자격을 부여할 대상에 대해 다음과 같이 공시하고 있다. 단순 노무에 종사하지 않는 국내외 2년제 대학 이상 졸업자 및 정부초청장학생, 법인기업대표, OECD 영주권 소지자, 국내 기능사 이상 자격 소지자, 60세 이상 동포, 사회통합프로그램 4단계 이상 이수자, 국내 고등학교 졸업자 등에게 확대 시행하고 있다.

(2) 방문취업(H-2)

방문취업(H-2) 제도는 2007년 3월부터 시행되었다. 방문취업제(H-2)는 25세 이상인 중국과 구소련지역 동포들이 모국방문을 쉽게 하고 취업을 희망할 경우 단순 노무분야에서 취업이 가능하도록 한 제도이다. 그동안 재미 및 재일동포에 비해 출입국과 체류 활동 범위 등에서 소외 받던 중국 조선족동포와 구소련지역 고려인동포에 대한 차별을 해소하고 재외동포의 모국왕래 및 취업 확대를 통해 국가경쟁력 재고를 목표로 도입하였다. 방문취업비자를 받기 위해서는 대한민국 국적을 보유했거나 그 직계비속으로 외국국적을 가지고 국내 거소를 둔 국민 또는 영주권자인 8촌 이내의 혈족 또는 4촌 이내의 인척으로부터 초청을 받아야 한다. 비자발급을 위해 2촌 이내의 인척은 해당국가 내 재외공관에서, 그 외 3-8촌 이내 혈족인 경우 초청자 관할 출입국사무소에서 신청한다(법무부 출입국·외국인정책본부, 2021).

비자 발급을 위해 신청인이 제출해야 하는 서류들은 방문취업 자격대상에 따라 차이가 존재하나, 대개 친족 관계를 증명하기 위한 가족관계기록, 출생증명서, 초청자와 친족관계 진술서 및 신원보증서 등이 포함된다. 2019년 7월부터 한국어 능력 입증으로 한국어능력시험에 대한 성적증명 혹은 사회통합프로그램 교육 확인이 필요하며 해외 범죄경력, 건강상태 확인 등을 증명하는 것이 추가되었다. 방문취업 비자를 가지고 한국에 입국한 재외동포는 이후 입국일 90일 이내에 관할 출입국을 방문하여 외국인 등록을 마쳐야 하며, 건강상태를 확인하여 문제가 없음을 출입국에 증명해야 한다. 방문취업 체류자격을 가진 사람들은 제조업, 농축산업, 서비스업 등 38개 단순노무 업종에 한하여 취업이 가능하며, 취업을 위해 재외동포는 취업교육 받아야 한다. 취업은 본인이 한국산업인력공단을 통해 구직신청을 하거나 직장을 소개받거나 스스로 일자리를 구해야 한다.

방문취업(H-2)제로 입국하는 동포 중 연고가 있는 동포는 자유롭게 입국할 수 있도록 하고 무연고 동포는 정부에서 연간 허용 인원을 설정하여 입국을 허가하고 있다. 무연고 동포들이 한국에 입국하기 위해서는 다양한 선발 과정을 통해 입국을 허용하였다. 중국과 우즈베키스탄 무연고 동포는 한국어 시험 및 추첨을 통해 선발하였고 CIS 국가 동포는 추첨으로 인원을 선발했다. 한국에 체류하는 재외동포 80여만 명 중 방문취업 자격으로 내국인이 기피하는 제조업 등의 38개 단순노무에 취업하는 사람이 12만여 명으로 최근에는 재외동포(F-4) 및 영주자격(F-5)자격으로 한국에 정주하는 현상이 가속화되고 있다(조영희 외, 2021)

(3) 영주자격(F-5)

영주자격(F-5)은 재외동포법 제2조 제2호의 외국국적동포로서 국적법에 따른 국적취득요건을 갖춘 사람이 영주권을 신청할 수 있다. 영주권을 취득하기 위해서는 기본요건을 갖추어야 한다. 첫째, 대한민국 민법에 의하여 성년이어야 한다. 둘째, 본인 또는 동반가족의 생계를 유지할 능력이 있어야 한다. 셋째, 대한민국에 계속 체류하는데 필요한 기본 소양을 갖추어야 한다. 넷째, 품행이 단정해야 한다. 또한 외국국적동포가 영주권을 취득하기 위해서는 재외동포(F-4) 자격으로 대한민국에 2년 이상 계속하여 체류하고 있는 사람으로서 다음과 같은 요건을 갖춘 사람이어야 한다. 첫째, 영주자격 신청 시 소득이 한국은행 고시 전년도 일 인당 국민총소득의 2배 이상인 사람, 둘째, 해외로부터 연금을 받는 60세 이상의 자로서 연간 연금액이 한국은행 고시 전년도 일 인당 국민총소득 이상인 사람, 셋째, 전년도 재산세 납부실적이 50만 원 이상인 사람, 또는 재산세 납부실적은 없지만 전세보증금 등 이와 상당한 본인이나 동거가족의 재산을 보유하고 있는 사람이다. 넷째, 대한민국 기업과의 연간 교역실적이 20억 원 이상인 사람, 다섯째, 대한민국에 미화 50만 불이상 투자한 사람, 여섯째, 거주국 정부가 공인한 동포단체 대표나 과거 3년간 동포단체 대표로서 활동한 사실이 있는 사람, 또는 법인기업체 대표로서 재외공관의 장이 추천한 사람이다.

영주(F-5) 체류자격을 소지하면 지방선거의 투표권이 인정되어 자치단체의 구성원으로서 시민의 권리가 인정되고 생활능력이 입증되면 취득이 가능하다.

(4) 동포방문(C-3-8)

동포방문(C-3-8)은 재외동포가 모국방문을 방문할 목적으로 90일 이하 단기방문을 원하는 경우 발급하고 있다. 60세 이하의 외국국적동포에게 발급되는 사증으로 대한민국으로 자유로운 출입국이 가능한 5년간 유효한 복수 사증이다. 동포방문(C-3-8)은 단기방문의 목적으로 입국하기 때문에 경제활동을 할 수 없다. 발급신청은 60세 이하의 재외동포임을 입증하는 서류만 있으면 신청이 가능하다. 2019년 7월「재외동포법」시행령 개정으로 동포범위를 4세대 이후까지 확장하였으며 법무부 사회통합프로그램 교육에 참여하면 방문취업(H-2) 체류자격으로 변경을 허용하고 있다(법무부, 2022).

(5) 방문동거(F-1)

방문동거(F-1) 사증은 친척방문, 가족동거, 가사정리 등 이와 유사한 목적으로 체류하는 사람에게 부여하며 주로 동포의 배우자, 고등학교 이하 교육기관에 입학 예정이거나 재학 중인 미성년 자녀가 이에 해당된다. 방문동거 사증은 원칙적으로 정해진 활동 범위 내에서 체류가 허용되며 취업활동은 허용되지 않는다. 취업을 하다 적발되면 범칙금(100~2,000만원)을 납부해야 한다. 다만 체류자격 이외 활동 면제 범위에 대한민국내 정규교육기관의 교육을 받고자 할 때 체류기간의 범위 내에서 활동할 수 있다.

초, 중, 고등학교에 재학하는 학생은 가족관계 입증서류, 입학허가서, 미화 50만 달러이상 투자 사실 입증서류, 가사보조인 경우 고용계약서, 신원보증서가 필요하다. 학교 재학 중에는 2년 연장이 가능하며 부모가 출국해도 체류가 가능하다.

3) 중앙정부 및 지방자치단체의 재외동포 정책

(1) 중앙정부

재외동포정책은 모국과 재외동포간의 관계를 정립하고 양자의 발전 관계를 증진하기 위한 정책으로 정부는 재외동포정책을 수립하여 재외동포의 모국과 거주국의 권익을 보호하고 삶의 질을 개선하거나 국가 발전에 재외동포를 활용한다(윤인진 외, 2020). 재외동포정책은 정부가 바뀔 때 마다 지속적으로 발전하였다. 재외동포 정책을 처음 시작한 김영삼 정부는 재외동포정책을 공론화하여 신교포정책을 수립하고 재외동포정책위원회를 발족하였다. 또한 재외동포재단법을 재정하고 재외동포재단을 설립하여 법적 제도적인 성과를 이루었다. 김대중 정부는 재외동포법을 제정하여 법적 근거를 마련하였다. 노무현 정부에서는 중국과 구소련지역에서 제외되었던 동포를 위해 재외동포법을 개정하여 방문취업제를 실시하였으며 한민족네트워크를 구축하여 재외동포위원회 역할을 강화하였다. 이명박 정부는 재외국인 선거권을 도입하고 국적법을 개정하여 복수국적을 허용하였으며 방문취업제를 보완하였다.

이처럼 재외동포정책을 수립하고 시행함에 있어 주무부처는 외교부이다. 외교부는 재외동포들이 민족적 유대감을 유지하면서 거주국에서 그 사회의 모범적인 구성원으로 살아갈 수 있도록 다양한 정책을 수립하고 있다. 재외동포정책 수립과 관련 업무는 국무총리 산하 재외동포정책위원회가 재외동포 정책 기본방향 수립 및 지원에 관한 사항을 심의 조정한다. 그리고 외교부를 비롯하여 법무부, 교육부 등 각 정부부처에서 개별법에 따라 소관사무와 관련된 업무를 수행한다. 외교부 산하에는 재외동포재단을 두고 재외동포 교류사업, 재외동포사회 조사 연구사업, 재

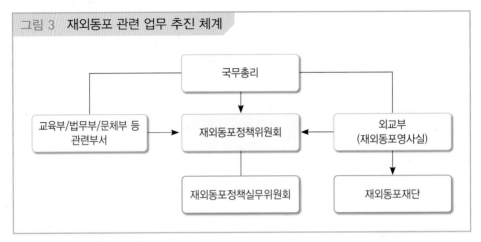

그림 3   재외동포 관련 업무 추진 체계

출처: 재외동포재단(2021) 참고

외동포대상 교육문화홍보사업 등 재외동포 정책구현 및 재외동포 지원사업 전반을 수행한다. 현행 재외동포 관련 업무 추진체계는 [그림 3]과 같다.

    재외동포정책 관련 주무부처는 8개의 부처에서 실시하고 있다. 외교부가 전체를 주관하고 그 외 7개의 부처가 협력적으로 업무를 처리한다. 부처에 따른 구체적인 업무 내용은 〈표 9〉와 같다.

표 9   부처별 재외동포정책 업무내용

구분		업무 내용
주무부처	외교부	재외동포 육성지원, 해외사건 사고 관련 재외국민 보호, 영사관계문서의 공증확인, 여권 및 입국 사증 등
소관부처	법무부	재외동포 법적지위, 국적, 외국인정책, 출입국 국내체류
	교육부	재외국민에 대한 교육지원 업무
	문체부	문화 예술 체육 분야 교류사업
	통일부	통일정책 관련 교육 홍보
	고용부	외국인 노동자, 해외취업 지원 및 해외진출기업의 노무관리
	보훈처	독립운동 관련인사 초청 교류사업
	병무청	병역관리

출처: 재외동포재단(2021) 참고

주무부처인 외교부는 재외동포를 육성지원하고 해외사건 사고 관련하여 보호하며 영사관계 문서의 공증확인, 여권 및 입국사증 등의 업무를 시행한다. 외교부 산하 재외동포재단을 통하여 다양한 사업을 시행한다. 법무부는 재외동포의 법적지위와 국적, 외국인정책, 출입국 및 국내 체류에 대한 업무를 시행한다. 법무부는 외국국적동포의 국내 안정적인 정착을 돕기 위해 사회통합프로그램을 개발하고 운영한다. 교육부는 재외국민에 대한 교육지원업무를 시행하고 정부초청장학사업을 실시하며 국내 체류하는 동포들을 위해 지역 특성에 맞는 사회통합 및 이민자 2세 성장지원서비스 모델을 개발한다.

재외동포 관련 정부 지원기관 현황을 살펴보면 다문화가족지원센터, 레인보우스쿨, 외국인력지원센터, 사회통합운영기관, 다문화교육지원센터, 중국동포 체류지원센터가 운영되고 있다. 구체적인 내용은 다음 〈표 10〉과 같다.

표 10 재외동포 관련 정부지원 기관 현황(2021년 현재)

집행기관	대상	체류자격	주요서비스	수행방식
다문화가족지원센터 (228개소) 레인보우스쿨(25개소) (여가부 253개)	결혼이민자 다문화자녀 외국인 배우자	F-6, F-1 및 국민	다문화가족의 한국사회 조기적응 및 사회통합 지원	지자체 직영/위탁
외국인력지원센터 (고용부 45개)	고용허가제 대상 외국인 근로자	H-2	외국인 근로자 적응지원을 통한 인력수급 원활화	위탁
사회통합프로그램 운영기관 (법무부 348개)	국적 및 영주자격 취득 희망 외국인	H-2, F-1, F-4, F-5	이민자의 자립과 사회적응 지원	위탁
다문화교육지원센터 (교육부 18개)	학교교사 다문화자녀 다문화가족 부모	F-1	다문화학생 공교육 진입 및 적응지원	정부조직
중국동포체류지원센터 (11개소)	중국동포	H-2, F-4, F-5, F-6 및 국적자	중국동포 체류지원	위탁

출처: 관련 중앙부처 홈페이지 및 기관홈페이지

(2) 지방정부

① 자치단체 특성에 따른 지원

고려인을 위한 정책의 경우 각 지자체에서 자치 법규를 제정하여 법적인 근거를 마련하고 있다. 고려인 대상 한국어교육은 물론 문화적응을 위해 각 지자체의 실정에 맞게 제공하고 있는 현실이다. 현재 인천광역시, 광주광역시, 경기도, 경상북도, 경상남도, 경기도 김포시, 경기도 안산시 등은 고려인 주민 조례를 제정하여 시행하고 있다. 각 조례는 고려인 주민을 위한 한국어 및 기초생활교육 지원사업을 실시할 수 있다고 명시하고 있다. 고려인 관련 조례를 제정하고 있는 지자체는 다음 〈표 11〉과 같다.

기초자치단체들은 지자체별로 고려인 조례를 제정하고 내용은 주로 고려인의 정의와 고려인 주민 처우개선, 한국어 및 기초생활 및 적응교육, 기본적 생활편의 제공, 보건의료 및 문화체육행사 지원, 자녀돌봄 지원, 지원단체 지원이다. 그리고 지자체들을 고려인 업무 담당자를 배정하고 고려인들의 업무를 담당하게 하였다. 특히 고려인은 집단 거주지역을 중심으로 고려인 관련 지원업무를 실시한다.

각 지자체장들은 고려인센터를 설립하여 한국어교육 및 문화활동을 실시한다. 조례를 법적근거로 설립한 고려인센터는 고려인의 한국어교육 및 한국생활에 대한 지원과 법무부의 사회통합프로그램[1] 등을 운영한다.

표 11 고려인 관련 지원조례

조례명	제정일	주요 내용
경상북도 고려인 주민 지원 조례	2019	− 고려인 주민 정의
경기도 고려인 주민 지원 조례	2016	− 고려인 주민 처우 개선에 관한 사항
광주광역시 고려인 주민 지원 조례	2013	− 한국어 및 기초생활 적응 교육
인천광역시 고려인 주민 지원 조례	2018	− 기본적 생활편의 제공 − 보건의료, 문화체육행사
안산시 고려인 주민 지원 조례	2018	− 자녀 돌봄 지원
김포시 고려인 주민 지원 조례	2015	− 지원단체 등에 대한 지원

---

1   사회통합프로그램은 법무부에서 운영하는 프로그램으로 이민자의 국내생활에 필요한 한국어와 경제, 사회, 법률 등 기본소양을 체계적으로 습득할 수 있도록 돕는 프로그램이다.

표 12　지역별 고려인 관련 지원업무

광역 및 기초단체	관련부서	담당업무
경기도	외국인정책과	고려인 관련 사업 발굴 및 추진
광주광역시	사회복지과	고려인주민지원사업
인천광역시	복지국 노인정책과	사할린 동포지원 및 관리
안산시	외국인주민정책과	고려인 문화센터 민간위탁운영
김포시	여성가족과	외국인주민지원센터 운영

　지자체들은 고려인 지원정책의 법적 근거를 마련하고 이에 따라 고려인에게 서비스를 지원하고 있다. 안산시의 경우 2020년 시정계획에서 고려인을 위한 핵심사업을 구성하고 고려인 주민의 안정적인 정착기반을 조성하기 위해 고려인문화센터를 운영하는 것을 목표로 둔다. 안산시는 고려인 4세대 교육여건을 개선하고 고려인 주민정책을 강화하기 위한 방법을 지속적으로 모색하고 고려인의 권익을 보호하는 동시에 지역사회로의 적응을 도와 사회통합을 이끌어내는 계획을 수립하였다.[2]

　이외에도 광주광역시도 조례를 제정하고 고려인의 한국사회 적응을 위한 지원을 시행하고 있다. 광주광역시는 조례를 기반으로 고려인들의 지역사회 적응과 권익증진 및 생활 안정을 도모하며 자립 생활에 필요한 행정적 지원방안을 마련하였다. 특히 고려인들이 광주광역시의 특정 지역에 자리 잡고 살 수 있도록 공식적인 지원을 통해 매년 고려인의 실태조사와 연도별 기본계획 및 시행계획을 수립 및 시행하도록 규정하고 다양한 행사 등을 지원할 수 있도록 시장의 책임과 권한을 명확히 하였다.

　이처럼 지자체들은 고려인들의 한국사회 적응을 돕기 위해 지자체별로 다양한 노력과 정책을 모색하고 고려인의 법적지위, 한국어교육, 인권옹호 및 차별방지, 통역서비스 제공, 자녀돌봄지원, 취업 및 창업지원 등을 시행하고 있다.

　사할린 동포들을 위한 조례도 각 지자체마다 마련하고 지원하고 있다. 이외에도 전국 지자체 11곳에서 영주귀국 사할린 동포를 지원하기 위한 조례를 제공하고 다

2　안산시청 홈페이지, https://www.ansan.go.kr/site/www/ansan/ansan.html

양한 지원을 하고 있다.

② 교육 훈련 프로그램

중앙행정기관별 외국국적동포 관련 서비스기관은 다문화가족지원센터 218개와 여성새로일하기센터 158개, 무지개 청소년센터 1개, 고용복지센터 100개, 외국인노동자지원센터 43개, 출입국외국인청 사무소 49개, 사회통합프로그램 운영기관 348개, 동포체류지원센터 7개이다(최석준, 2021) 외국국적동포 대상 직업능력개발 교육훈련프로그램은 첫째, 한국어와 한국문화이해교육을 통해 의사소통을 향상시키고 한국생활 조기적응 및 사회통합을 돕는 교육 둘째, 취업자격 체류 외국인 근로자에 대한 입국 전, 입국 직후, 귀국 전 취·창업 교육 셋째, 외국인 유학생과 기술자를 중심으로 한 우수인재 양성 과정 넷째, 이주배경 청소년(15세 이상~24세 미만)을 위한 진로탐색과 기술훈련 과정으로 나눌 수 있다.

외국국적동포는 국내에서 장기체류하려는 외국인을 대상으로 법무부가 입국초기에 한국사회적응에 필요한 기초법과 제도, 생활정보, 체류와 관련된 법령을 교육하고 있다. 방문취업 자격을 가진 외국국적동포는 필수적으로 교육에 참여해야 한국에서 취업이 가능하다.

정부차원에서 재외동포 및 외국인을 위한 한국어교육 지원도 이루어지고 있다(조항록, 2013). 그 내용을 부처별로 자세히 살펴보면 첫째, 문화관광부는 국어기본

표 13 입국 직후 외국국적동포 교육

주관부처	구분	대상	내용
법무부	입국직후 조기적응 프로그램	장기체류 외국인	- 국내 장기체류하는 외국인의 입국초기 사회적응에 필요한 기초법 제도, 의료 주거 교통 통신 생활정보 및 체류국적 관련 법령교육 - 방문취업(H-2) 의무참여
고용 노동부	입국직후 취업교육	고용특례 대상자(H-2)	- 방문취업(H-2) 자격 소지자 중 외국인력정책위원회에서 취업이 허가된 업종에 취업을 희망하는 자 - 16시간 이상(2박 3일), 재입국 65,000 근로자 부담

출처: 박경숙 외 2인(2019) 참고

법에 따라 한국어보급과 관련된 지원을 한다. 외국인 대상으로 한국어교육 및 한국문화교류를 지원하며 한국어교육과 관련된 사업을 맡고 있다. 국립국어원에서는 한국어교육 자료와 개발 보급, 한국어교원을 양성하고 한국어교재 및 교육콘텐츠를 개발한다. 둘째, 교육부는 국내외 국민을 대상으로 교육활동을 지원한다. 교육부는 매년 다문화교육지원계획[3]을 수립하고 재외동포 학생들 또는 그 대상을 포함한다. 국내 중도입국자녀를 대상으로 맞춤형 한국어교육을 제공하고 입국초기학생에게는 한국어집중교육을 실시한다. 셋째, 외교부는 국제교류 및 문화협력과 재외동포에 대한 외교정책을 수립하고 시행한다. 국외 재외동포 대상으로 한국어 및 한국문화교육을 지원하며 한국국제교류재단과 한국국제협력단에서는 한국어교육 관련 사업을 추진하고 있다. 재외동포재단을 통하여 국외에 거주하는 동포들의 한글학교 육성과 중국 및 CIS지역 민족교육, 재외동포 교사육성 등의 사업을 담당한다. 넷째, 법무부는 사회통합프로그램을 통하여 재한외국인 및 외국국적 동포들이 우리사회 구성원으로 살아가는데 필요한 기본소양교육인 한국어와 한국문화교육을 제공한다. 사회통합프로그램을 이수하면 영주권과 국적신청시 가산점을 부여하고 귀화시험을 면제해주는 혜택을 준다. 다섯째, 여성가족부는 주로 결혼이민자와 그 자녀에게 한국어 및 한국문화교육을 통하여 한국생활적응을 돕고 있다. 결혼이민자 중에는 외국국적 동포들이 다수 포함되어 있어 이들의 한국어교육은 건강가정·다문화교육센터를 중심으로 이루어지며 학습자의 한국어 수준에 따라 방문수업과 온라인교육을 진행한다. 다문화가정 자녀를 위한 이중언어교육프로그램과 자녀의 언어발달교육도 함께 실시한다. 여섯째, 고용노동부는 한국에서 일할 근로자를 선발하기 위해 한국어능력시험(EPS-TOPIK)을 진행하고 있다. 국내 취업을 원하는 외국인에게 한국으로 입국하기 전 한국어교육을 통해 일정한 시험을 본 후 입국하며 국내 입국한 후에는 일정한 기간 한국어교육을 의무적으로 받아야 한다. 외국국적동포 중 방문취업(H-2)자격을 가진 사람은 입국 전 한국어능력시험을 보지 않지만 입국 후 일정한 교육을 받아야 하며 그 외 고충상담과 한국어 및 생활교육등을 외국인노동자지원센터를 통하여 제공한다.

3　교육부 홈페이지, 출발선 평등을 위한 2020 다문화교육지원계획, https://www.moe.go.kr/boardCnts/viewRenew.do

③ 사할린동포 지원정책

사할린동포를 위한 정부의 지원사업은 크게 영주귀국사업과 일시모국방문사업, 귀국자 역방문사업, 2–3세 모국방문사업 등이 있다. 사할린 지원사업에 참여한 사람을 정리하면 〈표 14〉와 같다.

그 내용을 구체적으로 살펴보면 첫째, 영주귀국사업은 사할린동포들이 여생을 고국에서 보낼 수 있도록 국적 취득 및 각종 생활정착지원을 통해 영주귀국을 돕는 사업이다. 둘째, 일시모국방문사업은 러시아 현지에 잔류한 사할린 1,2세 동포들이

표 14 사할린동포사업의 현황 (단위: 명)

총 영주귀국자수	각종 방문사업 참여자 수	
4,408	일시모국방문	18,602
	귀국자 역방문	8,124
	2–3세 모국방문	937
	합계	27,663

출처: 대한적십자사 홈페이지, https://www.redcross.or.kr/business/sakhalin_support.do

표 15 영주귀국 사할린한인의 지원내용

지원내역	지원금액	해당부처
항공료 및 집기비품비(1회)	• 항공료 895,000(실비) • 집기, 비품비 140만 원	• 사할린 한인 1세: 일본정부 • 사할린 한인 배우자 및 장애인 자녀 2세: 보건복지부
임대아파트 제공	–	• 국토해양부
입주비용(1회)	• 가구당 17,700,000(2인 1가구)	• 보건복지부
특별생계비	• 월 75,000원	• 보건복지부
생계주거비	• 일반수급자와 동일	• 보건복지부
장애수당, 장애인연금		• 보건복지부(시, 군, 구청)
기초노령연금		• 보건복지부(시, 군, 구청)
의료급여		• 보건복지부(시, 군, 구청)

출처: 보건복지부 요양보험 운영과 영주귀국 사할린 한인지원사업 안내. http://www.mohw.go.kr/react/policy/index.jsp

고국과 가족에 대한 그리움을 해소할 수 있도록 한국방문을 지원하여 가족 만남 및 건강검진, 문화탐방을 제공한다. 셋째, 귀국자 역방문사업은 국내 영주귀국자들이 사할린 현지 가족과 만날 수 있도록 사할린 역방문 지원을 통해 가족상봉을 지원한다. 넷째, 2-3세 모국방문사업은 국내 영주귀국자들이 사할린 현지 가족 2, 3세에 대한 한국방문을 지원한다. 이산의 아픔을 경감하고 교육과 문화경험을 통해 공동체 의식을 함양할 수 있도록 한다. 정부의 사할린한인의 지원 내용과 지원 부처를 구체적으로 살펴보면 〈표 15〉와 같다.

(3) 시민단체

각 자치단체별로 제정한 조례에 의해 고려인센터를 지원하고 운영하고 있다. 안산시의 경우 고려인센터는 주로 미르, 고려인마을, 고려인너머센터 등 사단법인 및 비영리시민단체를 통해 운영하고 있다. 대표적인 예로 안산시는 2016년 '안산시고려인문화센터'를 설립하여 고려인 주민을 위한 한국어교육 및 상담 및 문화활동, 체육행사 등을 운영하고 있다. 더불어 고려인 주민 자녀를 위한 보육사업 및 교육사업 뿐만 아니라 내국인에게 고려인에 대한 이해를 돕기 위해 내외국인 간 상호소통을 위한 사업을 시행하고 있다.[4]

안산시 고려인문화센터를 운영하는 (사)너머는 고려인지원센터와 고려인 한글야학을 통해 성인들에게 주말과 야간에 한국어교육을 지원하고, 고려인을 위한 각종 상담을 지원한다. 이와 더불어 고려인 아동을 위한 교육서비스와 돌봄서비스를 제공하여 고려인 아동들에게 한국어교육은 물론 러시아어 교육을 함께 지원하고 있다. 이외에도 시민단체 고려인센터 미르가 설립되어 성인대상 한국어교육을 야간에 진행하고 있다.

광주광역시는 고려인종합센터로 (사)고려인마을을 운영한다. 고려인마을은 고려인센터를 운영하여 한국어 통역을 지원하고, 맞벌이 부부들을 위해 고려인 어린이집을 운영하고 있다. 또한 초등학생 이상 고등학생 이하의 학생들을 대상으로 아동센터 및 청소년문화센터를 통하여 한국어와 다른 과목의 학습을 지도하고 있다. 또한 광주 고려인마을은 사회통합프로그램을 위탁받아 한국어학당을 개관하여 주

---

4   안산시 고려인문화센터, 홈페이지(http://www.koreansan.org)

말이나 평일 저녁을 이용하여 한국어수업을 진행하고 있다. 광주의 고려인마을은 광주광역시의 지원을 받아 고려인들에게 한국어교육 및 한국사회적응 프로그램을 제공하고 있다.

서울에는 서울시 외국인 비즈니스 종합지원기관이 서울 글로벌센터 3곳 중 동대문 글로벌센터에서 러시아어 지원을 하고 있다. 이처럼 고려인을 위한 민간단체나 시민단체는 고려인들을 위한 한국어교육 및 한국문화적응을 지원하고 있다. 민간단체는 국가의 체계적인 정책에 따라서 자발적으로 설립된 시민단체로 고려인을 위한 한국어교육뿐만아니라 고려인을 위한 다양한 지원을 하고 있다. 대다수의 시민단체가 고려인 지원과 관련되어 업무를 위탁받아 추진하고 있으나 예산이나 인력 등의 지원이 충분치 않아 어려움을 겪는 실정이다.

3. 재외동포 정책의 과제

1) 재중동포 실태와 과제

한국사회에 이주하여 살고 있는 재중동포의 실태를 살펴보면 첫째, 중국 조선족 동포, 즉 중국 조선족들은 다른 외국인에 비해 밀집거주지를 형성하고 살아가고 있다. 대표적인 집단거주지는 서울 구로와 대림동이다. 중국 조선족동포들이 서울 가리봉동에 처음 자리 잡기 시작한 것은 1990년대 중 후반부터 시작되었다. 이곳은 1960년대부터 1970년대 설립된 수출산업공단과 노동자들의 집단 주거지였던 지역이다. 이러한 조건은 중국 조선족동포의 고용기회를 제공할 뿐만 아니라 이전 공단의 근로자들이 주거했던 쪽방이나 벌집 같은 저렴한 임대주택을 쉽게 구할 수 있기 때문이다(이석준·김경민, 2014). 중국 조선족의 경우 다른 외국인에 비해 한국어 구사 능력이 뛰어나고 한국문화에 쉽게 적응할 수 있다는 장점 때문에 생활서비스업, 사무직, 판매직에 종사하는 배우자와 다문화가족을 이루고 있기 때문에 교통이 편리하고 집값이 저렴한 서울 관악구, 광진구, 구로구, 금천구, 영등포구에 밀집하였다. 중국 조선족동포들이 밀집하기 시작하면서 다양한 중국관련 상업시설들이 급격히 증가하게 되었다.

둘째, 한국에 체류하는 중국 조선족동포들은 다른 동포에 비해 경제활동 비율이 높다는 점이다. 통계청이 실시한 2012년부터 2016년까지 외국인고용 총 조사를 실시한 결과 조선족의 경제활동 참가율과 고용률은 다른 외국인보다 5% 높은 수치로 나타났다. 중국인과 비교할 때 조선족이 무려 2배가 높은 비율을 보인다. 조선족의 경제활동 참여율이 높은 이유는 비자와 관련된다. 동포의 경우 방문취업비자를 통해 한국에 장기거주하고 자유로운 왕래가 가능하기 때문이며 이들의 체류자격은 경제활동 참여가 전제조건으로 제시되기 때문이다. 그리고 조선족들은 결혼이주를 통한 이주가 많아 결혼이주비자의 경우 경제활동에 제한이 없고 한국의 높은 임금 때문이기도 하다. 국제노동기구에서 밝힌 한국과 중국 제조업 종업업의 월평균 월급차이는 약 4.17배 이상으로 나타났다.

셋째, 중국 조선족동포들의 인구의 노령화이다. 한국으로 이주한 중국 조선족동포의 경우 1990년 젊은 나이에 결혼이민자나 산업연수생으로 한국에 이주한 후 대부분 중 · 노년기를 맞이하고 있다. 특히 2008년부터 재외동포비자(F-4)가 신설된 이후 재외동포 체류자격이 완화되면서 노년기 이주민이 급격히 증가하기 시작하였다(이창호 외, 2017).

중국 조선족동포의 노년층에 해당하는 60세 이상 인구 비율을 살펴보면, 중국에 거주하는 조선족의 경우 2010년의 7.0%로부터 2020년 약 28% 증가하였다. 국내 중국 조선족동포의 경우 2010년의 9.3%에서 2017년에는 21.8%로 증가하였으며 2020년에는 28.1%로 상승하였다(박경숙 외, 2019). 이처럼 한국에 체류하는 중국 조선족동포들의 노령화가 증가하고 있으며 현재 한국에 거주하는 중국 조선족동포들이 중국에 있는 노년층에 있는 부모를 모셔오는 사례도 증가하고 있어 중국 조선족동포 인구의 노령화가 나타나고 있다. 이는 이들의 복지와 연결되며 국가재정 부담과도 밀접한 관련이 있다. 중국 조선족동포뿐만 아니라 이주민들의 노령화로 인한 대책과 복지서비스를 개발하고 이에 대한 대책 마련에 관심을 가져야 한다. 중앙정부보다는 지자체 차원에서 고령 인구에 서비스를 제공한다면 고령화로 인한 동포들의 부담을 줄여줄 수 있을 것이다.

2) 고려인동포의 실태와 과제

한국에 거주하는 고려인 동포의 실태를 살펴보면 첫째, 같은 동포지만 고려인동 포과 중국조선족동포는 다른 특성을 보인다. 중국 조선족동포의 전체인구는 약 260 만 명으로 한국에 거주하는 인구는 약 80만 명으로 전체의 30%를 차지한다. 반면 고려인의 경우 고려인 전체인구는 약 50만 명이며 국내 거주하고 있는 인구는 약 8 만 명으로 전체의 16%가 한국에 체류하고 있다. 고려인들은 한국과 멀리 떨어진 중 앙아시아에 체류하며 소련체제 하에서 교육받고 생활하여 문화적인 특성도 다르 다. 중국 조선족동포는 이주민공동체가 활성화 되었으나 고려인들은 그렇지 못한 경우가 많다. 이처럼 중국 조선족동포와 고려인은 인구수, 언어, 커뮤니티, 노동환 경 등에서 다른 특성을 보인다.

둘째, 한국어 소통의 어려움이다. 소련체제에 살고 있던 고려인 15만 명은 소련 의 민족문화 말살정책을 통해 고려말과 고려 글을 일제 사용하지 못하게 하고 한글 문서 및 서적을 파기하였다. 이러한 조치는 고려인들의 모국어 상실로 이어졌으며 이는 한국어를 전혀 모르는 상태에서 입국하여 다양한 문제가 발생하고 있다. 동포 들의 한국어 능력은 취업비자에서 동포비자 변경에 용이하며, 한국에서의 다양한 교육프로그램에 접근도 가능하다. 노동환경에서도 언어 소통문제로 단순 노무와 3D업종 근로, 일용직 아르바이트 성격을 띤다. 대부분 의사소통이 제대로 이루어 지지 않는 열악한 공장이나 농촌에서 시간제로 일하고 있는 상황이다(정진아, 2014). 더 나아가 한국어 미숙으로 임금체불에도 항변하지 못하고 직장 내에서 차별이 이 어지기도 한다.

셋째, 불안정한 고용상태이다. 고려인들은 대부분 방문취업비자(H-2)로 한국에 입국한다. 이들은 본국에서 교육수준이나 경력에 상관없이 한국인들이 기피하는 직종에 종사하거나 일용직, 계약직, 용역업체 등에 근무한다. 남성들은 힘을 많이 쓰는 직종의 공장이나 건설현장, 택배 등의 일을 많이 하고 여성의 경우는 식당일 이나 청소하는 일을 많이 한다(배명숙, 2017). 이러한 고용상황은 이들의 삶을 항상 불안하게 한다. 동포로 한국에 돌아오면 경제적으로 더 윤택한 삶을 기대하고 왔지 만 일정한 비용을 주고 직업을 소개받아도 정규직을 구하기는 어렵고 한국의 고용시장은 늘 불안하기만 하다(김현미, 2018).

넷째, 자녀교육 문제가 사회문제로 부각한다. 고려인 자녀들은 부모를 따라 한 국으로 이주하게 되었으며 이들은 한국의 학교생활에서 느끼는 심리적 불안감이 크며 일상생활에서도 언어적 문화적 스트레스를 많이 받는 것으로 나타났다(남부 현·김지나, 2017). 이외에도 고려인 자녀들은 언어적인 어려움으로 문장 이해력이 떨어지고, 주요 교과목에서 학습에 취약함이 나타나 학습활동에 어려움을 겪고 있 다. 특히 중도입국청소년의 학교부적응 현상이 높은 편으로 고려인 4-5세들이 부 모를 따라 이주했지만 수업에 적응하지 못해 학업을 중도에 탈락하는 경우가 많다. 고려인 학부모에게 자녀의 사교육비는 경제적 부담으로 작용하여 일반적으로 학원 에 보내지 못하는 형편이다.

이렇듯 고려인동포의 다양한 특성에 맞춘 현실적인 대책 마련이 시급한 현실 이다. 고려인동포에 대한 국민의 인식개선의 장을 마련하고 한국의 산업현장은 물 론 국적국과의 가교역할을 할 수 있는 인재로 활용할 수 있도록 정책방안이 모색되 어야 한다.

3) 사할린동포의 실태와 과제

한국에 영주귀국한 사할린 동포의 한국생활 적응에 어려움은 첫째, 한국으로 이 주하면서 새로운 이산에 놓이게 된다. 이들은 부모의 조국을 찾아 이주하였으나 다 양한 이유로 사할린에 남아있는 가족들과 새로운 이산을 경험한다(선봉규 외, 2013). 일제시대 강제동원으로 가족과의 이산과 해체를 강요당했던 사할린 동포들은 모국 에 돌아와 다시 가족의 해체를 강요당하고 있는 상황이 사할린 동포 영주귀국의 실 체이다.

둘째, 영주 귀국한 사할린동포들은 기초수급대상자이다. 기초생계수급자인 이 들에게 지급되는 생계비는 1인 가구의 경우 389,285원, 2인 가구의 경우 662,817원 이며 주거비는 1인 가구 110,003원, 2인가구 187,303원이다. 취업이나 부업을 하면 소득신고가 발생할 시 생계비의 일부 또는 전체가 삭감된다. 또한 의료급여 조건에 서도 의료보호 1종에서 2종으로 전환되어 의료비 부담이 커질 것으로 예상하기 때 문에 쉽게 일을 할 수 없는 상황이다. 그나마 부부 중 한 명이 사망할 경우 경제적인 어려움은 더욱 극심하다. 혼자 남은 배우자가 월 50만 원 정도의 수입에서 공과금, 관리비를 제외하면 실제로 활용할 수 있는 금액은 20만 원 가량이어서 한 달 생활에 필요한 기초적인 식품마저도 구입하기 어려운 실정이다(우복남, 2019).

셋째, 가족이나 사회적 관계가 단절되어 사회적 심리적인 문제를 가지고 있다. 신체적 불편함이나 경제적인 어려움에 처해 있지만, 그보다는 사회적, 심리적 문제가 크게 나타난다(김경운·권기창, 2015). 또 사할린의 러시아식 문화는 한국의 새로운 문화에 적응하면서 스트레스 상황에 놓인다. 주거환경에서도 대부분 소형아파트에 성인 2인이 거주한다. 부부가 아닌 타인과 동거할 경우 다툼이 일어나는 등 다양한 문제가 나타난다. 특히 손자손녀나 친구 등이 방문하여도 갈 곳이 없어 이로 인한 상실감과 우울감은 더욱 크게 다가온다.

이처럼 사할린 동포들은 대부분 고령임을 감안하여 이들의 특성에 맞는 정책이 마련되어야 할 것이다. 사할린동포들이 노후를 안정적으로 보낼 수 있도록 지역사회는 물론 국자적인 측면에서도 포괄적인 정책이 마련되어야 한다.

4. 소 결

재외동포는 보다 나은 삶의 질을 위해 더 나은 기회를 찾아 이주하는 사람들로 정착을 위해 다양한 노력을 한다. 재외동포는 외국에 거주하는 동포와 한국에 체류하고 있는 외국국적 동포로 구분한다. 외국에 거주하는 동포는 세계 여러지역에 거주하면서 모국의 발전에 기여하며 국가경쟁력에 크게 기여하고 있다. 외국국적동포는 국내에 소재한 사업장에 일정한 근로를 제공하는 목적으로 입국한다. 한국은 1990년 이후 중국 조선족동포와 독립국가연합의 고려인동포, 사할린동포의 이주가 가속화되었다.

외국국적 동포들은 대부분 공동체를 형성하고 살고 있어 한국인의 부정적인 인식이 팽배하며 이는 미디어가 더욱 가속화하고 있는 현실이다. 이외에도 외국국적동포의 노령화는 새로운 화두로 떠오른다. 결혼이민자들이 입국한지 30년이 넘어가면서 노년기로 접어든 이주민과 이주민 부모의 노후문제는 대책 마련이 시급하다.

외국국적을 가지고 한국에서 체류하고 있으나 어떤 국적을 가지고 어떤 방식으로 살아왔느냐는 이들만이 가지는 특성이 있다. 그러므로 다차원적인 접근이 이루어져야 하며 특성에 맞는 정책이 마련되어야 한다. 재외동포들 간의 차별적인 정책을 개선하고 재외라는 개념보다 한국사회의 중요한 구성원으로 통합되어 살아갈 수 있는 방안이 모색되어야 한다. 현재 중국 조선족동포, 고려인동포, 사할린동포들의 특성에 따라 고려인동포법, 사할린동포지원법 등을 제정하고, 지자체는 동포의 유형에 따라 조례를 제정하여 지원하고 있다. 동포들의 통합을 위해서는 개별 법을 통합하고, 체계적인 지원을 이룰 수 있도록 동포 관련 센터 설립이 필요하다. 한국이 국제사회에서 생존과 번영을 도모하기 위해서는 재외동포의 지원과 협력이 필수적이며 이를 위해서는 외국국적동포를 한낱 근로를 제공하는 이주민으로 소홀하게 대해서는 안 된다. 한국 정부는 재외동포들이 민족적 자부심과 정체성을 가지고 살아갈 수 있도록 지원해주어야 하며, 이들이 모국어 및 민족문화, 민족정체성을 유지하기 위해 적극적인 지원과 환경을 만들어주어야 한다. 이들이 가지고 있는 다양한 사회적 자본뿐만 아니라 이중언어, 이중국적 등은 민족의 자산으로 이들은 글로벌시대 한국의 위상과 국익을 높이는데 큰 역할을 할 수 있기 때문이다. 그러므로 이들이 한국과 국적국의 중개자와 매개자 역할을 할 수 있도록 포괄적인 정책 방안이 모색되어야 한다.

권태환·박광성(2019). 한국 조선족 노동자의 집단 형성. 한국인구학, 27(2), 61–89.

김경운·권기창(2015). 영주귀국 사할린 동포 노인의 우울과 삶의 질 관계에 관한 연구. 평화학연구, 16(5), 151–170.

김봉섭(2021). 대한민국임시정부와 재외동포. 민족연구, 76, 152–170.

김현미(2018). 사회문제의 측면에서 본 다문화가족문제의 실태분석 및 해결방안 연구. 산업진흥연구, 3(1), 61–72.

남부현·김지나(2017). 고려인 중도입국 청소년의 문화적응 과정 경험연구. 지역과 문화, 4(1), 63–90.

박경숙·이창원·강미선(2019). 중국동포 인구구조 변화와 정책과제. 이민정책연구원.

박찬용(2018). 사할린 한인동포 귀환과 정착과제 연구. 재외한인연구, 44, 53–82.

법무부 출입국·외국인정책본부. 2021. 『2019년도 출입국·외국인정책 연감』.

법무부 출입국·외국인정책본부. 『2019년도 사회통합프로그램 운영 지침』.

법무부. 출입국·외국인정책통계연보. 2010~2022. 『출입국통계연보』.

선봉규·지충남(2013). 영주귀국 사할린한인의디아스포라적 경험과 모국사회 적응 연구: 오산과 천안 정착민 사례. 재외한인학회, 31, 95–131.

오정은·배진숙(2019). 복수국적 관련 법제 고찰. 제주 재외동포재단.

우복남(2019). 충남 결혼이주여성 문화예술 활동 참여 확대와 지역 문화다양성 증진방안. 충청남도여성정책개발원, 충청남도.

윤인진(2004). 중국 조선족의 인구이동과 도시공동체. 한국사회학회 사회학대회 논문집, 2004, 405–409.

윤인진·손지혜·이종원(2020). 귀환 재외동포와 동포 지원정책에 대한 국민인식. 전남대학교 글로벌 디아스포라 연구, 14(1), 7–46.

이광규(2002). 동북아 문화공동체의 모색과 전망. 전남대학교 세계한상문화연구단 국제학술회의, 2002(10), 3–15.

이석준·김경민(2014). 서울시 조선족 밀집지 간 특성 분석과 정책적 함의. 서울도시연구, 15(4), 1–16.

이장섭·정소영(2011). 재한조선족의 이주와 집거지 형성: 서울시 가리봉동을 중심으로. 전남대학교 세계한상문화연구단 국내학술회의, 2011(12), 3–20.

이창호 · 김지의 · 정수남 · 조윤성 · 김유미(2021). 중노년기 민족귀환이주민의 건강위기: 경기도 A지역 중국조선족 출신 이주민의 사례를 중심으로. 다문화와 평화, 15(2), 225-264.

정진아(2014). 국내 거주 고려인, 사할린 한인의 생활문화와 한국인과의 문화갈등. 통일인문학, 58, 35-65.

조성혜(2020). 방문취업 재외동포의 이중적 지위와 개선과제. 사회법연구, 41, 173-221.

조영희 · 이혜경 · 이정우 · 이창원 · 윤인진 · 김태환 외(2021). 제4차 외국인정책기본계획 수립을 위한 연구. 이민정책연구원 연구보고서

조항록(2013). 다문화사회에서의 한국어교육 실제와 개선 방안 —주요 교육 실시 체계를 중심으로. 한국어교육, 24(1), 237-268.

제 5 장

난 민

박 미 숙

1. 난민의 이해

1) 난민의 정의

난민이란 1951년 유엔총회에서 채택한 난민지위에 관한 협약에 근거하여 '인종, 종교, 국적 또는 특정 사회집단의 구성원 신분 또는 정치적 의견을 이유로 박해를 받을 우려가 있다는 충분한 이유가 있는 공포로 인하여 국적 국가 밖에 있는 자로서 그 국적국의 보호를 받을 수 없거나 또는 그러한 공포로 인하여 그 국적국의 보호를 받는 것을 원하지 아니하는 자'를 의미한다.

> 난민법 제2조 1항 인종, 종교, 국적 또는 특정 사회집단의 구성원 신분 또는 정치적 의견을 이유로 박해를 받을 우려가 있다는 충분한 이유가 있는 공포로 인하여 국적 국 밖에 있는 자로서 그 국적국의 보호를 받을 수 없거나, 또는 그러한 공포로 인하여 그 국적국의 보호를 받는 것을 원하지 아니하는 자 및 이들 사건의 결과로서 상주국가 밖에 있는 무국적자로서 종전의 상주 국가로 돌아갈 수 없거나 또는 그러한 공포로 인하여 종전의 상주국가로 돌아가는 것을 원하지 아니하는 자

난민은 2013년 제정된 난민법 제2조 1항에 따르면 2013년 "인종, 종교, 국적, 특정 사회집단의 구성원인 신분 또는 정치적 견해를 이유로 박해를 받을 수 있는 충분한 근거가 있는 공포로 인하여 국적국의 보호를 받을 수 없거나, 보호받기를 원치 않는 무국적자인 외국인"으로 정의한다. 이처럼 난민은 자발적 이주자인 다른 이민자들과 달리, 본인의 의지와 관계없이 자국의 정치·사회적 상황에 따라 생존을 위해 어쩔 수 없이 자국을 벗어나 다른 나라로 이주하는 비자발적 혹은 강제 이주자의 전형이다.

한국은 1992년 난민지위에 관한 협약과 1993년 난민협약의 회원국으로 가입한 이후 출입국 관리법과 1994년 출입국관리법 시행령에 난민인정 조항을 신설하여 난민인정 제도를 도입하고 공식적인 난민인정 절차를 진행하기 시작하였으나, 그 규모는 매우 미미했다. 한국은 1994년 7월 난민신청을 접수 받기 시작한 후 난민 신청자는 꾸준히 증가해 왔지만 2001년이 되어서야 난민신청자 37명 중 1명을 처음으로 인정하였다. 그 후 2005년 전후로 난민신청자가 급격하게 증가하여 2010년에는 1천 건을 넘어섰다.

1993년 출입국 관리법과 1994년 출입국관리법 시행령에 난민인정조항을 신설하여 난민인정제도를 도입했고 2013년 난민법의 제정 및 시행 이후 난민인정을 위한 제도적 기반이 마련되면서 국내 난민신청자 수는 급증하기 시작하였다. 이를 반증하듯 2015년 한해 동안 5천 명, 2018년에는 1만 6천여 명에 넘는 외국인들이 난민신청을 하기에 이르렀다. 난민신청 건수의 급격한 증가에 비해 이를 심사하기 위한 인프라 및 인력은 턱없이 부족한 상황이며, 이에 따라 심사의 적체가 해가 갈수록 심각해지는 양상을 보이고 있다(난민인권센터, 2019).

2) 난민 현황

유엔난민기구가 발표한 전 세계의 난민 현황을 살펴보면 2018년 20,360,562명으로 유럽에 거주하는 난민이 6,474,562명으로 가장 많으며 그다음 아프리카 난민, 아시아 태평양지역 난민, 중동 및 북아프리카 난민, 미주 난민의 순으로 체류하고 있다.

전 세계적으로 2017년 말 6,850만 명의 강제이주가 이루어졌으며 이 중 2천 5백

표1　세계 난민 현황　　　　　　　　　　　　　　　　　　　　　(단위: 명)

구분	난민 수
유럽	6,474,562
아프리카	6,335,412
아시아 · 태평양	4,214,605
중동 및 북아프리카	2,692,709
미주	642,274
합계	20,360,562

출처: 유엔난민기구(2018), https://www.unhcr.or.kr/unhcr/main/index.jsp

4십만 명의 사람들이 난민이며 약 3백만 명 정도가 난민신청자이다. 유엔난민기구의 보고서에 따르면 2017년을 기준으로 가장 많은 난민이 발생한 국가는 시리아이다. 시리아에서는 약 6,300만 명의 난민들이 세계로 흩어져 있으며 그 뒤 아프카니스탄, 남수단, 미얀마, 소말리아 순이다. 이 5개국에서 발생한 난민들은 전체 난민

표2　난민신청 처리현황　　　　　　　　　　　　　　　　　　　(단위: 명)

연도	1차					이의신청			
	신청	심사종결				신청	심사종결		
		소계	심사결정	직권종료	자진철회		소계	심사결정	자진철회
총계	84,922	73,859	51,394	15,227	7,238	38,164	33,276	31,800	1,476
94-12년	9,539	7,416	5,887	906	623	4,309	3,355	3,231	124
2015	5,711	4,522	4,244	175	103	3,257	2,067	1,994	73
2016	7,541	7,061	6,326	572	163	5,277	4,356	4,276	80
2017	9,942	6,416	5,219	1,017	180	3,723	4,463	4,415	48
2018	16,173	6,600	4,295	1,735	570	3,110	2,691	2,584	107
2019	15,452	10,013	5,875	2,620	1,518	4,067	3,557	3,431	126
2020	6,684	14,032	8,103	4,013	1,916	5,955	4,093	3,792	301
2021	2,341	9,675	5,982	2,167	1,526	4,718	5,307	4,997	310
2022	11,539	8,124	5,463	2,022	639	3,748	3,387	3,080	307

출처: 법무부 출입국 · 외국인정책본부(2022) 참고

표 3	난민신청 심사결과						(단위: 명)
연도	심사완료	2020년 국적별 난민인정자					불인정
		소계	인정	인도적체류	인정율	보호율	
총계	46,506	3,823	1,338	2,485	2.9%	8.2%	42,683
94–12년	4,742	1,185	475	710	10.0%	25.0%	3,557
2015	2,756	303	105	198	3.8%	11.0%	2,453
2016	5,665	350	98	252	1.7%	6.2%	5,315
2017	5,874	437	121	316	2.1%	7.4%	5,437
2018	3,954	651	144	507	3.6%	16.5%	3,303
2019	5,061	308	79	229	1.6%	6.1%	4,753
2020	6,239	223	69	154	1.1%	3.6%	6,016
2021	6,852	124	72	52	1.1%	1.8%	6,728
2022	5,363	242	175	67	3.3%	4.5%	5,121

출처: 법무부 출입국 · 외국인정책본부(2022) 참고

의 68%를 차지한다(김민영, 2018) 이러한 추세와 같이 2020년 한국의 난민 신청자를 국적별로 살펴보면 러시아 국적이 1,064명으로 가장 많고 그다음 이집트 718명, 카자흐스탄 603명, 말레이시아 452명, 인도 435명 순으로 나타났다. 난민인정자들의 국적별 현황을 살펴보면 난민신청자와 다른 결과를 보이고 있다.

〈표 2〉는 2022년 난민신청자와 심사결과이다.

〈표 4〉와 같이 난민신청자와 난민인정자의 국적은 많은 차이를 보인다. 한국에서 난민으로 인정되는 비율은 매우 적고 난민인정자와 인도적체류자들의 국가는 대부분 중동의 이슬람국가들이 대부분이다. 특히 인도적 체류자의 경우도 예멘공화국, 시리아, 리비아, 방글라데시 순으로 나타났다. 특히 파키스탄, 이집트, 카자흐스탄, 말레이시아 등의 난민신청자 비율이 높으며 상대적으로 시리아 국적의 난민신청자는 매우 낮은 편이다.

한국의 난민인정은 2001년에 들어서야 난민신청자 37명 중 첫 번째 인정 사례가 등장했다. 그 이후, 국내의 난민신청자는 2005년을 전후로 급격하게 증가하여 2020년에는 6천건이 넘어섰다. 난민으로 인정받기 위한 사유도 다양하게 나타난다. 난

표 4 2020년 난민신청자, 난민인정자, 인도적체류자 현황   (단위: 명)

2020년 국적별 난민신청자		2020년 국적별 난민인정자		2020년 국적별 인도적체류자	
총 계	11,539	총 계	175	총 계	67
카자흐스탄	2,456	미얀마	77	이집트	17
인도	1,278	이집트	42	시리아	11
튀르키예	1,188	파키스탄	16	아이티	10
러시아	1,038	수단	6	예멘공화국	5
중국	772	에티오피아	6	기니	4
미얀마	390	기타	28	기타	20
파키스탄	349				
방글라데시	304				
이집트	288				
모로코	271				
기타	3,205				

출처: 법무부 출입국 · 외국인정책본부(2022) 참고

표 5 사유별 난민신청 현황   (단위: 명)

구분	소계	종교	정치적 의견	특정사회 구성원	인종	국적	기타
총 누계	84,922	18,421	15,756	8,608	4,328	515	37,294
당해 연도	11,539	1,986	2,340	502	440	136	6,135

출처: 법무부 출입국 · 외국인정책본부(2022) 참고

민인정자들의 사유를 살펴보면 대부분 종교, 정치적 의견, 특정사회구성원, 인종, 국적 등의 이유로 난민을 신청한다.

3) 난민 신청 절차

대한민국에서 난민을 신청하는 방법은 크게 두 가지 형태로 신청할 수 있다. 첫째, 출입국 공항이나 항만을 관할하는 출입국 · 외국인청장에게 난민인정신청서를

제출한다. 출입국 항으로 입국하는 외국인 중 난민신청을 하는 경우 입국심사 받을 때 신청할 수 있다. 이 경우 신청서를 접수받은 출입국외국인청장이 7일 이내에 신청 건에 대해 '회부심사결정'과정을 통해 난민 신청을 할 만한 이유가 있다고 판명 될 경우 심사에 회부한다. 난민신청 이후 난민심사를 받을 때까지 난민신청자들은 공항이나 항만에서 7일간 해당 외국인은 출입국 대기실에 머물 수 있으며 이때 난민에게 필요한 기본적인 의식주를 제공받는다. 7일 안에 난민 심사 회부 여부를 결정하지 못하면 난민신청자는 입국을 허가하게 된다. 난민인정 심사에 회부하기로 결정하면 난민신청접수증을 교부하고 난민인정 심사가 시작된다. 난민인정 심사에 회부하지 않기로 결정된 건수에 대해서는 이에 대한 불복이나 이의제기 신청이 불가능하며 본국으로의 송환을 준비해야 한다.

둘째, 한국에 입국하여 체류하던 중 난민신청을 하는 외국인은 국내에 체류하는

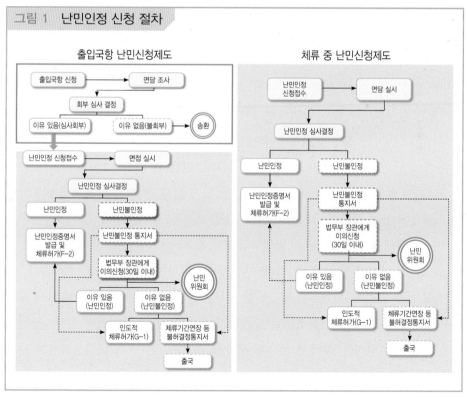

그림 1 난민인정 신청 절차

출처: 난민인정절차가이드북, 법무부

동안 가능한다. 난민 신청을 위해서는 체류지 관할 전국 출입국사무소나 출장소에 난민인정 신청서를 제출해야 한다. 신청서를 제출하면 이에 대한 심사를 받는데 먼저 출입국 관할 사무소장 및 청장은 난민인정 심사에 회부하기로 결정한 신청인에 대해 입국 심사를 한 후, 거주지의 제한, 난민심사를 위한 출석요구 등 일부 조건을 붙여 90일 범위에서 입국을 허가할 수 있다. 입국허가를 받은 신청인은 '난민신청자'로서 자격을 부여받게 된다. 난민신청자는 입국 후 90일 이내에 체류지 관할 출입국 사무소에 외국인 등록을 하여야 하며 이때 체류자격을 '기타 (G-1-5)' 으로 변경하거나 해당 체류자격을 부여받아 결과를 기다려야 한다. 이에 따른 난민 인정에 대한 신청 및 절차는 [그림 1]과 같다.

4) 난민 인정 절차

우리나라도 난민 문제를 피해갈 수 없는 실정이다. 지속적으로 증가하는 난민을 인정해주고 한국에 안정적으로 정착하도록 지원하기 위해 난민인정 제도를 실시하고 있다. 난민을 신청한 사람들은 입국 이후 난민인정 심사를 받게 된다. 이들은 심사결과에 따라 대한민국에서 난민으로 인정받기도 하고 인정받지 못하기도 한다. 난민인정 심사는 크게 신체검사, 면접 및 사실조사 등의 절차가 진행된다. 난민신청자들은 심사결과에 따라 난민으로의 인정 여부가 결정된다. 법무부 내 난민 심사관에 의해 난민인정심사가 진행되며 난민심사관은 난민신청자가 제출한 자료를 검토한 후에 난민신청자를 불러 면담을 진행한다. 면담 과정에서 언어적으로 소통이 이루어지지 않을 경우 통역인이 동석할 수 있도록 한다. 이러한 과정에서 변호사나 신뢰 관계에 있는 사람이 동석하여 심사과정을 확인할 수 있다.

면접과정에서 난민심사관은 난민면접 조서를 작성하며, 해당 조서가 제대로 작성 되었는지 여부를 난민신청자에게 면접 종료 전 확인할 수 있도록 조치한다. 면담 진행 이후 난민심사관 혹은 난민전담 공무원은 난인인정 신청 사항에 대해 사실 조사를 한 후 조사 보고서를 법무부장관에 제출한다. 반면 난민인정 심사과정에서 다음 사항에 해당하는 사람은 심사를 생략할 수도 있다. 먼저 난민신청자가 허위 서류의 제출 및 허위 진술을 하는 등 사실을 은폐하여 난민인정 신청한 사람과 난민인정을 받지 못한 사람 또는 난민인정이 취소된 사람이 중대한 사정의 변경 없이 다시 난민인정을 신청한 사람이다.

대한민국에서 1년 이상 체류하고 있는 외국인이 체류기간 만료일에 임박하여 난민인정 신청을 한 사람이거나 강제퇴거 대상 외국인이 그 집행을 지연시킬 목적으로 난민인정 신청을 한 사람에 대해서는 인정심사 절차의 일부를 생략할 수 있도록 규정하고 있다. 난민인정심사를 위한 면접 및 사실조사 결과를 바탕으로, 법무부 장관으로부터 위임을 받은 국적·통합 정책단장은 난민 담당공무원의 조사보고서 등을 기초로 난민신청자의 난민인정 여부를 심사한 후 최종 결정한다. 난민인정 등의 결정은 난민인정 신청서를 접수한 날부터 6개월 안에 하는 것으로 규정하고 있지만 부득이한 경우에는 6개월의 범위에서 조금 더 연장될 수 있다.

난민인정 심사결과는 크게 난민인정과 난민 불인정으로 결정된다. 한국은 난민을 신청하고 난민으로 인정받는 비율은 매우 낮은 편이다. 난민법이라는 난민 인정을 위한 제도적 기반이 마련되어 있음에도 불구하고, 난민 유입 및 인정에 대한 정부의 정책적 의지는 높지 않다는 점이다. 이처럼 난민을 정책적으로 환영하는 대상보다 체류 과정을 규제하기 위한 방편으로 설계되어(권경득 외, 2020) 입국 및 체류 단계에서 난민들이 자발적으로 이탈하거나 난민 인정 과정을 포기하도록 하려는 의도가 내재되어 있다.

2. 난민 정착을 위한 정책

1) 제도적인 측면

(1) 난민법 제정

한국은 역사적으로 난민이 이미 발생한 국가 중 하나이다. 일제강점기에는 많은 독립운동가들이 만주와 연해주 등으로 탈출하였으며 한국전쟁으로 인해 수많은 실향민과 난민이 발생했다. 최근에는 많은 탈북자들이 북한을 탈출하는 사례도 늘어나고 있다(이혜경, 2021). 이처럼 한국은 난민과 밀접하게 관련된 역사를 가지고 있으며 2021년 기준 많은 난민을 보호하기 위해 노력하고 있다.

한국이 처음 난민을 수용한 것은 베트남 전쟁으로 발생한 난민들이 한국의 부산항에 들어오기 시작하면서부터이다. 1975년 두 차례에 걸쳐 일명 보트피플이라는 베트남 난민 1,580명 대부분은 기술자와 군인으로 베트남 전쟁에 참가했던 교민, 혹은 그 가족과 관련된 사람들이었다. 베트남 난민 중 일부는 한국에 정착하였고 일부는 제3국으로 이주하였다. 한국에 정착한 베트남 난민 중 무연고 난민에게 한국정부는 주택과 일자리를 제공하는 등 무연고 난민의 첫 사례이다(노영순, 2014).

정부가 세계화시대를 표방하고 세계화정책을 펼치기 시작하면서 한국은 1992년 12월 3일 처음으로 난민지위에 관한 협약과 난민지위에 관한 의정서에 가입하였다. 이후 1993년 출입국 관리법과 1994년 출입국관리법 시행령에 난민인정 조항을 신설함으로써 난민인정제도를 도입하기 시작하였다. 그런 후 1994년 7월부터 난민지위신청을 받기 시작하였다. 그러나 한국은 난민인정기준이 지나치게 엄격하여 난민으로 인정받기 어려우며, 또한 난민에 대한 처우가 국제적인 수준이 미치지 못하다는 비판이 꾸준히 제기되었다. 이러한 국제적 여론과 국제사회에 발맞추기 위해 한국정부는 난민의 인권을 보호하기 위한 난민법을 2012년 제정하게 되었다. 한국에서 제정된 난민법은 아시아 최초로 난민들의 지위와 처우 등에 대한 독립된 법률이다.

난민법에서는 난민협약상의 권리를 보장하기 위해 사회보장, 기초생활보장, 교육, 사회적응교육 등에 대해 별도의 규정을 두어 난민에게 일정한 생계비를 지원하는 등의 법적 보장을 강화하였다. 특히 난민들의 강제송환금지원칙을 명시적으로 규정하였다는 점과 전문적인 난민심사관을 확충하여 난민심사기간을 단축하였다는 점에서 큰 의의가 있다.

(2) 제 1, 2, 3차 외국인기본계획의 난민 정책

난민 인권 보호와 증진을 위한 정책은 제1차와 2차, 3차 외국인기본계획을 거치면서 상당한 발전을 보였다. 제1차 기본계획과 2차 기본계획을 통해 전담부서의 역할이 강화되고 기능도 확대되었다. 특히 난민 재정착프로그램 시범사업을 실시하여 국제사회에서 난민에 대한 책무를 분담하기 위해 노력하였으나 아직도 교육, 보건, 치안 등 업무협조를 위한 정부의 거버넌스는 부족하여 3차에서는 이 부분에 대

표 6 제 1, 2, 3차 외국인기본계획의 난민 정책

구분	제1차 기본계획	제2차 기본계획	제3차 기본계획
주요 정책	– 난민업무 전담부서 신설 및 확충 검토 – 난민인정결정 권한 일부 지방사무소에 위임 – 난민지원시설 설립 추진	– 재정착희망난민 수용 추진 – 재정착난민에 대한 적응지원 – 난민신청자 절차적 권리 보장을 위한 인프라 구축 – 난민심사관 제도 도입 – 난민이의신청 전담기구 설치 운영 – 난민심사 전문교육 및 훈련 프로그램 운영 – 난민신청자 등의 사회적 처우 개선	– 난민에 대한 처우개선 – 난민 인권보호를 위한 국제적 책무 분담 – 난민재정착프로그램과 선별적 우수인력 유치프로그램 통합 확대 운영 – 난민지원에 관한 거버넌스 구축 – 난민정책과 이민정책 통합적 운영 – 일반 복지 프레임에서 난민 정착 지원

출처: 제3차 외국인기본계획 재수정

하여 보완하였다. 그러나 아직도 난민에 대한 개념과 난민에 대한 국민의 인식이 매우 부족하여 난민에 대한 대중적 담론을 형성해야 한다. 난민 신청에 대한 문제점에 대해서도 제한 규정을 두고 난민심사관의 전문성을 높이기 위해 다양한 교육 프로그램을 개발 운영하였다. 난민신청 심사 지연에 대한 문제를 해결하기 위해 공무원을 증가하고 심사기간의 장기화로 발생할 수 있는 사회적 비용을 감소시키려고 노력하였다.

(3) 출입국외국인지원센터(구 난민지원센터) 운영

출입국외국인 정책본부는 2014년 2월 인천광역시 영종도에 출입국외국인지원센터(구 난민지원센터)를 설립하여 한국으로 입국한 난민들의 초기 지원을 하고 있다. 난민지원센터는 난민들에게 최소한의 생계지원 및 사회적응 교육을 지원하기 위해 설립되었으며 입국 초기 난민의 숙식, 의료 등 기초생계를 지원한다. 규모는 150-200명의 난민들이 입주할 수 있는 시설로 다양한 국가에서 다양한 사연을 가진 사람들이 모여 난민 신청 후 한글교육, 한국사회적응교육, 생활법률교육 등을 제공한다.

(4) 난민위원회 운영

난민법에서 제 25조에 난민위원회를 설치하도록 규정하고 있다. 난민들은 난민 신청 후 1차 심사를 진행한 결과 불복하는 경우 이의제기절차를 진행하고 있다. 이런 경우 법무부가 설치한 난민위원회에서 이의 신청에 대한 심의를 담당하고 있다. 난민위원회는 위원장 1명을 포함하여 15명 이하의 위원으로 구성하고 법무부 장관이 임명한다. 위원장은 법무부 차관이 담당하고 위원은 난민업무에 대한 전문적 지식과 경험이 풍부한 사람으로 주로 변호사, 대학교수, 난민전문가 등이 담당한다.

2) 한국의 난민의 유형과 법적지위

난민의 체류자격은 큰 틀에서 난민 신청자(G-1-5)로서 난민인정 심사과정에 있는 체류 외국인, 난민 인정을 받지 못했으나 인도적 체류허가를 받은 체류 외국인(G-1-6), 난민 인정을 받은 체류 외국인(F-2), 재정착난민으로 구분한다. 이들은 각각의 체류자격에 따라 상이한 사회적 처우를 받게 된다.

(1) 난민 신청자

난민 신청자는 난민심사가 종료될 때까지 기타(G-1-5) 체류자격을 가지고 대한민국에 체류할 수 있다. 난민을 신청하고 6개월 범위에서 난민지원시설 주거지원을 받을 수 있으며 주거시설의 경우 난민 신청자는 법무부가 운영하는 난민지원시설에 입소할 수 있다. 일정한 심사를 거쳐 6개월이 초과하지 않는 범위에서 생계비 등을 지원받을 수 있다. 난민신청자에게 지원하는 생계비 등의 지원 여부 및 지원 금

표 7 난민 유형별 체류자격 및 경제활동

유형	내용	체류자격	경제활동
난민신청자	난민을 신청하고 심사과정에 있는 사람	G-1-5	×
난민인정자	난민으로 인정한 사람	F-2	○
인도적체류자	난민으로 인정받지 못하나 인도적 체류를 허가 받은 자	G-1-6	○
재정착난민	국제사회에서 난민으로 인정받은 후 대한민국에 정착을 희망하는 외국인	F-2	○

액은 난민신청자의 국내 체류 기간, 취업 활동 여부, 난민 지원시설 이용여부, 부양 가족 유무, 생활여건 등을 고려하여 법무부 장관이 정하며, 이에 따라 난민신청자에 대한 생계비 지원액이 고시된다. 6개월이 경과하면 난민인정 여부가 결정되지 않은 경우에도 체류기간 범위 내에서 사업장을 정하여 체류자격 외 활동허가를 받아 취업할 수 있다.

그 외 난민신청에 필요한 건강검진 비용을 지원받을 수 있고 외국인 근로자 등 소외계층 의료서비스 지원사업에 따른 의료서비스를 받을 수 있다. 또 난민신청자와 그 자녀가 19세 미만일 경우 국민과 동일하게 초 중등학교 지원을 받을 수 있다.

(2) 인도적체류자

인도적체류자는 기타(G-1-6) 비자를 통해 난민에 해당되지 않지만 고문 등 비인도적인 처우나 처벌, 그 밖의 상황으로 인해 생명이나 신체의 자유 등을 현저히 침해당할 수 있다고 인정할 만한 합리적 근거가 있는 사람들로 인정하고 체류를 허가하는 사람들이다. 난민법상 인도적 체류 허가자는 난민 자격은 인정되지 않으나, 현저한 박해의 위협이 인정되는 체류자로서, 외국인 체류 관리상 임시적 체류자격을 부여한 성격이 강하다. 인도적 체류 허가자는 별다른 사회적 처우나 권리가 규정되어 있지 않으며, 예외적으로 체류자격 외 취업활동 허가를 통하여 취업이 가능하다. 인도적 체류자가 비전문직종에 취업을 희망할 경우 허가된 체류기간 범위 내에서 취업제한 분야를 제외한 모든 분야에서 취업이 가능하다. 인도적체류자는 난민신청자와 동일한 수준의 처우 즉 주거시설, 의료, 교육 등을 지원받을 수 있다.

(3) 난민 인정자

난민 인정자는 거주(F-2) 체류자격을 받고 대한민국에 체류하며 별도의 허가 없이 취업활동도 자유롭게 할 수 있다. 이들은 사회보장기본법에 따라 대한민국 국민과 같은 수준의 사회보장, 국민기초생활보장법에 따라 급여, 국민건강보험법에 따른 건강보험 혜택, 외국인 근로자 등 소외계층 의료서비스 지원사업에 따라 의료서비스를 받을 수 있다. 법적으로는 거주(F-2) 체류자격을 가진 자로서 난민 인정자들은 국민들이 누릴 수 있는 다양한 권리들이 제도적으로 보장되고 가족결합까지 가능한 반면, 실제 정책현장에서는 해당 서비스를 이용하기 위한 실질적인 정보가 제공되지 못하는 실정이다. 난민 인정자와 그 자녀가 19세 미만인 경우 국민과 동일하게 초·중등교육을 받을 수 있다. 난민 인정자의 배우자와 그 미성년자녀는 가족결합에 따라 난민으로 인정받을 수 있다.

(4) 재정착 난민

난민의 재정착 제도란 난민이 위험한 환경을 피하여 도착한 1차 비호국에서 그 난민에게 영주권을 허락한 국가로 이주하여 정착하는 것을 의미한다. 즉 재정착은 자국의 박해를 피해 다른 나라의 영토 내에 도달한 난민에 대해 이들을 제3국으로 이주하게 하여 제3국에서 보호하는 난민보호제도이며 국제사회의 연대이자 책임분담이라 할 수 있다. UNHCR(유엔난민기구) 재정착 자료에 의하면 세계적으로 2019년에 재정착이 필요한 난민 수는 2018년 보다 17% 증가한 1,400,000명으로 예상했다. 그러나 2017년에 UNHCR이 35개국에 추천한 재정착 난민수는 1,190,000명중 75,200명으로 2016년 163,200명의 절반도 미치지 못하였다. 대한민국에 입국한 성인 재정착난민은 짧게 10년에서 길게는 37년까지 평균 21년 동안 난민캠프에 거주한 것으로 드러났다(법무부, 2021).

재정착난민의 국내 정착 절차는 먼저 UNHCR로부터 재정착희망난민을 추천받아 난민심사관을 현지에 파견하여 국내 정착 허가요건을 조사하도록 규정한다. 국내 정착허가를 받기 전 재정착희망난민에 대한 건강검진 및 기초 적응교육을 실시한다. 그 후 출입국관리법의 입국허가절차에 따라 입국해서 국내 정착 허가를 받는다. 난민으로 인정되면 난민법 18조 1항에 따라 난민인정증명서를 교부받아 난민인정자의 지위를 가지며 난민 인정자와 같은 처우를 받는다.

대한민국은 2015년경 태국 국경에 있는 난민캠프에 정착하고 있는 미얀마 카렌족 4가정 22명을 재정착난민으로 인정하였다. 이들은 영종도 난민센터에서 6개월간 한국어와 국내생활 기초 교육 프로그램을 이수한 후 인천광역시 부평구에 거주하기 시작하였다. 이후 미얀마 카렌족은 3기까지 입국하여 현재 16가정 93명이 인천광역시 부평구에 거주하고 있다(이병철, 2021). 4기부터는 미얀마 카렌족이 아니며, 부평이 아닌 김포에 거주하고 있다. 2022년 입국한 재정착난민 14가정은 시흥시 정왕동에 거주하고 있다.

표 8	재정착난민의 현황				
회차	기수	입국 연도	세대	인원	정착지역
1차	1	2015	4	22	인천 부평
	2	2016	7	34	인천 부평
	3	2017	5	30	인천 부평
2차	4	2018	8	26	김포
	5	2019	8	17	김포, 부천
	6	2019	7	20	김포
	7	2020	5	17	김포
	8	2022	14	43	시흥
계		2015－2022	58	209	

출처: 법무부 자료 재구성

3) 난민의 사회통합 정책

(1) 조기적응 프로그램

국내에 장기체류할 목적으로 입국한 모든 외국인들에게 초기 생활에 대한 정보를 제공할 목적으로 시행하고 있는 교육프로그램으로 국내 생활 법률, 정보, 체류 목적에 따른 외국인들이 준수해야 할 사항 등 3시간으로 구성되어 있다. 외국인 유학생에게는 성공적인 유학생활과 진로개척 및 직업을 선택할 수 있도록 돕고 있으며 밀집지역 외국인에게는 외국인의 권리와 의무뿐만 아니라 준법의식을 교육한다. 외국인연예인에게는 인권침해 발생시 대처방법 및 구제절차를 결혼이민자에게는 부부 및 가족 간 상호이해를 돕고 선배 결혼이민자를 통해 조언을 듣는다. 중도입국자녀는 한국의 교육제도를 소개하거나 청소년 문화복지시설을 안내하며 외국국적동포에게는 준법의식, 생활법률, 체류 영주 허가제도와 국적취득 과정에 대한 교육을 실시한다(사회통합정보망, 2022).

(2) 사회통합 프로그램

법무부에서 운영하는 사회통합프로그램은 이민자가 한국사회 구성원으로 적을 및 자립하는데 필수적인 기본소양을 체계적으로 함양할 수 있도록 마련한 사회통합교육이다. 참여대상은 국내 장기체류 중인 이민자 및 국민이 희망에 따라 자율적으로 신청하며 특히 국적, 영주자격 등을 취득하려는 외국인에 대한 한국어 및 한국사회이해 교육프로그램이다. 이 프로그램은 한국어 기초 15시간, 한국어 1단계부터 4단계까지 각 단계별 100시간으로 총 400시간, 고급 단계인 5단계 기본 50시간(영주) 및 심화 20시간(국적), 총 485시간으로 구성된 교육 프로그램으로 2020년 현재 전국 347개 교육기관을 통해 무상으로 시행되고 있다. 장기체류 외국인에게 제공하고 있는 한국어 및 한국사회이해 교육프로그램인 사회통합 프로그램에 난민 신청자들이 참여하도록 하여 난민 신청자들의 사회통합을 향상할 필요성이 있다. 난민 신청시 사회통합 프로그램 참여를 안내하는데, '난민신청 6개월 이후 취업 허가 시, 사회통합프로그램 2단계 이수한 자들에게 체류기간을 현재의 6개월에서 1년으로 제공'하는 방안으로 사회통합 프로그램 참여를 유도 할 수 있다. 현재 외국인

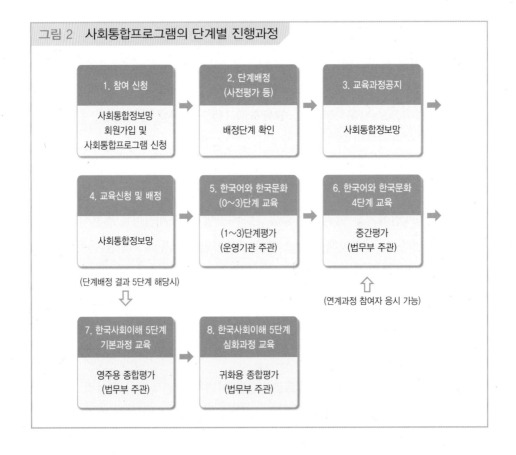

그림 2 사회통합프로그램의 단계별 진행과정

유학생의 경우, 입국 후 6개월 이후부터 아르바이트를 허용하고 있는데, 이때 한국어 2급 이수를 필수 요건으로 하고 있어, 이 제도를 참고할 필요가 있다. [그림 2]는 사회통합프로그램의 단계별 진행과정을 보여주고 있다.

(3) 출입국외국인지원센터의 기초 생활 프로그램

인천광역시 영종도에 소재한 출입국외국인지원센터(구 난민센터)는 난민을 보호하기 위해 설립된 법무부 소속기관으로 2013년 11월 1일부터 운영하였다. 출입국외국인지원센터에서는 난민신청자 등에 대한 입퇴소자 관리 및 입소자에 대한 교육프로그램을 개발하고 운영한다. 이외에도 입소자의 복지 및 의료지원을 하고 있다. 출입국외국인지원센터는 난민신청자 중 6개월 이내인 자들에게 주거 및 생계지원을 한다. 특히 한국 생활에 필요한 한국어, 기초생활 교육 등 기초생활 프로그램을 운영하고 있으며 최근에는 재정착난민들을 대상으로 한국어 및 국내 생활 기초교육 프로그램을 제공하고 있다.

(4) 이민자 네트워크 활동

전국 출입국외국인청(사무소)에서 이민자 네트워크를 운영하고 있다(채보근, 2021). 이민자 네트워크는 난민들까지 포함하고 있으며 이민자 네트워크에 가입하면 각종 민원 안내와 통·번역 등의 각종 봉사활동에 참여할 수 있다. 이민자 네트워크를 통해 이민자들의 사회적 자본을 형성하고 국내 정착에 있어 이민자들의 사회적 연결망을 형성하고 지역사회에 참여하면서 자긍심을 가질 기회를 제공한다.

(5) 사회통합협의회

재한외국인들의 한국사회 정착을 위해 지방 출입국·외국인 관서에는 지역의 유지들을 대상으로 사회통합 자원봉사위원을 모집하여 사회통합협의회를 운영하고 있다. 사회통합협의회는 지역의 출입국관리소에서 대부분 운영하고 있으며 난민은 물론 이주민들을 위한 다양한 봉사활동을 펼쳐 지역사회와 통합할 수 있도록 다양한 봉사활동을 실시한다.

(6) 세계인의 날 기념 행사

세계인의 날은 재한외국인처우기본법에 의해 국민과 재한외국인이 서로의 문화 및 전통을 존중하고 더불어 살아가는 사회를 조성하기 위해 매년 5월 20일 국가 기념일로 제정하고 시행하고 있다. 2008년 제1회 세계인의 날을 시작으로 매년 다양한 행사를 통해 모든 이주민들이 함께 참여한다. 세계인 주간에는 시민과 재한외국인이 함께 참여하는 축제형 문화행사와 토론회 등 다채로운 행사를 통하여 국민과 외국인 간의 소통과 화합의 장을 마련하고 정부의 다문화 포용 의지를 대외적으로 알리는 계기를 마련하고 있다.

3. 난민 정착을 위한 과제

1) 낮은 난민 인정률

한국에서 난민을 신청하고 난민으로 인정받는 비율은 매우 낮은 편이다. 2017년 OECD 회원국 난민 인정률은 30.9%이다. 난민 인정률이 가장 높은 국가는 터키(94.9%), 리투아니아(74.5%), 캐나다(66%)이며, 난민 인정률이 가장 낮은 국가는 이스라엘(0.1%), 일본(0.2%), 한국(2.0%) 등의 순이다. 한국의 난민 인정률은 2020년과 2021년 1.1%의 낮은 수치를 보이지만 2022년 3.3%로 높아졌다. 그 이유는 2022년 재정착난민들이 입국하여 난민으로 인정되었기 때문이다.

〈표 9〉에서 알 수 있듯이 낮은 난민 인정률은 매우 낮으며 이는 난민의 인권문제로 연결된다. 난민법에서 난민 불인정 후 이의 신청 기간이 짧은 것도 하나의 문제이다. 난민들은 이의신청 통지를 받은 날로 30일 이내에 신청을 해야 하지만 사실상 외국인이 처음 도착한 타국에서 난민 불인정 후 한 달 이내에 새로운 증거 자료를 수집하여 이의신청을 하기에는 기간이 매우 짧다. 그럼에도 불구하고, 한국의

표 9 난민 신청자와 난민 인정자 현황

구분	계	'94~'14	2015	2016	2017	2018	2019	2020	2021
난민 신청자	73,383	9,539	5,711	7,541	9,942	16,173	15,452	6,684	2,341
난민 인정자	1,163	475	105	98	121	144	79	69	72

출처: 법무부 출입국·외국인정책본부 통계연보(2021) 참고

난민인정은 이의신청을 하지만 난민으로 인정받는 경우는 0.7%에 불과하다(1994-2020년까지).

또 다른 행정적인 문제로 난민을 분류하고 감별하는데 지나치게 시간이 많이 소요된다는 점이다. 현재 난민심사관이 부족하여 심사 기간이 길어지는데 심사 기간은 이들의 일상생활 유지와 밀접한 관련이 있다. 난민관련 예산도 매우 부족한 현실이다. 다른 이주민들과 다르게 난민과 관련된 예산은 총예산의 0.001%도 안 되는 것으로 밝히고 있다. 난민법 시행령에서는 출입국 항 대기실 설치와 난민신청자에 대한 의식주 제공을 규정하고 있으나 이러한 혜택을 받는 사람은 매우 미미하며 법적 절차에 대한 조력은 갖추지 않고 있다. 그러므로 난민의 낮은 인정률은 난민들의 생계와 직결되어 있으며 이는 난민들의 인권문제로 부각되기 때문에 이들의 법적권리 행사와 권리보장에 있어 법률적, 사회적 환경과 여건을 마련해주고 궁극적인 문제를 해결해야 한다.

2) 종교단체와 시민단체의 역할

한국의 많은 교회들은 이주민을 지원하거나 이주민을 위한 NGO 단체 역할을 하는 곳이 많다. 특히 이주민들을 위한 사회서비스를 중앙정부와 지역사회가 주축으로 이루어지고 있으나 중앙정부와 지역사회에서 제공받지 못하는 이주민들은 지역의 시민단체나 종교단체 등을 통해 쉽게 지원을 받을 수 있다. 이러한 점은 한국으로 이주한 외국인들에게 한국에 체류할 수 있는 정보이며 이주민 네트워크를 통해 제공받는다.

다양한 이유로 이주민에 대한 지원을 합법적으로 받지 못하는 불법체류자나 난민 신청을 하고자 하는 사람들은 한국의 교회를 찾아가 지원받는 사례가 많다. 한국에서 돈만 주면 언제든지 필요한 것을 얻을 수 있으며 한국 생활에서 필요한 것은 교회를 찾아가면 쉽게 해결될 수 있다고 믿는 경향 때문이다. 한국 교회는 사람들이 개종하고자 한다면 다양한 지원을 해주며, 불법체류자일지라도 한국사회에서 필요한 의료지원, 법률지원을 받을 수 있도록 종교단체 차원에서 이들의 문제를 해결해주고 있다. 특히 종교 단체들은 합법적인 사람은 물론 비합법적인 사람에 대한 지원도 아끼지 않기 때문에 한국을 찾은 무슬림 이민자들은 종교단체를 찾아가 지원을 받는 경향이 있다. 이처럼 종교단체들의 무분별한 지원은 이민자들의 불법체류자를 증식시키는 역할을 하고 난민들이 이를 악용하기도 한다는 점이다.

특히 이슬람 국가인 중동에서는 한국의 위상과 관심이 높아지면서 한국 비자를 받는데 브로커를 활용하여 불법체류 방법까지 익히고 들어온다고 한다. 유럽으로 가는 문이 좁아지면서 다양한 이유로 한국을 선택하는 것에 대해 시민단체, 종교단체들은 물론 정부가 함께 대책을 모색해야 한다.

3) 가짜 난민

한국은 다른 나라에 대해 테러지원국 출신이 아니면 비자가 없이 항공권만으로 외국인들이 언제든지 쉽게 입국이 가능하다는 점을 활용하여 입국을 시도한다. 이들은 주로 관광비자 등을 이용하여 한국에 입국하고, 입국 후에는 난민신청을 하는 사례이다. 한국에서는 난민으로 신청만 해도 많은 혜택을 누릴 수 있다는 점을 활용하고 있다. 난민 신청에 대한 제약이 없는 한국은 일단 난민 신청만 해 놓으면 난민에 준하는 보호와 지원을 받으면서 합법적으로 체류허가를 연장할 수 있다는 점과 불법체류자나 난민신청자들을 종교기관과 시민단체들이 돕고 있다는 점을 악용하고 있다. 난민 신청을 한 후 중소기업이나 영세기업 등에 불법으로 취업하여 장기적으로 체류하는 사례도 늘어나고 있다.

한국의 산업구조에서는 중소기업에서 불법체류 중인 외국인 근로자를 모두 추방하면 공장 운영이 많이 어려워진다는 것을 잘 아는 공무원들은 불법체류자 단속에서 철저한 단속을 자제하고 있다(김민영, 2018). 또한 한국에서 불법체류자가 난민신청을 할 경우 범법기간이 1년을 넘지 않으면 약간의 벌금만 내면 되고 만약 난민신청을 하여도 심사 기간이 길어서 장기체류하면서 취업할 수 있는 자격을 보장받는 것이나 다름없기 때문이다. 난민 부적격 판결이 나면 이의제기를 해 놓고 또 자유롭게 일하다가, 다시 부적격 판결을 받으면 행정 소송을 해 놓고 또 기다리면서 일할 수 있다. 이러한 문제점은 난민 신청을 하면 최소한 3년~최장 7년쯤까지 합법체류가 가능하다는 것을 의미한다. 따라서, 난민신청을 하는 사람들 대다수의 목적은 최종적으로 난민 인정을 받는 것이 아니라, 난민신청 기간 동안 합법적으로 체류하면서 돈을 버는 것으로 변질되게 할 수 있다. 그러므로 이런 문제의 핵심을 파악하기 위해 주기적인 실태조사와 함께 신속하고 실제적인 정책 변화를 가져와야 한다.

4) 생계가 불안한 난민신청자

난민신청자의 경우는 난민심사가 진행되는 최소 6개월 동안은 취업활동이 허가되지 않으므로, 최소한 생계비용을 국가에서 지원하고 있다. 이들은 한 달에 필요한 최저생계비 432,900원을 지원받고 있다. 난민 지원시설 이용자와 난민지원시설 비이용자의 생계비 지원액은 〈표 10〉과 같이 다르게 책정되어 있다.

한국의 난민지원 생계지원 규모는 매우 작다지만 유럽 중 가장 많은 난민수용국인 독일과 비교해 보면 우리나라의 최저생계비 지원 규모가 작은 것은 아니다. 독일의 경우 성인 1명당 140유로(약 19만원)를 지원받고 가족이 늘어남에 따라 추가지원금을 받는다(김용철, 2020). 독일의 경우 의식주가 모두 해결되지만 한국의 난민신청자들은 이런 수혜를 받지 못하기 때문에 최저생계비로 주거비용, 관리비 등을 지출하면 최저생계가 곤란한 상황에 놓인다. 현실적으로 난민신청자에 대한 처우는 인력 및 예산의 부족으로 인해 시행 과정상 여러 한계점을 노출하고 있다. 난민법 제4조에 따라 난민신청자는 초기 6개월 동안 생계비를 지급받을 수 있고 신청자의 사회경제적 상황 등에 따라 6개월을 넘기지 않는 선에서 생계비 지급을 연장할 수 있는 법적 근거가 마련되어 있음에도 불구하고, 예산 부족 등의 이유로 생계비를 지급받는 비율은 3%에 그치는 것으로 조사되었다(정동재, 2019).

난민신청자들이 모두 외국인지원센터에 들어갈 수 있는 것은 아니다. 시설에 들어가기 위해 복잡한 절차와 서류심사 때문에 국내에서 난민신청자들은 대부분 시

표 10   난민 지원시설 비이용자 생계비 지원액

구분	1인가구	2인가구	3인가구	4인가구	5인가구
난민지원시설 비이용자	432,900	737,200	953,900	1,170,400	1,386,900
난민지원시설 이용자	216,450	368,600	476,950	585,200	693,450

설에 입소하지 않는 편이다. 따라서 한국에서 거주하다 여러 가지 사정으로 난민을 신청한 경우 또 다른 생계 상황에 처하게 된다. 난민 지위를 인정받지 못하면 오랫동안 신청자 지위로 아무런 소속 없이 머물러야 하고 본국과 이주국 어디에도 법적, 사회적, 그리고 문화적으로 속하지 못한 경계인으로 살아가야 한다. 이런 사람들은 최소한의 생계를 유지하려다 보니 음성적으로 일을 찾게 되고, 이런 점을 사업주들이 악용하고 있다(박미숙·손영화, 2019). 이런 문제점을 인식하고 이에 대한 대책을 모색하는 것이 또 하나의 과제이다.

5) 난민에 대한 국민의 인지도

한국은 유엔의 난민지위에 관한 협약과 난민 지위에 관한 의정서에 비준하고 아시아에서 가장 먼저 난민법을 제정하였음에도 난민에 대한 국민의 인식은 매우 낮다. 난민법이 발효된지 10년이 지났음에도 한국사회에서 난민에 대한 수용도가 낮

표 11 난민에 대한 국민의 인지도 분석 결과

구분	항목	분석 결과
난민에 대한 인지도	난민법 대상자 용어에 대한 인지도	- 난민신청자에 대한 인지가 가장 높음 - 고학력의 주관적 인지도 높음
	난민 관련 연상 단어	- 전쟁, 기아 등이 주된 이미지
	난민인정사유 인지도	- 난민법 인정사유와 실제 인지도는 내용에 차이 있음
	난민정책 인지도	- 난민정책 인지도 전반적으로 낮고, - 주관적, 객관적 인지도 차이 있음
	난민 관련 정보획득 매체 및 내용	- TV/신문 매체가 주는 영향이 큼
난민에 대한 태도	난민신청자 및 난민인정자에 대한 태도	- 난민신청 사유에 의구심을 가짐 - 신청자 무분별 취업 허용은 문제로 인식 - 자녀지원에 대해서는 인정 높음
	난민정책에 대한 전반적 태도	- 주거, 의료 등 기초생활지원 동의는 높음 - 경제적 지원 동의는 낮음 - 부정적 영향 우려가 긍정보다 매우 높음 - 엄격해야 한다는 의견이 높음

출처: 장주영(2019) 결과 재구성

은 것은 2018년 제주도 예멘 난민으로 인해 불법 난민 신청문제에 따른 문제, 무사증 입국 등에 대한 국민들의 갈등에서 비롯된 것 같다. 난민에 대한 국민의 인식은 낯선 외국인에 대한 위협감에서 시작된다(장주영, 2018). 장주영 외(2019)는 난민에 대한 국민의 인지도를 조사한 결과 다음과 같이 나타났다.

조사 결과 대다수 국민들의 난민에 대한 인지도는 낮고 부정적이었다. 이런 점은 난민에 대한 정확한 정보가 제공되지 않는 것과 관련 있으며 정확하지 못한 정보는 정부의 정책과 난민제도에 반감을 고조시키는 것으로 나타났다(장주영, 2019). 그러므로 국민들이 난민에 대한 수용도가 높아질 수 있는 방안을 모색해야 한다. 이를 위해서는 주기적으로 난민에 대한 수용성 조사를 실시하고 난민의 체류실태 등을 파악해 이에 따른 정책이 마련되어야 할 것이다.

6) 여성난민 증가

전 세계적으로 난민여성에 대한 범죄가 증가하고 있다. 난민 여성과 소녀들에 대한 성폭력 범죄도 지속적으로 발생하고 있으며 각종 보고서에 의하면 아프가니스탄 내 무장 세력들은 이슬람 율법을 적용하여 공개적으로 여성을 처벌하고 그 횟수가 증가하고 있는 것으로 알려지고 있다(김민영, 2018). 2022년 법무부 출입국외국인정책본부가 발표한 2021년 통계연보에 따르면 전체난민 신청자는 73,383명으로 이중 남성이 55,994(76.3%)명, 여성이 17,389명(23.7%)으로 나타났다. 그러나 난민인정자의 현황을 살펴보면 전체 1,163명에서 남성 684명(58.8%), 여성 479명(41.2%)로 난민신청자와 달리 여성이 높은 수치를 나타내고 있다. 이처럼 여성난민들이 차지하는 비중이 많음에도 불구하고 난민에 대한 인식은 남성이 주를 이루고 난민여성의 실태나 취약성은 잘 드러나지 않고 있다.

대부분 난민여성은 여성인권운동을 하거나 반정부 운동, 또는 종교의 자유를 찾아 박해를 피해 한국으로 이주한다. 아랍국가 출신의 한 여성은 여성해방운동을 위해 싸우다 한국으로 들어왔다. 그는 무슬림 집안에서 조혼으로 일찍 결혼한 후 이혼을 당하고 여성운동가가 되었다. 그 여성은 한국에 들어와 난민신청한 지 3년 만에 난민인정자가 되었다. 한국에서 여성이 난민으로 인정받기는 매우 힘들다. 특히 성폭력이나 강제 결혼 등 여성의 고유 인권침해 문제로 난민을 신청한 경우는 난민

구분	계	남성	여성
전체 난민신청자 (2021년 난민신청자)	73,383(100%) 2,341(100%)	55,994(76.3%) 1,758(75.1%)	17,389(23.7%) 583(24.9%)
전체 난민인정자 (2021년 난민인정자)	1,163(100%) 72(100%)	684(58.8%) 46(63.9%)	479(41.2%) 26(36.1%)
전체 인도적체류자 (2021년 인도적체류자)	2,412(100%) 45(100%)	1,861(77.2%) 39(86.7%)	551(22.8%) 6(13.3%)

표 12 난민의 성별 현황(2021년) (단위: 명)

출처: 법무부 출입국 · 외국인정책본부 통계연보(2021) 참고

으로 인정받을 수 있는 가능성이 더욱 희박하다.

난민여성들은 특히 여성이기 때문에 노출될 수 있는 성폭력이나 인권, 여성할 례, 성매매 등에 대해 본국은 물론 비호신청이나 도피여정에 대한 연구와 자료가 부족하여 시의적절한 지원이 이루어지지 않고 있고 한국에서는 실태 파악도 제대 로 되지 않고 있다. 한국의 난민신청자들은 6개월간 최저생계비를 지원받고 이후 취업 활동이 허용되고 있으나 영유아를 동반한 난민여성이나 싱글맘의 경우 돌봄 과 취업을 양립할 수 없는 취약한 상황에 놓여 더욱 어려움을 겪게 된다(송효진 외, 2018). 우크라이나 전쟁으로 입국한 고려인들 대부분이 여성과 자녀들이다. 그럼에 도 이들은 난민의 지위가 아니기 때문에 여러 가지 어려움에 처해 있는 현실이다.

이와 더불어 난민자녀들은 부모가 난민이면 자녀들도 난민에 해당된다. 이러한 정책적인 모순 때문에 많은 난민들은 자녀를 위해 한국 국적을 취득하기 위해 노력 한다. 한국의 경우 난민의 신분 및 등록과 관련하여 난민 자녀의 무국적이 문제가 되고 있다. UN 아동권리위원회는 부모의 법적지위 등에 관계없이 모든 아동의 출 생이 신고 되도록 조치할 것을 각국 정부에게 촉구해왔다. 이외에도 한국의 교육방 식에 익숙하지 않아 자녀를 키우기에는 많은 어려움을 가지고 있다. 난민들은 다른 다문화가정 자녀와 다르게 부모 모두 모국어를 사용하고 있어 한국어를 익히는 것 이 쉽지 않다. 또 난민 자녀들은 정서적으로 불안한 아이들이 많다. 난민으로 이동 과정 중 공포와 박해의 경험 때문에 상흔을 가진 경험으로 수면 및 섭식장애, 분리 공포, 반복적인 수동성과 공격성 등과 같은 스트레성 장애를 앓는 경우가 많다(한건

수, 2014). 그러므로 이를 볼 때 여성난민과 자녀에 대한 지원 문제에 대해 심각하게 국가적으로 고민이 필요한 시점이다.

4. 소 결

난민은 일반적인 이주민과 구별되는 특수한 형태의 이주민이다. 전 세계적으로 난민 비호는 주요한 정치적 쟁점이 되어가고 있다. 난민들은 이들 자국의 종교, 정치 등 다양한 이유로 박해와 전쟁 등의 위기에 처한 사람으로 자국에서 보호받을 수 없기 때문에 다른 국가에 거주하기 위하여 본국을 떠난 사람들이다. 국제사회는 인도주의적 원칙을 통해 난민들에게 관용과 보호를 제공하고 있으며 한국도 이에 걸맞게 난민을 수용하고 난민을 위한 정책을 시행하고 있다.

한국은 아시아에서 처음으로 난민법 제정 및 외국인기본계획을 통해 난민정책을 발전시켜 왔으나 아직도 난민에 대한 국민의 인식은 매우 부정적이다. 이런 배경은 난민들이 한국사회에 안정적으로 정착하는데 사회적, 심리적인 상흔을 남길 뿐만 아니라 이들이 한국사회에 기여하는 부분은 간과하고 있다는 점이다. 난민들의 상황은 언제든지 누구에게나 발생할 수 있기 때문에 이들에 대한 인식개선을 위해 정부는 노력해야 한다.

난민들은 난민으로 인정받는 경우 자신의 조국으로 돌아가기 어려운 상황에 처한다. 그러므로 이들은 다른 이주민과 다르게 한국에 장기적으로 정착해야 하는 사람들로 이런 특수성을 국가가 인지하고 이들을 경제적인 관점보다 인권중심적인 관점에서 접근해야 할 것이다. 대부분 난민들은 난민공동체를 통해 사회적 자본을 형성하고 지역사회에 참여하는 등 다양한 노력을 하고 있다. 그러나 난민신청자가 급격히 증가하고, 난민신청을 악용하는 사례들이 증가하면서 실질적으로 보호받아야 하는 난민들까지 피해를 보고 있다. 그 외에도 여성난민과 자녀들의 문제도 지속적으로 부각되고 있는 상황에 난민들을 위해 국가가 어떤 정책에 초점을 두고 펼치는지에 따라 이들의 삶의 질과 연결될 수 있다.

참고문헌

권경득 · 이광원 · 임동진(2020). 미국, 호주, 한국의 난민정책 비교 연구: 정책추진체계와 지원프로그램을 중심으로. 한국비교정부학보, 24(3), 1-37.

국가인권위원회(2020). 2020년 차별에 대한 국민인식조사, 국가인권실태조사.

김민영(2018). IOM 파견활동에 따른 국제이주에 관한 연구 및 국내의 난민정책의 방향성 고찰, 출입국외국인정책본부 보고서.

노영순(2014). 일반논문: 부산입항 1975년 베트남난민과 한국사회. 고려대학교 역사연구소 사총, 81, 329-364.

난민인권센터(2022). nancen.org

박미숙 · 손영화(2019). 난민의 인권의식과 인권교육에 관한 연구. 아시아문화학술원 인문사회21, 10(3), 383-397.

법무부 출입국 · 외국인정책본부. 2020. 『2019년도 출입국 · 외국인정책 연감』.

법무부 출입국 · 외국인정책본부. 『2019년도 사회통합프로그램 운영 지침』.

법무부. 출입국 · 외국인정책통계연보. 2010~2022. 『출입국통계연보』.

송효진 · 김소영 · 이인선 · 한지영(2018). 한국에서의 난민여성의 삶과 인권, 이화젠더법학, 10(3), 149-189.

유엔난민기구(UNHCR). www.unhcr.or.kr

이병철(2021). 북한이탈여성의 일과 가족생활 경험 연구. 인천대학교 사회복지학과 박사학위 논문.

이혜경(2021). 자치경찰제 도입에 따른 외사업무의 사각지대, 이민정책연구원 이슈브리프, 2021(16), 이민정책연구원.

정동재(2019). 난민처리 문제를 둘러싼 한국사회 내 갈등양상 분석. 한국이민정책학회 학술대회, 2019(1), 93-107.

조영희 · 김성규(2019). 난민정책과 ODA 정책의 연계, 이민정책연구원 연구보고서.

장주영(2018). 난민에 대한 태도 이해: 난민을 이웃으로 삼고 싶습니까, 이슈브리프, 2018(05), 이민정책연구원.

장주영 · 박민정 · 김기태(2019). 난민에 대한 국민의 인지도 연구, 이민정책연구원 연구보고서 2019(03), 이민정책연구원.

한건수(2014). 한국에티오피아 이주민의 이주동학: 경향, 유형 및 난민연계, 지역과 세계, 38(2), 182-209.

제 6 장

북한이탈주민

최 희

1. 북한이탈주민의 정의

　한국사회에는 타국가 출신의 외국인 외에도 군사분계선 경계를 넘어 유입되는 한민족 동포인 북한이탈 이주민도 있다. 외국인의 경우, 한국 국적 취득 절차를 통해 국적 취득을 하지만 제3국을 거쳐 유입되거나 군사분계선 경계 넘어 유입되는 북한이탈주민의 경우에는 행정 절차를 통해 국적을 회복하게 된다. 북한이탈주민은 최초로 귀순자가 발생한 1948년 이후부터 '월남자', '귀순자', '귀순용사', '북한동포', '새터민', '탈북자', '북한이탈주민' 등 남북관계의 변화에 따라 다양한 용어로 변천하여 왔다. 1999년에 제정된 「북한이탈주민의 보호 및 정착지원에 관한 법률」(약칭: 북한이탈주민법)은 군사분계선 이북지역을 벗어나 대한민국의 보호를 받으려는 군사분계선 이북지역의 주민이 모든 생활영역(정치, 경제, 사회, 문화)에 적응하고 정착하는데 필요한 보호와 지원에 관한 사항을 규정하고 있다. 북한지역을 벗어난 북한주민을 지칭하는 용어는 동법 제2조에 다음과 같이 정의하고 있다.

> 북한이탈주민법 제2조(정의) "북한이탈주민"이란 군사분계선 이북지역(이하 '북한'이라 한다)에 주소, 직계가족, 배우자, 직장 등을 두고 있는 사람으로서 북한을 벗어난 후 외국 국적을 취득하지 아니한 사람을 말한다. (북한이탈주민법 제2조)

출처: 「북한이탈주민의 보호 및 정착지원에 관한 법률」 제2조

이 유사한 개념으로 '북한이탈주민'이 아닌 사람으로는 재북화교(북한에 거주하거나 중국 국적 소지자), 북한국적 중국동포(중국에 합법 체류자격으로 거주하며 북한국적을 가진 조교), 제3국 출생 북한이탈주민 자녀(제3국에서 출생하여 북한에 거주한 사실이 없는 북한주민의 자녀), 북송재일교포(재일동포가 북한으로 영주 귀국한 후 북한을 벗어나 다시 일본에 거주한 경우) 등이 있다.

2. 북한이탈주민 입국 현황 및 특성

1) 입국 현황

현재 국내에 유입된 북한이탈주민 수는 2022년 12월까지 33,882명이다.[1] 2012년 김정은 정권이 들어선 이후부터 국경연선을 따라 통제가 강화되면서 북한을 이탈하는 북한주민의 수는 현저히 감소하는 추세였다. 게다가 2019년 12월 중국 우한에서 시작된 코로나19가 전 세계로 확산되면서 2020년 1월부터 북·중 국경경비가 한층 강화되었다. 그 영향으로 2020년 12월 기준으로 볼 때, 북한이탈주민 입국자 수는 2019년도 동기간 대비 73.2% 감소한 것으로 나타났다. 중국은 코로나19 팬데믹으로 북한주민의 탈북이동 경로였던 북·중 국경을 폐쇄하였고 중국과 북한 당국은 코로나19 확산의 차단이라는 명목 하에 북한주민 탈출도 차단하게 되었다. 북한이탈주민은 2001년부터 해마다 1천여 명 이상이 국내로 유입되었는데, 2019년도 1,047명에서 2020년도 229명으로 대폭 감소하였고, 2021년도 63명, 2022년도 67명

---

1   통일부 홈페이지(www.unikorea.go.kr)

표 1   북한이탈주민 현황 (단위: 명, %)

구분	2016	2017	2018	2019	2020	2021	2022	합계
남(명)	302	188	168	202	72	40	35	9,478
여(명)	1,116	939	969	845	157	23	32	24,356
합계(명)	1,418	1,127	1,137	1,047	229	63	67	33,834
여성비율	78.7%	83.3%	85.2%	80.7%	68.6%	36.5%	47.8%	71.9%

출처: 통일부 홈페이지(2022.12) 참고

이 입국하였다. 북한이탈주민의 연도별 입국 현황을 살펴보면 〈표 1〉과 같다.[2]

또한 국내 이외에도 유엔난민기구(UNHCR)는 해외에서 난민자격을 취득한 북한이탈주민이 2020년 기준 782명이라고 밝혔다(미국의소리, 2021.06.19.). 각 국가의 제출 자료를 바탕으로 통계수치를 집계하여 추산치를 발표하는 만큼, 실제로 중국 내 북한주민과 한국에 정착한 북한이탈주민은 유엔난민기구 통계에 포함되지 않고 있어 실제로 해외에 거주하는 북한주민은 보고서에 나타난 수치보다 훨씬 많을 것으로 보인다. 유엔난민기구에서 발표한 2020년 연례보고서에서 현재 난민으로 인정받은 북한이탈주민 782명 중에 캐나다(370명)에 가장 많이 거주하고, 독일(85명), 영국(72명), 러시아(53명), 네덜란드(35명), 미국(6명) 순으로 나타났다.

국내 입국 당시 북한이탈주민의 연령별 기준을 보면, 상대적으로 적응력이 높은 20~30대가 전체의 57%를 차지하며 경제활동 연령 기준인 20~50대가 80%를 차지하고 있다. 1980년대까지만 하여도 국내로 유입된 북한이탈주민은 군인 중심이었

표 2   입국 시 연령별 현황 ('21.6월 기준, 단위: 명)

구분	0~9세	10~19세	20~29세	30~39세	40~49세	50~59세	60세이상	계
남	608	1,630	2,654	2,128	1,460	600	364	9,444
여	601	1,961	6,780	7,605	4,788	1,547	1,034	24,316
합계	1,209	3,591	9,434	9,733	6,248	2,147	1,398	33,760

출처: 통일부(2022) 참고

---

2   통일부 홈페이지, '북한이탈주민정책 최근 현황' (2022년 6월 잠정)

으며 2001년까지 입국자의 55%가 남성이었다면, 2022년 현재는 여성이 증가하여 72%를 차지하고 있다. 그 밖에도 지역별 거주현황을 보면, 65%가 수도권에 집중 거주하고 있다.

2) 탈북청소년 현황과 특성

'탈북청소년'이라는 용어는 말 그대로 북한을 이탈한 청소년을 의미한다. 그러나 북한이탈주민법 제24조의2(북한이탈주민 예비학교의 설립)에서는 북한지역 이외에 제3국에서 출생한 북한이탈주민의 자녀를 포함하고 있다. 즉, 북한 출신 부모와 함께 정착지원시설에 입소한 청소년을 '탈북청소년' 범위에 포함한다고 규정하고 있어 제3국에서 출생한 청소년의 경우 정체성 혼란이 가중되고 있다. 북한에 가본 적도 없는 자녀들에게 탈북청소년이라고 하는 범주는 재정립될 필요가 있다.

> 북한이탈주민법 제24조의2(북한이탈주민 예비학교의 설립) ① 통일부장관은 탈북청소년(제3국에서 출생한 북한이탈주민의 자녀로서 부 또는 모와 함께 정착지원시설에 입소한 사람을 포함한다)의 일반학교 진학을 지원하기 위하여 교육부장관과 협의하여 정착지원시설 내에 북한이탈주민 예비학교를 설립·운영할 수 있다.

출처: 「북한이탈주민의 보호 및 정착지원에 관한 법률」 제24조의2

제3국 출생 청소년인 경우, 가족동반 입국이거나 부모가 먼저 국내에 입국한 이후, 단독입국 또는 초청 입국하여 정착지원시설을 거쳐 일반 초등, 중등, 고등학교 혹은 대안학교에서 교육을 받는다. 2021년 8월까지의 통계 현황을 살펴보면, 재학 중인 탈북청소년에서 북한출생은 총 789명으로 34.5%이며, 제3국 출생은 1,498명으로 65.5%를 차지하고 있다(탈북학생 교육통계, 2021).

2021년 탈북청소년교육센터 조사 자료에 따르면, 제3국 출생을 포함하여 재학 중인 탈북청소년은 초등학교 877명, 중학교 738명, 고등학교 752명, 기타 학교(대안학교) 164명으로 전체 2,531명이다. 그러나 2021년도 8월을 기준으로 재학 중인 탈북청소년(제3국 출생 포함)은 초등학교 654명, 중학교 740명, 고등학교 739명, 기타 학교(대안학교) 154명으로 전체 2,287명이다.

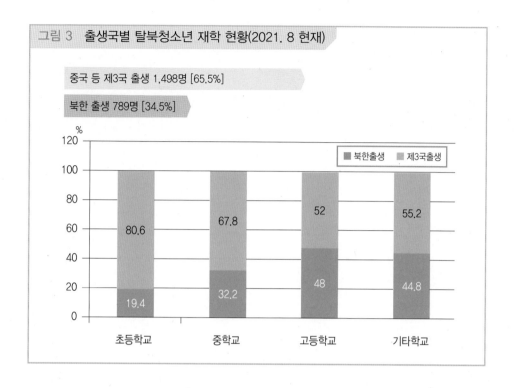

그림 3 　출생국별 탈북청소년 재학 현황(2021. 8 현재)

중국 등 제3국 출생 1,498명 [65.5%]

북한 출생 789명 [34.5%]

탈북청소년의 연도별 학업 중단율을 보면, 2019년도 전체 재학생 수 2,365명의 3%가 학업중단을 하였고, 이후 점차 감소하여 2021년도는 1.2%를 보이고 있다.

표 3 　연도별 탈북청소년 학업중단율　　　　　　　　　　　　　　　　　　(단위: 명, %)

구 분		초등학교	중학교	고등학교	계
2019	'18. 4. 재학생수	932	682	751	2,365
	학업중단자 수	13	22	35	70
	학업중단율(%)	1.4	3.2	4.7	3.0
2020	'19. 4. 재학생수	877	738	752	2,367
	학업중단자 수	13	20	36	69
	학업중단율(%)	1.5	2.7	4.8	2.9
2021	'20. 4. 재학생수	741	782	738	2,261
	학업중단자 수	4	9	14	27
	학업중단율(%)	0.5	1.2	1.9	1.2

출처: 탈북청소년교육지원센터 홈페이지(2021) 참고

표 4 　지역별 탈북학생 재학 현황 　　　　　　　　　　　　　　　(단위: 교, 명, %)

구분	재학 학교 수	학생 수					비율
		초등학교	중학교	고등학교	기타학교	계	
서울	200	137	134	154	56	481	21%
부산	57	32	29	30	4	95	4.2%
대구	32	23	9	15	0	47	2.1%
인천	78	63	62	80	2	207	9.1%
광주	42	14	22	19	0	55	2.4%
대전	38	22	17	11	1	51	2.2%
울산	25	13	20	7	0	40	1.8%
세종	7	3	3	2	0	8	0.3%
경기	319	178	247	231	58	714	31.2%
강원	40	17	18	23	0	58	2.5%
충북	61	39	33	31	3	106	4.6%
충남	86	38	45	44	26	153	6.7%
전북	31	9	13	13	0	35	1.5%
전남	30	9	15	13	1	38	1.7%
경북	66	22	31	25	2	80	3.5%
경남	72	27	34	32	1	94	4.1%
제주	19	8	8	9	0	25	1.1%
계	1,203	654	740	739	154	2,287	100%

출처: 탈북청소년교육지원센터 홈페이지(2021) 참고

　전국에 분포되어 있는 탈북청소년은 전체의 61.6%가 수도권(경기 · 서울 · 인천)에 집중 거주하고 있고, 충남 6.5%, 경남 4.2%, 충북, 부산 각각 4%순으로 나타나며 그 이외 지역은 1~2%로 분포되어 있는 것으로 나타났다.

3. 법·제도적 지원정책

1) 보호 체계

　탈북자 발생 초창기에는 북한이탈주민 지원에 관한 입법 규정이 없었으나, 이념 갈등이 고조되면서 1962년에 보훈차원에서 북한이탈주민을 지원할 수 있는 체계가 마련되었다. 이후 1980년대까지는 이념과 체제경쟁이 한층 고조되다가 1990년대 김일성 사망으로 다양한 계층들이 북한을 이탈하여 남한으로 이주하였다. 이러한 현상으로 국제사회는 물론 국내의 분위기도 북한이탈주민을 인도적 보호 차원에서 수용되어야 하는 필요성이 대두되면서 남북통일차원에서 수용해야 한다는 목소리가 높아졌다.

　1990년대부터 북한이탈주민의 국내 유입 규모가 크게 증가하면서 이들의 안정적인 사회 정착과 체계적인 관리를 위한 새로운 법과 제도적 장치가 필요해졌다.

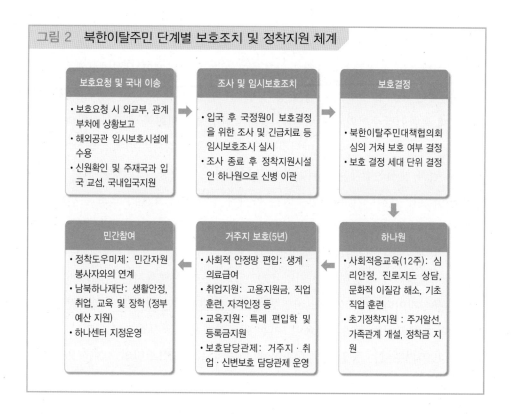

그림 2　북한이탈주민 단계별 보호조치 및 정착지원 체계

보호요청 및 국내 이송
- 보호요청 시 외교부, 관계 부처에 상황보고
- 해외공관 임시보호시설에 수용
- 신원확인 및 주재국과 입국 교섭, 국내입국지원

조사 및 임시보호조치
- 입국 후 국정원이 보호결정을 위한 조사 및 긴급치료 등 임시보호조시 실시
- 조사 종료 후 정착지원시설인 하나원으로 신병 이관

보호결정
- 북한이탈주민대책협의회 심의 거쳐 보호 여부 결정
- 보호 결정 세대 단위 결정

하나원
- 사회적응교육(12주): 심리안정, 진로지도 상담, 문화적 이질감 해소, 기초 직업 훈련
- 초기정착지원 : 주거알선, 가족관계 개설, 정착금 지원

거주지 보호(5년)
- 사회적 안정망 편입: 생계·의료급여
- 취업지원: 고용지원금, 직업훈련, 자격인정 등
- 교육지원: 특례 편입학 및 등록금지원
- 보호담당관제 : 거주지·취업·신변보호 담당관제 운영

민간참여
- 정착도우미제: 민간자원봉사자와의 연계
- 남북하나재단: 생활안정, 취업, 교육 및 장학 (정부예산 지원)
- 하나센터 지정운영

그러나 소규모로 유입되던 시기와 달리 1990년대부터 대규모로 유입되는 상황에서 북한이탈주민지원정책은 국내의 재정적 부담도 해결해야 하는 과제였지만 무엇보다도 북한이탈주민지원정책에 따라 남북관계 개선문제에도 영향을 미칠 수 있다는 점도 고려해야 하는 상황이었다. 그럼에도 북한이탈주민지원정책의 변화를 가져온 변수는 먼저 온 통일이라는 차원에서 북한이탈주민이 우리 사회에 안정적으로 적응하는 문제가 다가올 평화와 통일 시대를 준비하는 첫 단계라는 점에서 1997년 「북한이탈주민의 보호 및 정착지원에 관한 법률」을 새롭게 제정하게 되었다.

입국 단계별 과정은 먼저 해외 체류 대사관을 통해 보호 요청을 하면 해외공관 및 주재국 임시보호시설에 수용하게 되는데 이때 1차적인 신원 확인 후 주재국은 북한이탈주민을 한국으로 이송하기 위한 국내 입국 지원을 한다. 국내로 입국한 후 국정원에서 북한출신임을 확인하는 조사 과정을 거치게 되는데, 이 과정에서 건강 상태에 따라 긴급치료도 받을 수 있다. 입국 후 단계별 보호조치 정착지원 체계 과정은 [그림 2]와 같다.

2) 지원정책 변천 과정

북한이탈주민의 정착지원정책은 남북분단 이후 남북관계와 사회변화에 따라 여러 차례 변천해왔다. 1962년 4월에 공식적으로 법률이 제정되어 시행되어왔지만, 1990년대 북한이탈주민의 증가로 인해 정착지원정책은 변화를 촉진시켜왔다. 1962년 보훈차원에서 법적 토대를 마련하면서 북한이탈주민은 '특별원호'대상이 되었고 이후 남북 체제선전에 활용되었던 1979년부터는 '귀순용사'의 '영웅'으로 신분이 급상승하였다. 그러다가 1993년부터는 복지가 필요한 보호 대상으로 분류되었고 1997년부터는 통일을 준비하는 단계적 차원에서 북한이탈주민 지원과 정착에 초점을 두고 있다. 지원정책의 변천 과정을 시기별로 나누어 살펴보면 다음과 같다.

북한이탈주민이 급증하던 시기인 1997년 1월부터 현재까지는 통일대비차원에서의 수용시기이다. 체제경쟁이 치열했던 1980년대까지만 하여도 북한이탈주민을 관리하던 주무부처는 국방부였으며, 이후 원호처에서 보건사회부로 이관되었던 주무부가 1997년부터는 통일부가 주관하게 되면서 북한이탈주민의 사회적응문제는 남북사회통합을 위한 통일정책으로 전환되었다. 1997년 1월에는 「북한이탈주민의

표 5　북한이탈주민 정착지원정책의 변천과정

구분	관련 법률	주무관청	기타
군사안보차원 (1953~1962)	입법규정 없음	국방부	–
보훈차원 (1962.4~1978.12)	「국가유공자 및 월남귀순자 특별원호법」 제정(1962년) ⇩ 「국가유공자 등 특별원호법」(1974년)	원호처	개정
체제선전차원 (1979.1~1993.5)	「월남귀순용사 특별보상법」(1978)	국가보훈처	1993년 전부 개정
사회복지차원 (1993.6~1996.12)	「귀순북한동포보호법」(1993)	보건사회부	1997년 폐지
통일대비차원 (1997.1~현재)	「북한이탈주민의 보호 및 정착지원에 관한 법률」	통일부	제정 및 개정

출처: 통일부(2022.12) 참고

보호 및 정착지원에 관한 법률」을 제정하였다. 이 법률은 인도적, 사회복지적 차원을 넘어 사회적응훈련과 직업훈련, 경력인정 등 자립·자활능력 배양에 중점을 두었고 북한이탈주민의 사회적응을 위해 법적, 제도적으로 구체화하였다. 이후에도 여러 차례 법률개정을 거쳐 자립과 자활중심으로 제도적 마련에 중점을 두었고, 기본 정착금을 낮추는 대신 취업장려금을 확대하고 생계급여 조건과 면제 기간을 단축하였다.

3) 정착지원 기본계획(2021년~2023년)

2013년도 북한이탈주민법 제4조 3항에 '기본계획 및 시행계획' 조항을 신설하여 3년마다 '기본계획 및 시행계획'을 수립하고 시행할 수 있는 근거가 마련되었다. 기본계획에는 정착에 필요한 교육, 직업훈련 및 고용촉진·고용유지, 의료지원·생활보호, 정착지원시설 운영 및 주거지원, 사회통합·인식개선 등에 관한 사항을 포함하도록 규정하고 있다.

제4조의3(기본계획 및 시행계획)   ① 통일부장관은 제6조에 따른 북한이탈주민 대책협의회의 심의를 거쳐 보호대상자의 보호 및 정착지원에 관한 기본계획(이하 "기본계획"이라 한다)을 3년마다 수립·시행하여야 한다. ② 기본계획에는 다음 각 호의 사항이 포함되어야 한다.
1. 보호대상자의 보호 및 정착에 필요한 교육에 관한 사항
2. 보호대상자의 직업훈련, 고용촉진 및 고용유지에 관한 사항
3. 보호대상자에 대한 정착지원시설의 설치·운영 및 주거지원에 관한 사항
4. 보호대상자에 대한 의료지원 및 생활보호 등에 관한 사항
5. 보호대상자의 사회통합 및 인식개선에 관한 사항
6. 그 밖에 보호대상자의 보호, 정착지원 및 고용촉진 등을 위하여 통일부장관이 필요하다고 인정하는 사항

출처: 「북한이탈주민의 보호 및 정착지원에 관한 법률」 제4조의3

한국정부는 제1차 2015~2017년에서 제2차 2018~2020년도까지 기본계획을 추진하였다. 제3차 2021년~2023년은 북한이탈주민 정착지원 추진 계획의 주요 특징은 제2차 기본계획을 발전적으로 계승하며, '생활밀착형 북한이탈주민 정착지원'을 보완·내실화하고 국정과제의 추진을 가속화 하는 것이다. 또한, 제3차 기본계획은 「사회적 통합지향형 정착지원 정책」을 추진하는 것이다. 구체적인 추진계획을 살펴보면 다음과 같다.

(1) 추진 계획

2021~2023년 제3차 정착지원 기본계획은 23개 중앙행정기관 및 지방자치단체가 함께 추진해나갈 6대 분야의 24개 주요 정책과제를 제시하고 있다.

표 6   정착지원 기본계획 추진

구분	제1차 기본계획 (2015~2017)	제2차 기본계획 (2018~2020)	제2차 기본계획 (2021~2023)
과제구성	5대 분야 20개 정책 과제	7대 분야 22개 과제	6대 분야 24개 과제
추진기관	19개 중앙행정기관	23개 중앙행정기관 및 지방자치단체	23개 중앙행정기관 및 지방자치단체

출처: 통일부(2022.12) 참고

(2) 기본 방향

정책의 기본 방향은 ① 경제적 지원과 함께 심리·정서적 지원을 강화하는 것이며, ② 정부부처와 지자체와의 참여·협업을 확대해 나가는 것이며, ③ 북한이탈주민의 수요기반으로 맞춤형 정책을 추진하는 것이다. 2017년 5월 문재인 정부 출범이후「생활밀착형 북한이탈주민 정착지원」정책을 국정과제(92-4)로 채택하고, 「제

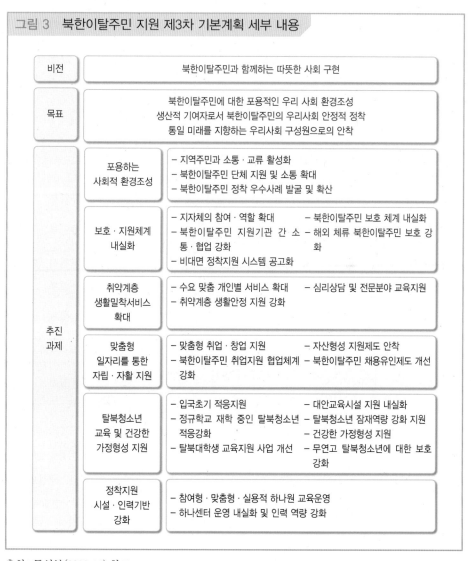

그림 3 북한이탈주민 지원 제3차 기본계획 세부 내용

| 비전 | 북한이탈주민과 함께하는 따뜻한 사회 구현 |

| 목표 | 북한이탈주민에 대한 포용적인 우리 사회 환경조성
생산적 기여자로서 북한이탈주민의 우리사회 안정적 정착
통일 미래를 지향하는 우리사회 구성원으로의 안착 |

추진 과제

| 포용하는
사회적 환경조성 | − 지역주민과 소통·교류 활성화
− 북한이탈주민 단체 지원 및 소통 확대
− 북한이탈주민 정착 우수사례 발굴 및 확산 |

| 보호·지원체계
내실화 | − 지자체의 참여·역할 확대 　− 북한이탈주민 보호 체계 내실화
− 북한이탈주민 지원기관 간 소　− 해외 체류 북한이탈주민 보호 강
　통·협업 강화　　　　　　　　　화
− 비대면 정착지원 시스템 공고화 |

| 취약계층
생활밀착서비스
확대 | − 수요 맞춤 개인별 서비스 확대　− 심리상담 및 전문분야 교육지원
− 취약계층 생활안정 지원 강화 |

| 맞춤형
일자리를 통한
자립·자활 지원 | − 맞춤형 취업·창업 지원　　　− 자산형성 지원제도 안착
− 북한이탈주민 취업지원 협업체계 − 북한이탈주민 채용유인제도 개선
　강화 |

| 탈북청소년
교육 및 건강한
가정형성 지원 | − 입국초기 적응지원　　　　　− 대안교육시설 지원 내실화
− 정규학교 재학 중인 탈북청소년 − 탈북청소년 잠재역량 강화 지원
　적응강화　　　　　　　　　− 건강한 가정형성 지원
− 탈북대학생 교육지원 사업 개선 − 무연고 탈북청소년에 대한 보호
　　　　　　　　　　　　　　강화 |

| 정착지원
시설·인력기반
강화 | − 참여형·맞춤형·실용적 하나원 교육운영
− 하나센터 운영 내실화 및 인력 역량 강화 |

출처: 통일부(2022.12) 참고

2차(2018~2020) 기본계획」에 반영하여 추진하면서 우리 사회에 정착하여 살고 있는 북한이탈주민들의 생활에서 과거와 다른 특정적인 지표들이 나타나고 있다. 이러한 특징을 반영하여 제3차 기본계획은 경제적 지원과 함께 정서·심리적 지원을 보다 강화하고 우리 사회 구성원으로의 안착을 지원하는 사회적 통합을 지향하고 있다.

(3) 추진 과제

제3차 정착지원 기본계획의 「사회적 통합지향형 정착지원 정책」은 중앙행정기관 및 지방자치단체에서 정책과제를 수행한다. 지역사회에 생산적 기여자로서 안정적으로 정착할 수 있도록 북한이탈주민에 대한 포용적인 우리사회 환경을 조성하기 위하여 지자체의 협력이 중요하다. 6개 분야에서 51개의 세부 과제로 구성되어 있다.

표 7 　부처별 추진 정책 과제

	추진 정책 과제명	소관 부처
북한이탈주민을 포용하는 사회적 환경조성	① 남북통합문화센터 운영 활성화	통일부
	② 일반국민 대상 북한이탈주민 이해를 위한 교육 실시	통일부
	③ 지역주민과의 소통·교류 활성화	행안부, 인천시, 경기도
	④ 북한이탈주민 단체 지원 및 소통 확대	통일부
	⑤ 북한이탈주민 정착 우수사례 발굴 및 콘텐츠 확산	통일부
북한이탈주민 보호 및 지원체계 내실화	① 지역 중심 정착지원 체계 강화	통일부, 지자체
	② 위기 북한이탈주민 신속 발굴 및 종합 원스톱 지원	통일부
	③ 언택트 시대, 비대면 정착지원 체계 강화	통일부
	④ 보호결정 체계 내실화 및 비보호 북한이탈주민 지원강화	통일부
	⑤ 북한이탈주민 인권보호관 제도 운영	통일부, 국정원
	⑥ 신변보호 체계 보완·개선	통일부, 경찰청, 안보지원사, 국정원
	⑦ 북한이탈주민 개인정보 보호체계 강화	통일부
	⑧ 해외체류 북한이탈주민 보호 강화	외교부

취약계층 생활밀착 서비스 확대	① 북한이탈주민 개인별 사례관리 지원 강화	통일부, 인천시, 경기도
	② 북한이탈주민 의료지원 서비스 확대	통일부, 서울시, 인천시
	③ 북한이탈주민 포털 온라인 서비스 강화	통일부
	④ 취약계층 생계 및 생활안정 지원 강화	통일부, 서울시, 경기도
	⑤ 기초생활보장제도 특례 적용	복지부
	⑥ 북한이탈주민 심리안정 및 정서지원 사업	통일부, 산림청
	⑦ 북한이탈주민 맞춤형 힐링프로그램 운영	통일부
	⑧ 생활밀착형 법률 교육 및 상담	통일부, 법무부
	⑨ 재소자, 출소자 재정착 프로그램 마련·시행	통일부, 법무부
맞춤형 일자리를 통한 자립·자활 지원	① 맞춤형 취업·창업 지원	통일부, 산업부, 인천시, 경기도
	② 맞춤형 영농정착지원	통일부, 농식품부
	③ 북한이탈여성 취업지원 서비스 제공	통일부, 여가부, 고용부
	④ 단기연수 참여 기회 확대	통일부, 지자체
	⑤ 국민취업지원제도 참여 확대	통일부, 고용부
	⑥ 전문직 북한이탈주민 맞춤형 육성사업 강화	통일부, 인사처, 서울시
	⑦ 북한이탈주민 취업지원 협업체계 강화	통일부
	⑧ 자산형성제도 운영	통일부, 인천시
	⑨ 북한이탈주민 채용 유인제도 개선	통일부
북한이탈 청소년교육 및 건강한 가정형성 지원	① 정규학교 적응 지원을 위한 협업체계 구축	통일부, 교육부
	② 탈북청소년 학교 적응력 제고	통일부
	③ 탈북청소년 맞춤형 멘토링 지원	교육부
	④ 탈북청소년 특성화학교 지원	통일부, 교육부
	⑤ 탈북청소년 잠재역량강화 프로그램(HOPRE) 운영	교육부
	⑥ 탈북청소년 교육지원 사업 운영 내실화	통일부
	⑦ 교육시설 운영 및 환경개선 지원	통일부
	⑧ 대안교육시설 재학 탈북청소년 대상 법교육	법무부
	⑨ 가족단위 프로그램 및 탈북청소년 정착 지원	통일부, 교육부, 여가부
	⑩ 아이돌봄 지원사업을 통한 북한이탈여성 보육 지원	여가부

	⑪ 제3국 출생 북한이탈주민 자녀에 대한 지원강화	통일부, 교육부, 외교부, 경기도
	⑫ 성폭력, 가정폭력 예방과 치유지원 및 양성평등, 인권보호 교육	여가부
	⑬ 무연고 탈북청소년 보호 강화	통일부
정착지원시설·인력기반 강화	① 참여형, 맞춤형, 실용적 하나원교육 운영	통일부
	② 하나원 수료생 사후관리 프로그램 운영	통일부
	③ 정착지원 유관기관 공무원 직무역량 강화	통일부
	④ 하나원 직업교육관 기능 확대	통일부
	⑤ 하나센터 운영 내실화 및 인력역량 강화	통일부
	⑥ 지역적응센터 법적근거 강화를 통한 안정적 운영	통일부
	⑦ 전문상담 역량 강화, 찾아가는 상담 확대	통일부

출처: 통일부 홈페이지, 제3차 북한이탈주민 정착지원 시행계획(관계부처별 합동) 참고

4. 정착지원

현재 적용되는 정착지원 정책은 정착금, 특별임용, 주거지원, 취·창업지원, 사회복지, 교육지원, 정착도우미, 보호담당관 제도 등이 있다. 구체적인 내용은 〈표 8〉과 같다.

표 8 　보호 및 정착지원

구 분	내 용
정착금	• 기본금: 1인 세대 기준 800만원 지급 • 장려금: 직업훈련, 자격증취득, 취업 장려금(수도권 1,800만원/지방 2,100만원) • 가산금: 노령, 장애, 장기치료, 한부모, 제3국 출생자녀양 등 요건에 따라 지급
주거지원	• 주택알선: 임대아파트 알선 • 주거지원금: 1인 세대기준 1,600만원

취업지원	• 직업훈련: 훈련기간 중 훈련수당 지급(노동부) • 고용지원금: 급여의 1/2(50만원 한도)을 최대 4년간 지원(단, 14년11월29일 이전입국자) • 취업보호담당관; 전국60개 고용지원센터에 지정, 취업상담, 알선 • 취업보호(우선구매), 영농정착지원, 특별임용 등
사회복지	• 생계급여: 국민기초생활보장 수급권자 • 의료보호: 의료급여 1종 수급권자로서 본인 부담 없이 의료혜택 • 연금특례: 보호결정 당시 50세 이상~60세 미만은 국민연금 가입특례
교육지원	• 특례 편입학: 대학진학 희망자의 경우 특례로 대학입학 • 학비지원: 중·고 및 국립대 등록금 면제, 사립대 50% 보조
정착도우미	• 1세대당 1~2명의 정착도우미를 지정하여 초기 정착할 수 있도록 지원 (2005. 1월부터 시행)
보호담당관	• 거주지보호담당관(약240명), 취업보호담당관(60명), 신변보호담당관(약900명)

출처: 통일부 홈페이지 2022년 9월 기준 정착지원 내용 참고

1) 정착지원 기본금과 가산금 제도

(1) 정착지원 기본금

정착지원은 기본금과 주거지원금으로 구분하고 세대원에 따라 차등 지급하며 자세한 지원내용은 다음 표와 같다.

표 9 　북한이탈주민의 정착금 및 주거지원금 상세 내용　　　　　　(단위: 만 원)

세대원 수	정착금 기본금		주거지원금	합계
	초기	분할		
1인	500	300	1,600	2,400
2인	700	700	2,000	3,400
3인	900	1,000	2,000	3,900
4인	1,100	1,300	2,000	4,400
5인	1,300	1,600	2,300	5,200
6인	1,500	1,900	2,300	5,700
7인	1,700	2,200	2,300	6,200

지급시기	하나원 퇴소 시 지급	거주지 전입 후 1년 이내 분기별 로 분할 지급	임대보증금을 지급 하고 남은 금액은 거 주지 보호기간이 종 료되는 5년 후 지급	

출처: 통일부(2020). 2020 북한이탈주민 정착지원 실무편람

주택을 배정받은 수급권자에게는 매달 주거급여를 지급하고 있다. 주거급여는 수급가구 내 만 19세 이상~30세 미만 미혼자녀로 부모와 거주지를 달리하는 사람은 부모와 분리해서 받을 수 있다(단, 청년 주거급여는 분리 지급되며, 2021년부터 시행). 주거급여 지급 상세내용은 다음 표와 같다.

표 10   2021년 수급권자 주거급여 지원 상한액   (단위: 원/월)

구분	1급지 (서울)	2급지 (경기·인천)	3급지 (광역시·세종시)	4급지 (그 외 지역)
1인	310,000	239,000	190,000	163,000
2인	248,000	268,000	212,000	183,000
3인	414,000	320,000	254,000	217,000
4인	480,000	371,000	294,000	253,000
5인	497,000	383,000	303,000	261,000
6~7인	588,000	453,000	359,000	309,000

급여신청은 배정된 거주지의 읍·면·동 주민센터에 방문하여 신청하고 청년 주거급여 분리지급을 신청할 경우, 부모 주소지 관할 읍·면·동 주민센터에 신청하면 매월 청년 명의의 지정된 계좌로 별도 지급한다.

(2) 정착지원 가산금

가산금 지원제도는 노령, 장애, 장기 질병, 한부모 가정, 제3국 출생 자녀양육 가정인 경우 북한이탈주민에게 지급되는 것으로 취약계층을 특별히 보호한다는 의미에서 정착금 기본금 외에 가산금을 지급하는 제도이며 지급기준은 다음과 같다.

표 11 가산금 지급 상세 내용

구분	지급기준	금액
고령 가산금	60세 이상	720만원(개인별)
장애 가산금	장애 등급기준	1급: 1,540만원 2~3급: 1,080만원 4~5급: 360만원
장기치료 가산금	중증질환으로 3개월 이상 입원 (15일 이상 입원 시 1개월 인정) 보건복지부: 본인 일부부담금 산정특례기준	80만원×개월 (최대 9개월)
한부모 가정 아동보호 가산금	만 13세 미만 한부모 아동 (보호아동에 한함)	360만원(세대별)
제3국 출생 자녀양육 가산금 (하나원 226기부터 해당)	제3국에서 출생한 만 16세 미만 의 자녀(임신 포함)	자녀 1인당×400만원 (2명까지 지급)

출처: 통일부 홈페이지 2022년 09월 기준 정착지원 내용 참고

가산금 지원제도에서 동일인에게 가산금을 지급할 수 있는 사유는 하나만 인정되며 제3국 출생 자녀 양육 가산금은 2017년 2월 21일 이후 하나원 수료자부터 적용된다. 단, 자녀 1인당 400만원까지 지급하되 자녀 2인까지만 지원받을 수 있다. '가산금' 지원은 거주지 보호기간 5년 내에 신청하면 분할 지급된다.

2) 사회보장제도

(1) 생계급여

생계급여와 의료급여 지원은 「국민기초생활보장법」과 「의료급여법」에 따라[3] 최초 거주지에 전입한 이후 '생활이 어려운 북한이탈주민'에 한하여 생계급여와 의료 혜택 지원하며 기간은 보호기간 5년간 특례가 적용된다. 다만, 생계급여의 경우, 근로능력이 있는 북한이탈주민의 하나원을 수료한 뒤 6개월까지는 조건부과를 면제하여 시행하며 6개월 경과한 이후에는 조건부 수급권자로 편성하고 자활사업에 참여하는 조건으로 지급한다.

---

3 국민기초생활 보장법 제2조 제11호 및 제6조, 제8조, 제12조의3에 따라 기준 중위소득 및 생계 · 의료급여 선정기준과 최저보장 수준을 보건복지부에서 공표에 따른다.

연금특례의 경우, 보호결정 당시 만 50~60세 미만의 북한이탈주민은 국민연금 가입 특례 적용된다. 「북한이탈주민보호법」 제26조의2 제1항에는 ① 60세가 되기 전에 가입기간이 5년 이상~10년 미만이 되는 사람이 60세가 되는 날, ② 60세가 된 후에 가입기간이 5년 이상 되는 사람으로서 가입자 자격을 상실한 날로 국민연금을 받을 수 있도록 규정하고 있다.

생활안정지원은 긴급생계 지원, 비보호자긴급생계비 지원, 사망위로금 지원, 무연고장제비·납골안치 지원이 있다. '긴급생계비 지원사업'은 위기상황에 높인 북한이탈주민에게 하나센터와 상담을 거쳐 생계비의 일부를 지원하는 사업이며, '비보호자 긴급생계비 지원사업'은 당해 연도에 입국한 북한이탈주민들 중 하나원에서 '비보호 결정통지' 받은 사람이 하나원을 퇴소한 후 하나센터를 통해 긴급생계비를 신청하면 이를 지원하는 사업이다. 또한 '사망위로금 지원사업'은 질병이나 사고로 북한이탈주민이 사망하였을 경우 사망자의 유가족에게 위로금을 지원하는 사업, '무연고장제비·납골안치 지원사업'은 남한에 연고가 없는 북한이탈주민이 사망 시 지방자치단체가 장제를 시행하고 장제비 일부를 하나재단에서 지원하는 사

표 12 생활안정 지원사업

구분	내용
긴급생계비	• 대상: 위기상황의 북한이탈주민 • 방법: 하나센터와 상담을 통해 재단 심사를 거쳐 생계비 일부 지원 • 범위: 연 최대 100만원 이내 / 생애 300만원 이내 (2020년 기준) • 절차: 하나센터 상담사 상담 → 가정방문 → 하나센터사례회의 → 남북 하나재단 서류제출 → 심의 → 지원
비보호자 긴급생계비	• 대상: 당해 연고 입국자 중 하나원에서 '비보호' 결정통지 받은 자 • 방법: 하나원 퇴소 후 하나센터를 통해 긴급생계비 신청(2020년 기준) • 범위: 최대 100만원(1인 1회)
사망위로금	• 대상: 당해 연도 질병·사고로 사망한 유가족에게 주는 위로금 • 범위: 1회 30만원(2020년 기준)
무연고 장제비· 납골안치	• 대상: 무연고로 사망한 북한이탈주민 장례 및 납골안치 지원 • 범위: 무연고 장제비- 1인 100만원 이내(무연고 납골안치-재단과 연계된 추모관에 안치)

출처: 남북하나재단 홈페이지(2019) 참고

업이다.

생활이 어려운 북한이탈주민에 대해서는 최초 거주지 전입일 이후 5년 범위에서 특례적용하여(「북한이탈주민법」 제26조) 최저생활비를 지원하고 있다. 근로무능력자로 구성된 가구는 가구원수에 1인을 추가하여 생계급여를 지급하고 있다. 단, 근로능력자가 포함된 가구는 일반수급자 선정기준과 동일하다.

▶▶▶

근로능력 없는 수급자(근로무능력자) 판정기준
▶▶▶

- 18세 미만 및 65세 이상인 수급자는 근로능력 없는 수급자
- 질병·부상 또는 그 후유증으로 치료 또는 요양이 필요한 사람 중에서 근로능력 평가를 통해 시장·군수·구청장이 근로능력이 없다고 판정한 사람
- 20세 미만의 중·고교 재학생 (재학증명서 첨부)―20세(2021년 기준, 2001년생)가 되는 날이 속한 달의 다음달 1일부터 근로능력자로 전환

※ 한겨레중고등학교(북한이탈주민자녀)에 재학 중인 20세 이상 재학생은 근로 곤란자로 판단

급여신청은 배정된 거주지의 읍·면·동 주민센터에서 전입신고와 동시에 '기초생활수급비' 신청이 가능하며, 최초 거주지 전입일이 포함된 달의 급여는 전액 지급된다.

(2) 건강보험과 의료급여

북한이탈주민은 「북한이탈주민법」에 근거한 타법 적용으로 의료급여 1종 혜택을 받는다. 의료급여 대상자는 매달 보험료를 내지 않지만, 외래진료 방문 횟수 증가에 따라 진료비 일부를 본인이 부담할 수 있고, 건강보험 혜택이 안 되는 (성형수술, 치과보철치료 등) 진료비는 본인이 부담해야 한다. 부양자(보호자)가 직장보험, 지역보험 가입자라면 외래진료 50%, 입원비 20%를 본인이 부담한다.

탈북청소년이 고용보험에 가입한 직장에 취업한 경우, 북한이탈주민 취업특례에 따라 중위소득 160% 이하('21년도 기준, 290만원 이하)를 받는 경우 거주지 보호기간(5년) 동안은 의료급여 1종 수급권자로 인정받을 수 있다. 다만, 승용차를 보유하면(장애인, 생계형은 제외) 재산으로 반영되어 생계 및 의료급여 대상에서 탈락될 수

있다.

북한이탈주민은 하나원 퇴소일에 반드시 거주지의 읍·면·동 주민센터에서 14일 이내 전입신고를 해야 하며 의료급여 대상자는 반드시 1차(보건소, 의원, 보건지소) → 2차(5개 이상의 진료과목과 입원시설을 갖춘 준종합 병원) → 3차(대학병원, 특수병원 등) 의료기관의 단계별 진료를 밟아서 진료를 받아야 한다. 단계별 진료를 받지 않으면 의료급여 혜택을 받을 수 없어 진료비를 비싸게 지불하게 된다.

3) 취·창업장려금 정착지원 제도

취업장려금제도는 거주지 보호 기간 중 6개월 이상 동일 업체(고용보험 가입사업장 대상)에서 근무한 경우 최대 3년까지 취업장려금을 지급하며, 단, 출산한 경우 최대 2년 범위 내에서 출산 횟수별 1년씩 신청을 기간 연장할 수 있도록 하였다.

표 13 **취업장려금 지급 내용**

구분	지급기준		금액
직업훈련 장려금	500시간 미만		미지급
	500시간 이상		120만원
	500시간 ~ 1,220시간		120시간당 20만원(최대 240)
직업훈련 추가 장려금	1년 과정, 우선 선정 직종		200만원
자격취득 장려금	1회 지급		200만원
취업장려금	1년차	6개월 이상~1년 미만 신청시 수도권 200만원, 지방 250만원	수도권 500만원 / 지방 600만원
	2년차		수도권 600만원 / 지방 700만원
	3년차		수도권 700만원 / 지방 800만원

출처: 통일부 홈페이지 2022년 09월 기준 정착지원 내용 참고

창업지원 사업은 지난 1년간 평균 월매출이 3천만 원 초과한 사업자에게(사업장의 시설개보수, 홍보·마케팅, 소규모 자산 취득) 최대 350만 원을 지원하는 제도이다.

창업희망자 지원 자활사업은 근로능력이 있는 북한이탈주민이 스스로 자립할 수 있도록 근로 기회를 제공하고 기능습득 지원이나 자활능력을 배양하는 사업으로서, 대상은 조건부 수급자, 차상위 계층의 참여를 통해 일반시장 진입을 유도한

표 14 창업 지원내용

구분	금액
지원내용	• 사업장의 시설개보수, 홍보 · 마케팅, 소규모 자산 취득
지원금액	• 최대 350만원 차등 지원
지원자격	• 북한이탈주민 본인 명의로 사업자등록증을 발급받아 공고일 현재 영업을 하고 있는 개인사업자(7개월 이상)
자격 제한	• 지난 1년간 평균 월매출 3천만원 초과 사업자 • 사회적기업 설립지원 사업, 통일형 예비 사회적 기업, 영농지원사업에 선정되어 지원받은 사업자 (중복수혜 불가) • 재단에서 경영개선지원 받은 사업자 (2013년도 대상자 추가신청 가능) • 동일업체명 및 대표자명의를 변경 한 경우, 동일인이 지원받은 업체 폐업 후 신규 창업한 경우에도 제외 대상에 포함 • 제한업종에 해당되는 경우 • 제한업종 : 금융업, 보험업, 단란주점, 성인오락실, 담배, 주류, 골동품, 귀금속, 모피제품, 총포, 댄스홀, 댄스교습소, 골프장, 도박장, 안마시술소, 철학관, 복권방, 부동산 임대업 등의 업종

출처: 남북하나재단 홈페이지(2021) 참고

다는 데 목적을 두고 있다. 북한이탈주민 밀집지역에 있는 '지역자활센터와 연계하여 사회 서비스형'으로 북한이탈주민에게 적합한 업종으로 사업을 운영하여 노동시장 진입을 위한 디딤돌 역할을 수행하는 사업이다.

비경제활동자를 지원하는 자활사업은 자활사업장 운영을 통해 탈북 어르신(65세 이상), 장애인, 한부모 가장 등을 위한 소득 창출 및 여가프로그램 운영을 통해 자립을 지원하는 프로그램이다. 창업희망자 자활사업과 비경제활동자 자활사업 지원을 구체적으로 살펴보면 〈표 15〉와 같다.

표 15 자활사업 지원내용

창업희망자 지원		비경제활동자 지원	
구분	지원내용	구분	지원내용
지원내용	• 근로기회 제공, 기능습득 지원, 자활능력 배양	지원내용	임대차비용, 시설비, 운영비 등

구성형태	• 북한이탈주민 70~80%로 구성된 특화된 사업단	사업기간	계약일로부터~3차년도까지 효과가 우수한 경우, 최대 5년까지 지원
참여대상	• 조건부수급자(1순위), 차상위 계층, 자활특례자	사업대상	북한이탈주민 어르신, 장애인, 한부모 가장

출처: 남북하나재단 홈페이지(2021) 참고

영농정착지원 사업은 귀농, 귀촌을 희망하는 북한이탈주민에게 영농교육을 통해 귀농시 성공을 높이고 본인의 적성에 맞는 작목과 지역을 선택할 수 있도록 영농희망자를 육성하는 데 목적을 두고 있는 사업이다. 영농교육지원은 영농정착 단계별 지원 및 실습을 통해 영농성공률을 향상하는 것이 목적이며, 교육을 수료하면 한 해 영농종사 시 초기운영비 1,800만원을 지급한다. 영농지원과 관련한 상세한 내용은 〈표 16〉과 같다.

표 16 영농지원내용

구분	지원자격	지원내용 및 금액
영농희망자 교육 지원(연3회): 이론교육 3주, 영농실습6~9개월, 사후관리	영농을 희망하는 만 19~70세미만 북한이탈주민	– 영농종사시 초기운영비 1,800만원 – 실습자 월 89만원, 실습농가 월 40만원 교육비 지급
영농운영비 지원 (2년에 걸쳐)	6개월 이상 영농에 종사 중인 만 20~70세미만 북한이탈주민	– 1년차 1,000만원 – 2년차 500만원
선도농가 육성지원: 작목별 심화교육, 법인설립지원 통한 영농종사자들의 소득증대	영농경력 3년 이상인 자	– 작목별 심화교육 실비지원 – 법인설립자지원 200만원이내 – 소규모법인공동시설지원 700만원 이내 – 신용보증기금 수수료지원
영농정착 기반조성을 위한 지역주민 간담회 지원	지역전입 1년 미만인 영농종사 북한이탈주민	– 1인당 30만원 지원
영농생산품 판촉(홍보물) 지원	본인의 영농생산품 홍보를 원하는 북한이탈주민	– 전단지, 스티커, 명함, 각종행사시 홍보, 판매
영농컨설팅 지원	영농희망자, 영농종사자	– 영농컨설턴트, 농촌진흥청 등 전문기관과 연계한 컨설팅 지원

출처: 남북하나재단 홈페이지(2021) 참고

4) 교육지원제도

교육제도는 중·고등학교와 대학교에 편·입학하는 청소년에게 학교와 대학별 기준에 의하여 지원하게 된다. 만 24세 이하 중·고등학생의 경우 교육부에서 전액 무료지원하며, 국공립대학에 편·입학하는 경우 등록금이 전액 무료이지만 사립대학에 편·입학하는 경우 등록금 50%를 남북하나재단에서 지원한다.

북한이탈주민 중에 10대 청소년은 약 12%를 차지하며 이들 중 일부는 학업공백으로 학교생활적응에 어려움을 겪고 있다. 이에 탈북청소년(제3국 출생포함)의 학교적응, 일반학교 편입지원을 위해 특성화학교인 한겨레중고등학교 운영비를 지원하고 있다. 그 밖에 민간단체에서 운영하는 탈북청소년(제3국 출생포함) 보호시설 및 대안학교도 운영비를 지원하고 있다. 통일부에서 지원하는 인가 대안학교는 '여명학고', '하늘꿈학교', '드림학교'이다. 상세한 내용은 〈표 17〉과 같다.

표 17 교육제도 지원내용

구분	중·고등학교	대학교	
		국·공립대학	사립대학
내용	• 입학금(1회) 및 수업료 • 학교운영지원비 및 기숙사비	입학금(1회), 등록금 전액면제	입학금 전액(1회), 등록금 남북하나재단이 50%보조
기간	• 1회	• 최초 입학한 날로부터 6년 범위에서 8학기 면제·보조(다만, 의학·치의학·약학·수의학 및 한의학 계통은 8년 범위에서 12학기 면제·보조) * 육아, 출산, 질병 휴학의 경우에도 기간 진행 * 계절 학기도 1학기로 처리 * 학점인정 교육기관은 20학점을 1학기로 처리	
대상	• 입학 또는 편입학 당시 만24세 이하	• 입학 또는 편입학 기준 만 34세 이하 • 산업대학, 전문대학, 사이버대학, 방송통신대학, 학점인정시설 등 연령제한 없음 • 국내 고교졸업 또는 고졸 이상의 학력을 인정받은 날부터 5년 이내 입학 또는 편입한 경우	
방법	• 전액 면제	• 전액면제	• 대학에서 하나재단에 신청

지원 제외	•해당 없음	•국내 4년제 대학이상 졸업한 사람 – 직전 학기 평균성적 2회 연속 70점(C학점) 미만

출처: 남북하나재단 홈페이지(2021) 참고

탈북청소년을 대상으로 하는 교육지원은 많지만, 남북하나재단, 한국장학재단, 무지개청소년센터에서는 주로 장학금을 지원하며, 그 밖에는 다양한 멘토링 프로그램, 학력보충 프로그램, 특성화 프로그램, 진로진학 등을 지원하고 있다.

표 18 북한이탈청소년 대상 지원 프로그램

프로그램명	담당기관	지원내용	신청시기
장학금 지원	남북하나재단	생활비 보조 장학금	3~4월/9~10월
	한국장학재단	생활비 보조 장학금	4~7월/8~10월
	무지개청소년센터	교육비, 학원비 등	3~5월
멘토링 프로그램	탈북청소년교육지원센터	잠재역량 강화(HOPE)	4월
	한국장학재단	멘토링(영·수, 요리·미술)	수시
	북한인권시민연합	멘토링(영·수·한국어)	수시
학력보충 프로그램	남북하나재단	화상영어, 학습지 이원	1~2월
		디딤돌(예비)대학	3~12월
	북한인권시민연합	계절학교(기초학습 캠프)	11~12월
특성화 프로그램	남북하나재단	해외연수	2월(호주,미국)/ 6월(미국)
		대학생 리더교육(경진대회)	3~12월
	탈북청소년교육지원센터	심리상담	수시
	무지개청소년센터	심리상담	수시
		레인보우스쿨(한국어)	2~3월/8~9월
진로진학	남북하나재단	진로진학 상담	6–9월
	탈북청소년교육지원센터	찾아가는 진로상담	수시
	무지개청소년센터	진로교육(자격증취득)	2~3월/8~9월
	북한인권시민연합	진로진학 지도	수시

5. 소 결

한국정부가 1999년에 제정한 「북한이탈주민의 보호 및 정착지원에 관한 법률」은 북한이탈주민들이 안정적으로 우리사회의 일원으로 정착할 수 있도록 다양한 정책적 지원을 할 수 있는 법적 근거를 두고 있다. 남북분단 이후, 꾸준히 북한이탈주민이 발생하였지만, 북한이탈주민 지원에 대한 입법 규정은 없었다. 다만 남북한 체제경쟁이 치열했던 시기인 1960~1970년대까지는 군사안보차원을 넘어 보훈차원에서의 지원으로 접근하였다. 그러나 1990년대 체제경쟁이 무너지면서 북한이탈주민의 증가로 인해 체제선전차원의 접근보다는 사회복지차원으로 접근하기 시작하면서 보호와 지원에 초점을 맞춘 지원정책으로 북한이탈주민의 사회적응 지속성을 확보할 수 있는 기틀이 마련되었다.

북한이탈주민 지원정책은 남북관계 변화의 영향을 받으며 시대별 여러 차례 변천과정을 거치면서 주무관청도 국방부→원호처→국가보훈처→보건사회부→통일부로 이관되었다. 국내로 유입되는 북한이탈주민이 대폭 감소되면서 북한이탈주민을 위한 지원체계도 우리 사회 환경에 맞게 전환되어야 한다는 목소리가 높아지기 시작하였다. 초기정착지원은 '보호·지원'에 초점을 두었다면 20여 년 동안 여러 차례 법률이 개정되면서 '자활·자립' 중심으로 정착지원이 확대되었다. 2013년도 정착지원을 위한 '기본계획 및 시행계획' 조항이 신설되었고 3년마다 기본계획이 추진되면서 다양한 정착지원 정책으로 북한이탈주민들의 '착한사례'들이 증가하고 있고 북한이탈주민에 대한 국민들의 인식도 많이 개선되었다.

그럼에도 북한이탈주민은 일반한국인과는 다른 문화적 배경으로 인해 사회문화 적응에 어려움을 겪고 있었으며 사회편견과 차별로 인해 노동의 배제, 경제적 배제, 사회적 배제의 대상으로 취업에서 어려움을 겪고 있다. 북한이탈주민 정착지원을 위한 다양한 정책이 시행되고 있지만, 정착지원에서 가장 중요한 것은 일반인의 인식개선을 위한 사회적 환경을 조성하는 것이다. 사회통합 관점에서 모두의 인식개선 사업은 미래지향적인 한반도 사회를 구현하는데 토대가 될 것이다. 다문화사회로 정착이 필수적인 한국사회는 점차 다양한 문화적 배경을 지닌 사람들과 일반인 모두가 함께 살아갈 수 있는 다문화주의적 관점에서 사회문화적 환경 개선과 타인을 바라보는 한국인의 인식이 개선되어야 한다. 북한이탈주민을 대상으로 출발하지만 궁극적으로 사회통합은 서로의 변화를 전제로 하며 공동의 가치를 위한 출발점이라고 본다.

참고문헌

남북하나재단 홈페이지. (https://www.koreahana.or.kr)

미국의소리(2021.06.19.). UNHCR "2020년 전 세계 난민 자격 탈북민 782명"(https://www.voakorea.com/a/korea_korea-politics_asylum-un/6059579.html)

북한인권시민연합 홈페이지. (http://kor.nkhumanrights.or.kr)

탈북청소년교육지원센터. (https://www.hub4u.or.kr)

통일부 홈페이지. (www.unikorea.go.kr)

한국장학재단 홈페이지. (www.kosaf.go.kr)

제 7 장

유학생

최 희

1. 외국인 유학생 개념 및 적용대상

1) 개념 정의 및 적용대상별 유형

출입국관리법에 따르면 '외국인 유학생'이란 국내에 체류할 수 있는 기간이 제한되는 체류자격(제10조) 중에 "유학이나 연수 활동을 할 수 있는 체류자격을 가지고 있는 외국인"을 의미한다.[1] 즉, 외국인 유학생 또는 유학생이란 '어학연수'라고 따로 구분하지 않는 한 유학(D2-1~8) 및 한국어연수(D4-1), 외국어연수(D4-7) 모두를 말한다. 단, 지자체에서 정의하는 외국인 유학생은 해당 지역에 거주하는 학생으로 거주 범위를 포함하고 있다.

유학이나 연수 활동으로 체류자격을 받아야 「고등교육법」 제2조 각호에 따른 학교에 입학하거나 연수를 받을 수 있다. 외국인 유학생의 체류자격에서 D2(유학)는 전문대학 이상의 교육기관 또는 학술연구기관에서 정규과정의 교육을 받거나 특

---

1 「출입국관리법」 제19조의4 제1항

정의 연구할 목적으로 국내에 체류하려는 사람이며[2], D4(일반연수)는 유학(D2)자격에 해당하는 교육기관 또는 학술연구기관 외의 교육기관이나 기업체·단체 등에서 교육 또는 연수를 받거나 연구 활동에 종사할 목적으로 국내에 체류하려는 사람이다.[3] 단, 연수기관으로부터 체재비를 초과하는 보수를 받거나 법무부장관이 정하는 연수조건을 갖추어 산업체에서 연수를 받는 경우에는 다른 유형의 사증(단기취업, 연구 등 해당 유형의 사증)을 발급받아야 한다.[4] 외국인 유학생 적용대상별 세부유형은 〈표 1〉과 같다.

표 1　외국인 유학생 적용대상별 세부유형

약호	약호	세부 유형	비고(체류기간)	
유학 (D2)	D2-1	전문학사과정	고등교육법 또는 특별법에 따른 (2년 이내, 단수[5])	전문학사 학위과정
	D2-2	학사과정		학사학위 및 전공심화 과정
	D2-3	석사과정		석사학위 및 학·석사 통합학위과정
	D2-4	박사과정		박사학위 및 석·박사 통합학위과정
	D2-5	연구과정	대학 및 연구기관에서 석·박사 학위를 소지하고 전문분야의 연구를 수행하면서 실험 실습 및 논문작성 등을 위하여 연구하려는 사람(2년 이내, 단수) ※ 석사 후 연구과정 등 연구조교·연구보조원에 준한 연구 활동 또는 박사 후 연수 활동 (전공분야 불문)을 하며 체재비 정도의 연구수당을 받는 자	

2　「출입국관리법」 시행령 [별표 1의2] 제5호
3　「출입국관리법」 시행령 [별표 1의2] 제7호
4　「출입국관리법」 제10조, 제10조의2, 「출입국관리법 시행령」 제12조 및 별표 1의2 제7호
5　인증대학 유학생은 체류기간 상한 (2년) 부여, 단 20개국+5개 국가는 제외함. 국방부 초청 수탁교육생(D2-2~D2-4)은 체류기간 2년 이내, 단수이며, 인도국민(D2-1, D4-5)은 체류기간 2년, 유효기간 5년 복수이다. 단. 교육기간이 5년 미만인 경우 교육기간 동안 유효한 복수사증을 발급된다.

	D2-6	교환학생	해외 대학과의 학술교류협정 등에 의해 상호학생을 교환하는 프로그램에 참여하여 학점을 취득하는 사람(1년 이내, 단수) ※ 단, 복수학위 등 교환학생 프로그램으로 국내 대학 졸업증서와 학위가 수여되는 경우는 일반 학위과정으로 관리
	D2-7	일-학습 연계 유학 ('16.05.16 신설)	정부 초청 장학생(GKS) 등으로 선발되어 국내 대학 전문학사 이상의 정규 학위과정(2년 이내, 단수) ① (정부초청장학생) 정부초청 외국인장학생 사업(GKS[6]) 대상자로 선정된 학생 ② (외국정부선발 장학생[7]) 외국정부에서 등록금 전액 장학금을 지급하는 학생 ③ (대학선발 이공계 우수 장학생) 입학 시 또는 입학 후 교비전액 장학생으로 선발되어 등록금 전액을 장학금으로 지원 받는 학생
	D2-8	단기유학 (방문학생)	외국대학 정규 학위과정 재학생(휴학생 포함)으로서 국내 대학의 1년 이하 정규 학위과정에서 자비로 수학하고자 하는 유학생 ※ 사증면제협정 체결국가 국민 중 각 협정에 따라 그 기간 동안 국내에서 유학활동이 가능한 국가 국민에 대해서는 그 기간 동안 별도의 유학사증을 발급받지 않아도 유학 활동 가능 (체류관리과-1554호, '17.3.13.) ※ 학점이 부여되는 정규 학위과정(계절학기 포함)만을 대상으로 하며, 학점이 부여되지 않는 비교과 과정(아카데미, 특강 등)을 단기간 수강하고자 하는 경우 단기(C2) 사증 발급
일반 연수 (D4)	D4-1	한국어 연수생	대학 내 평생교육법에 따라 인가된 평생교육시설(대학부설 평생교육시설 포함한 어학원 연수)·사설학원 등은 어학연수(6개월 이내, 단수)
	D4-7	외국어 연수생	

출처: 「외국인 유학생 사증발급 및 체류관리지침」 p.2 참고하여 재구성

유학자격 특성상 학위과정을 원칙으로 하며, '정규학위과정 외'란 정규학기가 아닌 계절학기를 의미하므로 학위와 무관한 대학의 단기 아카데미 과정 등은 단기 유학에 제외된다. 대학에서 단기간 개설되는 아카데미, 특강 등은 C3(B1, B2)자격으로 참가 가능하고 대학의 정규입학생으로 계절학기로만 운영되더라도 석·박사 과정은 단기유학이 아닌 해당 학위 과정(D2-3~4)으로 관리하고 있다.

---

6   교육부 국립국제교육원에서 주관하는 Global Korea Scholarship 프로그램 대상자로 학위를 취득을 마친 경우에 체류혜택을 부여하고 있다.
7   '18. 3. 1부로 대학선발 이공계 우수장학생과 함께 대상자 확대하였다.

2) 외국인 유학생 유입 현황

전체 외국인 유학생 수는 2022년도 기준 총 166,892명으로 전년 대비 9.6%가 증가해서 152,281명이다. 이는 2000년(3,980명)부터 2022년도까지 평균 21%가 증가한 수치이다. 법무부가 2003년도에 '외국인 유학생 시간제 취업 허가제도 확대 방안'을 발표하고 2004년 '한국어 어학연수 비자(D-4-4)'가 도입되면서 외국인 유학생 유입 증가에 영향을 미친것으로 보인다. 2004년 교육부가「외국인어학연수 관리지침」을 제정하고 외국인 어학연수생을 집중관리하기 시작하였고, 2007년 법무부에서는「재한외국인처우기본법」을 제정하고 해외 우수인재 유치를 위한 제도개선 방안과 유학생 취업 지원을 위한 제도개선안이 발표되면서 외국인 유학생의 유입이 증가한 것으로 판단된다. 연도별 외국인 유학생 추이를 살펴보면 [그림 1]과 같다.

고등교육기관의 외국인 유학생 유형별 현황을 보면, 학위과정 외국인 유학생은 2012년도(60,589명)부터 2014년도(53,636명)까지 감소하다가 2015년(55,739명)부터 현재까지 꾸준히 증가하였다. 현재 전문학사/학사과정생은 80,988명, 석사과정생 26,928명, 박사과정생 16,892명으로 국내 체류 외국인 유학생 전체의 74.8%를 차지하고 있다.

반면, 비학위과정 외국인 연수생 경우 2011년도부터 2019년도까지 평균 11% 증가하다가 2020년도 -32.1%, 2021년도 -20%로 각각 감소하였고 2022년도 다시

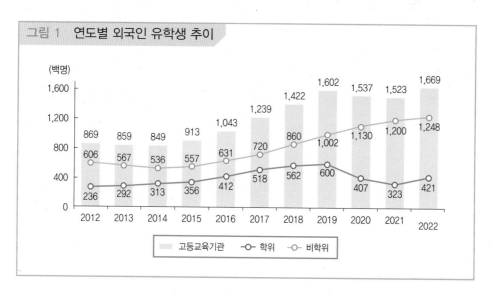

그림 1 연도별 외국인 유학생 추이

30.5% 증가하여 전체 외국인 유학생의 25.2%를 차지하고 있다.

전체 외국인 유학생 증감 비율을 보면, 학위 과정 중에 학사과정생은 2010년도에 비해 2022년도 6.9%, 석사과정 8%, 박사과정생 124% 증가하여 학사과정생보다 석·박사과정생 고학력이 크게 증가한 것을 알 수 있다. 이는 유학생들의 교육 수요가 점차 상급 학교 진학으로 이동하고 있음을 보여준다. 반면, 어학연수생 증감 비율은 2010년도에 비해 2019년도에 45% 증가하다가 2020년부터 2022년도까지 감소하였고 기타연수생은 2010년도에 비해 2019년도에 19.2% 증가하다가 이후 감소하였다. 이는 외국인 유학생 중에서 학위과정생 보다는 비학위과정생에게 코로나 19의 사태가 영향을 미친것으로 보인다.

표 2   연도별 학위과정과 비학위과정 유형별 외국인 유학생 수(2010~2022)

(단위: 명, %)

연도	총계	학위과정(전체 유학생 비율)				비학위과정(전체 유학생 비율)		
		합계	전문학사/학사	석사	박사	합계	어학연수생	기타연수생
2022년	166,892	124,803(74.8)	80,988(48.5)	26,923(16.1)	16,892(10.1)	42,089(25.2)	27,194(16.3)	14,895(8.9)
2021년	152,281	120,018(78.8)	80,597(52.9)	25,169(16.5)	14,252(9.4)	32,263(21.2)	23,442(15.4)	8,821(5.8)
2020년	153,695	113,003(73.5)	74,851(48.7)	24,996(16.3)	13,156(8.6)	40,692(26.5)	32,315(21.0)	8,377(5.5)
2019년	160,165	100,215(62.6)	65,828(41.1)	23,605(14.7)	10,782(6.7)	59,950(37.4)	44,756(27.9)	15,194(9.5)
2018년	142,205	86,036(60.5)	56,097(39.4)	21,429(15.1)	8,510(6.0)	56,169(39.5)	41,661(29.3)	14,508(10.2)
2017년	123,858	72,032(58.2)	45,966(37.1)	18,753(15.1)	7,313(5.9)	51,826(41.8)	35,734(28.9)	16,092(13.0)
2016년	104,262	63,104(60.5)	38,944(37.4)	17,282(16.6)	6,878(6.6)	41,158(39.5)	26,976(25.9)	14,182(13.6)
2015년	91,332	55,739(61.0)	32,972(36.1)	16,441(18.0)	6,326(6.9)	35,593(39.0)	22,178(24.3)	13,415(14.7)
2014년	84,891	53,636(63.2)	32,101(37.8)	15,826(18.6)	5,709(6.7)	31,255(36.8)	18,543(21.8)	12,712(15.0)
2013년	85,923	56,715(66.0)	35,503(41.3)	16,115(18.8)	5,097(5.9)	29,208(34.0)	17,498(20.4)	11,710(13.6)
2012년	86,878	60,589(69.7)	40,551(46.7)	15,399(17.7)	4,639(5.3)	26,289(30.3)	16,639(19.2)	9,650(11.1)
2011년	89,537	63,653(71.1)	44,641(49.9)	14,516(16.2)	4,496(5.0)	25,884(28.9)	18,424(20.6)	7,460(8.3)
2010년	83,842	60,000(71.6)	43,709(52.1)	12,480(14.9)	3,811(4.5)	23,842(28.4)	17,064(20.4)	6,778(8.1)

출처: 교육부(2020) '2022년 교육기본통계 주요 내용'. 교육안전정보국 교육통계과

2. 외국인 유학생 지원정책

1) 현행 법령

우리나라는 외국인 유학생 유치부터 관리와 지원을 위한 법·제도적 근거가 마련되어 있다. 「출입국관리법」(법률 제18397호)은 체류하는 외국인의 체류관리와 사회통합 등에 관한 사항을 규정하고 있으며 제19조의4에는 '외국인 유학생의 관리 등'으로 외국인의 유학이나 연수활동에 따른 체류 자격과 관리에 대한 규정을 명시하였다. 「출입국관리법 시행령」(대통령령 제32871호) 제24조의8에는 외국인 유학생의 관리 등에 대하여 규정하고 「출입국관리법 시행규칙」(법무부령 제1032호)은 「출입국관리법」과 「출입국관리법 시행령」을 시행함에 있어 필요한 사항을 규정하고 있다.

「재한외국인 처우 기본법」(법률 제18793호)은 재한외국인이 한국사회에 적응하여 개인의 능력을 충분히 발휘할 수 있도록 하고 국민과 재한외국인의 서로 존중하는 사회 환경을 만들어 한국사회발전과 사회통합에 이바지함을 목적으로 한다. 법무부장관은 외국인정책의 기본계획을 수립하고(동법 제5조) 지방자치단체 장은 연도별 시행계획(동법 제6조)을 수립하고 시행하도록 규정하고 「재한외국인 처우 시행령」(대통령령 제28211호)은 「재한외국인 처우 기본법」에서 위임된 사항과 그 시행에 필요한 사항을 규정하고 있다. 그 밖에도 〈표 3〉과 같이 법·제도적인 범위 안에서 외국인 유학생의 체류 관리 및 지원하고 있다.

표 3 외국인 유학생 적용 관련 법령

구분	적용 법령
외국인 유학생 관련 법령	「출입국관리법」, 「재한외국인처우기본법」, 「국민건강보험법」, 「고등교육법」, 「초·중등교육법」, 「도로교통법」, 「자동차관리법」
입국, 재입국, 학업 종료 (출국, 국내 취업, 국내 상위교육기관의 진학)	「출입국관리법」

사증발급, 외국인등록, 체류 기간	「출입국관리법」, 「체류자격 외 활동 허가 등의 신청 및 수령의 대리에 관한 규정」
외국인 유학생 교육과정 및 입학 절차	「국내대학과 외국대학과의 교육과정 공동운영에 관한 규정」, 「고등교육법」, 「초·중등교육법」, 「출입국관리법」, 「중·고등학 교 특례입학 업무처리요령」
외국인 유학생 지원	「재한외국인 처우 기본법」, 「출입국관리법」
거주 형태, 집구하기, 국제이사	「공인중개사의 업무 및 부동산 거래신고에 관한 법률」, 「주택법」, 「출입국관리법」, 「부동산등기법」, 「주택임대차보호법」, 「관세법」, 「이사물품 수입통관사무처리에 관한 고시」
교통체계, 운전면허 취득, 자동차 등록	「도로교통법」, 「자동차관리법」, 「자동차등록령」
금융 거래	「외국환거래법」, 「외국환거래규정」
의료체계, 건강보험의 가입	「국민건강보험법」, 「장기체류 재외국민 및 외국인에 대한 건강 보험 적용기준」
시간제 근로(아르바이트)	「출입국관리법」, 「체류자격 외 활동허가 등의 신청 및 수령의 대리에 관한 규정」

출처: 찾기 쉬운 생활법령정보>외국인 유학생>외국인 유학생 관련법령

2) 행정규칙과 자치법규

(1) 행정규칙

행정규칙은 행정기관 공무원들의 직무에 대한 준칙을 정해 놓은 법조형식의 규정이다. 외국인 관련 행정규칙은 「출입국기록관리 및 정보화 업무 처리지침」(법무부훈령 제1293호),[8] 「외국인 종합 안내센터 설치 및 운영에 관한 규정」(법무부훈령 제614호), 「각종 체류 허가 등의 신청 및 수령의 대리에 관한 규정」(법무부고시 제2020-520호), 「장기체류 재외국민 및 외국인에 대한 건강보험 적용기준」(보건복지부고시 제2021-253호) 등이 있다.

그 밖에도 법무부는 외국인 유학생의 효율적 관리와 체류지원을 위해 사증발급

---

8   출입국관리기록의 작성·관리에 관한 기준 및 절차 중 「출입국관리법」, 동법 시행령과 시행규칙/「재외동포의 출입국과 법적 지위에 관한 법률」, 동법 시행령과 시행규칙/「국적법」, 동법 시행령과 동법 시행규칙/「난민법」, 동법 시행령과 동법 시행규칙/「법무부 정보화 업무 기본지침」 등에서 정하지 않은 사항과 그 밖에 출입국·외국인정책행정 정보화업무 수행에 필요한 사항을 규정하고 있다.

및 체류 관리 등에 대한 세부 사항과 절차를 규정하는 「외국인 유학생 사증발급 및 체류 관리지침」을 2005년 9월에 제정하였다. 기본원칙은 유학생 관리가 우수한 인증대학 유학생에 대한 제출서류를 대폭 완화하고 유학생 선발 자율권을 최대한 보장하는 한편, 대학이 학생선발 및 관리의 주체로서 유학생의 입국에서 출국까지 관리책임이 있음을 명시하여 유학을 불법 취업 등의 목적으로 활용하는 사례를 방지하고자 하였다. 교육부는 외국인 유학생(어학연수생 포함)의 선발 절차와 학업지도 등에 관한 사항을 안내하여 대학의 업무처리를 표준화하고 유학생들의 안정적인 국내 유학을 지원하고자 2008년 5월에 「외국인 유학생 및 어학연수생 표준업무처리요령」을 제정하고 여러 차례 개정하였다.

(2) 자치법규

조례는 법령의 범위 안에서 지방자치단체가 자치에 관하여 지방의회 의결로써 제정하는 자치법규이다. 「헌법」 제117조 제1항에는 '지방자치단체는 주민의 복리에 관한 사무를 처리하고 재산을 관리하며 법령의 범위 안에서 자치에 관한 규정을 제정할 수 있다'고 명시하였다. 지방자치법 제22조에는 '지방자치단체는 법령의 범위 안에서 그 사무에 관하여 조례를 제정할 수 있다'고 규정하고 있다.

2007년 7월 경기도 양주시에서 「양주시 거주외국인 등 지원 조례」(제317호) 제정을 시작으로 각 시도별 303개의 지방자치단체에서 거주외국인을 위한 조례를 제정하여 시행하고 있다.[9] 외국인주민 및 다문화가족 지원 관련 조례는 282개의 시·도에서 외국인 계절근로자 지원 관련 조례는 총 21개 시·도에서[10] 제정하여 거주외국인을 지원하고 있다. 조례 제정 목적은 거주하는 외국인들의 지역사회적응과 생활편익 향상을 도모하고 자립생활에 필요한 행정적 지원방안을 마련하여 지역사회의 일원으로 정착할 수 있도록 하는 것이다.[11] 거주외국인 지원범위는 한국어 및 기

---

9 강원도(21), 경기도(39), 경상남도(34), 경상북도(25), 광주광역시(7), 대구광역시(9), 대전광역시(5), 부산광역시(12), 서울특별시(43), 울산광역시(6), 인천광역시(14), 세종특별자치시(2), 제주특별자치시(2), 전라남도(29), 전라북도(18), 충청남도(21), 충청북도(16)의 시·도 조례를 제정하였다.

10 강원도(1), 경기도(2), 경상남도(2), 경상북도(2), 전라남도 5, 전라북도(2), 충청남도(3), 충청북도(4)의 시·도 조례를 제정하였다.

11 경기도가평군조례 제1988호, 2008.2.19. 제정

초생활 적응교육, 고충·생활·법률·취업 등에 관한 상담, 생활편의 제공 및 응급 구호, 문화·체육행사, 그 밖에 거주외국인의 지역사회 적응을 위하여 필요하다고 인정하는 사업을 포함하고 있다.

또한, 세종특별자치시와 전라북도에서는 '외국인 유학생 지원'을 위한 조례를 제정하여 이민사회의 변화에 보조를 맞춰 지방자치단체 차원에서 경쟁력에 필요한 인재를 유치하기 위한 다양한 정책을 마련하고 있다. 세종특별자치시는 「세종특별자치시 외국인 유학생 지원 등에 관한 조례」(제1496호) 2020년 7월에 제정하였고 전라북도는 「전라북도 외국인 유학생 지원 등에 관한 조례」(제5127호) 2022년 10월에 제정됨. '시(도)에 거주하는 외국인 유학생 및 어학 연수생의 안정적인 국내 유학을 지원하는데 필요한 사항을 규정하여 우수한 외국인 유학생 유치 확대와 지역사회 활동 참여를 통하여 도시 경쟁력 제고에 이바지함'을 목적으로 한다.

지원대상은 시(도)에 거주하고 있는 '외국인 유학생'과 '어학연수생'이다. 자치법규에서 정의하고 있는 '외국인 유학생'이란 '시(도)에 거주하며 「고등교육법 시행령」 제29조 제2항 제6호, 제7호에 따른 재외국민 또는 외국인으로서 국내대학 및 대학원에서 수학하거나 연구하는 학생'이고, '어학연수생'이란 '시(도)에 거주하는 외국인 또는 재외국민으로서 국내의 대학 및 대학원의 정규과정·연구과정 외에 대학부설 어학원에서 한국어를 습득하고자 하는 학생'을 말한다. 다만, 「출입국관리법」 등에 따라 합법적인 체류자격이 없는 미등록 체류자는 제외하고 있다. 세종특별자치시와 전라북도에서의 지원 사업내용은 〈표 4〉와 같다.

표 4　외국인 유학생 지원 등에 관한 조례의 지원 사업 범위

구분	시(도)의 지원 사업 범위
세종특별 자치시	① 시장은 외국인 유학생 및 어학연수생을 지원하기 위하여 다음 각 호의 사업 추진 1. 한국어 및 생활 적응 교육 2. 생활·법률·국내 취업 등에 관한 상담 3. 주거 등 생활 편의 안내 4. 외국인 유학생 및 어학 연수생을 위한 문화·체육행사 개최 5. 외국인 유학생 지원에 관한 데이터베이스 구축 및 관리〈신설, 2020.07.15.〉 6. 그 밖에 지역사회 적응 및 활동 참여를 위하여 시장이 필요하다고 인정하는 사업〈제5호에서 이동, 2020.07.15.〉

	② 시장은 제1항에 따른 사업을 수행하는 법인 및 단체 등에 예산의 범위에서 그 경비의 전부 또는 일부 지원
전라북도	① 도지사는 외국인 유학생 및 어학연수생을 지원하기 위하여 다음 각 호의 사업 추진 1. 도내 생활 적응 교육 2. 외국인 유학생의 장학금 지원 3. 생활 · 법률 · 국내 취업 등에 관한 상담 4. 기숙사 등 주거에 대한 지원 5. 외국인 유학생 및 어학연수생을 위한 문화 · 체육행사 개최 6. 외국인 유학생 지원에 관한 데이터베이스 구축 및 관리 7. 그 밖에 지역사회 적응 및 활동 참여를 위하여 도지사가 필요하다고 인정하는 사업 ② 도지사는 제1항에 따른 사업을 수행하는 법인 및 단체 등에게 예산의 범위에서 그 경비의 전부 또는 일부 지원 ③ 도지사는 법인 및 단체 등이 허위 또는 부정한 방법 등으로 사업경비를 지원을 받은 경우 그 사업경비 환수

3) 외국인 유학생 지원정책의 변천 과정

2000년대 이후 정부의 정책적 기조에 따라 우리나라의 외국인 유학생 정책은 시기별로 양적 확대(2001~2007), 질적 관리(2008~2013), 통합 관리(2014~현재)로 나누고 있다. 특히, 외국인 유학생 정책은 교육부와 법무부가 중심으로 관리하고 있으며 교육부는 유학생 유치와 함께 교육과 관리를 하고 법무부는 유학생의 국내 입국 비자, 출입국신고, 국내 체류와 같은 법규범에 관한 관리를 하고 있다(김지하 외, 2020).

외국인 유학생 유치를 위한 세부정책은 유학생 유치기구 도입, 유학생 관리체계 확립, 대학에 대한 재정지원 등과 함께 우수 외국인 유학생이 노동시장에 편입할 수 있도록 체류 비자 정책과 취업박람회 등 다양한 접근을 하고 있다(송영관 · 양주영, 2009).

| 표 5 | 교육부 및 법무부의 주요 외국인 유학생 지원정책 변화 |

교육부 주요 정책	연도	시기	연도	법무부 주요 정책
정부초청 외국인장학생 초청사업 실시	1967	양적 확대	2002	외국인 유학생 시간제 취업 허가
「외국인 유학생 관리지침」 제정	1999		2003	외국인 유학생 시간제 취업 허가제도 확대방안 발표
외국인 유학생 유치 확대 종합방안 발표, 「한국유학박람회」 실시	2001		2004	한국어 어학연수 비자(D-4-4)도입
「Study Korea Project」 시행 「외국인어학연수 관리지침」 제정	2004		2005	출입국관리법」령에 '외국인 유학생의 관리' 등 조향신설, 외국인 유학생 및 전문인력 유치 지원대책, 「외국인 유학생 및 어학연수생 관리지침」 제정
「Study Korea 2010 Project」	2005		2007	「재한외국인처우기본법」 제정, 해외 우수인재유치를 위한 제도개선방안, 유학생취업지원을 위한 제도개선안
「외국인 유학생 및 어학연수생 표준업무처리요령」 제정, Study Korea 2012 Project 시행	2008	질적 관리	2008	외국인종합안내센터, 유학생종합정보 시스템, contact korea 실시
「외국인 유학생 관리 부실대학 제재방안」 발표, 「외국인 유학생 지원·관리 개선방안」 발표	2009		2009	온라인 사증 신청·심사 시스템 (HuNet Korea) 도입·시행
「Global Korea Scholarship」 시행 「국제화 거점 전문대학 육성사업」 시행, 「글로벌 교육서비스 활성화 방안」 발표	2010		2010	우수인재에 대한 제한적 이중국적 용인, 「외국인 유학생을 위한 길잡이」 발표
「우수외국인 유학생 유치 및 관리 체계 선진화방안」 발표, 「외국인 유학생 유치·관리역량 인증제」 도입·시행	2011		2011	「외국인 유학생 사증발급 및 체류관리 지침」 도입
「전략적 유학생 유치 및 정주지원 방안」 발표	2014	통합 관리	2013	찾아가는 맞춤서비스, 창업비자 허용
「유학생 유치 확대 방안」 발표	2015		2014	「외국인 유학생 사증발급 및 체류관리 지침」 개정, 「외국인 유학생 유치·관리역량 인증제」 결과에 따른 비자 발급 제한

교육국제화역량 인증제 및 외국인 유학생 유치·관리 실태조사(2주기)시행	2016	2015	국내대학 졸업 외국인의 창업과 취업을 위한 비자(E-7, D-9,10)발급 확대, 영주권취득완화, 부모초청 허용 신설, 일·학습연계 유학비자, 단기 유학비자(D-2-8), 석·박사과정 전자비자,
「교육국제화역량 인증제 및 외국인 유학생 유치·관리 실태조사(3주기)」시행	2020	2020	「외국인 유학생 사증발급 및 체류관리 지침」 개정(유학생 비자발급 제한 강화)
「코로나19 대응 대학 및 유학생 지원단의 설치·운영에 관한 규정」(교육부훈령 제328호, 2020.3.1.시행)	2020	2021	「외국인 유학생(D-2) 체류자격 부여 특례시행안」 발표, (시행일 '21.2.18.~3.5)
「외국인 유학생 보호·관리 방안 추진」 발표 코로나19 변이바이러스 확산 대응으로 해외유입방지 대학과 지역사회 안전 확보계획	2021	2022	제32차 외국인력정책위원회(국무총리실)결정 '외국인 유학생 D-2을 일반 고용허가제 외국인 근로자 E-9 활용 방안 추진
「외국인 유학생 보호·관리 방안」 발표 (유학생 자가격리 기간 10일 → 7일 단축)	2022		법무부공고 제2022-237호('22.7.25.) '지역특화형 비자 시범사업 지자체 선정 결과 발표 지역우수인재(유학생) 비자특례 부여 (지역 특화형 비자 F2-R)
(가칭)「Study Korea 3.0」 상반기(2023.06) 수립계획 발표	2023	2023	「인구 감소 지역 지원특별법」 ('22.06.10)제정, ('23.1.1)시행

출처: 김지하 외(2020)참조하여 재구성

　　코로나19로 인해 법무부와 교육부가 빠르게 대처방안을 발표했다. 법무부는 외국인 유학생 체류에 관한 특례시행안을 발표하고, 교육부는 코로나19로 인한 외국인 유학생 보호 및 관리방안을 내놓았다.[12]

　　외국인등록을 마치고 국내 체류 중 코로나19로 허가된 체류기간 내 출국하지 못하고 출국기한 연기, 또는 출국기한 유예상태에 있는 신입학(외국인 유학생이 2021년

12　교육부(2021.7.28. 보도자료). https://if-blog.tistory.com/12363

1학기 국내 대학 D2(유학) 과정 입학허가를 받은 대상) 또는 복학(2020년 2학기 D2과정에서 휴학 후, 2021년 1학기 동일 대학 복학허가를 받은 대상)허가를 받은 대상에게 체류자격부여 특례를 시행한다고 밝혔다. 대상 교육기관은 2020년 교육국제화역량인증제에 따른 학위(D2)과정 일반대학 이상의 대학이다.

다만, 특례 제한대상도 규정하였다. 체류기한연장허가 등 불허결정통지를 받거나, 출입국사범 심사결정 후 출국기한 유예상태에 있거나 현행 유학생 지침상 유학(D2) 체류자격변경 불가 체류자격 소지자(기술연수D3, 비전문취업E9, 선원취업E-10, 기타G1)는 제외한다. 또한 유학생으로 출석률 저조 등 학업실태가 불량하거나 기타 제도 악용 등의 사유로 특례적용이 곤란하다고 인정되는 사람은 제외한다고 밝혔다(법무부 체류관리과, 2021).

교육부는 코로나19로 외국인 유학생이 소폭 감소하였으나 다시 회복하는 양상을 보인다고 하지만 '돈벌이 수단' 된 유학생 비자로 불법체류 전환 비율이 5배가 늘었다고 밝혔다(교육부, 2023).[13] 특히 베트남 유학생의 80%는 브로커를 거쳐 입국하다보니, 학업대신 불법취업에 뛰어들고 있어 외국인 유학생 관리가 사회적 문제로 지속되고 있다. 이와 관련하여 교육부는 법무부와 함께 '교육국제화역량 인증제 및 실태조사'를 통해 대학의 외국인 유치·관리 실태를 점검하고 외국인 유학생 유치뿐만 아니라 교육, 국내 취업·정착까지 체계적으로 지원하는 방안으로 'Study Korea 3.0'(가칭)을 상반기 중에 수립할 계획이라고 발표하였다. 'Study Korea 3.0'의 주요 방향은 다음과 같다.

▶▶▶
Study Korea 3.0 주요 방향
▶▶▶

- (유치·교육) 유학수요 및 출신국가 다변화에 대응하여, 온·오프라인 공동교육과정 개발·운영, 정부초청장학생(GKS) 확대 등 국제교류·협력 활성화
- (취업·정주) 법무부, 산업부, 고용부 등과 협력하여 비자제도 개선 및 지역·산업수요 맞춤형 교육과정 운영 등을 통해 유학생의 지역 내 취업·정착 지원
- (기반 강화) 근거 법령 마련, 국립국제교육원 등 전문기관 기능 내실화

---

13 교육부(2023). '2023년 주요업무 추진계획: 교육개혁, 대한민국, 재도약의 시작', 연두 업무보고

3. 외국인 유학생 선발기준

1) 입국 절차 및 대학의 입학 허가

고등교육법시행령 제29조 제2항 제6호, 제7호에 따른 재외국민 또는 외국인(북한이탈주민 제외)으로서 국내의 대학 및 대학원에서 수학하거나 연구하려는 학생, 또는 국내의 대학 및 대학원의 정규 과정·연구과정 외에 대학부설 어학원에서 한국어를 습득하고자 하는 어학연수생이 유학생으로 입국하고자 할 경우, 「외국인 유학생 사증발급 및 체류관리 지침」에 따라 입국절차는 [그림 2]와 같다.

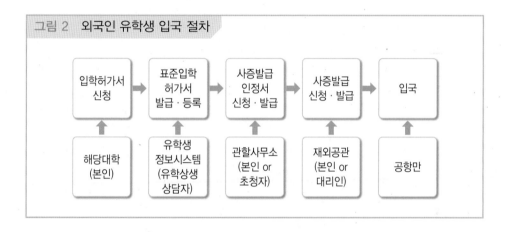

그림 2 외국인 유학생 입국 절차

사증발급인정서 발급 신청은 초청자가 대리할 수 있으며 대학의 장 또는 대학의 장이 지정하는 유학생 관리부서의 장 명의로 신청이 가능하다. 단기체류자(관광통과 및 사증면제협정 입국자 포함) 또는 외국인 등록 후 국내에 체류하고 있는 자는 체류자격 변경허가 대상으로 신청 절차 및 세부적 사항은 「유학생 사증 발급 및 체류관리 지침」(법무부)에 따른다.

대학의 입학허가 시 심사 사항 및 제출서류는 〈표 6〉과 같다.

| 표 6 | 외국인 유학생 대학 입학허가 시 심사 사항 및 제출 서류 | |

구분	요건	세부요건
입학 허가 시 심사 사항	수학 능력	− 고등학교 졸업자와 동등학력 이수 여부 − 한국어 구사능력 − 대학 자체 기준에 의한 수학능력 등
	재정 능력	− 등록금, 체재비 등 1년간 평균 소요경비 이상의 재정능력 ※ 1년(어학연수의 경우 6개월) 미만 체류허가자는 허가기간 만큼 재정능력 입증으로 가능 ※ 재정능력 관련 사항은 「유학생 사증 발급 및 체류관리 지침」(법무부) 개정 시마다 즉시 반영
입학 허가 신청 제출 서류	수학 능력	−수학능력 입증서류: 입학지원서, 최종학교 졸업증명서, 성적증명서 (※ 다만, 고등학교 졸업학년을 재학 중인 자의 경우 졸업예정증명서도 가능, 다만, 비자 발급 및 입국은 졸업 최종학기에 가능) −한국어능력시험(TOPIK) 성적증명서 −작품 또는 성과물(예·체능계) 등 ※ 수학능력 입증서류는 대학의 장이 자율결정
	재정 능력	〈외국인 유학생〉 − 일반학생: 1) 「외국인유학생 사증발급 및 체류관리 지침」(법무부)에 따른 등록금, 체재비 등 1년간의 평균 소요경비 이상의 본인(또는 재정 보증인)의 국내·외 은행이 발급한 예금잔고증명서(신청일 기준 30일 이내 발급한 것) 또는 국내송금 또는 환전증명서 2) 재정보증인의 ① 재직증명서 또는 사업자 등록증 ② 재산세 과세증명서 ③ 유학경비 부담 서약서(입학지원서에 포함) − 각종 장학금: 장학금 지급예정 증명서 − 대학 간 교류학생: 총·학장의 초청장 및 학비 면제 확인서 〈외국인 어학연수생〉 −「외국인유학생 사증발급 및 체류관리 지침」(법무부)에 따른 어학연수 등록금, 체재비 등 6개월간의 평균 소요경비 이상의 본인(또는 재정 보증인)의 국내·외 은행이 발급한 예금잔고증명서(신청일 기준 30일 이내 발급 한 것) 또는 국내송금 또는 환전증명서 ※ 다만, 특정 국가의 어학연수생의 경우 「유학생 사증 발급 및 체류관리 지침」(법무부) 재정입증 특례가 적용되어 조건부 지급유예 기간이 적용될 수 있음 − 신원 보증서: 학비 등 체류 중 필요한 경비지불 능력을 입증하지 못하거나 법무부장관이 특히 필요하다고 인정하는 경우로 제한

〈등록금 및 체재비 심사기준〉	

〈등록금: 교육부 대학알리미 사이트에 공시된 연도별 연간 등록금, 생활비, 교재비 등을 기준으로 산정〉
- 전문학사 이상: 수도권(미화 20,000달러 상당), 비수도권(미화 18,000 달러 상당)
- 어학연수생: 미화 10,000달러 상당

〈체재비: 보건복지부 고시 연도별 중위소득의 주거급여 기준과 연동하여 매년 변경〉

〈'18년 및 '19년 급여별 선정기준〉

가구원 수		1인	2인	3인	4인	5인	6인
기준 중위 소득	'18년	1,672,105	2,847,097	3,683,150	4,519,202	5,355,254	6,191,307
	'19년	1,707,008	2,906,528	3,760,032	4,613,536	5,467,040	6,320,544
주거 급여	'18년 (43%)	719,005	1,224,252	1,583,755	1,943,257	2,302,759	2,662,262
	'19년 (44%)	751,084	1,278,872	1,654,414	2,029,956	2,405,498	2,781,039

입학 허가 심사	- 각 대학은 지원자가 제출한 서류 검증 등을 통하여 수학능력과 재정능력을 심사하여 합격 여부를 결정. - 객관적인 기준 설정 등 실질적인 심사를 통해 입학허가를 강화 - 외국인 유학생의 경우 아래와 같이 일정 기준이상의 한국어 또는 영어 능력 수준자 (영어사용과정* 입학생)의 선발을 권장**함. 단, 한국어연수기관에 입학하는 어학연수생에 대하여는 적용하지 않음 * 영어사용과정(영어트랙): 모집 단위를 별도로 설정하고 입학 시 '영어능력'을 검증하여 선발하는 과정으로, 졸업을 위해 이수해야 하는 학점의 50% 이상이 영어로 진행되는 학사 단위를 의미 ** 「외국인유학생 사증발급 및 체류관리 지침」(법무부) 개정안에 따라 법무부장관 고시 21개국 및 중점관리 5개국 국민이 하위대학에 입학하는 경우 어학능력 요구 가능

교육부는 외국인 유학생이 4년제 대학, 대학원, 대학원대학, 산업대학, 교육대학 외에도 전문대학, 전문학사 학위과정에 입학하고자 할 경우 선발 절차와 기준을 규정하고 있다.[14]

---

14 교육부(2019.4.30.개정), 「외국인 유학생 및 어학연수생 표준업무처리요령」 참조

2) 4년제 대학과 대학원 학위과정 입학 허가 심사 기준

4년제 대학, 대학원, 대학원대학, 산업대학, 교육대학 등에 입학하고자 할 때, 한국어능력 시험(TOPIK) 3급 이상의 자격이 되어야 입학가능하며, 졸업 전까지 4급 이상 취득해야 한다. 또는 영어능력시험 TOPIK 2급 소지자에 대한 입학을 허용할 경우, 입학 후 1년간 300시간 이상의 한국어연수 필수로 이수해야 한다. 구체적인 세부 기준은 〈표 7〉과 같다.

표 7   4년제 대학 및 대학원 학위과정 입학 허가 심사 기준

구분	세부 기준
한국어능력시험 (TOPIK)	− 3급 이상 입학*, 졸업 전까지 4급** 이상 취득 　* TOPIK 2급 소지자에 대한 입학을 허용할 경우, 입학 후 1년간 300시간 이상의 한국어연수 필수 이수(단, 입학 전 1년 내 대학에서 지정한 온·오프라인 한국어 강좌 이수 시 최대 20시간까지 필수 이수시간으로 인정 가능) 　※ 인정 가능한 온·오프라인 강좌(예시): 세종학당(오프라인), 누리-세종학당(온라인), K−MOOC 한국어강좌, 코스넷(KOSNET), 스터디코리안 　** TOPIK 4급을 취득하지 못한 유학생 중 일정 기준을 충족(TOPIK 4급 필요점수의 90%이상 점수 획득, 평가 시점까지의 전 학년 출석 90% 이상 및 평균학점 C 이상)하는 경우에는 유학생 유치·관리 역량 인증 평가(실태조사 포함)의 4급 취득 실적 소명자료로 인정
영어능력시험	− TOEFL 530(CBT 197, iBT 71), IELTS 5.5, CEFR B2, TEPS 600점(NEW TEPS 326점) 또는 그에 상응하는 점수의 국가공인민간영어능력평가시험*, 졸업기준 없음 　* 영어를 모국어 또는 법적 공용어로 사용하는 국가의 국적을 소지한 학생은 중등교육 또는 고등교육을 이수한 증빙 서류(졸업증명서 등)로 영어 능력 시험 기준을 적용받지 않고 입학 가능
일부과정	− 교환학생, 정부초청장학생, 외국정부지원 장학생, 예체능 학과 입학생, 이공계 대학원 입학생, 이중언어 과정* 입학생의 경우 입학·졸업 기준 완화 가능 　* 이중언어 과정: 졸업을 위해 이수해야 하는 학점의 50% 이상이 한국어 외에 외국어(또는 한국어−외국어 통역 제공)로 진행되는 학사 단위를 의미

3) 전문대학, 전문학사 학위 과정 입학 허가 심사 기준

전문대학, 전문학사 학위과정에 입학하고자 할 경우 입학허가 심사 기준은 4년제 대학 입학기준과 동일하게 한국어능력시험(TOPIK)은 3급 이상 입학이 가능하지만, 졸업 기준은 없다. 그러나 TOPIK 2급 소지자에 대한 입학을 허용할 경우, 입학 후 1년간 300시간 이상의 한국어연수 필수로 이수해야 한다. 단, 입학 전 1년 내 대학에서 지정한 온·오프라인 한국어 강좌 이수 시 최대 20시간까지 필수 이수시간으로 인정이 가능하다. 구체적인 입학 허가 심사 기준은 〈표 8〉과 같다.

표8　전문대학, 전문학사 학위 과정 입학 허가 심사 기준

구분	세부 기준
한국어능력시험 (TOPIK)	-3급 이상 입학*, 졸업 기준 없음 * TOPIK 2급 소지자에 대한 입학을 허용할 경우, 입학 후 1년간 300시간 이상의 한국어연수 필수 이수(단, 입학 전 1년 내 대학에서 지정한 온·오프라인 한국어 강좌 이수 시 최대 20시간까지 필수 이수시간으로 인정 가능) ※ 인정 가능한 온·오프라인 강좌(예시): 세종학당(오프라인), 누리-세종학당(온라인), K-MOOC 한국어강좌, 코스넷(KOSNET), 스터디코리안
영어능력시험	-TOEFL 530(CBT 197, iBT 71), IELTS 5.5, CEFR B2, TEPS 600점(NEW TEPS 326점) 또는 그에 상응하는 점수의 국가공인민간영어능력평가시험, 졸업기준 없음 ※ 단, 영어를 모국어 또는 법적 공용어로 사용하는 국가의 국적을 소지한 학생은 중등교육 또는 고등교육을 이수한 증빙 서류(졸업증명서 등)로 영어 능력시험 기준을 적용받지 않고 입학 가능
일부과정	-교환학생, 정부초청장학생, 외국정부지원 장학생, 예체능 학과 입학생 및 기술직 학과 입학생*, 이중언어 과정** 입학생 등의 경우 입학기준 완화 가능 * 음악, 체육, 보건, 미용, 정비, 공학, 디자인 등 이론보다는 실기 위주의 수업을 진행하는 학과 관련 입학생은 대학이 정한 기본적 수학능력과 한국어 능력 기준에 따라 학생 선발 가능 ** 이중언어 과정 : 졸업을 위해 이수해야 하는 학점의 50% 이상이 한국어 외에 외국어(또는 한국어-외국어 통역 제공)로 진행되는 학사 단위를 의미

　　그 밖에 입학규정 관련한 기타 사항은 ① 각 대학은 외국인 유학생 입학에 관한 규정을 제정하여 유학생을 선발하도록 한다. ② 대학은 관련 규정의 범위 내에서 유학생 선발에 대한 자율성을 지닌다. ③ 외국인 유학생에 대한 선발 기준상의 조건 (예: 한국어 성적 우수 등)이 없는 입학생 일률적 학비감면은 지양한다. ④ 대학은 유학생 등의 입학 시 보증금 예치를 지양한다. ⑤ 대학은 비공식 네트워크를 통한 유학생 선발, 유학원 위탁에 의한 유학생 선발을 지양한다. 특히, 대학이 유학원으로

부터 금전·수수료 등을 받고 유학생 등을 입학시키는 행위에 대해서는 금지한다.

4. 외국인 유학생 체류비자 확대

1) 지역특화형(F2-R) 거주비자 제도

정부는 제3차 외국인정책기본계획(2018~2022)을 수립하고 인구감소 위기 대응을 위한 지역발전과 국가 차원의 지역 맞춤형 종합지원체계를 구축하고자 2022년 6월 10일 「인구감소지역 지원을 위한 특별법」(약칭: 인구감소지역법)을 제정하였다. 이를 근거로 인구감소지역의 생활인구에 초점을 둔 외국인정책 변화를 예고하였다. 「인구감소지역법」 제2조 2항에서 정의하고 있는 '생활인구'란 '특정 지역에 거주하거나 체류하면서 생활을 영위하는 사람'을 말한다. 주민등록법에 따라 주민으로 등록한 사람, 또는 통근, 관광, 휴양, 업무 등의 목적으로 특정지역을 체류하는 사람과 외국인 중 대통령으로 정하는 요건에 해당하는 사람이 '생활인구'에 포함된다. 「인구감소지역법」 제26조 출입국관리법에 대한 특례를 근거로 법무부는 지방자치단체의 수요를 반영하여 '지역특화형 비자'를 신설하였다. 인구감소가 예상되는 지역에 외국인의 정착을 유도하여 지역의 인구감소로 인한 지역경제를 활성화하기 위함이다.

> ▶▶▶ ──── 「인구감소지역법」 제26조(「출입국관리법」에 대한 특례) ──── ▶▶▶
>
> ① 법무부장관은 「출입국관리법」 제8조 및 제10조에도 불구하고 인구감소지역을 관할하는 지방자치단체의 장이 요청하는 경우 인구감소지역에 체류 중이거나 체류하려는 외국인 중 대통령령으로 정하는 체류자격에 해당하는 사람에 대한 사증 발급절차, 체류자격의 변경, 체류기간의 연장 등에 관한 요건을 달리 정할 수 있다.
> ② 법무부장관은 인구감소지역을 관할하는 지방자치단체의 장이 요청하는 경우 다음 각 호에서 정한 사항과 관련된 시책을 강구하여야 한다.

2) 지역특화형(F2-R) 거주비자 시범사업[15]

'지역특화형 비자'란 지역의 특성과 요구를 반영하는 비자로 지역인재 확보와 국가 균형 발전을 도모하는 제도로서 지역특화요건을 갖춘 외국인에게 해당 지역 일정 기간 의무거주와 취업을 조건으로 거주(F2)와 동포(F4) 비자를 선발급하고 이를 위반할 시 비자발급을 취소하는 제도이다.

지역특화형 비자 시범사업은 인구감소지역의 산업, 대학, 일자리 현황 등에 적합한 외국인의 지역 정착을 장려하고 지자체 생활인구 확대, 경제활동 촉진, 인구 유출 억제, 인구유입 등 선순환 구조를 실현하는 것을 목적으로 한다.

지방자치단체는 지역의 산업구조, 일자리 현황, 지역대학과의 연계성 등을 종합 분석하여 해당 지역에 필요한 외국인 규모와 적합한 외국 인재의 조건을 법무부에 제출하게 된다. 이후 법무부의 심사를 거치고 해당 지역의 적정 인구 수요를 고려하여 외국인에게 비자를 발급할 예정이라고 법무부는 밝혔다.

시범사업은 우선 지역우수인재(유학생), 외국국적 동포가족을 대상으로 하며, 지역특화 요건을 갖춘 외국인에게 해당 지역 일정 기간 의무거주 및 취업을 조건으로 거주(F2), 동포(F4) 비자를 선 발급하고 있다. F2-R 지역특화형 거주비자는 지역우수인재(유형 1)와 외국국적동포(유형 2)를 구분하여 시행된다. 지역우수인재 유형 1은 시범사업에 선정된 지방자치단체장이 추천[16]하는 외국인에게 거주(F-2)비자 체류자격 변경 허용 및 정착지원 프로그램 운영 지원을 한다.

외국인 유학생에게 해당되는 지역우수인재(유형 1) 비자(F2-R)의 기본요건을 보면 다음과 같다.

---

15 출처: 법무부 공고 제2022 – 338호 '지역특화형 비자 시범사업' 추가 공모 참조
16 광역지자체장(기초지자체가 개별로 신청한 경우 기초지자체장)이 유형별로 추천하는 외국인만이 지역우수인재 거주(F2)비자 신청 가능

- (학력/소득) ① 학력이 학사 학위 이상(국내 전문학사 이상) 소지자이거나 ② 소득이 국민 1인당 GNI 70%('21년 2,833만원) 인자일 것
- (한국어 능력) 토픽(TOPIK) 3급 (사회통합프로그램 3단계 이상 이수)
- (법질서 준수) 범죄경력, 출입국관리법령 위반 이력 등 확인
- (취·창업) 취업이나 창업이 확정되었을 것
- (기간) 인구감소지역에 5년 이상 취·창업 또는 거주하는 조건으로 비자를 발급하고, 허가 당시 조건을 위반하는 경우 체류자격을 취소
- (국적) 지자체가 추천하는 지역우수인재의 특정 국적 비율이 해당 지자체 쿼터 중에서 절반을 넘지 않을 것

    학력은 국내의 전문학사 이상이거나 또는 소득이 국민 1인당 GNI 70% 이상이어야 하며 한국어 능력은 TOPIK 3급(사회통합프로그램 3단계 이상 이수)이어야 한다. 그밖에 법무부와 지자체가 지역 현황 맞춤형 외국인 비자 설계를 위한 세부내용은 〈표 9〉와 같다.

표 9 **법무부와 지자체의 지역 현황 맞춤형 외국인 비자 설계 세부 유형**

	세부내용
지역 우수 인재	• 법무부 지자체 역할 　– (법무부) 외국인의 기본요건 설정 및 비자 발급 　– (지자체) 지역 특성에 맞는 외국인 주민 확보 사업 제안 　　(예시1) 지역 보건 대학 졸업 유학생 → 노인돌봄(간병 등) 업종 취업 　　(예시2) 용접 자격증 소지 외국인 → 지역 뿌리 기업에 취업 　〈지역 특성에 맞는 주민 요건〉 　○(필수) △필요인원, △필요업종 선정(지역 내 산업체 등의 수요를 파악하여 산출 근거를 가지고 필요직군 및 필요 인원을 제안) 　　※ 단순노무에 해당되는 직군은 지양하고 높은 숙련·기술이 필요한 업종 장려 　○(선택) 국적, 연령, 학력(예: 해당 지역 전문대학 이상 졸업자), 한국어능력(예: 사회통합프로그램 5단계 이수) 등 지자체가 원하는 추가 기준 자체 수립 　　※ 법무부 기본 요건보다 강화하는 것은 가능하나 해당 기준보다 완화하는 것은 불가

• (세부유형) 지자체는 지역우수인재 유형 ① ~ ⑤ 중에서 각 유형에 적합한 우수 인재를 추천할 수 있으며 추천받은 외국인은 비자 발급 이후 다른 유형으로 변경 이 불가함

가. **(지역우수인재 유형①)** 거주(F2) 자격 취득 후 5년간 인구감소지역 실거주(체 류지 등록 + 실생활)와 근무를 조건으로 허가

> ① 동일한 기초지자체 내에 계속하여 실거주지를 두고 ② 소득금액증명 원 등 소득증명서류나 재직증명서를 통해 인구감소지역에서의 소득 활동 을 입증하여야 함
> ▶ 체류지, 취 · 창업지 모두 인구감소지역에 해당해야 함. 5년 기간 중 처음 2년 간 반드시 허가 받을 당시의 기초지자체 내에 거주하여야 하며, 그 이후 동일 광 역지자체 내 인구감소지역으로는 이동 가능함. 취업은 동일 광역지자체 내 인구감소지역의 동일 직종에 가능

나. **(지역우수인재 유형②)** 외국인이 5년간 인구감소지역 실거주 할 것을 조건으 로 허가 ▶동일 광역지자체 내 취업 가능

> ① 동일한 기초지자체 내에 계속하여 실거주지를 두고 ② 소득금액증명 원 등 소득증명서류나 재직증명서를 통해 동일 광역지자체 내에서 소득 활동을 입증하여야 함
> ▶ 체류지가 인구감소지역에 해당해야 함. 5년 기간 중 처음 2년간 반드 시 허가 받을 당시의 기초지자체 내에 거주하여야 하며, 그 이후 동일 광역지자체 내 인구감소지역으로 이주 가능

다. **(지역우수인재 유형③)** 외국인이 배우자 및 미성년 자녀(학령기 아동인 경우 인구감소 지역에 재학 필수)와 같이 인구감소 지역으로 이주할 것을 조건으로 허가 ▶동일 광역지자체 내 취업 가능

> ① 동일한 기초지자체 내에 계속하여 본인과 가족이 외국인등록 체류지 를 두고 ② 소득금액증명원 등 소득증명서류나 재직증명서를 통해 동일 광역지자체 내에서 소득활동을 입증하여야 함
> ▶ 체류지가 인구감소지역에 해당해야 함.

라. **(지역우수인재 유형④)** 외국인이 인구감소 지역에 취업할 것을 조건으로 허가 ▶동일 광역지자체 내 거주 가능

> ① 소득금액증명원 등 소득증명서류나 재직증명서를 통해 인구감소지역 에서의 소득활동을 입증하여야 함
> ▶ 취업지가 인구감소지역에 해당해야 함. 5년 기간 중 처음 2년 간 반드 시 허가 받을 당시의 기초지자체 내에 취업하여야 하며 그 이후 동일 광역지자체 내 인구감소지역으로 이직 가능

마. (지역우수인재 유형⑤) 인구감소 지역에서 창업하여 2인 이상의 내국인을 고용하는 경우 거주 자격 부여 ▶동일 광역지자체 내 거주 가능

> ① 투자금 증빙서류, 사업자등록증 등을 통해 인구감소지역에서의 창업활동을 입증하여야 함
> ▶ 창업지가 인구감소지역에 해당해야 함. 5년 기간 중 처음 2년 간 반드시 허가 받을 당시의 기초 지자체내에 창업을 계속하여야 하며 그 이후 동일 광역지자체 내 인구감소지역에서 창업 가능

〈참고: 지역우수인재 유형별 거주 및 취업 요건〉

기초지자체 內	유형 ①	유형 ②	유형 ③	유형 ④	유형 ⑤
거주	○	○	○	×	×
취·창업	○	×	×	○	○

⇨ 시범사업에 선정된 지자체는 유형 ① ~ ⑤ 중에서 각 유형에 적합한 우수 인재를 추천할 수 있으며 지자체의 특성에 맞게 기본요건을 침해하지 않는 범위 내에서 자유롭게 선발하여 추천 가능
⇨ 예시 1) 유형 ②, ③을 신청하는 지역우수인재에게 거주(F2) 비자 발급 이후 2년 이내에 해당 인구감소지역에서 취업 할 것을 조건으로 추천
⇨ 예시 2) 유형 ③을 신청하는 지역우수인재의 자녀가 학년기 이전인 경우 해당 인구감소지역 보육시설에 등록 할 것을 조건으로 추천

• **(가족)** 지역우수인재의 배우자·미성년자녀 초청 및 배우자 취업 가능 (유형①, ②, ③요건의 경우 가족도 실거주 조건 충족 필요)
 − 지역 우수인재의 배우자(F1)는 사전에 '자격외활동허가' 신청을 통해 취업 활동 (단순노무 허용)이 가능하고, 최초 자격변경시 부터 2년 이내 사회통합 2단계 이상 이수 권장(*2년 이내에 사회통합 2단계 이상을 이수하지 못한 경우 체류 기간 연장을 최대 6개월로 제한)
 − 초·중·고 재학연령을 충족한 지역 우수인재의 자녀는 거주지 내 학교에 재학 필수

• **(실태조사)** '거주(F2)' 자격 변경 후 소득 활동 실적 및 거주 실태를 점검하여 체류기간 연장 여부* 결정(변경당시 요건 미 충족 시 자격 취소)
 *최초 허가 후 1년·3년·5년이 되는 시점에 체류 실태를 점검(체류기간을 최초 1년, 연장 시 2년 단위로 부여)

지자체

외국인 주민 정착 지원 계획안 등
• 지역 주민이 수용할 수 있는 외국인 주민을 위한 정착 지원 계획안 수립, 주민 설득 및 다양성 확보를 위한 방안 마련

> (예시) 한국어 · 한국사회, 문화 교육, 사회통합프로그램 활용, 주거 대책, 외국인
> 커뮤니티 관리, 외국인 정착 우수사례 멘토링, 지역주민 참여 프로그램 운
> 영 계획 등
> • 지역 밀착형 우수인재 유치를 위한 지자체 · 산업체 · 대학의 연계방안
> (예시) 지 · 산 · 학 거버넌스 구축을 위한 정기적 회의체 신설 등

선정 규모는 지역우수인재 총 500명 내외이고 외국국적 동포 가족은 지자체 수요에 따라 결정되며, 시범 지자체와 지자체별 비자발급 규모는 선정위원회의 심의를 거쳐 최종 결정될 예정이다.

5. 소 결

국내 외국인 유학생 유입은 꾸준히 증가하고 있다. 2022년도 현재 외국인 유학생은 166,892명이며 15년 전인 2007년 49,270명에 비해 238% 증가하였고, 코로나19 팬데믹임에도 불구하고 2019년도 160,165명에 비해 4.2% 증가한 수치이다. 그만큼 학교에 외국인 유학생이 증가하고 지역사회에 거주하는 외국인 유학생이 많아지고 있는 것만큼 정부는 외국인 유학생을 대상으로 하는 다양한 정책들도 내놓고 있기 때문이다. 초창기 외국인 장학생 정부초청사업이 실시되었던 1967년 이후부터 「재한외국인처우기본법」이 제정된 이후 2007년까지는 양적으로 확대하는 시기였고 2008년부터 2013년까지 질적 관리정책으로 전환하여 외국인 유학생을 지원하는 것과 동시에 관리개선을 위한 방안을 발표하여 외국인 유학생 유치 및 관리 체계를 구축하였다. 이후 2014년부터 현재까지 통합관리하는 차원에서의 접근으로 외국인 유학생 체류자격을 부여하는 특례를 적용하고 있다. 즉, 외국인 유학생의 일반 고용허가제를 활용하거나 지역우수인재 비자특례를 적용하는 방안을 발표하여 외국인 유학생의 국내 체류를 위한 정책들이 점차 개선되고 있다.

이러한 정책변화는 외국인 유학생이 졸업 후 귀국해야 했던 체류비자가 확대되면서 국내에 취업을 할 수 있는 기회를 갖게 된 것이다. 정부는 국내로 유입되는 외국인 유학생이 학교 입학부터 시작하여 학업과정을 관리하고 졸업 후 취업을 선택

할 수 있는 연계된 정책으로 전환하였다. 즉, 인구 감소지역의 산업, 대학의 환경, 노동력의 감소 등을 고려한 지역의 생활인구의 확대, 경제활동 촉진, 인구유출 억제, 인구유입과 같은 선순환구조에 초점 두고 정책을 변화한 것이다.

그럼에도 불구하고 외국인 유학생의 국내 유학생활은 그 유학생의 삶을 포괄할 수 있는 정책이 되어야 한다. 특히 외국인 유학생 체류자격으로 가족 초청이 가능하였지만, 국내 대학을 졸업하고 국내 중소기업에 취업한 경우에는 체류비자(F2-R, E-7, E-9)가 변경되기 때문에 가족 이민으로 확대하는 방안도 충분히 재고해 볼 여지가 있다. 가족은 개인의 삶의 질과 정신건강을 좌우하기에 우리사회의 일원으로서 살아가야 하는 외국인 유학생의 졸업 후 삶에도 영향을 미치기 때문에 유념해 볼 필요가 있다. 또한, 우리나라의 교육정책 분야는 정권이 바뀌면 관련 정책도 바뀌는 현상이 반복되면서 한국인 학생들뿐만 아니라 외국인 유학생들도 혼란스러운 건 마찬가지일 것이다. 정권이 바뀌더라도 유학생 입학이나 유입과 관리 정책이 바뀌지 않는 장기적인 정책이 마련되어야 한다.

교육부(2019). 「외국인 유학생 및 어학 연수생 표준업무처리요령」(2019. 4. 30. 개정).

교육부(2020). 2022년 교육기본통계 주요 내용. 교육안전정보국 교육통계과

교육부(2021. 7. 28.). (https://if-blog.tistory.com/12363)

교육부(2023). 2023년 주요업무 추진계획: 교육개혁, 대한민국, 재도약의 시작, 연두 업무
　　보고

국가법령정보센터. (https://www.law.go.kr)

김지하 · 조옥경 · 서영인 · 문보은 · 송효준 · 김지은 · 채재은(2020). 대학의 외국인 유학생
　　유치관리실태분석 연구. 한국교육개발원 IP2020-12

법무부. 사회통합정보망. (https://www.socinet.go.kr/soci/main/main.jsp?MENU_TYPE=S_TOP_
　　SY)

법무부. 출입국외국인정책 「통계연보 2021」

송영관 · 양주영(2009). 외국인유학생 유치정책을 통한 외국 전문인력 활용 방안. 서울: 대외
　　경제정책연구원.

이민정책론
Immigration Policy

제 **4** 부

해외의 이민정책 사례

제 1 장

미 국

남부현 / 박민희

---

1. 미국 이민자 현황 및 통계
2. 미국 이민의 역사
3. 미국 이민정책의 변화

4. 사회통합정책
5. 소 결

---

1. 미국 이민자 현황 및 통계

1) 미국 이민자 변화와 현황

미국의 이민자 수는 1990년 2천3백만 명, 2000년 3천4백만 명, 2010년 4천4백만 명, 2019년에 5천만 명으로 10년마다 약 1천 만 명씩 증가하고 있다. 전체인구에서 차지하는 이민자 비율은 1990년 9.2%, 2000년 12.4%, 2010년 14.3%, 2019년

표 1 이민자 규모와 비율 변화
(단위: 천 명, %)

년도 국가	총 이민자 수				전체인구 중 이민자 비율			
	1990	2000	2010	2019	1990	2000	2010	2019
미국	**23,251.0**	**34,814.1**	**44,183.6**	**50,661.1**	**9.2**	**12.4**	**14.3**	**15.4**
캐나다	4,333.3	5,511.9	6,761.2	7,960.7	15.7	18.0	19.9	21.3
호주	3,955.2	4,386.3	5,883.0	7,549.3	23.3	23.1	26.6	30.0
한국	43.2	244.2	920.0	1,163.7	0.1	0.5	1.9	2.3

출처: UN DESA(2019a), 임동진(2020, 80) 재구성

15.4%로 지속적으로 증가하여 왔다(임동진, 2020).

2) 미국 인구와 인종 변화

미국의 2020년 현재 인구는 3억 3,100만 명으로 10년 동안 7.4% 증가했다. 이에 대해 뉴욕타임즈는 "이민이 미국 인구를 활기차게 했고, 경제를 끌어올렸다"며 "젊은 근로 인구를 유입시킨 덕분이다"라고 평가했다. 미국의 인구조사 결과, 2020년 미국은 전체 카운티(군·郡)의 52%가 10년간 인구가 줄었으나, 대도시인 뉴욕의 인구 증가율은 7.7%, 애리조나주 피닉스는 11.2% 증가했다. 또한, 전체 인구에서 백인 비중은 57.8%로 20년간 그 비중이 11% 정도 줄어들어 2020년 2억 430만 명이다 (조선일보, 2021.8.14). 반면, 미국에서 히스패닉계[1]의 인구가 차지하는 비중은 10년 전 16.3%에서 18.7%로, 아시아계의 비중은 4.7%에서 5.9%로 증가했고 흑인의 비중은 12.1%로 큰 변화가 없었다. 히스패닉계의 인구는 20년 동안 56%의 증가율이 보였다. 이러한 현상을 토대로 분석해 보면 증가한 인구 100명 중 절반 이상인 56명이 히스패닉계라는 의미이다(이성은, 2021).

표 2   주요국의 인구 증가율과 인구 규모 변화

년도 국가	인구 증가율(%)			총 인구수 (100만 명)				
	2001	2005	2010	2001	2005	2010	2020	2050 (추정)
미국	0.99	0.93	0.28	284.9	295.5	309.3	331.5	439.0
호주	1.36	1.33	1.56	19.4	20.3	22.3	25.6	33.9
독일	0.17	−0.06	−0.15	82.3	82.4	81.7	83.1	69.4
한국	0.74	7.21	0.46	47.3	48.1	49.4	51.8	48.1
OECD	0.72	0.68	0.63	1,158.2	1,189.5	1,229.6	1,371.7	1,383.7
World	1.26	1.20	1.15	6,200.0	6,506.6	6,895.8	7,840.9	9,306.1

출처: OECD(2019, 2022), 임동진(2022, 79) 재구성

---

1   히스패닉계: 스페인어권 국가 출신 이주자 및 그 후손을 의미하는 말. (브라질을 제외한 라틴 아메리카 출신)

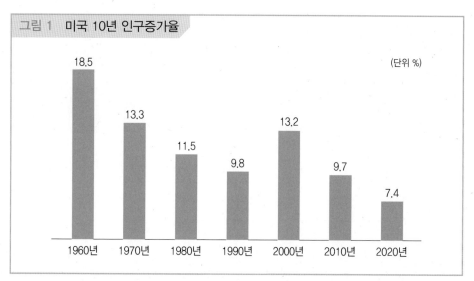

그림 1 미국 10년 인구증가율

(단위 %)

18.5 1960년
13.3 1970년
11.5 1980년
9.8 1990년
13.2 2000년
9.7 2010년
7.4 2020년

출처: 이투데이 국제경제(2021.04.27) 참고

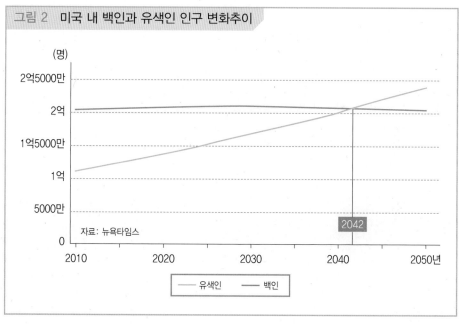

그림 2 미국 내 백인과 유색인 인구 변화추이

(명)

2억5000만
2억
1억5000만
1억
5000만
0

자료: 뉴욕타임스

2042

2010 2020 2030 2040 2050년

유색인   백인

출처: 세계일보(2008.08.14) 참고

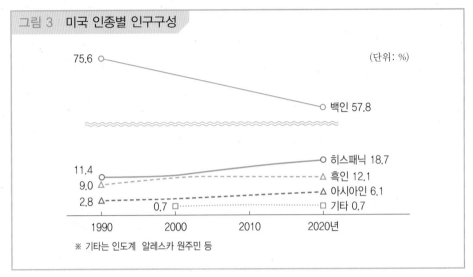

그림 3 　미국 인종별 인구구성

(단위: %)

75.6

백인 57.8

히스패닉 18.7
흑인 12.1
아시아인 6.1
기타 0.7

11.4
9.0
2.8
0.7

1990　　2000　　2010　　2020년

※ 기타는 인도계　알래스카 원주민 등

출처: 미국 인구센서스
참조: 한국경제(2021.08.13)

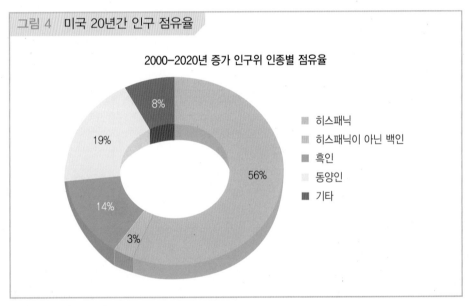

그림 4 　미국 20년간 인구 점유율

2000-2020년 증가 인구위 인종별 점유율

■ 히스패닉
■ 히스패닉이 아닌 백인
■ 흑인
□ 동양인
■ 기타

8%
19%
56%
14%
3%

출처: Caritas(2020.09)
참조: kotra해외시장뉴스(2021.03.12)

2. 미국 이민의 역사

　미국의 이민정책 역사는 1960년대를 기점을 크게 2단계로 구분할 수 있다. 1단계인 60년대 이전에 미국 이민정책 목표는 다양한 국가출신의 이민자들을 미국 사회에 통합시키는 것이다. 즉, 앵글로 색슨계 백인 개신교도의 문화적 정체성을 중심으로 사회통합을 위한 이민 정책과 제도를 구축하여 모든 이주민들이 영국계 백인의 문화와 역사, 생활방식을 가르쳐 통일된 미국 시민으로서 사회적응을 기대하는 동화주의식 정책에서 출발하였다. 이에, 미국 사회 내 동질문화를 추구하는 용광로 정책(Melting Pot Policy)에 기반해 다양한 국가 출신의 이민자들을 주류 미국문화 속에 녹아 들도록 하여 하나의 정체성을 형성하도록 하는 정책을 펼쳤다.

　2단계인 1960년대 이후는 흑인 인권운동 등의 영향을 받아 미국사회 내에서 사회 소수자 계층의 권리와 차별에 대한 인식이 확산되기 시작하였다. 특히, 1961년에 J. F. Kennedy 대통령의 행정명령을 통해 실시된 적극적 우대 정책(Affirmative Action)은 미국 사회 내 인종, 성별, 종교, 장애 등 소수자에게 혜택을 부여해 차별을 줄이려는 제도로 입학, 취업, 고용 등에서 현재까지도 큰 영향을 미치고 있다. 이로 인해, 미국 내 다문화주의가 등장하게 되었고 인종차별을 불법화하고 인종차별을 개선하기 위한 다문화 정책의 토대를 형성해 나갔다.

　1960년대 초반 시작된 시민권 운동은 흑인집단은 물론 다양한 이주민, 소수집단, 장애인, 여성들의 인권을 보호하고 모든 사람의 자유와 평등을 인식시키는데 큰 역할을 하며 1970년대 미국사회를 변화시켰다. 이와 함께, 1980년대부터는 학교를 중심으로 학생들에게 시민의식, 차별배제, 인권존중, 다양성 존중을 핵심내용으로 본격적인 다문화교육을 실시하며 미국인의 인식 변화를 이끌었다(남부현 외 2016).

　미국은 지속적인 노력을 통해 '모든 미국 시민은 평등하다'라는 자유주의적 평등 이념을 근본으로 소수집단의 문화와 정체성을 존중하며 함께 나누는 '공존'에 가치를 두고 다양한 이민 · 다문화 정책을 펼치고 있다. 즉, 미국은 문화 다원주의에 기반한 다문화주의를 사회통합의 원리로 적용해 가고 있다.

3. 미국 이민정책의 변화

1) 이민정책의 시대 구분과 특징

(1) 이민법 부재기(1776~1788)

1776년 독립이후 미국 의회는 귀화를 지향하였으나 13개 주와 연방정부의 이민 통제권의 소재가 불명확하고 연방정부의 이민 관련법이 부재한 시기로 이민에 대하여 자유방임적 태도를 보였다.

(2) 무제한적 입국기(1789~1874)

1790년 인구조사에 의하면, 미국 인구는 500만 명이 조금 넘었고, 이중 인디언이 50만 명 정도였다(Ward, 1980: 503). 1808년 노예무역을 금지함으로써 아프리카로부터 흑인들의 이민이 급감하였고, 1821년 미국 흑인 노예의 일부가 아프리카로 되돌아가서,[2] 1830년경에 미국 북부에서는 노예제도가 거의 폐지된 상태였다. 이후 1863년 링컨(Lincoln) 대통령에 의하여 미국 전역에 노예 해방선언이 이루어졌다.

미국은 1882년 이전에는 이민을 직접 제한할 법은 존재하지 않으나, 귀화에 관련된 법과 원치 않는 외국인의 강제추방 등이 이민에 영향을 미쳤다(Jones, 1992: 69). 연방정부는 이민을 직접 규제하지 않았지만, 일부 주에서는 극빈자의 이민을 제한하였다(Heer, 1996: 27). 이 당시 식민지 정책의 결과로 1820년부터 1880년까지는 유럽의 경제침체를 피하여 독일과 아일랜드의 구교도들이 대규모로 이민이 이어지자, 개신교가 다수인 주에서는 구교도(카톨릭)의 이민을 금지하는 법을 통과시켰다(Romero, 2009: 9). 이로 인해 이민자들은 대부분 백인 개신교도였다.

1848년 캘리포니아에서 금이 발견되면서 중국인의 이민이 증가하였다. 이러

2　19세기 초 해방된 미국 노예들의 일부는 아프리카로 돌아가, 1821년 아프리카 '메주라도 곶(Cape Mesurado)'에 이민지역이 건설됐다. 1833년 자유 라이베리아 연방으로 불렸던 이 나라는 1847년 아프리카 최초의 공화국이 됐고, 1824년 메주라도 곶은 몬도비아(Monrovia)로 이름을 바꾸었고 현재 라이베리아의 수도이다. 그러나 전체 인구의 3%에 불과한 아프리카 라이베리안(미국 이주민)들이 특권층이 되고 원주민들 위에 군림하면서 종족간의 갈등으로 확대되었다. 이후 1989년 쿠데타가 발생하고 내전으로 발전하여, 2003년 미국 등의 군사개입으로 내전이 종료될 때까지 14년 동안 20만 명 이상이 목숨을 잃었다.

한 중국인의 급격한 이주는 중국인, 아프리카 출생 외국인과 그 후손은 시민권자가 될 수 없게 규정한 1870년의 민권법(Civil Rights Act of 1870)이 제정으로 이어졌다(Hutchinson, 1981: 58). 이로 인해, 이 시기에는 이민을 직접 또는 간접적으로 통제할 수 있는 연방 법률의 필요성을 지지하는 세력이 등장하였다.

(3) 이민 제한 초기(1875~1917)

미국은 1875년 최초로 직접 이민을 제한하는 법이 통과되어 범죄자와 매춘부[3]의 입국을 금지하였다(Hutchinson, 1981: 63-66). 그러나 1875년 대법원이 각 주의 법을 지배하고 발령함으로서, 미래의 이민관련 연방입법(federal legislation)의 기초를 다졌다(Briggs Jr., 1984: 28).

주요법으로 중국인 배척법(Chinese Exclusion Act of 1882)이 제정되어 10년 동안 중국인의 이민을 금지하였다(Hutchinson, 1981: 80-84). 1882년 제정된 또 다른 이민법은 대법원의 결정을 따라 각 주의 이민 규제를 통제가능하도록 하였다. 이에, 항구에 도착한 이민자에게 1인당 50 cents의 세금을 부과하였다. 또한, 1875년 처음 채택한 '바람직하지 못한' 항목에 범죄자, 정신병자, 저능아 등을 포함시켜 부적격자의 하선 금지 및 강제송환을 폐지하고, 공공의 부담이 되거나 될 것으로 여겨지는 사람들을 배제하는 합의 조건도 폐지시킴으로써 부적격자의 이민을 확대 적용하기도 하였다(Hutchinson, 1981: 71; 손영호, 1996).

다른 한편, 구교도의 이민이 늘어나면서 개신교도들의 이민제한 운동이 강화되었고, 1917년 이민자에 대한 문해시험(literacy test)이 법적 논쟁의 대상이 되었다. 문해시험은 영국 중심의 초기 이민자들이 동부와 남부 유럽 이민자를 제한하고자 하는 간접적인 수단이었다.

(4) 제한 절정기(1917.04~1941.12)

「Immigration Act of 1921」(1921년 이민법)은 각 국가의 1910년 인구조사에 기초해 각 국가별로 출신자를 미국인구의 3%로 할당하는 쿼터제를 도입하였다. 또한, 「Immigration Act of 1917」(1917년 이민법)에 의거해 '아시아 금지 지역'에서의 이민자

3　캘리포니아 철도건설에 종사하는 중국인 노동자들을 대상으로 입국하는 중국여성 매춘부들에게 경고하기 위한 것이 주된 이유였다(Heer, 1996: 37).

를 금지한 반면, 서유럽 국가 출신 중 1년 이상 거주자에 대하여는 무제한적 이민을 허용하였다(Hutchinson, 1981: 176~181). 「Immigration Act of 1924」(1924년 이민법)는 아시아 국가 출신자의 시민권 취득을 금지하였고, 동유럽 국가의 이민 쿼터를 줄임으로서 가난한 동유럽 및 남유럽에서의 이민을 줄였다(Heer, 1996: 45). 또한, 1924년 만들어진 이민 쿼터제(National Origins Quota system)는 의원들의 인종적 배경을 토대로 영국인에게만 유리하게 수정되었다(Divine, 1972: 47~48). 1924년에 제정되었던 이민 쿼터제는 1965년 폐지되면서 아시아계의 대규모 이민이 이어졌다. 1924년 5월에는 캐나다와 멕시코에서의 불법이민을 감시하기 위한 미국 국경수비대 창설법안이 통과되었다(Briggs Jr., 1984: 73). 1939년 제2차 세계대전의 발발은 미국에서 외국인에 의한 체제 전복 운동에 대한 공포를 가져왔고, 1940년 외국인 지문등록과 거주지 등록법이 통과되었다(U.S. Department of Justice, 1991: 15).

이러한 법적 제도의 도입배경은 미국 내 정치, 경제, 문화적 변화와 관련이 많다. 1920년대는 미국 경제의 침체기로 인하여 미국 내 노동자들이 이민을 반대 것을 반영한 것이다(Divine, 1972: 88). 또한, 1919~1920년도는 러시아 혁명의 영향으로 공산주의자들의 적색공포(red scare)로 동유럽 출신의 유태인 이민자에 대해 공공연한 반감을 드러냈다.

(5) 규제 완화기(1941.12~1980.4)

제2차 세계대전 이후 미국은 소련과의 냉전으로 인해 국제사회에서 영향력을 증가시키려고 하였다. 이러한 정책은 이민정책에도 영향을 미쳤다. 아시아 국가에 대한 차별이 폐지되었으며 아시아의 공산주의 국가로부터의 난민도 수용하였다(Briggs Jr., 1984: 50). 이 시기에 유럽으로부터의 이민이 줄어들면서 미국은 노동력을 멕시코에서 찾았다. 멕시코 노동자는 브라세로 프로그램(Bracero[4] program)을 통하여 임시직 노동자로 고용되면서 주택, 교통, 식량, 의료, 임금 등을 보장하였다. 이 '브라세로 프로그램'은 1942년 8월부터 1964년까지 약 500만 명의 멕시코 노동자를 받아들였다. 이로 인해, 미국 시민권을 가진 멕시코계 미국인들은 브라세로 프로그램의 존속이 자신들의 임금을 감축시킨다고 반발하였다(Briggs Jr., 1984: 98~

---

4   스페인어로 팔(arm)을 뜻하는 브라소(brazo)에서 파생된 표현으로 '노동자'를 가리킨다.

102). 1964년 양국 정부는 '브라세로 프로그램'을 통해 이주한 멕시코 노동자들에 대한 인권 유린 보고서와 여러 기관과 단체의 비판에 직면해 결국 중단을 선언했다.

미국은 일본이 진주만을 공격하면서 미국과 중국 간에는 동맹을 형성하였었다. 이는 1943년 중국인 배척법(Chinese Exclusion Act of 1882)의 폐지로 이어졌고, 매년 중국인 105명의 유입을 허용하였다. 이후, 소련과의 냉전으로 인도와 동맹을 맺고 매년 인도인 105명의 이민을 그리고 필리핀인의 이민도 허용하였다(Divine, 1972: 146-154).

1948년 실향민법(Displaced Persons Act of 1948)은 1950년 개정하여 유대인과 동유럽 독일인에 대한 규정이 완화되었고 1948년부터 1950년까지 410,000명이 미국으로 이민왔다(Divine, 1972: 140-142).

현대 미국 이민법의 기초가 된 포괄적인 이민 법안(bill)인 「the Immigration and Nationality Act of 1952」(1952년 이민 및 국적법)는 보다 강력한 국가별 이민자 쿼터제가 포함되어 있고 아시아인을 위한 새로운 특별 인종 쿼터가 있다(Romero, 2009: 13). 이것은 귀화의 자격이 없는 것으로 되어 있던 아시아인의 귀화를 허용하여, 아시아 각국에도 할당을 인정한 것이다. 「Immigration Act of 1952」(1952년 이민법)는 고학력자와 기술인력에게 이민 우선권을 주었다. 하지만, 기술보다 가족재결합을 강조함으로써 이를 국가별 할당제를 희석시키는 수단으로 사용하였다(Briggs Jr., 1984: 110-111). 또한, 1968년부터 시행된 「the Immigration and Nationality Act of 1965」(1965년 이민 및 국적법) 법안은 각국별 할당제를 폐지되고 아시아에는 연간 170,000명의 이민을 허용하고, 우선순위를 두고 적용하였다. 즉, 가족 간 결합에 74%가 우선순위로 적용되었고, 나머지는 난민, 고용 등을 고려해 적용하였다.

(6) 불법이민 관심기(1980.4~2001.11)

미국 의회는 1986년 불법 체류자 문제를 해결하기 위하여 이민법을 수정하였다. 미국에서 1982년부터 거주해 온 대부분의 이민자들에게는 평생 미국에서 거주할 수 있는 경로인 합법적 거주지 신청 자격이 주어졌다. 이 법은 「the Immigration Reform and Control Act of 1986」(1986년 이민 개혁 및 관리법)으로 불법 이민을 근절하기 위한 강경한 조치들의 적용과 의도적으로 불법 체류자를 고용한 사업체에 벌

금을 부과하는 등의 내용으로 구성되어 있다.[5]

또한, 「Law the Immigration Act of 1990」(1990년 이민법)은 이민 할당제를 실질적으로 자유화했다. 이 법은 굉장히 복잡한 내용을 포함하지만, 1994년도 「California's Proposition 187」에 의하면 불법이민자에 대한 중요한 이슈를 담고 있다. 첫째 불법이민자의 자녀는 유치원부터 대학까지 모든 공공교육체계를 이용할 수 없다. 둘째 공공의료혜택을 받는 모든 사람은 주(state)로부터 상환을 받으려면, 그들의 합법적 지위를 증명해야 한다. 셋째 직장을 구하려는 사람은 그들의 합법적 지위를 증명해야 한다. 넷째 모든 서비스 공급자는 불법 외국인으로 의심되는 사람을 캘리포니아 법무부나 INS에 신고하여, 경찰이 그들의 불법여부와 체포여부를 판단할 수 있도록 하여야 한다. 다섯째, 허위 증서의 작성과 사용은 중죄로 판단된다(Migration News, 1994: 1-5). 이후 반대자들은 소송을 제기하여 LA관할연방판사는 다섯째, 허위 증서와 관련된 규정만 법적효력을 인정하였다(Feldman and McDonnell, 1994: A1; Migration News, 1994: 3-4).

(7) 신제한기(2001.11~현재)

① 조지 W. 부시(George W. Bush) 행정부(2001~2009)

2001년 9월 11일 테러 이후도 미국 이민정책에 근본적인 변화는 없었다. 그러나 미국은 이민을 제한하는 방법 대신 이민자에 대한 감시를 강화하는 방법을 선택했다(Martin, 2004: 84). 이후 학교는 유학생에 대한 감시를 승인해야 하고, 유학생은 그들의 Campus 도착을 이민귀화국(이하 INS: U.S. Immigration and Naturalization Service)에 신고해야 하고, INS가 유학생들이 미국에 체류하는 동안 연구 분야와 이동을 감시할 수 있는 유학생 및 교환 방문자 정보시스템(SEVIS: Student and Exchange Visitor Information System)의 개발에 $95를 지불하여야 한다[6](Martin, 2004: 52, 56). 이러한 조치는 이민통제가 국가안보와 결합되었음을 보여준다. 국경통제가 강화

---

5   2000년 외국태생인구는 미국거주자(residents)의 10%, 미국노동자의 12%를 차지했다(Kramer, 2002). 또 2000년 이민자의 출신국을 보면 멕시코가 174,000명으로 가장 많고, 중국 46,000명, 필리핀 42,000명, 인도 42,000명 순이었다. 한편 전체 이민자의 26%(218,000명)가 캘리포니아로 이민을 왔고 뉴욕과 플로리다가 각각 12% 정도여서, 캘리포니아, 뉴욕, 플로리다에 정착한 이민자가 약50% 가량되었다(Martin, 2004: 55)

6   9.11 테러범 중 최소 3명이 외국인 학생 신분으로 미국에 입국하였기 때문이다.

되고, 외국인 학생에 대한 감시가 강화되고, 이민자들의 종교에 대한 프로파일링(profiling)이 실시되며 잠재적 테러리스트에 대한 구금이 실시되었다. 그럼에도 미국으로의 이민은 줄어들지 않음으로서, 미국이 이민자의 나라라는 이념과 미국이 이민의 가장 중요한 시장이라는 것을 증명했다(Cornelius & Tsuda, 2004: 21).

② 버락 오바마(Barack Obama II) 행정부(2009~2017)

오바마(OBAMA) 행정부는 2008년 미국 대통령 선거에서 경제 회복 및 일명 오바마케어[7]로 불리는 의료 보험개혁과 이민법 개혁을 대표적인 공약으로 내세웠다. 특히 이민법 개혁은 많은 라티노 유권자들로부터 지지를 이끌어 낸 원동력이었다. 오바마 대통령의 첫 번째 임기에는 계획했던 일정대로 이민법 개혁이 추진되지 못하고 특정 주 별로 추진되던 DREAM Act나 2012년 대통령 선거를 앞둔 시점에 이루어진 행정명령인 불법체류 청소년 추방유예 제도(DACA: Deferred Action for Childhood Arrivals)등을 통해 부분적으로만 추진되게 된다.

오바마 행정부 2기에서는 다수당인 공화당의 반대로 이민개혁안이 의회를 통과하지 못하자 지난 2012년과 2014년, 두 차례에 걸쳐 미국 내 불법 체류자 중 약 4백만 명의 추방을 유예하는 행정명령을 발표했다. 행정명령의 주요 내용은 크게 세가지로 볼 수 있다. 첫 번째, 중남미에서 넘어오는 불법 입국자를 차단하기 위한 '국경경비 강화', 두 번째로 불법 체류자의 무조건적인 추방 대신 테러 용의자나 중범죄자를 우선 추방하는 '범죄자 중심 추방 정책', 마지막으로 불법체류자 가운데 16세 이전에 입국한 청소년 또는 미국 시민권자나 영주권자의 부모는 추방유예 신청을 할 수 있도록 한 'DACA'이다.

7　오바마 대통령이 주도한 미국 의료보험 개혁으로 2014년 1월부터 시행되었다. 취약 계층에겐 정부가 의료보험을 제공하고, 그 외의 국민에겐 사보험 의무가입을 통해 전 국민의료보험을 시행하려는 제도이다. 정식 명칭은 '환자보호 및 부담적정보험법(Patient Protection and Affordable Care Act, PPACA)'이다. 전 국민의 의료보험 가입 의무화, 무료 보험의 적용 대상 확대, 정부가 지정한 (저소득자용) 보험 상품에 정부 보조금 제공, 보험사의 가입자 차별 금지, 이를 거부하는 개인 및 기업에게 무거운 벌금 징수가 있다.

③ 도날드 트럼프(Donald Trump) 행정부(2017~2021)

트럼프(TRUMP) 정부의 대표적 이민정책 방향은 난민이나 인도적 이민의 축소, 이민자 유입의 축소, 미등록 장기이주민의 추방 시도 등으로 볼 수 있다. 미국-멕시코 국경의 장벽 건설, 청소년 추방유예 제도(DACA: Deferred Action for Childhood Arrivals) 축소 및 폐지, 임시보호 지위(TPS: Temporary Protected Status)의 종료, 다양성 비자 축소, 여행금지 명령 등 집권 초기부터 말기까지 다양한 반이민 정책을 시도·실시하였다.[8] 트럼프 정부의 반이민 성향은 인종차별 심화, 이주민 혐오 확산을 부추긴다는 비판을 받았다.

④ 조 바이든(Joe Biden) 행정부(2021~현재)

바이든(BIDEN) 정부의 이민정책은 매우 보수적이었던 트럼프 정부의 정책과는 달리 역대 정부 중 가장 진보적이라는 평가를 받고 있다(장주원, 2021). 바이든 행정부는 7개 무슬림 국가 입국금지명령 철회와 미국-멕시코 국경의 장벽 건설 중지, 비중범죄자 미등록 이민자의 우선 추방 정책 철회 등의 대통령령을 발표하였고, 청소년 추방유예 제도(DACA)에 대한 유지 및 강화와 라이베리아인들의 임시보호 지위 연장 등의 지침을 내렸다. 추방 우선순위 재검토와 수정, 중미 지역 난민 입국 저지를 위한 정책 중지나 재검토, 난민 재정착 프로그램의 강화와 기후 변화 이주에 대한 계획 수립, 센서스(CENSUS bureau:미국 인구총조사국)[9] 조사에 미등록 이민자 포함 등 트럼프 정부의 이민정책 중 가장 문제시되었던 멕시코 국경을 넘은 미등록 자녀와 부모를 별도로 구금하는 가족분리 정책을 철회하고 재결합하지 못한 가족의 재결합 방안도 마련한다. 또한 행정부 차원에서 서류 미비자들을 최대한 보호한 후 이들에게 합법 신분과 영주권, 시민권까지 허용하는 합법 신분화를 입법으로 성사시킬 예정이다.

---

8   청소년 추방유예 제도 폐지 등 일부 대통령령(executive order)은 법원의 집행 정지 명령 등으로 실제 실시되지는 못하였다.

9   미국의 인구센서스는 미국에 사는 모든 사람들의 숫자를 비롯하여 인구구조, 주거형태, 생활방식, 종교, 교육 등 사람들의 기본적인 생활에 대해 조사한다. 이는 국민들의 사는 모습을 파악함으로써 국가발전과 국민생활에 필요한 정책을 수립, 집행하는 기초 자료가 된다.

표 3 미국의 주요 이민정책 변화

1875년	• 미국 최초 이민법인 페이지법의 제정
1882년	• 중국인 배척법 제정: 중국인 귀화 배제(최초로 특정 국가 겨냥)
1917년	• 이민법제정 – 아시아 이민 금지구역 설정
1921년 1924년	• 쿼터 법과 이민법제정 – 이민쿼터제 시행(아시아 출신 2% 이내 귀화 허용)
1952년	• 이민국적법 – 출신 국가에 따른 차별과 선별이민제도 시작
1965년	• 국가별 할당제 폐지, 가족초청제도 도입
1986년	• 이민개혁 및 이민자책임법 (서류 미비자 대거 사면, 국경 통제강화) – 합법 체류자격 기회 제공
1990년 후반	• 21세기 미국인 경쟁법(AC21: American Competitiveness in the 21st Act)'을 제정
2001년	• 국토보안법 – 외국 여행객에 대한 심사 강화
2012년	• DACA(불법체류 청소년 추방유예 제도) 도입
2017년~ 2020년	• 청소년 추방유예 제도(DACA: Deferred Action for Childhood Arrivals) 축소 및 폐지 • 임시 보호 지위(Temporary Protected Status, TPS)의 종료 • 미국–멕시코 국경의 장벽 건설 • 다양성 비자 축소 • 이민자 유입의 축소
2021년	• 청소년 추방유예 제도 유지 및 강화 • 농업 분야 미등록 노동자 정주 기회제공 • 미국–멕시코 국경의 장벽 건설 중지 • 비중범죄자 미등록 이민자의 우선 추방 정책 철회

2) 이민정책 추진체계

미국 연방 정부의 이민정책 집행은 국토안보부, 법무부, 국무부, 노동부, 보건복지부 5개 부서에서 주로 담당하고 있다. 이 중에서도 국토안보부가 주도적으로 이민자의 유입, 체류, 추방 등에 관련한 법적인 강력한 권한을 갖는다. 법무부는 법률 해석과 관련 규정과 제정을 담당하고 있으며, 이민자 지역 유입 이민정책은 주로 연방 정부에서 중앙집권적 방식으로 추진하고 있다(강동관 외, 2017).

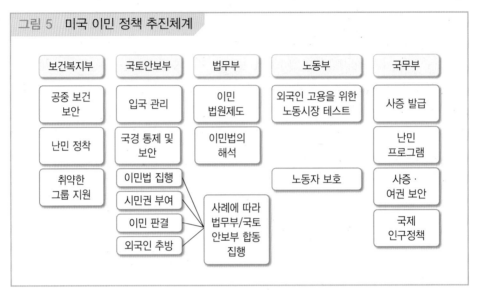

그림 5 미국 이민 정책 추진체계

자료: Wasem, R., 2006. "Toward More Effective Immigration Policies: Selected Organizational Issues." Congressional Research Service Report for Congress.
출처: 강동관 외(2017), 「이민정책연구총서」

표 4   관국 이민정책 집행 부서별 주요 내용

담당 부처	역할과 내용
국토안보부 (Department of Homeland Security, DHS)	2001년 9월 11일 이슬람 극단주의 테러 이후 국가안보의 중요성이 높아짐에 따라 국토안전법(Homeland Security Act)이 2002년 국회를 통과하게 되었고, 이민과 관련해서는 시민권 및 이민 서비스국, 이민 통관 집행국, 관세 및 국경 보호국이 담당하고 있다.
국무부 (Department of State)	국무부는 국외의 대사관이나 영사관에서 비자 신청을 판결하는 역할을 담당하며, 국제기구와 관계도 형성한다. 국무부의 인구·난민·이주국은 전 세계의 인구, 난민, 이주에 관한 문제에 대해 정책을 수립하는 역할을 담당한다.
법무부 (Department of Justice)	법무부 내 이민심사국(Executive Office of Immigration Review)은 이민 관련 연방 정부의 법률 및 규정을 일률적이고 신속 공정하게 해석하여 이민 사건을 판단하는 업무를 한다. 법무부 장관의 권한 하에 이민법원 절차, 항소 심사, 행정 청문회를 이행할 수 있다.

노동부 (Department of Labor)	노동부 고용 훈련국의 외국인 노동 허가 사무소는 외국 노동자가 미국인 노동자를 대체하거나 근로조건에 부정적인 영향을 미치지 않도록 보장하는 역할을 한다. 노동부의 근로 조건국은 단기 취업비자에서 노동자 보호 규정을 관리 및 집행업무를 담당한다.
보건복지부 (Department of Health and Human Services)	보건복지부의 질병관리본부는 전염병을 가지고 입국하는 외국인에 대비하는 주도적 역할 담당한다. 보건복지부 내 아동과 가족 행정실 안에 있는 난민 재정착 사무소(Office of Refugee Resettlement)는 난민과 망명자, 부모 미동반 아동 등을 대상으로 보조 프로그램을 운영한다.

3) 외국인 비자 체계와 체류 관리

미국의 그린카드는 영주비자를 의미하며 거주 및 일할 수 있는 법적 권리를 제공한다. 그린카드 제도는 우선순위 제도(Preference System)7)로 운영된다. 미국의 우선순위 제도는 고급인력 유치에 집중되어 있으며 유형별 조건이 충족되면 빠른 시일 내에 영주권 취득이 가능하다는 장점이 있다.

현재 미국은 2020년 기준으로 장기이민에서 가족이민이 57.7%인 418,400명으로 가장 많았고, 한시적 이민자의 경우 2021년 기준으로 '유학생'이 72.4%인 946,500명으로 가장 많았으며, 그다음이 '계절노동자'(22.5%), '워킹홀리데이'(3.0%) 순으로 나타났다.

표5   미국의 영주권 우선순위 제도

	해당 범위
1순위	과학, 예술, 비즈니스, 운동에 매우 비범한 능력이 있는 자 우수한 연구업적을 갖춘 연구자나 교수, 특정 다국적 임원 혹은 관리자
2순위	석사학위 이상을 소지한 전문가, 과학, 예술, 비즈니스에 뛰어난 능력이 있는 자
3순위	전문가, 숙련 노동자
4순위	특수 이주민
5순위	투자가

출처: 송해련(2019, 49) 참고

표 6 미국의 장단기별 이민자 유입 현황(2019~2021)　　　　(단위: 천 명, %)

구분	인원수(1,000명)			비중(%)		
	2019년	2020년	2021년	2019년	2020년	2021년
장기이민(외국인)	1,031.0	725.1	833.9	100.0%	100.0%	100.0%
취업	72.3	64.4		7.0%	8.9%	
가족이민(동반자포함)	776.2	418.4		75.3%	57.7%	
인도주의	107.1	63.5		10.4%	8.7%	
자유이동	..	..	..		..	..
기타	75.4	179.2		7.3%	24.7%	
한시이민	1,466.1	1,168.4	1,308.2	100.0%	100.0%	100.0%
유학생	1,075.5	914.1	946.5	73.3%	78.2%	72.4%
워킹 홀리데이	108.8	5.0	39.6	7.4%	0.4%	3.0%
계절노동자	204.8	213.4	294.7	14.0%	18.3%	22.5%
기업주재원	77.0	35.9	27.4	5.3%	3.1%	2.1%
기타						

출처: OECD(2022), International Migration Outlook 2021, 2022 View historical Fast Facts 2010-2021

(1) 미국의 단기 비자

관광객, 사업인, 학생 또는 단기취업 등 목적으로 미국에 체류하고자 하는 사람들에게 발급되는 비자로, 목적 또는 기한이 종료된 이후 자국으로 반드시 돌아간다는 전제로 발급해주는 비자이다. 방문 목적에 따라 상용/관광비자, 취업비자, 학생비자, 취재 비자, 교환방문 비자, 경유/선원 비자, 상사 주재원 비자, 투자자 비자 등이 있다. 입국목적에 맞는 유효한 미국 비자를 소지하고 있거나 또는 비자면제 프로그램에 가입된 국가의 국민은 경우에 따라 미국 비자를 신청하지 않아도 된다.

(2) 미국의 영주비자

영주비자는 미국 정착을 목적으로 입국하는 외국인이 신청하는 비자이다. 이민 비자 신청인은 우선 신청서를 미국 이민국(USCIS)에 제출해야 하며, 일반적으로 기술 이민 또는 투자 이민 신청인은 해당되지 않지만, 기타 대부분의 신청인은 고용

주나 가족 등의 스폰서가 요구된다.[10]

표 7 미국의 단기 비자 종류

비자	대상
A –외교	외교관 및 공무 수행 정부 관계자
B –통상 / 방문	B-1: 상용(출장)비자 / B-2: 관광비자
C –경유	미국을 경유하여 제3국에 갈 목적으로 일시적으로 체류하는 경우
D–선원/승무원	국제 항로의 선박, 항공기의 승무원
E –상사 주재원 / 투자자	E-1: 무역인 비자 / E-2: 투자자 비자
F– 유학	미국 대학(원), 고교, 어학연수 등 정규 학업과정을 이수하는 자
G –국제기구	국제기구에 근무하는 자
H– 전문직 직원	H-1: 전문직 단기 취업(연간 6.5만으로 제한. 노동조건신청 필요) H-2: 일반직 단기 취업(연간 6.6만으로 제한. 단기노동 인증서 필요)
I –언론인	신문사, 라디오, TV등의 특파원, 주재원 등 보도관계자
J –단기교환 방문	승인된 교환 프로그램에 참여할 경우 교환방문
K– 약혼자	미국 시민권자와의 약혼자를 초청하기 위한 비자
L– 미국주재원비자	L1A :임원 또는 관리 역할을 맡은 직원을 위한 경우 L1B: 제품, 서비스, 기술, 정책 또는 절차에 대한 전문지식의 직원을 위한 경우
M–직업교육 유학	언어연수를 제외한 직업연수를 받고자 하는 사람에게 주어지는 비자
O– 특수 재능 소유자	과학, 교육, 경영, 체육에 특기가 있는 사람에게 주어지는 단기 체류비자
P– 운동선수와 연예인	국제 수준급 경기에 참가하는 체육인 또는 극단에 출연하는 연예인 비자
Q– 문화 교류 행사 참가자	국제적인 문화교류 프로그램에 참석하는 사람에게 주어지는 비자
R– 종교활동 종사자	종교계 종사자를 위한 비자

출처: 강동관 외(2017. 157-158). 「이민정책연구총서」 참고

---

10 미국의 비자 종류 참고: https://www.estaus.co.kr/news/types-of-visas-united-states

표 8　미국의 영주비자 종류

분류	비고
가족 초정 비자	* 가족초청 이민은 크게 두 종류로 구분 ① 미국 시민의 직계가족(수적 제한 없음) 　(배우자, 21세 이하의 자녀, 21세 이상의 미국 시민의 부모)을 위한 이민비자 ② 4가지 우선순위로 분리된 이민비자 (수적 제한 있음) 　－ 모든 가족초청 이민자들은 자신들이 공적 부담이 되지 않을 것이라는 증거로 초청인으로부터 부양서약서를 얻어야 함. 　신청인은 연방 빈곤 지침의 최소 125%에 해당하는 소득을 증명해야 함.
취업	* 취업이민은 다섯 가지 우선순위로 분류 ① 제1순위 (최우수인력): 과학, 예술, 교육, 사업 및 체육 등에 특출한 능력을 가진 자, 뛰어난 교수 또는 연구원; 다국적 기업의 대표 또는 임원 ② 제2순위: 고등교육학위(advanced degree)를 가진 전문가 또는 과학, 예술, 사업에 우수한 능력을 가진 자 ③ 제3순위: 공급이 부족한 숙련 노동자, 학사학위 소지 전문가, 기타 공급이 부족한 노동자 ④ 제4순위: 일부 특별 이민자: 종교적 성직자, 일부 미국 재외공관 직원, 등 ⑤ 제5순위 (고용 창출 투자자): 최소 US100만 달러 투자로 인해 10명 이상의 고용 창출 (정부가 지정한 고실업률지역 또는 농촌 지역에 투자할 경우는 US 50만 달러) 　－ 제 2, 3순위 취업이민은 일반적으로 고용주의 신청서, 노동부가 발급하는 노동 인증서가 필요함.
난민 및 망명자	* 난민 － 연간 허용되는 난민의 수는 미국 대통령 결정문(Presidential Determination)에 의해 결정됨. 2017년의 한도는 110,000명) － 난민으로 인정된 자는 입국 1년 이후 영주권 신청을 하도록 함. 난민의 영주권 취득에 대한 수적 제한은 없음. － 난민은 배우자와 21세 이하인 자녀와의 결합을 위해 신청서를 입국 2년 안에 제출할 수 있음. * 망명자 － 망명자로 인정을 받은 외국인은 최소 1년 후 영주권 신청을 할 수 있음.
다양성 비자	－ 미국으로의 이민이 비교적 낮은 출신국의 국민 신청 가능. － 신청자는 최소 고등학교교육을 이수하였거나 지난 5년 내에 2년 이상의 직업 (적어도 2년 이상의 훈련을 요하는 직업) 경험이 필요.

출처: 강동관 외(2017, 159). 「이민정책연구총서」 참고

4. 사회통합정책

1) 교육정책

한국과 미국의 양국 모두 '교육기회 보장'을 강조하고 있다. 정책 수행의 근거 법령 측면에서 한국은 기회균등보다 사회적응 관련 조항의 비중이 큰 반면, 미국은 완전하고 적절한 교육 기회균등 보장을 강조하고 있다. 다문화 학생 대상 자국어 및 기초 학력 관련 교육 프로그램 측면에서 보면, 한국은 정부 차원에서 한국어 및 기초학력 증진 프로그램을 다양한 방식(멘토링 프로그램, 교재 개발, 거점 학교, 정서지원 등)으로 직접 고안하는 반면, 미국은 연방 정부 차원에서 영어 및 기초학력 증진 관련 프로그램 운영에 관여된 교사와 학부모에 대한 직간접적인 지원 방안이나 프로그램 운영 효과에 대한 평가 방안을 위한 지침 마련에 주안점을 두고 있다.

바이든 정부는 연방정부의 교육 체계를 재정비하고, 취약계층에 대한 디지털 교육격차 해소, 저소득층 지역 학교와 장애인 학생에 대한 연방정부의 예산 지원확대 등 맞춤형 교육지원을 확대하겠다고 밝혔다. 그리고 학생이 부모의 소득 수준이나 인종에 관계없이 중산층의 지위를 유지하거나 중산층으로 진입할 수 있도록 고등교육 접근성을 강화하기 위한 정책을 제안했다. 또한 중산층 진입 경로를 만들기 위하여 학생들에게 졸업 후 취업과 연계될 수 있는 고등 교육을 제공하고 학생들이 학자금대출의 상환에 부담을 갖지 않도록 지원한다. 그리고 다음과 같은 교육정책 방향을 제시하였다.

가) 공정하고 균등한 교육기회를 제공하는 학교
나) 백인 학생과 유색인종 학생 간의 학업 성취도 격차 해소
다) 영어학습자 교육여건 개선
라) 교육 분야 내 인종과 사회, 경제적 격차 해소에 집중할 것

2) 복지정책[11]

미국 전역의 지역사회에서 가정방문 프로그램(Home Visiting Program)의 인기가 많다. 보건·사회복지 지원을 2세대에 제공하는 가정방문 프로그램은 부모와 자녀의 건강, 웰빙 및 장기적인 성과를 제고하고자 이들을 지원하고 있다. 이민자들과 난민 출신의 가족들을 위해서도 이들 부모들에게 영유아 양육, 보건 및 사회복지 서비스를 쉽게 찾아볼 수 있도록 사회통합 프로그램을 제공하고 있다. 장애가 있는 이민자는 메디케이드, 영양섭취지원 프로그램(SNAP), 생활보조금의 혜택을 받을 수 있고, 어린이들을 포함하여 일부 이민자는 SNAP의 혜택을 받을 수 있다. SNAP는 식료품점에서 식품을 구입하도록 자금을 지원한다.

많은 학교가 영어를 잘 구사하지 못하는 이민자 학부모들을 위한 정보를 제공하고 있으며, 모임에 참여할 수 있도록 통역 서비스도 제공하고 있다.

가정폭력을 당한 이민자나 그 자녀들은 연방 혜택이나 폭력 피해 여성의 쉼터나 SNAP 등의 연방 서비스를 받으실 수 있다. 바이든 행정부는 가정폭력의 피해자나 친척이 박해를 받은 이민자들의 경우 미국에서 망명 자격을 얻을 수 있게 허용하는 규정도 마련 중이다. 또한 경찰 수사에 협력하거나 법정에서 증언하여 당국을 돕는 불법 이민자에게 시민권 취득 기회를 열어주는 U-비자(가정폭력, 성폭력, 인신매매 등의 특정범죄의 피해자들에게 합법적으로 미국에 머물 수 있게 함) 프로그램도 확대된다. 이외에 연방 정부는 직업훈련추천, 직업상담, 취업 소개 및 기타 고용 관련 서비스를 제공하는 직업센터를 운영한다. 일부 직업센터에서는 ESL 수업과 직업기술 교육을 이민자에게 제공한다.

3) 언어정책

한국은 글로벌 역량 개발을 목표로 하는 한편, 미국은 교육의 기회균등 보장을 강조한다. 미국의 경우에는 과거 이중언어교육법(Bilingual Education Act of 1968)이 제정되어 이중언어 교육 지원이 활성화되어 오다가 현재는 아동 낙오 방지법(NCLB)이 제정되면서 폐지에 이르게 되었다. 한국은 이중언어 교육 프로그램의 실제 운영

---

11 미 연방 이민국(USCIS) : 신규 이민자를 위한 안내문. https://www.uscis.gov/

관련 정책은 부족하지만, 이중언어 교육에 실질적 도움이 되는 교재 개발은 의미 있게 진행되고 있는 한편, 미국은 영어 능력 향상을 위한 교육에 주안점을 두어 주로 이중 언어교육 프로그램을 영어 숙달을 위한 과도기 프로그램으로 활용하는 경향이 강하다.

5. 소 결

미국 인구 총 조사국(센서스국)의 2020년 조사결과에 따르면 지난 10년간 미국 인구 증가율은 7.4% 이다. 이러한 인구 증가율은 주로 라틴계와 아시아계의 인구 증가가 주요 원인이다. 즉, 미국 내 백인인구 비율은 57%로 줄어들고 유색인종이 43%를 차지하며 본격적인 다민족, 다인종 국가로 자리잡게 되었고 2040년에는 유색인종 비율이 더 많아질 것으로 예측한다. 하지만, 2019년 이후 이민자 감소 현상이 나타났다. 이는 트럼프 행정부의 반이민 정책과 2020년 이후 코로나 팬더믹으로 이민자가 일시적으로 줄어든 상황이다. 바이든 정권이 들어서면서 반이민 정책을 폐지하였으며 미국은 이민자의 나라 그리고 민주주의 국가로서 명성을 되찾기 위한 포용과 인권에 기반 한 친이민 정책들을 펼쳐 나가고 있다.

미국은 현재 저출산·고령화의 인구문제 극복과 국가의 지속적인 발전을 위한 이민정책을 펼치며 경제적인 활동의 기반인 노동력 확보 유치에 힘쓰고 있다. 그럼에도 불구하고 미국의 이민관련 정책은 정권이 교체될 때마다 이민자에 대해 억제와 포용의 정책을 반복하며 비전문직이나 가난한 외국인들에게는 미국 영주권을 주지 않겠다는 의도가 숨어 있다. 반면, 미국의 농산업 현장에서 꼭 필요한 외국인 근로자와 그 가족들에 대한 체류와 정착을 어떻게 지원해야 하는지가 늘 큰 숙제이다.

미국은 다양한 비자 관리 체계를 통해 이주민들이 합법적인 정착을 지원하지만, 불법 체류자에게도 다양한 사회통합 서비스와 프로그램을 차별없이 제공하며 미국 사회 내 안정적인 정착을 지원한다. 국가적으로 언어교육, 건강 서비스, 법률 상담 서비스, 자녀양육, 학교교육 등을 위한 통합 서비스가 체류자격의 제한없이 모든 이주민이 활용 가능하도록 한다. 특히, 위험에 처한 피해자들에게는 합법적으로 미국에 머물 수 있게 하는 인권적인 지원과 프로그램이 확대되는 점이 큰 특징이다.

따라서, 한국정부도 다양한 이민자들이 증가하는 시점에 체류자격에 구분없이 생활하는 모든 이주민들이 책임감있는 시민으로 살아가도록 안내하는 이민·다문화정책을 개발해야 할 것이다. 다양한 이주민이 종교, 체류자격, 신분, 국적 등에 상관없이 우리사회 내 편안하게 살아갈 수 있도록 생활 전반에 걸친 모든 사회 서비스와 프로그램을 활용할 수 있도록 하는 일은 사회적 안정과 국가발전을 위해 바람직한 일이다. 국내 인구문제로 인해 다양한 산업현장에 노동인력이 부족하고 이주민이 절대적으로 필요한 시점에 내국인과 이주민 간의 차별적인 경계는 낮추고 함께 동등한 시민으로 살아갈 방법과 전략을 새롭게 모색해야 한다.

강동관 · 김원숙 · 민지원 · 박성일 · 양윤희 · 이상지 · 현채민(2017). 주요국가의 이민 정책 추진체계 및 이민법, 이민정책연구총서, IOM 이민정책연구원.

강휘원(2010). 미국의 소수인종 통합정책 탐색: 교육, 복지, 언어정책을 중심으로. 한국정책 연구, 10(1), 51-71.

김남현(2000). 중국이민의 미국이주:원인과 제도. 미국사연구, 11, 65-92.

김선화 · 이정진 · 허석재 · 박혜림 · 최정인 · 김광현 · 이승현 · 정민정 · 김예경 · 김도희 · 최미경 · 김현정 · 강지원 · 김준헌 · 김민창 · 임재범 · 전은경 · 김종규 · 박연수 · 박준 환 · 장경석 · 권성훈 · 최진응 · 박소영 · 김나정 · 이덕난 · 조인식 · 유지연 · 최재은 · 이 혜경 · 신동윤 · 김은진 · 전윤정 · 신중섭 · 김성원 · 박지우(2021). 바이든 신행정부의 주 요 정책 전망과 시사점: 특별보고서. 국회입법조사처.

김영순(2017). 다문화교육의 이론과 이론가들. 북코리아.

남부현 · 오영훈 · 한용택 · 전영숙 · 이미정 · 천정웅(2016). 다문화사회교육론. 양서원.

민효미(2019). 도날드 트럼프(Donald Trump) 행정부의 반(反)이민 정책. 부경대학교 국제대학 원 석사학위 논문.

박민영 · 이진영 · 김인덕 · 김태기 · 김도형 · 윤인진 · 서성철 · 심헌용 · 나혜심(2016). 기록 으로 보는 재외 한인의 역사: 이주와 정착 그리고 발전의 시간들: 아메리카. 대전:행정 자치부 국가기록원.

손영호(1996). 미국 이민정책에 관한 연구, 1882-1924 : 이민규제의 배경과 논쟁을 중심으 로. 미국사연구, 4, 165-202.

은지용(2020). 한국과 미국의 다문화 교육정책에 대한 비교 분석. 한국교원대학교 교육연구 원, 교원교육, 36(1), 193-220.

임동진(2020). 저출산 고령화시대 미국, 캐나다, 호주의 이민정책 비교 연구: 이민인구와 최 근 경향을 중심으로. 한국비교정부학보, 24(2), 69-99.

임형백(2012). 미국 이민정책 연구: 시기 구분과 특징. 한국정책연구, 12(2), 273-290.

장미야(2021). 미국의 인구문제와 이민정책. 민족연구, 78, 4-34.

장주영(2021). 바이든 정부의 이민정책 방향. 이슈브리프, 이민정책연구원.

Blessing, P. J. (1980). Irish. in Stephan Thernstrom (ed.). *Harvard Encyclopedia of*

American Ethnic Groups. Cambridge: Harvard University Press, 525-526.

Briggs Jr., V. (1984). *Immigration Policy and the American Labor Force*. Baltimore: Johns Hopkins University Press.

Cornelius, W. A., & Tsuda, T. (2004). Controlling Immigration: The Limits of Government Intervention. in W. A. Cornelius, W. A., Tsuda, T., Martin, P. L., and Hollifield, J. F. (eds.). *Controlling Immigration: A Global Perspective* (2nd ed.). Stanford University Press, 3-48.

Divine, R. A. (1972). *American Immigration Policy*, 1924-1952. New York: Dacapo Press.

Heer, D. M. (1996). *Immigration in America's Future. Boulder*, Colorado and Oxford, UK: Westview Press.

Hutchinson, E. P. (1981). *Legislative History of American Immigration Policy*, 1798-1965. Philadelphia: University of Pennsylvania Press.

Jones, M. J. (1992). *American Immigration* (2nd.). Chicago: University of Chicago Press.

Martin, P. L. (2003). *Promise Unfulfilled: Unions, Immigration, and the Farm Workers*. Ithaca, New York: Cornell University Press.

Romero, V. C. (2009). *Everyday Law for Immigrants*. Boulder and London: Paradigm Publishers.

U.S. Department of Justice (1991). *Immigration and Naturalization Service, An Immigrant Nation: United States Regulation of Immigrant*, 1798-1991. Washington, D.C.: Government Printing Office. Groups, Cambridge: Harvard University Press, 503.

Ward, D. (1980). Immigration: Settlement Patterns and Spatial Distribution. Edited by Thernstrom, S., Orlov, A., & Handlin, O. *Harvard Encyclopedia of American Ethnic*. Harvard University Press.

〈인터넷 및 신문 자료〉

뉴시스(2021.04.28.). 바이든, 28일 첫 의회 연설…대규모 '미국 가족계획' 홍보. (https://newsis.com/view/?id=NISX20210428_0001422964)(검색일: 2023.07.09).

세계일보(2008.08.14). [그래픽 뉴스]미국 내 백인·유색인 인구 추이. (https://www.segye.com/newsView/20080814002414)(검색일: 2023.07.09).

이투데이(2021.04.27). '인구절벽' 직면한 미국, 인구 증가율 역대 두 번째로 낮아. (https://

www.etoday.co.kr/news/view/2020135)(검색일: 2023.07.09).

조선일보(2021.08.14). 미국의 백인 인구 10년새 1930만 명 줄어. (https://www.chosun.com/international/us/2021/08/14/VAEMLIWWC5CCXOG4DAKOLU3PGU/)(검색일: 2023.07.09).

중앙일보(2021.10.13.). 불법체류자를 인재로 키우는 오바마표 이민 정책. (https://www.joongang.co.kr/article/25014479#home)(검색일: 2023.07.09).

kotra 해외시장뉴스(2021.03.12). 커지는 미국 히스패닉 시장을 잡아라. (https://dream.kotra.or.kr/kotranews/cms/news/actionKotraBoardDetail.do?SITE_NO=3&MENU_ID=180&CONTENTS_NO=1&bbsGbn=243&bbsSn=243&pNttSn=187419)(검색일: 2023.07.09).

한국유학저널(2021.03.11). [세계의 취업비자] 미국 취업비자 취득절차. (http://www.k-yuhak.com/news/articleView.html?idxno=1085)(검색일: 2022.12.10).

한경닷컴(2019.07.11). 천자칼럼: 획일화된 사회. (https://www.hankyung.com/opinion/article/2019062322881)(검색일: 2023.07.09).

TIME.COM(2019.08.06). Trump's anti-immigrant rhetoric was never about legality – it was about our brown skin. (https://time.com/5645501/trump-anti-immigration-rhetoricracism/)(검색일: 2023.07.09).

미국 비자의 종류. (https://www.estaus.co.kr/news/types-of-visas-united-states).

미연방이민국(USCIS). 신규 이민자를 위한 안내문. (https://www.uscis.gov/).

제 2 장

독 일

남부현 / 박민희

---

1. 독일 이민자 현황 및 통계

독일의 이민자 유입정책은 한국처럼 저출산·고령화와 노동인구 감소 문제와 밀접한 관련이 있다. 2019년 말 기준 독일 총 인구 수는 사상 최고치를 갱신한 8,320만 명으로 잠정 집계되었으나, 2018년의 8,300만 명보다 많은 20만 명은 난민이나 이주자의 유입으로 증가한 수치이다. 2019년 총인구 중 외국인 수는 1,009만 명으로 전체 인구의 12.2%를 차지했다(이보연, 2020).

독일 내 이주배경 인구는 2021년 기준 2,230만 명으로 전체인구의 약 27%이며 2040년도는 35~40%로 증가할 것으로 예측한다. 특히, 프랑크푸르트와 같은 대도시에는 이주민이 전체인구의 약 65~70%를 차지할 것으로 전망한다[1](연방고용연구소(IAB), 2019). 2012년 이민 적극 수용 정책 이후 증가한 이주민 유입은 독일 경제의 수축을 피하기 위한 일이며, 2060년까지 연간 40만 명의 이민자 유입이 필요할

---

[1] 출처: 법무부 (작성: 2019.11.29) http://www.immigration.go.kr/bbs/immigration/402/516085/artclView.do

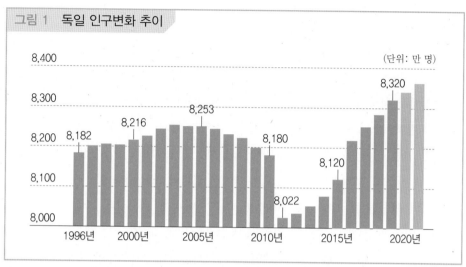

그림 1   독일 인구변화 추이

자료: TRADINGECONOMICS.COM I FEDERAL STATISTICAL OFFICE
출처: 조선일보(2021.03.02).

그림 2   2022년 독일 이민자 수

출처: https://www.destatis.de/EN/Themes/Society−Environment/Population/Migration−
    Integration/_node.html

것으로 추정한다. 현재, 독일은 남유럽과 동유럽 출신의 이민자 유입이 감소하는
상황이므로 고숙련 노동자를 유치하기 위해 보다 개방적 이민정책이 필요하다고
분석하였다(Deutsche Wells, 2019.11.4).

2. 독일 노동인력 이민정책

독일은 노동인력 부족 문제를 해결하고자 이민법 개정을 통해 다양한 이민자들이 독일에서 적극적으로 일할 수 있는 발판을 마련하고 있다. 이주민과 난민에 대한 친화 정책이 노동력 수급문제를 해결할 수 있는 열쇠라고 믿고 있기 때문이다.

독일 연방노동청은 매년 6개월마다 노동시장을 분석하고 이주 장려 직업군 목록(화이트 리스트, Whitelist)을 정하고, 수학, 자연과학, 전산정보학, 기술 직업군의 전문 인력 이주를 장려하고 있다(서성민, 2017). 이러한 '제 3국의 고급인력은 특별한 경우 입국 후 선체류 기간이 없어도 영주권을 받을 수 있다'는 체류법 제19조가 제정되어 있었으며, 유럽연합 고급인력지침에 근거해 2012년 EU블루카드(Blaue Karte EU)가 체류법 제19a조에 규정되었다(이보연, 2020: 570). 또한, 2020년 3월 1일 전문인력 이주법(FEG: Fachkräfteeinwanderungsgesetz)을 시행하며 전문인력에 대한 일관된 개념을 도입하고, 이들의 노동시장 접근을 완화하며, 취업 우선권 심사(Vorrangprüfung)를 완화하여 적용하였다. 또한, 독일 내 부족한 전문 직업군에 대한 취업 제한을 폐지하고 체류 허가 확대 및 영주권 취득 조건도 완화하였다(김현정, 2021). 이로 인해, 유럽 국가들이 2017년 기준 연봉 4만 4000유로[2] 이상을 지급하는 외국인에게 비자를 발급하는 블루카드(EU출신의 고숙련 이주노동자)의 84.5%가 독일에서 발급되었다(참고: Eurostat 2019; 박진우, 2020: 23).

3. 독일의 이민정책 변화

1) 이민정책의 시대적 특징

독일은 2차 대전 이후 폐허가 된 국가를 재건하기 위해 부족한 인력을 유입하고자 1955년부터 이탈리아와의 협정을 통해 '초청 노동자'라는 이름으로 해외 노동자를 유입하기 시작했다. 독일은 1, 2차 세계대전 후 피해복구 및 개발을 위해 특

---

2 2023년 기준 연봉 5만 8,400유로, 전문인력인은 최소 4만 5,552유로

정 분야의 부족한 산업인력 메꾸기 위해 단기 이민정책을 추진한 결과, 1960년 당시 외국인 비율이 1.2%에서 1970년 4.9%로 증가하였다. 또한, 70년대와 80년대에 기존에 유입된 외국인 근로자의 배우자와 자녀의 체류 또는 '가족이민'을 허가함으로써 이민자가 급격히 증대하게 되었다. 하지만, 1973년 오일쇼크를 계기로 외국인 노동자 모집을 중단하고, 기존의 외국인 근로자의 가족이민만을 받아들였다. 그 결과 그 당시의 이민 취업자들과 그 가족들은 현재 독일에 거주하는 이주배경 이민자의 가장 큰 집단으로 남게 되었다(Statisches, 2001; 이보연, 2020 재인용).

독일은 1990년의 동서독 통일과 동유럽의 정치적 변화로 인해 다양한 이민자 유입이 크게 증대하는데 1990년부터 2000년까지 10년 동안의 유입자가 168.1만 명이나 된다. 국적법 개정과 출생지주의의 부분적 수용으로 2000년 1월 1일 이후 독일 출생 외국인 부모의 자녀는 그 부모가 독일에서 최소 8년간 체류하거나 영주권을 가지고 있을 경우, 독일 국적 취득을 허용하였다. 이는 전통적인 민족주의적 혈통주의에서 부분적 출생주의로 이민정책이 변화하는 계기가 되었다(강동관, 2017). 하지만, 독일은 2004년 '새로운 시민법'을 도입하기 전까지 독일 사회 내 외국인(이민자) 통합은 사회적, 문화적, 법적으로 거부되었다. 2005년 이민법 개정과 함께 '이민난민통합 연방정부위원회'를 설립하여 사회통합 프로그램 규정을 통해 중앙정부 차원에서 이주민의 독일 사회통합을 위한 각종 정책(언어, 적응교육)들이 마련되었고, 23개의 지역 사무소를 통해 이주민의 언어 및 사회통합 정책을 추진하였다. 2007년 국가 통합계획을 통해 사회적 과제로 제시하고 정부 차원뿐만 아니라 주정부, 이민단체 및 비정부 기구가 통합적으로 사회통합을 추진하기 위한 400가지 조치 규정을 만들어 이민자를 독일 사회 적응 대상이 아닌 독일 사회의 주요 파트너로서 위상을 부여하였다(Die Bundesregierung, 2008: 17).

한편, 주정부 차원에서는 다문화정책의 일환으로 문화권 상호 간의 소통 및 이해 증진을 위한 다양한 프로젝트와 프로그램을 운영하고 외국인과 독일인과의 실질적인 교류와 네트워크를 위해 만남의 장소를 제공하여 문화적 갈등을 최소화하기 위해 노력하였다. 2010년 그동안 복지로 일관하던 자국 다문화정책의 실패를 인정하고 교육과 복지제도를 강화해 다문화 국가로서 변모를 꾀하고 있다.

표 1 독일 이민정책의 시대적 특징

시대구분	시기	특징
'유럽의 생물학적 팽창' 및 중상주의	1500~1800	• 노예무역과 식민주의
산업화	1800~1914	• 유럽인들의 아메리카와 미국으로의 이주 • 중국과 인도로부터도 이주 발생
세계대전의 시기	1914~1950	• 강제추방 및 난민
자본주의의 황금시대	1950~1974	• 초정노동자(Gastarbeiter) • 구 식민지 이주자들의 본국 귀환 및 구 식민지 노동력의 이주
탈산업화 시기	1974~1990	• 유럽을 향한 이주의 중단 • 중동 지역이 새로운 이주노동자들의 집결지로 부상
냉정체제의 종식 및 본격적인 지구화 시기	1990~2010	• 동유럽으로부터 서유럽으로 이주의 재개 • 난민의 급격한 증대 • 이주의 강화 및 다양화·복잡화
이민법 개정과 이주민과 난민에 대한 친화 정책	2010~현재	• 기존 다문화정책 실패 선언 • 중동 아프리카 난민 이주 급증 • 초고령사회로 노동력 급감 대책마련 • 노동이민 인력 적극 유입: 블루카드(EU출신의 고숙련 이주노동자), 전문인력(white list 직업군) • 도시/농촌 지역별 차별화된 이민정책 등

출처: 구춘권(2012), 서정민(2017), 이보연(2020) 등의 내용을 재구성

2) 난민 수용

독일 거주민 8천만 명 중 15% 이상이 외국 태생이며, 독일에서 태어난 이민가정 자녀를 포함하면 전체 국민의 20% 이상이 이주 배경의 독일인이다. 2019년 기준 독일 내 이주자 중 85.2%가 해외 출생이며, 13.4%가 국내에서 출생하였다. 독일은 다른 유럽국가 회원국과 달리 1.4%의 불분명 처리 이주자(12,700명)가 존재한다. 이는 난민 유입이 많이 되고 있기 때문이다. 2015년 하반기에는 시리아 내전 등으로 발생한 난민을 대거 받아들이면서 인구가 단숨에 71만 7천 명 증가하기도 하였으며, 2020년 8월 그리스 레스보스섬 난민캠프 화재로 만 명이 넘는 이주민이 갈 곳을 잃자, 독일 정부는 유럽연합 국가 중 가장 적극적으로 수용 의사를 밝혔다(김현정, 2021).

3) 외국인 노동자 유입 정책

독일의 '전문인력이주법(FEG: Fachkräfteeinwanderungsgesetz)'은 2020년 3월 1일 부터 시행된 법으로 2018년부터 2019년 사이 독일에서 제정된 입법 가운데 매우 중요한 법으로 평가받는다. 기존 독일의 이주정책이 대학 졸업자와 고급인력에 집중되었다면, 이 법은 직업교육을 받은 숙련기술자에게도 독일 체류 및 노동시장 접근의 문을 확대한 것이다.

이 법으로 인해 대학 졸업자가 아니더라도 전문인력이 독일 노동시장에 접근할 수 있는 가능성이 커졌고 취업 우선권 심사가 완화되었다. 뿐만 아니라 지금까지는 인증된 전문인력만이 최대 6개월까지만 체류할 수 있었으나, 전문인력에게는 근로계약 없는 체류 가능성이 열렸다. 또한 직업교육을 받은 전문인력의 영주권 취득 요건이 완화되었고 전문인력의 체류허가 취득 절차가 단순하고 신속하게 진행될 수 있게 되었다. 또한, 24세 이하 외국인이 직업훈련원을 찾기 위해 6개월까지 독일에 체류할 수 있게 되었다. 독일의 주요 이민정책 연혁을 살펴보면 〈표 2〉와 같다.

표 2   독일의 역사적 주요 이민정책

1953년	연방실향난민법(BVFG: Bundesvertriebenen-und Flüchtlingsgesetz) 실행
1965년	외국인법 제정
1990년	외국인법 개정
1999년	국적법 개정
2000년	국적법 시행, 혈통주의 국적 원칙 수정, 그린카드 제도 도입
2001년	'이민 장려, 통합 강화'라는 보고서 발표
2005년	이민법 개정, 이민난민 통합 연방정부위원회 설립
2007년	국가통합계획 발표
2010년	자국의 다문화정책의 실패 인정
2012년	블루카드 제도 시행
2014년	시민권 법 개정, 이중 국적 도입
2020년	전문인력이주법(FEG: Fachkräfteeinwanderungsgesetz) 시행

4) 독일의 이민정책 추진체계[3]

독일의 이민정책 추진체계는 역할 분담이 다차원 체계(Mehrebenen system)으로 구성되어 있다. 유럽연합과 개별로 회원국의 관계는 유럽연합이 지침을 정하고 유럽연합회원국가들이 각자 국내 상황에 맞게 수용하여 구체화하는 구조이다. 독일은 국가 기능분배가 연방정부에서 입법과 정책방향의 결정 권한이 집중되어 있고, 주정부에서는 행정적 집행이 이루어진다. 즉, 연방정부가 이민정책의 수립을 담당하고 주정부의 실행하는 관계로 연계되어 실현된다.

그림 3 독일 이민정책 추진체계(내무부)

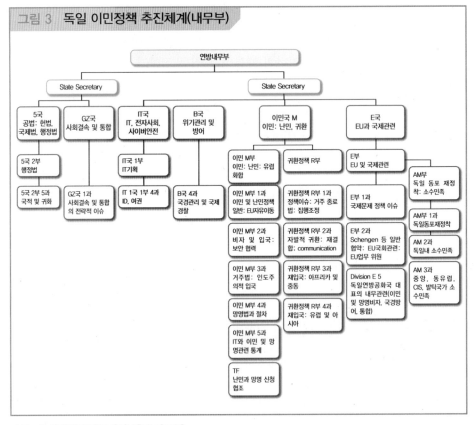

자료: 독일정부조직도에서 부분 참조함
출처: IOM이민정책연구원(2017, 75) 참고

---

3   김환학 외(2012)의 내용을 강동관 외(2017)에서 재인용하여 정리함.

연방내무부 연방수상 산하의 이민난민통합을 위한 연방자문관이 외국인통합 정책의 기획 및 평가를 담당하고 연방 연방이민난민청이 이민통합 업무의 연계 조정과 통합 프로그램 개발을 담당한다. 지역사회 내의 통합정책은 주정부의 행정 프로그램과 지방자치단체의 집행으로 진행되고, 국가 통합계획(Nationaler Integrationsplan)과 그 실행 계획은 연방수상의 제창으로 연방정부와 주정부의 각 부처와 외국인 단체를 비롯한 각종 사회단체를 아우르는 전체 공동체 차원에서 수립되고 집행된다.

5) 외국인 비자 체계와 체류 관리

(1) 일반 영주비자(외국인체류법 제9조)

제3국가의 국민에 대한 영주허가는 독일 외국인 체류법에 의한 영주 허가(Niederlassungserlaubnis) 외에 유럽연합지침[4]에 따른 영주허가(Daueraufenthalt-EG)가 있지만, 이주민의 법적 지위는 특별규정이 없는 한 양쪽이 동일하다.

표3   외국인의 영주허가 교부 지침 사항

- 5년간 체류허가를 소지한 경우
- 생계가 보장된 경우
- 최소 60개월간 법정 연금보험의 책임 또는 자유기여금을 납부하였거나 이와 유사한 보험 또는 원호시설, 보험사의 급부에 대한 청구권을 증명할 수 있는 경우: 자녀양육이나 (가족의 병환으로 인한) 병간호 등의 사유로 휴직한 기간도 산정됨
- 지난 3년간 고의적 범죄로 인해 최소 6개월 이하의 징역이나 최소 180일이하의 벌금형을 선고받지 않은 경우
- 피고용자로서 취업이 허가된 경우
- 그 외의 장기적인 영업활동에 필요한 허가를 소지하고 있는 경우
- 충분한 독일어 능력을 갖추고 있는 경우
- 독일연방 내에서의 법질서와 사회질서, 생활에 관한 기본적인지식을 갖추고 있는 경우
- 본인 및 자신과 주거를 함께 할 가족구성원에게 충분한 주거공간을 갖추고 있는 경우

---

4   Richtlinie 2003/109/EG

(2) 교육 및 어학연수 비자(외국인체류법 제16조 및 제17조)

유학생을 어학 연수생, 입학 준비생, 정규 학생 등으로 구분하여 각각 최고 체류 연장 기한을 규정한다. 국립 또는 국가에서 인정하는 고등교육 기관이나 이와 유사한 교육시설에서 학업과 입학 신청 및 학업 준비를 위한 외국인에게 체류자격이 교부된다. 체류허가의 최초 교부에 있어 학업 준비를 위한 체류 허가는 2년을 초과할 수 없으며, 학업(대학)의 경우는 최초 2년이 교부되고 체류의 목적(졸업)이 아직 완성되지 않았을 경우에 2년씩 연장 교부할 수 있다. 또한, 연방 노동청이 동의하였거나 국가 간의 상호협정에 따라 직업교육을 받는 경우, 기업 내에서의 직업교육을 목적으로 하는 체류허가 교부가 가능하다.

(3) 고용비자(외국인체류법 제18조)

외국인 취업 이민자의 허가는 독일 경제 상황에 따라 발급하는데, 연방 노동중개청이 동법 제39조에 따라 실업률을 효과적으로 줄일 필요성과 노동시장과의 연계성을 고려해 제공한다. 전문지식을 전제로 하는 취업의 경우, 이민법에 의한 명령에 따라 허가된 직종의 영업행위를 위해서만 노동체류허가가 교부된다. 특히 지역적, 경제적 또는 노동시장 정책상의 공공 이해관계가 결부된 영업행위(자영업)의 경우는 예외적으로 노동체류허가가 교부될 수 있다. 미숙련 및 저숙련 노동자에게는 노동시장 접근이 제한적이지 만, 대학 졸업자와 같은 우수한 외국인에게는 블루카드(EU Blue Card) 시스템을 통해 노동시장에 쉽게 접근이 가능하다(2012.8.1.이후). 구직자 비자 소지자는 독일에서 최대 6개월 동안 체류하면서 취업 가능하지만 자영업은 불가하다.

이민법에 의한 명령 또는 국가 간의 상호협정에 따라 연방 노동 중개청의 동의를 요하지 않는 영업행위(예: 자영업)의 경우는 외국인에게 취업을 위한 체류자격이 교부될 수 있다. 국가 간의 상호협정으로 규정되어 있거나 이민법에 의한 명령을 근거로 동 영업행위에 대한 체류허가 동의 교부가 허가된 경우에만 노동체류허가가 교부된다.

유럽연합, 유럽경제지역(EEA) 및 스위스 국적자 이외의 외국인은 명시적으로 허용된 거주 허가가 있는 경우, 유급 고용을 신청하기 위해 독일 거주가 가능하다. 호주, 이스라엘, 일본, 캐나다, 한국, 뉴질랜드 및 미국 시민은 독일 도착 후 관련 외국인 기관에서 체류 허가를 받을 수 있지만, 체류허가 이전에는 고용이 불가하다. 다른 모든 외국인은 독일에 오기 전에 해당 지역의 독일기관에서 취업비자를 신청해야 한다.

(4) 고급 전문인력 비자(외국인체류법 제18조 및 제19조)

2012년 8월 1일 이후 독일 또는 다른 국가에서 인정된 대학교 졸업 학사학위를 소지한 외국인 졸업자는 구직비자를 신청할 수 있다. 고급 전문인력은 다음과 같이 정의된다.

① 특별한 전문지식을 가진 학자

② 상급직에 있는 교육가나 대학교수/연구원/강사

③ 전문가나 법정보험료 산정기준이 되는 최고 호봉의 최소 2배 이상의 봉급을 받는 간부급의 특별사원

(5) 자영업 비자(외국인체류법 제21조)

외국인이 독일에서 자영업을 위한 노동체류허가 교부는 다음의 경우에 가능하지만 자영업 비자 취득을 위한 전제조건은 최소 1백만 유로 이상을 투자하였거나 10개의 일자리를 창출한 경우에 해당한다.

① 고도의 경제적 이해관계 또는 특별한 지역적 요구가 존재할 경우

② 경제에 있어 긍정적인 영향이 예상될 경우

③ 자기 자본이나 신용 대부를 통한 자금의 조달이 보장되어 있는 경우

(6) 가족 결합 비자(외국인체류법 제27~36조)

이민자가 가족을 초청할 경우, 정착, 거주 허가 또는 블루카드(EU Blue Card)를 소지한 사람이어야 하며, 가족을 초청해 함께 살 수 있는 충분한 거주공간 확보가 필요하다. 개정 이민법(Amended Immigration Act)에 따르면 피초청인인 배우자와 초청인 모두 18세 이상이어야 하며, 배우자는 적어도 독일인에 대한 기본지식을 가지고 있어야 한다는 규칙을 도입했다. 피초청 자녀는 16세 이하이어야 하며, 만 16~18세 사이인 경우는 주요 거주지가 부모(보호자)와 동일해야 하고, 독일어 능력과 사회통합에 친화적이어야 한다.

4. 사회통합정책

독일의 이민자 사회통합 정책은 지원과 요구라는 틀 속에서 체계적인 이민정책을 제도화하고 이를 통해 독일 경제와 고용시장에서 고숙련 노동력을 유입하기 위한 법적인 정비를 갖추는 것과 독일에서 생활하고 거주하면서도 독일 사회에 통합되지 않은 외국인 주민과 이들 가족의 독일 사회로의 통합을 목적으로 교육, 언어, 복지 정책을 통해 다양한 프로그램을 제공하고 있다.

1) 이민자 자녀 교육정책

독일의 이주민 통합정책 안에서 자녀 교육정책을 보면, 이주민의 '본국 귀환'을 목표로 두었던 1950-1970년대 당시에는 이주민 자녀들의 독일 학교에서의 적응과 귀국을 돕는 정책을 실시했다. 1964년 추가로 이주민 자녀를 위한 모국어 교육은 귀국 후를 고려하여 실시되었다. 그러나 1980년대 초부터 이주민 자녀들을 위한 교육이 더 이상 본국 귀환 이주민 정책에 맞출 것이 아니라 이주민과 선주민의 상호통합의 입장에서 다루어져야 한다는 주장이 나오기 시작하였다(Krüger-Portratz 2006; 2009).

이주민 자녀 교육정책은 (직업·평생)교육의 평등을 목표로 하고 있으며 구체적으로 교육기관 내 이주민의 인력증원, (직업)교육, 워크숍, 재교육의 지속적인 지원과 이주민 학부모 협력 강화 등을 제시하고 있다. 이주민과 선주민 자녀의 학력 격차를 해소하며, 이주민 자녀의 언어교육을 지원하고 적절한 교육 연구 개발을 위해서 이주민 자녀 관련 교육통계를 전문적으로 개선하기 위한 방안 또한 시급함을 강조하였다(최영미, 2015).

독일은 PISA(Programme for International Student Assessment: 국제학력평가 프로그램) 조사를 통하여 독일 학생들의 학력 수준이 낮게 나온 것에 대해 분석한 결과 이민자 가정의 아동과 청소년들이 교육적인 부분에서 취약한 것이 원인 중의 하나라는 사실에 주목하였다. 이에 부족한 언어 이해력이 학습에 영향을 미치고, 학업 실패의 원인임을 인지하고 이주배경을 가진 아동과 자녀들이 성공적으로 학업을 마칠 수 있도록 유도하고 있다. 또한 이주 배경을 가진 청소년들의 학업 중단율이 높고, 이것은 실업과 연결되기 때문에 학교를 졸업하고, 직업교육도 마칠 수 있도록 적극적으로 지원하고 있다(김영란, 2017: 24).

독일의 사민당(SPD) 정부는 2015년 1월 이민자 가정의 자녀들이 좀 더 교육받을 수 있도록 하여야 하며, 직업교육을 받은 청소년에게는 체류권을 부여하고 유치원비는 전액 정부가 지원해야 한다고 주장했다. 이는, 이민자들이 독일에서 살아갈 수 있도록 인도주의적 차원뿐만 아니라 독일 경제를 위해서도 이익이 되도록 다양한 교육과 직업교육 기회가 주어져야 한다고 판단했기 때문이다. 독일은 교육정책에 관해서 자치권의 원칙에 따라 주정부가 권한을 가지고 행사하며(김상무, 2010), 주정부가 초중등교육 및 대학교육, 성인교육까지 실질적인 권한을 가지고 있으나 교육을 통한 사회통합의 과제로는 연방·주정부, 지역공동체의 협력을 중요하게 여긴다(정수정 외, 2012).

① 키젤(Kiesel) 프로그램

키젤 Kiesel: 'Kind–Schule–Eltern(아이–학교–부모)'은 이주민 학부모들을 학교와 연계시켜 공동 작업을 통해 이주민 자녀들을 성공적인 학업성취 및 사회통합으로 이끌어내는 것을 목표로 한다. 기본적으로 초등학교 자녀를 둔 이주민 학부모들이 학교와 협력할 수 있는 전략을 구체적으로 세우고 시행한다.

② Stadtteilmütter/Elternlotsen(이주민 전문가/부모 도우미) 프로젝트

이 프로젝트는 교육 도우미(Bildungslotse)들과 함께 진행된 프로젝트인데, 도우미는 이주민들의 '인간다리' 역할을 해주어 교육기관과 이주민 가정 사이의 중간 매개자 역할을 한다. 이 프로젝트의 가장 큰 목표는 사회적 취약계층인 이주민 아이들이 도약하고 교육받을 수 있는 기회를 향상시키기 위해 이주민 자녀의 부모를 교육시키는 것에 있다. 이는 시·구에 제공되는 프로그램들이 지역에서 활동하는 이주민 출신 주민전문가인 Stadtteilmütter(이하 이주민 전문가)들의 모니터링(Rückmeldung) 활동을 통하여 이주민 가족들의 요구를 충족시키고, 실질적으로 사회통합에 도움이 되는 것이 무엇인지에 대해 신중히 고민할 수 있다. 또한 이주민

부모의 자녀 교육에 대한 전문지식을 넓혀주기 위해서 학부모 방문활동, 학부모카페, 문화센터, 쉐어하우스, 가족상담소 등의 활동이 이루어진다. 더불어 독일 내 주변 이웃과의 교류를 넓혀 네트워크 형성에도 도움을 주도록 한다. 이주민 전문가들은 자신들의 경험을 시 · 구 해당 기관에 전달하여 정보를 공유하도록 한다.

2) 이민자 성인 교육과 복지정책

이민법 제3장에서는 통합촉진이라는 표제로 제43조 사회통합강좌, 제44조 사회통합강좌의 수강 권리, 제44a조 사회통합강좌의 수강 의무, 제45조 사회통합강좌의 프로그램, 제45a조 직업관련 어학지원 등을 규정하고 있다. 이는 사회통합강좌가 촉진과 요구의 원칙에 입각하고 있음을 보여준다. 통합촉진을 위한 사회통합강좌는 언어강좌인 독일어 습득 과정과 독일의 일상생활 적응을 위한 지식 습득 과정인 오리엔테이션 강좌로 나누어 규정하고 있는데 두 강좌의 참여[5]와 이수를 통해 이민자들에게 보다 나은 교육과 취업 기회를 제공함을 목적으로 한다. 한편 새로운 이민자뿐만 아니라, 이미 정착하고 있는 비독일인 등 일정한 그룹에게는 독일어 및 사회 적응강좌의 참여를 의무화하여 위반자에게는 제제나 불이익이 따르게 하였다[6] (현희 · 남윤삼, 2018).

독일의 사회통합 코스는 전국에 설치된 이주 · 이민 상담센터 'Volkshochschule (이하 VHS)'에서 진행하며, 독일 전역에는 895개의 VHS가 있다. VHS는 'Volks(시민)' 과 'Hochschule(고등학교)'가 합쳐진 말로 우리 말로는 시민문화회관 또는 평생교육원 등으로 부를 수 있다. 지난 2005년부터 독일은 외국인 관청을 통해 새롭게 독일에 오는 사람들이 반드시 VHS를 거치도록 하고 있다. EU국민들 뿐만 이나라 혼인을 통해 독일에 입국한 사람이나, 일자리를 찾으러 이곳에 오는 사람들 등 모든 외국인들이 대상이다. VHS는 수준별 언어교육은 물론 여러 사회통합 프로그램을 저렴한 가격에 제공한다. 이주민 대상 사회통합 교육은 900시간의 의무수업을 진행하

---

[5] 예를 들면, 독일어 능력 부족으로 일자리를 찾기 어려운 이미 정착 허가를 받은 외국인의 경우에도 노동청 Arbeitsamt에서 일정한 독일어 교육을 받을 것을 의무화하였다.

[6] 참여 의무를 위반한 경우에는 체류허가의 연장, 노동 허가, 실업 수당 등에서 불이익을 받는 경우도 있다(이민법 제44a조 참조).

는데, 법과 질서 및 역사 등 독일에 대한 기본적인 지식 교육을 한다. 또한, 이곳은 이주민뿐만 아니라 지역 청년들을 위한 구직 프로그램, 노인들을 위한 각종 취미 프로그램 등도 함께 이뤄지고 있어 세대를 불문하고 독일 사회의 일원으로 정착하고 생활하는데 VHS가 여러 도움을 주고 있다.

외국인은 사회통합 코스 운영의 특징은 독일에 입국한 지 1년 내에 시작해야 하며, 시작한 뒤 2년 이내에 끝마쳐야 하며 900시간 과정의 사회통합코스를 이수해야 외국인 관청으로부터 거주 비자를 받을 수 있다. 그리고 다국어가 가능한 상담사를 갖추고, 관공서 업무 같은 일상적인 일에서 평생교육과 취업, 결혼·건강 등 개인적인 문제까지 각종 고충을 해결하는 데 도움을 주고 있다. 육아와 공부를 병행하는 여성들을 위한 배려도 있다. 아이들을 키우는 이주여성의 경우 주당 25시간의 교육과정을 15시간으로 낮춰주는 식이다. 특히 아이가 있는 사람이 아이와 함께 VHS를 찾으면, 엄마가 수업에 집중할 수 있도록 아이도 돌봐준다. 부모는 그 시간을 활용해 각종 수업을 들을 수 있다. 또한, 일을 하고 있는 사람들을 위한 야간 교육 과정도 운영 중이다. 기성세대와 문화나 사회적 인식이 다른 16~27세 대상의 '특별반'도 운영한다.

3) 언어정책

독일 정부는 신이민법의 3장(Förderung der Integration)에 근거하여 언어교육과 정을 통해서 이민자의 사회통합을 지원하고 있다. 외국인에 대한 언어교육은 독일인과 이민자 상호간의 이해와 갈등을 해소하는데 도움이 될 수 있으며, 외국인들의 충분한 언어능력을 배양함으로써 사회활동에 적극적인 참여와 경제적 활동을 하는데 긍정적이기 때문이다(이성순, 2011). 특히, 외국인과 독일 귀환자를 위한 통합과정에 관한 규정(Verordnung über die Durchführung von Integrationskursen für Ausländer und Spätaussiedler) 3장 제10조에 의하면 이주자들에게 통합교육과정을 이수할 것을 의무적인 사항으로 규정하였다(Bundesminister, 2004).

1990년대까지 독일에서 시행되었던 이주가정 아동을 위한 언어교육의 특징은 학생들이 가능한 한 빨리 단일어로서의 독일어가 통용되는 학교 시스템에 통합되는 동시에 이들이 본국으로 '귀환할 수 있는 능력'을 보존시키고 그들의 '문화 정체성'을 유지시켜 주는 보완적인 기능을 갖는 것이었다. 1990년대 중반부터 이주가정 아동을 위한 언어교육에 있어 새로운 관점이 대두되면서 이주 학생 개개인의 이중 언어 및 다중언어 능력을 자원으로 이해하고 후원하는 출신어(모국어) 수업을 개설 하는 방식으로 몇몇 주에서는 현실화했다(성상환·서유정, 2009).

독일의 언어교육은 학습자 그룹과 학업 능력에 따라 일반통합과정, 특수통합과 정, 속성과정의 세 가지로 분류되어 있다. 일반통합과정의 교육 대상은 모든 외국 인 혹은 독일 국적을 취득한 사람들이며, 특수통합과정은 라틴어 계열이 아닌 언어 를 사용하는 이민자, 여성, 부모, 청소년, 독일에 정착했으나 올바른 독일어를 구사 하지 못하는 구이민자(catch-up 과정), 외국인 문맹자(알파 통합과정) 등으로 대상이 세분화되어 있다.[7] 그리고 속성과정은 학습 능력이 우수한 이민자를 대상으로 한다 (민진영·박소영, 2019).

VHS의 사회통합 과정은 언어 수준별로 A1과 A2, B1과 B2 등으로 구분된다. 독 일어 철자법부터 배우게 되는 'A1' 코스의 경우는 처음부터 900시간의 과정으로 운 영된다. 'B1'을 통과한 사람에겐 전체 수업료의 50%를 돌려준다. 이 시험을 통과하 지 못하면 300시간의 과정을 더 이수해야 하는데, 일상생활이 가능한 독일어를 깨 우친 수준의 'B1'의 통과율은 약 75% 정도이며, 'A1'은 90% 가량이 통과 가능한 수 준으로 알려졌다. 'B1' 과정을 합격한 이주민들은 직업교육을 위한 'B2' 과정으로 넘 어가기도 한다. 'B2'는 산업현장에서 필요한 직업 언어교육 중심이다. 기존에 B2는 300시간 과정으로 운영하였으나 통과율이 20% 정도로 저조하여 400시간으로 늘었 다. 2019년부터는 500시간으로 다시 늘어났다. B2는 독일인들도 꽤 어려워하는 수 준이다.[8]

---

7   여기서 여성은 가족 또는 문화적 이유로 일반통합과정에 다닐 수 없거나 다니기를 원하지 않는 자, 부모는 18세 이하 자녀들의 양육, 학교 교육, 직업 교육 및 직업 선택에 관심이 있는 자, 청 소년은 독일에서 학교나 대학에 다닐 준비나 직업 교육을 준비하는 학업 의무가 없는 27세 이 하인 자, 구이민자는 이미 오랫동안 독일에 살아서 일생생활에서 습득한 언어 지식은 있지만 문법 지식이 없어 독일어를 올바르게 구사하지 못하는 자, 문맹자는 글을 읽고 쓸 줄 모르는 자 를 뜻한다.
8   독일어능력시험 〈Goethe-Zertifikat B1〉은 유럽언어기준인 6단계(초급A1, A2, 중급B1, B2, 고 급C1, C2로 구별) 중 중급 정도의 단계인 B1 수준의 독일어능력을 평가하기 위하여 국제적으 로 인정되는 외국어 자격증이다.

표 4　독일의 통합강좌와 이수시간(2018년 1월 기준)

강좌 종류			이수 시간	총 시간	목표
일반 통합과정		독일어 강좌	600	700	Level B1
		오리엔테이션 강좌	100		
특수통합과정	여성, 부모, 청소년, 증진, 통합과정	독일어 강좌	900	1000	
		오리엔테이션 강좌	100		
	알파 통합과정	독일어 강좌	1200	1300	
		오리엔테이션 강좌	100		
속성과정		독일어 강좌	400	430	
		오리엔테이션 강좌	30		

출처: 현희 · 남윤삼(2018)을 재구성[9]

5.　소 결

독일은 이주배경 인구는 2021년 기준 2,230만 명으로 전체인구의 약 27%이며 계속적으로 이주민이 증가하여 2040년까지는 35~40%로 증가할 것으로 예측한다. 독일은 이민자를 적극적으로 수용하여 독일 경제의 활성화를 꾀하고자 한다. 또한, 독일은 고숙련 노동자를 유치하기 위해 보다 개방적 이민정책을 펼치며, 고숙련 이민자에게 발급되는 EU 블루카드 기간을 최대 4년의 기간으로 연장하였다. 이 블루카드를 소지한 자에게는 정주허가를 부여하는 정책을 펼치고 있으며 독일 내 대학을 졸업한 자에게 일자리를 제공하고자 하는 제도가 큰 호응을 받고 있다. 이러한 제도들은 한국사회 내 외국인 유학생이 많아지는 현실과 외국인 근로자가 산업현장에서 점차 숙련화되는 상황을 고려하며 국가발전과 고용의 측면에서 한국정부가 많은 정책과 제도를 개혁해야 함을 시사하는 바이다. 한국도 전문인력 외국인 근로자를 유치하고 일정 학력을 갖춘 외국인 근로자가 장기 체류하며 경제발전과 사회에 기여할 수 있도록 하는 정부의 정책과 제도를 구체화해야 할 것이다.

9　www.bamf.de/EN/Willkommen/DeutschLernen/Integrationskurse/SpezielleKursarten/
Alphabetisierung/alphabetisierung—node.html

국내 인구학적인 문제를 고려하면 한국사회 이주민의 정착을 제한하는 법과 제도는 빠르게 시정해야 할 것이다. 또한, 난민 수용을 통해 국가적인 문제인 인구정책을 해결하고 경제활동이 가능한 인구를 유치하는 일도 국가적인 과제로 새롭게 개선해야 할 것이다. 한국사회도 단순한 인구 유입만을 생각할 것이 아니라 어떤 이민자들을 어떻게 받아들이고 어디에 살게 할 것인지 인구분포도 함께 고민해 봐야 한다.

사회통합과 서비스 차원에서도 독일은 모든 이주민이 언어와 적응 교육에서 차별받고 소외되지 않도록 전국에 23개의 지역 사무소를 통해 적극적인 교육 프로그램을 제공한다. 이를 위해, 정부, 주정부, 이민단체 및 비정부 기구가 통합적으로 연계하며 이민자를 독일사회 적응 대상이 아니라 독일사회의 주요 파트너로서 위상을 부여하며 동등한 지원을 한다. 또한, 독일 전역에 펼쳐진 평생교육 센터인 이주·이민 상담센터(Volkshochschule)는 모든 외국인이 반드시 이 센터를 통해 적응에 필요한 언어, 취업, 건강, 복지 분야의 서비스를 받도록 한다. 지역사회 내 도우미를 통해 이주민 가정과 사회를 연결해 주며 자녀교육과 생활에 필요한 실질적인 모든 서비스를 받도록 안내한다. 이주민 전문가를 활용하며 이주민의 욕구도 파악하고 시군구에서 제공하는 모든 프로그램들을 모니터링하여 사회통합이 제대로 실현되도록 신중한 접근을 한다. 언어교육 프로그램도 이주민의 생활에 필요한 수준뿐만 아니라 취업에 필요한 언어능력 함양을 목표로 하며 교육시간을 늘리며 이주민이 취업을 통해 자립할 수 있는 방향으로 나아간다.

한국도 적극적인 이민정책을 펼쳐야 하는 시기가 왔다. 이주민 유입정책을 대상별로 단계적인 유입, 적응, 체류를 할 수 있도록 안내하는 언어, 복지, 건강, 상담 등의 사회통합 프로그램이 지속적으로 요청된다. 실제 이주민이 일반인과 똑같은 시민으로서 기회를 갖고 정착하여 살아갈 수 있도록 한국도 사회적으로 필요한 책임과 의무를 강조하며 이주시기에 맞는 적극적 정착 지원을 위한 법과 제도적으로 마련하고 사회통합 서비스와 프로그램도 체계적으로 제공해야 할 것이다.

강동관 · 김원숙 · 민지원 · 박성일 · 양윤희 · 이상지 · 현채민(2017). 주요국가의 이민정책
    추진체계 및 이민법. 이민정책연구원 연구총서, 6.

구춘권(2012). 이주의 증가와 독일 이주민정책의 변화. 국제지역연구, 21(1), 119-154.

김경미(2012). 외국인 고급인력 유치를 위한 독일의 정책과 비자제도. IOM이민정책연구원.

김상무(2010) 독일의 상호문화교육정책이 한국 다문화교육정책에 주는 시사점. 교육사상연
    구, 24(3), 65-89.

김영란(2017). 독일의 다문화 사회통합정책 연구. 다문화콘텐츠연구, 25, 7-40.

김욱(2011). 주요 선진국가의 다문화정책 방향 비교 분석: 한국에 주는 정책적 시사점을 중
    심으로. (사)한국다문화가족정책연구원.

김윤정(2020). 탈다문화주의 담론으로 살펴본 21세기 유럽 다문화사회의 동향: 독일의 사례
    를 중심으로. (사)아시아문화학술원, 11(2), 1777-1792.

김태완 · 김기태 · 정세정 · 강예은 · 정용문 · 이주영 · 김희주 · 장주영 · 박민정 · 이승현
    (2019). 사회배제 대응을 위한 새로운 복지국가 체제 개발-제2부 난민인정자연구. 한국
    보건사회연구원, 38(02).

김현정(2021). 독일의 포용적 이민정책과 인구구조 변화. 민족연구, 78, 35-60.

남부현 · 오영훈 · 한용택 · 전영숙 · 이미정 · 천정웅(2016). 다문화사회교육론. 양서원.

문병기 · 라휘문 · 한승준(2015). 이민자 사회통합정책 종합진단 및 개선방안. 법무부연구.
    (사)한국행정학회.

민진영 · 박소영(2019). 사회통합프로그램의 한국어교육 개선 방안 연구: 외국 사회통합 언
    어교육 프로그램과의 비교를 중심으로. 언어와 문화, 15(3), 99-127.

박진우(2020). 독일의 외국인 전문인력 유치를 위한 제도와 정책에 관한 연구. 국내석사학위
    논문 고려대학교 대학원, 서울.

오예원(2018). 독일 이주자 사회통합 프로그램에 대한 연구. 법학연구, 55, 185-214.

유민이 · 이정우 · 최효원(2020). 국경관리체계의 유형과 패러다임의 변화: 해외사례를 중심
    으로. 이민정책연구원 정책보고서, (03).

이보연(2020). 독일 노동이주법제 현황: 2020년 3월 1일 시행 전문인력이주법(FEG)을 중심
    으로. 법학논총, 44(1), 559-588.

이성순(2011). 한국과 독일의 사회통합정책 연구. 한국지역사회복지학, 39, 179-208.

이규용 외(2015). 이민정책의 국제비교. 한국노동연구원 147.

이창원·최서리·신예진·이상지(2020). 농업 고용환경 변화에 따른 외국인근로자 활용 정책 방안. 한국농촌경제연구원 연구보고서, 6(7), 124-140.

이창원·최서리·이상지·신예진(2020). 해외 농업부문 외국인 근로자 관련 제도 운영 실태와 변화. 한국농촌경제연구원 연구자료, 6(7).

임형백(2012). 영국, 프랑스, 독일 3개국의 다민족국가의 경험과 갈등. 다문화와 평화, 7(2), 30-67.

장선희(2014). 독일의 이민정책의 변화와 사회통합 관련법제에 관한 연구. 법학연구, 55(4), 31-58.

정동재·김지영·한창묵(2019). 사회통합을 위한 외국인 체류관리 행정체계 개선방안 연구. 한국행정연구원, (21)

정수정·류방란(2012). 독일의 이주청소년을 위한 교육정책. 비교교육연구, 22(2), 47-77.

최영미(2015). 독일 이주민 자녀 사회통합에 관한 연구: 이주민 부모 교육의 역할을 중심으로. 다문화사회연구, 8(1), 171-199.

허준영·오정은·정준호·조훈(2017). 국가발전과 통합 제고를 위한 이민행정체계 구축방안. 한국행정연구원, (15).

현희·남윤삼(2018). 독일의 통합을 위한 사회통합강좌. 독어독문학, 59(1), 221-243.

황기식·신미숙(2020). 세계화 시대 한국비자정책에 대한 연구: E9비자와 독일 사례중심으로. 국제지역연구, 24(1), 169-290.

Bundesminister. (2004). Zuwanderungsgesetz. Bundesgesetzblatt Jahrgang 41.

Burnley. I, (2001). *The Impact of Immigrationon Australia*, Oxford University Press.

Canada, Immigration, Refugees and Citizenship (CIRC). (2007). Find Out If You're Eligible: Refugee Status from Inside Canada. Retrieved 2018-04-04.

Die Bundesregierung(2008). Nationaler Integrationsplan. Erster Fortschrittsbericht, Berlin.

DoHA. (2019). Australian Migration Statistics 2017-18. Australian Department of Home Affairs

Fleras, Augie. (2009). *The Politics of Multiculturalism: Multicultural Governance in Comparative Perspective*. New York: Palgrave

Krüger-Potratz. M. (2006). Interkultureller Perspecktivenwechsel in Erziehung und chule am Beispiel Deutschlands und Frankreichs.

McKinsley. S. (2019). Owner Operator Investment LMIA STREAM: Opportunities For

Businesses & Entrepreneurs. Canada Immigration & Visa Services. Retrieved 17 May 2019.

Ministry of Immigration, Refugees and Citizenship, Canada. (MIRC)(2018). 2018 Annual Report to Parliament on Immigration. Minister of Immigration, Refugees and Citizenship. (www.cic.gc.ca.).

Neubert, S., Roth, H.-J., & Yildiz, E. (2014). Multikulturalismus –ein umstrittenes Konzept, Hrsg, Neubert, S., Roth, H-J., & Yildiz, E. Multikulturalität inderDiskussion. Neuere Beiträge zu einem umstrittenen Konzept,, 9–32, Wiesbaden: Springer VS

Niklas, H. Müller, B., & Kordes, H.(Hg.). *Interkulturelle denken und Handeln*. Frankfurt; New York: Campus.

Statisches Bundesamt, Ausländische Bevölkerung in Deutschland. (2001). S. 10

〈인터넷 및 신문 자료〉

남도일보(2019.09.25). 이주민 적응 돕는 독일 사회통합코스. (http://www.namdonews.com/news/articleView.html?idxno=542417)(검색일: 2023.02.20).

이투데이(2012.06.28). '다문화 사회 현주소'외국 다문화 정책. (https://www.etoday.co.kr/news/view/602183)(검색일: 2023.07.09).

조선일보(2021.03.02). 文정부가 꿈꾸는 '임대주택 천국'…독일도 집값 폭등, 무주택자만 운다. (https://www.chosun.com/economy/real_estate/2021/03/02/LJNRM3TLQZFJXDTCSI27J47JXY/)(검색일: 2023.07.09).

한겨레(2020.10.15). 코로나로 이주민 줄어…독일 인구 10년 만에 감소. (https://www.hani.co.kr/arti/international/international_general/965746.html#csidx057dd13397803478ec9840eb124e4b3)(검색일: 2023.02.20).

법무부(2019.11.29). [독일] 2040년 이주배경 인구는 전체인구의 35%–40%를 차지할 전망. (http://www.immigration.go.kr/bbs/immigration/402/516085/artclView.do)(검색일: 2022.12.10).

독일연방통계국 DESTATIS. (https://www.destatis.de/EN/Themes/Society–Environment/Population/Migration–Integration/_node.html)(검색일: 2023.01.24).

제 3 장

호 주

남부현 / 박민희

---

1. 호주 인구 변화와 이민자 현황   4. 사회통합정책
2. 호주 이민의 역사   5. 소 결
3. 호주 이민정책의 변화

---

1. 호주 인구 변화와 이민자 현황

1) 호주 인구 변화

호주의 인구 출생률은 1970년에 2,860명이었으나 점진적인 하락세를 보이며 2017년 1,740명으로 감소하였다. 반면, 호주의 인구 고령화율(65세 이상)은 1980년 9.62%에서 2000년 12.42%로 증가하였고, 2030년 19.0% 그리고 2060년은 22.0%로 증가할 것으로 예측한다(OECD, 2019; 임동진, 2020: 77-78).

호주의 인구 증가율은 2001년 1.36%이었고 2010년도는 1.56%로 10년간 인구 증가율은 저조한 상황이지만, 인구 규모는 2001년 19.4백만 명에서 2010년 22.3백만 명으로 증가하였고, 2050년에 33.9백만 명으로 증가할 것으로 전망한다. 이러한 상황에 호주의 이민자 비율은 1990년 23.3%에서 2010년 26.6%로 약 3% 증가하였으나, 2019년도 이주민은 전체 인구의 30.0%를 차지하며 그 비중은 미국보다 높고 지속적인 증가추세에 있다(임동진, 2020: 80).

호주 인구 증가는 자연 증가율과 해외 유입인구(Net Oversea Migration) 증가율 두

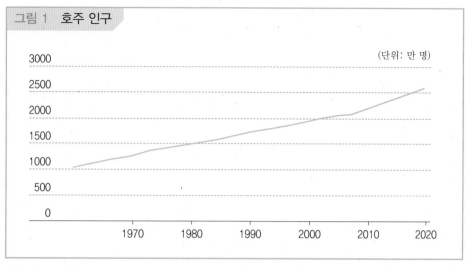

그림 1　호주 인구

(단위: 만 명)

출처: https://datacommons.org/place/country/AUS?utm_medium=explore&mprop=count&popt=Person&hl=ko

요인의 상대적 기여도에 따라 변화했다. 1976~1977년 전체 호주 인구 증가에서 자연 증가가 차지하는 비중이 66.6%, 순 해외 유입인구 비중은 33.4%를 차지했으나, 2016~17년 전체 호주 인구 증가에서 자연 증가가 차지하는 비중은 36.0%에 불과했으며 순 해외 유입인구 비중은 64.0%까지 상승했다. 최근 순 해외 유입인구의 증가는 해외 유학생, 임시 숙련 노동자 등 장기 임시 비자로 호주에 체류하는 사람들에 의해서 발생한 것으로 나타났다(남수중, 2020).

2) 호주 이민자 유입현황

호주통계청(ABS)의 2021 호주 센서스(인구주택총조사: Census) 결과에 따르면 호주에 사는 사람의 27.6%는 해외에서 태어났으며, 48.2%는 해외에서 태어난 부모님이 계신 것으로 조사됐다. 이는 호주에 사는 사람의 절반 이상이 1세대 혹은 2세대 이민자인 것이다.

2020년 호주 인구 중 호주 출생자 수는 18,043,000명(70.2%)이고, 외국인(해외출생자) 수는 7,654,000명(29.8%)이다. 해외 출생자들을 여전히 영국 출신자들이 가장 많은 수(980,360명)를 차지한다. 하지만 이는 2015년의 1,006,540명에 비해 줄어든

표 1	호주 해외 출생자의 출신국 Top 10		(단위: 천 명)
출신국	2010	2015	2020
영국	985.09	1,006.54	980.36
인도	329.51	449.04	721.05
중국	371.55	508.87	650.64
뉴질랜드	517.78	575.43	564.84
필리핀	183.77	241.13	310.05
베트남	203.77	235.59	270.34
남아프리카	155.95	177.39	200.24
이탈리아	204.69	198.51	177.84
말레이시아	129.88	143.42	177.46
스리랑카	96.48	119.7	146.95

출처: https://www.abs.gov.au/media-centre/media-releases/30-australias-population-born-overseas (문경희, 2021).

수치이다. 영국 다음으로 많은 인구는 인도계로 721,050명 수준이다. 주목할 점은 2010년에 비해 그 수가 두 배 이상 증가했다는 점이다. 650,640명으로 세 번째를 차지한 중국 출신 이민자 또한 유사한 증가 패턴을 보인다. 이는 지난 10년 동안 호주에 정착한 이민자 중에 인도와 중국계가 가장 많았다(문경희, 2021).

2. 호주 이민의 역사

역사적으로 호주는 영국 정부가 새로운 식민지로서 뉴사우스웨일스란 이름으로 호주 대륙을 자국의 식민지 영토로 삼은 1788년부터 시작된다. 지난 2세기동안 호주의 이민정책 방향은 2가지에 초점이 맞추어 진다. 영국 정부의 식민지로서 영국의 패권 유지 및 '백인' 위주의 사회를 강화하는 것과 영국민의 선택적 이주를 통해 호주의 경제 및 군사적 역량을 강화하는 것이었다. 하지만 이러한 이민정책 방향은 세계화와 내외부적인 시대적 변화와 함께 수정하게 된다. 첫째, 백인 위주의 이민정책 방향은 1972년 인종차별 금지 및 백호주의 이민정책 폐지를 통해 다문화 사회 구현을 위한 노력으로 변화된다. 둘째 이민정책 방향은 종래 경제적 합리주의의 관점을 그대로 유지한 채 다양한 국가로부터 대규모 이민자 유입을 통한 인구증가 전략으로 전문가와 숙련 노동자만을 받는 선별적 이민자 유입전략으로 전환된다(Kawano, 2006; 마르티네즈, 2007; 이규영·김경미, 2010)

호주 이민 역사는 크게 3기로 구분된다. 제 1기는 1901년에서 제2차 대전 직후의 기간으로 18세기 후반 영국의 식민지였던 호주가 1901년 독립한 주들 간 연방을 구성함으로써 독립 국가로 발돋움하면서 유색인종의 이민을 제한하는 차별적 '백호주의(White Australia)' 정책에 기반하여 앵글로-켈틱과 북유럽인만을 받아들였기 시기이다. 제 2기는 제2차 대전 종전 직후에 시작되는데 종전과 함께 호주는 두 가지 문제에 직면하게 된다. 첫째는 군사적 안보를 동맹국들에 의존하고 있었는데, 이들이 호주에서 멀리 떨어진 위치에 있다는 취약성을 깨닫게 되었고, 둘째는 지속적인 경제발전과 자연자원의 개발을 위해서 큰 규모의 국내시장과 노동력이 요구되었다는 것이다. 이러한 상황에 호주의 근본적인 딜레마는 국가안보와 경제발전을 위해서는 이민에 의한 인구증가를 모색할 수밖에 없다는 사실이다. 이에 호주 정부는 주로 유럽 출신 이민자를 받아들였으나 백호주의 정책을 완전히 포기하는 1973년에 이르면서 아시아 지역 출신 이민자들도 많이 받아들이게 되었다. 제 3기는 반세기 동안 유지되었던 백호주의 이민정책에서 비차별적이고 개방적 이민정책으로 전환하게 되었다(문병기 외, 2015: 56-57; 강동관 외, 2017).

3. 호주 이민정책의 변화

1) 호주 이민정책의 특징

제도적으로 호주 정부는 1945년 이민부를 신설하여 이민정책을 총괄하면서 다문화 정책을 펼치지만, 백호주의(白濠主義) 정책을 1978년까지는 지속하였다. 하지만, 호주 경제가 1960년대 이후 호황시기로 접어들면서 아시아 국가들과 원활한 무역 교류를 위해서는 백호주의를 고수하는 것은 매우 심각한 문제였다. 이에 1978년 백호주의를 폐지하고 다문화주의를 공식적으로 채택하면서 다민족·다인종 차별을 법으로 엄격하게 규정한 '갈보리 보고서'(Galbally Report, 1978년)를 통과시킨다. 이 보고서에서 제시한 다문화주의의 4가지 원칙은 첫째, 모든 사회 구성원들은 동등한 기회와 접근의 권리를 지녀야 한다. 둘째, 자신의 문화를 편견과 차별없이 유지할 수 있어야 한다. 셋째, 이민자들의 욕구는 지역사회가 여러 서비스 프로그램을 통해 충족시켜야 한다. 넷째, 모든 프로그램은 이주민들이 빠른 시간 내에 자립할 수 있도록 도와줘야 한다는 것이다. 이러한 원칙을 기반으로 법과 제도 그리고 정책이 마련되었다.

호주는 '갈보리 보고서'(Galbally Report, 1978년)를 기점으로 1980년대에 이민민족부가 재설립되었고 1991년 투자이민을 제한이긴 했지만 자영업 기술이민 등을 촉진하기도 했다. 뒤이어 1996년 인종 관용에 관한 정책 선언이 있었고, 2003년 다문화 정책의 기본원리와 실천 전략이 발표 되었다. 다문화 정책의 네 가지 원리는 시민적 의무, 상호존중, 상호 공평성, 공동이익 추구이고 이 기본원리를 지키기 위한 세 가지 실천 전략으로 내세운 것은 지역사회와의 조화, 공평한 정부 서비스 및 프로그램, 그리고 생산적 다양성이다(남부현 외, 2016).

하지만, 호주 정부는 2010년 8월에 '큰 호주' 정책을 폐지하고 이민법 규제를 강화하고 2010년 5월 '독립기술 이민 프로그램'을 통해 쉽게 호주에 정착할 수 있었던 약 400여종의 직업군을 절반으로 축소하였다. 그 결과 기술이민의 초점을 공급의 무조건적 수용에서 수요 대응적 방식으로 전환하는 계기가 되었다. 2013년도는 이민 시민권부와 호주 세관 국경보호국을 통합한 이민국경 보호부로 명칭을 변경하여 출입국관리 및 난민보호 등 인도주의적 이민정책을 기본 미션으로 설정하였다(임동진 외, 2018).

2015년부터는 호주 인구의 50%가 이주민[1]으로 구성되었고, 이민국경보호부(DIBP)가 창설되어 국경관리업무를 보다 강화하였다. 2017년에 이민국경보호부의 업무와 내무업무가 통합하여 내무부가 신설되었는데 다문화, 국적취득, 출입국, 체

---

1   이향수, 이성훈(2018)에 따르면 2015년 호주 인구는 약 2,396만 명으로 이주민이 차지하는 인구는 약 1,198명으로 약 50%를 차지함.

표 2 호주의 역사적 주요 이민정책

1958년	이민법(Migration Act)
1975년	이종차별법(Racial Discrimination Act) 제정
1978년	백호주의 폐지, 갈보리 보고서
1980년대	이민민족부 재설립
1991년	투자이민 제한, 기술이민 촉진
1992년	이주개혁법
1996년	인종 관용에 관한 정책 선언
2003년	다문화정책의 기본원리와 실천 전략
2007년	호주시민권법(Austrlian Citizenship Act), 이민시민권부 변경
2010년	큰 호주 정책 폐지, 이민법 규제 강화
2015년	이민시민권부 변경
2017년	이민국경보호부 업무와 내무업무 통합 ⇒ 내무부 신설

류 관리 기능뿐만 아니라 국가안보, 재난관리, 형사사법 기능까지 함께 담당하게 된다. 내무부 신설 이후 외국인 체류 행정에 있어 선별적 이민자 유입 기조를 더욱 강화하게 되는데 호주의 이민정책 유형은 이주 프로그램(migration program)과 인도주의 프로그램(humanitarian program)으로 구분하게 된다.

호주의 이민정책은 2018년 인구 2,500만 명을 넘기면서 인구정책의 규모(size)뿐만 아니라 분포(distribution)에 대해 관심을 갖기 시작하였으며, 기존의 가족(family) 및 인적자본(human capital model) 모델에서 특정 노동시장 요구를 충족시키는 방향으로 빠르게 변화하고 있다.

2) 이민정책 추진체계

호주는 2017년에 국가안보 위협에 대응하기 위해 기존의 국가 정보 및 보안 업무를 담당하는 부처들을 총괄하는 새로운 부서인 내무부를 신설하였다. 내무부는 기존의 호주안보첩보기구(ASIO), 연방경찰(AFP), 호주국경수비대(ABF), 호주범죄첩보국(ACIC), 호주금융거래통제위원회(AUSTRAC), 교통보안국(OTS)을 총괄하며 현재 내무부의 수장은 이민부 장관인 Peter Dutton이 겸직하고 있다. 이 같은 호주 내

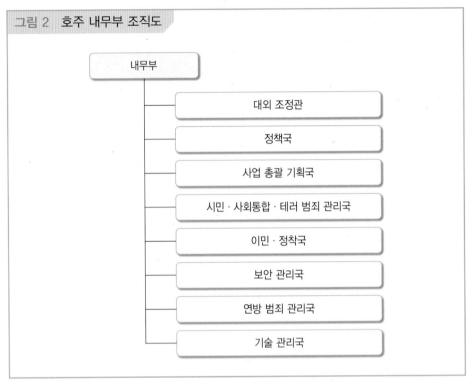

그림 2 호주 내무부 조직도

- 내무부
  - 대외 조정관
  - 정책국
  - 사업 총괄 기획국
  - 시민 · 사회통합 · 테러 범죄 관리국
  - 이민 · 정착국
  - 보안 관리국
  - 연방 범죄 관리국
  - 기술 관리국

출처: 호주 내무부(DoHA) 조직도 내용을 바탕으로 연구자 재구성 https://www.homeaffairs.gov.au/about-us-subsite/files/home-affairs-orgstruetute.pdf(검색일: 2019. 10. 2)
출처: 정동재(2019, 165) 참고

무부의 신설에 대해 호주 총리인 Malcolm Turnbull은 '빠르게 다변화되고 있는 호주의 안보 환경에 대응하기 위한 부처들의 합리적 재정비'라 밝힌바 있다. 이 같은 변화는 호주의 안보 조직을 40년 만에 재정비하는 것으로 호주 내에서는 최근 가장 중요한 개혁으로 평가받는다(DoHA, 2018: 12-14).

3) 외국인 비자 체계와 체류 관리

(1) 단기 비자

호주 체류목적에 따라 외국 국적자의 활동 범위 및 체류기간 등을 제한하고 있으며, 단기비자는 주로 여행이나 사업 목적이나 가족 방문, 학업, 단기취업 등에 관한 것으로 단순기능인력 활용을 위해 워킹홀리데이 프로그램(Working Holiday Maker

| 표 3 | 호주 단기 취업비자 |

비자종류	지원자격	비자기간	후원자/추천자	조건
subclass 476	해외 우수(recognised) 공대 졸업자(2년내) 연령제한: 31세 이하	18개월	–	
subclass 489	MLTSSL[1]에 포함된 직업종사자, 60점 이상(점수제) 연령제한: 45세 미만	4년	주/지방 정부, 친인적	기존의 subclass 475, 487, 495, 496 소지자
subclass 408	연예, 스포츠, 종교 부문 이벤트 참여 등 호주정부 초청이나 연구과제 참여 등 단기간 활동 일체	기관초청: 3개월 호주정부활동: 4년 기타활동: 2년		
subclass 485	호주 학위 취득자 MLTSSL 관련 취업예정자, 관련 자격을 갖춘자 연령제한: 50세 미만	Graduate work: 18개월 Post study: 2~4년		
subclass 403	상호 협정 국가 호주내 외국어 강의 면책특권소지자 태평양군도(계절근로자)	정부협정: 2년 해외정부기관: 4년 계절근로자: 4~7개월		subclass 995 소지자
subclass 400	호주에 없는 전문기술, 지식 소유자	3개월(제한적으로 6개월)		
subclass 482(TSS)[3]	정부가 지정한 STSOL[2] 직업종사(예정)자 연령제한: 만 45세 미만	단기: 2년 중기: 4년	고용주	기존 subclass 457 의 대체비자
subclass 407	직업훈련 예정자, 호주연방기관 이상에서 추천한자 연령제한: 18세이상	2년		

1) Medium and Long Term Strategic Skill List의 약어
2) Short-term Skilled Occupation List의 약어
3) Temporary Skill Shortage Visa
출처: IOM이민정책연구원(2017, 202) 재구성

Program)이나 계절근로자제도(Seasonal Worker Program, subclass 416)를 두고 있고 방

문비자, 학업관련 비자, 단기사업투자 및 은퇴비자 등이 있다.

(2) 영주비자

영주비자는 가족이민, 기술이민, 특별자격으로 나눌 수 있으며 이외에 뉴질랜드 국적자 및 인도적 보호프로그램 대상으로 하는 비자가 있다.

표 4 호주 기술이민비자

비자종류	후원자/추천자	지원자격
subclass 186 (Employer Nomination Scheme)	고용주	subclass 482 단기비자(TSS 비자)로 2년 이상 호주에서 근무한 외국인 혹은 해외에서 지원하는 외국인 연령제한: 50세 미만
subclass 187 (Regional Sponsor Migration Scheme)	고용주 단, 인구밀집지역(골드코스트, 브리즈번, 뉴캐슬, 시드니, 울런공, 멜버른) 제외	
subclass 189 (Skiled Independent)	–	MLTSS에 포함된 직업종사자 기술심사 통과, 최소 60점(점수제) 연령제한: 초청 시 45세 미만
subclass 190 (Skiled Nominated)	주/지방정부	MLTSS에 포함된 직업종사자 (5개 직업 제외) 기술심사 통과, 최소 60점(점수제) 연령제한: 초청시 45세 미만

자료: 이민국경보호권부 홈페이지(http://www.border.gov.au)
출처: IOM이민정책연구원(2017, 203) 재구성

(3) 사업(투자)이민비자

사업(투자)비자(investor visas)는 외국인 투자자가 호주에서 영주권을 취득하기 위해 호주에 사업이나 자금을 투자할 수 있다. 호주 비자의 Subclass 888 비자로 호주의 취업 및 전문기술 카테고리에 들어간다. 호주에 영구적으로 체류할 수 있는 영주권을 받을 수 있는 비자이며 호주에서 사업이나 투자 활동을 계속할 수 있다.

표 5 　호주 사업(투자)이민비자

비자종류	후원자/추천자	지원자격
subclass 132 (Business Talent)	주/지방정부	− 비자 취득 2년 내에 호주로 유입이 가능한 150만 호주달러 이상 자산 보유, 최근 4년 중 2년 이상 연매출 300만 호주달러 이상 − 호주 내 벤처회사(Venture capital firm)로부터 100만 달러 이상 투자 받은 외국인 − 연령제한: 55세 미만
subclass 890 (Business Owner)		− 기존의 subclass 160~165 비자(폐지) 소지자로 최근 2년 중 1년 이상 호주에 거주 − 호주에서 사업 또는 투자를 유지해왔다는 것을 증빙해야 함.
subclass 892 (State/Territory Sponsored Business Owner)	−	− 기존의 subclass 160~165 비자(폐지) 소지자로 최근 2년 중 1년 이상 호주에 거주 − 지난 2년간 호주내 사업 소유 및 운영
subclass 891 (Investor)	−	− 기존의 subclass 162 비자 소지자로 최근 4년 중 2년 이상 호주에 거주 − 4년 이상 150만 호주달러 투자자
subclass 893 (State/Territory Sponsored Investor)	주/지방정부	− 기존의 subclass 165 비자 소지자 − 주/지방정부의 후원 필요 − 최근 4년 중 2년간 호주 내 거주 − 4년 이상 75만 호주달러 투자자 − 호주에서 사업 또는 투자를 유지해왔다는 것을 증빙해야 함.

자료: 이민국경보호권부 홈페이지(http://www.border.gov.au)
출처: IOM이민정책연구원(2017, 204) 참고

(4) 최근 달라진 비자 정책

　　호주의 전체 인구 증가율이 1.6%인데 호주 인구의 68%가 대도시(capital city)에 집중되어 있다. 호주 인구증감의 주요 요인인 이민자 유입으로 인해 대도시의 인구 증가율은 비수도권 도시(non-capital city)에 비해 2배 이상으로 나타나고 있다. 이러한 도시 집중화를 완화하고 대도시가 아닌 지방 도시의 필요한 노동 인력을 공급하기 위해, 숙련도에 관계없이 지방 정부와 계약할 경우 영주 자격을 획득할 수 있는 고용계약 스트림(Labour Agreement Stream: LAS) 비자를 운용[2]함으로써 지방 도시의 인구감소 현상과 인력난을 해결하려고 한다.

호주 연방정부는 2018년부터 영주권(permanent visa) 발급을 연간 이민자 수용 규모를 19만 명에서 16만 명으로 하향 조정하고 영주권 비자 감소를 보완하기 위해 두 가지 형태의 새로운 지역 비자를 발표했다.

첫 번째 비자형태는 고용주가 이민자를 후원하는 비자형태(the Skilled Employer Sponsored Regional provisional visa)이고, 두 번째 비자형태는 고용주의 후원이 필요하지 않는 비자형태(the Skilled Work Regional provisional visa)이다. 이 두 비자 형태를 받은 외국인 근로자는 매년 대도시를 제외한 호주의 외곽 지정된 지역에서 3년을 거주해야 영주권 비자를 비자를 신청할 수 있는 잠재적 이민자들이다. 하지만, 이들은 고용이 없으면 영주권 비자 취득과 장기 이주민 정착이 불가능해지고 노동시장의 수요에 의존하게 되는 문제점이 있다.

① 가족비자(Family Visas)

2021-22년 이민프로그램에 배정된 가족비자 수는 77,300개이다. 비즈니스 혁신 및 투자이민, 글로벌 인재, 가족비자에 할당된 숫자를 고려하면, 기타 기술이민 비자에 배정될 자리는 감소할 것으로 예상된다.

② 기술이민 비자(Skilled Visas)

전체 이민프로그램 약 절반 정도를 차지하고 있으며 고용주 후원, 비즈니스 혁신 및 투자이민과 글로벌 인재에 해당되는 숙련 기술을 갖춘 이민자에게 우선권을 부여하게 된다. 취업비자에 적용되는 최저 연봉 53,950호주달러(약 4천600만원)를 상향 조정하고, 성적이 우수한 외국 유학생들의 졸업 후 체류비자 기간을 2년에서 3년으로 연장할 것을 권고하기도 했다.

---

2   DoHA, 고용계약 비자의 취업 지역 제한(designated regional areas) 관련 내용, https://
immi.homeaffairs.gov.au/visas/getting-a-visa/visa-listing/skilled-employer-sponsored-
regional-494/labour-agreement-stream#About (검색일: 2019.10.12.):한국행정연구원 KIPA
연구보고서 p.163

③ 임시 부모후원 비자(Sponsored Temporary Parent visas)

코로나-19 여행 제한으로 인해 비자를 사용하기 어려운 사람들을 위해, 임시 부모후원 비자의 유효기간이 18개월로 연장된다.

④ 글로벌 인재 비자(Global talent visas)

해외의 인재들과 사업을 유치하기 위해 향후 4년간 5억 5천만 달러가 투입될 계획이다. 호주 국세청(ATO)은 해외 투자자들에게 신속한 세금 자문을 제공할 것이며 개인의 주거주지에 따른 관련 세법 규정(tax residency rules)과 고도의 숙련기술자를 위한 비자 프로세스도 간소화될 예정이다.

⑤ 학생비자 소지자

정부는 관광 및 hospitality 분야 고용주들의 구인난을 해소하기 위해 학생비자 소지자가 관광이나 hospitality 분야에 근무하는 경우, 2주에 40시간 이상 일할 수 있도록 학생비자의 근무시간 제한을 임시적으로 허용하였다.

4) 호주의 최근 이민정책

호주 정부 예산안(budget.gov.au)을 바탕으로 2021년 발표된 호주의 이민정책과 관련해서 호주 정부는 2021-22 이민 프로그램을 16만개 정도로 유지할 계획이라고 발표하였다. 가족 이민 및 기술 이민(Family and Skilled Stream)에 배정된 자리는 2020-21년도 수준과 동일하게 유지되며, 온쇼어 파트너비자 처리 기간을 단축시키는 등 호주 내 비자 신청자들에게 초점을 맞출 것으로 보인다. 주요 내용은 아래와 같다.

(1) 인도주의적 이민 프로그램(Humanitarian Program)

이 프로그램에 배정될 자리는 13,750 개로 유지되며, 참고로 이 숫자는 목표가 아니라 상한선이다. 총 이민자 수(Net Overseas Migration, NOM) 는 2019-2020회계년도의 약 15만 4천 명에서 2021년 6월까지 7만 2천 명정도로 감소하다가 2023-24년에는 약 20만 1천 명 정도로 증가할 것으로 예상된다.

(2) 이민자 여성 및 난민 여성에 대한 지원

이민자 여성 및 난민 여성의 안전을 보장하고 호주 내 사회 경제적 적응을 돕는 프로그램에 정부의 기금이 지원되고 있다. 가정폭력 피해자들이 파트너의 스폰서 쉽이 필요없는 비자를 취득할 수 있도록 지원하는 파일럿 프로그램 또한 시행될 예정이다.

(3) 임시비자소지자 대상 지원금 지급프로그램(Temporary Visa Holders Payment Pilot)

호주 적십자회(Australia Red Cross) 주관으로, 2022년 6월 30일부터 2023년까지 1,030만 달러의 지원금 지급프로그램이 임시로 시행될 예정이다. 이 프로그램을 통해, 수급 조건에 해당하는 임시비자소지자들에게 음식, 숙박, 기타 생활필수품 및 의료비 등의 사용을 위한 최대 3,000달러의 지원금을 제공하게 된다. 또한, 어려운 환경에 처한 여성들이 적절한 법률 지원 및 이민 관련 지원을 받을 수 있도록, 총 9개의 커뮤니티 법률지원센터 및 여성 법률지원센터(Women's Legal Centres)에 추가 지원금이 지급될 예정이다.

(4) 크리스마스섬 이민 구치소(Immigration Detention – Christmas Island)

정부는 2020-21년부터 향후 2년간, 호주 내 이민구치소의 수용 능력을 증대시키고 크리스마스섬에 위치한 North West Point 이민구치소 사용 범위를 확대하기 위해 4억 6천 470만 달러를 지원하기로 결정하였다. 이러한 조치는 코로나-19로 인해 불법체류자 추방이 어려워짐에 따라 이민구치소의 수용 인원이 포화상태에 이른 상황에 대응하기 위한 정책이다.

(5) 신규 성인 이민자 대상 영어 프로그램(Adult Migrant English Program)

호주 정부는 성인 이민자의 영어구사능력, 취업률, 사회 적응 등을 향상시키기 위하여 2023년 7월 1일 부터 새로운 형태의 영어 프로그램을 도입할 예정이다. 기존의 510시간의 제한은 폐지되고 직업활동에 필요한 일정 수준의 영어구사 능력(vocational English)에 도달할 때까지 공부하는 것이 가능하게 되었다.

4. 사회통합정책

1) 교육정책

자녀교육정책에서는 호주는 1972년 다문화주의 정책을 실시한 이래, 그 영향으로 교육정책에서도 '다양성 존중'을 표방하는 다문화교육을 강조하고 있다. 다문화교육 중 두드러진 것은 반 인종차별교육으로 구체적인 목표는 첫째, 반인종주의 전략을 실행, 발전시키는데 필요한 학교의 교과과정과 평가 틀 제시 둘째, 전국의 학교 교육을 위한 세부적 인종차별방지교육 프로그램 제시 셋째, 인종차별방지를 위한 국제적 접근 검토를 제시하고 있다. 인터넷 홈페이지를 통해 다문화교육을 위한 학교 수업 전략과 다문화 프로그램을 제공한다(임동진·박관태, 2018).

2) 복지정책

(1) 정착 지원 프로그램(Settlement Grants Program: SGP)

이주민이 호주 사회에 참여할 수 있도록 도와주는 프로그램이다. 내무부로부터 재정 지원을 받는 정착지원 프로그램(SGP)은 이민자, 난민, 인도주의적 입국자들이 좀 더 자립적이고 완전하게 호주 사회에 참여할 수 있도록 돕는다. 정착지원 프로그램(SGP)은 2006년 7월 1일 도입되어 어떤 지역사회 및 거주지가 정착지원에 대한 욕구가 매우 큰지 정착 패턴이나 욕구 변화에 민감하게 대응하는지에 따라 서비스에 대한 자금지원이 이루어진다. 주로 연방정부와 주정부 그리고 시민사회와 비정부기구로 이루어지며 연방정부와 지역단체와의 연계를 통한 협력 프로젝트가 많이 진행되고 있다.

(2) 통번역 전화서비스(Translating and InterpretingService: TIS)

내무부지원으로 거의 대부분의 지역사회언어를 커버하며 이루어지는 일주일에 매일 24시간 전화 및 현지 통역 및 번역 서비스이다. 호주 정부는 전국 어디서나 전화(161 450)로 연결이 가능한 통번역라인인 TSI National(Translating and Interpreting Service National)을 설치하고, 1,800여 명의 통번역 전문 인력을 고용하여 100여 개국의 언어로 통번역 서비스를 제공하고 있다. 이 서비스는 통역을 필요로 하는 이주민 누구나 쉽게 접근할 수 있고 특히 의료기관, 시민단체, 복지기관, 지방행정기관, 노동조합을 대상으로 할 때에는 무료로 서비스를 받을 수 있다.

(3) 조화롭게 살기 프로그램(Living in Harmony program)

인종, 종교, 문화적 차이의 이슈를 제기하여 사회통합을 추구하는 것이다. 1999년 이후 현재 388개의 지역사회프로젝트, 49개 협력사업, 9개 주요 프로그램을 실시하고 있다. 매년 3월 21일을 Harmony Day로 정하고 지역사회 다문화커뮤니티와 학교를 통하여 다문화 행사를 주관하도록 장려하고 있다. 그리고 '파트너쉽 프로그램'은 Living in Harmony의 일부로 내무부(DHA)와 지역단체들이 연계하여 호주적 가치 함양 및 상호존중과 사회참여를 지역적, 국가적으로 확산시키는 프로그램이다.

3) 언어정책

(1) 성인 이민자 영어 프로그램(Adult Migrant English Program: AMEP)

호주는 영어에 능숙하지 않은 신규이민자들을 대상으로 '성인 이민자 영어 프로그램(이하 AMEP)'을 실시하고 있다. AMEP는 자격조건을 갖춘 이민자 및 인도주의 비자 입국자들을 대상으로 무료 영어 수업을 제공하는 내무부 지원 프로그램이다.

AMEP는 Pre-Beginner, Beginner, Post Beginner, Intermediate과 같이 총 4단계로 구성되어 있다. 이 수업은 호주 전역 약 300여 개의 인가 받은 정규 교육기관 혹은 지역사회 기관에서 이루어지나 장소, 시간, 개인적, 문화적 또는 직업상 등의 이유로 학습 참여가 어려운 이민자들을 위해서는 개인방문지도 및 온라인 원격 학습도 실시되고 있다(민진영·박소영, 2019). AMEP는 전국의 전문 교육기관을 통해서 최대 510시간(난민에게는 100시간 추가)의 영어교육을 제공하고 있다. 구체적으로 저학력의 25세 이하 난민과 인도적 지위를 부여받은 자들은 910시간까지 영어 수업을 받을 수 있다. 25세 이상 인도적 지위를 부여받은 자들은 610시간까지 받을 수 있다. 기타 모든 이주민들은 510시간까지 받을 수 있다. 학습에 대한 옵션이 있는데 Distance학습 또는 Home Tutor Scheme을 통해 교실 또는 지역사회 기반 또는 홈 기반으로, 풀타임 또는 파트타임으로 참여가 가능하다. 전일반과 반일반이 있고 시간대도 주간, 야간, 주말반이 있다. 교육내용은 영어뿐만 아니라 호주의 문화적 배

표 6   호주 언어교육 단계

과정		대상
정규	AMEP	영어에 능숙하지 않은 신규이민자
추가	SPP	이민 전에 힘든 상황을 겪었고 정규 학교 교육을 충분히 받지 못한 인도주의 비자 입국자들 중에 학습에 어려움을 겪고 있는 25세 이상 성인 이민자
	SLPET	취업 및 훈련을 원하는 이민자
	AMEP Extend	510 시간의 영어 수업을 모두 마쳤으나 본인의 영어 숙련도 목표를 이루지 못한 이민자
	SEE	호주에 도착한지 6개월 이상이 되었으나 교육이 더 필요한 이민자

출처: 민지영 · 박소영(2019, 111) 참고

경이나 관습을 비롯한 호주 사회 전체에 대한 오리엔테이션을 포함하고 있다. 교육에 참여하는 다문화가족을 위하여 보육시설도 운영되고 있다.

(2) 방송 미디어

정부의 재정적인 지원으로 공중파 방송인 SBS는 60개가 넘는 언어로 방송을 제공하며 68개 언어로 라디오 방송이 진행되고 있다.

5.   소 결

호주의 이민정책 중에서 가장 특징적인 것은 첫째, 다양한 비자정책이라 할 수 있다. 이주민 유입을 결정짓는 비자 정책이 꼭 정형화 되어 있지는 않다는 것이 가장 매력적이라 할 수 있다. 즉, 호주의 비자정책은 상황에 따라 비자의 역할은 확대되거나 이민자들에게 면책 특혜를 주면서 이민사회를 이끌어 왔다. 한국 사회도 이런 유연한 비자정책을 대상에 따라 고려해 볼 필요가 있다.

둘째, 호주의 이민정책은 가족구성원의 재회에 초점을 맞추고 있다. 호주 정부는 가족구성원의 재회가 가족의 안정성을 높이고, 다른 나라들과 더 나은 유대감을 갖게 하며, 호주사회에 화합을 강화시킨다는 것에 공감한다. 특히, 가족이민 중에서도 배우자 이민이 전체 가족이민의 85.1%(2016/17년 기준)로 절대적이라는 것을 알 수 있다(임동진·박관태, 2018: 233). 가족 중에서도 배우자 이민이 다른 구성원에 비해 가정생활의 안정을 위해 중요하므로, 앞으로 한국 사회의 이민정책도 이주민의 배우자를 초청하는 비자 모델로 제시할 것을 추천한다.

셋째, 호주 이주민들을 위한 정착지원 프로그램과 사회보장 프로그램 등이 잘 발달되어 있다는 것이다. 이주민 다문화가정이 호주에서 원활하게 정착하여 가정을 잘 유지하도록 지원하기 위한 것에 목적을 두고 있다. 대표적인 정착지원 프로그램은 영어교육 프로그램, 통번역서 비스, 조화롭게 살기 프로그램 등이 있고, 사회보장 프로그램은 각종 생활에 필요한 수당 및 연금 등이 있는데 한국 사회도 호주의 다문화 사회통합 프로그램과 서비스처럼 모든 주민을 대상으로 다양한 정착지원 프로그램과 사회보장 프로그램 등을 준비하고 사전에 정보를 쉽게 접할 수 있는 시스템이 마련되어야 한다. 한국에 이러한 프로그램이나 서비스가 존재하지만 모든 이주민을 대상으로 하지 않는다는 점이 문제이다. 또한, 이런 서비스들이 체계적으로 시스템화 되어 있지 않기 때문에 결혼이주민이나 제도적으로 접촉이 가능한 사람들에게만 제한되어 있고 다양한 서비스가 방치되어 있는 것이 문제이다. 한국의 다문화사회도 호주처럼 지역에 이주민이 필요한 프로그램과 서비스를 찾기 쉽고 활용 가능하도록 준비해야 할 것이다. 모든 이주민을 대상으로 다양한 사회통합과 지원 서비스를 안내하고 활용할 수 있도록 하는 공공과 민간 연계 시스템을 구축하고, 이를 통해 이주민들이 안정적으로 정착할 수 있도록 안내하는 제도적인 노력이 시급하다.

강동관 · 김원숙 · 민지원 · 박성일 · 양윤희 · 이상지 · 현채민(2017). 주요국가의 이민정책
　　추진체계 및 이민법. 이민정책연구원 연구총서, 6.

권경득, 이광원, 임동진(2020). 미국, 호주, 한국의 난민정책 비교 연구. 한국비교정부학보,
　　24(3), 1-37.

김욱(2011). 주요 선진국가의 다문화정책 방향 비교 분석: 한국에 주는 정책적 시사점을 중
　　심으로, (사)한국다문화가족정책연구원.

김태완 외 9인(2019). 사회배제 대응을 위한 새로운 복지국가 체제 개발-제2부 난민인정자
　　연구. 한국보건사회연구원. 38(02).

남부현 · 오영훈 · 한용택 · 전영숙 · 이미정 · 천정웅(2016). 다문화사회교육론. 양서원.

남수중(2020). [외국정책사례]호주의 인구 및 지역 균형발전정책과 시사점. 월간공공정책,
　　182, 68-72.

문경희(2021). 호주 인구문제의 정치화와 이민정책 : 한시적-영주이민 연계와 '의도하지않
　　은' 결과들. 민족연구, 78, 61-94.

문병기 외(2015). 이민자 사회통합정책 종합진단 및 개선방안. 법무부연구. (사)한국행정학회.

민진영 · 박소영(2019). 사회통합프로그램의 한국어교육 개선 방안 연구: 외국 사회통합 언
　　어교육 프로그램과의 비교를 중심으로. 언어와 문화, 15(3), 99-127.

양명득(2010). 호주 다문화사회와 재호 한인동포. 재외한인연구, 22, 97-137.

엄진영 · 박대식 · 조승연 · 김윤진 · 이창원 · 최서리 · 신예진 · 이상지(2020). 농업 고용환경
　　변화에 따른 외국인 근로자 활용 정책 방안. 한국농촌경제연구원 기본연구보고서, 6(7),
　　1-262.

엄진영(2020). 농업 고용환경 변화에 따른 외국인 근로자 활용 정책 방안. 한국농촌경제연구원.

이창원 · 최서리 · 이상지 · 신예진(2020). 해외 농업부문 외국인 근로자 관련 제도 운영 실태
　　와 변화. 한국농촌경제연구원 연구자료, 6(7).

이규영 · 김영미(2010). 호주의 다문화주의정책과 이주민 참정권. 국제정치논총, 50(1), 445-
　　467.

임동진(2020). 저출산 고령화시대 미국, 캐나다, 호주의 이민정책 비교 연구: 이민인구와 최
　　근 경향을 중심으로. 한국비교정부학보, 24(2), 69-99.

임동진 · 박관태(2018). 호주 다문화가족 지원정책 및 다문화 프로그램 연구. 한국이민정책

학회, 07, 225-250.

이향수 · 이성훈(2018). 이민자들에 대한 사회통합사례: 호주를 중심으로. 한국디지털정책학
회 논문지, 16(5), 13-20.

정동재 · 김지영 · 한창묵(2019). 사회통합을 위한 외국인 체류관리 행정체계 개선방안 연구.
한국행정연구원, (21).

최서리 · 이창원 · 이상지(2020). 호주 취업이민 분류 및 관리방식의 시사점. 이민정책연구원
정책보고서.

허준영 · 오정은 · 정준호 · 조훈(2017). 국가발전과 통합 제고를 위한 이민행정체계 구축방
안. 한국행정연구원, (15).

유민이 · 이정우 · 최효원(2020). 국경관리체계의 유형과 패러다임의 변화: 해외사례를 중심
으로. 이민정책연구원 정책 보고서.

Burnley, I, (2001). *The Impact of Immigrationon Australia*, Oxford University Press.

Canada, Immigration, Refugees and Citizenship (CIRC). (2007). Find Out If You're Eligible:
Refugee Status from Inside Canada. Retrieved 2018-04-04.

DoHA. (2019). Australian Migration Statistics 2017-18. Australian Department of Home
Affairs.

Fleras, Augie. (2009). *The Politics of Multiculturalism: Multicultural Governance in
Comparative Perspective*. New York: Palgrave.

McKinsley, S. (2019). Owner Operator Investment LMIA STREAM: Opportunities For
Businesses & Entrepreneurs. *Canada Immigration & Visa Services*. Retrieved 17 May
2019.

Ministry of Immigration, Refugees and Citizenship, Canada. (MIRC). (2018). 2018
Annual Report to Parliament on Immigration. Minister of Immigration, Refugees and
Citizenship. (www.cic.gc.ca.).

Neubert, S., Roth, H.-J., & Yildiz, E. (2014), Multikulturalismus –ein umstrittenes
Konzept, Hrsg, Neubert, S., Roth, H-J., & Yildiz, E, Multikulturalität inder Diskussion.
Neuere Beiträge zu einem umstrittenen Konzept, 9-32, Wiesbaden: Springer VS

〈인터넷 및 신문 자료〉

H&H Lawyers 뉴스(2021.06.17). 2021 – 2022년도 연방정부 예산안 내 이민정책 관련 주요내
용. (https://www.hhlaw.com.au/kor/news/view/66)(검색일: 2021.10.23).

SBS 한국어(2022.06.28). 변모하는 호주의 모습: "2021 센서스에서 드러난 호주는?" (https://www.sbs.com.au/language/korean/ko/article/the-changing-face-of-australiawhat-the-census-2021-reveals-about-us/nuygy4c9x)(검색일: 2022.10.23).

Datat Commons(2021). 오스트레일리아 오세아니아 국가. (https://datacommons.org/place/country/AUS?utm_medium=explore&mprop=count&popt=Person&hl=ko)(검색일: 2022.10.23).

Rivers Lawyers(2018. 06.14). [호주기술이민] 호주 기술이민 신청자 현황 비교. (https://www.riverslawyers.com.au/post/%ED%98%B8%EC%A3%BC%EA%B8%B0%EC%88%A0%EC%9D%B4%EB%AF%BC-%ED%98%B8%EC%A3%BC-%EA%B8%B0%EC%88%A0%EC%9D%B4%EB%AF%BC-%EC%8B%A0%EC%B2%AD%EC%9E%90-%-ED%98%84%ED%99%A9-%EB%B9%84%EA%B5%90)(검색일: 2021.10.23).

오스트레일리아 내무부. (https://www.homeaffairs.gov.au/about-us-subsite/files/homeaffairs-orgstruetute.pdf)(검색일: 2019.10.02).

오스트레일리아 내무부. 비자, 이민과 시민권. (https://immi.homeaffairs.gov.au/visas/getting-a-visa/visa-listing/skilled-employer-sponsored-regional-494/labouragreement-stream#About)(검색일: 2019.10.12).

저자약력(가나다 순)

남부현(Nam, Bu-Hyun)
선문대학교 글로벌한국어교육학과 교수, 글로컬다문화교육센터장
최종학위: 미국 아거시 대학교(Argosy University, U.S.) 교육학 박사
연구분야: 이주여성, 외국인 근로자, 중도입국청소년

박미숙(Park, Misuk)
선문대학교 연구교수
최종학위: 인하대학교 교육학 박사
연구분야: 재외동포, 난민, 이주민공동체

박민희(Park, Minhee)
선문대학교 한국어교육원 외래교수
최종학위: 선문대학교 일반대학원 한국학과 다문화디아스포라 전공 박사수료
연구분야: 한국어교육, 청년의 다문화인식

임형백(Lim, Hyung Baek)
성결대학교 국제개발협력학과 교수
최종학위: 서울대학교 대학원 박사
연구분야: 국제개발협력(공적개발원조), 지역학, 이민 및 다문화

차용호(Cha, Yongho)
법무부 출입국외국인정책본부 부이사관, 제45회 행정고등고시
유엔 난민고등판무관실(UNHCR) 선임정책관(Senior Policy Officer)
최종학위: 서울대학교 정책학 박사
연구분야: 이민법(국제난민법), 이민정책과 시장경제, 계량경제와 공간분석

최희(Choi, Hee)
인하대학교 다문화교육학과 초빙교수
최종학위: 인하대학교 교육학 박사
연구분야: 북한이탈주민, 난민보호정책, 정체성협상

황해영(Huang, Haiying)
인하대학교 다문화융합연구소 전임연구원
최종학위: 인하대학교 다문화교육학 박사
연구분야: 이주여성, 이중언어교육, 상호문화실천

이민정책론

2023년 8월 5일 초판 인쇄
2023년 8월 20일 초판 1쇄 발행

저 자 남부현 · 박미숙 · 박민희 · 임형백
차용호 · 최 희 · 황해영

발행인 배 효 선

발행처 도서 法 文 社
출판

주 소 10881 경기도 파주시 회동길 37-29
등 록 1957년 12월 12일 / 제2-76호(윤)
TEL (031) 955-6500~6
FAX (031) 955-6525
e-mail (영업) bms@bobmunsa.co.kr
(편집) edit66@bobmunsa.co.kr

홈페이지 http://www.bobmunsa.co.kr

조 판 (주) 성 지 이 디 피

정가 29,000원 ISBN 978-89-18-91427-5